DAAD
Lektoren-Handapparat

Oldenbourg

Multimediale und telemediale Lernumgebungen

Konzeption und Entwicklung

von
Prof. Dr. Michael Kerres
Ruhr-Universität Bochum

2., vollständig überarbeitete Auflage

Oldenbourg Verlag München Wien

Die Deutsche Bibliothek - CIP-Einheitsaufnahme

Kerres, Michael:
Multimediale und telemediale Lernumgebungen : Konzeption und
Entwicklung / von Michael Kerres. – 2., vollst. überarb. Aufl.. -
München ; Wien : Oldenbourg, 2001
    ISBN 3-486-25055-8

© 2001 Oldenbourg Wissenschaftsverlag GmbH
Rosenheimer Straße 145, D-81671 München
Telefon: (089) 45051-0
www.oldenbourg-verlag.de

Lektorat: Dr. Georg W. Botz
Herstellung: Rainer Hartl
Umschlagkonzeption: Kraxenberger Kommunikationshaus, München
Gedruckt auf säure- und chlorfreiem Papier
Druck: R. Oldenbourg Graphische Betriebe Druckerei GmbH

Vorwort

Die Bedeutung des mediengestützten Lernens nimmt in allen Bildungskontexten zu. Doch die oft anzutreffende Hoffnung, dass die Einführung neuer Medien *als solches* Innovationen oder gar Revolutionen im Bildungssektor auszulösen vermag, erweist sich als trügerisch und kontraproduktiv. Die Konzeption und Einführung neuer Bildungsmedien ist ein deutlich komplexeres Unterfangen, das – angesichts nicht unerheblicher Investitionen – ein professionelles Vorgehen erforderlich macht.

Multi- und telemediale Lernangebote tragen nur dann zur Lösung bestimmter Bildungsanliegen oder -probleme bei, wenn die zugrunde liegende Medienkonzeption präzise auf die konkreten Bedingungen des didaktischen Feldes ausgerichtet ist. Das in diesem Buch dargestellte Modell der gestaltungsorientierten Mediendidaktik beschreibt deswegen, wie mediendidaktische Konzeptionen aus Analysen des didaktsichen Feldes systematisch abgeleitet werden.

Das vorliegende Lehrbuch stellt aktuelle Ergebnisse mediendidaktischer Forschung und Erfahrungen der Praxis dar. Es vermittelt die Grundlagen für die professionelle Produktion didaktischer Medien und wendet sich damit gleichermaßen an Studierende, die sich für dieses neue Berufsfeld interessieren, wie auch an Berufstätige aus diesem Sektor.

Die erste Auflage des Buches stützte sich auf Forschungs- und Entwicklungsarbeiten an der tele-akademie und dem Fachbereich Digitale Medien der Fachhochschule Furtwangen sowie die Kooperation mit der Pädagogischen Hochschule Freiburg. Die vorliegende zweite Auflage ist am Institut für Pädagogik der Ruhr-Universität Bochum entstanden und basiert auf aktuellen Projekten zum Tele-Lernen am *Steinbeis-Transferzentrum Bildung & Medien*.

Das Buch wurde didaktisch noch weiter aufbereitet und inhaltlich komplett überarbeitet, vor allem um der rasanten Entwicklung im Bereich des internetbasierten Lernens Rechnung zu tragen.

Bochum, im Oktober 2000

Michael Kerres
E-Mail: michael@kerres.de

---

weitere Informationen zum Buch unter **http://www.kerres.de**

Inhalt

Teil A Medien und Didaktik

Digitale Medien bieten die technische Plattform für neuartige Bildungsangebote. Das öffentliche Interesse, das diesen Technologien entgegengebracht wird, ist groß, und ebenso groß sind die Hoffnungen und Erwartungen, die mit diesen Techniken im Bildungsbereich verknüpft werden. Ein Rückblick in die Geschichte der Mediendidaktik mahnt jedoch zu einer gewissen Skepsis gegenüber überzogenen Erwartungen: Die Einführung bislang jeder neuen Medientechnik ist mit dem Versprechen von Bildungsinnovationen oder gar -revolutionen im Bildungsbereich einher gegangen, die in den überwiegenden Fällen nach einer gewissen Phase euphorischer Erprobung erschüttert wurden.

Die mediendidaktische Forschung ist diesen Zyklen der Euphorie und Depression in der Vergangenheit gefolgt. Eine Forschung, die mediendidaktische Fragestellungen kontinuierlich - das heißt: unabhängig von den Schüben der Technikentwicklung - thematisiert, konnte erst in Ansätzen etabliert werden. Für diesen Auf- wie den Abschwung mediendidaktischer Forschung (mit-)verantwortlich ist die Annahme, dass mit den jeweils „neuen" Medien „neue" pädagogische Qualitäten Qualitäten verbunden seien. Dabei werden dem Medium *als solches* bestimmte Eigenschaften zugeschrieben: Das didaktische Medium wird aus dem Prozeß der didaktischen Kommunikation herausgelöst und isoliert betrachtet. Diese Isolation führt zu einer Konzentration auf die dinglichen Qualitäten des Mediums und lenkt von den Bedingungen des Medieneinsatzes im didaktischen Feld ab.

Aus mediendidaktischer Sicht besteht kein Grund, bestimmte Medien anderen als solche vorzuziehen. Es gibt keine innovativen oder antiquierten Medien für Lehr- und Lernzwecke. Und es gibt keinen Grund zu der Annahme, dass die Einführung bestimmter Medientechniken Innovationen oder gar Revolutionen in der Bildungsarbeit auszulösen vermögen. Die Bedeutung eines Mediums und seine Wirksamkeit ergeben sich aus dem jeweiligen Kommunikationszusammenhang. Wenn Medien für Lehr- und Lernzwecke konzipiert werden, dann sind die Bedingungen der didaktischen Kommunikation systematisch zu analysieren. Diese Analysen sollen dazu beitragen, dass mediengestützte Lernangebote als Lösungen für spezifische Bildungsprobleme konzipiert werden.

Die gestaltungsorientierte Mediendidaktik möchte Wege aufzeigen, ob und wie die – vielfach postulierten – Potenziale neuer (wie alter) Bildungsmedien bei der Lösung von Bildungsproblemen nutzbar gemacht werden können. Denn bei dem praktischen Einsatz von Multi- und Telemedien in der Bildungsarbeit stellen sich eine Reihe oft unterschätzter Schwierigkeiten, die in der Mediendidaktik weitgehend ignoriert werden. Diese Schwierigkeiten stellen den Erfolg mancher Projekte zum mediengestützten Lernen in der Praxis in Frage. Sie können überwunden werden, wenn sie im Rahmen einer mediendidaktischen Konzeption gezielt problematisiert werden.

Für solche Problemlösungen wird eine genuin mediendidaktische Perspektive vorgestellt. Anders als die bisherige Mediendidaktik, die sich vor allem mit der Auswahl und dem Einsatz von (vorliegenden) Bildungsmedien beschäftigt, wendet sich die gestaltungsorientierte Mediendidaktik dem zunehmend wichtiger werdenden Feld der *Planung* und *Produktion* didaktischer Medien zu. Die gestaltungsorientierte Mediendidaktik ist als Bezugsdisziplin für die professionelle Planung und Produktion von Bildungsmedien angelegt und möchte so insgesamt zur Professionalisierung medienpädagogischen Handelns in diesem Taätigkeitsfeld beitragen.

Zunächst wird in **Teil A** die gestaltungsorientierte Mediendidaktik in die bisherige Theoriebildung eingeordnet. In **Teil B** werden dann Ansätze des didaktischen Designs dargestellt, die im Kontext des mediengestützten Lehrens und Lernens besonders relevant sind.

Diese Überlegungen führen in **Teil C** zur Formulierung und Begründung mediendidaktischer Konzeptionen für multi- und telemediale Lernangebote. Dabei wird ein Rahmenmodell der didaktischen Planung auf das Problem didaktischer Medienproduktionen angewendet. Anhand verschiedener Beispiele werden die Kategorien und Kriterien aufgezeigt, die sich bei konsequentem Anlegen einer mediendidaktischen Sichtweise ergeben.

Schließlich geht es in **Teil D** um die *Umsetzung* einer solchen mediendidaktischen Konzeption in der Medienproduktion. Damit wird die übliche Betrachtung von Mediendidaktik ausgeweitet auf die Systematisierung und Reflexion der *Produktion* von Bildungsmedien, soweit sie auf die didaktischen Entscheidungen zurückwirkt. Zentrale Themen sind dabei *Vorgehensmodelle* des Entwicklungsprozesses und die *Automatisierung* der Instruktionsentwicklung und des didaktischen Designs.

1 Grundlagen der Mediendidaktik

Lehren ist zwar ohne Hilfsmittel, aber nicht ohne Medien möglich. Trotz der scheinbar selbstverständlichen Rede von Lehr- und Lernmedien, Unterrichts- und Bildungsmedien bleibt gerade der Begriff des Mediums mehrdeutig. Er kann sich auf höchst unterschiedliche Dinge beziehen: den Unterrichtsfilm, das Fernsehgerät, ein Videoband, das Kabelnetz, eine (leere?) Wandtafel, ein Atommodell, ein Experiment im Chemieunterricht, das Internet, Geräte für Videokonferenzen und manches mehr …

Im Folgenden wird es um Multimedien und Telemedien gehen und um die Frage, wie diese als didaktische Medien Verwendung finden. Dabei wird die Problematik angesprochen, ob und wie man „gute" Bildungsmedien identifizieren kann.

1.1 Digitale Technologien als didaktische Medien

Zunächst: Was versteht man unter Multimedia und Telemedien, was ist mit *computer-based training* und *web based training* oder *elearning* gemeint? Kurz wollen wir uns einigen, der für unsere Fragestellung wichtigen Prinzipien der Funktionsweise digitaler Medien zuwenden.

1.1.1 Multimedien und Telemedien, CBT und WBT

Der Begriff Multimedia bezieht sich auf technische Systeme, die in der Lage sind, verschiedene Datentypen, wie Texte, Grafiken, Ton und Bewegtbild, zu verarbeiten und für den interaktiven Abruf vorzuhalten. Multimedia-Anwendungen können über Datenträger, wie CD oder DVD, vertrieben werden. Zunehmend werden sie jedoch über Telemedien verfügbar gemacht. Multi- und Telemedien haben somit einen Überlappungsbereich, sie sind jedoch nicht identisch.

Mit Telemedien sind alle Techniken des Informationsaustauschs gemeint, die zur Überwindung von Distanzen zwischen Sender und Empfänger eingesetzt werden. Die dabei übertragenen Informationen können *multi*medialer Art sein, müssen es aber nicht sein. Sie können im übrigen digital wie analog codiert sein: Das Radio strahlt üblicherweise analog codierte, auditive Informationen an ein weites Publikum aus; das Telephon übermittelt auditive Signale von Person zu Person, bei Nutzung des ISDN-Netzes sind diese Signale digitalisiert.

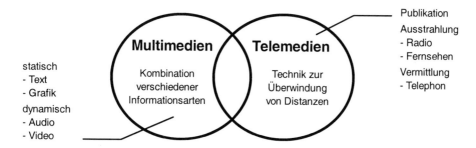

Das Internet, als weltweites Netz von Computern, überträgt digitale Informationen beliebiger Art (also auch multimediale Information) und ermöglicht eine bisher unbekannte Vielfalt an Kommunikationsvarianten: die Publikation oder die Übertragung von z. B. auditiven oder Bewegtbildinformationen, sei es bei zeitgleicher Anwesenheit von Personen (synchrone Kommunikation) oder für den zeitversetzten Abruf (asynchrone Kommunikation), sei es zwischen Einzelnen oder Gruppen.

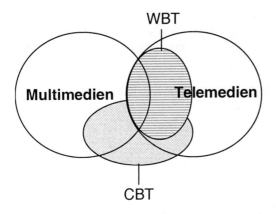

Im Folgenden wird es um die didaktische Nutzung von Multi- und Telemedien gehen. Dabei werden wir der in der Praxis üblichen Konvention folgend auch von CBT und WBT sprechen, wobei sich diese Begriffe nicht scharf abgrenzen lassen.

CBT steht als Abkürzung für *computer based training* und ganz allgemein als Oberbegriff für verschiedenartige Formen der Computernutzung zu Lernzwecken.

CBT-Programme können dabei mehr oder weniger multimedial aufbereitet sein, sie können auch über das Internet distribuiert werden. WBT steht für *web based training* und bezieht sich vorrangig auf die didaktische Nutzung des *world wide web* (WWW) als ein Dienst des Internet. Ein WBT kann dabei ebenso mehr oder weniger multimedial aufbereitet sein. Auch der Begriff des WBT ist wenig präzise, da bei einem WBT neben dem WWW auch andere Internet-Technologien wie E-Mail, Newsgroups oder Konferenzen zum Einsatz kommen können. *Elearning* wird schließlich als Oberbegriff für alle Varianten internetbasierter Lehr- und Lernangebote verstanden.

1.1.2 Technische Merkmale digitaler Medien

Lange Zeit dachte man bei Computern an die Verarbeitung großer Mengen von Zahlen- oder Textmaterial. Erst in den 90er Jahren wurde die Bearbeitung von Grafiken und die Wiedergabe von Audio und Video sowie Animationen auf dem Computer möglich. Die Vision von Multimedia geht jedoch weiter und sieht die digitale Technologie als das zentrale Glied *aller* Medien- und Kommunikationstechniken. Mit der Digitalisierung der Informationsverarbeitung in den Printmedien, den audiovisuellen Medien (Fernsehen, Rundfunk) und der Telekommunikation wachsen vormals getrennt operierende Medientechniken zusammen. Durch die Digitalisierung kann jede mediale Information auf *einem* System verarbeitet werden: Es entstehen Multimediasysteme und neue interaktive Medien, bei denen das Zusammenwachsen von Medien-, Computer- und Kommunikationstechnik besonders deutlich sichtbar wird.

Multimediale Informationsverarbeitung

Im Folgenden sollen technische Merkmale von digitalen Medien kurz skizziert werden. Multimediasysteme integrieren als mediale Datentypen …

- textliche Informationen und Zahlen
- aufgezeichnete Ton- und erzeugte Audioinformationen
- eingelesene oder erzeugte Grafiken
- aufgezeichnete oder erzeugte Bewegtbilder

Die notwendigen und hinreichenden Merkmale eines Multimediasystems eindeutig bestimmen zu wollen, ist angesichts der Vielfalt vorliegender Definitionen, aber auch der rasanten technischen Weiterentwicklung problematisch. Die von der ISO beauftragte *Multimedia and Hypermedia Experts Group* unterscheidet folgende Arten von Medien (s.a. Steinmetz, 1993):

- Speicherung: Wie wird Information gespeichert (z.B. Papier, magnetische oder optische Speicher)?
- Repräsentation: Wie wird Information codiert (z.B. Zahlen, sprachlich-symbolischer Code, Bild)?
- Übertragung: Wie wird Information übertragen (z.B. Luft als Träger von Schall, Kabelnetze, Funkverbindungen, Satellitenübertragung)?
- Informationsaustausch: Wie wird Information für den (physikalischen) Austausch zwischen Orten transportiert (z.B. Mikrofilm, Diskette, Glasfaser)?
- Präsentation: Wie wird Information wiedergegeben (z.B. OHP, Wandtafel, Lautsprecher, Bildschirm)?
- Perzeption: Wie wird Information vom Benutzer wahrgenommen? (Sinneskanal)

In dieser Definition wird ein weites Verständnis von Medien sichtbar, das vor allem die verschiedenen technischen Einheiten multimedialer Informationsverarbeitung aufführt. Multimedien wären danach nicht nur nach der Art der Information zu beschreiben, sondern auch nach den Bestandteilen des informationsverarbeitenden Systems zu definieren.

Alle Definitionsversuche werfen allerdings mehr Fragen auf, als sie Antworten zu geben vermögen: Ein Film ist augenscheinlich noch kein Multi-Medium, auch wenn es Ton und Bewegtbild verknüpft. Verändert sich nun bei der Übertragung eines Films auf eine Bildplatte Grundsätzliches, das es erlaubt, von einem Multimedium zu sprechen? Ist die Computer*steuerung* eines Mediensystems hinreichend für die Definition eines Multimediums (wie z.B. bei der analogen Bildplatte oder einer computergesteuerten Multivision mit mehreren Dia- Projektionsgeräten und Tonquelle), oder verlangen wir für Multimedien die Computer*integration*, die erst mit der vollständigen Integration aller digitalen Medien in einem System erreicht wird? Ist Multimedia schließlich mit bestimmten Varianten von Speicher- oder Distributionsmedien gleichzusetzen (CD-ROM, Internet), oder ist es vor allem die Interaktivität der Anwendung, die ein Multimedia-System auszeichnet?

Statische plus dynamische Information

Je nach fachlicher Perspektive wird man eine unterschiedliche Definition bevorzugen. STEINMETZ (1993) wählt eine technische Sicht: Merkmal von Multimedia-Systemen ist danach die Kombination von zeitabhängigen und zeitunabhängigen Informationen. Die Wiedergabe von *dynamischen* Audio- und Bewegtbildinformation ist strikt an eine Zeitachse gebunden. Dies trifft für *statische* Informationen wie Texte oder Grafiken nicht zu, deren Wiedergabe von der Zeitachse unabhängig ist. Ein Informationssystem, das Texte und Grafiken von einer CD-ROM präsentiert, wäre demnach keine Multimedia-Anwendung. Die Dia-AV wäre dagegen ein

Multimedium, da es zeitunabhängige (Dia) und zeitabhängige Informationen (Tonband) vereint, auch wenn die Informationen auf einem analogen Datenträger vorliegen.

Es können somit Multimedia-Systeme mit *analog*, *digital* oder *hybrid* (d.h. gemischt) kodierter Information unterschieden werden. Die Kodierung ist im übrigen nicht mit bestimmten Speichertechnologien gleichzusetzen: So können auf einem Video- oder Audioband Informationen analog ebenso wie digital abgelegt werden. Bestimmte Bildplatten dagegen sind schließlich hybrid kodiert, indem sie die Bildinformation analog und die Toninformation digital ablegen.

Im Vergleich zu dem geradezu inflationären Gebrauch des Begriffs Multimedia erscheint die Definition damit relativ restriktiv; sie verweist auf ein wesentliches, technisch zu bewältigendes Problem der multimedialen Informationsverarbeitung: nämlich die zeitliche Synchronisation unterschiedlicher Datenströme, die bei der Verarbeitung von Texten und Zahlen weitgehend vernachlässigt werden konnten.

Die multimedialen Informationen können dabei entweder vom Computer generiert werden oder von einer analogen Vorlage eingelesen und wiedergegeben werden. Im Folgenden werden diese Varianten multimedialer Information dargestellt. Mit ihnen verbunden sind jeweils unterschiedliche technische Schwierigkeiten, es ergeben sich jedoch auch unterschiedliche Anwendungsmöglichkeiten im didaktischen Kontext.

Typen multimedialer Information

Multimedia-Systeme ermöglichen die Darstellung und Bearbeitung multimedialer Information. Es können dabei drei Typen von Multimedia-Systemen unterschieden werden:

- Die Information kann auf einem analogen Speichermedium vorliegen, das von einem Computersystem gesteuert wird.
- Analoge Informationen z.B. von einer analogen Aufzeichung auf Videoband werden digitalisiert und auf einem digitalen Speichermedium abgelegt.
- Die multimediale Information wird durch den Computer generiert.

Analoge Multimedia-Technik. Bei dem ersten Typ liegt die audiovisuelle Information in analoger Form vor und zwar auf einem externen Speichermedium, in Frage kommen prinzipiell z.B. das konventionelle Videoband, ein Tonband, ein Diaprojektor oder aber die Bildplatte (Laserdisc), auf der die visuellen Informationen analog gespeichert sind und die auditiven Informationen entweder analog oder digital vorliegen.

Die Information befindet sich also nicht in digitaler Form auf einem dem Digitalrechner unmittelbar zugänglichen Speicher, sondern auf einem externen Gerät. Für interaktive Multimedia-Systeme allein von Bedeutung ist der Bildplattenspieler. Die Bildplatte liefert ein hochwertiges Bild, das hohen Ansprüchen sowohl bei der Präsentation als auch für Lehr-Lernzwecke genügt. Darüber hinaus sind entsprechende Wiedergabegeräte mit großer Präzision und Geschwindigkeit ansteuerbar. Die Interaktivität ist gewährleistet durch die niedrige Zugriffszeit auf jedes einzelne Bild einer Bildplatte. Der Computer kann dadurch das gesamte Bild- und Tonmaterial, auf einzelne Bilder oder Sequenzen wahlfrei und unmittelbar zugreifen. Das Videoband scheidet wegen seiner hohen Spulzeiten als *interaktives* Medium aus.

Tabelle 1: Typen multimedialer Information

Typ	Text	Audio	Einzelbild	Bewegtbild
durch Computer digitalisiert	eingegebene oder „erkannte" Texte	Musiksamples, Sprachdaten	gescannte Photos, Grafiken, Dias …	eingelesenes Film- oder Videomaterial
durch Computer erzeugt	KI-Anwendungen, „intelligente tutorielle Systeme"	Klangsynthese, Spracherzeugung	photorealistische Darstellungen *(Rendering, Raytracing)*	Computersimulation, -animation, „virtuelle Realität"
repräsentiert z.B. als:	ASCII-Kode, Syntax	Muster Sprache (symbolisch)	Bitmap, JPEG Vektorgrafik	AVI, MPEG
Datenmenge (Bsp.)	sehr niedrig 1 Seite = 4 KB	mittel 1 Min. = 1-10 MB	niedrig 1 Bild = 20-900 KB	sehr hoch 1 Min. = 10-100 MB
Produktionsaufwand	niedrig 1 Seite = 10-100 DM	mittel 1 Min. = 100-1000 DM	mittel 1 Bild = 100-1000 DM	sehr hoch 1 Min. = 1000-6000 DM

Digitalisierung analog kodierter Medien. Informationen eines Multimedia-Systems können von einer analogen Vorlage *abgetastet* und in digitaler Form – für einen späteren Abruf – gespeichert werden. Zunächst gab es Scanner für graphische Vorlagen, es können jedoch auch analoge Audio- wie Videoquellen in den Computer eingelesen und digital abgelegt werden.

Die abgetastete Information kann bei der Speicherung unterschiedlich kodiert werden: Handelt es sich bei einer graphischen Vorlage um Text, so kann versucht werden, diesen Text aus der Bitfolge zu „erkennen". Handelt es sich bei der Vorlage um eine Grafik, lassen sich in der abgetasteten Bitfolge Vektoren suchen, die diese Grafik beschreiben. In beiden Fällen werden Verfahren angewandt, die die abgetastete Information in einen abstrakteren Code überführen, mit der Folge, dass sich die zu speichernde Datenmenge deutlich reduziert.

Auch eine auditive Sprachinformation kann sowohl als reine Bitfolge als auch textlich-symbolisch gespeichert werden, etwa wenn das System über Algorithmen zur Spracherkennung verfügt, die aus der individuell und situativ oft sehr variierenden Sprachartikulation einzelne Buchstaben, Wörter und Sätze identifizieren kann. Auch hier geht die Überführung in einen abstrakteren Code mit einer massiven Datenreduktion einher. Damit wird deutlich, dass keineswegs der Wahrnehmungskanal die Datenmenge determiniert, sondern vor allem der benutzte Code.

Das Erkennen von Ordnungsmustern in der abgetasteten Information ermöglicht i.a. eine deutliche Reduzierung der Datenmenge und vereinfacht damit die Speicherung und weitere Verarbeitung der Information. Die z.T. sehr aufwändige Suche nach solchen Ordnungsmustern ist bei der Menge von Daten, die insbesondere bei der Digitalisierung von Audio und Bewegtbild anfallen, zwingend notwendig. Der Durchbruch zu integrierten digitalen Multimedia-Systemen wurde möglich als hierzu effiziente Algorithmen entwickelt wurden. Im Folgenden wird auf die Möglichkeiten und Probleme der Datenreduktion für multimediale Information näher eingegangen.

Aus Tabelle 1 geht hervor, dass die Speicherung textlicher Informationen im Hinblick auf die Menge der anfallenden Daten besonders unproblematisch ist. Bereits bei der Digitalisierung von auditiven Informationen fallen jedoch große Datenmengen an. Die (unbearbeitete) Speicherung eines digitalisierten Videostroms übersteigt die Kapazität üblicher Speichermedien. Benötigt man für die Speicherung einer Minute Audio in CD-Qualität (Stereo) ca. 10 MB, so würden bei einem digitalisierten Video für eine Minute Bewegtbildinformation bereits mehr als 700 MB Daten anfallen; die Notwendigkeit der Datenreduktion ist offensichtlich.

Die anfallenden Datenmengen können durch Verfahren der Komprimierung reduziert werden. Komprimierung meint dabei Reduktionsverfahren, die garantieren, dass die Qualität des Ausgangsmaterials im wesentlichen beibehalten oder zumindest definiert reduziert wird. Im Unterschied zur Digitalisierung von auditiven Informationen erweist sich die Bearbeitung von *Video* als ungleich aufwändiger. Mithilfe geeigneter Algorithmen können Videoinformationen bis zu einem Verhältnis von 1:160 komprimiert werden. Der Einsatz besonders starker Komprimierungsverfahren erlaubt dann auch die Live-Übertragung solcher Datenströme über das Internet. Dabei ist Qualität und Auflösung der Bilder durch die Bandbreite der Datenübertragung beschränkt, die das Internet beim Abruf liefert.

Generieren medialer Information. Informationen, die dem Lerner präsentiert werden, können schließlich vom Computer *generiert* werden. Die Information wird dabei weder von analogen noch von digitalen Speichermedien wiedergegeben, sondern auf der Grundlage eines mathematischen Modells erzeugt. Während der Lerner Eingaben vornimmt, wird ein (i.a. möglichst realistisches) Bild z.B. einer Landschaft, eines Gebäudes oder Gegenstandes auf der Grundlage dieses Modells berechnet.

Selbst wenn die technischen Voraussetzungen für die Entwicklung derartiger Anwendungen gegeben sind, ist zu bedenken, dass der Aufwand zur Entwicklung solcher Lernwelten sehr hoch ist. Er überschreitet den üblichen Kostenrahmen der Produktion von Bildungsmedien. Der hohe Aufwand ist vor allem durch die Modellierung der digitalen „Welt" verursacht; eine geeignete Benutzeroberfläche für Lehr-Lernzwecke zu schaffen, ist dann vergleichsweise einfach.

Langfristig sind solche Ansätze zur Generierung medialer Informationen auf der Grundlage struktureller Daten über Objekte für eine Reihe von Anwendungsgebiete jedoch sehr vielversprechend, so z.B. in der Medizin oder in der Architektur: Lerner können sich hier in simulierten oder nachgebildeten Welten „frei" bewegen und ansonsten nicht direkt begeh- oder beobachtbare Objekte explorieren. Heutige Multimedia-Systeme beruhen jedoch im wesentlichen auf Informationen, die auf digitalen Speichermedien abgelegt sind.

weiterführende Literatur: Das Lehrbuch von CHAPMAN & CHAPMAN (2000) beinhaltet eine Einführung in digitale Multimedia- und Internet-Technologie. Auf Bildungtechnologien geht insbesondere das Lehrbuch von HEINICH u.a. (1999) ein.

1.2 Didaktische Medien

Auch in der Mediendidaktik sind wir mit einer Reihe von begrifflichen Einordnungsproblemen konfrontiert: Was sind Lehr- und Lernmedien? Was unterscheidet Bildungsmittel von Bildungsmedien? Was ist ein didaktisch wertvolles Medium? Und wann wird ein Medium zu einem Bildungsmedium?

1.2.1 Bildungsmittel und Bildungsmedien

In der Mediendidaktik wird traditionell zunächst ganz grundsätzlich zwischen Bildungsmitteln und Bildungsmedien unterschieden. *Bildungsmittel* sind Gegenstände und Geräte in didaktischen Kontexten, die für Präsentationen, zur Veranschaulichung oder zu Übungszwecken Lehrenden und Lernenden zur Verfügung stehen, wie z.B. Karten mit Übungstexten zum Sprachenlernen, Experimente in der Physik und Chemie oder generische Hilfsmittel wie Tafel, Tageslichtprojektor, Rechner oder Modem sowie der Internet-Anschluss. *Bildungsmedien* sind in diesem Fall die Folien, die auf den Projektor gelegt werden, das Lernprogramm, das vom Internet geladen wird etc. – alles für Lehr-Lernzwecke didaktisch aufbereitete Medieninhalte.

Die Doppeldeutigkeit des Medienbegriffs. Der Begriff des Mediums beinhaltet damit zum einen die medientechnische Apparatur zur Speicherung, Wiedergabe, den Transport, Austausch sowie Abruf von Informationen, zum anderen verweist er auf die medialen Inhalte (s.a. Reiser & Gagné, 1983; Tulodziecki, 1994). Der Medienbegriff kann sich demnach beziehen auf …

(a) den Träger von Informationen und die technischen Einrichtungen zu deren Aufnahme, Wiedergabe, Transport etc. sowie

(b) die medial zwischen Sender und Empfänger vermittelte, didaktisch aufbereitete Information.

Gerade diese Doppelbedeutung macht die Problematik des Medienbegriffs in der Mediendidaktik jedoch aus. Wenn von Medien gesprochen wird, so wird vielfach nicht explizit, auf welchen Aspekt man sich bezieht. So ist z. B. die Forderung, Computer an die Schule zu bringen, leicht mißzuverstehen: Sind damit bestimmte Geräte, Konfigurationen aus Hard- und Software, internetbasierte Werkzeuge oder Software, wie Lernprogramme, u.ä. gemeint? Leicht kann der Eindruck entstehen, dass sich die Forderung mit der Verfügbarkeit von Geräten in Räumlichkeiten der Schule erschöpft.

Für mediendidaktische Fragestellungen ist es deswegen wichtig, zwischen Medientechnik und -systemen einerseits und didaktisch aufbereiteten, medialen Inhalten andererseits zu unterscheiden. Diese begriffliche Differenz wird in der englischsprachigen Forschung einsichtiger, wenn einerseits von *delivery system* (den Medientechniken, Geräten, Gegenständen etc.) und anderseits von *media content* (den didaktisch aufbereiteten Inhalten) gesprochen wird.

Die Wichtigkeit, Bildungsmedien und -mittel zu unterscheiden, wird bereits von KÖNIG & RIEDEL (1979) betont. Sie kritisieren, dass bei der Planung von Unterricht häufig unreflektiert gleichgesetzt werden …

- die *Lehrinhalte* und *-ziele*, die vermittelt werden sollen, mit
- den (vor allem: kognitiven) *Operationen* des Lernenden und
- den *Operationsobjekten* (z.B. *Lernaufgaben*), mit denen die Lehrinhalte vermittelt bzw. angeeignet werden können, sowie
- den *Hilfsmitteln* oder Geräten/Techniken, die hierzu herangezogen werden.

Sie verdeutlichen an folgendem Beispiel, warum diese Unterscheidung wichtig ist: Lehrziel wäre „Verstehen des Ohmschen Gesetz". Da es zum Erreichen des Lehrziels nicht ausreicht, dieses physikalische Gesetz lediglich „mitzuteilen", sind *Operationsobjekte* abzuleiten, die geeignet sind, kognitive oder auf Verhalten bezogene Operationen beim Lerner zu initiieren, um damit einen überdauernden Lernerfolg zu sichern.

Ein solches Operationsobjekt, mit dem sich das Lehrziel erreichen lässt, könnte etwa auf einer Versuchsanordnung basieren, die aus einem elektrischen Stromkreis mit Widerstand und Messgerät besteht, anhand der die Schüler bestimmte Lernaufgaben bearbeiten, z.B. die Schüler/innen sollen eine Tabelle anfertigen oder den Prozeß mithilfe von Simulationssoftware nachbilden.

Die genannte Versuchsanordnung kann dabei in unterschiedlicher Weise realisiert werden. Die Auswahl der Hilfsmittel oder Techniken legt fest, ob etwa eine schematische Zeichnung mit einer Tabelle mit Messergebnissen, ein realer Stromkreis oder aber eine computerbasierte Simulation vorgezogen werden soll. Letztendlich erst ergibt sich die Frage des Distributionsmediums (Arbeitsblatt, Folie, CD, Internet …).

Wenn im Folgenden von Medientechniken oder -systemen gesprochen wird, so sind damit Geräte, Werkzeuge und Hilfsmittel (Hard- und Software) gemeint, die für die Aufzeichnung, Bearbeitung, Wiedergabe sowie den Abruf und die Kommunikation von Informationen genutzt werden, nicht jedoch die – darüber transportierten – didaktisch aufbereiteten, medialen Inhalte. Der Begriff der Bildungsmittel bezieht sich demnach auf solche Gegenstände, die sich für Lehr- oder Lernaktivitäten heranziehen lassen, also für die Blätter eines Baums ebenso wie für einen Videorecorder, einen Multimedia-PC oder Kommunikationsnetze. Solche Gegenstände werden erst dann zu einem Bildungsmedium, wenn sie mit einer didaktischen Intention hergestellt und eingesetzt werden, also z.B. ein Schaukasten mit besonders präparierten Blättern eines Baums oder ein Videoband, das von dem Videorecorder abgespielt wird, ebenso wie speziell aufbereitete Informationen, die in das Internet eingestellt werden.

1.2.2 Zum Begriff „Bildungsmedien"

Der Begriff der (neuen) Bildungsmedien ist allerdings ebenfalls nicht unproblematisch, da er unterschiedlich aufgefasst und verwendet werden kann. Es treffen vor allem folgende zwei, kontroverse Interpretationen aufeinander:

1. Der Begriff Bildungsmedien bezieht sich auf den Einsatz von Medien in bestimmten Kontexten, vorrangig gemeint sind Institutionen, die wir dem Bildungswesen zuordnen.

Komplikationen scheinen bei diesem Begriffsverständnis auf den ersten Blick ausgeschlossen zu sein, da mit diesem Medienverständnis ein bestimmter inhaltlicher Anspruch nicht verbunden wird. Eine theoretische Diskussion über den Begriff Bildung und seinen Horizont erübrigt sich dabei; es handelt sich quasi um eine operationale Definition: Bildungsmedien sind solche Medien, die in Bildungskontexten Verwendung finden. In diesem Sinne spricht BAUMGARTNER (1997) von Bildungssoftware und schließt damit neben Programmen, die explizit zur Unterstützung des Lehrens und Lernens entwickelt wurden, alle Computeranwendungen (z.B. Textverarbeitung, Kalkulationswerkzeuge) ein, die in Bildungskontexten eingesetzt werden.

2. Der Begriff Bildungsmedien impliziert einen inhaltlichen Anspruch, wie er in Bildungstheorien Verwendung findet.

Diese Auffassung zwingt zu einer Reflexion dessen, was mit Bildung gemeint sein kann - und führt zu der Diskussion, wie sie im Rahmen von Bildungstheorien geführt wird (etwa bei Klafki, 1991). Aus dieser Sicht wäre es fragwürdig, den Begriff Bildungsmedien unreflektiert für alle Medien zu verwenden, die irgendwie zu Lehr- oder Lernzwecken herangezogen werden. Denn es stellt sich die Frage, ob es etwa berechtigt ist, jeden Vokabeltrainer, jede Edutainment-Software oder ein didaktisch angelegtes *adventure game* als Bildungsmedium zu bezeichnen.

Anderseits wird zu überlegen sein, ob und wie man didaktische Medien nach bildungstheoretisch begründeten Ansprüchen und Kriterien tatsächlich angemessen beurteilen kann: Ist es grundsätzlich möglich, Medientechniken oder -produkte nach pädagogischen Kriterien zu bewerten?

Lehr-Lernmedium. Als eine vielleicht weniger problematische, vergleichsweise neutrale Alternative käme der Begriff des Lehr-Lernmediums in Betracht. Er bezieht sich auf einen Prozeß und nicht auf ein (schwierig zu bestimmendes) Ergebnis:

- Ein *Lehrmedium* dient der Kommunikation von Lehrenden, indem es z.B. Informationen auf bestimmte Weise darstellt, die Aussage eines Lehrenden unterstützt etc. So spricht man auch von *Unterrichtsmedien* als Medien, die in einem

Unterrichtskontext Einsatz finden. Sie werden vor allem zur Unterstützung der Lehrtätigkeit eingesetzt, z.B. bei der Präsentation mit einem PC.

- Ein *Lernmedium* dient der Beschäftigung von Lernenden mit einem Lerngegenstand und beinhaltet Lernangebote, die das Erreichen bestimmter z.B. schulischer oder beruflicher Anforderungen (Lehrziele, Kriterien) ermöglichen, z.B. beim Lernen mit einer Multimedia-Anwendung im Internet.

Man könnte unterschiedliche Anforderungen an diese Medien ableiten - je nachdem, ob diese eher Lehrende in ihren Bemühungen unterstützen oder für selbständige Aneignungsprozesse von Lernenden geeignet sein sollen. Ein Medium kann jedoch in vielen Fällen gleichermaßen als Unterrichts-, Lehr- und Lernmedium Verwendung finden. Ein Videofilm, den eine Lehrerin in ihrem Unterricht einsetzt, ist ein Lehrmedium; der gleiche Film, den sich ein Student aus der Mediothek z.B. als Vorbereitung für ein Referat ausleiht, ist ein Lernmedium. Zwar ist bei der Konzeption des Mediums sehr wohl die Verwendung und die didaktische Funktion des Mediums im Lehr-Lernprozess zu berücksichtigen, eine Kategorisierung von Medien anhand dieser Einteilung erscheint jedoch wenig zwingend.

Zielperspektive. Der Begriff der Lehr-Lernmedien lenkt die Aufmerksamkeit auf einen bestimmten *Vorgang*: nämlich das Lehren und Lernen. Deswegen findet dieser Begriff besonders in der Pädagogischen Psychologie Verwendung, die diese Prozesse untersucht. Im Unterschied dazu unterstreicht der Begriff des Bildungsmediums die pädagogische *Zielperspektive*: Medien sollen das Lehren und Lernen nicht nur einfacher, anschaulicher, effizienter etc. machen, sondern der Einsatz des Mediums geschieht immer, um bestimmte didaktische Intentionen zu erreichen. Wir entwickeln Medien eben nicht „nur" um das Lernen und Lehren zu verbessern, sondern weil wir bestimmte Bildungsprobleme oder -anliegen (besser) lösen wollen bzw. sollen.

Bei einem didaktischen Medienprojekt hilft die rigorose Auseinandersetzung mit der Zielperspektive, das Projekt genauer auf ein mögliches Ziel auszurichten und didaktisch hochwertige Lösungen zu entwickeln. Wir werden feststellen, dass die Bestimmung solcher Ziele tatsächlich nicht immer einfach ist. Doch darf die Spezifikation der Ziele nicht zurückgestellt oder gar aufgegeben werden. Im Folgenden wird es um die didaktische Konzeption von hochwertigen Lernangeboten gehen, und wie didaktische Intentionen in solchen Arrangements verfolgt werden können.

Qualität didaktischer Medien

Woran lässt sich nun die didaktische Qualität eines Mediums feststellen? Jeder hat schon einmal ein Lernprogramm vor sich gehabt, und war vielleicht enttäuscht oder begeistert, würde es empfehlen oder vom Kauf abraten. Viele Ratgeber- und Checklisten wenden sich an Eltern oder Pädagogen und Pädagoginnen, um Enttäuschungen zu verhindern. Auch die verschiedenen Wettbewerbe, in denen didaktische Medien prämiert werden, gehen davon aus, dass sich didaktische Medienprodukte als solche vergleichen und bewerten lassen (vgl. Behrens, 1999).

Die Antwort scheint also einfach und offensichtlich: Selbstverständlich gibt es gute und schlechte Bildungsmedien! Um bloß subjektive Wertungen zu überwinden, sollten diese anhand von Kriterienlisten durch Expert/innen beurteilt werden, und dann der interessierten Öffentlichkeit verfügbar gemacht werden:

1. Gute und schlechte Bildungsmedien lassen sich anhand von Kriterien identifizieren. Die Kriterien sollten auf der Grundlage wissenschaftlicher Erkenntnisse und Anforderungen der Praxis festgelegt werden und von (mehreren) erfahrenen Expert/innen in einem definierten Testverfahren geprüft werden.

Gerade diese intuitiv einleuchtende Annahme ist es jedoch, die in den folgenden Kapiteln in Frage gestellt werden wird. Darüber hinaus wird diese Annahme dafür verantwortlich gemacht werden, dass vielfach zu sehr die dinglichen Qualitäten des Mediums beachtet werden, statt dass die Lösung eines Bildungsproblems – mithilfe von Medien – verfolgt wird. Hier wird vielmehr die Gegenthese vertreten, dass ein Bildungsmedium immer in Relation zu einem Bildungsprozess bzw. einem Bildungsanliegen oder -problem gesehen werden muss. Es soll gezeigt werden, dass die Bewertung eines Mediums „als solches" für die Mediendidaktik wenig sinnvoll erscheint.

2. Die didaktische Qualität oder Wertigkeit eines Mediums lässt sich nicht an Merkmalen des Mediums selbst (seien sie inhaltlicher, konzeptueller oder gestalterischer Art etc.) feststellen, sondern nur in dem kommunikativen Zusammenhang, in dem das Medium Verwendung findet.

Das bedeutet zum Beispiel: Internetbasierte Lernangebote sind nicht besser als Videofilme. Ein computergestützter Vokabeltrainer ist nicht weniger wertvoll als eine multimedial angereicherte Software zum Sprachenlernen oder ein didaktisch aufbereitetes *adventure game* usw. Der mögliche Anspruch eines Bildungsmediums kann kaum an Merkmalen und Maßstäben des Mediums selbst festgemacht werden. Mediale Lernangebote können dazu *beitragen*, Bildungsprozesse anzuregen – wenn die situativen Bedingungen der Lernumgebung dies ermöglichen: Es ist damit die *Situation*, die den Wert des Mediums bestimmt, und nicht das Medium und ganz sicher nicht das Mediensystem.

Die Qualifizierung eines Mediums als Bildungsmedium müsste also den Nachweis erbringen, dass mit diesem Medium Prozesse angeregt werden können, die ein zu benennendes Bildungsanliegen oder -problem lösen helfen. Ein entsprechender Nachweis ist mit einem nicht unerheblichen Aufwand verbunden. So wird man in der Praxis in der Regel eben nicht (z. B. anhand einer kleineren Stichprobe von Lernenden) empirisch prüfen können, ob die Erwartungen, die mit einem Medium verbunden werden, tatsächlich zutreffen. Und die Übertragung von Erkenntnissen aus einem Kontext in eine neue Situation ist angesichts der Komplexität von Bildungsrealität in der Regel nur bedingt zulässig.

Was bedeutet dies in der Konsequenz? Die Untersuchung des Erfolges eines bestimmten mediengestützten Lernangebotes geschieht immer nur *ex post facto* und ist nicht ohne weiteres auf andere Situationen übertragbar. Auch bleibt unklar, warum der Erfolg eingetreten ist. Ein Bildungsmedium lässt sich nicht anhand bestimmter *produktbezogener* Kriterien qualifizieren.

Bei einer solchen Bewertung von Bildungsmedien geraten die Qualitäten der Oberfläche von Medien(-systemen) oft in das Zentrum der Aufmerksamkeit. Denn auf den ersten Blick erscheint es naheliegend, dass das mediengestützte Lernen von Oberflächenmerkmalen des Mediums bestimmt wird. Die *didaktische* Relevanz von Medien lässt sich auf dieser Ebene jedoch schwerlich beurteilen. Die Bedeutung des Mediums ergibt sich vielmehr erst aus der Spezifikation der angestrebten Kommunikationsziele und das heißt: aus der Kenntnis des didaktischen Feldes.

Lösung von Bildungsproblemen. Das zentrale Anliegen der gestaltungsorientierten Mediendidaktik ist deswegen ein anderes: Es geht ihr nicht um die Bewertung von *Medien*, sondern um die Frage, wie man sicherstellen kann, dass ein mediengestütztes Lernangebot dazu beiträgt, ein bestimmtes Bildungsanliegen *nachhaltig* zu adressieren. Nehmen wir ein Beispiel: MORRIS et al. (1994) suchten (in den USA) nach Medien, die sich in der Bildungsarbeit sowohl als wertvoll (*valuable*) als auch als lebensfähig (*viable*) erwiesen haben. Es fanden sich überraschend wenig Beispiele, die beide Kriterien erfüllen, d.h. Anwendungen, die sowohl didaktisch wertvoll eingestuft werden konnten *und* über einen gewissen Zeitraum hinweg an mehreren Orten (unabhängig von Person und Institution des Medienproduzenten) erfolgreich Einsatz fanden.

Die Analyse verschiedener Projekte verweist immer wieder auf einige typische Probleme für den Erfolg digitaler Lehr-Lernmedien in der Realität: Die notwendigen Mittel für die Produktion einer guten Anwendung sind sehr hoch. Doch es handelt sich um eine im Verhältnis zu den erforderlichen Investitionen um eine (oft zu) kleine Gruppe potenzieller Lerner bzw. Käufer. Für die kleinen europäischen Märkte trifft dieses Problem verschärft zu. Die Erfahrung belegt, dass eine schlichte „Übersetzung" von Bildungsmedien in andere Sprachen (mit dem Ziel der Erschließung größerer Märkte) in der Regel ausscheidet (s.a. Kerres, 1991). Wegen der schnellen technischen Weiterentwicklung der digitalen Medientechnik ist die mögliche Einsatzdauer des Mediums auf wenige (typischerweise: max. drei) Jahre beschränkt. Die Folgekosten mediengestützten Lernens werden üblicherweise unterschätzt. Diese betreffen u.a. den Aufwand für die Betreuung mediengestützten Lernens in den verschiedenen Phasen sowie für grundsätzlich notwendige *upgrades*, Portierungen auf neue Betriebssysteme und -versionen etc.

Erhebungen zum Status des Computereinsatzes in der Bildungsarbeit werfen ein kritisches Licht auf die Realität des mediengestützten Lernens (sei es in der Schule, Hochschule oder der Weiterbildung). Und kritisch müssen wir konstatieren, dass viele Investitionen in Medienprojekte, die in sie gesetzten Erwartungen nicht haben erfüllen können (vgl. Kerres, 2000e; Kerres & Gorhan, 1998; Ross, 1998). Wir stehen vor einem Dilemma: Die Bedeutung des mediengestützten Lernens für die Wissensgesellschaft von morgen ist offensichtlich, sie wird kaum in Frage gestellt. Dies wird auch an den Summen erkenntlich, die von öffentlicher wie unternehmerischer Seite in entsprechende Vorhaben fließen. Dennoch entspricht die Bilanz dieser Projekte eben vielfach nicht den Erwartungen. Auch wenn dies selten und ungern kommuniziert wird, handelt es sich teilweise um erschreckend schlecht konzipierte und gemanagte Projekte mit schwachen Ergebnissen und niedrigen Wirkungsgraden.

Dies kann jedoch nicht heißen, abzuwarten und innovative oder gar mutige Projekte einzustellen. Denn angesichts der erkennbaren Bedeutung des mediengestützten Lernens für die gesellschaftliche Entwicklung muss dies vielmehr heißen, an entsprechende Vorhaben eine rigorose mediendidaktische Sichtweise anzulegen und Professionalität bei der Planung und Durchführung entsprechender Projekte zu etablieren. Im Mittelpunkt steht dann die Forderung nach der tatsächlich effektiven Lösung von Bildungsproblemen und einem wirkungsvollen, effizienten und nachhaltigen Einsatz der dabei eingesetzten Mittel.

1.3 Medien als Thema der Pädagogik

Die Medienthmeatik hat es in der wissenschaftlichen Disziplin der Pädagogik traditionell schwer. Denn das klassische Anliegen der Pädagogik bezieht sich auf Schule, die Tätigkeit von Lehrkräften und die Erforschung von Unterricht und Erziehung. Auch in der Medienpädagogik ist die *Produktion* didaktischer Medien nur ein Randproblem geblieben. Schauen wir uns genauer an, was die Medienpädagogik, die Mediendidaktik und die Medienerziehung als Teildisziplinen der Pädagogik beschäftigt.

1.3.1 Medienpädagogik als pädagogische Disziplin

Lange Zeit hat sich die Diskussion der Medienthematik in der Pädagogik auf die Institution Schule bzw. auf die Bedeutung des Mediums *in* Bildungseinrichtungen und in Relation zu Unterrichtsaktivitäten konzentriert. Im Mittelpunkt stand die Frage, ob und wie Medien in der pädagogischen Arbeit ausgewählt, eingesetzt und thematisiert werden können (vgl. Tulodziecki, 1989).

Im Kontext Schule hat die Diskussion über Computer und Medien mehrere Seiten. Diese Diskussion kann sich beziehen ...

- auf den Einsatz von Medien zu Lehr- und Lernzwecken: Medien interessieren dabei als Mittel zur Erreichung fachlicher Lehrziele,
- auf Kompetenzen im Umgang (Nutzung und Bewertung) mit medial transportierten Inhalten: Dabei werden die Medien selbst (Zeitung, Fernsehen, Internet-Angebote etc.) zum eigentlichen Lerngegenstand,
- auf den Erwerb von mehr oder weniger komplexen Fertigkeiten im Umgang mit Medientechniken und -werkzeugen zu u.a. Abruf, Verstehen, Bearbeitung oder Bewertung medialer Informationen.

Medienpädagogik wird dabei üblicherweise „als übergeordnete Bezeichnung für alle pädagogisch orientierten Beschäftigungen mit Medien in Theorie und Praxis" (Issing, 1987, S. 24) verstanden. Darunter fallen:

- die Mediendidaktik, die sich mit der Funktion und Bedeutung von Medien in Lehr- und Lernprozessen beschäftigt,

- die Medienerziehung, die auf den reflektierten Medienkonsum und kritischen Umgang mit Medienangeboten abzielt, und auch

- die informations-, medien- oder kommunikationstechnische Bildung, die den kompetenten Umgang mit Technik vermitteln möchte, und als Basisqualifikation für mediendidaktische und -erzieherische Bemühungen aufgefasst werden kann.

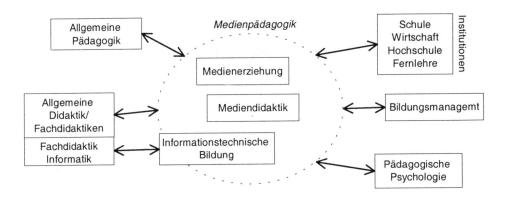

Abbildung 1: Medien als Thema der Pädagogik

Erkenntnisinteressen in der Medienpädagogik

Mediendidaktik und Medienerziehung als zentrale Bestandteile von Medienpädagogik stehen in einem Spannungsverhältnis, das lange Zeit als unüberwindbar erschien: Die Mediendidaktik ist in Teilen eindeutig von sogenannten *technischen* Erkenntnisinteressen geleitet. Es geht ihr, wie im Folgenden gezeigt wird, ganz wesentlich um die Optimierung von Lehr-Lernprozessen, wenn Medien als Mittel zur Erreichung von Lehrzielen untersucht werden. Gleichwohl thematisiert die Mediendidaktik auch die Bedeutung des Medieneinsatzes in Lehr- Lernprozessen, und sie ist sich der Grenzen der „Erzeugung" von Lernerfolgen bewusst, wenn sie von „Lernangeboten" einer Lernumgebung spricht. Sie weist damit über ein *technizistisches* Verständnis didaktischer Fragestellungen hinaus, das den Wert von Technik und Technologien unangemessen überhöht.

Der Medienerziehung geht es dagegen wesentlich um die Anleitung zur kritischen Reflexion von Medien und Mediennutzung; sie wurde in den 70er Jahren deswegen zum Teil als sogenannte emanzipatorische Gegenposition zu einer bloß technischen Erkenntnisinteressen folgenden Mediendidaktik aufgefasst (vgl. Wittern, 1975). Die Ansätze blieben jedoch seinerseits vielfach einer kulturkritischen Attitüde verhaftet, die von einer fundamentalen Skepsis gegenüber Technik und neuen Technologien ausging. Denn auch die Medienerziehung muss angeben, mit welchen

Mitteln die angestrebten Ziele einer umfassenden Medienkompetenz faktisch erreicht werden sollen (Baacke, 1986, S. 412):

> Kulturkritisches Räsonnement bleibt nicht nur im Diskurs gefangen, also ohne praktische Wirkung; es könnte auch sein, dass mögliche Chancen der neuen Entwicklungen übersehen, die *wahren* Probleme durch allgemeine Bedenklichkeit eher zugedeckt werden. Es genügt also auch nicht, Medienpädagogik aus einer generalisierenden kritischen Haltung heraus zu begründen.

Es wird deutlich, dass sich die thematischen Bestandteile der Medienpädagogik als solche kaum unterschiedlichen *Erkenntnisinteressen* zuordnen lassen. Die Stigmatisierung, die mit der Zuschreibung entsprechender Kategorien verbunden ist, hat sich weder für die wissenschaftliche Erkenntnisbildung noch für die praktische Anwendung als hilfreich erwiesen.

Wandel der gesellschaftlichen Bedeutung von Medien

Für die aktuelle Diskussion in der Medienpädagogik ist jedoch eine andere Frage bestimmend, nämlich die veränderte Bedeutung von Medien in der Lebens- und Arbeitswelt, und den sich hieraus ergebenden Konsequenzen für die Institution Schule und die Bildungsarbeit in einem weiteren Sinne. Ausgangspunkt ist die Feststellung, dass sich die Funktion von Medien in den Industrienationen zum einen wandelt und die Bedeutung der Medien für die gesellschaftliche Kommunikation und Sozialisation zum anderen insgesamt zugenommen hat (vgl. z.B. Hörisch, 1999). Diese Veränderungen können nicht ohne Auswirkung auf die Bildungsinstitutionen bleiben: Sie müssen auf den vermehrten bzw. für die Sozialisation zunehmend wichtiger werdenden Medienkonsum eingehen.

Andererseits verändert sich der gesellschaftliche Standort und Stellenwert von Bildungseinrichtungen wie Schule, Hochschule und Weiterbildung. Denn mit der zunehmenden Verfügbarkeit medialer Bildungsangebote, etwa in weltweiten Netzen, verändert sich die Bedeutung der Unterrichtsangebote konventioneller Bildungseinrichtungen. Besonders weitreichend ist in dieser Diskussion das *micro choice* Konzept von PERELMAN (1992). Er erhofft sich mit dem Vordringen mediengestützter Lernangebote ein flexibleres Bildungssystem, bei dem Lerner auf einem offenen Bildungsmarkt, z.B. per Internet, jederzeit Zugang zu Lernangeboten ihrer Wahl erhalten, und das Zurückdrängen der seines Erachtens zu starren und monolithischen Bildungsinstitutionen (vgl. Moser, 1995).

Doch auch der Lebens- und Erfahrungsraum Schule wird zunehmend als eine (multi-)mediale Lernumwelt aufgefasst, die zur eigenständigen und gemeinsamen Auseinandersetzung von Lernenden anregt. Mit der zunehmenden Bedeutung des Lernens in multimedialen Lernumgebungen, sei es im Rahmen institutionalisierter oder nicht-institutionalisierter Lernangebote, rückt die Medienthematik von einem Randgebiet in das Zentrum von Pädagogik und Didaktik.

1.3.2 Mediendidaktik und Allgemeine Didaktik

Die Mediendidaktik steht im Schatten einer Allgemeinen Didaktik, die vorrangig schulischen Unterricht thematisiert und der Medienthematik deswegen vergleichsweise wenig Beachtung geschenkt hat. Die Allgemeine Didaktik ist in dem Sinne keineswegs „allgemein", als dass sie sich mit der Gestaltung von Lernangeboten an sich beschäftigen würde – unabhängig von Institutionen oder bestimmten Rahmenbedingungen. Faktisch ist die Allgemeine Didaktik bis heute eine Didaktik des Schulunterrichts geblieben.

Es wird als Verdienst von HEIMANN betrachtet, die Medienthematik in der Allgemeinen Didaktik als Entscheidungsfeld der Unterrichtsplanung etabliert zu haben. Er entwickelte Anfang der 60er Jahre ein Raster, um Unterricht beschreiben und analysieren zu können (Heimann, 1962; 1976). Das Raster beinhaltet einen offenen Rahmen, der Entscheidungen für oder gegen bestimmte didaktische Modelle reflektierbar und zum Gegenstand wissenschaftlicher Erörterung machen kann, und legt damit bewusst kein Modell eines (scheinbar) richtigen Unterrichts vor.

Dazu nahm HEIMANN die *Medienthematik* als Strukturelement des didaktischen Feldes in die Analyse und Planung von Unterricht auf und eröffnete so Perspektiven einer Mediendidaktik. In früheren Ansätzen der Didaktik galt das „Primat der Inhalte vor den Methoden". Entscheidende Dimension der Unterrichtsplanung war die Frage der Lehrinhalte, ihrer Begründung und Einordnung. HEIMANN sah das „Ende einer alten Didaktik" heraufziehen – nicht zuletzt aufgrund neuer Medientechniken, „die imstande sein könnten, unsere didaktischen Konzeptionen von Grund auf zu ändern." (1962, S. 421). Dennoch wurde der Ansatz von HEIMANN wenig bestimmend für die weitere theoretische Diskussion. In den Jahren nach HEIMANNs Veröffentlichung lässt das Interesse an der Medienthematik in der didaktischen Diskussion nach, „legt die Didaktik der 80er Jahre das Medienthema praktisch zur Seite" (Döring & Ziep, 1989, S. 76), – dies nicht zuletzt als Folge von Enttäuschungen mit Medienprojekten, die euphorisch angegangen doch an „Folgen mediendidaktischer Naivität" (DÖRING) gescheitert sind.

Erschwerend für die Etablierung einer eigenständigen Mediendidaktik kam in der Vergangenheit hinzu, dass die Medienthematik vorrangig auf den Einsatz von Medien im Kontext von Schule und Unterricht diskutiert wurde. Diese Verengung ist heute nicht mehr aufrecht zu erhalten, denn zunehmend gewinnt das mediengestützte Lernen an Bedeutung gerade im Bereich des nicht–institutionalisierten, selbstorganisierten Lernens in der Arbeitswelt und Freizeit: Immer schon lernten Menschen aus bildhaften Darstellungen, schriftlichen Aufzeichnungen und Büchern, – sogar lange bevor man begann, Lernen in Schulen zu institutionalisieren. Hinzu kommt, dass sich die Produktion didaktischer Medien zunehmend als ein ernst zu nehmendes Geschäftsfeld entwickelt, das wissenschaftlich begründete Konzepte und entsprechend qualifizierte Fachkräfte nachfragt.

1.3.3 Mediendidaktik und Fernstudiendidaktik

Lernen mit (Multi-) Medien erscheint zunächst als eine offensichtlich „einsame" Form individueller Wissensaneignung, die ohne Kommunikation zu Lehrenden oder den institutionellen Rahmen einer Bildungseinrichtung auskommt. Folglich steht im Mittelpunkt der mediendidaktischen Forschung die Interaktion zwischen Lernenden und dem technischen Medium bzw. Computer.

Im Zentrum des Fernstudiums steht ebenfalls ein mediengestütztes Lernen, freilich ein *betreutes* Lernen über Distanzen. Zur Interaktion zwischen Lerner und Medium. Didaktisch aufbereitete (z.B. multimediale) Medien und die organisierte Kommunikation zwischen betreuender Institution und Lernenden sind integraler Bestandteil eines Fernstudiensystems (vgl. zur Fernstudiendidaktik Keegan, 1996; Moore & Kearsley, 1996; Peters, 1997)

Mit der zunehmenden Einbindung multimedialer Lernangebote in digitale Netze, insbesondere das weltweite Internet, eröffnen sich neue Lernszenarien, die wesentlich flexibler organisiert sind als die klassische computerunterstützte Unterweisung. Multimediale Lernangebote werden über Netze distribuiert und mit unterschiedlichen personalen Dienstleistungen kombiniert. Es kristallisieren sich neue, hybride Varianten des offenen und betreuten Tele-Lernens mit mehr oder weniger multimedialen Elementen heraus, mit denen ein Zusammenwachsen mediendidaktischer und fernstudiendidaktischer Forschungsfragen notwendig wird.

Wenn in solchen Lernumgebungen Kommunikationstechniken (wie Telefonie, Tele- und Videokonferenzen, internetbasierte Chats, E-Mail, Diskussionsforen und internetbasierte Gruppenarbeit) eingesetzt werden, reduziert sich die Distanz zu anderen Lernenden und zu betreuenden Personen: Es entwickeln sich persönliche Beziehungen zwischen Lehrenden und Lernenden – auch über räumliche Distanzen hinweg. Soziales Lernen wird möglich und es bilden sich soziale Gruppen, Gruppenidentitäten, -strukturen und -normen – Kategorien, die bislang vor allem in der allgemein-didaktischen Literatur diskutiert werden.

Damit ist ein Bogen skizziert, der von den vorherrschenden Betrachtungsweisen in der Mediendidaktik (Relation: Medium – Person) und der Fernstudiendidaktik (Relation: Person – Medium – Person) hin zur allgemeinen Didaktik (Relation: Person – Person) reicht: Mit der zunehmenden Durchdringung von Lebens- und Schulwelten mit multi- und telemedialen Technologien einerseits und der zunehmend hybriden Organisation des mediengestützten Lernens andererseits wird die Verknüpfung dieser weitgehend isolierten Betrachtungsweisen der genannten Disziplinen unumgänglich (s. Seite 300).

1.3.4 Fragestellungen der Mediendidaktik

Die Bandbreite von Fragestellungen, mit denen sich Mediendidaktik heute beschäftigt, ist in dem Vier-Felder-Schema mediendidaktischer Fragestellungen in Tabelle 2 angedeutet. Dabei wird zunächst zwischen *medientechnischen Systemen* und didaktisch aufbereiteten *Medienprodukten* unterschieden. Diese Unterscheidung darf nicht mit den Begriffen Hardware vs. Software gleichgesetzt werden, da Mediensysteme sowohl Hard- als auch Software beinhalten (können).

Die Mediendidaktik beschäftigt sich folglich mit Mediensystemen (delivery systems) oder Medienprodukten (media content) und zwar entweder als Produkt oder Prozeß. Bei der Produktperspektive interessiert, welche medientechnische Infra-

struktur und Medien für Lehr- und Lernprozesse besonders geeignet sind. Die Pro-
zeßperspektive fokussiert die Frage, *wie* solche Systeme konzipiert und genutzt
werden können, um bestimmte Lernprozesse anzuregen.

Tabelle 2: Vier-Felder-Schema mediendidaktischer Fragestellungen

Medien als	Produkt	Prozeß
medientechnische Systeme	(1) lernförderliche Infrastruktur	(3) Werkzeuge für Lehr- und Lernprozesse
didaktische Medien	(2) Medienprodukte mit didaktischer Intention	(4) Konzeption, Entwicklung, Einsatz didaktischer Medien

Feld 1: Lernförderliche Infrastruktur. Bei der Betrachtung von Mediensystemen
als Produkt geht es um die medien- oder computertechnische Ausstattung für Lehr-
und Lernzwecke sowie die infrastrukturellen Voraussetzungen für deren – im Sinne
von Lernzielen erfolgreichen – Nutzung. Dies inkludiert beispielsweise auch die
Frage der räumlichen Anordnung und die Organisation der personalen Betreuung
solcher Systeme. Dazu sind die inhaltlichen und institutionellen Rahmenbedingungen der möglichen Verwendung zu berücksichtigen: Für was und unter welchen
Rahmenbedingungen sollen die Systeme eingesetzt werden und welche Voraussetzungen sind für einen erfolgreichen Betrieb notwendig? Werden solche Fragen unter rein informatischen Gesichtspunkten angegangen, besteht die Gefahr, dass die
realisierte Infrastruktur die möglichen Lernszenarien ungerechtfertigt und/oder unnötig verengt.

Von einer Perspektive, die die Medienprodukte isoliert betrachtet, wird leicht übersehen, dass die besten Medien ohne angemessene Infrastruktur nicht die erhofften
Lernprozesse anregen können. Die infrastrukturellen Voraussetzungen für ein erfolgreiches Lernen mit Medien werden bei einer Prozeßbetrachtung dagegen stärker sichtbar.

Der Einführung digitaler *Infrastruktur* werden dagegen oft enorme „Potenziale" für
die Bildungsarbeit zugeschrieben. Doch es stellt sich die Frage, ob diese tatsächlich
mit den technischen Systemen verbunden sind und eintreten, sobald diese eingeführt sind. Bei einer solchen Ausstattungsperspektive ist zu berücksichtigen, dass
die Verfügbarkeit von Computern und Medien immer nur eine notwendige, aber
keine hinreichende Bedingung für Lernen darstellt.

Feld 2: Werkzeuge für Lehr- und Lernprozesse. Aus der Sicht einer Prozeßper-
spektive geht es dagegen darum, wie Computer und Medien in ihrer generischen
Funktionalität als Werkzeuge in Lehr- und Lernprozessen genutzt werden können,
z. B. ein Software zur Erstellung und Bearbeitung von Texten, ein Hypertext zur
Darstellung und Ordnung von Wissensstrukturen oder ein Modellbildungssystem
zur Nachbildung und Simulation realer oder erdachter Welten. Diese Werkzeugfunktion von Medientechniken blieb lange Zeit wenig beachtet und hat gerade mit
der Diskussion über Konstruktivismus an Bedeutung gewonnen: Medien als Werk-

zeuge zur individuellen und kollektiven Konstruktion und Kommunikation von Wissen.

Feld 3: Medienprodukte mit didaktischer Intention. Hier geht es um didaktisch aufbereitete Lehr-Lernmedien und ihre Auswirkung auf das Lernen. Die bisherige Forschung hat sich vorrangig mit der Qualität vorliegender Medienprodukte beschäftigt: Mit welchen Medien (wie Video, Multimedia, WBT) können welche Lernergebnisse und -erfolge erzielt werden?

Feld 4: Konzeption, Entwicklung, Einsatz didaktischer Medien. Unter dieser Perspektive wird danach gefragt, wie mediengestützte Lernangebote hergestellt und genutzt werden. Sollen Medien zur Lösung konkreter Bildungsanliegen beitragen, so ist das richtige Medienprodukt auf richtige Weise auszuwählen, herzustellen, einzuführen etc.. Qualität kommt danach durch Passung des Mediums mit den Bedingungen des didaktischen Feldes zustande. In diesem Feld geht es also darum, die Prozesse der Konzeption, der Entwicklung und des Einsatzes von Medien systematisch zu untersuchen.

Diese verschiedenen Fragestellungen sind in der mediendidaktischen Forschung – mit unterschiedlicher Intensität – bislang weitgehend unabhängig voneinander (oder sogar in mehr oder weniger scharfer Abgrenzung) thematisiert worden. Es wird jedoch zunehmend deutlich, dass es sich dabei um ergänzende und nicht gegeneinander ausschließende Forschungskomplexe der Mediendidaktik handelt.

1.3.5 Von Unterrichtsmedien zu komplexen Lernumgebungen

Welche Rolle spielen Medien im Lehr-Lernprozess? Übernehmen Medien die Rolle von Lehrkräften oder ergänzen sie deren Aktivitäten? Wie haben sich die Auffassungen von Medien in der Bildungsarbeit verändert? Im Folgenden wird kurz skizziert, wie sich die Antworten auf diese Fragen in den letzten 30 Jahren mediendidaktischer Forschung und Praxis gewandelt haben.

Medien im Unterricht. Zu Beginn der siebziger Jahre wurden didaktische Medien in engem Zusammenhang mit Unterricht und schulischem Lernen gesehen (vgl. Dichanz & Kolb, 1973). Unterrichtsmedien unterstützen Lehrende beim Vortrag, bei der Moderation etc. und dienen der Veranschaulichung, der Strukturierung und Ordnung von Sachinhalten und Lehraktivitäten. Auch bei vielen Lernaktivitäten spielen Medien eine wichtige Rolle. Die Vision der früheren Bildungstechnologie war eng mit Ideen einer Erneuerung der Schule durch AV-Medien und Computer verbunden. Die Frage, ob Medien und Computer Lehrpersonen ersetzen können bzw. sollen, rückte in das Zentrum einer vielfach emotionsgeladenen Auseinandersetzung. Dies ist nicht verwunderlich, sind doch mit der Vorstellung der Substituierbarkeit personaler Lehre gleichermaßen große Hoffnungen als auch Ängste verbunden. Die Hoffnungen beziehen sich auf die Möglichkeit, Kosten der Bildungsarbeit zu reduzieren bzw. zu optimieren (Effizienzsteigerung). Die Ängste beziehen sich einerseits auf mögliche Arbeitsplatzverluste und andererseits auf eine Verengung pädagogischen Handelns auf eng umrissene Wissensvermittlung.

Auch die empirische Lehr-Lernforschung ist lange Zeit von einer polarisierenden Sichtweise über Computer *versus* Lehrende geprägt gewesen. In der Bildungspraxis hat diese polarisierende Sichtweise jedoch nie diesen Stellenwert gehabt, weitreichende Visionen ebenso wie eher zaghafte Ansätze von Unternehmen zur Substitution von Lehrgängen durch Computerprogramme sind oft und schnell als Fehlversuche aufgegeben worden. Die mangelhaften Erfolge bzw. enttäuschenden Ergebnisse wurden auf mangelhafte Technik und schlechte CBT-Anwendungen einerseits und mangelhafte Erfahrungen der Menschen mit EDV oder auch Technikfeindlichkeit andererseits zurückgeführt.

Medien in der Lebenswelt. Die polarisierende Betrachtung erscheint aus heutiger Sicht eingeschränkt, denn mediales Lernen ist zunächst eine von Unterricht unabhängige Lernform, die in der Lebensperspektive auch quantitativ einen beachtlichen Stellenwert einnimmt (z.B. Lernen mit Sachbüchern, Kassetten, Rundfunkbeiträge usw. in der Freizeit und Arbeitszeit). Die Frage, ob Medien personalen Unterricht ersetzen können, ist nicht vorrangig: Die Lebenswelt ist voller Lern- und Erfahrungsmöglichkeiten, die in vielen Fällen und zunehmend medial vermittelt sind. Die Mediendidaktik beschäftigt sich mit der didaktischen Konzeption solcher Lernangebote, – der Medieneinsatz im Rahmen von konventionellem Unterricht in Schule, Hochschule und Weiterbildung ist ein wichtiger, aber spezieller Fall.

Im Mittelpunkt des Interesses stehen vielmehr folgende Varianten des Medieneinsatzes:

- Beim *autodidaktischen Lernen* steht die individuelle Auseinandersetzung mit Printmedien, audiovisuellen Medien (Ton- und Videokassetten, Radio und Fernsehen etc.) sowie digitalen Medien (CBT, Multimedia, Internet etc.) im Vordergrund.

- Das Lernen in Selbstlernzentren und Mediotheken, etwa in betrieblichen Bildungskontexten, kombiniert mediale Lernangebote mit unterschiedlichen Betreuungsangeboten, z.B. Bildungs- und Medienberatung, technische Unterstützung sowie die Prüfung und Zertifizierung.

- Das Lernen im Medienverbund kombiniert die Ausstrahlung von Radio- oder Fernsehsendungen (terrestrisch, Kabel, Satellit) mit Materialien für das Selbststudium (Texte, Kassetten etc.) mit begleitenden Lerngruppen. Eine betreuende Einrichtung übernimmt die Distribution der Medien und deren Koordination sowie Anmeldung, Beratung, Zuordnung und Prüfung.

- Beim konventionellen Fernlernen werden Lernmaterialien auf postalischem Weg versendet, die Lernenden bearbeiten Aufgaben, deren Lösungen sie zurückschicken. Die Aufgabe des Anbieters besteht in der Organisation und Koordination aller Teilaktivitäten (Berater, Autoren, Lektoren, Tutoren, Prüfer etc.).

- Beim *Tele-Lernen* werden schließlich sowohl für den Versand der Lernmaterialien als auch für kommunikative Aktivitäten Netze der Telekommunikation genutzt. Neben dem Lernen im Internet schließt dies etwa Videokonferenzen über ISDN ein.

Die neuere Mediendidaktik betrachtet damit nicht mehr vorrangig den Medieneinsatz in konventionellem Unterricht, sondern untersucht den möglichen Beitrag didaktisch aufbereiteter Medien in verschiedenen Lernszenarien, – mit unterschiedlich gearteten personalen Dienstleistungen in der Beratung und Betreuung des medialen Lernens, die Bestandteil des Lernangebotes und damit Bestandteil mediendidaktischer Konzeptionen sind. Der Trend zu solch differenzierten Lernangeboten ist auf dem Hintergrund gesellschaftlicher Entwicklungen mit ihren Auswirkungen auf das Verständnis und die Organisation von Bildung sowie der wachsenden Bedeutung des lebenslangen und des nicht schulisch organisierten Lernens zu verstehen.

Mediale Lernumgebungen. Unsere Lebenswelt ist voller Anreize und Potenziale für individuelles und kollektives Lernen; mediale Lernumgebungen sind planmäßig gestaltete Arrangements, in denen – auf Grundlage technischer Medien – möglichst lernförderliche Bedingungen geschaffen werden. Mediale Lernumgebungen sind ein wesentlicher Bestandteil aktueller Bildungskonzepte.

Mediale Lernumgebungen lassen sich demnach folgendermaßen charakterisieren:

- Sie beinhalten eine Kollektion unterschiedlicher Arten von Medien (Einzel- oder Multimedien) und Hilfsmitteln (Versuchsanordnungen, Spiel- oder Werkzeuge, PC, Einrichtungen der Telekommunikation).
- Die Medien sind so aufbereitet oder arrangiert, dass sie das Eintauchen in eine Umwelt, die Lernprozesse besonders anregt, fördern.
- Die Lernprozesse in dieser Umgebung basieren in starkem Maße auf der Eigenaktivität von Lernenden.
- Die mediale Lernumgebung ist meist Teil einer bewusst gestalteten physikalisch–sozialen Umwelt: z.B. eines Weiterbildungs- oder Fernstudiensystems mit unterschiedlichen Arten von Betreuung.
- Wenn auch nicht unmittelbar und immer von außen sichtbar, ist die bewusste Planung wie auch Steuerung oder Regelung des Lernverhaltens Teil der gestalteten Lernumgebung.

Digitale Multimedien. Besonders interessant für mediengestützte Lernangebote sind digitale Multimediasysteme, da sie verschiedene, bislang in getrennten Medien gespeicherte Informationen (wie Texte, Bilder, Bewegtbild etc.) in einem System integrieren und dort alle diese Varianten mediengestützter Information und Kommunikation zu realisieren erlauben, die bisher mit den verschiedenen Techniken realisiert wurden. Multimediale Informationssysteme ebenso wie CBT-Anwendungen *(computer based training)* oder netzbasierte Kommunikationswerkzeuge können *Teil* einer solchen Lernumgebung sein.

Der Begriff der Lernumgebung verweist nicht nur auf eine materielle Umgebung mit einer bestimmten technischen Ausstattung, sondern auch auf den sozialen Kontext in dem Lernen stattfinden soll. Der soziale Kontext des medialen Lernens betrifft unterschiedliche personale Dienstleistungs- und Unterstützungsangebote, die in vielen Fällen notwendig sind, um den Erfolg des mediengestützten Lernens zu sichern. Ein ähnliches Verständnis ist mit dem Begriff der lernförderlichen Infrastruktur verbunden, die das Potenzial einer medial angereicherten Umgebung zur *nachhaltigen* Unterstützung individueller und sozialer Lernaktivitäten betont. Eine solche Infrastruktur kann sich nicht auf das Bereitstellen von Mediensystemen beschränken, sondern bedarf bestimmter personaler Dienstleistungen und didaktisch aufbereiteter Lernangebote.

Die Planung einer medialen Lernumgebung geht damit wesentlich über z.B. die Konzeption eines computergestützten CBT-Programms (mit mehr oder weniger multimedialen Bestandteilen) hinaus. In den Mittelpunkt des Blickfeldes einer solchen mediendidaktischen Konzeption rückt vielmehr die gesamte physikalisch–soziale Infrastruktur und deren Potenzial zur Anregung von individuellen oder kollektiven Lernprozessen.

Das Lernen in der Lernumgebung beruht dabei vorrangig auf der Auseinandersetzung von einzelnen oder Gruppen von Lernern mit technischen Medien, gleichwohl kann die Lernumgebung verschiedene personale Dienstleistungen beinhalten, z.B. die Lern- oder Medienberatung, die tutorielle Betreuung, die technische Unterstützung und manches mehr. Der bloße Versand von Fachzeitschriften oder Lehrbüchern kann dagegen nicht als hinreichend für eine didaktisch aufbereitete Lernumgebung gelten – auch wenn das Lesen eines Buches viele Einsichten zu vermitteln vermag.

1.4 Forschung in der Mediendidaktik

Einige Fragestellungen, mit der sich die Mediendidaktik in der Vergangenheit beschäftigt hat, wurden bereits dargestellt. Nun soll es darum gehen, wie mediendidaktische Forschung die beschriebenen Fragen *forschungsmethodisch* angeht?

1.4.1 Entwicklungslinien mediendidaktischer Forschung

Im Folgenden werden methodische Ansätze und Vorgehensweisen mediendidaktischer Forschung skizziert. Dabei wird deutlich, wie schwierig es ist, manch einfach erscheinende Frage methodisch angemessen zu erforschen, wie zum Beispiel die Frage, ob das Lernen mit (bestimmten) Mediensystemen anderen Verfahren überlegen ist.

Vergleichsstudien. Ein erheblicher Anteil mediendidaktischer Forschung hat in der Vergangenheit die – naheliegende – Frage thematisiert, ob mediengestütztes Lernen erfolgreich oder erfolgreicher als konventioneller Unterricht ist oder ob bestimmte, „neue" Medien den „alten" Medien vorzuziehen sind. Die Computer- und Medienindustrie gleichermaßen wie Kultus- und Wissenschaftsverwaltung aber auch Politiker, Lehrer, Eltern und manche mehr sind interessiert an der Frage, ob man mit Medien und Computern tatsächlich besser lernen kann als mit herkömmlichen Verfahren. Die zahlreichen Studien, die hierzu vorliegen, werden ausführlicher in späteren Kapiteln dargestellt. Sie zeigen, dass die Effektivität der neuen gegenüber den alten Medien oder gegenüber konventionellem Unterricht nicht höher ist. Motivationale Vorzüge neuer Medien sind vielfach auf Neuigkeitseffekte zurückzuführen und sind nicht von Dauer.

Der Vergleich der Lerneffektivität unterschiedlicher Medienssysteme hat sich dabei – aus forschungsmethodischer, theoretischer ebenso wie empirischer Sicht – als problematisch erwiesen. Die fast 50jährige Tradition der Untersuchungen zu Medienvergleichen, die hunderte Studien mit vielfach hohem methodischen Aufwand hervorgebracht hat, wird etwa von DÖRR & SEEL (1997) als schlicht bankrott bezeichnet. Die mit bislang jeder neuen Medientechnik verknüpften Hoffnungen auf höhere Lernerfolge sind aus Sicht der mediendidaktischen Forschung damit als grundsätzlich problematisch zu werten (s. Seite 103).

Forschung zu Medienattributen. Statt Mediensysteme als solches zu vergleichen, konzentriert sich die Forschung zu Medienattributen auf *ein* Mediensystem. Man möchte Bedingungen spezifizieren, unter denen das Lernen mit diesem Mediensystem optimiert werden kann. Vor allem in Laborexperimenten aber auch in Feldstudien wird untersucht, wie sich bestimmte Attribute bzw. Varianten der Gestaltung des Medienssytems auf das Lernen auswirken. Solche Befunde können Hinweise für die lernförderliche Gestaltung des jeweiligen Mediums liefern. Mittlerweile liegen in dieser Tradition umfangreiche Befunde vor, die auch in konkrete Handanweisungen für das didaktische Design eingeflossen sind. Bei Texten wird z. B. der Einfluss formaler wie inhaltlicher Merkmale auf Lesbarkeit, Verständlichkeit und Erinnern untersucht, bei Filmen werden Effekte von Einstellungen, Montagetechniken oder Schnittfrequenzen untersucht u.v.a.m. (Ballstaedt, 1997; Schnotz, 1994; Weidenmann, 1994).

In einem weiteren Sinne entspricht dies dem Prozeß-Produkt-Ansatz der empirischen Lehr-Lernforschung, der Merkmale des Lehr-Lernprozesses mit Lernergebnissen in Beziehung setzt, – um festzustellen, welche Personen mit welchen didaktischen Angeboten am besten lernen (vgl. Dunkin & Biddle, 1974): Alle relevanten Faktoren des didaktischen Feldes, seien es antezedente Bedingungen oder Merkmale des Lernangebotes selbst, können bzw. sollen als Bedingungsvariablen in entsprechenden Untersuchungen einfließen. Dieser Ansatz ist methodisch komplex, da er viele Bedingungen und ihre wechselseitige Beeinflussung statistisch zu erfassen versucht. Auch hier ist das Ergebnis ernüchternd: Die Hoffnung, die Totalität des Lehr-Lernprozesses empirisch zu erfassen, und mithilfe sophistizierter, statistischer Methoden auf die zugrunde liegenden Wirkmechanismen zu stoßen, ist als unrealistisch aufgegeben worden (vgl. Terhart, 1997; Wittrock, 1986).

Der Vorwurf der Theorielosigkeit dieser Forschung liegt nahe, denn es gibt wohl kaum ein Medienattribut, das nicht aufgegriffen und in Beziehung zu Lernvariablen gesetzt worden ist. Vielfach liegen den Untersuchungen aber durchaus theoretische Überlegungen etwa aus der Lern- oder Kognitionspsychologie zugrunde, die für die Ableitung und Begründung der Forschungshypothesen verantwortlich sind. Bei der Rezeption solcher Untersuchungen in der mediendidaktischen Diskussion werden die Ergebnisse jedoch oft auf schlichte Aussagen verkürzt (zur Kritik s.a. Ullmer, 1994). Zu bedenken ist darüber hinaus, dass mit der weiterhin fortschreitenden technischen Entwicklung der digitalen Medien viele Medienmerkmale, die heute interessant erscheinen und in Untersuchungen aufgenommen werden, schon bald überholt sind. Von einer Übertragbarkeit ist in vielen Fällen nicht auszugehen. So sind etwa andere Prinzipien der Präsentation von Texten auf dem Bildschirm als auf dem Papier oder andere Prinzipien zu berücksichtigen.

Didaktisch wertvolle Medien? Damit sind einige der Probleme der Forschung angedeutet, Merkmale „didaktisch wertvoller" Medien zu identifizieren. Dies führte zu der Überlegung, dass die didaktische Qualität möglicherweise nicht als solches *in* ein Medium implantiert werden kann, sondern vielmehr davon abhängt, *wie* das Medium geplant, eingeführt und genutzt wird. Es käme dann auf die Gestaltung dieser *Prozesse* an, die – unter den jeweils spezifischen Bedingungen des didaktischen Felds – Qualität ermöglichen.

Folgt man dieser Einschätzung, so impliziert dies weitreichende Konsequenzen für Forschung und Anwendung. Zunächst stellt sie die gängige Praxis der Medienbewertungen (z.B. bei Wettbewerben) und Evaluationsstudien in Frage, bei denen die didaktische Qualität anhand des Vorliegens bestimmter Kriterien *in* dem Medium entschieden wird. Dabei lässt sich ohne Zweifel etwa der didaktische Ansatz feststellen und die inhaltliche, formale oder ästhetische Darstellung begutachten: Ist die Navigation intuitiv und übersichtlich? Stehen Text und Bild in sinnvollen Verhältnis? Ist der Text am Bildschirm knapp genug, dass er zum Lesen einlädt? Sind elementare typographische Konzepte berücksichtigt?

Weitergehende Fragen wären dann: Orientiert sich das Wissen an den Vorkenntnissen der Zielgruppe? Sind die Lernpfade angemessen sequenziert? Ist situatives bzw. fallgebundenes Wissen adäquat berücksichtigt? Dieses sind bereits Aspekte, die nicht durch Inspektion des Mediums begutachtet werden können, sondern auf die Nutzung des Mediums in einem konkreten sozialen Kontext verweisen. Genau dies werden auch die Ansatzpunkte der mediendidaktischen Analyse sein.

Prozeßforschung. Auf dem Hintergrund der dargestellten – empirischen wie theoretischen – Probleme, die Merkmale eines didaktisch „guten" Mediums zu identifizieren, nimmt die Bedeutung der Erforschung von Prozessen der Planung und Realisation mediengestützten Lernens an Bedeutung zu. Die Prozeßforschung untersucht den *Lebenszyklus* didaktischer Medien, um zentrale Entscheidungen bzw. Entscheidungsdimensionen bei den jeweiligen Phasen bzw. Teilprozessen zu benennen und Kriterien für die Entscheidungsfindung zu identifizieren. Sie untersucht also wie Ergebnisse der jeweiligen Phase zustande kommen, weniger die Ergebnisse selbst. Grundlage dazu ist die Untersuchung, wie Betroffene (Lernende, Lehrende, Entwickler, Manager etc.) in den verschiedenen Teilprozessen mit welchem Erfolg vorgehen, um daraus Hinweise abzuleiten, wie solche Prozesse gestaltet werden können.

RICHEY (1998) unterscheidet hierbei zwei Forschungsstrategien: Es kann entweder ein einzelnes Projekt begleitend untersucht werden, oder es werden verschiedene Projekte verglichen, um Aussagen über einen bestimmten Aspekt eines Prozesses zu machen. Relevante Forschungsfragen wären etwa: Welchen Stellenwert nehmen die Bedarfs- und Bedürfnisanalysen sowie *content analysis* und *task analysis* ein, wie werden Zielanalysen und -spezifikationen vorgenommen? Welchen Einfluss haben Größe des Projekts, inhaltliche Schwerpunkte und globale Projektziele auf Ausmaß und Art der didaktischen Analysen? In welcher Zusammenstellung arbeiten Entwicklungsgruppen, an welchen Stellen der Zusammenarbeit können Schwierigkeiten auftauchen?

1.4.2 Ansätze der Lehr-Lernforschung

Das Anliegen der Mediendidaktik kann letztlich einem präskriptivem Ansatz der Lehr-Lernforschung zugeordnet werden. Im Folgenden wird dieser in seiner Beziehung zu den verschiedenen Zugängen der Lehr-Lernforschung skizziert.

Lehren und Lernen sind Gegenstand unterschiedlicher Teildisziplinen der Pädagogik und Psychologie mit verschiedenen Ausrichtungen und Forschungsmethoden. KLAUER (1985) hat die verschiedenen Zugänge systematisiert: Liegt der Schwerpunkt bei den Inhalten (was wird gelehrt?) oder der Vermittlung (wie wird gelehrt?). Darüber hinaus wird zwischen deskriptiven, präskriptiven und normativen Theorien differenziert (s. Tabelle 3).

Ziel *deskriptiver* Lehr-Lerntheorien ist die Beschreibung eines Ausschnitts der Realität, ihre Erklärung und Vorhersage. Charakteristisch hierfür ist der Prozeß-Produkt-Ansatz der Lehr-Lernforschung, der isolierte Merkmale des Lehr- und Lernprozesses in Beziehung zu Lernergebnissen stellt (vgl. Walberg & Haertel, 1992; Weinert, 1996a; Weinert, 1996c).

Normative Theorien der Didaktik diskutieren Wertmaßstäbe für didaktisches Handeln; in der deutschsprachigen Erziehungs- und Unterrichtswissenschaft werden diese vor allem in der *Allgemeinen Didaktik* bzw. *Erziehungsphilosophie* thematisiert. Ein *präskriptiver* Ansatz beschreibt schließlich Vorgehensweisen, wie bestimmte Ergebnisse (z.B. Lernerfolg) unter Berücksichtigung unterschiedlicher Voraussetzungen erreicht werden können. Es werden Prinzipien formuliert oder Vorgehensweisen beschrieben, wie z.B. Lernprozesse ermöglicht bzw. gefördert werden können. Die *gestaltungsorientierte Mediendidaktik* verfolgt einen derart präskriptiven Ansatz: Es geht um Verfahren, wie didaktische Medien als Teil einer Lernumgebung konzipiert und entwickelt werden können.

Tabelle 3: Zugänge der Lehr-Lernforschung

	Deskriptiv	**Präskriptiv**	**Normativ**
Was?	Lehrziel, Lehrinhalte	Curriculum	Wertbegründungen für Lehrinhalte
Wie?	Lehrer-Lerner-Interaktion	Lehrmethoden	ethische/kommunikative Standards des Lehrens
	Pädagogische Psychologie	*Didaktisches Design*	*Erziehungsphilosophie*

Dabei stellt sich die Frage des Verhältnisses der unterschiedlichen Ansätze: Wie sind die Erkenntnisse der Ansätze aufeinander zu beziehen? Ist einem Ansatz Priorität zuzuschreiben? Vor allem das Verhältnis eines deskriptiven und präskriptiven Ansatzes steht dabei zur Diskussion. HILGARD & BOWER (1966) betonen etwa, dass eine unmittelbare Anwendung von Erkenntnissen der deskriptiven Lehr-Lernforschung für präskriptive Ansätze grundsätzlich nicht möglich ist.

Zur Frage des Verhältnisses von Erkenntnissen deskriptiver und präskriptiver Forschung existieren nach WEINERT (1996c) im wesentlichen zwei Vorstellungen: Ein eher an der Grundlagenforschung ausgerichtetes Verständnis von empirischer Forschung, das die isolierte und reduzierte Betrachtung von Phänomenen empfiehlt sowie eine feldorientierte Forschung, die sich weitgehend auf gegebene, soziale Situationen konzentriert, und in deren Sicht Lehren und Lernen immer kultur- und kontextabhängig sind. Wenngleich diese Ansätze vielfach als scheinbar unvereinbare erkenntnistheoretische Positionen diskutiert werden, betont WEINERT deren mögliche Konvergenz.

Die wissenschaftliche Beschäftigung mit dem Phänomenen des Lernens und Lehrens bedarf einer mehrschichtigen, arbeitsteiligen Betrachtung, die die inhaltliche Gleichrangigkeit bei gleichzeitiger Unterschiedlichkeit der Forschungsmethodologie der verschiedenen Zugänge anerkennt. Die beobachtbaren Schwierigkeiten des Zusammenwirkens der verschiedenen Zugänge hängt nicht zuletzt damit zusammen, dass die unterschiedlichen Zugänge zu dem *gleichen* empirischen Phänomen jeweils verschiedene Forschungsmethoden erforderlich machen, die für den jeweils anderen Zugang wenig taugen.

Instruktionstechnik, -technologie oder -design?

Wissenschaftliche Erkenntnisse über Verfahren werden Technologien genannt. Außerhalb Deutschlands hat sich deswegen der Begriff *instructional* (oder: *educational*) *technology* für den präskriptiven Zugang der Lehr-Lernforschung etabliert. Fälschlicherweise wird *instructional technology* jedoch oft mit Unterrichtstechnik, den technischen Hilfsmitteln des Lehrens, verwechselt. Dieser Fehler ist zunächst darauf zurückzuführen, dass die Begriffe Technologie und Technik oft gleichgesetzt werden, wodurch regelmäßig Missverständnisse verursacht werden: In den meisten Fällen vermuten Außenstehende, auch Fachkollegen anderer Teildisziplinen der Pädagogik, es gehe um die technischen Hilfsmittel und Mediensysteme im didaktischen Kontext. Diese Missverständnisse hängen möglicherweise damit zusammen, dass viele Forscher der *instructional technology* sich tatsächlich *auch* mit den Möglichkeiten technischer Medien, insbesondere dem computergestützten Lernen und *elearning*, beschäftigen: Es wird das eigentliche theoretische Interesse an *Lehrverfahren* mit der Beschäftigung mit den (dabei nützlichen) technischen *Hilfsmitteln* verwechselt.

Der im deutschsprachigen Raum z.T. verwendete Begriff Bildungstechnologie erschwert die Diskussion zusätzlich. Mit dem Begriff der Bildung werden in der Tradition des bildungstheoretischen Diskurses in Deutschland inhaltlich weitreichende

Ansprüche verknüpft, die – so die Kritik – mit dem Begriff der Technologie kaum vereinbar sind.

Von der Instruktionstechnik zum -design

Die angedeuteten Probleme sind Gründe dafür, dass führende Vertreter dieser Forschungsrichtung statt des Begriffs *instructional technology* seit längerem den Begriff *instructional design* bevorzugen. Der Begriff taucht in der Lehr-Lernforschung erstmals in einer Publikation von GLASER (1966) mit dem Titel „The Design of Instruction" auf. Zur Etablierung des Begriffs haben u.a. die Lehrbücher von GAGNÉ & BRIGGS (1974) beigetragen, ebenso wie die von REIGELUTH herausgegebenen Sammelbände, die sich mit theoretischen Modellen (1983a), mit der Umsetzung (1987) sowie neueren Ansätzen (1999) des Instruktionsdesign beschäftigen. In Deutschland sind diese Forschungsaktivitäten lange Zeit wenig beachtet worden.

Aus Sicht konstruktivistischer oder situierter Ansätze ist mit dem Begriff Instruktionsdesign ein grundlegendes Problem verbunden: Sie relativieren die Bedeutung von *Lehr*prozessen zugunsten von *Lern*prozessen und verweisen darauf, dass didaktische Aktivitäten in erster Linie *Lernen* ermöglichen sollen: *Lehren* ist weder eine notwendige noch eine hinreichende Bedingung für Lernprozesse.

Der Begriff Instruktionsdesign fokussiert damit unnötigerweise Lehraktivitäten; der (alternative) Begriff *didaktisches Design* betont dagegen die Gestaltung aller Strukturen und Prozesse, die im Kontext des Lernens relevant werden. Er schließt damit insbesondere Lernumgebungen ein, die Lernangebote auch nicht instruktioneller Art beinhalten (s. insbesondere Flechsig, 1987).

Didaktisches Design ist demnach als präskriptiver Ansatz der Lehr-Lernforschung aufzufassen, der die Planung und Gestaltung von Lernangeboten thematisiert, und entsprechendes Wissen als Grundlage professionellen Handelns verfügbar macht (vgl. Issing, 1997).

Ein Modell des didaktischen Designs benennt Prozeduren, wie bei …

- der Planung und Konzeption,
- der Entwicklung und Produktion,
- der Einführung und Durchführung sowie
- der Qualitätssicherung und Evaluation von Lernangeboten vorgegangen werden kann.

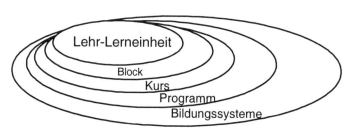

Abbildung 2: Planungsebenen (nach Flechsig & Haller, 1975)

Didaktisches Design kann dabei auf unterschiedlichen Ebenen angesiedelt sein (s. Abbildung 2). Mit jeder Ebene sind unterschiedliche Designprobleme und Methoden der Problemlösung verbunden. Das didaktische Design erforscht auf jeder dieser Ebenen die Merkmale einzelner lernförderlicher Elemente, deren Organisation sowie den Prozeß der Planung, Umsetzung und Qualitätssicherung. Dabei hat sich die Forschung zum didaktischen Design bislang vor allem auf die Mikroebene konzentriert, also z.B. die Text- und Bildgestaltung oder die Sequenzierung von Lernelementen einer Lehr-Lerneinheit. In der fernstudiendidaktischen Forschung werden dagegen in stärkerem Maße auch Aspekte der Makroebene aufgegriffen, z.B. die Frage der Aufbau- und Ablauforganisation von Fernstudiensystemen.

Fälschlicherweise wird mit den Begriffen Instruktionsdesign oder didaktisches Design in der Praxis nicht selten das Design der Benutzeroberfläche von Lernsoftware verbunden, – also vor allem die ästhetische Gestaltung grafischer oder anderer multimedialer Elemente von CBT- oder WBT-Anwendungen. Dies ist jedoch nur ein, zumal untergeordneter, Aspekt des *didaktischen* Designs.

Mit dem Übergang vom Begriff *Instruktionstechnologie* zu den Begriffen *Instruktionsdesign* bzw. *didaktisches Design* wird eine inhaltliche Verschiebung wahrnehmbar: Während Technologien präzise Verfahrensvorschriften beinhalten, verweist der Begriff des *Design* auf eine quasi künstlerische Tätigkeit. Handelt es sich damit um das Eingeständnis, dass Planung wie Durchführung von didaktischen Aktivitäten kaum algorithmischen Verfahrensvorschriften folgen (können), sondern eher intuitiv zu bewältigende Gestaltungsaufgaben darstellen, wie es in der Tradition der geisteswissenschaftlichen Pädagogik (LITT, SPRANGER) immer schon geheißen hat?

Diese Frage kann hier nicht in ihrer historischen und systematischen Bedeutung für die Pädagogik reflektiert werden. Vielmehr soll es im Folgenden darum gehen, das Grundproblem der Verortung von Aussagen zum didaktischen Design in der gestaltungsorientierten Mediendidaktik zu umreißen.

1.4.3 Didaktisches Design: Zwischen Kunst und Technologie

Es wurde die Frage aufgeworfen, ob und inwieweit didaktisches Design auf expliziten bzw. explizierbaren Regeln basiert, oder ob es sich dabei eher um eine höchstens intuitiv zu erfassende Kunst handelt.

Die grundsätzliche Annahme eines präskriptiven Ansatzes der Lehr-Lernforschung lautet, dass die Entwicklung und Realisation von Lernangeboten (also auch das Lehren) zielgerichtetes Handeln ist, dem ein Handlungsplan zugrunde liegt. Dieser Handlungsplan definiert einzelne Lehraktivitäten und ordnet sie, um einen im Hinblick auf Ziele näher zu charakterisierenden Lernerfolg zu erreichen. Die Frage erscheint berechtigt, ob und inwiefern diese Planung und Konzeption als eine solche, nach Regeln durchführbare Aktivität zu bewerten ist. *Technologien* des didaktischen Designs gehen davon aus, dass das regelhafte Wissen durch Forschung auf diesem Gebiet systematisch zunimmt und dass didaktisches Design damit zunehmend ingenieurartiger vorgehen kann (zu dem Begriff der Technologie vgl. Herrmann, 1982).

Nicht-Planbarkeit pädagogischen Handelns

Dem entgegengesetzt sind pädagogische Positionen einzuordnen, die gerade das Spontane und Nicht-Regelhafte, das sich aus und in der zwischenmenschlichen Be-

gegnung und Interaktion ergeben kann, betonen. Mit der Formulierung und Anwendung technologischer Regelsysteme kann eine Einengung und Beschneidung
von Handlungsmöglichkeiten verbunden sein. Denn Interaktionen beinhalten das
Potenzial von Handlungen, die über das bisher Bekannte und Übliche hinaus weisen, und so neue Wege und Erkenntnisse für die Beteiligten eröffnen. Pädagogisch
wertvolle Momente zeichnen sich dadurch aus, dass sie nicht deterministisch und
nach einem festgelegten Algorithmus funktionieren (z.B. Schaller, 1987).

Der Widerspruch ist jedoch keineswegs unauflöslich: Man kann sich sehr wohl einer pädagogischen Position verpflichtet fühlen, deren Anliegen in dem „Hervor-
bringen und Vermitteln humaner Handlungsorientierung in symmetrischen Prozessen gesellschaftlicher Interaktion unter dem Horizont von Rationalität" besteht -
und *gleichzeitig* bemüht sein, nach praktikablen Wegen deren Ermöglichung zu suchen. Eine kritische Haltung beinhaltet letztlich die Forderung nach der Verbesserung menschlicher Lebensverhältnisse als Anliegen pädagogischen Bemühens.
Damit wird deutlich, dass diese Verantwortung *auch* die Frage der Realisation beinhalten muss - freilich unter einer anderen Perspektive als eine bloß an der technischen Machbarkeit und Verfügbarkeit orientierten Technologie.

Das Verhältnis der beschriebenen Zielsetzungen und praktischen Anforderungen
bleibt damit ein Dilemma, das sich jedoch weder durch Leugnung des praktischen
Problems noch durch Ausblendung der Zielproblematik lösen lässt. Somit ist Kritik
unbegründet, die *jedes* Interesse an praktischer Umsetzung und Aufbereitung re-
gelartigen Wissens für das didaktische Design lediglich zweckrationalen Intentionen zuschreibt. Die Suche nach Regelhaftem im Handeln bedeutet nicht, dass alles
Handeln als regelhaft betrachtet wird.

Planung beim mediengestützten Lernen

Die Annahme, dass didaktisches Design zielgerichtetes Handeln ist, das systemati-
sierbar und planbar ist, stellt somit nicht in Frage, dass in der Interaktion von Lehrenden und Lernenden sehr viel spontane, nicht planbare Elemente existieren.
Auch wird in keiner Weise der pädagogische Wert solcher spontanen, nicht planba-
ren Situationen geleugnet. Es geht präskriptiven Modellen lediglich um die Untersuchung des *regelhaften Anteils* didaktischen Handelns, der in seiner Bedeutung je
nach normativer Konzeption unterschiedlich eingeschätzt wird. Es besteht dabei
immer die Gefahr sowohl der Über- als auch der Unterschätzung des Anteils regelhaften Wissens.

Lehrende haben im Laufe ihrer beruflichen Entwicklung solche Regelsysteme als
kognitive Schemata über Unterrichtsplanung und -durchführung aufgebaut. Sie ermöglichen ihnen, ihr Verhalten auf die situativen Anforderungen im Unterricht flexibel anzupassen. Dieses Wissen von Lehrenden ist meist implizit, es wird intuitiv
angewandt und orientiert sich oft nur vage an theoretischen Konzepten der Didaktik.

Die Tätigkeiten der Konzeption, der Produktion und des Einsatzes von Bildungsmedien kann ebenfalls als didaktisches Handeln bezeichnet werden. Die im Hand-
lungsbegriff implizierte Möglichkeit gänzlich Unvorhergesehenes zuzulassen und

hierauf einzugehen bietet jedoch – auch interaktives – Lernen mit *vorgefertigten* Medien grundsätzlich nicht. Die Interaktion des Lerners mit dem technischen Medium ist üblicherweise von vornherein programmiert durch den vom Autor definierten Interaktionsraum. Die Möglichkeit, das Vorhandene durch Interaktion zu überschreiten, ist damit ausgeschlossen. Gleichwohl schließt dies nicht aus, dass sich in der Beschäftigung mit dem technischen Medium gänzlich neue Erkenntnisse und Einsichten gewinnen ließen. Darüber hinaus eröffnen neue kommunikationstechnische Szenarien der bidirektionalen Kommunikation auch einen - wenngleich eingeschränkten - zwischenmenschlichen Dialog.

Der Unterschied zur Planung personalen Unterrichts ist zunächst und vor allem der, dass eine *explizite* und *vollständige* Planung in der Medienkonzeption vorliegen *muss*, die die Interaktionsmöglichkeiten zwischen Lerner und Medium (sowohl bei linearen als auch bei interaktiven Medien) von vorne herein und erschöpfend beschreibt und damit - mehr oder weniger stark - festlegt. Die im personalen Unterricht spontan realisierbare Flexibilität, das Unterrichtsverhalten den aktuellen Bedingungen anzupassen, muss hier *in* einem Medium oder durch personale Betreuung implementiert werden. Dazu ist zu antizipieren, wie der Lerner sich im Umgang mit dem Medium verhalten wird. Zu jeder Information, Frage oder Darstellung ist u.a. zu überlegen: Werden die Adressaten die Darstellung verstehen? Was kann angeboten werden, wenn dies nicht der Fall ist? Wie kann an dieser Stelle die Motivation, die kognitive Aktivierung oder die soziale Kooperation gefördert werden? Dies zwingt zu einer deutlich aufwändigeren Planung als bei personalem Unterricht. Die Qualität möglicher Interaktion von Lernern mit dem Medium ist unmittelbar an die Medienkonzeption gekoppelt.

weiterführende Literatur: Grundlagen zum mediengestützten Lernen finden sich bei MANDL u.a. (1997) und WEIDENMANN (1996). Einen Überblick über die Theorie und Praxis der Mediendidaktik liefert das umfangreiche Handbuch von JONASSEN (1996).

2 Gestaltungsorientierte Mediendidaktik

Die Mediendidaktik hat die professionelle Produktion didaktischer Medien vernachlässigt und hat in der Vergangenheit versäumt, eine originär pädagogische Antwort auf die Frage der Konzeption und Entwicklung neuer Bildungsmedien anzubieten. Dieser Thematik widmet sich die gestaltungsorientierte Mediendidaktik. Neue Medien- und Kommunikationstechniken konfrontieren mit einer Reihe von Fragen: Wie gestaltet man Lernangebote für neue medientechnische Plattformen auf dem Hintergrund didaktischer Zielvorstellungen? Wie wählt man das geeignete Mediensystem aus und wie entwickelt man eine angemessene Medienkonzeption? Gibt es eine spezielle Didaktik für digitale Medien, gar eine Didaktik der DVD oder des Internets?

Zur Beantwortung dieser Fragen ist grundsätzlicher zu klären, was als Besonderheit des Lernens mit Medien gegenüber personalem Unterricht ausgemacht werden kann. Dazu untersuchen wir zunächst die Bedeutung von Information und Kommunikation im Lehr-Lernprozess.

2.1 Informations- und Kommunikationskomponente

Die Mediendidaktik beschäftigt sich mit der Frage, wie Information und Kommunikation unter den besonderen Bedingungen des mediengestützten Lernens und Lehrens zu konzipieren sind. Jede Form von Unterricht besteht aus einer Informations- und einer Kommunikationskomponente: Es gilt, Informationen zu präsentieren und Kommunikationsprozesse anzuregen, die eine Auseinandersetzung mit Lehr-Lerninhalten fördern.

Defizite des mediengestützten Lernens. Im konventionellen Unterricht wird der Lehrstoff von einer Person präsentiert, die ihre Darstellung von verbalen wie nonverbalen Reaktionen der Zuhörenden abhängig macht. Sie stellt Rückfragen, um den Lernfortschritt zu prüfen, gibt Impulse für Einzelne oder Gruppen usw. Im personalen Unterricht sind die beiden Komponenten demnach auf natürliche Weise integriert. Die Tätigkeit des Unterrichtens fordert - neben fachlicher Kompetenz und der Vorbereitung von Unterrichtsaktivitäten - die Fähigkeit und Bereitschaft des Lehrenden zu Flexibilität und Spontaneität im Unterrichtsgeschehen. Nur wenn Lehrende sich auf die Teilnehmenden und die Unterrichtssituation einlassen, sind sie in der Lage, ihr Unterrichtskonzept so anzupassen, dass Lernerfolg eintritt. Lehrende entwickeln im Laufe ihrer beruflichen Sozialisation ein Gespür z.B. für motivationale Probleme von Teilnehmenden oder Konflikte in Lerngruppen, auf die sie mit bestimmten Aktionen reagieren. In konventionellen Unterrichtssituationen sind Informationsübermittlung und interpersonelle Kommunikation damit im interpersonalen Dialog auf natürliche Weise verbunden.

Das mediengestützte Lernen lässt sich – auf den ersten Blick – durch das *Fehlen* einer lehrenden Person, die Lernaktivitäten organisiert und überwacht, charakterisieren. Diese Sichtweise, die typisch für die traditionelle Ausrichtung pädagogisch-didaktischen Denkens auf personalen Unterricht ist, hat die mediendidaktische Forschung lange Zeit dominiert. Sie wird an den mannigfaltigen Forschungs- und Entwicklungsbemühungen erkennbar, die an der Bewältigung genau dieses prinzipiellen „Defizits" mediengestützten Lernens ansetzen. Dieses Problem sowohl linearer als auch interaktiver Medien hat verschiedene Forschungsanstrengungen motiviert, diese Beschränkungen technischer Medien zu überwinden. Lange Zeit versuchte man, das Potenzial dialogischer Interaktion zu Flexibilität, Spontaneität und Kreativität „in" einem Lehr-Lernmedium abzubilden.

Abbildung personaler Dialog im Medium

Die Geschichte mediendidaktischer Forschung und Entwicklung kann als fortgesetzter Versuch gewertet werden, den gegenüber konventionellem Unterricht erlebten Verlust eines personalen Dialogs durch konzeptionelle Verfeinerungen *im* Medium selbst auszugleichen: sei es in der *Programmierten Unterweisung* oder in den

Ansätzen zu sogenannten *intelligenten tutoriellen Systemen,* die in den folgenden Kapiteln ausführlich beschrieben werden. Die Mediendidaktik hat sich in der Vergangenheit vor allem mit der Informationskomponente des medialen Lernens befasst.

Eine andere Betrachtung legt die Fernstudienforschung nahe. Sie geht auf die bereits lange Tradition sogenannter *Korrespondenzkurse* zurück, bei denen die Kommunikation zwischen Lernenden und einer räumlich entfernten betreuenden Institution per Postversand realisiert wurde. Auch in der Fernstudienforschung finden sich Überlegungen, wie der Mangel an direkter Kommunikation in der Informationskomponente, hier: vor allem im Studienbrief, ausgeglichen werden kann. Die *Fernstudiendidaktik* hat sich in den 70er Jahren eher unabhängig von der mediendidaktischen Forschung etablieren können.

Zur Gestaltung der Kommunikationskomponente wird in Zukunft verstärkt auf Ansätze und Erkenntnisse der Fernstudienforschung zurückzugreifen sein. Besonders bekannt geworden ist hier der Ansatz von MICHAEL MOORE. Er beschreibt in seinem Modell der transaktionalen Distanz den Zusammenhang von Merkmalen des Fernlehrsystems mit Merkmalen des Lernenden. Dazu zieht das Modell zwei Variablen zur Charakterisierung eines Fernlehrsystems heran, nämlich das Ausmaß der didaktischen Strukturierung des Lernangebotes und die Intensität des Dialogs. Bei einem geringen Ausmaß von Struktur und Dialog eines Fernlernangebotes besteht eine hohe *transaktionale Distanz.* Dies wiederum setzt beim Lernenden ein hohes Ausmaß an Autonomie voraus, d.h. die Person muss selbstgesteuert lernen können (vgl. Moore, 1993).

Die zunehmende Vernetzung von Rechnersystemen und das damit zusammenhängende Aufkommen des netzbasierten Lernens führt dazu, dass die – bislang weitgehend getrennte – mediendidaktische Forschung und die Fernstudienforschung zusammenwachsen. Sie kann als Teil einer Mediendidaktik betrachten, denn im Zentrum des Fernstudiums steht ebenfalls das mediengestützte Lernen, freilich ein *betreutes* Lernen über Distanzen. Die technische Entwicklung ermöglicht es, räumlich entfernte Lernende mit anderen Lernern und Fachleuten zusammen zu schalten und Unterricht oder andere Formen mediengestützten Lehrens und Lernens über Netze der Telekommunikation anzubieten. Zusehends rücken damit Lösungen des flexiblen Fernlehrens (vgl. Zimmer, 1994) ins Zentrum der Aufmerksamkeit.

Information und Kommunikation im Medium

Beim *mediengestützten Lernen* stellt sich die Frage, welche Bedeutung die Kommunikationskomponente überhaupt hat: *Kommunikation* scheint beim Lernen mit Medien auf den ersten Blick obsolet zu werden, da die Lernsituation auf die Auseinandersetzung des Einzelnen mit einem technischen Medium reduziert ist. Das *autodidaktische* Lernen mit Medien ist eine uns selbstverständliche Art des Wissenserwerbs und kommt *per definitionem* ohne interpersonelle Kommunikation und Interaktion zwischen Lehrperson und Lernenden und den institutionellen Rahmen einer schulischen Organisation aus.

Die alternative Auffassung versteht Medien als Angebote einer gestalteten Lernumgebung und sucht nach Möglichkeiten, kommunikative Elemente in das Szenario des mediengestützten Lernens zu integrieren (vgl. Kerres, 2000a). Diese Auffassung lässt sich folgendermaßen charakterisieren:

- Das mediale Lernszenario besteht aus der Informations- und Kommunikationskomponente. Es geht um die möglichst lernförderliche Darstellung von Informationen und um alle Varianten kommunikativer Aktivitäten, die die Auseinandersetzung der Lernenden mit diesen Informationen begleiten.

- Das entscheidende Charakteristikum medialen Lernens in multi- und telemedialen Lernumgebungen ist nicht der *Mangel* an dialogischer Kommunikation, sondern das Problem der Kombination von Elementen der Informations- und Kommunikationskomponente, wie sie in dem Ansatz der hybriden Lernarrangements verfolgt wird (s. Seite 278).

- Die Kommunikation in solchen Lernumgebungen wird durch die Auswahl des Mediums geprägt. Sie ist zunächst vielfach unidirektional und wenig persönlich (z. B. bei Print- oder AV-Medien), sie kann aber – in Abhängigkeit von Interessen der Lernenden und den angestrebten Lehrzielen – unterschiedlich intensiv gestaltet werden.

- Die Planung und das Management medialer Lernumgebungen sind komplexe Anforderungen, die wesentlich über die Qualität und den Erfolg des Lernangebotes entscheiden und professionelles didaktisches Handeln erfordern. Die didaktische Qualität des Mediums ist nicht im Medium implementiert, sondern ergibt sich aus der Konzeption und deren Umsetzung, einschließlich ihren sozialen Implementation, im didaktischen Feld. Zum zentralen Qualitätskriterium wird die Frage, inwieweit ein Medium zur Lösung eines zu spezifizierenden Bildungsproblems beitragen kann.

In dem Rahmenmodell der gestaltungsorientierten Mediendidaktik, das in Teil C dargestellt ist, werden Ausmaß und Richtung kommunikativer Aktivitäten neben Merkmalen der Zielgruppe auch von *Lehrinhalt* und *Lehrziel* abhängig gemacht: Um so mehr das Verständnis komplexer theoretischer Zusammenhänge notwendig ist, um so wichtiger werden kommunikative und diskursive Elemente in der Lernumgebung.

2.2 Vom Medium zum Bildungsmedium

Der Versuch, personale Dialoge in einem Medium nachzuempfinden, ist problematisch. Ein didaktisches Medium bildet nicht einfach Unterricht ab, sondern unterliegt eigenen Prinzipien der Präsentation von Lehrinhalten. Die Analyse des Lernens mit Medien zeigt, wie wenig geradlinig diese rezipiert werden und dennoch Lernerfolge eintreten (können).

Mit der mehr oder weniger starken Abbildung von Funktionen des interpersonellen Dialogs entweder *in* oder *mit* technischen Medien ist ein zentrales Problem verbunden: Die *dinglichen Qualitäten* des Mediums (wie technische und ästhetische Eigenschaften wie visuelle und auditive Reize, „Unterhaltungswert" etc.) werden eindringlicher als zuvor. Damit ist jedoch die Gefahr verbunden, dass dingliche Qualitäten, vor allem die Ästhetik der Benutzeroberfläche, die eigentliche *kommunikative* Bedeutung des Bildungsmediums in den Hintergrund drängen.

Ein Medium ist – aus mediendidaktischer Sicht – nur zufällig auch ein Produkt; es erhält seine didaktische Signifikanz als Bestandteil eines *Kommunikationsprozesses* und seine Bedeutung und Qualität lässt sich nur durch die Analyse dieses Prozesses bestimmen. Diese Aussage erscheint harmlos, ihr wird vermutlich kaum widersprochen werden. Doch ihre konsequente Anwendung hat weitreichende Konsequenzen: Denn es wird in Frage gestellt, ob Medientechniken und Medienprodukte *an sich* nach Qualitätsmerkmalen beurteilt werden können (oder sollen). Es bedeutet auch, dass konkrete Mediensysteme und Medienprodukte nicht mehr oder weniger didaktisch wertvoll sind als andere. Konkrete Lösungen unterstützen die Erreichung von Lehrzielen (als Teil der Kommunikationsziele) im Rahmen eines *bestimmten* Kommunikationszusammenhangs lediglich mehr oder weniger gut.

Ausgangspunkt dieser deutlich relativierenden Sichtweise von Medien ist die (wenngleich nicht systematisch erhobene) Beobachtung, dass der „Erfolg" didaktischer Medien *im pädagogischen Feld* in vielen Fällen weniger von medienimmanenten Kriterien abhängt als vielfach vermutet wird. So können manche schlichte CBT-Programme, denen eine scheinbar geringe didaktische Qualität zugeschrieben wird, in der Praxis von Institutionen und Privatpersonen für ihre Lernbedürfnisse durchaus erfolgreich eingesetzt werden. Andere Anwendungen, die es zu besonderen Auszeichnungen gebracht haben und in der wissenschaftlichen Literatur gerne zitiert werden, kommen in der Praxis teilweise überhaupt nicht zum Einsatz. Eine zwingende Korrelation zwischen der zugeschriebenen vermeintlichen „didaktischen Qualität" eines Mediums und der faktischen Lösung von Bildungsproblemen ist nicht zu erkennen.

Dies führt zu der Überlegung, dass Effekte und Nutzen eines Mediums im pädagogischen Feld kaum nach medienimmanenten Kriterien beurteilt werden können. Es bestehen Parallelen zu Werbemedien: Ein Werbespot im Fernsehen lässt sich etwa nach ästhetischen Qualitätskriterien beurteilen. Für den Produzenten stellt sich jedoch vor allem die Frage, ob das Medium das werbliche Anliegen tatsächlich kommuniziert. Mediengestalterische Entscheidungen sind diesen Fragen *unterzuordnen*, denn hierin liegt der Unterschied zur „freien Kunst". Es ist offensichtlich, dass Werbung zielgerichtete Kommunikation zwischen Sender und Empfänger ist, und der Einsatz von Medien im Hinblick auf diese Kommunikationsziele (z.B. erhöhter Absatz, Verbesserung des Image, Steigerung des Bekanntheitsgrades u.ä.) zu werten ist.

Bildungsmedien als Element eines Kommunikationsprozesses

Bei der Konzeption didaktischer Medien ist ein ähnliches Verständnis notwendig: Bildungsmedien sind als Element in einem Kommunikationsprozess zu betrachten, und die gesamte Planung und Produktion des Mediums ist hierauf auszurichten. Es geht nicht um die technische oder ästhetische Qualität von Medien, sondern um ihren Beitrag zur Lösung von Bildungsproblemen bzw. Gestaltung eines Bildungsanliegens. Dass sich diese Sichtweise im Kontext didaktischer Medien noch nicht durchgesetzt hat, ist daran zu erkennen, dass im Vordergrund vieler Projekte nicht selten die Verfügbarkeit einer bestimmten (neuen) Medientechnik steht – nicht jedoch ein Bildungsbedürfnis oder -bedarf: Viele Medienproduktionen bleiben *technology driven* und nicht *problem driven*.

Sowohl in der Theorie als auch in der Praxis der Mediendidaktik kann demnach beobachtet werden, dass die Medienfrage aus dem didaktischen Kommunikationsprozess herausgelöst wird. Probleme der Einführung und des Einsatzes von Bildungsmedien können vielfach auf diese Abkopplung der Medienfrage aus dem didaktischen Kommunikationszusammenhang und die Verengung des Blicks auf medienimmanente Merkmale zurückgeführt werden. Dies liegt u.a. auch daran, dass sich das *didaktische Design* in Deutschland noch nicht – wie etwa in Marketing und Werbung das *Kommunikationsdesign* – als Profession etabliert hat.

Damit werden die Fragen und Probleme deutlich, denen sich die gestaltungsorientierte Mediendidaktik stellen muss. Zur Ableitung angemessener Lösungsansätze für die Konzeption medialer Lernangebote und -umgebungen, ist das Bildungsproblem und die Analyse des didaktischen Feldes in den Mittelpunkt der Erörterungen zu stellen. Die Mediendidaktik beschäftigt sich mit mediengestützten Lernangeboten, die mit dem Ziel entwickelt werden, bestimmte Lernprozesse anzuregen; das Medium bleibt dabei ein Mittel, um ein kommunikatives Ziel (in der Regel ⇒ Lernerfolg) zu erreichen. Denn didaktische Medien erhalten ihre Signifikanz erst als Element sozialer Kommunikation zwischen Sender und Empfänger, die in einem bestimmten Kommunikationsverhältnis zueinander stehen.

Eine spezielle Didaktik für digitale Medien?

Die gestaltungsorientierte Mediendidaktik betrachtet die Planungs- und Entwicklungsschritte der Medienproduktion auf dem Hintergrund didaktisch-konzeptueller, also den ganzen Prozeß des Lehr-Lerngeschehens übergreifender, Erwägungen. Ist damit allerdings überhaupt eine Medien-Didaktik notwendig, oder geht sie nicht doch, wie bereits früher behauptet wurde, als weitgehend untergeordneter Aspekt in einem allgemein-didaktischen Planungsmodell auf? Wenn die Medienwahl tatsächlich als den didaktischen Zielen und Methoden nachgeordnetes Problem gesehen wird, bleibt eine Mediendidaktik dann nicht auch nachgeordnet?

Solange der mediendidaktische Diskurs vorrangig im Kontext von Schule und Unterricht angesiedelt war, ist seine randständige Bedeutung in der Pädagogik nachvollziehbar: Für Lehrende ist die Selektion und Gestaltung von Medien ein im Hinblick auf das gesamte Unterrichtsgeschehen eher untergeordnetes, wenngleich vielfach unterschätztes Problem (s. Seite 27). Die hier vorgestellte Mediendidaktik versteht die Entwicklung und Gestaltung medialer Lernumgebungen jedoch als eigenständige Aufgabe unabhängig von Schule und Unterricht und zielt so auf die Professionalisierung der Produktion didaktischer Medien ab.

Ein *grundsätzlicher* Unterschied zwischen der Planung personaler und mediengestützter Unterrichtsverfahren ist dabei nicht zu erkennen. Gleichwohl setzt die Mediendidaktik einen entscheidenden Akzent, der für die Entwicklung didaktischer
Medien von zentraler Bedeutung ist: Sie betreibt Didaktik unter der *Perspektive
medialer Kommunikation*. Keineswegs impliziert eine solche Didaktik eine unkriti-
sche Begeisterung für technische Medien oder gar den Glauben an die Ersetzbarkeit
zwischenmenschlicher Interaktion. Sie orientiert sich vielmehr an der zunehmenden Bedeutung neuer Medien auch im Bildungsbereich und der wachsenden Zahl
von Medienentwickler/innen, deren Aufgabe die Gestaltung mediengestützter Lernangebote ist.

Mit diesen Überlegungen lässt sich auch die Frage beantworten, ob Multi- und Telemedien eine neue Didaktik benötigen. Die Untersuchung der grundlegenden Fragen des menschlichen Lernens und Lehrens und auch der Konzeption medialer
Lernangebote erscheint weitgehend unabhängig von der Wahl eines Mediensystems
und bedarf somit keiner neuen Didaktik. Es stellt sich vielmehr das Problem, wie
vorliegende didaktische Konzepte im Hinblick auf digitale Medientechniken und
Kommunikationsszenarien neu zu formulieren und anzuwenden sind.

Die wissenschaftliche Beschäftigung mit der so skizzierten Fragestellung ist dabei
zwei Gefahrenpolen ausgesetzt: Einerseits besteht die Gefahr, von den speziellen
Möglichkeiten und konkreten Potenzialen der neuen Medien zu sehr zu abstrahieren. Anderseits besteht die Gefahr, sich zu sehr ins Detail der *spezifischen* Medientechnik zu verlieren und die grundsätzlichen Probleme des Lernens mit Medien
zu übersehen. Das Problem besteht darin, dass das Forschungsdefizit zwar durch
die Verfügbarkeit bestimmter neuer Medien*techniken* motiviert ist; die Beantwortung der aufgeworfenen didaktischen Fragen macht es jedoch erforderlich, das Medium in seinem kommunikativen Zusammenhang zu erörtern - zurückzutreten,
damit das Ganze sichtbar wird.

2.3 Das magische Viereck mediendidaktischer Planung

Mit neuen Medien in der Bildung werden eine ganze Reihe von Erwartungen und
Hoffnungen verknüpft, wobei wir den Wahrscheinlichkeitscharakter dieser Erwartungen noch genauer prüfen müssen. Es lässt sich aber sagen, dass die erhofften
Effekte keineswegs „von alleine" und durch die Medien selbst eintreten. Es stellt
sich vielmehr heraus, dass die angestrebten Innovationen doch ein wesentlich viel-
schichtigeres und komplexeres Unterfangen darstellen, als vielfach angenommen
wird. Der Erfolg entsprechender Vorhaben macht eine ganze Reihe von Aktivitäten
erforderlich, die es zu koordinieren und in ihrem Gewicht auszutarieren gilt. Notwendig sind:

- Ausbau und Sicherung von Infrastruktur (Ausstattung in Hard- und Software
  ebenso wie die Verfügbarkeit von Dienstleistungen für deren Einrichtung, Wartung, Pflege)

- Entwicklung der personellen und strukturellen Voraussetzungen für die erfolgreiche Mediennutzung (Personal- und Organisationsentwicklung, u.a. durch Qualifizierungsmaßnahmen und Anpassung organisationaler Rahmenbedingungen)
- Produktion mediengestützter Lernangebote (einschl. Erstellung einer mediendidaktischen Konzeption, Entwicklung von Medien), Distribution der Medien und Sicherung deren Nutzung
- Reform der Lehrinhalte: Welche (neuen) Lehrinhalte wollen wir vermitteln?, Reform der Lehrmethoden: Welche (neuen) Methoden des Lehrens und Lernens streben wir an?

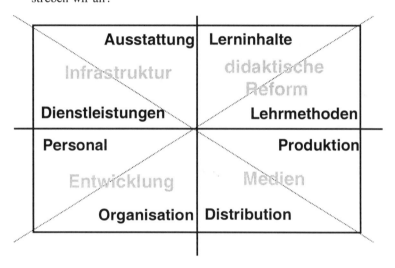

Abbildung 3: Das magische Viereck mediendidaktischer Innovation

Wir können deswegen von einem „magischen Viereck mediendidaktischer Innovation" sprechen. Die Bezeichnung *magisches Viereck* soll deutlich machen, dass die skizzierten Aktivitäten in ein ausgewogenes Gleichgewicht zu bringen sind, um mediendidaktischer Innovationen erreichen zu können. Dabei ist – je nach den Rahmenbedingungen des didaktischen Feldes – die eine oder andere Aktivität stärker zu gewichten. Es macht z.B. wenig Sinn, in umfangreiche Infrastruktur zu investieren, wenn nicht die personellen und strukturellen Voraussetzungen zu deren Nutzung gegeben sind. Auch die Produktion neuer Medien ist wenig zielführend, wenn nicht geklärt ist, wo, wie und von wem diese Medien genutzt werden können. Ein wesentlicher Aspekt betrifft die didaktische Reform: Welche (neuen?) Inhalte sollen mithilfe welcher (neuen?) Methoden vermittelt werden? Denn die mit den Medien verknüpften Hoffnungen auf ein *anderes* Lernen machen es notwendig, sich ernsthaft mit dem Problem didaktischer Reform und damit gleichzeitig auch dem Widerstand vor solchen Veränderungen auseinander zusetzen: Wollen wir wirklich konsequent neue Wege des Umgangs mit Wissen und Lernen beschreiten?

Die Einführung alternativer – mediengestützter – Methoden des Lernens, wie etwa die Hinwendung zu konstruktivistischen Ansätzen, hat weitreichende Implikationen für die betroffenen Individuen und Organisationen, sie bedeuten letztlich eine Re-Organisation des Umgangs mit Wissen in einer Organisation.

Mithilfe des „magischen Vierecks" lassen sich auch unterschiedliche Sichtweisen in der wissenschaftlichen Auseinandersetzung einordnen und erklären: So finden wir Beiträge, die besonders den Infrastrukturaspekt fokussieren (z.B. aus der Informatik), andere Autoren – etwa pädagogischer Herkunft – fordern die Reform didaktischer Konzepte, wieder andere beschäftigen sich mit der Konzeption und Entwicklung oder den personellen und strukturellen Voraussetzungen. Die Umsetzung von Innovationen in der Praxis macht es jedoch erforderlich, alle diese Aspekte angemessen voranzutreiben.

Im Folgenden werden wir uns auf den Aspekt der Medienkonzeption und -entwicklung konzentrieren. Wichtig ist es jedoch zu bedenken, dass diese Aktivitäten letztlich in ein solches erweitertes Schema notwendiger Aktivitäten einzuordnen sind. Denn nur eine solche Sichtweise, die über das eigentliche Medienprodukt hinausreicht, trägt zuverlässig dazu bei, mögliche Innovationen realistisch werden zu lassen.

2.4 Rahmenmodell für die professionelle Produktion

Mit der zunehmenden Bedeutung von Medien in den Lebens- und Lernwelten und veränderten Bedingungen für deren Entwicklung und Einsatz (= zunehmenden Professionalisierung) wird ein Modell didaktischer Planung notwendig, das *vorrangig* um die Medienfrage zentriert ist. Während sich frühere mediendidaktische Modelle vorrangig an Lehrkräfte richtete, die sich für Medien im Unterricht interessieren, entsteht mit der zunehmenden Professionalisierung der Produktion didaktischer Medien eine neue Zielgruppe für entsprechende mediendidaktische Modelle. In diesem Kontext ist ein professionelles Handeln gefordert, das sich durch Zielorientierung ebenso wie durch Reflexion des eigenen Handelns auszeichnet. Es bedeutet Kenntnis und Anwendung von Werkzeugen, die eine systematische Ableitung und Begründung eines konzeptuellen Modells für didaktische Maßnahmen erlaubt.

In der Praxis stellen sich dem didaktischen Design bei der Planung und Produktion mediengestützter Lernangebote eine Reihe von Aufgaben: So ist etwa die Interaktion zwischen Lerner und Medium und die Gestaltung dieser Schnittstelle ein offensichtliches Thema einer mediendidaktischen Konzeption. Zu spezifizieren sind Merkmale der medialen *Oberfläche*, die auf die Zielgruppe und Lehrinhalte wie - ziele anzupassen sind. Da mit Bildungsmedien bestimmte Anliegen verbunden sind, reicht der Bezug auf *ästhetische* Kriterien des Mediendesigns jedoch nicht aus. Die Aufmerksamkeit des *didaktischen* Designs muss sich vielmehr auf die didaktische *Transformation* von *Lehrinhalten* zu *Lernangeboten* richten. Schließlich wird zu zeigen sein, dass die situative Einbettung mediengestützter Lernangebote für den Lernerfolg in solchen Arrangements von erheblicher Bedeutung ist.

Strukturelemente didaktischer Planung

Für die Formulierung mediendidaktischer Konzeptionen kann von dem didaktischen Planungsmodell ausgegangen werden, das HEIMANN zur Beschreibung und Analyse von Unterricht in der Schule entwickelt hat. Unterricht besteht danach aus folgenden formal gleichbleibenden, inhaltlich jeweils unterschiedlich ausgeprägten Strukturelementen (vgl. Heimann, 1962; 1976):

- Intentionalität: Unterricht verfolgt bestimmte Absichten.
- Inhaltlichkeit: Unterricht bezieht sich auf bestimmte Lehrinhalte.
- Methoden: Unterricht beinhaltet spezifische Verfahrensweisen.
- Medien: Unterricht benötigt Medien.
- anthropologische Determination: Unterricht muss sich auf die individuellen Voraussetzungen der Lernenden beziehen.
- sozio-kulturelle Determination: Unterricht muss die sozio-kulturellen Rahmenbedingungen berücksichtigen.

Die ersten vier Elemente beinhalten didaktische *Entscheidungsfelder*; bei den letzteren beiden handelt es sich um *Bedingungsfelder,* den Voraussetzungen didaktischen Handelns. Mit diesen Elementen lässt sich eine Matrix didaktischen Handelns darstellen, in der das Spektrum möglichen Unterrichts abgebildet werden kann. Ein weiterer Schritt reflektiert u.a. die Lehrinhalte, die bildungspolitischen Rahmenbedingungen und die übergreifenden Zielsetzungen für didaktisches Handeln.

WILHELM PETERßEN (1992) bezieht sich ebenfalls auf das Modell von HEIMANN und formuliert ein didaktisches Planungsmodell, das die strukturellen Momente des Unterrichts aus Sichtweise von Lehrenden darstellt. Deren Planungsaktivität wird als Entscheidungsprozess in einem mehrdimensionalen Raum beschrieben. Zu den vier Entscheidungsfeldern von HEIMANN fügt PETERßEN die *soziale Organisation* des Lernens und die *Interaktion* zwischen Personen hinzu. Er löst diese Aspekte damit aus dem Bereich der Lehrmethodik, um deren Eigenständigkeit deutlich zu machen.

Auch PETERßEN betont die Komplexität des didaktischen Planungs- und Entscheidungsraums: Das Problem besteht in der wechselseitigen Abhängigkeit der Dimensionen, die es ausschliesst, jede Dimension für sich isoliert zu bearbeiten. Keine Dimension kann *a priori* ein *Primat* beanspruchen. Dennoch kann bestimmten Entscheidungen – insbesondere der Zielthematik – in Abhängigkeit von der Konstellation des didaktischen Felds Priorität eingeräumt werden.

Strukturelemente der gestaltungsorientierten Mediendidaktik

Die gestaltungsorientierte Mediendidaktik untersucht bei der Konzeption didaktischer Medien folgende Strukturelemente, die im Weiteren genauer beschrieben werden:

- *Begründung* und Funktion des Medieneinsatzes im Bildungskontext: Begründungsmuster für den Einsatz von Bildungsmedien, Abschätzung von Kosten und Nutzen, Prüfung der Machbarkeit
- Analyse der *Zielgruppe* und *Lernsituation*: soziodemographische Merkmale, Lerngewohnheiten, Motivation, Vorwissen, Lernsituation
- Spezifikation der *Inhalte* und *Ziele* des Lernangebotes: Inhalts- und Ergebniskomponente von Lehrzielen, Kommunikations- und Projektziele
- Spezifikation der didaktischen *Struktur* des Lernangebots: sequentiell und logisch organisierte Lernangebote sowie Werkzeuge der Wissenskonstruktion und -kommunikation
- Planung der *Lernorganisation*: Selektion des Mediensystems, Varianten von Medienzugang und -distribution sowie des Betreuungssystems

Die Konzeption mediengestützter Lernangebote bedarf einer wesentlich rigideren Planung als die Konzeption personalen Unterrichts, da die Flexibilität der Lehrperson *in* dem Medium abzubilden ist. Fehler in der Planung können durch Spontaneität im Unterrichtsgeschehen nicht mehr ausgeglichen werden.

Didaktik vs. Instruktionsdesign?

Worin unterscheiden sich diese Überlegungen, wie sie im Kontext der deutschsprachigen Didaktik formuliert wurden, von den Ansätzen des *instructional design*, die vor allem in den USA diskutiert werden (vgl. dazu ausführlich Seite 326f.)? Auffallend ist zunächst, dass beide Traditionen sich – auch in Deutschland – kaum aufeinander beziehen; es gibt scheinbar keine Anknüpfungspunkte.

SEEL (1999) sieht grundsätzliche Unterschiede beider Traditionen, etwa im Vorherrschen des geisteswissenschaftlichen Zugangs in der Didaktik gegenüber dem empirischen Zugang in der Forschung zum *instructional design* oder in der Konzentration auf Schule gegenüber ausserschulischer Bildungsarbeit. ACHTENHAGEN (2000) betont die inhaltlichen Unterschiede: In der Didaktik hat traditionell die Beschäftigung mit curricularen Fragen der Lehrinhalte und -ziele ein besonderes Gewicht, während *instructional design* sich vor allem mit dem Vermittlungsaspekt beschäftigt. Gerade hier sieht ACHTENHAGEN auch die Chance, ja Notwendigkeit zur Verknüpfung beider Traditionen. Die Ansätze des *instructional design* werden ohne Reflexion der Inhalts- und Zielentscheidungen perspektivisch kaum bestehen, wenn man den aktuellen Fortschritten in den Fachdidaktiken berücksichtigt. Die Diskussion in der Allgemeinen Didaktik ist dagegen in den 90er Jahren quasi zum Erliegen gekommen. Sie kann durch die Auseinandersetzung mit den Konzepten des *instructional design* erneut an Gewicht gewinnen.

Der „richtige" lerntheoretische Ansatz

Welcher lerntheoretische Ansatz verspricht nun den meisten Erfolg für die Konzeption mediengestützter Lernangebote? Ist der Ansatz am besten und fortschrittlichsten der jeweils aktuell diskutiert wird? Oder sind es die traditionellen, fast vergessenen Ansätze?

Untersucht man die Entwicklung lerntheoretischer Ansätze und ihre Rezeption fällt auf, dass in gewissen Zyklen bestimmte Sichtweisen regelmäßig hervorgehoben werden, andere treten für eine bestimmte Zeit in der fachöffentlichen Diskussion zurück: Einmal wird die Abhängigkeit des Menschen von der Umwelt akzentuiert, dann ist es Vorstellung einer Autonomie des Individuums, die der Zeitströmung mehr entspricht. Wenn man aber die Beeinflussung menschlichen Lernens durch die Umwelt untersucht, wird man zu anderen Schlussfolgerungen kommen, als wenn die selbständige Aktivität von Lernenden betont wird. Damit wird erkenntlich, dass hier ein Unterschied im *Fokus* der Betrachtung von Lehr-Lernprozessen vorliegt, eine Unter- oder Überlegenheit bzw. Berechtigung des jeweiligen Ansatzes schließt das nicht mit ein.

Für die anwendungsorientierte Fragestellung des didaktischen Designs scheint dieser grundsätzliche Streit zwischen verschiedenen „Paradigmen" die Orientierung zu erschweren: Wonach soll man sich richten, wenn es diese (und weitere) Ansätze gibt, die sich so grundsätzlich unterscheiden? Welcher dieser auch inhaltlich so unterschiedlichen Ansätze ist der Richtige? Warum kommen die Ansätze zu so verschiedenen Aussagen?

Um eine bestimmte theoretische Position pointiert herauszuarbeiten, fokussieren die verschiedenen Ansätzen bestimmte Ausschnitte der Realität. So konzentriert sich eine Theorie eher auf die Prozesse *im* Lerner, die andere Theorie betrachtet vor allem die Lehraktivitäten und blendet gleichzeitig andere Faktoren aus. In der Praxis können Teile der Realität aber nicht ausgeblendet werden zugunsten einer möglichst präzisen Erfassung *eines* Teilaspektes. Nur die Berücksichtigung tunlichst vieler Teilaspekte bedingt den Erfolg in der Praxis.

Die verbreitete Ablehnung einer Beschäftigung mit Lehr- und Lerntheorien bei Praktikern kann nachvollzogen werden: Sie schärft nicht den Blick für das Ganze, sondern seziert den Teilaspekt. Schlussfolgerungen, die aus einer solchen Betrachtung des Teilaspektes gezogen werden, können im Widerspruch stehen zu Schlussfolgerungen, die aus einer Betrachtung des Ganzen resultieren. Insofern ist das Unbehagen des Praktikers verständlich. Eine ähnliche Erfahrung machte WELTNER, wenn er feststellt, dass die Orientierung an einem bestimmten, zwar theoretisch begründeten Vorgehen bei der Entwicklung von Lehrprogrammen keineswegs „gute" Anwendungen sicherstellt (Weltner, 1978, S. 56).

Eine mögliche Konsequenz lautet: Die verfügbaren Ansätze sollten nicht als konkurrierende Paradigmen aufgefasst werden. Jeder Ansatz beinhaltet Aspekte des komplexen Lehr-Lerngeschehens, die in der Tätigkeit des didaktischen Designs zu einem sinnhaften Ganzen zusammengefügt werden müssen. Die theoretischen Ansätze helfen, die Implikationen von Entscheidungen besser zu verstehen. Sie machen deutlich, dass mit einer Entscheidung für oder gegen ein bestimmtes Vorgehen immer bestimmte grundsätzliche Annahmen verbunden sind. Das Verständnis dieses Zusammenhangs kann wiederum eine rein von der Pragmatik bestimmte Vorgehensweise verhindern, die lediglich nach der einen „optimalen" Didaktik fragt.

Betrachtet man die wissenschaftliche Diskussion in der Mediendidaktik kann man den Eindruck gewinnen, dass sich das Problem der mediendidaktischen Konzeption auf die Frage des „richtigen" lern- oder gar wissenschaftstheoretischen Paradigmas reduziert. War es in Deutschland in den 70er Jahren die erbitterte Diskussion einer (sogenannten) technologischen *versus* emanzipatorischen Mediendidaktik, die sich in ihrer Schärfe wissenschaftlich als wenig ertragreich herausgestellt hat, so war in den 90er Jahren ein großer Teil der Diskussion in den USA der – fragwürdigen – Konfrontation eines behavioristischen *versus* konstruktivistischen Ansatzes des didaktischen Designs gewidmet.

Die gestaltungsorientierte Mediendidaktik will sich dagegen nicht an *eine* bestimmte theoretische Konzeption des Lernens oder Lehrens binden. Sie sieht sowohl in den verschiedenen Aussagetypen und Dimensionierungen der Modelle als auch in den inhaltlichen Aussagen der verschiedenen Paradigmen einen Fundus, der die analytischen Arbeiten des didaktischen Designs strukturiert. Da es nicht möglich erscheint, das eine, richtige Modell vorzustellen, empfiehlt es sich, verschiedene lerntheoretische Paradigmen auf ihren Beitrag zu dem analytischen Rahmenmodell zu untersuchen, die Synthese bleibt ein kreativer Akt des didaktischen Designs.

Die gestaltungsorientierte Mediendidaktik ...

- beschäftigt sich mit der professionellen Produktion von mediengestützten Lernangeboten,
- verfolgt einen präskriptiven Ansatz der Lehr-Lernforschung,
- fordert, dass didaktische Medien zur Lösung von Bildungsproblemen bzw. zur Umsetzung von Bildungsanliegen beitragen,
- stellt in Frage, ob Medientechniken oder Medien an sich eine didaktische Qualität innewohnt,
- geht vielmehr davon aus, dass didaktische Qualität zustande kommt, wenn die Konzeption, Entwicklung und Einführung des Mediums als Element einer Lernumgebung ein Bildungsproblem angemessen adressiert.

Teil B Ansätze mediengestützten Lernens

Im Folgenden werden Ansätze des mediengestützten Lernens dargestellt, die die mediendidaktische Diskussion in der Vergangenheit entscheidend geprägt haben. Den verschiedenen Ansätzen liegen unterschiedliche Annahmen über menschliches Lernen zugrunde, und diese Unterschiede sind nicht zuletzt auf verschiedene Menschenbilder zurückzuführen.

In der Lehr-Lernforschung werden sie vielfach als alternative Ansätze (Paradigmen) aufgefasst. Unter der Perspektive der gestaltungsorientierten Mediendidaktik wird jedoch versucht, die Erkenntnisse der vorliegenden Ansätze zu integrieren. Dabei wird deutlich, dass sich die Ansätze weniger paradigmatisch unterscheiden, als oft angenommen wird, sondern in der Analyse des Lerngeschehens einen unterschiedlichen *Fokus* anlegen.

1 Programmierte Unterweisung

Die ersten Überlegungen zum Einsatz von Computern zu Lehr- und Lernzwecken sind durch die Theorien des Behaviorismus geprägt. Trotz vieler Kritik beeinflussen diese Modelle unsere Vorstellungen über mediengestütztes Lernen bis heute ganz entscheidend, und sie bestimmen das Denken vieler Entwickler bis zum heutigen Tag, ohne dass sie die Herkunft solcher Annahmen kennen oder gar reflektiert haben. Für das Verständnis und die Weiterentwicklung von Ansätzen des didaktischen Designs ist es deswegen wichtig, sich mit den Grundannahmen behavioristischer Lerntheorien auseinanderzusetzen.

1.1 Theoretische Annahmen des Behaviorismus

Die erste Welle des Einsatzes von Computern zu Bildungszwecken in den 60er Jahren ist eng mit dem lernpsychologischen Ansatz von B. F. SKINNER verbunden. SKINNER propagierte, dass die Lernprinzipien des von ihm entwickelten Behaviorismus mit Computern konsequenter und effektiver anwendbar sind als im personalem Unterricht. Anders als im konventionellen Klassenunterricht kommen beim

Einsatz von Maschinen nämlich Mechanismen der Verstärkung für den Aufbau von Verhalten bei CBT-Programmen besser zur Geltung.

Was sind nun die Grundaussagen behavioristischer Lerntheorien? Und wie sind diese auf das Lernen zunächst mit einfachen, mechanischen Lehrmaschinen und später mit digitalen Rechner übertragen worden?

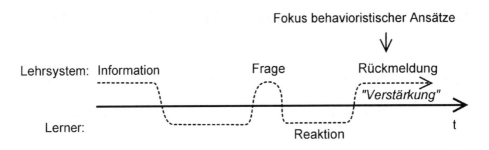

Abbildung 4: Fokus behavioristischer Ansätze

Theoretische Annahmen

Der Behaviorismus geht davon aus, dass Verhalten nicht durch Vorgänge im Inneren der Person gesteuert wird, sondern durch die Konsequenzen, die auf das gezeigte Verhalten folgen (vgl. Abbildung 4). Der grundlegende Mechanismus des Lernens, der dabei postuliert wird, ist relativ einfach: Folgt auf ein Verhalten eine für die Person positive Konsequenz (**K+**) der Umwelt, wird dieses Verhalten in Zukunft häufiger gezeigt werden: Die Wahrscheinlichkeit des Auftretens des Verhaltens steigt. Dies wird Bekräftigung oder Verstärkung des Verhaltens genannt. Entscheidend dabei ist, dass die Person selbst die Konsequenz als eine positive einschätzt, nicht jedes Lob wirkt als Bekräftigung.

Folgt auf das Verhalten eine für die Person negative Konsequenz, handelt es sich um Bestrafung (**K–**). Experimente belegen, dass dies kurzfristig zu einer Reduktion eines zuvor gelernten Verhaltens führt. Langfristig zeigt sich jedoch, dass das Verhalten keineswegs verschwindet, sondern nach einer gewissen Zeit wieder auftauchen kann. Dieses paradoxe Phänomen von Bestrafungen kann mit vielen Beispielen z.B. aus der Erziehung belegt werden.

Der dritte Möglichkeit bedeutet schließlich das Ignorieren des Verhaltens (**K$_0$**), es folgt keine Reaktion auf das gezeigte Verhalten durch die Umwelt. Man spricht von *Löschung*, weil die Wahrscheinlichkeit, dass das Verhalten in Zukunft gezeigt wird, unter dieser Bedingung mit der Zeit tatsächlich immer geringer wird. Ein Verhalten, auf das keine Reaktion der Umwelt erfolgt, wird demnach nicht aufrecht erhalten, es wird gelöscht.

Zeitlicher Zusammenhang

Die Konsequenz, die auf das Verhalten folgt, sollte zeitlich möglichst unmittelbar auf eine erbrachte Leistung folgen. Folgt die Verstärkung zu spät, so steht sie für die Person nicht mehr in einem Zusammenhang mit dem gezeigten Verhalten, und die Verstärkung etwa einer positiven Leistung kann nicht wirksam werden. Vor allem bei neuen Verhaltensweisen, die man noch nicht gut beherrscht, ist es deswegen nötig, dass die Rückmeldung möglichst unmittelbar erfolgt. Bei Vorliegen widersprüchlicher, also für die Person sowohl positiver als auch negativer Konsequenzen, werden vor allem diejenigen Konsequenzen wirksam, die zeitlich eher auf das Verhalten folgen.

Beim schulischen Lernen besteht häufig das Problem, dass Verhaltensweisen, die gelernt werden sollen, zu selten und nicht unmittelbar belohnt werden. Nach behavioristischen Lerntheorien kann ein Verhalten nur aufgebaut werden, wenn auf ein erwünschtes Verhalten zeitlich möglichst unmittelbar eine positive Konsequenz erfolgt. Die Mechanismen der Bekräftigung können nur dann wirksam werden, wenn die Person ein Verhalten gezeigt hat. Lernende sind also zu Aktivitäten anzuregen, auf die die Umwelt reagieren kann.

Beim Lernen mit interaktiven Lehr-Lernmedien lässt sich diese Forderung nach möglichst unmittelbarer Rückmeldung besonders gut implementieren, da die Auswertung von Prüfungsfragen – soweit sie maschinell auswertbar sind – sehr schnell erfolgen kann, und damit eine unmittelbare Korrektur und Bekräftigung möglich ist. Bedingung dafür ist die Aktivierung des Lernenden zu beobachtbarem Verhalten, etwa mithilfe von Prüfungsfragen.

Wenn ein Verhalten relativ sicher beherrscht wird, kann der Zeitraum zur Belohnung ausgedehnt werden. An einer Hochschule müssen Lernende dann z.B. ein Lern- und Arbeitsverhalten aufgebaut haben, das nicht mehr nur von der zeitlich unmittelbaren Rückmeldung abhängt, so dass z.B. eine erst nach mehreren Jahren stattfindende Prüfung am Ende eines Studiums als Konsequenz der früheren Lernbemühungen erlebt wird. Diese Fähigkeit, für eine spätere, möglicherweise höhere Belohnung heute auf etwas zu verzichten, die Fähigkeit zur Gratifikationsverzögerung, ist eine wesentliche Lernerfahrung in unserer Gesellschaft. Wenn diese Fähigkeit vorliegt, ist die regelmäßige, unmittelbare Bekräftigung eines Verhaltens nicht notwendig.

Veränderung von Verhalten

Auf der Grundlage der Verhaltensanalyse kann nunmehr gefragt werden, wie Verhalten aufgebaut oder verändert werden kann. Vielfach wird eine Verhaltensänderung im Alltag mit negativen Konsequenzen, mit Bestrafungen, zu erreichen versucht. Gemeint sind Strafen als Folge von Leistungsversagen oder die Androhung von Strafen zur vermeintlichen Leistungssteigerung. Langfristig erfolgreich ist diese Strategie kaum, da sie nicht dazu beiträgt die notwendigen Lernaktivitäten systematisch aufzubauen. Der Königsweg der Verhaltensänderung besteht also in der Kombination von zwei Strategien: Erwünschtes Verhalten ist schrittweise mit **K+**

aufzubauen und unerwünschtes Verhalten ist mit K_0 zu löschen oder (nur in Notfällen) mit $K-$ zu bestrafen.

Das interaktive Medium ist demnach so zu gestalten, dass die Lernenden von leichten Anforderungen ausgehend schrittweise zu schwereren Anforderungen geleitet werden. Entscheidend für den Lernerfolg ist jedoch die starke Führung der Lernaktivitäten durch regelmäßiges Prüfen des Lernfortschritts. Dies hat wenig mit Mißtrauen gegenüber den Lernenden zu tun, als vielmehr mit einer möglichst optimalen Gestaltung des Lernangebotes. Denn es besteht die Gefahr, dass zu schwere oder zu leichte Lernangebote ausgewählt werden, und damit ein – subjektiver wie objektiver – Lernerfolg ausbleibt.

Rate der Verstärkung

Der wesentliche Mechanismus, der das Verhalten nach behavioristischen Annahmen steuert, sind die Konsequenzen, die auf das Verhalten folgen. Vielfach wird vermutet, dass diese Konsequenzen möglichst oft eintreten sollten, um wirksam zu werden. Es ist jedoch keineswegs das ständige Lob auf eine gebrachte Leistung, das beim Lernen verstärkend wirkt. Die Bekräftigungsrate ist vielmehr dem Leistungsniveau anzupassen. Bei der *intermittierenden* Verstärkung lernt die Person, dass sie nicht jedesmal eine Bekräftigung erhält, sondern sich besonders anstrengen muss, um diese zu erringen. Wird ein Verhalten beherrscht, kann die Bekräftigungsrate reduziert werden.

Bei interaktiven Medien wären demnach nur in bestimmten (zunehmend größeren) Abständen positive Rückmeldungen vorzusehen. Es wird genauer zu überlegen sein, wie diese gestaltet werden können, damit sie tatsächlich als dem Leistungsniveau angepasst erlebt werden.

1.2 Programmierte Instruktion

Die Anwendung von Konzepten des Behaviorismus auf Medien wird als Programmierte Instruktion bezeichnet. Um die Mechanismen der Verstärkung optimal zur Geltung kommen zu lassen, ergibt sich nach SKINNER ein engschrittiges Vorgehen in Frage-Antwort-Mustern, bei der der Lernende durch eine vorgegebene Sequenz kleinster Informationseinheiten (sogenannte „Lehrstoffatome") geführt wird. Nach der Präsentation eines jeden Lehrstoffatoms ist jeweils eine Prüfung vorzunehmen, ob das Dargestellte gelernt (behalten) wurde. Im Falle eines Fehlers ist der gleiche Lehrstoff erneut zu präsentieren. Das Programm arbeitet damit eine vorprammierte Sequenz von Lernschritten ab .

NORMAN CROWDER führte später Verzweigungen in Lehrprogrammen ein, die es erstmals ermöglichten, bei fehlerhaften Antworten nicht den gleichen Lerninhalt erneut zu präsentieren, sondern in Abhängigkeit von der Art des Fehlers alternative Darstellungen anzubieten. Er setzte dabei Auswahlfragen *(multiple choice)* ein, um den folgenden Lehrschritt in Abhängigkeit von der Antwort des Lernenden bestimmen zu können. SKINNER bevorzugte aus theoretischen Erwägungen Freitext-

Antworten, da der Lerner bei Auswahlfragen auch mit einer falschen Antwortalternative konfrontiert wird, – und diese falsche Antwort möglicherweise im Gedächtnis behält. Aufgrund der wesentlich einfacheren maschinellen Auswertbarkeit von Auswahlfragen haben sich diese jedoch recht schnell verbreitet.

Bei der Planung einer CBT-Anwendung nach der Programmierten Instruktion ist grundsätzlich folgendermaßen vorzugehen:

- Der Lehrgegenstand wird in elementare, aufeinander aufbauende Informationseinheiten (*Lehrstoffatome*) segmentiert, die dem Lerner sequentiell präsentiert werden sollen.

- Zu jedem Lehrstoffatom sind Fragen zu formulieren, die mit hoher Wahrscheinlichkeit (>90%) von der Zielgruppe richtig beantwortet werden können. Diese Fragen werden den Lernenden nach Präsentation der Informationseinheit zur Prüfung des Lernfortschritts präsentiert.

- Bei einer *richtigen* Antwort ⇒ verstärken (evtl. intermittierend), anschließend wird zu der nächsten Informationseinheit verzweigt. Bei einer *falschen* Antwort ⇒ ignorieren, gleiche Frage erneut stellen, ggfs. zurückspringen.

Die Vorteile der *Programmierten Instruktion* erscheinen auf den ersten Blick offensichtlich:

- Ein Computer ist (anders als eine Lehrperson) in der Lage, jeden einzelnen Lerner immer und unmittelbar für eine Leistung zu „bekräftigen".

- Alle Lehrinhalte, die sich in Lehrstoffatome segmentieren lassen, können vermittelt werden und zwar Schritt für Schritt. Lernende können jederzeit aus dem Lehrprogramm aussteigen und zu einem späteren Zeitpunkt an dieser Stelle weiterarbeiten.

- Die Maschine ist emotional indifferent. Im Unterschied zur Person des Lehrenden ist es der Maschine unerheblich, ob Fehler gemacht werden. Auch „erträgt" sie, wenn Fehler mehrfach gemacht werden, und Lernende müssen sich (z.B. vor der Klasse) nicht blamiert vorkommen. Damit wird eine negative Konsequenz vermieden, fehlerhafte Antworten ignoriert das System, indem es den gleichen Abschnitt wiederholt.

Die Forschung zur *Programmierten Instruktion* konnte jedoch kaum eine der theoretischen Annahmen bestätigen. Es ist z.B. *nicht* notwendig, dass Lernende zunächst eine *offene Reaktion* (auf Freitext- oder Auswahlfragen) zeigen müssen, die dann zu verstärken ist, um Lernerfolge zu erzielen. Ähnliche hohe Lernerfolge treten ein, wenn Texte bloß gelesen bzw. durchgearbeitet werden.

Die sequentielle Einhaltung der *Lernschritte* ist ebenfalls keine Voraussetzung für den Lernfortschritt. Werden Programmteile nicht in der vorgesehenen Folge der Lernschritte präsentiert, verschlechtert sich die Lernleistung nicht. Selbst bei einer Präsentation der Lehratome in beliebiger Reihenfolge konnte ein Lernzuwachs beobachtet werden (s.a. Fischer, 1985).

Ebenfalls ist die mehr oder weniger regelmäßige positive *Verstärkung* keine Voraussetzung für erfolgreiches Lernen mit Medien. Die Lernleistung bei einer hohen

Fehlerquote ist keinesfalls schlechter ist als bei einer niedrigen Fehlerquote, wie SKINNER sie forderte. Fehler können für Lernende eine wichtige Informationsquelle sein, die das Lernen sogar fördert. Insgesamt ist es sogar eher günstig, wenn eine zu bearbeitende Lernaufgabe eine höhere Schwierigkeit aufweist.

Programmierte Instruktion = Lernen durch Verstärkung?

Findet bei der Programmierten Instruktion nach SKINNER jedoch überhaupt „Lernen durch Verstärkung" statt? Kann tatsächlich von einer Anwendung der behavioristischen Lernprinzipien bei SKINNERs Lehrsystemen gesprochen werden?

Behavioristische Lerntheorien beschränkten sich ganz bewusst auf beobachtbares Verhalten und die Frage, wie Konsequenzen auf dieses Verhalten wirken. So steht im Mittelpunkt des Interesses immer die Wahrscheinlichkeit des Auftretens eines Verhaltens, also ob ein konkretes Verhalten in Zukunft häufiger, schneller, stärker etc. auftritt. Damit stellt sich die Frage, welches Verhalten bei einem Lehrprogramm eigentlich verstärkt werden soll bzw. kann: Ist es das Eintippen von Buchstaben oder das Arbeiten an einem Rechner? Läßt sich die Aneignung von Wissen „verstärken"?

Nach SKINNER werden die richtigen Reaktionen auf Fragen verstärkt. Doch das Ziel der Bearbeitung eines CBT-Programms besteht kaum darin, die richtigen Reaktionen auf bestimmte Fragen zu erlernen. Es besteht vielmehr die Hoffnung, dass sich Wissen aufbaut, das auch bei anderen Fragen oder in anderen Kontexten abgerufen und genutzt werden kann. Würde das gesamte Wissen aus „richtigen Reaktionen auf Fragen" bestehen, so wären Personen nie in der Lage, auf immer neue, unerwartete Situationen schnell, flexibel und (manchmal auch) kreativ zu reagieren. Wissen ist nur schwer als Summe der erlernten Verhaltensketten beschreibbar, bei denen für bestimmte Situationen, Anforderungen, Fragen etc. die richtigen Reaktionen, Antworten, Verhaltensweisen etc. abgespeichert sind, denen auf der Grundlage der individuellen Lernerfahrung jeweils Erfolgswahrscheinlichkeiten zugeordnet sind. Bereits HILGARD (1964) kritisierte, dass höchstens vage Analogien zwischen behavioristischen Lernmechanismen und dem Lernen mit CBT-Anwendungen bestünden. Die Funktionsweise von SKINNERs Lehrsystemen sei kaum mit Prinzipien des Verstärkungslernens zu erklären.

Tatsächlich ist der Zusammenhang zwischen behavioristischen Modellvorstellungen und den seinerzeit gewählten CBT-Anwendungen aus heutiger Sicht schwer herzustellen, da deren Lehrinhalte und -ziele eindeutig dem kognitiven Bereich (Faktenwissen) zuzuordnen wären. Behavioristischen Ansätzen geht es jedoch um den Aufbau *beobachtbarer* Verhaltensweisen. Mit der damaligen Technik war an tatsächlich verhaltensbezogene Trainings mit Computerunterstützung nicht zu denken. Erst heute wäre es möglich, bestimmte Prinzipien auf das computergestützte Verhaltenstraining anzuwenden, wie z.B. beim Einsatz von Computersimulationen zu Lehrzwecken oder dem Verhaltenstraining mit interaktivem Video. Insofern wurde das Lernmodell in einem Bereich angewandt, das hierfür nicht vorrangig geeignet erscheint.

SKINNER hatte seinerzeit das behavioristische Lernmodell als universell gültige Theorie, also für alle Bereiche menschlichen Lernens, postuliert. GAGNÉ (1965) propagierte dagegen ein theoretisches Rahmenmodell, das verschiedene lerntheoretische Ansätze integriert, und damit der Forschung zum didaktischen Design wesentliche Impulse gab. Er ging davon aus, dass verschiedene Typen von Lernprozessen in Form einer *Hierarchie* aufeinander aufbauen: Für das Erlernen von *Regeln* müssen z.B. zuvor *Begriffe* gelernt worden sein, die Fähigkeit zum *Problemlösen* setzt voraus, dass bestimmte *Regeln* erlernt wurden etc. Erfolg bei untergeordneten Lernprozessen der Hierarchie ist Voraussetzung für übergeordnete Lernprozesse. Diese Betrachtung öffnete den Blick auf andere Prinzipien und Modelle des Lernens und führte zu breiter angelegten Analysen von Lehr-Lernprozessen.

1.3 Kybernetischer Ansatz

In Europa wurden die Arbeiten zur programmierten Instruktion aus den USA in den 60er Jahren mit Interesse aufgenommen. Gleichwohl wurde der theoretische Ansatz des Behaviorismus kontrovers diskutiert, was zur Entwicklung des kybernetischen Ansatzes führte. Bei der Konzeption von Lernmedien folgten dieser Ansatz im Wesentlichen dem Modell der programmierten Instruktion. Der grundlegende Unterschied zwischen behavioristischem und kybernetischem Ansatz liegt jedoch im Verständnis des Lernprozesses. Während behavioristische Ansätze die *Verstärkung* als den wesentlichen Mechanismus des Lernens postulieren, wird im kybernetischen Ansatz Lernen als ein Vorgang des *Austauschs von Informationen* zwischen Lern- und Lehrsystem gesehen (s. Abbildung 5). Indem der Austausch von Informationen als grundlegende Voraussetzung des Lernens aufgefasst wird, rückt die *Präsentation* der Information durch das Lehrsystem und ihre *Wahrnehmung* und *Speicherung* durch den Lernenden in den Mittelpunkt. Es verlagert sich das Interesse von den Reaktionen des Lehrsystems auf Antworten des Lernenden „weiter nach vorne" im Lernprozess.

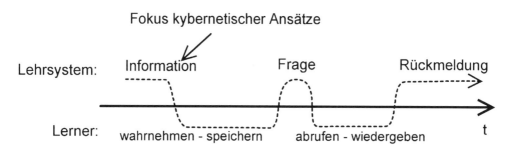

Abbildung 5: Fokus kybernetischer Ansätze

Kybernetische Ansätze gingen von auf einem frühen Modelle der Informationsverarbeitung aus, der mathematischen Informationstheorie nach SHANNON. Menschliche Informationsverarbeitung wird dabei mithilfe von Modellen des Datenflusses in Digitalrechnern beschrieben. Danach verfügt jeder Sinneskanal, die zentrale Verarbeitungseinheit sowie das Kurzzeit- und Langzeitgedächtnis über eine bestimmte Verarbeitungskapazität, die mit der Informationseinheit *bit* beschrieben werden kann, mit der sich ein binärer Zustand ausdrücken lässt. Alle Prozesse der Informationsspeicherung, des -austauschs und der -verarbeitung (auch intra- oder interpersonaler Art) können danach in der Einheit *bit* dargestellt werden.

Auch wenn diese Analogie zum Digitalrechner für kognitionspsychologische Modellbildungen attraktiv scheint, so sprechen empirische Untersuchungen zur menschlichen Informationsverarbeitung gegen dieses Modell. Auch Erkenntnisse der Bio- und Neurowissenschaften sprechen gegen die Theorie einer rein digitalen Informationsverarbeitung in menschlichen Zellverbänden, so dass man sich in der Kognitionspsychologie anderen Theorien zuwandte.

Ein weiterer Unterschied zwischen behavioristischen und kybernetischen Ansätzen besteht in der unterschiedlichen Einschätzung der Reaktion des Lehrsystems auf das Verhalten des Lerners: Anders als behavioristische Ansätze, die nicht zwischen Rückmeldung und Verstärkung unterscheiden, akzentuieren kybernetische Ansätze den informativen Aspekt von Rückmeldungen.

Denn Rückmeldungen sind zunächst eine wesentliche *Information* im Lernprozess, bieten Lernenden einen Hinweis, ob eine Antwort „richtig" oder „falsch" ist, und damit die Chance, falsche Annahmen und unangemessene Verhaltensweisen unmittelbar zu revidieren. Auf diese Weise beeinflusst die Rückmeldung des Lehrsystems den Lernenden. Es entsteht ein rückgekoppeltes System: Ein Verhalten löst Reaktionen aus. Eine Rückmeldung an den Verursacher der Reaktion führt zu einer Anpassung des Verhaltens.

Bildungs-„Technologie"

Die *Optimierung des Informationsaustauschs* zwischen Lern- und Lehrsystem (und nicht mehr die Verstärkung) ist folglich der zentrale Fokus des kybernetischen Ansatzes. Vorrangiges Ziel ist die Entwicklung von Verfahren, wie Lernprozesse ermöglicht bzw. gefördert werden können. Verfahrensvorschriften (= Technologien) geben an, was zu tun ist, um ein bestimmtes Ziel unter bestimmten Bedingungen zu erreichen. Von diesen technologischen Aussagen wird anders als von grundlagenwissenschaftlichen Aussagen eine *zuverlässige Problemlösung* erwartet.

Wenn derart technologisches Wissen, wie didaktische Ziele erreicht werden können, nicht verfügbar ist, muss auf professionelle (d.h. systematisch geplante) Lehraktivitäten verzichtet werden. Die Vermittlung von Lehrinhalten kann dann lediglich intuitiv erfolgen.

Anderseits wird man feststellen, dass in einem derart komplexen Gefüge wie in einem Lehr-Lernsystem nur ein Bruchteil der Vorgänge in technologische Aussagen überführbar sind. Denn als Voraussetzung muss zumindest gegeben sein, dass die jeweiligen Lehraktivitäten beschreibbar und planbar sind und diese Aktivitäten das

Lehrziel unmittelbar oder mittelbar beeinflussen. Um derartige Zusammenhänge behaupten zu können, wird sehr detailliertes Wissen über die Vorgänge des Lernens und Lehrens benötigt.

Objektivierte Lehrverfahren

Kybernetische Ansätze des computergestützten Lehrens haben sich zwar an der *Programmierten Instruktion* orientiert. Der Unterschied zu behavioristischen Ansätzen besteht jedoch darin, dass nicht mehr die Reaktion des Systems (im Sinne einer *Verstärkung*) als das Lernen beeinflussend gesehen wird, sondern die Art und Häufigkeit der *Informationspräsentation*: Je häufiger eine Information dem Lerner präsentiert wird, desto eher sollte diese „im Gedächtnis bleiben" und erinnert werden. Deswegen ist zu überlegen, welche Informationen mit welcher Häufigkeit wie lange und in welcher Sequenz präsentiert werden, um in einer gegebenen Lernzeit den Lernerfolg zu optimieren.

Aus dieser Überlegung leitet sich die *w-t-Didaktik* ab. Sie beschreibt, wie Lehrstoff für ein Lehrprogramm aufbereitet werden kann. Es geht darum, Basalwörter (w) „genügend oft in geschickter Verteilung über die verfügbare Zeit (t) zu verteilen." (Frank & Meder, 1971, S. 128). Hierzu wird zunächst ein *Basaltext* erstellt, der eine möglichst knappe, jedoch vollständige Übersicht (inklusive Bildern, Grafiken etc.) des zu vermittelnden Inhaltes aufweist. Für einen bestimmten Basaltext kann angegeben werden, welche Vorkenntnisse, Fähigkeiten etc. als gegeben vorausgesetzt werden. Für umfangreiche Lehrstoffe werden die Basaltexte in eine *Halbordnung* (ähnlich einer Hierarchie) gebracht. Sie legt fest, wie einzelne Basaltexte aufeinander aufbauen. Bedingung ist, dass sich zwei Basaltexte nicht wechselseitig voraussetzen, da dies zu einem nicht auflösbaren Zirkelschluss führen würde.

Der *Basaltext* besteht aus Blöcken mit vollständigen, möglichst redundanzfreien Sätzen zusammengehörenden Inhalts. Nach dessen Formulierung wird der Basaltext in Einzelaussagen zerlegt, die kurz, so einfach wie möglich, voneinander möglichst unabhängig und in ihrer Reihenfolge möglichst vertauschbar sein sollen.

Zentrale Schlüsselbegriffe des Basaltextes werden hervorgehoben. Mit diesen *Basalwörtern* sollen die zentralen Konzepte des zu vermittelnden Sachverhalts als eine einfache Variante der Wissenspräsentation kondensiert werden. Es sind dies die Wörter, die im Lehrprogramm zu lernen sind und später abgefragt werden.

„Objektivierung" des Lehrens?

Durch eine solche Aufbereitung von Lehrstoff wird die Übertragung der Lehrfunktion auf ein technisches Medium möglich. Kybernetik wird hier als sogenannte Objektivation geistiger Arbeit verstanden: Struktur und Prozeß des Lehrens ist analytisch so zu durchdringen, dass diese Funktion auf ein *Objekt*, z.B. ein Computerprogramm, übertragen werden kann. Dieser Vorgang der Übertragung auf ein Objekt ist als *Objektivation* bezeichnet worden (vgl. Tulodziecki, 1975). Deutlich wird, warum sich eine solche *Bildungskybernetik* für Lehrmaschinen interessierte: Mit dem Versuch der Nachbildung eines natürlichen Prozesses (das Lehren) mithilfe von Maschinen kann unser technologisches Wissen über den natürlichen Prozeß überprüft und erweitert werden.

Zu bedenken ist allerdings, dass mit der Übertragung des Lehrens auf ein Objekt möglicherweise grundsätzliche Veränderungen verbunden sind: In die unmittelbar dialogische Kommunikation zwischen Sender (Lehrer bzw. Produzent des Mediums) und Empfänger (Lerner bzw. Rezipient des Mediums) wird ein technisches Medium eingeführt. Dies schränkt die Kommunikation ein und verändert damit die Struktur und möglicherweise auch den Inhalt der Kommunikation. So wirkt beispielsweise der Einsatz des Telefons in der interpersonellen Kommunikation auf diese zurück, u.a. weil Teile der nonverbalen Kommunikation ausgeblendet sind. Jedes Medium strukturiert die Kommunikationssituation auf seine Weise. Es könnte z.B. sein, dass durch die Objektivation wesentliche Qualitäten der Lehrfunktion verloren gehen. Die Vorstellung einer *Objektivation* als einfache Übertragung bzw. Abbildung von Lehrfunktionen auf einem Medium übergeht diesen Aspekt.

Substituierbarkeit von Lehrkräften

Durch die mangelnde Problematisierung möglicher Effekte einer „Objektiviation" konnte der Eindruck entstehen, dass der Einsatz des technischen Mediums bereits „Bildung" ermöglicht, da dieses den personalen Lehrprozess ja auf ein technisches Objekt übertragen habe. In der Diskussion stand folglich lange Zeit die – stark emotionalisierende – Frage der Substituierbarkeit personaler Unterrichtsformen im Vordergrund. So wurde das ursprüngliche Anliegen der Bildungskybernetik überschattet durch die bildungspolitische Kontroverse über die These der Ersetzbarkeit von Lehrkräften durch Computer. Hierdurch wurde der bildungskybernetische Ansatz mit der Forderung einer möglichst schnellen Verbreitung von Lehrprogrammen im Klassenzimmer gleichgesetzt. Deren Möglichkeiten wurden jedoch auch von verschiedenen kybernetisch ausgerichteten Autoren kontrovers eingeschätzt.

Wie SKINNER waren einige Autoren davon überzeugt, dass der Wirkungsgrad des Lehrens durch die Übertragung auf Maschinen erhöht werden könne. Diese Einschätzung hat vor allem zwei Arten von Einwänden nach sich gezogen:

(1) Das Argument der Empirie: Es kann nicht von der Überlegenheit programmierter Instruktion oder computergestützten Lehrens gegenüber personalem Unterricht ausgegangen werden. Der Einsatz von Computern für Lehr-Lernzwecke hat sich in der Praxis keinesfalls als überlegen erwiesen.

(2) Das Argument der Pädagogik: Aus pädagogischer Sicht ist die Frage zulässig und nötig, ob selbst bei einer extrem hohen Effektivität oder Effizienz des Lehrens mit Computern, der Einsatz derartiger Systeme zu Lehrzwecken wünschenswert ist. Diese Frage verweist auf mögliche, unerwünschte Nebeneffekte, die bei einer etwa vollständigen Übertragung der Lehrfunktion an technische Medien eintreten könnten. Es geht also um die Frage, ob das Ziel einer möglichst vollständigen *Objektivation* pädagogisch sinnvoll bzw. wünschenswert ist.

Diese, in den 70er Jahren mit kaum nachvollziehbarer Vehemenz geführte Kontroverse ist durch die ernüchternden Erfahrungen der Praxis des Computereinsatzes in Schule und Unterricht weitgehend entemotionalisiert. Hoffnungen wie Befürchtungen erwiesen sich angesichts der mangelnden Bereitschaft der Lernenden mit entsprechenden Systemen zu arbeiten und den zunehmend kritischer werdenden Befunden zur Effektivität des computergestützten Lernens als weitgehend überzogen.

1.4 Fazit

Das Modell der Programmierten Instruktion ist lange Zeit – auch unabhängig von der zugrunde liegenden Theorie – *das* vorrangige Modell für die Konzeption computergestützter Lehr-Lernmedien geblieben. Bis heute orientieren sich viele mediendidaktische Konzeptionen (oft implizit) an den zugrundeliegenden Annahmen des Behaviorismus.

In der Praxis zeigen sich die Probleme der Programmierten Instruktion jedoch relativ schnell. Die Aneinanderreihung von Informationseinheiten (seien sie textlicher oder multimedialer Art) mit anschließenden Prüfungsfragen erweist sich für Lerner nach einiger Zeit i.a. als unerträglich stereotyp. Ein tieferes Verständnis der Lehrinhalte erschließt sich dem Lernenden kaum, weswegen die Anwendungen vielfach auf einfaches Faktenwissen beschränkt bleiben.

Es zeigt sich, dass die Motivation eines Lerners, derartige CBT-Kurse komplett durchzuarbeiten, rapide sinkt, wenn der Neuigkeitseffekt verfliegt. So stoßen solche Medien nach kurzer Zeit auf nur mäßige Akzeptanz, wenn nicht schiere Ablehnung bei Benutzern. Dies liegt im übrigen nicht, wie oft behauptet wird, an der mangelnden *Aktivierung* der Lernenden. Denn die Aktivierung durch das regelmäßige Stellen von Fragen im Programmverlauf war gerade die zentrale Forderung von SKINNER.

weiterführende Literatur: SKINNERS (1958) Artikel über *teaching machines*, Übersichtsartikel von BENJAMIN (1988) und REISER (1987), Einführung in den kybernetischen Ansatz bei FRANK & MEDER (1971)

2 Tutorielle Systeme: Kognitive Ansätze

Die Diskussion behavioristischer Lerntheorien und deren Anwendung beim computergestützten Lernen zeigt, dass interne Prozesse des Lernenden nicht ausgeblendet werden können. Um zu erklären, wie komplexere intellektuelle Fähigkeiten angeeignet werden, lässt sich auf Konzepte menschlichen Denkens schwerlich verzichten. Kybernetische Ansätze betonten bereits den Informationsaustausch zwischen Lehr- und Lernsystem, blieben jedoch der *Programmierten Instruktion* zur Konzeption didaktischer Medien treu. Untersuchen wir im Folgenden, wie die kognitiven Ansätze in den 70er und 80er Jahren das Lernen auffassten. Beim computergestützten Lernen verfolgten sie das Ziel, adaptive Systeme zu entwickeln, die sich wesentlich besser auf den Lernfortschritt einstellen.

2.1 Theoretische Annahmen

Das Anliegen kognitiver Ansätze des didaktischen Designs besteht nun darin, den Vermittlungs- und Aneignungsprozess in der Lehr-Lernsituation präziser aufzuschlüsseln, um das schlichte Modell der Programmierten Instruktion zu überwinden. Kognitive Ansätze gehen von der Annahme aus, dass menschliche Wahrnehmung als aktive Konstruktionsleistung der Person zu werten ist. Wahrnehmung ist kein passiver Prozeß der Informationsaufnahme und -weiterverarbeitung, bei dem in den Organismus einströmende Signale Schritt für Schritt an eine zentrale Verarbeitungseinheit weitergeleitet werden. Auf allen Ebenen der Informationsverarbeitung greift der Organismus ein und beeinflusst diese. Bereits bei sogenannten *präattentativen* Prozessen, die ohne bewusste Aufmerksamkeit einsetzen, finden derartige Prozesse statt, etwa die Datenreduktion durch Konturverschärfung.

Die kognitionspsychologische Forschung liefert eine Vielzahl anschaulicher Belege für die Wirkung von Erfahrungen auf allen weiteren Stufen der Informationsverarbeitung (z.B. Wilkening, 1988). Neue Informationen werden immer im Licht des bereits vorhandenen Wissens interpretiert. Das Zusammenwirken der schrittweisen Auswertung eingehender Informationen (*bottom up*) und in kognitiven Schemata gespeicherten Erfahrungen (*top down*) hat NEISSER als *Analyse durch Synthese* beschrieben.

Lernen als kognitive Informationsverarbeitung

Lernen wird als besonderer Fall der Informationsaufnahme und -speicherung betrachtet, dessen Güte vor allem abhängig ist von der Art der Informationsaufbereitung und -darbietung einerseits und kognitiven Aktivitäten des Lerners andererseits. Lernen geht einher mit Veränderungen kognitiver Strukturen und Prozesse (Bonner, 1988; Shuell, 1987); Veränderungen des Verhaltens (wie in behavioristischen Ansätzen betont) interessieren bloß als Folgeerscheinungen interner Verarbeitungsprozesse. Entscheidend für das Lernen ist demnach, wie Lernende mit einem Lernangebot umgehen, d.h. welche kognitiven Operationen sie ausführen und ob diese dazu taugen, sich Wissen anzueignen.

Obwohl kognitive Ansätze die psychologische Theoriebildung spätestens seit Mitte der 70er Jahre dominieren, beginnt deren konsequente Anwendung in Modellen des didaktischen Designs erst seit Ende der 80er Jahre. Bis dahin blieben die Ansätze des didaktischen Designs letztlich behavioristischen Modellen verhaftet. Den Weg zu einer kognitiven Orientierung im didaktischen Design beschreiben u.a. die Arbeiten von BOVY (1981) oder BONNER (1988). CASE & BEREITER (1984) sowie ELEN (1992) haben die Entwicklungsschritte von behavioristischen zu kognitiven Ansätzen des didaktischen Designs nachgezeichnet.

Der Ausgangspunkt von kognitiven Ansätzen des didaktischen Designs ist die Klassifikation und Analyse von Lehrinhalten. Denn es wird angenommen, dass sich das Lehren zu allererst an der Art der zu vermittelnden Inhalte orientieren muss. Verschiedene Arten von Lehr-Lerninhalten sind demzufolge in unterschiedlichen Subsystemen des Gedächtnisses gespeichert und erfordern jeweils andere Verarbeitungsprozesse, um in dem jeweiligen System dauerhaft verankert zu werden. Vor allem durch die Arbeiten von J.R. ANDERSON hat sich die Unterscheidung zwischen deklarativem Wissen (Wissen „über": Kenntnisse) und prozeduralem Wissen (Wissen „wie": Fertigkeiten) eingebürgert. Darüber hinaus wird kontextuelles Wissen, d.h. situatives, fallbezogenes Wissen, unterschieden (s. Abbildung 6).

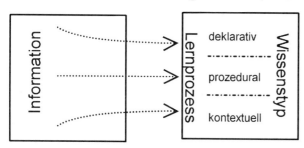

Kognitive Ansätze des didaktischen Designs konzentrieren sich auf die Untersuchung der Frage, wie die Speicherung und der Abruf von Informationen in den verschiedenen Subsystemen des Gedächtnisses sichergestellt werden können.

Abbildung 6: Wissenstypen im didaktischen Design

Im Kontext des didaktischen Designs interessiert insbesondere:

- Welche Lernprozesse sind für die Aneignung von Wissen notwendig?
- Welche Voraussetzungen müssen für das Lernen gegeben sein?
- Welche Faktoren wirken sich auf den Aneignungsprozess günstig aus?
- Wie wirkt sich die Informationsdarstellung auf die Behaltensleistung aus?
- Welche Faktoren begünstigen die Re-Konstruktion (Erinnerung) von Wissen?

Modell der Internoperation

Als Beispiel für einen frühen, kognitiven Ansatzes des didaktischen Designs sei das *Planungsverfahren zur Konstruktion von Unterricht* von KÖNIG & RIEDEL (1979) erwähnt. Es basiert auf kybernetischen Annahmen des menschlichen Lernens und Lehrens, erweitert diese jedoch durch kognitionspsychologische Konzepte (vgl. Riedel, 1991). Es handelt sich um ein Modell des didaktischen Designs, das Entscheidungen der didaktischen Planung benennt und schrittweise abarbeitet. Die Planung von Unterricht beinhaltet danach folgende vier Teilprobleme:

- Benennung von *Unterrichtszielen,*
- Festlegen von *Unterrichtssituationen,* durch die das Unterrichtsziel erreicht werden soll,
- Bestimmung der übrigen *Teilfunktionen* (insbesondere „Operationsobjekte", Hilfsmittel, Interaktionen, organisatorische Maßnahmen) sowie
- der Instrumente zur *Überprüfung* von Lernzuständen.

Im Zentrum des Modells steht der Gedanke, dass ein Lernerfolg davon abhängt, dass bestimmte *Operationen* ausgeführt werden. Die Aufgabe des Planenden (Lehrenden) ist es, eine Folge von Situationen zu schaffen, in denen sichergestellt ist, dass bei den Lernenden die für das Lehrziel notwendigen Operationen ausgeführt werden. Im Rahmen der Unterrichtsplanung ist demnach zu analysieren, welche *Operationen* für das Erreichen eines bestimmten Lernziels notwendig sind. Neben *Externoperationen* (Verhalten) unterscheidet RIEDEL zwischen verschiedenen Arten von *Internoperationen* (kognitive Prozesse) als Voraussetzungen für Lernprozesse (s. Seite 166).

Bei der Planung wird vom Endzustand ausgegangen und untersucht, welche Operationen ein Lerner durchlaufen muss, um diesen Zustand zu erreichen. Sind die Operationen benannt gilt es, *Operationsobjekte* zu bestimmen, anhand derer diese Operationen vermittelt bzw. ausgeführt werden können. Mit dem Begriff des *Operationsobjekts* sind dabei weder Medien noch Hilfsmittel gemeint, sondern die jeweiligen, didaktisch aufbereiteten Lernangebote.

Das Verfahren orientiert sich konsequent an den Lernprozessen, die Lernende ausführen müssen, um bestimmte Lehrziele erreichen zu können. Es stellt sich jedoch die Frage, wie die (vor allem kognitiven) Operationen zuverlässig zu bestimmen sind. Das Modell wurde im Kontext der Primarstufe entwickelt, wo sich dieses Problem möglicherweise nicht in der vollen Tragweite zeigt. Dennoch bleibt die Bestimmung der für einen Lernerfolg notwendigen Operationen beim Lernen kaum ableitbar oder zwingend begründbar. Dieses grundsätzliche Problem eines „kognitionspsychologisch begründeten" Ansatzes des didaktischen Designs zeigt sich auch in dem folgenden Modell.

Modell der Supplantation

Ein kognitiver Ansatz des didaktischen Designs, der besonders auf das mediengestützte Lernen eingeht, ist das Modell der *Supplantation* von SALOMON (1979). Es setzt kognitive Lernaktivitäten in Beziehung zu Merkmalen von Medien.

Ausgegangen wird von folgender Annahme: Lehraktivitäten sollten sich möglichst daran orientieren, welche kognitiven Aktivitäten Lernende bei der Auseinandersetzung mit Lehrinhalten ausführen. Dies gilt ebenso bei der Präsentation von Information in medialer Form. Die Darstellung des Mediums sollte berücksichtigen, welche mentalen Prozesse beim Lernenden bei der Rezeption eines Mediums stattfinden (sollen). Diese Prozesse sind durch eine geeignete Form der Präsentation möglichst zu unterstützen. Dem Medium werden damit Aufgaben übertragen, die ansonsten das kognitive System des Lerners ausführt.

Diesen Vorgang einer Veräußerlichung innerer Prozesse nennt SALOMON Supplantation: Supplantation ist die Funktion, die durch eine explizite Präsentation dessen erreicht wird, was üblicherweise der Lernende selbst intern zur Erreichung eines Lernziels tun muss (nach Issing, 1988; Salomon, 1979).

Es werden drei, aufeinander aufbauende Stufen der Supplantation unterschieden:

- Das Medium *modelliert* eine kognitive Operation, indem ein Prozeß vorgeführt wird und vom Lerner verfolgt werden kann. Das Medium unterstützt den Vorstellungs- und Interpretationsprozess, den der Lerner üblicherweise selbst vollziehen muss, z.B. bei Filmen durch Kamerafahrten oder -schwenks, bei Standbildern durch logische Bilder oder Modelle.

- Die Abkürzung nennt eine Lernaufgabe sowie deren Lösung (z.B. in zwei Dias) und fordert den Lernenden auf, einen Lösungsweg zu formulieren.

- Bei der *Aktivierung* wird nur die Aufgabenstellung genannt und der Lerner zur Bearbeitung aufgefordert. Dabei müssen sowohl das Ergebnis als auch der Lösungsweg selbständig gefunden werden.

Diese Stufen beinhalten ein zunehmendes Ausmaß selbständiger Kodierungs- und Verarbeitungsaktivitäten beim Lerner. Zunächst übernimmt das Medium in der *Modellierung* die Lenkung der kognitiven Aktivitäten, blendet sich aber über die *Abkürzung* bis zur *Aktivierung* zusehends aus. Bei einer didaktischen Aufbereitung im Sinne des Modells der Supplantation wäre demnach (1) die richtige Einstiegsstufe zur Supplantation zu eruieren und (2) ein stufenweises Ausblenden zu fordern.

Empirische Untersuchungen zeigen, dass sich die *Modellierung* eines Lehrgegenstands (bei der Darstellung von Prozeduren und Prozessen), z.B. mit Video, vorteilhaft auswirkt, wenn geringe Vorkenntnisse vorliegen. Bei fortgeschrittenen Lernern kann sich die *Modellierung* dagegen negativ auswirken, da sie mit bereits gespeicherten Vorstellungen möglicherweise interferiert. Dann ist die Methode der *Abkürzung* oder *Aktivierung* eher geeignet.

Bei Lehrfilmen und -videos wird vor allem die *Modellierung* eingesetzt. Der Übergang zu den anderen Varianten der Supplantation und deren schrittweise Ausblendung wird allerdings oft vernachlässigt. Dadurch wird erschwert, dass das Wahrgenommene in unterschiedlicher Form kodiert und in die bestehende Wissensstruktur integriert wird (Salomon, 1979).

Eine Voraussetzung für die Anwendung des Modells ist, dass bekannt ist, *welche* Lernprozesse für die Aneignung bestimmter Lerninhalte notwendig sind. Bei deutlich eingegrenzten Lerninhalten, etwa in einer psychologischen Laborsituation, lassen sich diese im Rahmen experimentalpsychologischer Studien möglicherweise (und mit nicht unerheblichem Aufwand) identifizieren. Im didaktischen Feld liegen diese Informationen jedoch i.a. nicht vor. Hinzu kommt, dass die Lerninhalte in der Regel deutlich komplexer sind als die Lerngegenstände entsprechender Studien.

Das Problem kognitiver Ansätze des didaktischen Designs besteht daher zum einen in der mangelnden Verfügbarkeit kognitionspsychologischer Erkenntnisse, die für die Formulierung mediendidaktischer Konzeptionen im didaktischen Feld benötigt würden. Darüber hinaus belegen die Untersuchungen von SALOMON und anderen, wie unterschiedlich Lerner mit Medien umgehen. Jeder Lerner interpretiert das Angebot eines Mediums verschieden und wird aufgrund seiner jeweiligen Erfahrungen und Kenntnisse unterschiedliche kognitive Aktivitäten ausführen.

2.2 Adaptivität und interaktive Medien

Im Rahmen einer didaktischen Analyse lässt sich in der Regel nicht zufriedenstellend bestimmen, *welche* kognitiven Prozesse zur Aneignung bestimmter Lerninhalte tatsächlich notwendig sind, um das Lehren und die Gestaltung von Lehr-Lernmedien dann an diese kognitiven Prozesse auszurichten. Wenn dies nicht *a priori* gelingt, so wäre zu fragen, ob eine solche Anpassung des Lehrens an die kognitiven Lernprozesse des Einzelnen nicht *während* des Lernens möglich ist: Ein „interaktives" Medium sollte die Lernangebote möglichst an die jeweiligen kognitiven Prozesse, an Lernfortschritte und -defizite, des Lerners angepassen. DUCHASTEL (1990) nennt dies die Forderung nach *reaktiven Lernumgebungen*, die Mechanismen zur Anpassung an den kognitiven Zustand des Lerners beinhalten. Im Folgenden werden einige der Versuche zur Realisierung solcher Adaptivität bei interaktiven Medien diskutiert.

Adaptivität beim personalen Unterricht

Gehen wir erneut von der personalen Unterrichtssituation aus: Bei der Planung und Vorbereitung von Unterricht sind die notwendigen kognitiven Lernprozesse einer Unterrichteinheit vorab kaum präzise zu bestimmen. Sehr wohl wird aber eine Lehrerin ihr Unterrichtsverhalten auf die *aktuellen* Lernprozesse anpassen: Registriert sie Verständnisprobleme, wird sie innehalten und eine erneute Erklärung anbieten. Bemerkt sie Motivationsprobleme, wird sie möglicherweise einen Methodenwechsel erwägen etc. Der pädagogische Dialog ist charakterisiert durch ein wechselseitiges *Eingehen* von Lehrenden und Lernenden: durch „Interaktion". Lehrende sind nur dann erfolgreich, wenn sie in der Lage sind, ihr Vorgehen an den Vorkenntnissen und den aktuellen Wissensstand der Lernenden auszurichten. (Dabei sei einschränkend angemerkt, dass in der konventionellen Konstellation des Gruppenunterrichts ein Lehrender gerade nicht in der Lage ist, auf die Lernenden individuell einzugehen.)

Doch gerade die Interaktivität im personalen Unterricht fällt den „interaktiven" Medien schwer: Der am deutlichsten empfundene Mangel an den ersten Lehrmaschinen bezog sich auf die „Sturheit", mit der die Maschinen ihre Programme abarbeiteten und den Lerner zwangen, den programmierten Wegen der Maschine zu folgen. Es war ja gerade das Anliegen der CBT-Pioniere, das Lernangebot in Abhängigkeit von dem aktuellen Wissensstand der Lernenden zu präsentieren, und so eine Anpassung an individuelle Vorkenntnisse und Lerngeschwindigkeiten zu erreichen.

Der technische Stand früher CBT-Systeme schränkte jedoch die Diagnose des Wissensstandes ein. Es wurden Fragen gestellt und Eingaben des Benutzers ausgewertet. SKINNER favorisierte offene Fragen, PRESSEY wählte das Format der *multiple choice*-Fragen. Die damals fortschrittlichsten Geräte waren *wegadaptiv*: Das System trifft in Abhängigkeit von der Richtigkeit der Antworten eine Entscheidung, wie der Lernweg fortzusetzen ist: mit der Präsentation weiterer oder der Wiederholung derselben Information.

Bei klassischen CBT-Anwendungen beschränkt sich die Diagnose folglich auf die Auswertung von Testantworten, die im Anschluss an Informationseinheiten präsentiert werden. Mit diesem Vorgehen liegt natürlich keine Diagnose im eigentlichen Sinne vor: Es wird lediglich festgestellt, ob ein Fehler vorliegt oder nicht. Eine Diagnose sollte dagegen z.B. Flüchtigkeitsfehler ausschließen und von wirklichen Verständnisdefiziten abgrenzen, sie sollte einen Fehlertyp identifizieren und benennen, auf welches Verständnisproblem dieser Typ von Fehler hinweist. Aufbauend auf einer solchen Diagnose sollte eine abgestimmte tutorielle Strategie aufgerufen werden, die auf den aktuellen Lernzustand angepasst ist.

Intelligente tutorielle Systeme

Der Versuch einer Anpassung des Lernangebotes an den aktuellen Wissensstand ist im Rahmen der Forschung zu sogenannten „intelligenten tutoriellen Systemen" (ITS) in den 80er Jahren fortgeführt worden. Das Ziel besteht darin, aus aktuellen Eingaben von Benutzern (*online*) eine Diagnose der Kompetenz bzw. der Kompetenzdefizite zu erstellen, die als Grundlage für Entscheidungen über das tutorielle Angebot des Systems dient. Ein solches „intelligentes" System mit Diagnosefähigkeit sollte das Lernangebot auf die aktuellen kognitiven Lernprozesse besser anpassen als konventionelle CBT-Programme mit festgelegten Lernwegen.

Dabei existieren unterschiedliche Vorstellungen über die essentiellen Merkmale eines derart intelligenten tutoriellen Systems. In manchen Publikationen werden hiermit vor allem der Einsatz bestimmter *Softwaretechniken* verbunden, z.B. regel- oder fallbasierte Expertensysteme, objektorientierte Wissensbasen oder Programmiersprachen (etwa LISP). Üblicherweise wird in der Informatik von *intelligenten* Systemen gesprochen, wenn solche Softwaretechniken zum Einsatz kommen. Doch die Wahl einer Softwaretechnik garantiert nicht eine bestimmte *Qualität* im Verhalten des Systems, d.h. auf die Qualität von Dialog, Adaptivität oder Interaktivität hat die Wahl der Softwaretechnik keinen unmittelbaren Einfluss.

Folglich muss ein solches System zumindest über eine Diagnosekomponente verfügen, die das Verhalten des Lernenden analysieren und Rückschlüsse über die Kompetenz des Lerners ziehen kann. Dazu muss ein „ideales" Modell der Expertise vorliegen, das mit dem aktuellen Modell des Lernenden verglichen wird. Darüber hinaus muss eine Komponente existieren, die auf diese Informationen zugreift und über die Auswahl der (als nächstes) zu präsentierenden Instruktionselemente entscheidet. Ein intelligentes tutorielles System geht dabei folgendermaßen vor (vgl. Lesgold, 1988):

- Das Verhalten des Lernenden wird registriert: Welche Lerneinheiten werden gewählt? Welche Vermittlungsform wird bevorzugt? Welche Fehler werden gemacht?

- Aus der Performanz des Lernenden wird ein Modell der Kompetenz abgeleitet: Welche Wissensbestände liegen vor, über welche Fähigkeiten verfügt er?

- Das Modell der aktuellen Kompetenz des Lernenden wird mit dem Modell des Experten in einem bestimmten Sachgebiet („Domäne") verglichen. Hieraus ergibt sich ein Modell der Lerndefizite.

- Auf der Grundlage dieser Lerndiagnose entscheidet die tutorielle Komponente des Systems, welche Lerneinheiten dem Benutzer in welcher Form angeboten werden. Je nach Konzeption des tutoriellen Systems ist die Interaktion dabei mehr oder weniger system- oder lernergesteuert.

- Bei der Bearbeitung der präsentierten Aufgaben, Informationen etc. werden die Eingaben, Antworten usw. des Benutzers laufend analysiert. Dabei werden ständig Hypothesen über die Kompetenz des Lernenden gebildet und so verschiedene Aspekte des Modells der Lernerkompetenz entweder bestätigt oder verworfen.

- Liegt darüber hinaus eine Erklärungskomponente vor, kann das System seine didaktischen Entscheidungen dem Lernenden auf Anfrage erläutern.

Bei der Realisation dieses Ansatzes sind unterschiedliche Wege erprobt worden ...

(a) zur Repräsentation des Lernermodells:

- Das Lernermodell beinhaltet eine Sammlung des „Wissensbestandes" des Lerners, d.h. es listet explizit die bekannten Fakten, Konzepte, Prozeduren ebenso wie die als unbekannt identifizierten Fakten etc. auf.

- Das Lernermodell besteht aus Parametern, die die Kompetenz des Lerners in bestimmten Bereichen charakterisieren, d.h. es werden Zahlenwerte vergeben, die auf bestimmte Kenntnisse oder Kompetenzniveaus verweisen.

(b) zur Feststellung der Lernerkompetenz:

- Vergleich einer Antwort oder Handlungssequenz des Lerners mit einer gespeicherten Antwortliste *(Differenzmodell)*. Wird die Antwortliste von einem Expertenmodul erzeugt, wird von einem *Overlay-Modell* gesprochen. Die Kompetenz des Lerners wird als eine Untermenge des Wissens, das im Expertenmodul gespeichert ist, betrachtet (Beispiel hierzu: der LISP-Tutor von Anderson, 1983; Anderson, Boyle, Corbett, & Lewis, 1990; Anderson, Boyle, & Reiser, 1985).

- Vergleich der Effekte einer Antwort oder Handlungssequenz mit einer gespeicherten Fehlerliste *(enumeratives Fehlermodell)*. Wird die Fehlerliste vom Expertenmodul erzeugt, handelt es sich um ein *generatives Fehlermodell*.

2.3 Fazit

Nachdem mit solchen *intelligenten tutoriellen Systemen* große Hoffnungen verknüpft wurden, sind deren Grenzen mehr als deutlich geworden: Es zeigt sich, dass aus Verhaltensweisen bzw. Fehlverhaltensweisen von Lernenden bei der Bearbeitung von Lerneinheiten nur in begrenztem Umfang Rückschlüsse auf die dem Verhalten zugrunde liegende Kompetenz gezogen werden können. Selbst bei einfachen mathematischen Aufgaben, zu deren Lösung ein Algorithmus anzuwenden ist, müssen eine Reihe einzelner Tests erfolgen, bevor z.B. Flüchtigkeitsfehler ausgeschaltet werden können und ein mögliches Verständnisproblem identifiziert werden kann.

Bis heute ist es nur in kleinsten Ausschnitten gelungen, aus dem registrierten Benutzerverhalten während der Bearbeitung von Lerneinheiten auf zugrundeliegende Kompetenzen bzw. -defizite zu schließen, um darauf abgestimmte Sequenzen von Lehrangeboten zu generieren. Hinzu kommt der erhebliche Aufwand für die Konzeption und technische Implementation derartiger Lösungen einer *online*-Diagnose. Überhaupt nicht in Sicht ist schließlich ein allgemeines, *domänenunspezifisches*, also von Inhalten unabhängiges Verfahren, mit dem solche Kompetenzen bei einer *online*-Diagnose festzustellen wären.

Die vorliegenden Ansätze sind somit von dem ehrgeizigen Ziel, die didaktische Qualität des pädagogischen Dialogs durch eine Modellierung kognitiver Merkmale des Lernenden *während* der Auseinandersetzung mit Lernangeboten zu steigern, weit entfernt. Die Hoffnung, mit *online*-Diagnosen des aktuellen Lernverhaltens „interaktives" Lehren und Lernen realisieren zu können, haben damit (erneut) eine deutliche Relativierung erfahren. Unabhängig von dieser kritischen Wertung ist die Einschätzung der softwaretechnischen Erkenntnisse dieser Ansätze, die positiver einzuordnen ist. Die in diesem Rahmen entwickelte Trennung verschiedener Teilkomponenten findet sich bei neueren Autorenwerkzeugen und Entwicklungsumgebungen wieder.

Mit den desillusionierenden Erfahrungen sogenannter „intelligenter" tutorieller Systeme drängt sich die Frage auf, welche Komponente des Mediums eigentlich die „Intelligenz" beinhaltet. Ist es tatsächlich die Intelligenz, die „in" der Anwendung gespeichert ist, oder kommt es auf die bei deren Entwicklung verwendete Softwaretechnik an? Lohnt der Versuch, Programme zu entwickeln, die auf kognitive Merkmale des Lernprozesses rekurrieren? Kann die didaktische Strategie tatsächlich auf der Grundlage solcher Modelle *online* (während des Lernens) optimiert werden?

Die Verbreitung graphischer Benutzeroberflächen, gerade bei explorativen Lernumgebungen, hat dazu beigetragen, diese Annahmen der Forschung zu *intelligenten tutoriellen Systemen* in Frage zu stellen: Demnach ist die Intelligenz nicht nur „im" Programm zu suchen, sondern auch in der Art, wie das Informations- und Lernangebot dem Benutzer präsentiert und verfügbar gemacht wird, also an der Schnittstelle zwischen Mediensystem und Lerner.

Kann man, so stellt sich aus Sicht des didaktischen Designs die Frage, Entscheidungen über die Sequenzierung des Lernangebotes nicht einfach dem Benutzer selbst überlassen? Reicht es nicht vielfach aus, wenn eine Benutzerin dem System *mitteilt, dass* die Darstellung eines Sachverhalts zu kompliziert ist, und sie sich eine einfachere oder andere Form der Darstellung (etwa eine graphische Übersicht) wünscht etc.?

Der Mangel an Adaptivität wäre dann weniger auf die fehlende Diagnosefähigkeit des Systems zurückzuführen, sondern eher eine Frage der Gestaltung der Interaktivität. Wichtig wird dann, über welche Informationen z.B. auf verschiedenen Schwierigkeitsniveaus und in verschiedenen Darstellungsformen das System verfügt, und wie dem Benutzer diese Angebote zugänglich gemacht werden.

weiterführende Literatur: WENGER (1987) diskutiert die Anwendung von Konzepten der Forschung zu *artificial intelligence* auf das computergestützte Lernen (s.a. die Sammelbände von Lawler & Yazdeni, 1987; Yazdani & Lawler, 1989), s.a. das *Journal of artificial intelligence in education.*

3 Situiertes Lernen und Konstruktivismus

Während die Grundannahmen des kognitiven Ansatzes lange Zeit als Standard-Paradigma der Lerntheorie und mit einiger Verzögerung auch der Mediendidaktik galten, hat – erneut über den Umweg USA – spätestens seit Ende der 80er Jahre eine grundlegende Kritik hieran eingesetzt: Gemeint ist die Reduktion menschlichen Handelns auf kognitive Informationsverarbeitung, bei der das Individuum als Zentrum von Wissen und Handeln überbewertet wird und die menschliche Emotionalität, Leiblichkeit und Situiertheit des Handelns in der Lebenswelt ausgeblendet werden.

3.1 Kritik am Kognitivismus

Manche alternative Ansätze zum Kognitivismus stellen die Existenz kognitiver Prozesse, wie sie in kognitionspsychologischen Ansätzen üblicherweise postuliert werden, grundsätzlich in Frage: Nach J.J. GIBSON (1982) gibt es so etwas wie direkte Wahrnehmung von *Affordanzen* der Umwelt, die ohne kognitive Verarbeitung von der Person unmittelbar begriffen werden. Nach MATURANA (1987) findet die Anpassungsleistung von Personen in ihrer Umwelt statt, ohne dass unbedingt ein kognitiver Informationsaustausch stattfinden muss. Die im Folgenden dargestellten Ansätze geben das Konzept der kognitiven Informationsverarbeitung allerdings nicht grundsätzlich auf, vielmehr bewerten sie deren Bedeutung anders als die bisher diskutierten kognitiven Ansätze.

Situierte Ansätze des Lernens betrachten menschliches Handeln und damit den Lehr-Lernprozess aus einer anderen Perspektive: Handeln ist danach grundsätzlich eingebettet in einen sozialen Kontext und nicht Resultat von Entscheidungs- und Verarbeitungsprozessen eines isolierten Individuums. Mit dieser Abhängigkeit des Handelns von situativen Bedingungen und der Umwelt scheint eine gewisse Nähe zu behavioristischen Konzepten vorzuliegen - im Unterschied zu diesen betonen situierte Ansätze jedoch die Relevanz *symbolischer Interaktion*, d.h. das Finden, Kommunizieren und Aushandeln von *Bedeutungen* sowie die Suche nach Ordnungsstrukturen und Sinnhaftigkeit als grundsätzlichen Merkmalen menschlichen Handelns.

Danach werden in jeder Situation Bedeutungen neu konstruiert, sie werden nicht einfach aus dem Gedächtnis abgerufen oder rekonstruiert, sondern sind Ergebnis einer Interaktion zwischen Menschen, ihrer Umwelt und Artefakten, die in der Interaktion mit der Umwelt entstehen. Handeln ist damit nicht durch Individuen „verursacht", sondern ein Merkmal von Interaktion.

Zwischenmenschliche Interaktion

Eine zentrale Kategorie dieser wissenssoziologischen Tradition ist der Begriff der Interaktion: In der z. B. den kybernetischen Ansätzen zugrundeliegenden Informationstheorie wird Kommunikation verstanden als Austausch von Informationen zwischen Sender und Empfänger, wobei Sender und Empfänger regelmäßig ihre Rollen wechseln. Interaktion ist damit zunächst lediglich bidirektionaler Informationsaustausch. Diese Definition beschränkt sich auf die zeitliche Kontingenz bestimmter Ereignisse: „Das eigentlich Interaktionale, etwa als Wechselwirkung, wird explizit ausgespart." (Graumann, 1979, S. 294)

Bei dieser Sichtweise, die für kognitive Ansätze typisch ist, wird Interaktion zu erklären versucht, indem das Verhalten und Erleben der einzelnen beteiligten Individuen analysiert wird: Interaktion wird analytisch zerteilt in ihre individuellen Bestandteile. In der sozialpsychologischen Tradition von GEORG HERBERT MEAD wird diese Reduktion als unangemessen zurückgewiesen und „Interaktion" als die eigentlich primäre Kategorie menschlichen Handelns aufrecht erhalten, denn Interaktionsprozesse gehen individuellen Handlungen voraus.

In der Interaktion richtet die Person ihre Aufmerksamkeit auf Dinge. Das Individuum hört auf, bloß auf äußere Stimuli zu reagieren. Es entwirft Pläne für Handlungen, prüft sie und probiert neue Handlungsentwürfe und Situationsdefinitionen aus (vgl. Rosemann & Kerres, 1985; 1986). Handeln ist damit eher nicht vorhersehbar und mithilfe bestimmter Variablensätze erklärbar; es beinhaltet die Chance zu Spontaneität und Kreativität, die sich in den Interpretations- und Aushandelnsprozessen *symbolischer Interaktionen* niederschlägt.

Hieraus ergibt sich, dass soziale Realität nicht mehr als von Personen unabhängig verstanden werden kann, sondern ständig im Vollzug von Handlungen durch Personen *erzeugt* wird. Die Strukturen der Realität, Merkmale wie Regelhaftigkeit, Stabilität oder Kontinuität, existieren nicht an sich, sondern sind Resultat individueller Konstruktionsleistungen in symbolischen Interaktionen (vgl. Mertens, 1983).

Läßt sich Wissen aneignen und vermitteln?

Im Kognitivismus wird Lernen als Prozeß der Aneignung von Wissen im Gedächtnis eines Individuums aufgefasst. Dieses Wissen ist *in* der Person gespeichert und kann später aus dem Gedächtnis abgerufen bzw. rekonstruiert werden. Bei unbekannten Situationen stellt sich das Transferproblem, nämlich dass dieses Wissens oft nicht anwendbar ist. Nach situierten Ansätzen ist Wissen dagegen nicht in Personen gespeichert, sondern wird in jeder Situation neu konstruiert. Von einem Transfer von Wissen kann demnach nicht ausgegangen werden, da jede – mehr oder weniger bekannte – Situation Wissen produziert.

Ein solcher Ansatz ist auf den ersten Blick schwerer nachzuvollziehen als etwa der kognitive Ansatz. Dies liegt nicht zuletzt daran, dass unsere Kultur von der Vorstellung geprägt ist, dass das einzelne Individuum die eigentlich agierende Instanz von Handlungen und Träger von Wissen ist. So basiert beispielsweise unser Rechtssystem auf dem Konzept der Verantwortlichkeit des Einzelnen für sein Handeln. Die Schule sieht Individuen als „Besitzer" von Wissen. Auch für das psychische Wohlbefinden in unserer Gesellschaft ist das Empfinden von Verantwortlichkeit für das eigene Handeln essentiell. Dies belegt jedoch nicht die „Richtigkeit" dieser Sichtweise von Handeln.

Konstruktivismus und didaktisches Design

Als Alternative zu kognitivistischen Ansätzen werden zunehmend sogenannte konstruktivistische Ansätze des didaktischen Designs diskutiert. Dieser Begriff, der die didaktische Diskussion vor allem in den USA seit Mitte der 90er Jahre beherrscht, wird vielfach als das „neue" Paradigma der Didaktik bezeichnet. Es soll deswegen kurz auf diesen im Kontext der Didaktik m.E. nicht unproblematischen Begriff eingegangen werden.

In der Literatur finden wir den Begriff Konstruktivismus u.a. in folgenden Zusammenhängen (vgl. Klimsa, 1993): Konstruktivismus als ein Ansatz der Wahrnehmungs- oder Lernpsychologie, eine Wissenschafts- und Erkenntnistheorie, ein Menschenbild, eine didaktische Position oder eine Lehrstrategie.

Für die Wahrnehmungs- und Lernpsychologie, so kann konstatiert werden, beinhaltet der Begriff des Konstruktivismus keinen spezifisch neueren Ansatz, wenn damit auf die aktive und selbständige Konstruktionsleistung von Organismen bei Wahrnehmung und Lernen verwiesen werden soll. In der Wissenschafts- und Erkenntnistheorie ist der Begriff des Konstruktivismus ebenfalls seit längerem gebräuchlich und beschreibt eine bestimmte Position zu dem Problem, wie über den „Wahrheitsgehalt" von Aussagen Entscheidungen getroffen werden können. Aussagen können danach weder falsifiziert noch verifiziert werden, sondern sind nur als mehr oder weniger *belastet* durch – konventionell vereinbarte – wissenschaftliche Methoden zu bewerten.

Es fällt schwer, von diesen etablierten und fundierten Interpretationen des Begriffs Konstruktivismus eine direkte Verbindung zu einer didaktischen Position herzustellen. In Veröffentlichungen z.B. von DUFFY & JONASSEN (1991) oder REIGELUTH (1996) wird von den „neuen Lehrmethoden des Konstruktivismus" gesprochen. Diese neuen Lehrmethoden sollen sich u.a. dadurch auszeichnen, dass sie den Lerner statt den Lehrer in den Mittelpunkt didaktischer Bemühungen stellen, die praktische Anwendung von Lehrinhalten fokussieren, statt sich auf abstraktes Wissen zu beschränken, die Rolle des Lehrenden als Lernberater redefinieren und manches mehr. Dies muss als eine Sammlung durchweg bekannter methodischer Ansätze höchst unterschiedlicher Herkunft eingeordnet werden. Die Implikationen eines erkenntnistheoretischen Konstruktivismus sensu GLASERSFELD oder WATZLAWICK bleiben unreflektiert (vgl. Ausführungen bei Dinter & Seel, 1994; Dubs, 1995; Gerstenmaier & Mandl, 1995; Rustemeyer, 1999; Terhart, 1999).

So wirkt der Begriff des Konstruktivismus in der Diskussion über didaktisches Design wenig präzise. Es handelt sich um ein Konglomerat von didaktischen Ansätzen und Methoden sowie Vorstellungen über Menschenbilder, so dass eine prägnante Charakterisierung einer entsprechende Position als didaktischer Ansatz und Grundlage einer mediendidaktischen Konzeption schwer fällt. Somit sorgt der Begriff im bildungswissenschaftlichen Diskurs eher für Verwirrung als für Klarheit.

3.2 Situiertes Lernen: Das Ende des Unterrichts?

LUCY SUCHMAN (1987) untersuchte das Benutzerverhalten an Photokopiergeräten mit eingebauten Hilfesystemen und Diagnoseprogrammen. Sie stellte fest, dass sich das Benutzerverhalten nicht mit kognitiven Schemata erklären lässt. Sie unterscheidet zwischen kognitiv repräsentierten *Plänen*, die z.B. der Hierarchie der Bedienungsmenüs entsprechen, und *situierten Handlungen*, die unmittelbar mit bestimmten Ereignissen bei der Bedienung des Gerätes verbunden sind. Ihre Untersuchungen legen nahe, dass sich das konkrete Benutzerverhalten nicht mit kognitiv repräsentierten Plänen der Handelnden in Verbindung bringen lässt. Viele Handlungen erweisen sich als *eingebettet* in einen bestimmten sozialen Kontext und durch diesen bedingt.

Die kognitiv repräsentierten Pläne von Benutzern beinhalten generische, also situationsübergreifende Abstraktionen, die eher prospektive oder retrospektive *Konstruktionen* darstellen. Sie sind kein zwingendes Merkmal bzw. keine Voraussetzung für intelligentes Handeln. SUCHMANN nennt sie Artefakte unseres Denkens über Handeln, die vor allem der Rechtfertigung oder Begründung von Handlungen dienen.

Neben dieser Publikation trug u.a. die kulturvergleichenden Studien von LAVE & WENGER (1991) zur Etablierung des situierten Ansatzes in der Kognitionswissenschaft bei. JOHN S. BROWN, früher Vertreter eines kognitiven Ansatzes, fordert eine „Epistemiologie der situierten Kognition". Er begründet dies u.a. mit Ergebnissen seiner Untersuchungen über die Organisation von Wissensbeständen bei Experten und Anfängern. Neben vielen Gemeinsamkeiten unterscheiden sich diese darin, wie vorliegendes Wissen auf Situationen angewandt wird: Fortgeschrittene verfügen über Modelle, wie Wissen auf Situationen anzuwenden ist, während Novizen nur über partielle Modelle hierfür verfügen. Der Anfänger wandelt sich zum Experten jedoch nicht durch zunehmende Anhäufung von (strukturiertem) Wissen, wie ein kognitiver Ansatz vielleicht vermuten ließe. Ganz entscheidend ist der teilnehmende Sozialisationsprozess, der eine Übernahme der „effektiven Diskurspraktiken im situierten Handeln" ermöglicht (s.a. Dreyfus & Dreyfus, 1986). STREIBEL (1991) kontrastiert kognitive und situierte Ansätze mit den Begriffspaaren in Tabelle 4.

Hieraus ergeben sich eine Reihe von Konsequenzen und Fragen für das didaktische Design: Wie können situ-

Tabelle 4: Kognitive vs. situierte Ansätze

Kognitiver Ansatz	Situierter Ansatz
dekontextualisiert	kontextualisiert
Wissen	Praxis
Ziele	Erwartungen
Aufgaben/Probleme	Aktivitäten
solipsistisch	interaktional
Festlegungen	Beschränkungen
Problemlösung	Bewältigung von Dilemmata
explizite Theorien	implizite Theorien
fixer Bezugspunkt	Bezugspunkte aushandeln
Effizienz	Rationalität

ierte Handlungen überhaupt durch Lehrprozesse und Lehr-Lernmedien unterstützt werden? Ist es sinnvoll, eine bestimmte didaktische Strategie anzuwenden, um jeweils kontextgebundene Lernprozesse anzuregen? Welche Bedeutung hat abstraktes Wissen und dessen Vermittlung in einem situierten Ansatz?

Nicht nur für den Lern-, sondern auch für den Lehrprozess stellen sich damit Fragen, die die lange Zeit für selbstverständlich erachteten Prozeduren des didaktischen Designs relativieren: Entscheidend ist danach, ob Personen Artefakte ihrer Umwelt, also auch Bildungsmedien, als Lernangebote *wahrnehmen* und als solche nutzen. Es lässt sich nicht vorhersagen, welches Merkmal eines Mediums überhaupt als Lernangebot interpretiert wird. Ist es dann überhaupt möglich oder sinnvoll, didaktische Strategien für die Konzeption medialer Lernangebote zu entwerfen? Und tragen explizit formulierte Instruktionsstrategien oder Pläne wirklich zu einem (wie immer zu definierenden) besseren Lernangebot bei? Wenden didaktische Designer bei der Konzeption von Bildungsmedien ihrerseits überhaupt Pläne an oder handelt es sich bei Aktivitäten des didaktischen Designs um „eingebettete Verhaltensweisen", die nur in „authentischen Kontexten" erfahren und durch diese „Teilhabe an der Expertenkultur" erlernt werden können?

Die Konzeption und Gestaltung von Lehr-Lernmedien wäre dann ebenso als situierte Handlung aufzufassen, die durch die jeweilige Anforderungssituation bestimmt bzw. durch den professionellen Kontext der jeweiligen Produktion nahegelegt werden. Aus dieser Sicht wäre es wenig angemessen, bestimmte Vorgehensweisen oder Prinzipien des didaktischen Designs vorzugeben.

Aus Sicht situierter Ansätze kann das Forschungsanliegen des didaktischen Designs nicht darin bestehen, Präskriptionen zu bestimmen. Es gilt vielmehr, begriffliche Kategorien zu formulieren, die der Kommunikation zwischen den an der Planung und Produktion beteiligten Personen und der Reflexion ihres Verhaltens dienen. Ziel kann es nicht sein, zu professionellem Handeln *anzuleiten*, sondern Kategorien zu dessen Beschreibung zu entwickeln, die der *Kommunikation* im didaktischen Feld dienen.

Diese Forderung beinhaltet recht grundsätzliche Implikationen für die Forschung zum didaktischen Design. Bisher, so BROWN, wurde didaktisch-methodische Forschung durch Suche nach weiterer Explikation, also durch Formulierung spezifischer(er) Pläne, angegangen. Mit dieser Strategie lassen sich pädagogische Problemsituationen aber s.E. nicht adäquat bewältigen (Brown, Collins, & Duguid, 1989, S. 41):

> Thus, we have ended up with wholly inappropriate methods of teaching. Whatever the domain, explication often lifts implicit and possibly even nonconceptual constraints out of the embedding world and tries to make them explicit or conceptual. These now take a place in our ontology and become something more to learn about rather than simply something useful in learning. But indexical representations gain their efficiency by leaving much of the context underrepresented or implicit.

Die Konsequenzen dieser Diskussion sind weitreichend und haben den wissenschaftlichen Diskurs der Kognitions- und Bildungswissenschaften erfasst. Lange

für selbstverständlich erachtete Prämissen sind in recht kurzer Frist ins Wanken geraten (vgl. etwa Sandberg, 1994; Weinert, 1996b).

3.3 Konstruktivistische Modelle

Die dargestellten theoretischen Überlegungen zum situierten Lernen stellen einige
Annahmen anderer Paradigmen grundlegend in Frage. Bei der Umsetzung der
theoretischen Annahmen in Modelle des didaktischen Designs ist gleichwohl keine
„radikale" Umkehr zu erkennen (Terhart, 1999). Vielmehr handelt es sich um –
wenngleich wichtige – Akzentverschiebungen. So betonen situierte Ansätze (vgl.
etwa Gerstenmaier & Mandl, 1995; Mandl, 1992) vor allem:

- die Darstellung komplexer, sozialer Realität (statt abstrakter Inhalte),
- die authentischen Aktivitäten von Lernenden (statt den Aktivitäten von Lehrenden) und
- die Präsentation multipler (statt einfacher) Perspektiven auf Probleme.

Untersuchen wir einige aktuelle Modelle dieser Richtung des didaktischen Designs.

Geankertes Lehren

Die *Cognition and Technology Group at Vanderbilt University* (1990; 1991) stand
vor der Aufgabe, Bildungsmedien zu entwickeln für Problemschüler mit sowohl
niedriger Lernmotivation als auch geringer Bereitschaft zum Lernen abstrakter
Konzepte. BRANSFORD et al. (1989; 1990) fanden die Lösung in dem Modell des
geankerten Lehrens (anchored instruction): Es gilt einen *Anker* zu finden, der die
Aufmerksamkeit beim Lernen steuert und motivierend auf Lernaktivitäten wirkt.

Dazu wurden die *Abenteuer des Jasper Woodbury* auf einer Bildplatte implementiert. Bei der *Fahrt zur Ceder-Bucht* können begleiten die Schüler *Jasper* bei einer
Schiffstour, auf der eine Reihe von Problemen zu bewältigen sind. So werden verschiedene Informationen über Schiffahrt, Kraftstoffverbrauch, Geschwindigkeiten
und Distanzen in den Fortgang der Geschichte eingebunden. Nach ca. 20 Minuten
endet die Geschichte. Die Schüler sollen gemeinsam ein Problem lösen, z.B. ob
Jaspers Benzinvorräte reichen werden, um vor Sonnenuntergang zu Hause anzu-
kommen.[1]

Kognitive Lehre

COLLINS et al. (1989) untersuchten, wie grundlegende (meta-)kognitive Kompetenzen vermittelt werden können. Sie beschäftigten sich mit der Analyse des strategi-
schen Wissens von Experten und folgerten daraus, dass Instruktion darauf angelegt
sein sollte, solches Wissen gezielt aufzubauen. Sie fanden, dass das strategische
Wissen von Experten stark an Situationen gebunden ist, d.h. nicht als „generische

---

[1] Die realisierte Bildplatte bietet dabei keine weiterreichenden Möglichkeiten zur Interaktivität. Dargeboten wird eine lineare Videosequenz, die mit einer spezifischen Aufgabe zur
kooperativen Bearbeitung endet.

Strategien" vorliegt. Anfängern, so folgerten die Autoren, sollten solche Strategien demnach in *authentischen* Situationen – ähnlich der Handwerkslehre – vermittelt werden. Mögliche Abstraktionen sind nicht von der lehrenden Instanz vorzugeben, sondern sie sind im Laufe der mehrfachen Anwendung von den Lernenden selbst zu entwickeln.

Zunächst sollten Lernende Experten bei der Bearbeitung eines *authentischen Problems* beobachten. Anschließend ist den „Novizen" die Möglichkeit zu geben, an der Bearbeitung konkreter, möglichst „realer" Probleme mitzuwirken. Die Lernenden stützen sich dabei zunächst auf Fertigkeiten und Kenntnisse, die sie bereits erworben haben, und werden diese laufend durch Erfahrungen und Rückmeldungen korrigieren und erweitern.

Damit wird das Modell der „Handwerkslehre", deren vorrangiges Ziel die Aneignung manueller Fähigkeiten ist, auf kognitive Lehrinhalte übertragen. Hier ergibt sich die Schwierigkeit, dass interne Verarbeitungs- und Entscheidungsprozesse eines Experten von Lernenden in der Beobachtung nur schwer erschlossen werden können. Um dieses Problem zu überwinden, werden verschiedene Methoden zur Explizierung und Externalisierung im Lehr-Lernprozess vorgestellt:

- Modellierung: Der Experte stellt den Prozeß vor und formuliert dabei seine Gedanken.
- Begleitung: Der Experte begleitet den Lerner bei der Einübung.
- Einrüsten: Der Experte führt den Prozeß vor, lässt den Lerner Teile davon selbst durchführen und blendet sich schrittweise aus.
- Artikulation: Der Lerner formuliert seine Gedanken bei der Ausführung.
- Reflexion: Der Lerner vergleicht seinen Problemlöseprozess mit dem des Experten.

Die zu bearbeitenden Aufgaben sollten dabei einer gewissen Logik folgen: Sie sollten zunehmend (1) *komplexer* werden, in ihren Varianten darüber hinaus zunehmend (2) *unterschiedlicher* sowie (3) *spezieller*. Damit soll erreicht werden, dass das zunächst stark kontextgebundene Wissen auf ein weiteres Bündel von Situationen übertragbar wird und damit an Abstraktion und Flexibilität in der Anwendbarkeit gewinnt (s.a. die cognitive flexibility theory von Spiro & Jengh, 1990).

Der soziale Kontext des Lernens wird als besonders wichtiger Aspekt der Qualität von Lehr-Lernprozessen betont: Hiermit ist zunächst die Forderung nach *authentischem* Lernen in (möglichst) *multiplen* Kontexten gemeint. Dieses Lernen sollte vor allem in reale Zusammenhänge eingebettet werden, etwa indem Experten bei ihrer Problemlösung und Interaktion beobachtet werden können. Betont wird damit das sinnhafte Lernen in einem sozialen Feld, das sich im kommunikativen Austausch zwischen Experten und Lerner vollzieht: Wissen kann nicht „übermittelt" werden, sondern es wird in Interaktionen zwischen Experten und Lernenden – in authentischen Situationen – jeweils neu „konstruiert" und „ausgehandelt".

Projektmethode

Die Projektmethode ist ein in Deutschland etabliertes Verfahren, das seit längerem in der beruflichen Bildung, zunehmend aber auch an allgemeinbildenden Schulen (Projektwochen) und Hochschulen (Projektstudium) erfolgreich eingesetzt wird. Die Methode beinhaltet eine Reihe von Merkmalen des *geankerten Lehrens*. Ein Projekt beinhaltet ein praktisches, möglichst lebensnahes Vorhaben, „das in Zielsetzung, Ausführung und Beurteilung zu weiten Teilen von den Lernenden selbst getragen wird." (Schelten, 1987, S. 74).

Die Organisation des Lernens in Projekten ermöglicht, dass die Lernenden ganzheitlich angesprochen werden. In der beruflichen Ausbildung bedeutet dies, dass nicht nur eine isolierte manuelle Tätigkeit geübt wird, sondern auch die dazugehörigen kognitiven (z.B. planerischen) Fertigkeiten ebenso wie sozial-kommunikative (z.B. Abstimmung der Teilaufgaben in der Gruppe) und affektive (z.B. Umgehen mit Rückschlägen) Kompetenzen.

Die langjährigen und umfangreichen Erfahrungen mit der Projektmethode in der Bildungspraxis zeigen gleichwohl auch die Schwierigkeiten eines solchen Ansatzes: So kritisiert SCHELTEN (1987) den leichtfertigen Gebrauch des Begriffs *Projektmethode*. Oftmals wird die Produktion jedes Werkstücks, das in der Lehrlingsausbildung hergestellt wird, als Projekt bezeichnet - solange es kein Wegwerfprodukt darstellt, sondern in irgendeiner Form verwertbar ist (oder wäre). Damit reduziert sich die Lebensnähe auf die *Verwertbarkeit* eines (Übungs-)Produktes oder Lernergebnisses. Dies ist in der Berufsausbildung sicherlich ein wesentliches Merkmal von Authentizität. Für den Lernfortschritt wichtiger erscheinen jedoch die *Ganzheitlichkeit* des Herstellungsprozesses sowie die *Selbstorganisation* bzw. *kooperative* Koordination des Lern- und Arbeitsprozesses.

Dabei hat sich gezeigt, dass teilweise übertriebene Hoffnungen mit der scheinbar *ganzheitlichen* Projektmethode verbunden werden: Konfrontiert man Lernende mit einem Projekt garantiert das alleine keineswegs einen Lernerfolg. Voraussetzung ist eine Lernumgebung, die selbst- oder gruppenorganisierte Lernaktivitäten unterstützt. Die Verfügbarkeit von Lernmedien ist in entsprechenden Ansätzen deswegen besonders relevant. Es zeigt sich, dass speziell aufbereitete Medien für den Einsatz in der Projektmethode notwendig sind, wie z.B. die *Leittextmethode*. Sie dienen vor allem dazu, den Lern- und Bearbeitungsprozess zu organisieren. Denn gerade die Planung und Regelung des Vorgehens fällt den Lernenden (alleine oder in der Gruppe) zunächst schwer.

Der Unterschied zu den dargestellten Ansätzen des *geankerten Lehrens* und der *kognitiven Lehre* scheint vor allem darin zu bestehen, wie der Situationsbezug hergestellt wird: bei der Projektmethode durch Einbindung des Handelns in soziale Realität, bei den anderen Ansätzen durch Darstellung in einem Medium.

3.4 Fazit

Situierte Ansätze des Lehrens und Lernens stellen die gängige Unterrichtspraxis in Bildungseinrichtungen in mancher Hinsicht in Frage. Mit der Betonung *sozialer* Interaktion in *authentischen* Kontexten scheint jedoch gerade *mediengestütztes* Lernen fragwürdig. Dennoch spielen Medien bei einigen der erwähnten Modelle eine nicht unwesentliche Rolle.

Entscheidend ist die veränderte Bedeutung, die dem Medium in situierten Ansätzen des Lehrens und Lernens zugeschrieben wird: Sie betrachten Medien als Artefakte einer verteilten Wissensbasis. Medien sind danach keine „Behälter", in denen Wissen gespeichert ist und übermittelt werden soll, sondern es handelt sich um *Werkzeuge*, um Wissen zu (re-)konstruieren. Sie dienen der Erschließung und Kommunikation von Wissen. Der Prozeß der mediengestützten Kommunikation wird dabei nicht wie im Kognitivismus als Aneignung und Austausch zwischen Individuen verstanden, bei dem Wissen von einer Person über das Medium „in" die andere Person gelangt (vgl. Salomon, 1993a).

Wissen wird vielmehr in Handlungen immer neu konstruiert und ist keine statisch „ab"-gespeicherte Information. Damit stellt sich die Frage, was für das Individuum zu lernen ist, wenn alles Wissen ständig im Fluss ist und neu konstruiert wird: Gerät damit möglicherweise das Individuum zu sehr aus dem Blickfeld? Selbstverständlich muss die Person über Kompetenzen verfügen, um ihre Umwelt mit sich ständig ändernden Anforderungen zu bewältigen, und an dem Prozeß der Wissenskonstruktion handelnd teilhaben zu können. Diese Fertigkeiten sind nicht bloß distribuiert und situativ konstruiert, sondern erfordern individuelle Lernerfahrungen mit der sozialen Konstruktion von Wissen.

Für das didaktische Design ergibt sich die Schlussfolgerung, dass Wissen nicht über Medien in die kognitive Struktur der Lernenden „transportiert" wird. Das Medium ist vielmehr selbst Bestandteil der Wissensbasis, an der Lernende durch aktive Erschließung teilhaben sollen. Medien werden zu kognitiven Werkzeugen, die die Bewältigung von Umweltanforderungen unterstützen. Die Aufgabe des didaktischen Designs besteht darin, diese Wissensbasis als Angebote der physikalisch-sozialen Umwelt aufzubereiten, um die handelnde Teilhabe an diesem Wissen zu ermöglichen.

Alles neu?

Betrachtet man die in diesem Rahmen vorgelegten Modelle der kognitiven Lehre und des geankerten Lernens, wird man kaum von einem Paradigmenwechsel im didaktischen Design sprechen können. Den Befürwortern dieser Konzepte geht es vornehmlich darum, Kindern und Jugendlichen einen Einstieg in das Lernen zu ermöglichen, für die Lernangebote mit eher abstrakten Lerninhalten wenig geeignet erscheinen.

Die Modelle beziehen sich damit auf eine spezielle Anforderungssituation: Es wird nach Möglichkeiten gesucht, Schüler zu Lernaktivitäten zu motivieren sowie der zunehmenden Zahl von Schülern, die sich (in den USA) konventionellen Schulangeboten entziehen, zu begegnen. Die vorgestellten Beispiele stellen die Bedeutung abstrakten Wissens nicht grundsätzlich in Frage, sondern wollen mithilfe einer De–Kontextualisierung bzw. den multiplen Kontexten eine Lösung für diese Problemkonstellation vorstellen!

In Deutschland sind derartige Überlegungen gleichwohl nicht neu. Amüsant ist jedenfalls der Reimport des Konzepts der „Lehrlingsausbildung" aus den USA. Gleichwohl liegen in Deutschland umfangreiche Erfahrungen mit dieser Art der Ausbildung vor, die genau gegenläufige Tendenzen begründet haben. Denn die starke Situationsgebundenheit der beruflichen Ausbildung ist durch die digitale Informationsverarbeitung in z. B. der Konstruktion, Produktion und Verwaltung in Frage gestellt worden: Betriebliche Prozesse werden zunehmend mediatisiert, vernetzt und weniger sinnlich erfahrbar. Die damit einher gehende Abstraktheit von Abläufen steht im Widerspruch zu der traditionellen Berufsausbildung (vgl. z.B. Achtenhagen et al., 1988; Baethge, 1992; Kell, van Buer, & Schneider, 1992). Gerade diese Erfahrungen haben zu Reformen in der Berufsausbildung in Deutschland geführt, die auf eine *niedrigere* Situiertheit und höhere Abstraktion der Lehrinhalte abzielen, und sich in der Modifikationen und Neuordnung von Ausbildungsberufen (etwa im Metall- und Elektrobereich, aber auch im gewerblichen Bereich) niedergeschlagen haben (vgl. Sonntag, 1985; Sonntag, 1990). Auch im Hochschulbereich zeigt z.B. eine Untersuchung von LANKES u.a. (2000), dass eine größere Praxisnähe in der Lehre (im Lehramtsstudium) sich nicht unmittelbar auf die bessere Anwendbarkeit des Wissens auswirkt.

In den 90er Jahren nahm die Auseinandersetzung über Konstruktivismus – aufgefasst als Gegenpol zu Behaviorismus und Kognitivismus – einen erheblichen Stellenwert in der wissenschaftlichen Diskussion ein (als Beispiel: Jonassen, 1991). Projekte zum Lernen mit neuen Medien haben in dieser Auseinandersetzung eine wesentliche Rolle gespielt (vgl. Leslie & Steffe, 1995). Die grundsätzliche Problematik, wie (ob) Wissen erworben und weitergegeben werden kann, ist für die Mediendidaktik von hoher Relevanz.

Die Diskussion ist insgesamt weithin geprägt gewesen von Modellen, die kommen und gehen wie Moden: Auf die programmierte Unterweisung folgten intelligente tutorielle Systeme, auf die fallbasierte, situierte Lernumgebungen und manches mehr nachgekommen sind. Gegenstand der wissenschaftlichen Erörterung in der Mediendidaktik kann jedoch kaum sein, das richtige Modell zur Konzeption didaktischer Medien zu finden, zumal man sich nicht des Eindrucks erwehren kann, das viele der neuen Modelle eher Wiederentdeckungen als neue Erfindungen sind (s.a. Sfard, 1998). Es ist fraglich, ob die dargestellten Ansätze als alternative Paradigmen gehandelt werden können. So wie es nicht das eine, beste (in der Regel: „neue") Medium für didaktische Zwecke gibt, so gibt es sicherlich nicht die eine, beste Methode für die didaktische Konzeption von didaktischen Medien. Die als konstruktivistisch bezeichneten Ansätze können vielmehr dazu beitragen, die individuumszentrierte Perspektive der Lehr-Lernforschung zu einer übergreifenden Betrachtung *auszuweiten*.

Es wird auch deutlich, dass Wissens- und Lerntheorien die *mediendidaktische* Modellbildung zur Frage der Konzeption medialer Lernangebote nicht ersetzen können. Die momentan als Alternativen diskutierten Theorien sind als Elemente in einem mehrdimensionalen Entscheidungsraum der Mediendidaktik anzusiedeln. Die wissenschaftliche Auseinandersetzung kann nicht um den Nachweis der Überlegenheit *eines* der Modelle in diesem Entscheidungsraum gehen, sondern um die Spezifikation der Bedingungen, unter denen sich ein bestimmter Ansatz als pädagogisch sinnvoll und empirisch günstig darstellt. Es interessiert also vielmehr, wann bestimmte, z.B. situative gegenüber abstrakten Darstellungen sinnvoll erscheinen, oder wann lineare oder offene Lernwege vorzuziehen sind.

weiterführende Literatur: SIEBERT (1999) führt ein in die Kontroverse der verschiedenen Auffassungen über Konstruktivismus und beschreibt anhand konkreter Beispiele, vor allem aus dem Bereich der Erwachsenenbildung, Konsequenzen für die pädagogische Praxis. JONASSEN u.a. (1999) beschreiben technologiebasierte Lernszenarien aus konstruktivistischer Perspektive.

Teil C Konzeption medialer Lernangebote

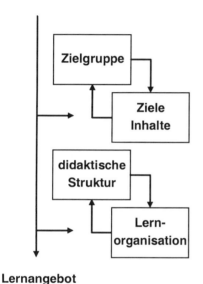

Lernangebot

Die didaktische Konzeption von mediengestützten Lernangeboten beginnt mit der Benennung eines Bildungsproblems, d.h. der Bestimmung einer Zielgruppe und Lernsituation sowie der Spezifikation von Lehrzielen und Aufbereitung der Lehrinhalte. Dabei sind auch die Funktionen der Medien sowie die Gründe für ihren Einsatz zu benennen.

Im zweiten Schritt wird es dann um die didaktische Struktur der Medien gehen. Wir werden vier Varianten zur Strukturierung multi- und telemedialer Lernangebote kennen lernen. Um den Erfolg der Medien in der Situation sicherzustellen, wird schließlich die Frage der Integration dieser Elemente in eine Lernumgebung als ein Problem der Lernorganisation aufgegriffen.

1 Mehrwert digitaler Medien

bunter? besser? billiger?

Der Einsatz digitaler Medien führt keineswegs automatisch zu irgendwie besseren Lösungen als konventionelle Bildungsangebote. Im Gegenteil – ihr unüberlegter Einsatz führt oft genug zu Ergebnissen, die geringe Akzeptanz bei Lernenden, geringe Lernerfolge und Effizienz mit sich bringen. Im Folgenden wird im Einzelnen geprüft, wodurch und wie ein möglicher Mehrwert digitaler Medien in der Bildungsarbeit zustande kommen kann.

1.1 Begründungsmuster für didaktische Medien

In der öffentlichen Diskussion erscheinen die Gründe, die für den Einsatz von (neuen) Bildungsmedien sprechen, vielfach offensichtlich: Am häufigsten finden

wir Begründungen, die mit dem Begriff der Innovation verbunden sind und neue
Qualitäten des Lehrens und Lernens oder Kosteneinsparungen im Bildungswesen
versprechen.

Einige Probleme mediengestützter gegenüber personalen Unterrichtsverfahren
wurden jedoch bereits angesprochen: u.a. die mangelhafte Interaktivität im Sinne
eines wechselseitigen Dialogs, die Problematik einer möglichen Reduktion interpersoneller Kommunikation, der Aufwand (Kosten), der mit der Produktion und
Durchführung verbunden ist, die – gerade in Deutschland – kritische Haltung vieler
Lerner, Lehrkräfte sowie Bildungsverantwortlicher, Widerstand gegen Veränderungen, Lerngewohnheiten und manches mehr.

Betrachtet man die Reichweite solcher Einwände, sind mediengestützte Bildungsmaßnahmen sehr wohl zu begründen, ein schlichter Verweis auf mögliche Innovationen im Bildungssektor durch „neue" Medien kann nicht ausreichen. Bleiben die
Pro- ebenso wie die Contra-Argumente derart oberflächlich, erscheint der Erfolg
mediengestützten Lernens insgesamt gefährdet. Deswegen ist die Tragfähigkeit der
vorgebrachten Begründungen bei der Ableitung einer mediendidaktischen Konzeption zu prüfen.

1.1.1 Sichtweisen des Medieneinsatzes

Es soll im Folgenden aufgezeigt werden, wie die Analyse solcher Begründungsmuster zur Prüfung der Machbarkeit eines didaktischen Medienprojekts herangezogen
werden kann. Anschließend werden diese *subjektiven* Theorien empirischen Forschungsergebnissen zu den Effekten und der Effizienz des mediengestützten Lernens gegenübergestellt.

Die Begründung des Medieneinsatzes kann verschiedenen Sichtweisen zugeordnet
werden. Sie fokussieren unterschiedliche, sich nicht ausschließende Aspekte mediengestützten Lernens.

Die technische Sicht

Bei einer technischen Sichtweise steht die Entwicklung und Erprobung von Hard-
und Software-Lösungen für Bildungszwecke im Vordergrund. Vorrangig technisch
ausgerichtete Projekte lassen sich daran erkennen, dass sie auf technischen Lösungen basieren, die bei Projektbeginn auf dem Markt noch nicht erhältlich sind bzw.
technisch nicht ausgereift sind.

Es sind insofern *riskante* Projekte, da das Potenzial für didaktische Zwecke erst geprüft und sichtbar werden kann, wenn die technische Entwicklung abgeschlossen
ist. So leiden viele entsprechend ausgelegte Projekte daran, dass die meisten Ressourcen in die Entwicklung der (Hard- und Software-)Werkzeuge gesteckt werden
(müssen!), um das System fertigzustellen. Der pädagogische Nutzen bzw. Wirkungsgrad bleibt gering, da selten genügend Ressourcen in die didaktische Konzeption und Anwendung investiert werden. Hinzu kommt, dass technische Probleme die routinierte Nutzung im Rahmen von Bildungsmaßnahmen empfindlich be-
einträchtigen. Zu nennen wäre neben technischen Defekten und Ausfällen vor al-

lem die Veränderung von Systemeigenschaften und Oberflächenmerkmalen während der Projektlaufzeit, die die konzeptuelle Arbeit deutlich behindern.

Vorrangig technisch ausgerichtete Projekte sind somit in einem frühen Stadium einer Technologie zu begründen; Erfahrungen aus entsprechend angelegten Förderprogramme machen deutlich, dass sie wenig dauerhafte Lösungen im Bildungssektor mit sich bringen und einen geringen Wirkungsgrad bei der Lösung von Bildungsproblemen aufweisen.

Aus heutiger Kenntnis muss für Projekte, von denen eine *nachhaltige* Wirkung auf die Bildungsarbeit erhofft wird, sogar tendenziell eher ein *low tech*-Ansatz gefordert werden: Es sollten vorrangig etablierte Technologien, die marktgängig und zuverlässig in Funktionalität und Bedienbarkeit sind, als Plattform für die Durchführung herangezogen werden. Die Technik sollte im Bewusstsein der Beteiligten in den Hintergrund rücken und weitgehend selbstverständlich ihren Dienst verrichten. Lernende und Lehrende, ebenso wie Entwickler und Betreuer, sollten möglichst wenig über Charakteristika der Technik stolpern.

Die psychologische Sicht

Die lern- oder kognitionspsychologische Sicht konzentriert sich auf die Interaktion zwischen Lerner und Medium im Lernprozess. Im Mittelpunkt des Interesses steht folglich die kognitive Funktion von Medien beim Lernen und die Frage, wie Medien eingesetzt werden können, um Lernprozesse zu unterstützen. Die kognitive Funktion von Lehr-Lernmedien besteht zunächst darin, Wissen zu präsentieren, um Sachverhalte entweder *darzustellen* (und damit zur Veranschaulichung beizutragen) oder didaktisch zu *reduzieren* (und damit zur kognitiven Organisation und Erinnerbarkeit beizutragen). Darüber hinaus können Medien auf den Lernprozess selbst Einfluss nehmen, indem der Lernprozess unterstützt wird (z.B. durch Werkzeuge zur Erarbeitung, Speicherung und Kommunikation von Wissen), mit linearen Medien (z.B. Film, Fernsehen) gesteuert oder mit interaktiven Medien geregelt wird.

Aus einer konsequenten Anwendung dieser Sichtweise können weitreichende Forderungen an die Konzeption und Gestaltung von Bildungsmedien abgeleitet werden, denn die Vielzahl von Modellen und (teilweise widersprechenden) Befunden über die Aufbereitung der Lehr-Lerninhalte stellen hohe Anforderungen an die konzeptionelle Umsetzung. Wird die didaktische Medienkonzeption auf eine derartige psychologische Sichtweise *verengt*, besteht die Gefahr, dass Forderungen an die Medienkonzeption gestellt werden, die unter den in der Realität gegebenen Bedingungen nicht einlösbar sind. Die Relation von Aufwand und Ertrag bleibt unberücksichtigt: Es wird nicht geprüft, ob ein *zusätzlicher* Aufwand für eine bestimmte konzeptuelle oder gestalterische Maßnahme in angemessenem Verhältnis zum erwarteten Ergebnis steht, wie dieses auch immer definiert wird.

Eine andere Gefahr besteht darin, dass die tatsächlichen Anwendungsbedingungen vernachlässigt werden. Die Konzentration auf die Interaktion zwischen Person und Medium übersieht leicht, dass der Erfolg der gewählten Szenarien ganz entscheidend von umgebenden Faktoren abhängt und nicht nur von Merkmalen des Mediums.

Die ökonomische Sicht

Mediengestütztes Lernen impliziert einen gegenüber konventionellem Unterricht hohen Kosteneinsatz, – verbunden mit der Hoffnung, dass sich dieser Einsatz über die Zeit rechnet, und mittel- oder langfristig sogar in geringeren Aufwändungen niederschlägt. Damit ist offensichtlich ein Risiko verbunden, da nämlich nicht sicher ist, ob die Investition den erhofften Effekt nach sich zieht. Aus diesem Grund fokussiert die ökonomische Sicht die Aufwändungen, die mit verschiedenen Varianten verbunden sind und der Wahrscheinlichkeit möglicher Nutzeffekte. Denn vielfach wird der Aufwand, der mit der Konzeption, Entwicklung und Einführung medialer Lernangebote verbunden ist, unterschätzt, und das Ergebnis einer Produktion bleibt hinter den Erwartungen zurück.

Dabei wird ein weiteres Merkmal der Entwicklung didaktischer Medien sichtbar: Beim Übergang vom konventionellen Unterricht zum mediengestützten Lehren entsteht ein Produktionsprozess, der zusehends Merkmale industrieller Fertigung aufweist. OTTO PETERS (1973) hat diesen Übergang im Kontext der Fernstudienforschung herausgearbeitet. Ein wesentliches Merkmal „industrialisierter" Produktion ist die Arbeitsteiligkeit, darüber hinaus u.a. verbesserte Möglichkeiten der Kontrolle und die Standardisierung von Produktionsabläufen (s. Seite 309).

Auf diese Weise wird der Aspekt des mit bestimmten Aktivitäten verbundenen Aufwands betont und gefragt, wie durch Gestaltung von Strukturen und Abläufen das Verhältnis von Aufwand und Ertrag optimiert werden kann. Dabei sind nicht nur monetäre Größen in Beziehung zu setzen, denn der Ertrag von Bildungsmaßnahmen lässt sich nur zum Teil quantifizieren.

Das Problem einer rein ökonomischen Sicht auf die Einführung von Bildungsmedien muss gleichwohl ebenfalls gesehen werden: Es besteht die Gefahr der Reduktion der pädagogischen Medien- und Methoden- oder Inhaltsentscheidungen auf ein Optimierungskalkül, d.h. mit welchen Mitteln lässt sich ein „Optimum" einer Maßnahme erreichen? Bestimmte Entscheidungen entziehen sich jedoch einer oberflächlichen Quantifizierung, da mit ihnen unterschiedliche Qualitäten verbunden sind. So entzieht sich die Frage, *ob* z.B. das Erreichen neuer Zielgruppen, die Förderung neuer Lehr-Lernmethoden oder neue Lernsituationen anzustreben ist, einer rein ökonomischen Sicht. Die Frage, *wie* diese Zielgruppen, die Förderung neuer Lehr-Lernmethoden etc. am besten zu erreichen sind, erfordert gleichwohl (auch) eine Untersuchung solcher Parameter.

Die bildungsorganisatorische Sicht

Betrachtet man die Einführung medialer Lernangebote aus Sicht einer Bildungsabteilung oder allgemein: -organisation, werden andere Gesichtspunkte akzentuiert. Sie betreffen vor allem die Auswirkungen multi- und telemedialer Lernangebote auf die Aufbau- und Ablauforganisation der Bildungsaktivitäten, auf die Attraktivität des Angebotes und das Nachfrageverhalten potenzieller Teilnehmer/innen, das Image der Einrichtung, die Akzeptanz der Lehrenden und Teilnehmer und den erzielbaren Lernerfolg.

Die bildungsorganisatorische Sicht interessiert also insbesondere die *Folgen* der Einführung des medialen Lernangebotes für Lerner, Bildungs(sub-)system und Organisation, und wie und ob ein mediengestütztes Lernangebot möglichst nachhaltig in ihrem Bildungssystem verankert werden kann. Die Gefahr könnte in der Praxis möglicherweise darin bestehen, dass der didaktischen Qualität der Medienkonzeption nicht genügend Aufmerksamkeit geschenkt wird, sondern angenommen wird, dass diese als solches existiert.

Die medienwissenschaftliche Sicht

Eine weiterreichende Sichtweise fragt nach der gesellschaftlichen Bedeutung der Folgen der Mediennutzung für soziale Gruppen, Institutionen und Gesellschaften (dargestellt etwa in Moser, 1995). Diese Sichtweise geht über die Betrachtung von Effekten für das Lehren und Lernen hinaus und fokussiert soziale, kulturelle und gesellschaftliche Aspekte des Umgangs mit Medien. Je nach Einschätzung dieser Folgen wird der Medieneinsatz zu Lehr-Lernzwecken eher befürwortet oder eher abgelehnt.

Die mediendidaktische Sicht

Die mediendidaktische Sichtweise betont das konzeptuelle Innovationspotenzial neuer Bildungsmedien: Wie ändert der Einsatz von Medien die pädagogische Arbeit? Können mit dem Einsatz neuer Medien bestimmte pädagogische Vorstellungen erreicht werden, die zuvor nicht oder nur aufwändig realisierbar waren?

Gerne wird von dem *Innovationspotenzial* der neuen Medien gesprochen. Nicht selten werden sehr weitreichende Erwartungen geäußert, wie der Einsatz neuer Medien Bildungssysteme und Unterrichtspraxis verändern sollen. Aus unserer Sicht zu diskutieren wären vor allem mögliche Innovationspotenziale multi- und telemedialer Lernumgebungen bei …

- der Erschließung neuer Zielgruppen,
- der Unterstützung neuer Lehrmethoden und
- dem Arrangieren neuer Lernsituationen.

Solche Potenziale sind allerdings nicht mit bestimmten Mediensystemen verknüpft. Die genannten Innovationen lassen sich prinzipiell mit unterschiedlichen Mediensystemen erreichen: Es ist vor allem eine Frage des *Wirkungsgrades*, welches Mediensystem sich in einem spezifischen Kontext besonders eignet, um bestimmte didaktische Ziele zu erreichen. Die pädagogische Innovation liegt damit in der gewählten didaktischen Medienkonzeption, und ob diese zur Lösung eines Bildungsproblems (besser) beiträgt, nicht aber in der Entscheidung für bestimmte Mediensysteme.

Denn in dem Glauben an die Potenziale des jeweils neuen Mediensystems reduziert sich das mediendidaktische Anliegen leider oft auf das *Einführen* von Medientechniken in Bildungseinrichtungen. So werden zum Teil nicht unerhebliche Investitionen in die Ausstattung von Schulen mit Computern, Internet-Anschlüssen etc. getätigt, in der Annahme, damit die Realität des Lehrens und Lernens bereits verändert (= verbessert) zu haben. Es besteht die Gefahr, dass diese *Einführung* des Mediums zum eigentlichen Ziel wird und nicht die Lösung eines - zu bestimmenden - Bildungsanliegens.

Die mediendidaktische Sicht darf sich folglich, will sie ihre Zielvorstellungen tatsächlich einlösen, nicht mit dem Formulieren wertiger Zielhorizonte und dem Postulieren von Innovationspotenzialen begnügen, sondern muss benennen, wie solche Lösungen aussehen und wie diese bei konkreten Rahmenbedingungen erreicht werden.

1.1.2 Begründungsmuster in der Praxis

Die bisherige Darstellung zeigt, dass die Diskussion über Gründe des Medieneinsatzes von unterschiedlichen Sichtweisen geprägt ist. KERRES (1995) berichtet über Entscheidungen sogenannter Promotoren von CBT-Projekten für den Einsatz mediengestützten Lernens. Mit *Promotoren* sind Personen gemeint, die die Produktion oder den Einsatz eines didaktischen Mediums beauftragen bzw. verantworten. Dies kann z.B. eine Verantwortliche für die betriebliche Bildungsarbeit eines Unternehmens oder einer überbetrieblichen Ausbildungsstätte sein, die Fachlehrerkonferenz einer Schule, die den Kauf z.B. eines CBT-Programms erwägt, oder ein Softwareunternehmen oder Verlagsbetrieb, die die Bereitstellung von Bildungsmedien im Internet planen.

Was spricht aus Sicht solcher Promotoren für eine multi- bzw. telemediale Lernumgebung? Anzutreffen sind vor allem folgende Argumente:

Ersatz für personalen Unterricht. Dieses zumindest in der betrieblichen Bildungsarbeit vorherrschende Begründungsmuster entspricht der ökonomischen Sichtweise, in der durch Einsatz von Bildungsmedien eine Kostenreduktion erhofft wird. In den selteneren Fällen kann diese Argumentation mit konkreten Fakten und Zahlen aus der Bildungsarbeit hinterlegt werden. Man könnte deswegen den Eindruck gewinnen, dass diese Argumentation in manchen Fällen eher vordergründig ist: Sie lehnt sich an eine in der Wirtschaft übliche Argumentation an, ohne jedoch einen entsprechenden Nachweis zu erbringen.

Ergänzung zum personalen Unterricht. In diesem Begründungsmuster, das bei bei Lehrkräften vorherrscht, wird der Medieneinsatz nicht als Alternative zum personalen Unterricht gesehen, sondern als Ergänzung, sowohl im Rahmen von Unterricht als auch für die Vorbereitung oder Nachbereitung. Überlegungen zu Nutzen und Effizienz stehen dabei nicht im Vordergrund, aber auch eine grundlegende Neuorientierung des didaktischen Konzeptes ist selten, – nicht zuletzt, da dies grundsätzliche Überlegungen zur Rolle von Lehrenden impliziert. Die Medien werden vielmehr in die vorhandene didaktische Konzeption als Anreicherung (im Sinne eines *enrichment*) integriert und als Unterstützung für Lehrende gesehen.

Der tatsächliche *Nutzen* des Bildungsmediums (aus welcher Sicht auch immer) bleibt in diesem Begründungsmuster teilweise unklar. Damit besteht die Gefahr, dass das Medium sich *auf Dauer* nicht in der Bildungsarbeit integrieren lässt. Bei reinem *enrichment* muss stets mit dem sogenannten *Sprachlaboreffekt* gerechnet werden („Alle wollen es, keiner nutzt es.").

Institutionelle Innovation. Die eher seltene Betrachtung von Bildungsmedien als institutionelle Innovation sieht das Potenzial von medialen Lernangeboten für eine alternative Lernorganisation. Charakteristisch ist, dass diese Projekte von einem *Bildungsproblem* ausgehen und vorrangig alternative Formen der Lehrmethodik und Lernorganisation, wie z.B. Leittextmethode, Lernzirkel u.ä., erproben, in denen den didaktischen Medien eine ganz bestimmte Funktion zugewiesen wird. Es existieren explizite Zielvorstellungen, was mit der Produktion oder der Beschaffung von didaktischen Medien für die Lerner, die Gruppe oder Organisation erreicht werden soll. Dabei geht es z.B. auch um Lernangebote für bestimmte, bislang schwierig addressierbare Zielgruppen, wie etwa Mitarbeitende im Außendienst oder in kleinen und mittleren Unternehmen.

Imageträger. Als weiteres Argument, das eher unterschwellig formuliert wird, in der Praxis aber durchaus bedeutsam erscheint, ist die *imagebildende Wirkung* neuer Bildungsmedien. Durch die Propagierung und aktive Förderung von Techniken, denen die Attribute *neu, innovativ, fortschrittlich* u.ä. zugeschrieben werden, kann ein Imagetransfer von dem Produkt auf die propagierende Instanz bzw. Institution stattfinden. Der Einsatz von EDV-Lösungen auch im Bildungskontext geschieht nicht selten *auch* vor diesem Hintergrund.

Es reicht für die Institution im wesentlichen aus, für die Verfügbarkeit der Anwendung bzw. einer entsprechenden technischen Infrastruktur sowie für entsprechende werbliche Maßnahmen zu sorgen. Der *Imageeffekt* ist relevant für die Außendarstellung der Bildungseinrichtung oder Organisation und im Falle innerbetrieblicher Bildungsabteilungen für das Image innerhalb der Organisation. Ist dieses zumeist implizite Begründungsmuster dominant, wird die didaktisch-konzeptuelle Einbindung in die Bildungsarbeit tendenziell vernachlässigt (s.o. der sogenannte Sprachlaboreffekt).

1.1.3 Begründungsmuster und Machbarkeit

Es wird deutlich, dass die Begründungsmuster in der Praxis unterschiedlich sind, da sie eine unterschiedliche Sichtweise anlegen. Das Argument, CBT oder WBT sei eine kostengünstige Alternative zu personalem Unterricht, herrscht dabei anders als in der Forschung vor. Dem steht allerdings gegenüber, dass diese Argumentation durch Daten weiterhin nur unbefriedigend untermauert werden kann. Dies liegt vor allem an der Komplexität des zu prüfenden Aussagegefüges entsprechender Effizienzanalysen.

Wir gehen davon aus, dass keine der dargestellten Sichtweisen grundsätzlich richtig oder falsch ist. Das Dominieren bestimmter Sichtweisen bringt jedoch spezifische Konstellationen mit sich, die die Machbarkeit des Medieneinsatzes in einer konkreten Situation *begünstigen* oder *erschweren* können. So kann eine *verengte* Sichtweise (d.h. das Vorherrschen einer einzigen Sichtweise) in der Praxis dazu führen, dass bestimmte Probleme übersehen werden bzw. das Problem des Einsatzes didaktischer Medien in seiner Komplexität unterschätzt wird und die nötigen Voraussetzungen und möglichen Nachteile des Medieneinsatzes im konkreten Fall nicht angemessen abgewogen werden (können).

Aus diesem Grund ist es wichtig, die vorherrschenden Sichtweisen zum Gegenstand der Analyse zu machen, da diese – unabhängig von ihrer Richtigkeit – das Handeln der Akteure bei Konzeption und Einführung didaktischer Medien wesentlich prägen. Die Begründungsmuster der Beteiligten sollten deswegen im Rahmen einer didaktischen Medienkonzeption thematisiert werden.

Man sollte sich nicht scheuen, gerade zu Beginn eine noch nicht ausgereifte Idee mit Beteiligten zu diskutieren. Dabei sind alle möglichen Erwartungen und Einwände zu dem anvisierten Medieneinsatz zu sammeln. Man darf sich von der Menge an Bedenken, die dabei geäußert werden und zunächst möglicherweise wenig einleuchtend erscheinen, nicht beunruhigen lassen. Andererseits dürfen diese Bedenken, aus einer gewissen Euphorie heraus, nicht einfach ignoriert werden, sondern es ist gewissenhaft zu prüfen, ob oder wie diese in der Gesamtkonzeption des Lernangebotes berücksichtigt werden können.

Diese Untersuchung betrachten wir als Bestandteil der Prüfung der *Machbarkeit*: Bei der Prüfung der Machbarkeit (*feasibility study*) werden oft nur die technischen, organisatorischen und ökonomischen Randbedingungen aufgegriffen, d.h. ist das Projekt unter den gegebenen Rahmenbedingungen realisierbar? Die hier gemeinte Machbarkeit didaktischer Medienprojekte muss wesentlich grundsätzlicher angelegt sein und prüfen, inwieweit die Voraussetzungen gegeben sind, dass mediengestützte Lernangebote erfolgreich und dauerhaft in der (Bildungs-)Organisation verankert werden können. Dazu ist mit Betroffenen und Beteiligten über Erwartungen und Befürchtungen im Hinblick auf die möglichen Veränderungen in der Lehr-Lernsituation zu sprechen und zu prüfen, ob die geäußerten Erwartungen überhaupt durch das Projekt eingelöst werden können und ob die geäußerten Bedenken tatsächlich essentielle Widerstände beinhalten, die den Projekterfolg in Frage stellen. Es empfiehlt sich, diese Aspekte sehr früh in der Projektlaufzeit einer durchweg rigorosen Prüfung zu unterziehen. Gerade in der Anfangsphase mancher Projekte besteht eine gewisse Euphorie, die verhindert, dass die Angemessenheit der Projektidee mit der notwendigen Rigorosität geprüft wird.

Problematische Begründungsmuster

Ein Projekt, das die Entwicklung oder den Einsatz von Bildungsmedien in Erwägung zieht, sollte die Gründe (der Beteiligten) explizieren und hinterfragen, um unrealistische Erwartungen (z.B. von Auftraggebern) frühzeitig erkennen zu können. Bei der Ableitung einer mediendidaktischen Konzeption sollten die Argumente gegeneinander abgewogen und im Hinblick auf das zugrundeliegende Bildungsproblem bewertet werden. Zu prüfen ist insbesondere, ob die jeweiligen Randbedingungen die Einlösung der angestrebten Ziele tatsächlich erlauben. Tabelle 5 nennt hierzu mögliche Argumente, die in den folgenden Kapiteln ausführlicher diskutiert werden. Zumindest diese Argumente erscheinen alle begründbar, sie fokussieren unterschiedliche Aspekte in verschiedenen Phasen des mediengestützten Lernens.

Dennoch soll im Folgenden auf einige Konstellationen hingewiesen werden, die sich als *problematisch* erweisen können.

Vielfach wird angenommen, dass es ausreicht, Mediensysteme und Medien verfügbar zu machen oder Lerninhalte auf ein Medium zu übertragen. Dabei wird gerne übersehen, dass der Medieneinsatz andere Formen der *Lernorganisation* notwendig macht. Mediale Lernangebote lassen sich nicht in ein Bildungssystem einführen *ohne* grundlegende Überlegungen zur Aufbau- und Ablauforganisation von Bildung. Oft werden diese Überlegungen dann erst z.B. nach Fertigstellung des Mediums angestellt – und als lediglich unangenehme, da kostenverursachende Nebenwirkung aufgefasst.

Selten wird dagegen die lernorganisatorische Innovation als Potenzial des Medieneinsatz wahrgenommen. Dies liegt etwa vor, wenn mit dem Projekt grundlegend andere Strukturen des Zugangs für (z.B. bislang schwer adressierbare) Teilnehmende und der Distribution und Betreuung von Studierenden ins Auge gefasst werden, und mediale Lernangebote *aus diesem Grund* eingeführt werden sollen.

Ein Beispiel ist ein mittelständisches Unternehmen, das einen Weg suchte, Mitarbeitern in der Fertigung Weiterbildungsangebote möglichst arbeitsplatznah und flexibel zugänglich zu machen (zum Konzept der „arbeitsplatznahen Weiterbildung“, s. Severing, 1994). Entwickelt wurde ein Multimedia-System mit berührungsempfindlichem Bildschirm, das an verschiedenen Stellen in der Nähe des Arbeitsplatzes in der Produktion aufgestellt wurde und (vor allem) in Leerlaufzeiten abrufbar ist. Es beinhaltet neben einem speziellen CBT-Programm laufend aktualisierte betriebliche Informationen. Wesentliches Element der Maßnahme sind Lernzirkel, in denen Mitarbeiter eines Fertigungsabschnitts zusammengefasst sind, die ihre Weiterbildungsaktivitäten organisieren. Ohne eine solche Einbindung in ein betriebliches Bildungskonzept bzw. ohne deren Anpassung wäre das bloße Aufstellen der Multimedia-Systeme fragwürdig.

Auch im (Hoch-)Schulbereich hat die Entwicklung und der Einsatz von Medien erhebliche Auswirkungen auf die Aufbau- und Ablauforganisation der Lehre. Dennoch wird vielfach versäumt, über solche Implikationen nachzudenken. Man überlässt die Produktionen von Multi- oder Telemedien vielfach einzelnen Lehrstühlen, ohne deren dauerhafte Integration und nachhaltige Nutzung im Hochschulbetrieb sicherzustellen.

Tabelle 5: Mögliche Begründungen des Medieneinsatzes

Konzeption. Didaktische Innovation durch …
- neue Zielgruppen
- alternative Lehr-Lernmethoden
- neue Lernsituationen, alternative Lernorganisation

Durchführung. Lehr-Lernerleichterung durch …
- vereinfachte Zugänglichkeit
- Steigerung der Lernmotivation

- Unterstützung kognitiver Funktionen als:

Wissenswerkzeug	Wissens(re)präsentation	Lernprozess
Erarbeitung, Sammlung, Kommunikation	darstellend organisierend	-steuerung -regelung

Ergebnisse und Folgen. Steigerung der Effektivität und Effizienz durch:
- Verkürzung der Lerndauer
- Senkung der Kosten/Steigerung der Effizienz
- Innen-/Außenwirkung: besseres Image/erhöhte Transparenz

1.2 Funktionen digitaler Medien im Lehr-Lernprozess

Um die Möglichkeiten digitaler Medien auszuloten, müssen wir untersuchen, welche Rolle und Funktionen sie im Lehr-Lernprozess übernehmen können. Der Einsatzort und das Einsatzziel können sehr unterschiedlich sein. Sie können zum Beispiel …

- Lehrende bei der Präsentation von Informationen *im* Unterricht unterstützen (z.B. zur Visualisierung, zur Anleitung von Lernaufgaben, als Merkhilfe),
- personale Lehrformen ergänzen oder ersetzen, indem die Be- und Erarbeitung bestimmter, besonders angemessener Inhalte auf Medien verlagert wird,
- der Vorbereitung konventionellen Unterrichts dienen, um den Erfolg einer Präsenzveranstaltung zu erhöhen,
- interpersonelle Kommunikation zwischen entfernten Lernern sowie Lernenden und Lehrenden ermöglichen,
- zu Übungs- und Vertiefungszwecken oder Testzwecken eingesetzt werden.

Wichtiger für unsere weiteren Überlegungen werden aber zunächst die folgenden drei Funktionen sein, die ein Medium im Lehr-Lernprozess übernehmen kann:

Funktionen des Mediums im Lehr-Lernprozess

Wissens(re)präsentation: Darstellung und Organisation von Wissen
Wissensvermittlung: Steuerung und Regelung des Lernprozesses
Wissenswerkzeug: Konstruktion und Kommunikation von Wissen

Medien zur Wissenspräsentation: Darstellung und Organisation

Die klassische Funktion von technischen Medien besteht in der Informationsübermittlung von einem Sender an einen Empfänger. Dies kann als darstellende bzw. realitätsabbildende Funktion von Medien bezeichnet werden. Lange Zeit wurden mediale Darstellungen in der Didaktik anhand ihres Abstraktionsgrades bzw. „Abstandes von der Wirklichkeit" kategorisiert:

- die *reale* Form: unmittelbares Erleben von (z.B. in bestimmter Weise arrangierten/präparierten) Ausschnitten der Realität
- die *modellhafte* Form: Nachbildungen der Realität (z.B. durch Modelle oder Experimentalaufbauten)
- die *bildhafte* Form: Präsentation von Abbildungen oder schematisierte Darstellungen von Sachverhalten
- die *symbolische* Form: Austausch von Abstraktionen über Sachverhalte etwa in sprachlicher Form

Dabei ist untersucht worden, welche dieser Varianten anderen überlegen ist. Ist eine möglichst „realitätsnahe" Darstellung der textlichen (symbolischen) Darstellung grundsätzlich vorzuziehen? Ist die Präsentation von aufgezeichneten Videos (mit z. B. dem Ablauf eines Experimentes) besser als das (inter-) aktive Operieren und Einwirken mit der Realität nachgebildeten Modellen (z. B. Simulationen)?

Es stellt sich aber die Frage, wie relevant die „Realitätsnähe" einer Darstellung für unsere Fragestellung überhaupt ist? In der pädagogischen Literatur hat die Forderung nach Anschaulichkeit eine lange Tradition. Bei digitalen Medien relativiert sich allerdings der Unterschied zwischen der Aufzeichnung realer Vorgänge (etwa per Photo oder Video) und deren Nachbildung per Computeranimation bzw. -simulation, bei der die Lernenden mit den nachgebildeten Objekten und Prozessen explorativ umgehen können. Die weniger „reale" Form der Simulation kann deutlich instruktiver sein als die Aufzeichnung des realen Vorgangs.

Aus konstruktivistischer Sicht wird die Bedeutung einer vermeintlichen Realitätsnähe von Medien noch grundlegender in Frage gestellt: Medien bilden Realität nicht mehr oder wenig gut ab, sondern sie unterstützen Individuen und Gruppen bei der Entwicklung von Vorstellungen über Welten. Der Umgang mit Medien erfordert ebenso wie der Umgang mit anderen Artefakten der Umwelt eine Konstruktionsleistung von Personen und Gruppen. Wichtiger als die Nähe zur (scheinbar) abgebildeten Realität für die Informationsverarbeitung ist das gewählte *Symbolsystem* (sprachliche Symbole, Zahlensymbole, bildliche Symbole etc.). Darstellungen beeinflussen hierdurch die Konstruktion von Vorstellungen über Welten.

Unterstützung der Wissensorganisation. Medien können Wissen nicht nur darstellen, sondern in einer Weise aufbereiten, dass das Verstehen und Behalten beim Lernen erleichtert wird. Dies geschieht insbesondere durch das *Entfernen* von Details, das *Hervorheben* essentieller Bestandteile sowie die *Strukturierung,* z.B. durch Gliederungen, Grafiken, Flussdiagramme, Schaubilde (Ballstaedt, 1997). Eine solche Strukturierung erfolgt auch durch das Aufbereiten von Inhalten für interaktive Medien in Form von Hypertext. Dabei werden Informationen in kleine Einheiten unterteilt und durch Verknüpfungen so verbunden, dass ein nicht-sequenzielles Aufrufen und Bearbeiten der Inhalte möglich wird.

Das kognitive System kann also durch Reduktion, Modifikation und Transformation von Lerninhalten bei der Informationsverarbeitung unterstützt werden. Diese

Aufbereitung erleichtert der wahrnehmenden Person die für das Verstehen und Behalten notwendige Auswertung der präsentierten Inhalte. Gerade diese organisierende Funktion von Medien ist für Lernzwecke besonders wichtig.

Anzustreben ist bei eher darstellenden ebenso wie bei stärker aufbereiteten Informationen, dass vorgefertigte Medien nicht bloß oberflächlich rezipiert werden, sondern zu intensiver kognitiver Auseinandersetzung einladen. Dies geschieht immer dann, wenn mit den Materialien bestimmte Arbeitsanweisungen oder Lernaufgaben verbunden sind, die zu individuellen oder kooperativen Aktivitäten anleiten.

Medien zur Wissensvermittlung: Steuerung und Regelung

Medien können durch Steuerung oder Regelung mit aktuellen Lernprozessen verzahnt werden. Ein Photo hat beispielsweise als solches keinen systematischen Einfluss auf bestimmte Lernprozesse. Bei der Präsentation eines Films wird dagegen der Lernprozess zeitlich *gesteuert*. Dabei kann nicht sichergestellt werden, dass die zeitlich festgelegte Darstellung mit dem Lernverständnis korrespondiert. Bei computergestützten Lernprogrammen kann dagegen versucht werden, eine *Regelung* des Lernprozesses zu erreichen, bei der lernende Person und Lehrinhalte in einem rückgekoppelten System verknüpft sind: Die Präsentation von Lehrinhalten kann dann – wie in einem „guten" Unterricht – in Abhängigkeit des aktuellen Lernfortschritts erfolgen.

Für ein derart rückgekoppeltes Lernsystem sind Computeranwendungen notwendig, mit denen die Sequenz der zu präsentierenden Information *ad hoc* variiert werden kann. Gelingt es, Aufschluss über den Lernerzustand bzw. den Lernfortschritt zu erhalten, kann das Lernangebot durch das System angepasst werden. Die Entwicklung solcher Lernprogramme ist jedoch sehr aufwändig und erfordert eine detaillierte Analyse von Lehrinhalten und -zielen sowie Lernvoraussetzungen und -prozessen, die in ihrer Präzision und ihrem Ausarbeitungsgrad deutlich über konventionelle didaktische Analysen hinausgehen. Ob und wie weit eine solche Steuerung oder Regelung des Lernprozesses *durch das Medium* didaktisch sinnvoll ist, muss von Ergebnissen weiterer mediendidaktischer Analysen abhängig gemacht werden.

Die Entwicklung solcher „interaktiven" Anwendungen beschäftigt die mediendidaktische Forschung seit vielen Jahren (s. Seite 31). Doch die Akzeptanz solcher Systeme, die eine starke Regelung des Lernprozesses durch die Diagnose des Lernfortschritts anstreben, ist bei Lernenden vielfach gering. Attraktiver erscheinen hypertextuell strukturierte, „offene" Lernumgebungen, die eine stärkere Selbststeuerung der Bearbeitung von Lerninhalten zulassen, und zu bestimmten Lernaktivitäten besonders anregen, etwa indem „authentische" audiovisuelle Informationen oder projektorientierte Arbeitsaufgaben, z. B. zur kooperativen Bearbeitung, eingebunden werden. Lernen mit Medien funktioniert *anders* als eine Unterweisung durch Personen und muss damit anderen Gestaltungsprinzipien unterliegen. Die reine Nachahmung personalen Unterrichtens – als Ersatz von Lehrpersonen – erscheint nicht adäquat.

Insofern werden die Grenzen der Didaktisierung von mediengestützten Lernangeboten deutlich. Dennoch kann über die Vor- und Nachteile einer bestimmten mediendidaktischen Konzeption kaum grundsätzlich entschieden werden, sondern nur ob sie in der Lage ist, ein konkretes didaktisches Anliegen tatsälich einzulösen.

Medien als Wissenswerkzeuge: Kommunikation und Kooperation

Medien- und Kommunikationstechniken können schließlich ganz allgemein als Werkzeuge zur Erarbeitung, Sammlung, Aufbereitung und Kommunikation von Wissen genutzt werden: Von der Wandtafel oder dem Tageslichtprojektor bis hin zu Videokonferenzen und dem Internet. Neben textlichen Informationen und Zahlen wird bei Multimedien auch das audiovisuelle Symbolsystem einbezogen. Die Lernenden können Sprache, Töne und Musik ebenso wie Photos, Grafiken und Bewegtbilder aufzeichnen, erzeugen und bearbeiten. Auf diese Weise lässt sich etwa auch die Fixierung bisheriger Bildung auf Text überwinden.

Bei der Erarbeitung und Kommunikation (Publikation) solcher multimedialer Informationen können Netze als Werkzeug für individuelle ebenso wie kooperative (auch im Internet verteilte) Arbeitsphasen genutzt werden. Sie unterstützen die interpersonelle Kommunikation, von der synchronen (zeitgleichen) Kommunikation bis zur asynchronen (zeitversetzten) Kommunikation zwischen Personen und Gruppen.

Die mediendidaktische Forschung konzentrierte sich lange Zeit auf konventionelle computerbasierte Lernprogramme. Dabei wurde die Werkzeugfunktion digitaler Medien in ihrer Bedeutung für Lernen und Unterricht unterschätzt. SCARDAMALIA & BEREITER (1994) propagieren die Nutzung des Computers als Werkzeug für kooperative Lernaktivitäten im Klassenzimmer („forschende Lerngemeinschaften") statt für die individuelle Bearbeitung vorgefertigter Trainingssoftware. Der Medienpädagoge AUFENANGER (1998) favorisiert beispielsweise einen solchen Ansatz, bei dem Medien als Werkzeuge im Rahmen eines problem- und projektorientierten Unterrichts eingesetzt werden, um die Zusammenarbeit zwischen Lernenden und die gemeinsame Erstellung von Medien zu unterstützen.

Medien zur Motivierung?

Ohne Frage – der Einsatz digitaler Medien kann motivierend sein, etwa indem Informationen auf eine neue, unbekannte oder ungewohnte Weise präsentiert werden. Tatsächlich sind manche innovative Medienprojekte ganz wesentlich durch diesen Mehrwert neuer Medien betrieben worden. Nehmen wir erneut die Bildplattenserie „Adventures of Jasper Woodbury" aus den 80er Jahren, die zur Popularisierung konstruktivistischer Ansätze in der Didaktik ganz wesentlich beigetragen hatte (s. Seite 79). Sie war auf Bestreben der örtlichen Schulverwaltung realisiert worden, um Schüler/innen, die sich der konventionellen Beschulung entziehen, ein methodisches alternativ aufbereitetes Lernangebot zu präsentieren.

Doch inwieweit ist für einen solchen Motivationsschub lediglich ein zeitlich begrenzter *Neuigkeitseffekt* gegenüber einer neuen Technik verantwortlich? Früher konnten Bilder und Grafiken, später Filme und Videos für eine solche Abwechslung beim Lernen sorgen, heute wären dies vielleicht Computer, Internet oder Videokonferenzen. Problematisch ist das schnelle Abklingen des Neuigkeitseffektes und damit das Nachlassen der lernmotivationssteigernden Funktion des Medieneinsatzes. Berücksichtigt man den Aufwand für Entwicklung und Einsatz digitaler Medien im Unterricht ist die Motivationssteigerung als Begründung für Medien selten hinreichend. Das Abklingen eines solchen Neuigkeitseffektes über die Zeit ist empirisch belegt (vgl. Clark, 1992; Fricke, 1991). BASS, RISE & SHARP (1986) haben sogar aufgezeigt, dass sich die in Veröffentlichungen berichteten Effektgrößen zum Lernerfolg des computergestützten Lernens über die Jahre hinweg eher verringert haben.

Hinzu kommt, dass eine positive Motivation keineswegs immer den erhofften Effekt hat. Bereits in den 80er Jahren berichtete SALOMON (1981; 1984), dass Personen mit einer positiven Einstellung zu einem Medium und daraus resultierendem höheren Interesse teilweise weniger gute Lernergebnisse erzielen als Personen mit einer weniger positiven Einstellung (s.a. Clark, 1992; Clark & Salomon, 1986). LEVIN (1983) spricht deswegen in diesem Zusammenhang von der bloß *dekorativen Funktion* von Medien, die den Lern- und Verstehensprozess nicht unterstützen, und damit nicht zur Steigerung der Lernleistung beitragen.

Der Einsatz digitaler Medien erscheint demnach vor allem dort wertvoll, wo kognitive Prozesse der Auseinandersetzung mit Inhalten direkt unterstützt werden, d.h. wo Inhalte so aufbereitet sind, dass sie den Lernprozess begünstigen, indem sie die individuelle Transformationsleistung der Lernenden bei der Aneignung fördern und so zu einer *aktiven* Auseinandersetzung mit den Inhalten beitragen. Eher überschätzt wird dagegen die Bedeutung digitaler Medien zur Steigerung der Lernmotivation, da die positive Motivation in der Regel nur von begrenzter Dauer ist und von der inhaltlichen Auseinandersetzung mit den Lehrinhalten sogar ablenken kann. Der Einsatz digitaler Medien mit dem vorrangigen Ziel der Motivierung ist deswegen eher skeptisch einzuschätzen.

Grad der Didaktisierung

Die hier vorgenommene Dreiteilung der Funktionen didaktischer Medien im Lernprozess findet sich in ähnlicher Weise bereits in der Literatur zu klassischen Hilfsmitteln, Medien und Materialien im Unterricht. GLÖCKEL (1990) unterscheidet etwa Medien als Hilfsmittel, als Vertreter des Unterrichtsgegenstandes und als Denkhilfen. ADL-AMINI (1991) spricht von Medium als Hilfsmittel (Tafel), als gestalteter Inhaltsträger (Film) und als materialisierte Form (Montessori-Material). SCHÖLER (1976) unterscheidet Demonstrations- und Instruktionstechnologie, PETERßEN (1992) zwischen Medien zur Kommunikation, Repräsentation und Steuerung.

Allen diesen Vorschlägen zur Systematisierung ist gemeinsam, dass mit den eingeteilten Medien unterschiedliche Grade der *didaktischen Aufbereitung* verbunden sind. Abbildung 7 verdeutlicht, wie das Ausmaß der notwendigen Aufbereitung davon abhängig ist, welche Funktion dem Mediums im Lernprozess zugeschrieben wird. Das Medium wird dabei zunehmend an spezifische Bedingungen des didaktischen Feldes, wie Merkmale der Zielgruppe, Lernvoraussetzungen und Lehrziele, angepasst (zur Anwendung des Modells im schulischen Kontext vgl. Kerres, 2000b; Kerres, 2000c).

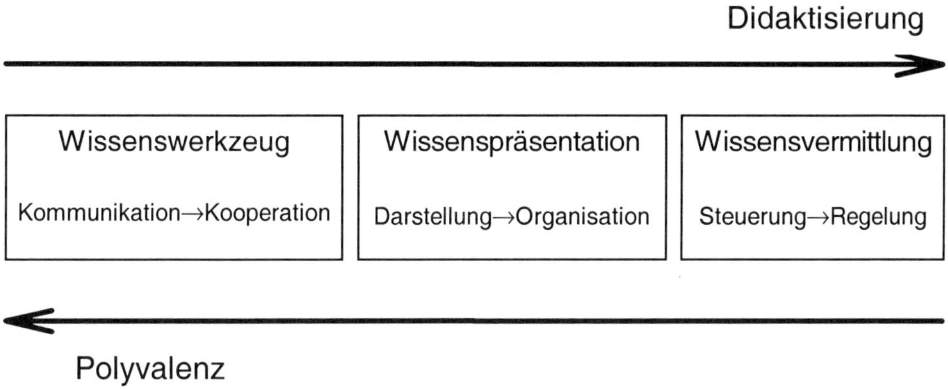

Didaktisierung

Wissenswerkzeug	Wissenspräsentation	Wissensvermittlung
Kommunikation→Kooperation	Darstellung→Organisation	Steuerung→Regelung

Polyvalenz

Abbildung 7: Funktionen didaktischer Medien

Wissenswerkzeuge. In der einfachsten Form werden Medien und digitale Technologien in ihrer generischen Funktionalität als Werkzeuge genutzt, wie sie auch außerhalb der Bildungsarbeit mit anderen Intentionen Verwendung finden. Eine spezielle didaktische Aufbereitung des Werkzeuges selbst wird in der Regel nicht benötigt; es sind jedoch Lernaufgaben zu spezifizieren und die Lernorganisation ist so zu arrangieren, dass die angestrebten Lehrziele erreichbar werden.

Ein Textverarbeitungssystem als *Wissenswerkzeug* beispielsweise bedarf keiner didaktischen Aufbereitung, wenn es etwa im Deutschunterricht für die Erstellung von Aufsätzen benutzt wird. In sich beinhalten solche generischen Werkzeuge in der Regel wenig Lernpotenziale, die über das Medium selbst hinausgehen. Wichtige Beurteilungskriterien auf dieser Ebene sind Zuverlässigkeit, Ergonomie und Selbsterklärungsfähigkeit des Wissenswerkzeuges.

Wissens(re)präsentation. Bei der zweiten Variante werden Sachverhalte mit einem unterschiedlichen Grad an didaktischer Aufbereitung medial präsentiert: Von der bloßen Wiedergabe zur Organisation von Wissen. Bei Medien, die Wissen repräsentieren, sind die Bedingungen des didaktischen Feldes bereits deutlicher zu berücksichtigen als bei der Auswahl generischer Wissenswerkzeuge. Die Beurteilungskriterien können aus kommunikationswissenschaftlichen Modellen abgeleitet werden: An wen wendet sich das Medium? Was ist die Aussage? Wie wird die Aussage formal und ästhetisch präsentiert? Ist sie eindeutig formuliert und überzeugend umgesetzt? Werden Möglichkeiten des Mediums so genutzt, dass sie das Verstehen der Aussage unterstützen? Orientiert die Darstellung sich an den Voraussetzungen, Erwartungen und Kenntnissen der Zielgruppe?

Man sieht, dass sich solche Kriterien nicht mehr auf die Produktqualitäten des Mediums richten, sondern auf die Nutzung in einer didaktischen Kommunikationssituation. Diese Medien können sehr vielschichtig genutzt und in verschiedenen Kontexten und Zusammenhängen eingesetzt werden. Man kann von der Polyvalenz solcher Medien sprechen (Muth, 1976; Peterßen, 1992).

Wissensvermittlung. Bei Medien zur Wissensvermittlung erfordert die didaktische Aufbereitung schließlich den höchsten Aufwand. Bei der dritten Variante wird das Medium möglichst präzise an Lernprozesse angepasst, um in der Beschäftigung mit dem Medium ganz bestimmte Erfahrungen und Einsichten zu ermöglichen. Hier ist die Variabilität, die durch die Bedingungen des Einsatzes (und durch die Hand der Lehrperson) gegeben ist, am geringsten. Die Konzeption des Mediums ist ausgesprochen präzise auf die Lösung genau *eines* didaktischen Problems auszurichten, nur so ist gewährleistet, dass tatsächlich ein Lernnutzen eintreten kann.

1.2.2 Interaktivität

Als ein wesentlicher Mehrwert von Multimedien gelten neue Formen von Interaktivität. Es ist vor allem dieses Merkmal, das sie für didaktische Zwecke besonders interessant erscheinen lassen. Untersuchen wir deswegen, was mit diesem Begriff gemeint sein kann und welche Varianten der Interaktivität in verschiedenen Szenarien möglich sind.

Zum Begriff der Interaktivität. Der Begriff interaktive Medien beschreibt zunächst eine technische Eigenschaft eines informationsverarbeitenden Systems, nämlich die Fähigkeit des *wahlfreien Zugriffs* auf Informationen vor Ort oder über Netze sowie den Austausch von Informationen mit entfernten Personen (andere Lernende, Lehrende, Autoren, Tutoren etc.). Der Begriff der Interaktion bezieht sich damit auf *technische* Eigenschaften des Systems. Er beschreibt keine *Qualität* des wechselseitigen („emphatischen") Agierens und Reagierens zwischen Lerner und System oder Personen. Ein solcher sozialwissenschaftlicher Horizont des Begriffs Interaktion, der in der Diskussion über interaktive Medien oft mitschwingt, ist irreführend.

Trotz der Bezeichnung „interaktiver" Medien fallen bei didaktischen Anwendungen zuallererst die Einschränkungen gerade der *Interaktion* auf, vor allem wenn man computergestützte Lernprogramme mit personalem Unterricht vergleicht. Es sind vor allem *dialogische* Formen der Kommunikation ausgeschlossen: Das wechselseitige Aufeinander-Eingehen im Dialog und letztlich wechselseitige Beeinflussen in einem zeitlich überdauernden Prozeß – dies ist es, was der Begriff „Interaktion" im sozialwissenschaftlichen Diskurs eigentlich meint – ist mit „interaktiven" Medien gerade nicht möglich. Schließlich sind Äußerungen des Lernenden üblicherweise auf Eingaben per Tastatur oder Maus beschränkt. Und selbst bei natürlichsprachiger Eingabe wird das Computersystem die Vielfalt der menschlichen Ausdrucksmöglichkeiten (gerade im para- und nonverbalen Bereich) nicht erfassen.

CLARK & CRAIG (1992) stellen schließlich grundsätzlich in Frage, ob *Interaktivität* überhaupt als Merkmal eines Mediums bzw. Mediensystems aufzufassen ist. Im didaktischen Kontext ist Interaktivität mit *Lehrmethoden* verbunden. Es gilt, eine *Lehrmethode* mit mehr oder wenig ausgeprägter Interaktivität zu wählen und davon unabhängig festzulegen, mit welchem Medium diese Interaktivität realisiert wird. Die technischen Merkmale des Mediums spielen bei dieser didaktischen Entscheidung eine eher untergeordnete Rolle. So ist es nach Auffassung von CLARK & CRAIG durchaus möglich, auch mit konventionellen Medien interaktiven Unterricht zu realisieren, während sich sogenannte interaktive Medien gerade durch ihren Mangel an Interaktivität auszeichnen. Diese Kritik macht deutlich, dass der Einsatz sogenannter interaktiver Medien noch keine „Interaktion" gewährleistet.

Interaktivität bei gespeicherter Multimedia-Information. Zunächst ist ferzuhalten, dass Interaktivität zunächst eine technische Eigenschaft eines informationsverarbeitenden Systems meint. Ein „interaktives" Medium setzt darüber hinaus bestimmte kognitive Organisationsprozesse beim Rezipienten voraus, die beim Abruf gespeicherter multimedialer Informationen auf einem interaktiven Medium stattfinden. Damit ist folgendes gemeint:

Tonbänder oder Filme ordnen Informationen in einer starren Sequenz an (= lineare Medien). Sie haben einen Anfang und ein Ende und erfordern einen sequentiellen Zugriff auf Informationen; bei den genannten Medien geschieht dies durch Spulen. Bei einem Medium mit *wahlfreiem Zugriff* dagegen (Diskette, Festplatte, CD u.a.) kann diese starre Struktur *bei der Wiedergabe* aufgebrochen werden.

Die Informationen sind auch auf der Festplatte in einer festgelegten Folge von Spuren und Sektoren abgelegt! Dennoch bleibt dem Benutzer die physikalische Anordnung der Daten auf dem Speichermedium verborgen, denn die Komponente, die den Dialog mit dem Benutzer steuert, kann auf jede beliebige Stelle des Datenträgers unmittelbar zugreifen und so während der Laufzeit im Prinzip jede beliebige Sequenz aus den (linear!) gespeicherten Informationen erzeugen.

Damit diese kognitive Organisationsleistung vom Rezipienten erbracht werden kann, muss das System einen wahlfreien Zugriff auf gespeicherte Informationen erlauben. Man kann einwenden, dass auch ein Videorecorder die Möglichkeit bietet, vor- oder rückwärts zu spulen, um so – wenn auch wenig komfortabel – auf gespeicherte Informationen des Datenträgers zuzugreifen. Auch auf Informationen in Büchern kann wahlfrei zugegriffen werden, z.B. indem der Leser Querverweisen nachgeht, zwischen Kapiteln verzweigt, Markierungen und Lesezeichen einfügt etc. Wie lässt sich eine solche interaktive Nutzung von – technisch gesehen – linearen Medien einordnen?

Die genannten Beispiele zur „interaktiven" Nutzung von Video und Buch verdeutlichen, dass zwischen technischen Merkmalen eines interaktiven Mediums und interaktivem Nutzungs*verhalten* zu trennen ist. Bei der Rezeption eines Mediums entwickelt der Lerner ein kognitives Schema insbesondere der zeitlichen sowie logischen Struktur der präsentierten Information, d.h. was ist der Anfang, wie geht es weiter, was passiert am Ende etc. Bei einem linearen Medium (Video, Buch) deckt sich dieses kognitive Schema in weiten Teilen mit der physikalischen Organisation dieser Information auf dem Speichermedium. Der Betrachter eines Videos wird sich etwa „an eine Stelle am Anfang des Bandes" erinnern, der Leser entsinnt sich an das Eselsohr im letzten Viertel des Buchs etc. Es findet keine grundsätzliche Entkoppelung der zeitlichen Organisation auf dem physikalischen Speichermedium und der mentalen Repräsentation dieser Struktur beim Lerner statt.

Es ist dieser Zusammenhang von physikalischer Speicherorganisation im Medium einerseits und mentaler Repräsentation beim Benutzer anderseits, der bei einem interaktiven Medium aufgebrochen wird.

Interaktivität bei generierter Multimedia-Information. Eine andere Bedeutung erhält der Begriff der Interaktivität bei *generierten* multimedialen Informationen. Wird die Information *in Echtzeit* erzeugt, kann dies in Abhängigkeit von Benutzereingaben geschehen. In einem solchen System der *virtual reality* (VR) Es werden nicht mehr Informationen abgerufen, sondern der Lerner hat die Möglichkeit, die Erzeugung der Information zu beeinflussen. Es besteht die Möglichkeit nicht nur zum *Zugriff*, sondern auch zum *Eingriff* in die Information.

Mit diesem Szenario können von der technischen Anlage des Systems her ganz andere Arten von Informationen präsentiert werden. Bestimmte Vorgänge, die z.B. für Videoaufnahmen nicht zugänglich sind, lassen sich mit solchen *virtual reality*-Systemen visualisieren. Ebenso können (noch) nicht existierende oder nicht mehr existierende Welten implementiert werden, in denen sich der Lerner bewegen kann.

Damit werden wesentliche Erweiterungen des Spektrums interaktiver Medien sichtbar. Dennoch liegen zwischen einem solchen Eingriff und dem „bloßen" Zugriff auf Informationen für die *Qualität der Interaktivität* i.a. lediglich graduelle Unterschiede: Der Interaktionsraum ist beim Zugriff durch die zuvor eingelesenen bzw. erstellten (und unterschiedlich verknüpften) Informationselemente begrenzt, bei generierenden Systemen ist der Interaktionsraum durch die Anzahl der Parameter des zugrunde liegenden mathematischen Modells begrenzt. Die erlebte Qualität der Interaktivität des Systems hängt damit nicht mit dem Typ der multimedialen Information zusammen: So kann eine Multimedia-Anwendung mit umfangreichem Videomaterial mehr Interaktivität vermitteln als ein *virtual realiy*-System.

FEHR (1995) entwickelte ein „virtuelles Museum", bei dem *vorgefertigte,* graphisch hochwertige Animationssequenzen in Abhängigkeit von Benutzereingaben abgerufen werden. Durch die Vielzahl räumlicher Perspektiven, die zuvor berechnet und gespeichert wurden, lässt sich der Eindruck des Durchwanderns eines Museum erzielen. Bei Systemen, die solche Informationen erst zur Laufzeit erzeugen, besteht das Problem, dass die erzeugte Information i.a. nur wenige Details aufweist und nicht vollständig realistisch ist, da die Prozessorleistung für die Berechnung aller Details und der Oberflächentexturen oft nicht ausreicht.

Interaktivität in kommunikationstechnischen Szenarien. Mit der Einbindung von Computern in Kommunikationsnetze ändert sich erneut das Verständnis von Interaktivität. Die Person kann hier Kontakt aufnehmen mit anderen Menschen, die Mensch-Maschine-Interaktion kann hier fließend und in äußerst vielfältigen Varianten ergänzt werden um die interpersonale Kommunikation. In dieser Kombination entstehen interessante telemediale Lernszenarien, die kommunikative und kooperative Lernszenarien ermöglichen.

1.3 Effekte mediengestützten Lernens

Fragt man nach einer Begründung für den Einsatz von Medien im Unterricht, so lassen sich alle möglichen Antworten in dem einen Satz zusammenfassen, dass Medien das Lehren des Lehrers und das Lernen des Schülers effektiver machen müssen.

JAKOB MUTH (1978, S. 35)

Als Ergebnis multimedialen Lernens wird erwartet, dass ein näher zu spezifizierender *Lernerfolg* eintritt. Es stellt sich damit die Frage, ob bzw. wie das Lernen mit Medien einen Lernerfolg beeinflusst. Für die Entscheidungsfindung in der Praxis ist darüber hinaus die (in der Forschung bislang deutlich weniger thematisierte) Frage der *Effizienz* des mediengestützten Lernens zu stellen. Hierbei werden die Effekte des mediengestützten Lernens in Beziehung zum Aufwand bei der Vorbereitung, Durchführung etc. von Lernangeboten gesetzt.

1.3.1 Forschung zur Lerneffektivität: Quantitative Effekte

Bereits aus den 60er und 70er Jahren liegen eine Vielzahl empirischer Untersuchungen zu Effekten des Einsatzes von didaktischen Medien vor. Der weitaus überwiegende Teil der Untersuchungen beschäftigt sich dabei mit dem Erwerb kognitiven Wissens. Üblicherweise wird die Behaltensleistung eines zuvor eingeführten Lehrstoffs zu einem späteren Zeitpunkt in Abhängigkeit von verschiedenen Unterrichtsvarianten verglichen. Angenommen wird dabei, dass die Behaltensleistung von der Art und Qualität des gewählten didaktisch-methodischen Vorgehens *ursächlich* abhängt. Erst seit einigen Jahren rückt die für die Praxis entscheidende Frage des Transfers des Gelernten bei der Bewältigung von Anforderungen in einem Anwendungskontext (erneut) in den Blickpunkt der empirischen Lehr-Lernforschung.

Im Mittelpunkt der empirischen Lehr-Lernforschung stand zunächst der Vergleich des seinerzeit neuen rechnergestützten Unterrichts mit personalen Vermittlungsverfahren. Angesichts der Vielzahl der vorliegenden Studien bietet es sich an, die Effekte von Einzelanalysen mithilfe *metaanalytischer* Verfahren zu aggregieren. Sie basieren i.a. auf der Berechnung der *Effektstärke* einer Untersuchung, die sich aus der Differenz der Mittelwerte zweier Verteilungen geteilt durch die Standardabweichung der Kontrollgruppe ergibt (vgl. Fricke & Treinies, 1985). Eine Effektstärke von 0,2 kann als kleiner Effekt, eine Effektstärke von 0,5 als mittlerer Effekt und eine Effektstärke größer als 0,8 als großer Effekt eingestuft werden.

Ergebnisse der Metaanalysen. KULIK & KULIK (1991; 1994; 1989) untersuchten die Effektstärke mehrerer hundert Einzelstudien zu CBT (s.a. McNeal & Nelson, 1991; Niculescu, 1995; Wetzel, Radtke, & Stern, 1993). Sie fanden im Schnitt eine Effektstärke von 0,35. Größere Effektstärken zeigten sich im Bereich sonderpädagogischer Anwendungen, insbesondere bei lernbehinderten Kindern. Bei der Lerndauer ergab sich eine Reduktion um 30% bei Einsatz von CBT gegenüber konventionellem Unterricht. Im Bereich der Einstellung zum Lernstoff beträgt die Effektstärke 0,25, was als eine im Durchschnitt eher geringe Effektstärke des computergestützten Lernens aufzufassen ist.

Das Ergebnis einer reduzierten Lerndauer bei CBT zieht sich durch eine Reihe von Studien. Dabei bleibt jedoch unberücksichtigt, dass mediengestütztes Lernen, unabhängig von der Art des Mediums, zu höheren Abbrecherquoten führt als konventionelle Maßnahmen. Dies ist besonders deutlich belegt in der Fernstudienforschung: Das isolierte Lernen des Einzelnen mit einem Lehr-Lernmedium stellt hohe Anforderung an Lerninteresse und -erfahrung, die zu Abbrecherquoten von teilweise über 50% führt (vgl. Keegan, 1986; Moore & Kearsley, 1996).

Die bei KULIK u.a. diskutierten Studien untersuchen die Lerndauer von Teilnehmenden, die eine entsprechende Maßnahme *durchgehalten* haben. Diese Werte wären in Bildungsmaßnahmen um die Quote der Abbrecher zu relativieren. Es lässt sich also festhalten: Für Personen, die genügend Motivation und Persistenz in ihrem Lernverhalten aufweisen, lässt sich mit mediengestützten Maßnahmen die Lerndauer verkürzen! Gleichwohl muss bei Personen mit geringerem Interesse und wenig selbständiger Lernerfahrung mit einer höheren Abbrecherquote gerechnet werden!

In einer weiteren Metaanalyse wurden die vorliegenden Untersuchungen nach Altersstufe und Einsatzart in folgende drei Bereiche aufgeteilt (Kulik, Kulik, & Shwalb, 1986):

- CAI (*computer assisted instruction* = Ersatz für personalen Unterricht),
- CMI (*computer managed instruction* = Management von Bildungsarbeit) und
- CEI (*computer enriched instruction* = Unterstützung personalen Unterrichts).

Der alleinige Einsatz des Computers zu Lernzwecken erzielt danach vor allem bei Kindern in der Primarstufe Erfolge (s. Tabelle 6). Bei Erwachsenen in der Weiterbildung zeigt sich dagegen ein deutlicher Effekt bei einem kombinierten Einsatz des computergestützten Lernens mit konventionellem Unterricht (CEI). Hier kann von einer hohen Effektstärke gesprochen werden. Man sieht, dass eine Differenzierung des Anwendungsbereiches notwendig ist (ähnlich: Niemiec, Sikorski, & Walberg, 1989).

Tabelle 6: Effektivität des Computereinsatzes zu Lehr-Lernzwecken

Effektstärke	Primarstufe	Sekundarstufe	Hochschule	Weiterbildung
CAI	0.47	0.36	0.26	0.29
CMI	0.07	0.40	0.35	0.72
CEI	-	0.07	0.23	1.13

Es wird die Tendenz sichtbar, dass der relative Vorzug von CBT mit höherem Bildungsniveau *abnimmt* (Frey, 1989): Ein möglicher Vorteil des Computereinsatzes kommt vor allem in der Sonderschule, in Schulen für Lernbehinderte aber auch in der Primarstufe zum Tragen. Dieser relativ konsistente Befund ist bedenkenswert: In den Bereichen, wo der Vorteil von CBT besonders deutlich wird, sind wenige Anwendungen verfügbar und deren Einsatz wenig verbreitet.

Einer weiteren Frage gingen KULIK & KULIK (1989) nach, indem sie die relativen Effekte von CBT zu *anderen* innovativen Ansätzen in den USA untersuchten, die nicht computerbasiert arbeiten. Als Vergleichsbasis wählten sie zum einen BLOOMS *mastery learning*–Programm und zum anderen Kellers *personalisiertes Instruktionssystem*, beides erfolgreiche und populäre Programme in den USA (ein aktueller Beitrag aus Deutschland: Achtenhagen, 2000). KELLERS ebenso wie BLOOMS Ansatz fördern die selbständige und streng schrittweise Auseinandersetzung mit einem Lerngegenstand gepaart mit einer individuellen Betreuung und regelmäßigen Kontrolle des Wissensstandes durch Tutoren bzw. Mentoren.

Tabelle 7: Effektivität von CBT im Vergleich

Effektstärke	Lerneffekt	Einstellung	Lernzeit
CBT	0.35	0.25	-30 %
KELLER	0.50	0.40	+10%
BLOOM	0.70	-	-

Die Analysen von KULIK et al. zeigen, dass computergestütztes Lernen im Vergleich zu anderen neuen Lehrmethoden keineswegs einen spezifischen Einfluss auf Lernerfolg hat. Im Prinzip basieren die untersuchten CBT-Programme ebenso wie die Ansätze von BLOOM und KELLER auf der Idee der selbstgesteuerten und schrittweisen Auseinandersetzung mit Lehrinhalten sowie auf regelmäßigen Tests und Rückmeldungen des Leistungsfortschritts. Doch das Element der persönlichen Interaktion und der damit zusammenhängenden Verbindlichkeit, so kann vermutet werden, verursachen den Vorsprung der Ansätze von BLOOM und KELLER bei dem erhobenen Lerneffekt. Interessant ist dagegen die wiederum verkürzte *Lernzeit* bei CBT im Vergleich zum KELLER-Plan.

In einer weiteren Metaanalyse (Kulik & Kulik, 1991) zeigt sich eine Verkürzung der Lerndauer bei Studierenden am College um 34%, in der Weiterbildung um 24% (s.a. Kulik, 1994). In neueren Untersuchungen, in denen zunehmend lernergeregelte Anwendungen mit stärker explorativen Elementen geprüft werden, zeigt sich dieser Effekt einer verkürzten Lernzeit jedoch *nicht* bzw. weniger deutlich (vgl. Witte, 1995, S. 63).

Interaktionseffekte. In anderen Untersuchungen wurde der Frage nachgegangen, ob *Interaktionseffekte* vorliegen z.B. zwischen dem Lernerfolg und Merkmalen des Lerngegenstands oder der Zielgruppe: Sind bestimmte Medien für bestimmte Lerninhalte und Zielgruppen eher geeignet als für andere? Doch auch hierzu können keine systematischen Befunde benannt werden, die – über Ergebnisse in einzelnen Projekten hinaus – derartige Zusammenhänge zu benennen erlauben würden (s. Forschung zur aptitude treatment interaction, vgl. Issing, 1988).

So ist etwa eine häufig geäußerte Annahme nicht belegt, dass CBT grundsätzlich auf die Vermittlung einfacher Sachverhalte im Bereich des kognitiven Lernens (Faktenlernen) beschränkt sei oder gerade hier einen Vorteil gegenüber personalem Unterricht aufweist. BRINKER (1991) zeigt beispielsweise, dass interaktives Video in der Vorbereitung von Verhaltenstrainings für Führungskräfte erfolgreich eingesetzt werden kann.

Als weitere Variable ist der Einfluss von Personenmerkmalen der Lernenden auf die Effektivität des mediengestützten Lernens zu diskutieren. Folgende Variablen sind dabei in verschiedenen Untersuchungen aufgegriffen worden: Alter, Geschlecht, Schulabschluss, Interesse am Lerngegenstand, Leistungs-, Lern- und Weiterbildungsmotivation, Wissen und Einstellung zum Computer sowie verschiedene Persönlichkeitsmerkmale. Systematisch erhoben wurden diese Variablen von FRICKE (1989; s.a. 1991) bei der Deutschen Bundespost, in der die Bedeutung verschiedener Einflussfaktoren auf den Lernzuwachs bei CBT überprüft werden sollte. Die Ergebnisse zeigen, dass der Lernerfolg von CBT von psychologischen Persönlichkeitsvariablen *nicht* abhängt. Dieses Ergebnis kann für die Gestaltung von Lernumgebungen als beruhigend interpretiert werden, denn die Erfassung (und Berücksichtigung!) entsprechender Persönlichkeitsmerkmale im Rahmen von Lehrprogrammen wäre sicherlich aufwändig.

Kritik. FRICKE (1991) äußert sich kritisch zur methodischen Qualität der genannten Metaanalysen, da versäumt wurde, Tests der Homogenität durchzuführen. Damit wird überprüft, ob es zulässig ist, die Effektstärken von Einzelstudien zu einer Gesamtaussage zu integrieren. Streuen die Einzelstudien sehr stark um einen Mittelwert, kann die Annahme nicht aufrecht erhalten werden, dass diese Studien Stichproben einer homogenen Population darstellen. So wurde bei einer metaanalytischen Auswertung von 14 Einzelstudien eine sehr hohe Effektstärke von 1,37 für die Überlegenheit von Dialogvideo festgestellt; die Prüfung der Homogenität zeigt jedoch, dass die Studien einer nicht-homogenen Population entstammen.

Ein weiteres Problem dieser summarischen Vergleichsstudien besteht darin, dass die Vergleichsgröße „personaler Unterricht" weniger gut operationalisierbar ist. Der Unterricht wird kaum exakt definierbar sein, wie dies beim computergestützten Lernen durch das Programm gegeben ist. Es lässt sich damit kaum explizieren, was bei derartigen Vergleichsstudien überhaupt verglichen wurde.

In einer Studie von MEVARECH, SHIR & MOVSHOVITZ-HADAR (1992) zeigt sich darüber hinaus, dass die Kombination mehrerer Medien wie CBT und Video keineswegs zu einer Verbesserung des Lernerfolges führt, wie dies bei einer unreflektierten Euphorie für Multimedia nicht selten behauptet wird. Die Autoren kommen zu einer Verneinung ihrer in der Artikelüberschrift gestellten Frage „Is more always better?".

Eine globale Gegenüberstellung verschiedener *treatments* in Einzeluntersuchungen bleibt ebenso wie in Metaanalysen im Grunde wenig aussagekräftig. Eine *grundsätzliche* Klärung der Überlegenheit bestimmter Mediensysteme für Lehr-Lernzwecke, auch wenn sie öfters gefordert wird, ist als wenig ergiebige Forschungsfrage zu bewerten.

Als konsistentes Ergebnis gilt daher der statistisch nicht-siginfikante Unterschied zwischen verschiedenen Medienvarianten. Inzwischen ist die Anzahl entsprechender Vergleichsstudien zurückgegangen, allerdings berichtet RUSSELL (1999) erneut über 300 Studien zum Fern-Lernen und internetbasierten Lernen (vgl. http://www. ncsu.edu/oit/). Dabei sind Evaluationsstudien heute „bescheidener" geworden: Die meisten Untersuchungen geben sich mit dem Nachweis zufrieden, dass zum Beispiel internetbasierte Lehrveranstaltungen keine schlechteren Ergebnisse produzieren als konventuionelle Seminare. Der nicht-siginfikante Unterschied wird zum Erfolgsnachweis erhoben, was forschungsmethodisch je nach Standpunkt als problematisch oder unzulässig zu bewerten ist (vgl. Locke, Burton, & Cross, 1999; Reeves, 1993).

Motivationale Effekte. Schließlich ist auf die motivationalen Effekte des Lernens mit Multi- und Telemedien einzugehen. Verbreitet ist die Aussage, dass das Lernen mit den neuen, digitalen Medien besonders motivierend sei. Es ist davon auszugehen, dass sich die Einführung von Medien, die mit positiven Attributen assoziiert werden, auf die Motivation sowohl von Lehrkräften als auch von Lernenden günstig auswirkt. Das Problem ist, dass diese Auswirkungen von relativ kurzer Dauer sind, so dass der Effekt im Verhältnis zu dem zu tätigenden Aufwand i.a. zu gering ist. Bereits nach kurzer Euphorie wird dem einzelnen Lerner klar, wie hoch die Anforderungen an das selbstgesteuerte Lernen, die individuelle Lernprozesskontrolle und -regelung sind. Erst dann wird der Verlust von Kontroll- und Regelungsmechanismen in einer sozialen Lerngruppe deutlich. Insofern sind Projekte, in denen die Einführung multimedialer Lernangebote mit Motivationseffekten begründet werden, kritisch zu hinterfragen.

Akzeptanz. Kaum untersucht wurde dagegen die Akzeptanz von Lernangeboten in realen Lernsituationen und ihre Bedeutung für den Lernerfolg. Denn eine essentielle Bedingung für den Erfolg des mediengestützten Lernens ist die Akzeptanz des Lernangebotes. Gemeint ist neben der *individuellen* Akzeptanz des Lernangebotes durch Lernende, die sich z.B. in der Dauer der Beschäftigung mit dem Medium ausdrückt, auch die *organisationale* Akzeptanz, d.h. ob und wie lange ein Medium in einer Bildungseinrichtung tatsächlich genutzt wird. Erinnert sei an den sogenannten *Sprachlaboreffekt*: Selbst wenn sich nachweisen lässt, dass Sprachlabore geeignet sind, bestimmte Lehrziele zu erreichen, bleibt ihr Nutzen gering, wenn die Einrichtung aus welchen Gründen auch immer nicht betrieben wird.

Die Variable der *Nutzungsdauer* eines Mediums durch Individuen und in Organisationen zeigt natürlich noch keine didaktischen Wertigkeit des Lernangebotes an, auch Computerspiele werden gerne und lange genutzt, ohne dass ihnen ein besonderer didaktischer Nutzen zugeschrieben werden kann. *Voraussetzung* für den didaktischen Nutzen von Bildungsmedien bleibt jedoch deren tatsächliche Nutzung. Denn es muss damit gerechnet werden, dass Anwendungen, deren Lernerfolg in Labor- und Feldstudien nachgewiesen wurde, von Personen oder Bildungseinrichtungen – warum auch immer – nicht angenommen werden.

Zusammenfassung

(1) Der individuelle Lernerfolg ist unabhängig von dem eingesetzten Mediensystem. Das Lernen mit Medien schneidet nicht schlechter ab als konventioneller Unterricht. Von der systematischen und grundsätzlichen Überlegenheit *eines*

bestimmten Mediensystems oder *einer* Verbundlösung kann nicht ausgegangen werden. Das heißt nicht, dass es im konkreten Fall gleichgültig ist, welches Mediensystem gewählt wird.

(2) Das Lernen mit Medien ist nicht auf einfache kognitive Lehrinhalte beschränkt, sondern kann ebenso bei psychomotorischen wie kognitiven Fertigkeiten wie auch bei dem Aufbau sozialer Verhaltenskompetenzen eingesetzt werden.

(3) Die Lernmotivation lässt sich durch den Einsatz von neuen Bildungsmedien steigern. Da dieser Effekt von kurzer Dauer ist, rechtfertigt er üblicherweise nicht den Aufwand für Produktion und Einsatz von Medien.

(4) Die Lerndauer kann durch mediengestütztes Lernen verringert werden. Gleichzeitig muss mit einer höheren *drop out* Rate gerechnet werden von Lernern, die mit selbstgeregeltem Lernen nicht zurechtkommen.

(5) Die Akzeptanz eines Lernangebotes im didaktischen Feld ist eine essentielle Bedingung für Lernerfolg. Sie hängt nicht unmittelbar mit der didaktischen Qualität des Mediums zusammen.

1.3.2 Forschung zur Lerneffektivität: Qualitative Effekte

Die Evaluationsstudien zu Effekten medialer Lernangebote bleiben einer Definition von Lernerfolg verhaftet, die mit den konzeptuellen Überlegungen in der Mediendidaktik zunehmend weniger korrespondieren. In der mediendidaktischen Diskussion werden vor allem *neue* Qualitäten des mediengestützten Lehrens und Lernens hervorgehoben, d.h. der Medieneinsatz unterstützt *andere* Formen des Lehrens und Lernens und muss folglich an anderen Kriterien gemessen werden. Es wurde bereits darauf hingewiesen, dass diese Argumentation solange vordergründig bleibt, wie die Einführung eines „neuen" Mediums als solches bereits mit dem Attribut *innovativ* versehen wird, und das Lernen mit Multi- oder Telemedien als solches bereits als Innovation betrachtet wird. Vielmehr ist zu untersuchen, wie der Medieneinsatz bestimmte konzeptuelle didaktische Neuerungen *unterstützen* kann. Dabei erscheinen vor allem folgende Aspekte relevant:

Neue Zielgruppen. Mithilfe mediengestützter Bildungsangebote lassen sich Zielgruppen erreichen, die keinen oder einen erschwerten Zugang zu entsprechenden Angeboten haben. Tatsächlich gibt es eine Reihe von Zielgruppen, die Schwierigkeiten haben, an konventionellen Bildungsmaßnahmen zu partizipieren. Es werden vor allem körperlich Behinderte, Eltern in der Phase der Kinderbetreuung und Berufstätige mit Weiterbildungsabsichten genannt.

Im Ausland ist besonders der *räumlich* erschwerte Zugang zu Bildungsangeboten von Interesse, insbesondere in dünn besiedelten Ländern wie Australien oder Kanada. In den USA werden als weitere „besondere" Zielgruppen etwa Angehörige der Streitkräfte, die im In- und Ausland stationiert sind, und Strafgefangene in Justizvollzugsanstalten diskutiert. In Deutschland fällt das Argument des räumlich erschwerten Zugangs zu Bildungseinrichtungen wegen deren vergleichsweise hohen Dichte in der Regel eher aus.

Die Frage der Erreichbarkeit von Zielgruppen muss letztlich unter dem Aspekt der Effizienz diskutiert werden, d.h. wie kann eine Zielgruppe mithilfe verschiedener Organisations- und Angebotsformen am effizientesten adressiert werden.

Neue Lehr-Lernmethoden. Mehrfach wurde die Frage aufgeworfen, ob es „neue" didaktische Modelle für Multi- und Telemedien gibt bzw. ob sie benötigt werden, oder anders: ob sich mit neuen Medien Unterricht und Lehre ändern (müssen)? Weisen „neue" Medien das Potenzial für einen *anderen* Unterricht auf?

In der vorliegenden Arbeit wird die Einschätzung vertreten, dass das Lernen mit Multi- und Telemedien *grundsätzlich* die gleichen methodischen Modellvorstellungen des didaktischen Designs impliziert wie andere Angebotsformen. Ein Aspekt allerdings erscheint durchaus beachtenswert: Mediale Lernangebote können (!) solche Konzepte, die das selbstorganisierte Lernen in den Vordergrund stellen, besonders *unterstützen*.

Es wäre jedoch falsch anzunehmen, dass der Einsatz von Multimedien derartige Konzepte des selbstgeregelten, -organisierten oder -verantworteten Lernens bereits einlösten. Die Wahl einer didaktischen Methode ist weitgehend unabhängig von dem gewählten Medium. Die Auswahl und der Einsatz bestimmter Medien garantieren keineswegs, dass die damit verbundenen Ziele tatsächlich erreicht werden. Auch lassen sich diese Ziele mit anderen Medien gleichermaßen verfolgen.

Neue Lehrinhalte und -ziele. Genauso kritisch wie das Postulat neuer Lehrmethoden muss die Annahme neuer Lehrinhalte und -ziele hinterfragt werden. So wird vielfach behauptet, der Einsatz von CBT oder WBT ermögliche ein stärker selbstorganisiertes oder kooperatives Lernen und trage damit zu pädagogischen Zielen bei, die mit Eigenverantwortlichkeit und sozialer Kompetenz umschrieben werden können. Mithilfe des Internet, so z.B. die Argumentation, kann mit Menschen in fernen Ländern in einer Geschwindigkeit kommuniziert werden, die bislang nicht möglich war. Mit Computeranimationen lassen sich Vorgänge visualisieren, die einer direkten Beobachtung nicht zugänglich wären. Mit interaktivem Video kann in Abläufe steuernd eingegriffen werden, die bislang nur linear abgerufen werden konnten usw.

WEIDENMANN (1995; s.a. 1997) verdeutlicht, dass nicht das *Mediensystem* das Lernen beeinflusst, sondern das gewählte *Symbolsystem*, welches mehr oder weniger gut geeignet ist, bestimmte Sachverhalte darzustellen. Tatsächlich eignet sich etwa das visuelle Symbolsystem besonders zur Veranschaulichung von zeitlichen Prozessen. Ob diese Visualisierung aber nunmehr mithilfe von Einzelbildfolgen (Cartoons), als interaktive Computeranimation oder auf einem Video präsentiert werden, hat keine grundsätzliche Auswirkungen auf den Lernerfolg. Selbst in Vorträgen oder Geschichten ist eine sehr lebhafte Vorstellung von Abläufen vermittelbar.

Auch der Einsatz von Telemedien muss derart rigoros geprüft werden: Geht es z. B. um die Kommunikation mit Menschen fremder Kulturen, kommen verschiedene Kommunikationstechniken in Frage. Es muss als Problem des Wirkungsgrades diskutiert werden, ob die Entscheidung für z.B. den Briefversand oder die E-Mail fällt. Mit beiden Varianten wäre das Lehrziel erreichbar!

Entscheidend ist dabei auch die Intensität der individuellen Auseinandersetzung, d.h. wie intensiv beschäftigt sich der Lerner mit dem Sachverhalt. Wie bereits erwähnt, haben neu entwickelte Medientechniken nur kurzfristig das Potenzial, die Aufmerksamkeit von Lernern mehr zu binden als bereits etablierte Mediensysteme. Für das didaktische Design ergibt sich damit die wesentliche Folgerung (und Forderung!), dass nicht die Wahl des Mediensystems entscheidet, ob bestimmte Inhalte oder Ziele verfolgt werden können, sondern die Konzeption der Materialien. Es erscheint schwer begründbar, dass ein bestimmtes Mediensystem *Voraussetzung* ist, um bestimmte Lehrinhalte vermitteln zu können.

Die Behauptung bleibt solange problematisch und sogar kontraproduktiv, wie angenommen wird, dass das Erreichen bestimmter Lehrziele *ursächlich* mit der Wahl eines bestimmten Mediensystems zusammenhängt, d.h. dass die Medienwahl die Zielentscheidung wesentlich determiniert (Kerres, 2000d). Doch die Frage z.B. der Selbstorganisation und Kooperation beim Lernen ist von dem eingesetzten *delivery*-Medium weitgehend unabhängig: Wenn etwa selbstorganisiertes Lernen als pädagogisches Ziel angestrebt wird, dann lässt sich dies mit jeder didaktisch-methodischen Variante (mit oder ohne Medien) verfolgen!

Wie kontraproduktiv solche Wirkungshypothesen ist, kann in Diskussionen erlebt werden, die etwa aktuelle Probleme der Schule in Zusammenhang mit einer schlechten Ausrüstung mit digitalen Medien und Internet-Zugängen bringt. Die Argumentationsfigur, die Medientechnologie mit pädagogischen Zielvorstellungen verknüpft, erscheint für die Durchsetzung medientechnischer Ausstattungswünsche im öffentlichen Diskurs unabdingbar. Es bleibt allerdings die Sorge, dass diese Argumentation den Glauben an die Annahme bestärkt, dass die *Einführung* von Medientechnik Bildung und Schule bereits positiv verändert. Die eigentlichen Probleme der mediengestützten Bildungsarbeit ebenso wie der Schule werden dabei ausgeblendet.

Neue Lernsituationen. Mediengestützte Lernangebote können Situationen erschließen, in denen andere Unterrichtsmaßnahmen schwer durchführbar sind. Gemeint ist vor allem Lernen am/in der Nähe des Arbeitsplatzes oder in der Freizeit. Bedenkt man die zunehmende Bedeutung des lebenslangen Lernens wird offensichtlich, dass es notwendig ist, Lernen gerade in der Weiterbildung von Unterrichtsmaßnahmen räumlich und zeitlich zu entkoppeln. Einzelne oder Gruppen müssen ihr Lernen zunehmend selbständig organisieren und dazu Lernangebote abrufen und dies vermutlich sowohl am Arbeitsplatz als auch zu Hause. Unter dieser Perspektive eignet sich der Einsatz von Medien besonders.

Besonders interessant sind Lernszenarien, bei denen die Zielgruppe räumlich verteilt ist *und* die Kommunikation innerhalb dieser Zielgruppe Bestandteil der didaktisch-methodischen Anlage des Projekts ist. Beispielsweise lässt sich das Thema „Europäisches Recht" sehr gut in einer Gruppe von Lernern bearbeiten, die aus verschiedenen europäischen Ländern stammen und mithilfe entsprechender Kommunikationstechniken zusammenarbeiten. Regelmäßige Arbeitstreffen der Gruppe (wenngleich wünschenswert) wären hier sicherlich kaum zu finanzieren.

1.3.3 Das Konstrukt Lernerfolg

Die vorliegenden Untersuchungen und Erfahrungen lassen sich zusammengefasst als Nachweis interpretieren, dass mediengestützte Lernverfahren anderen Varianten nicht *unterlegen* sind. Besondere Vorteile des mediengestützten, selbstorganisierten Lernens zeigen sich im Hinblick auf die *Lerndauer* für Personen mit hoher Lernmotivation und selbständigem Lernverhalten, die das mediale Lernangebot tatsächlich zu einer intensiven kognitiven Auseinandersetzung nutzen. Gleichwohl wird deutlich, dass für den Lernerfolg die Qualität der *Medienkonzeption* und nicht das Mediensystem an sich ausschlaggebend ist.

Was ist eigentlich „Lernerfolg"?

Grundsätzlicher zu diskutieren ist dagegen die scheinbar selbstverständliche Auffassung darüber, was den *Erfolg* des Lehrens bzw. Lernens eigentlich ausmacht. Als Ergebnis didaktischer Aktivitäten soll sich ein Lernerfolg einstellen. Eine verkürzte Vorstellung würde den Lernerfolg etwa auf das Behalten von Fakten, Ereignissen oder Vorgängen reduzieren. Ausser Acht gelassen werden dabei weit grundsätzlichere Aspekte, wie der Aufbau kognitiver Schemata, der Erwerb von Fertigkeiten oder die Bildung von Persönlichkeit, wie z.B. die Auseinandersetzung und Infrage-Stellung gewohnter Denkschemata oder der Aufbau von Einstellungen und Werten.

Übersehen wird auch die Wichtigkeit von *Lerntransfer*, d.h. ob Gelerntes tatsächlich dazu beiträgt, Anforderungen der Lebens- und Arbeitswelt zu bewältigen. Leider erlaubt die Feststellung eines Lernerfolgs als Ergebnis einer Bildungsmaßnahme keineswegs die zuverlässige Ableitung von Aussagen über den erzielbaren Lerntransfer in der Anwendungssituation: Wissen bleibt vielfach „träge", der Erfolg in der Lernsituation ist nicht extrapolierbar auf den Erfolg in der Anwendungssituation. Gerade in der betrieblichen Bildungsarbeit (u.a. durch einen zunehmenden Kostendruck) hat diese Problematik des Lerntransfers innerhalb der letzten Jahre besondere Aufmerksamkeit erlangt.

Situierte Ansätze des Lernens stellen das Konstrukt Lernerfolg noch grundlegender in Frage: Denn Wissenserwerb ist nur scheinbar eine individuell zu erfassende Kategorie. Wenn Wissen nicht im Kopf des Individuums „abgespeichert" ist, sondern ständig in bestimmten sozialen Kontexten konstruiert wird, dann sind individuumszentrierte Evaluationsansätze obsolet. Es gilt vielmehr zu prüfen, inwieweit multimediale Lernumgebungen soziale *settings* beeinflussen und die Wissenskonstruktion in diesen *settings* unterstützen. Damit wäre auch die Vorstellung aufzugeben, dass Medien eine ihnen immanente Funktion aufweisen; entscheidend ist, welche Bedeutung dem Medium zugeschrieben wird.

Eine solche Argumentation, mit ihren weitreichenden Implikationen, ist in der Praxis gleichwohl schwierig zu vermitteln, wenn ein Auftraggeber einfach wissen will, ob die Teilnehmer einer mediengestützten Bildungsmaßnahme besser oder genau so gut lernen wie mit anderen Lernangeboten. Dennoch kann auch in diesem Rahmen problematisiert werden, ob ein solcher Vergleich angemessen ist, welche Effekte mit dem Medieneinsatz erhofft und realistischerweise erreicht werden können.

Zu beobachten bleibt eine zunehmende Diskrepanz zwischen Evaluationsstudien der empirischen Lehr-Lernforschung und konzeptuellen Ansätzen der Mediendidaktik zur Gestaltung multi- und telemedialer Lernumgebungen. In Evaluationsstudien wird Lernerfolg weiterhin vor allem mit Behaltensleistung gleichgesetzt. Die theoretische Diskussion des didaktischen Designs stellt jedoch ganz andere Lernergebnisse in den Vordergrund: statt *Wissen*, wird über das *Verstehen, Anwenden* und *Handeln* diskutiert. Es geht um (z.B. metakognitives oder metamotivationales) strategisches Wissen, um Selbstregulation und Planungskompetenz. Es wird deutlich, dass das Verfolgen solcher didaktischer Innovationen eine differenzierte Betrachtung des Konstruktes Lernerfolg notwendig macht.

Ausweitung der Kriterien

Insgesamt scheint bei der Spezifikation des Konstruktes „Lernerfolg" ein wesentlich breiteres Spektrum an Kriterien notwendig zu sein, als es bisher in der Lehr-Lernforschung üblich angelegt wird. Es interessieren etwa folgende Verlaufs- und Ergebnisvariablen:

- erlebte Qualität des Lernangebotes (inhaltliche Qualität, formale/ästhetische Qualität, didaktische Qualität der Informationsaufbereitung, Qualität der Kommunikation und Betreuung)
- emotionale Reaktion und Lernmotivation (Aufmerksamkeit, Interesse, Identifikation, Bindung an das Lernangebot; in kooperativen Lernszenarien sichtbar u.a. an dem gezeigtem prosozialen Verhalten, an der Bereitschaft, Informationen auszutauschen und an Diskussionen mitzuwirken, an der Gruppenbildung und -kohäsion)
- Lernverhalten (Lerndauer, -intensität, Persistenz/Abbruch)
- subjektive Zufriedenheit mit Lernverhalten/-ergebnis (subjektiver Lernfortschritt, Erfahrungszuwachs, Zufriedenheit mit Kommunikationsangeboten /-möglichkeiten)
- „objektiver" Lernerfolg in verschiedenen zeitlichen Abständen und unterschiedlicher Anwendungsnähe (Erinnern, Anwenden, Transfer)
- faktische Nutzung/Akzeptanz und „Lebensfähigkeit" des mediengestützen Lernens im organisationalen Kontext
- erzieltes Kosten-Nutzen-Verhältnis
- strukturelle Implikationen und Veränderungen institutioneller und gesellschaftlicher Organisation von Bildung

Zu bedenken ist schließlich, dass der Nachweis von Lernerfolg für Lernende genauso wie für Bildungsanbieter oft überraschend nachrangig ist. Die subjektive Zufriedenheit mit Elementen eines Lernangebotes und die Frage, ob ein Lernangebot überhaupt nachgefragt bzw. genutzt wird (auch: Persistenz und Abbruch), sind dagegen oft ganz entscheidende Kriterien, die als *notwendige* (nicht hinreichende) Bedingungen für Lernen aufzufassen sind. Die für Bildungsanbieter in der Regel zentrale Variable des Kosten-Nutzen-Verhältnisses wird dagegen – gerade aus pädagogischer Sicht und unter Anlegen pädagogischer Kriterien – in der Forschung vernachlässigt (vgl. Schott, 1994; Windham & Chapman, 1990).

Die Kritik konstruktivistischer Ansätze an einer individualistischen Verkürzung von Lernen beinhaltet die Konsequenz, die Analyse von individuellen Kognitionen und Emotionen auf kollektive und institutionelle Einheiten auszuweiten: Lernen findet danach nicht „im Kopf" von Individuen statt, sondern ist Ergebnis sozialer, ggfs. medial vermittelter Interaktion. Deswegen interessieren Veränderungen durch mediengestütztes Lernen im Hinblick auf Formen und Inhalte von Kommunikation und Kooperation, damit einher gehend die Veränderung von Wissensstrukturen und -prozessen der Wissenskonstruktion und schließlich Veränderungen in der gesellschaftlichen Organisation von Bildung. Dabei stellt sich die Frage, wie mediengestützte Kommunikation diskursive und kooperative Lernprozesse ermöglicht oder unterstützt, und inwieweit dabei „virtuelle Lerngemeinschaften" entstehen können bzw. sollen (vgl. Salomon & Perkins, 1998). Dies verweist auf die für die pädagogische Diskussion zentrale Frage bzw. Forderung nach einer bestimmten *Qualität* von Kommunikation, die über den Abruf und den Austausch von Informationen hinausgeht.

1.4 Effizienz mediengestützten Lernens

Die bisherigen Ausführungen haben gezeigt, dass die Frage nach der Effektivität mediengestützten Lernens bereits schwierig zu beantworten ist. Die Effektivität drückt das Ausmaß der Zielerreichung unabhängig vom Einsatz von Ressourcen aus. In der Bildungspraxis steht jedoch die Frage der *Effizienz* von Bildungsmedien im Vordergrund, bei der die Effekte auf den Mitteleinsatz bezogen werden.

Selbst wenn sich z.B. CBT (etwa im Vergleich zu anderen Maßnahmen) als hoch effektiv erweisen sollte, ist keineswegs gesagt, dass sich eine Institution für dessen Einsatz entscheiden wird. Die Entscheidung für ein Bildungsmedium wird vielmehr von der Effizienz abhängen, d.h. mit welchem Gesamtaufwand kann im Vergleich zu anderen Maßnahmen der *relativ größte* Effekt erzielt werden. Bei einer solchen Betrachtung kann sich der Einsatz von z.B. CBT selbst bei geringerem Lernzuwachs als bei konventionellem Unterricht „lohnen": Denn ist der Gesamtaufwand für den CBT-Einsatz deutlich niedriger als bei konventionellem Unterricht, wird man ggfs. auch einen geringeren Lernzuwachs akzeptieren.

Im Verhältnis zu der ausführlichen Beschäftigung mit Effekten des Medieneinsatzes ist die Frage der Effizienz mediengestützten Lernens vergleichsweise wenig untersucht worden. Dies ist insofern überraschend, als es in der Praxis nicht nur interessiert, *ob* Maßnahme A oder B einen bestimmten Effekt mit sich bringt, sondern in welchem Verhältnis der Effekt der Maßnahme mit dem Aufwand zu ihrer

Konzeption, Entwicklung und Durchführung steht. Die Mediendidaktik kann auf das Konstrukt der *Effizienz* nicht auskommen. Bereits FRANK (1975) thematisierte die „Grenzen der Wirtschaftlichkeit von bildungstechnischen Medien und Methoden". SCHOTT (1994) sieht diese Frage im Mittelpunkt der Forschung zum didaktischen Design.

Es sind demnach *Effekte* des Medieneinsatzes mit dem *Aufwand*, der mit der Entwicklung und dem Einsatz des Mediums verbunden ist, in Beziehung zu setzen. Denn es ist abzuwägen und zu begründen, warum ein bestimmter, vielfach nicht unerheblicher Aufwand zur Entwicklung medialer Lernangebote angemessen ist und ggfs. nicht in anderer Form investiert wird. Obwohl die Substituierbarkeit von (scheinbar) teurem personalen Unterricht durch „billige" Medien seit den 60er Jahren diskutiert wird, liegen weiterhin kaum Daten vor, die eine grundsätzliche Erörterung dieser Problematik erlauben würden. Die Argumentation beruht eher auf anekdotischen, wenig systematisierten Hinweisen einzelner Unternehmen.

In verschiedenen, eher populärwissenschaftlichen Publikationen wird über Kosteneffekte der Einführung von CBT und WBT im Vergleich zu konventionellem Unterricht berichtet, mit zum Teil erstaunlichen Erfolgen. Bekannt sind solche Berichte vor allem aus den USA, wo Unternehmen die Möglichkeit erkannt haben, entsprechende Publikationen für ihre Selbstdarstellung zu nutzen.

Fallbeispiele

Die Autovermietung AVIS berichtet, dass sie in den USA durch Einsatz von CBT für einen bisher 30 Tage dauernden Kurs über 1 Mio. USD pro Jahr einsparen konnte. Der Lernerfolg zeigt sich für AVIS in einer deutlich verkürzten Bearbeitungsdauer von Reservierungen, obgleich die Trainingsdauer um die Hälfte gegenüber der konventionellen Maßnahme reduziert werden konnte. Ähnliche Erfolge werden von verschiedenen US-amerikanischen Luftlinien berichtet, die ihre Trainingsdauer bei Einsatz von CBT um mehr als die Hälfte reduzieren konnten – bei gleichzeitig höherem Lernerfolg. Die Paketdienst *Federal Express* hat über 40 Mio. USD in die Produktion interaktiver Medien investiert, die erfolgreich in über 1400 Servicezentralen zu Trainingszwecken eingesetzt werden. Die Unternehmensberatung *Andersen Consulting* berichtet von Kosteneinsparungen von über 4 Mio. USD pro Jahr durch Einsatz von CBT alleine im Bereich der Reisekosten. Die Elektronikfirma ITT spart bei der Schulung von Mitarbeitern und Wartungspersonal von Telefonzentralen 10-30% des Zeitaufwandes durch CBT-Einsatz.

Mit dem Einsatz von CBT bei der Schulung von Vertretern des deutschen Versicherungsunternehmens *Colonia* konnten nach Angaben des Magazins *Management Wissen* (11/1988) deutliche Umsatzsteigerungen erzielt werden. Die Computerfirma DEC soll durch CBT 17-40% der Unterrichtszeit einsparen. Bei der Deutschen Bundespost wurde Ende der 80er Jahre die Frage der Akzeptanz, der Effektivität und der Wirtschaftlichkeit des CBT-Einsatzes von drei Forschergruppen systematisch untersucht. Dabei konnte alleine für den Einsatz des CBT-Programms *Allgemeine Geschäftsbedingungen* ein Einspareffekt von 5,39 Mio. DM nachgewiesen werden (vgl. Fricke, 1989).

Für die Schweiz stellten KELLER & MÜLLER (1992) die Situation dar. Hier liegen durchweg positive Erfahrungsberichte, vor allem bei der Schweizerischen Bahngesellschaft, der Post, der Armee sowie im Bankwesen vor.

In den USA wird nach einer Studie von RALPHS & STEPHAN bereits aus dem Jahr 1986 in 4% der wichtigsten Firmen (Daten von 280 der 500 größten Unternehmen der USA) in der Weiterbildung *hauptsächlich* CBT eingesetzt. In 44% der Firmen finden computergestützte Lehrverfahren Anwendung (bei 36% der Firmen mit interaktivem Video).

In Kontrast dazu steht die Studie des Bundesinstituts für Berufsbildung, nach der CBT in deutschen Betrieben zu Beginn der 90er Jahre in der betrieblichen Bildungsarbeit praktische keine Rolle spielt. Unklar ist, ob dies *nur* nationale Unterschiede widerspiegelt. Zu bedenken ist, dass die dargestellten Erfolgsberichte nicht selten lanciert werden, um die Öffentlichkeit von den Vorzügen von CBT zu überzeugen.

Auch in der Fernstudienliteratur finden sich eine Reihe von „Erfolgsberichten", in denen die erzielbare Kostenreduktion besonders hervorgehoben wird. Das Telekommunikationsunternehmen AT&T berichtet von Einsparungen durch Einführung von Fernunterricht in der Höhe von 1,8 Mio. USD pro Jahr. Auch in den US-amerikanischen Streitkräften ging die Konvertierung von konventionellen Kursen zu Fernlehrmaßnahmen mit massiven Kostensenkungen einher (s. die Fallberichte in Moore & Kearsley, 1996, S. 73/74). Bei diesen und weiteren Projekten gibt es keine Anzeichen, dass der Lernerfolg unter der Modifikation des *delivery systems* leidet.

Ausführlich untersucht sind Determinanten der Effizienz in *Fernhochschulen*. Politisch wichtig ist eine Studie der britischen *Open University* gewesen, nach denen die *unit cost* pro Student ca. 1/3 der Kosten einer Präsenzhochschule ausmachen. Dieser Effizienzvorteil tritt ab einer Größenordnung von über 20 Tausend Studierenden ein. Ähnliche Größenordnungen konnten auch für die *Athabasca University* in Kanada sowie für Fernhochschulen in *Costa Rica* und *Venezuela* aufgezeigt werden. Erst unlängst hat die FernUniversität Hagen eine Studie zu dieser Thematik vorgelegt (Bartz, 1996).

Den dargestellten Erfolgsberichten steht schließlich die Erfahrung gegenüber, wie schwierig es im Einzelfall ist, nicht nur gute Bildungsmedien zu produzieren, sondern diese auch erfolgreich und *dauerhaft* in einem Bildungskontext einzusetzen. So ist der Erfolg des Mediums in einem speziellen Unternehmen möglicherweise von der Unterstützung einzelner Enthusiasten abhängig, deren Begeisterung auf das Umfeld ausstrahlt. Verlieren diese ihr Interesse oder verändert sich das Arbeitsgebiet dieser Personen, kann es bereits zu einem spürbaren Einbruch in der Nutzung kommen. Bereits sporadische Nachfragen bei Unternehmen der Automobilbranche, die vor wenigen Jahren ausgezeichnete Bildplatten für Lehrzwecke entwickelt haben, belegen, dass diese selten über mehrere Jahre hinweg eingesetzt worden sind.

Dies soll verdeutlichen, wie schwierig es ist, von einzelnen Darstellungen über üblicherweise erfolgreiche Medienprojekte, auf die Möglichkeiten des mediengestützten Lernens als solches zu schließen. Der Erfolg der Maßnahmen liegt in den meisten Fällen nicht an einem spezifischen Medium, sondern z.B. an der Neuigkeit des Mediums, an dem besonderen Elan der Befürworter, an dem Gefühl der Lerner, an einer innovativen Maßnahme beteiligt zu sein oder auch an der guten didaktischen Aufbereitung in einem besonders geförderten Pilotprojekt.

Für die Konzeption von Bildungsmedien bleiben diese Aussagen wenig aussagekräftig. Es wird nicht in Zweifel zu ziehen sein, dass mediengestützte Bildungsmaßnahmen die Effizienz der Bildungsarbeit steigern *können*. Doch die Frage, die das didaktische Design interessiert, ist: Wie lässt sich in einem konkreten Projekt eine effiziente Nutzung von Ressourcen sicherstellen?

Aus der Darstellung der Effektivitätsstudien lässt sich ableiten, dass nicht zu erwarten ist, dass verschiedene *Mediensysteme* eine grundlegend unterschiedliche Effektivität aufweisen. Folglich sind auch derartig globale Aussagen zur Effizienz nicht möglich. Vielmehr ist zu bestimmen, wie in einer konkreten Situation die Effizienz einer Problemlösung sichergestellt werden kann.

Aufwand mediengestützten Lernens

Der Aufwand, der mit dem mediengestützten Lernen verbunden ist, erweist sich für die Betroffenen als unterschiedlich. Für Lernende ist der einzusetzende *Lernaufwand* relevant. In erster Linie wäre hierunter die *zeitliche Dauer*, die mit Lernaktivitäten verbracht wird, zu verstehen. Effizientes Lernen würde aus Sicht des Lerners bedeuten, dass die investierte Lernzeit möglichst großen Lernerfolg mit sich bringt. Darüber hinaus könnte man den *mentalen Aufwand*, der mit dem Lernen verbunden ist, dem Lernaufwand zuordnen. Bei gezielter Nutzung der kognitiven Funktion von Medien sollte eine Erleichterung des Lernens und damit Reduktion des mentalen Aufwands stattfinden. Gerade wegen der mangelnden Gewohnheit mediengestützten, selbstgeregelten Lernens erscheint konventioneller Unterricht vielen Lernern subjektiv als weniger aufwändig.

Die Institution, die Bildungsmedien *einsetzt* und ggfs. *entwickelt*, interessiert vor allem die *Lehreffizienz*: Mit welchem Aufwand für die Konzeption, Entwicklung und Durchführung einer Bildungsmaßnahme lässt sich welcher Lernerfolg erzielen? Diese Frage ist gerade bei mediengestütztem Lernen von großem Interesse, da die Entwicklung und der Einsatz von Bildungsmedien mit erheblichen Kosten verbunden ist. Für Aussagen zur Effizienz muss der Gesamtaufwand aller Alternativen in Beziehung zu möglichen Effekten gesetzt werden.

Gehen wir zunächst davon aus, dass das einzusetzende Bildungsmedium bereits existiert, also nicht speziell für ein benanntes Bildungsproblem entwickelt werden muss. Dabei sind die möglichen Kostenarten in Tabelle 8 zu prüfen.

Vielfach ist es attraktiv, auf bereits verfügbare Medien zurückzugreifen. Die Kosten für den Erwerb von *Lizenzen* sind im Vergleich zu einer Eigenproduktion meist vergleichsweise niedrig. Es ist allerdings zu prüfen, ob die verfügbaren Produkte zu der vorgesehenen didaktischen Konzeption inhaltlich und methodisch passen. Auch wenn diese Medien mit der Konzeption nicht volständig übereinstimmen, ist im Einzelfall zu erwägen, ob sich derartige Medien nicht doch sinnvoll in eine Gesamtkonzeption integrieren lassen. In diesem Fall könnten die Medien dann etwa als *add on* zu konventionellen Unterrichtsmaßnahmen in der Vor- oder Nachbereitung eingebaut werden. Mit der zunehmenden Verfügbarkeit von Bildungsmedien, auch durch das Internet, wird man verstärkt prüfen, welche Lösungen bereits vorliegen bzw. übernommen werden können.

Wegen der hohen Produktionskosten von Bildungsmedien lohnt sich deren *Neuentwicklung* erst ab einer bestimmten Anzahl potenzieller Lerner. Aus diesem Grund ist in der Vergangenheit CBT lange Zeit ein Thema für große Unternehmen der Automobil- und Verkehrsindustrie, der Versicherungen und Banken, der ehemaligen Postunternehmen sowie der Bundeswehr geblieben. Gerade bei Unternehmen mit vielen Niederlassungen und damit verbundenen hohen Reise- und Ausfallkosten, wird der Einsatz von Medien interessant. Die Beschaffungskosten für zusätzliche Computer fallen dagegen weit weniger ins Gewicht, zumal die meisten Bildungszentren über entsprechende Einrichtungen verfügen.

Der break even-Punkt

Zu Beginn der 90er Jahre galten 1000 Teilnehmer als „magische Grenze", die zu erreichen war, um den Entwicklungsaufwand für CBT-Anwendungen zu rechtfertigen. Mit sinkenden Produktionskosten hat sich diese Zahl nach unten entwickelt. Allerdings sind in den 90er Jahren auch die Kosten, die für konventionelle Weiterbildungsmaßnahmen durchschnittlich ausgegeben werden, gesunken. STEPPI (1990) nennt als Faustregel, dass CBT ab einer Gesamtzahl von Adressaten bzw. einer verkauften Auflage größer 500 interessant wird. Der Brancheninformationsdienst CBT sprach Mitte 1996 von einem *break even* gegenüber klassischen Schulungen bei 200 Teilnehmern mit weiter sinkender Tendenz.

Tabelle 8: Kosten bei vorhandenen Medien

Beschaffung
• Medien (Software-Lizenzen) • Hilfsmittel: Hardware (Systeme, Multimedia-Erweiterungen, Komponenten für die Netzanbindung)
Einführung • Werbung, Akquisition, Beratung • ggfs. Auswahl und Schulung von Betreuungspersonal
Durchführung • Reisekosten, Arbeitsausfall • Einrichtung und Betreiben von Lernzentrum bzw. Lernstationen, Netzanbindung • personale Betreuung/Tutoren und Moderatoren
Qualitätssicherung • Befragungen, Tests • Auswertung
Projektmanagement

In einem Projekt zum Einsatz von CBT in der betrieblichen Bildungsarbeit untersuchte WALZEL (1995), wann der *break even* im Vergleich zu einer konventionellen Schulungsmaßnahme erreicht ist. Unter Berücksichtigung der relevanten Kostenfaktoren stellte sich dieser in der konkreten Untersuchung bei etwa 170 Teilnehmern ein.

Es wird allerdings deutlich, dass eine solche Gegenüberstellung im Prinzip wenig aussagekräftig ist, da die beiden Varianten *in der Praxis* ohnehin nicht als Alternative betrachtet werden. So wird in der Regel eine Kombination unterschiedlicher methodischer Varianten (mit Einführungsworkshop, Transfergruppe, betreuten Selbstlernphasen, Prüfungs- und Wiederholungsphasen) anzustreben sein. Darüber hinaus sind derartige Gegenüberstellungen der Kosten von konventionellem zu computerunterstütztem Unterricht in aller Regel kritisch zu prüfen, wenn sie als Argument für die Einführung von CBT in den Vordergrund gestellt werden. Denn leicht übersehen wird, dass die Einführung von CBT für den Einzelnen und das Unternehmen üblicherweise eine Reihe notwendiger Veränderungen, etwa der Ablauf- und Aufbauorganisation der Bildungsarbeit, mit sich bringt, die ebenfalls mit Aufwändungen verbunden sind.

Nicht publiziert sind allerdings verläßliche Zahlen, die entsprechende Aussagen zu Aufwändungen systematisch belegen könnten. Aus den 70er Jahren liegen Berichte zum Entwicklungsaufwand von CBT-Anwendungen vor. O'NEIL et al. (1986) stellten eine Übersicht von CBT-Anwendungen vor, die mit den beiden Autorensysteme PLATO und TICCIT entwickelt wurden. Es zeigte sich, dass die Projekte kaum vergleichbar sind, obwohl die Anwendungen, die mit PLATO oder TICCIT entwickelt wurden, aus heutiger Sicht relativ ähnlich aussehen. Der Aufwand zur Programmentwicklung einer Unterrichtsstunde dauerte zwischen 27 und 248 Stunden, eine ähnliche Spannweite liegt bei der Umsetzung in ein Programm (Codierung) vor. Keine systematischen Unterschiede konnten zwischen den Autorensystemen festgestellt werden, obwohl beide grundlegend unterschiedliche Ansätze zur Entwicklung von CBTs verfolgen.

Grobkalkulation per Lernerstunde/per Bildschirmseite

Verbreitet ist die Grobkalkulation von computergestützten Lehr-Lernmedien anhand der geschätzten Lernzeit: Pro „Unterrichtsstunde" mit CBT oder WBT wird dann z.B. zwischen 20 und 60 TDM gerechnet. Solche Schätzwerte beinhalten dabei nicht die Produktion von Video oder Computeranimationen, da deren Produktionskosten sehr unterschiedlich ausfallen können. Für didaktische Medien geht man bei Video oder Computeranimationen üblicherweise von einem (zum Beispiel im Vergleich zu Werbemedien) niedrigen Produktionsniveau aus, d.h. es werden vergleichsweise einfache Technik (oft unter dem sogenannten *broadcast level* von TV–Produktionen) sowie wenig Außenaufnahmen, wenig zusätzliches Licht, wenige Darsteller etc. eingesetzt. Bei der Grobkalkulation von Videoproduktionen kann damit als Richtwert von etwa 2-4 TDM pro Minute ausgegangen werden.

Hochwertige 3D-Computeranimationen erreichen Preise von 1 TDM *pro Sekunde*. Die Anfertigung derartig aufwändigen Materials kommt für didaktische Zwecke i.a.

kaum in Frage. Gerade in didaktischen Anwendungen wird man eine deutliche Reduktion des grafischen Anspruchs akzeptieren können. Der Aufwand richtet sich vor allem nach der Komplexität des abzubildenden Modells in der Computeranimation. Anwender von CBTs sind aus Film und Fernsehen aufwändige Animationen gewöhnt, ohne dass ihnen bewusst ist, welche z.T. immensen Kosten mit deren Produktion verbunden sind. Der Versuch, an diese Produktionen anknüpfen zu wollen, muss scheitern. Realistisch sind deswegen vor allem 2D-Animationen, die z.B. Abläufe demonstrieren und dabei auf schematisierte Darstellungen der Komponenten zurückgreifen. Eine photorealistische Darstellung ist aus didaktischen Gründen keineswegs zwingend; eine *Reduktion* auf strukturelle Merkmale der Objekte wird die kognitive Organisation und Elaboration sogar eher begünstigen.

STEPPI (1990) rechnet (ohne Produktion von AV-Material) pro „Unterrichtsstunde" CBT zwischen 200 und 400 Entwicklerstunden. Als Planungswert wird ein Zeitaufwand von 240 Entwicklerstunden pro Unterrichtsstunde CBT vorgeschlagen. Bei einem Stundenansatz von 125,00 DM, der Gemeinkosten berücksichtigt, wären dies etwa 10 TDM pro Unterrichtsstunde CBT. Dabei schlägt die Konzeption (einschließlich interaktivem Drehbuch) mit 33% zu Buche, für die Realisierung (d.h. technische Implementation) werden 55% veranschlagt, und Tests beanspruchen 12% des Budgets.

Zur Feststellung des Umfangs des *Endproduktes* wird dann üblicherweise sowohl beim Kunden als auch beim Produzenten mit „echten" Lernern die durchschnittliche Bearbeitungszeit erhoben. Die Endabrechnung kann damit erst mit dem Endprodukt erfolgen. Wenngleich dieser Modus scheinbar vor allem den Kunden schützt, ist zu bedenken, dass für den Produzenten kein Anreiz besteht, einen besonders gelungenen didaktischen Ansatz zu wählen, der die Lerndauer bei gleichem Lernerfolg reduziert.

Eine andere Vorgehensweise besteht darin, die Anzahl der Bildschirmseiten als Basis zu nehmen und die Kosten der AV-Medien hinzuzurechnen. Dies kommt jedoch nur dann in Frage, wenn ein Entwicklungswerkzeug verwendet wird, das auf einer Seitenmetapher operiert. Kommt in der Entwicklung ein anderes Werkzeug zum Einsatz, ist diese Basis dann kaum mehr realistisch. Folglich ist auch die Vereinbarung, die Leistung des CBT-Entwicklers anhand der produzierten Bildschirmseiten zu honorieren, abzulehnen.

Besondere Kostenfaktoren

Bei einer Untersuchung von Multimedia-Projekten im Kontext der Medienlabore der FH Furtwangen zwischen 1993 und 1997 zeigte sich, dass die Kosten zur Produktion multimedialer Anwendungen von der Art der mediendidaktischen *Konzeption* in einer Spannbreite von etwa 1 : 4 beeinflusst werden. Lässt sich eine Anwendung mit einer einfachen Konzeption für z.B. 50 TDM entwickeln, so können die Kosten bei einer nur geringfügig aufwändigeren Konzeption ohne weiteres auf 200 TDM steigen.

Untersucht wurde darüber hinaus, *welche* Merkmale einer Konzeption die Produktionskosten von Multimedien besonders beeinflussen. Es zeigte sich, dass dies in erster Linie der Aufwand zur *Erstellung* von audiovisuellen Quellen für die Multimedia-Anwendung ist, d.h. wieviel muss selbst produziert werden und mit welchem graphischen Anspruch. Als weiterer Aspekt der Konzeption wirkt sich die didaktisch-methodische Anlage des Mediums aus.

So ist z.B. eine hypertextartige Struktur des Lernangebotes aufwändiger zu entwickeln als eine linear verlaufende Anwendung. Der Aufwand der didaktischen Aufbereitung meint das Ausmaß der Umsetzung von Sachinhalten in Lernangebote, z.B. mit Übungsaufgaben, Tests und Rückmeldungen etc. Eine rein *enzyklopädische* Präsentation eines Wissensgebietes ist mit deutlich geringerem Aufwand zu entwickeln. Ebenso aufwändig sind handlungsaktivierende Elemente, Maßnahmen, die sicherstellen, dass das Gelernte auch in der Praxis anwendbar wird, sowie alle Maßnahmen einer Betreuung (sei es vor Ort oder telemedial) – also gerade die Elemente, die in vielen Fällen didaktisch als besonders wertvoll erachtet werden. Dieser Zusammenhang zwischen mediendidaktischer Konzeption und Aufwand muss bei der Entscheidungsfindung beachtet werden, denn bei endlich definierten Ressourcen wird man sich bei den konzeptuellen Überlegungen sehr wohl beschränken müssen.

Konzeptionsbedingte Kostenfaktoren der CBT-Produktion

(1) AV-Medien
- Eigenproduktion von Bewegtbild (Video/Computeranimation)
- hoher Anspruch an graphisches Design

(2) didaktisch-methodische Anlage
- handlungsaktivierende Elemente (Interaktivität, Steigerung der Aufmerksamkeit und des Explorationsverhaltens)
- hypertextuelle Struktur des Lernangebots
- Aufwand für didaktische Aufbereitung (Übungsaufgaben, Tests)
- Maßnahmen zur Förderung des Wissenstransfers (Darstellung von Fällen und der Anwendungssituation, Einbinden authentischer Kontextinformation)
- Varianten der persönlichen/telekommunikativen Betreuung (Lernzentrum, Hotline, Tele-Tutoren)

Computergestützte Aufwandsschätzung

Um den Aufwand unterschiedlicher Varianten von Medienkonzeptionen besser abschätzen zu können, lassen sich computergestützte Werkzeuge im Sinne eines *electronic performance support system* einsetzen, die eine schnelle Orientierung über den zu erwartenden Kostenrahmen ermöglichen. Bei einem solchen Unterstützungswerkzeug sind eine Reihe von Daten über das geplante Projekt einzugeben, anhand derer der Kostenrahmen abgeschätzt wird. Der didaktische Designer erhält Hinweise zu dem wahrscheinlichen Entwicklungsaufwand oder ggfs. zur Effizienz

Tabelle 9: Beispielkakulation

Position		DM	Anteil
Vorkosten		8.000,00	5%
Konzeption		25.428,00	16%
Rechte		16.000,00	10%
Demo/Prototyp		2.768,00	2%
Video		8.760,00	5%
Audio		9.307,50	6%
Animation		7.002,00	4%
Grafik/Bild		11.000,00	7%
Text		-	0%
Programmierung		44.280,00	27%
Dokumentation		6.720,00	4%
Mastering		13.640,00	8%
Allg. Projektkosten		8.550,00	5%
A	Netto-Fertigungskosten	161.455,50	100%
B	Handlungskosten (5% von A)	8.072,78	
C	Überschreitungs- reserve (10% von A)	16.145,55	
D	Zw.summe 1 (A+B+C)	185.673,83	
E	Gewinn (10% von D)	18.567,38	
F	Zw.smme 2 (D+E)	204.241,21	
G	MwSt. (15% von F)	30.636,18	
Produktionskosten		**234.877,39**	

der geplanten Maßnahme. Dabei sind zwei Wege zu unterscheiden: Einerseits relativ nackte Kalkulationswerkzeuge und Werkzeuge mit *unterstützendem* Charakter für die Konzeptionsentwicklung.

Multimedia-Produktionen. Das Kalkulationsschema von HOLCH (1996) orientiert sich an den Anforderungen und Abläufen einer Multimedia-Agentur. Das Schema fordert vom Benutzer die Eingabe eine Reihe von projektbezogenen Informationen, die mit den Sachkosten und Honorarsätzen des Unternehmens verrechnet werden. Es verzweigt in verschiedene Untermenüs, in denen die projektbezogenen Werte einzutragen sind. Für die Berechnungen werden ca. 250 Variablen berücksichtigt. Zusätzlich hinterlegt sind aktuelle Marktpreise für Produkte und Dienstleistungen, die bei der Kalkulation eines Projektes zugrunde gelegt werden.

Die Beispielkalkulation von HOLCH (1996) in Tabelle 9 verdeutlicht den Aufwand, der z.B. bei der Produktion einer CBT-Anwendung im Umfang eines zweistündigen Tutorials entstehen kann. Trotz des nicht unerheblichen Produktionsvolumens beinhaltet die Anwendung nur begrenzt multimediale Elemente. Die Eigenproduktion von Video entfällt, es sind 40 Grafiken und Photos zu Bildfolgen zu montieren, die mit Sprechertext (12 Seiten Text) und Musik (ca. 10 Min.) unterlegt werden. Hinzu kommen ca. 15 Sekunden Computeranimation, die komplett zu modellieren sind. Ein nicht unerheblicher Anteil ist für das *screen design* anzusetzen.

In dem Beispiel ist nur ein Viertel des Aufwands mit Programmieraktivitäten verbunden. Ein weiteres Viertel wird für die Entwicklung und Bearbeitung der multimedialen Quellen benötigt und ein Drittel entfällt auf Vorkosten, Konzeption, Recherchen und die Entwicklung des Prototypen. Neben den Netto-Fertigungskosten ist ein Overhead für Verwaltung und sonstige Aufwändungen von mindestens 5% anzusetzen; eine Überschreitungsreserve sollte darüber hinaus ebenfalls eingeplant werden.

Es wird deutlich, dass das didaktische Design zu entscheiden hat, *welche* Bestandteile einer multimedialen Lernumgebung mit welchem Aufwand zu produzieren sind, um eine didaktisch hochwertige Anwendung zu erstellen: Ist die Produktion von Video sinnvoll? Ist der Aufwand für die Einbindung vorhandenen Videos angemessen? Sollen Rechte an Bildern gekauft werden oder Bilder neu erstellt werden? Wie hochwertig sollen Grafiken und die Benutzeroberfläche sein? Ist es sinnvoller, mehr Aufwand für die didaktische Aufbereitung und Konzeption vorzusehen?

Es ist zu bedenken, dass die Produktionskosten gerade multimedialer Anwendungen in einer enormen Spannweite liegen. Mögliche Fehlentscheidungen können enorme Rückwirkungen auf die didaktische Qualität und damit die Erreichbarkeit des eigentlichen Projektziels haben.

Internet-Kurse. Bei der Berechnung von internetbasierten Lernangeboten ist ein etwas anderes Berechnungsmodell vorzusehen. Die Kosten hängen wesentlich von der Kommunikationsstruktur und der personalen Betreuung ab.

Bei einer Distribution per Massenmedien (im Sinne einer Ausstrahlung an ein disperses Publikum) fällt die Anzahl der Teilnehmenden bei der Berechnung der Kosten nicht ins Gewicht. Je intensiver die persönliche Betreuung in dem gewählten Lernszenario ist, um so direkter sind die Kosten an die Anzahl der Teilnehmer gekoppelt.

Als Beispiel kann eine Kalkulationsbasis für Weiterbildungskurse dienen, die die tele-akademie der FH Furtwangen ab 1995 im Internet anbietet. Zur Berechnung der Teilnehmerentgelte bestimmter Kurse wurde ein Modell aufgestellt, in das die durch die Veranstaltungen zusätzlich verursachten Aufwändungen eingehen. Die Schätzung zeigt Abbildung 8 (aus Kerres, 1996b) in Abhängigkeit von der Anzahl der Kurse und der Teilnehmenden (= Tn) bei sechsfacher Durchführung. Dabei wurden Gebühren jeweils mit bzw. ohne tutorielle Betreuung berechnet. Als ein kostenverursachender Faktor macht sich die tutorielle Betreuung bemerkbar. Wenn man auf die Betreuung verzichtet, können die Gebühren bei größeren Teilnehmerzahlen niedriger ausfallen.

Bei einem Fernlehrangebot, das die spezifischen Vorteile des Internet durch die tutorielle Betreuung nutzt, lassen sich demnach gewisse, jedoch begrenzte Kostenvorteile gegenüber konventionellen Präsenzmaßnahmen erzielen. Eine weiterreichende Reduktion würde nur bei einem Verzicht von Betreuungselementen eintreten.

Eine Gesamtbetrachtung der Effizienz des Tele-Lernens müsste neben den Durchführungskosten auch die geringeren Reisekosten und ggfs. Kosten für den Arbeitsausfall berücksichtigen. Vor allem der Ansatz der Abwesenheitskosten in der Berechnung der Kosten-/Nutzeneffekte betrieblicher Weiterbildung ist jedoch aus betriebswirtschaftlicher Sicht umstritten. Witte (1995) stellt verschiedene Modelle der Vollkosten- und Teilkostenrechnung für CBT vor.

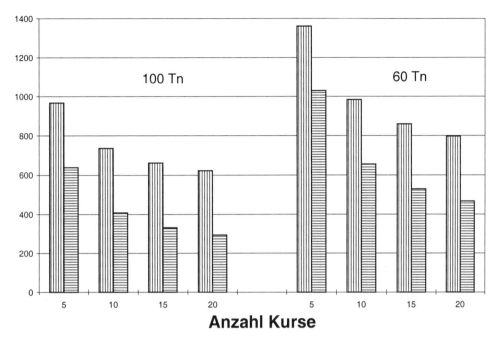

Abbildung 8: Veranschlagte Gebühren pro Teilnehmer (= Tn) bei Tele-Seminaren
(linke Säule: mit Tutoren, rechte Säule: ohne Tutoren)

Für die FernUniversität Hagen hat BARTZ (1996) eine Studie zu den Kosten der Medienproduktion an der FernUniversität Hagen vorgelegt. In dieser Studie zeigen sich sehr deutliche Unterschiede zwischen verschiedenen Fachbereichen und Lehrinhalten, so dass die oben vorgenommene Nivellierung möglicherweise ungerechtfertigt ist.

BATES (1995) nennt einen Bereich von 1,68 bis 322,50 USD pro Teilnehmer pro Unterrichtsstunde bei verschiedenen Varianten des Tele-Lernens. Bei MOONEN (1997) finden sich Werte zwischen 4,32 und 84 USD. Allerdings gehen die Berechnungsmodelle von teilweise sehr unterschiedlichen Bedingungen aus; grundsätzlich zeigt sich jedoch, dass die Kosten insgesamt von der Intensität der personalen Betreuung abhängen. Die Kosten für die Betreuung machen nach BATES (1995) bis zu 60% der Gesamtkosten aus. Es bleibt damit festzuhalten, dass konventionelle Fernlehre genauso wie Tele-Lernen keineswegs automatisch zu Kosteneinsparungen oder Effizienzsteigerungen führen (Fandel, Bartz, & Nickolmann, 1996; Moore & Kearsley, 1996).

Fazit. Der Aufwand eines Projekts sollte bereits in einer frühen Phase geschätzt werden, um einen realistischen Kostenrahmen beizubehalten. Denn die Konzeption einer Anwendung hat wesentlich Einfluss auf den Aufwand der Produktion. So bleibt im didaktischen Design vielfach unberücksichtigt, wie sich bestimmte konzeptuelle Entscheidungen auf den Produktionsaufwand auswirken. Hierfür kann ein Werkzeug genutzt werden, das im Rahmen der konzeptionellen Überlegungen Aufwandsschätzungen vornimmt.

Kalkulationsschemata erfassen dabei die Kosten medialer Lernangebote, die diesen Kosten zugrundeliegenden konzeptuellen *Entscheidungen* bleiben dem didaktischen Design vorbehalten. Die Anwendung von BAUMEISTER (1996) geht einen Schritt weiter und versucht, den didaktischen Designer (bzw. einen potenziellen Kunden) bereits bei der Planung einer Anwendung im Hinblick auf die zu erwartenden Kosten zu unterstützen, indem der Kostenrahmen für ein zu konzipierendes Projekt abgesteckt wird.

Die vorliegenden Computerwerkzeuge wurden vor allem dazu entwickelt, um den Nachweis zu erbringen, dass CBT oder WBT traditionellen Formen kostenmäßig überlegen sind. Der Anspruch einer Entscheidungsfindung per Computer scheint wenig realistisch; wünschenswert ist dagegen eine Entscheidungsunterstützung durch den Computereinsatz. Dies sollte in dem Werkzeugcharakter der Anwendung deutlich werden. Ein einfaches Kalkulationsschema schafft hierzu mehr Transparenz für die Entscheidung als ein computergestütztes *Expertensystem*, das auf der Basis einer in den meisten Fällen eher spekulativen Wissensbasis operiert.

Methoden zur Bestimmung von Effizienz

Es gibt eine Reihe von Ansätzen, die Effizienz von Bildungsmaßnahmen festzustellen. Entscheidend ist, wie das Konstrukt „Ergebnis einer Bildungsmaßnahme" konzipiert wird.

WINDHAM & CHAPMAN (1990) unterscheiden zwischen monetären, quantitativen und qualitativen Maßen zur Bestimmung des Ertrags von Bildungsmaßnahmen. Darüber hinaus differenzieren sie unmittelbare Ergebnisse sowie längerfristige Folgen dieser Maßnahmen (s. Tabelle 10).

Tabelle 10: Effekte von Bildungsmaßnahmen

	Ergebnis	Folgen
monetär	Trainingsbezogene Kosten und Einsparungen	Abteilungs-/Unternehmensergebnis
quantitativ	Testergebnisse, Erfolgsquote, Zeitersparnisse	Abschlussnoten, Erfolg auf dem Arbeitsmarkt
qualitativ	Inhaltliche Qualität der Bildungsmaßnahme und der Lernergebnisse	Arbeitszufriedenheit, Image des Unternehmens bzw. der Bildungsabteilung, Lebensqualität

Aufwands-Ertrags-Relation

Rechnerisch am einfachsten ist es, monetären Aufwand mit monetären Maßen des Ertrags in Beziehung zu setzen. Für eine Bildungsabteilung, die als innerbetriebliches *profit-center* arbeitet, stehen drei verschiedene Varianten für die Schulung von ca. 1000 Personen zur Diskussion, die voraussichtlich über drei Jahre durchzufüh-

	Aufwand/Jahr	Ertrag/Jahr	Relation
A: Seminar	450.000 DM	500.000 DM	1,11
B: CBT	500.000 DM	450.000 DM	0,9
C: Kombination	400.000 DM	430.000 DM	1,08

ren sein wird. Maßnahme A ist ein konventionelles Seminar. Der Ertrag rechnet sich aus den erwarteten Teilnehmerentgelten.

Maßnahme B basiert auf einem speziell für das Unternehmen zu entwickelnden CBT. Die geringeren Teilnehmergebühren decken in dem Musterbeispiel nicht die auf die Laufzeit umgelegten Entwicklungs- und Durchführungskosten, bei denen auch das Betreiben von CBT-Schulungsräumen einzurechnen sind. Maßnahme C beinhaltet eine Variante, die Selbstlernmaterialien für die Vor- und Nachbereitung (Buch) mit einem Kurzseminar kombiniert. Hier liegt die Relation von Aufwand zu erwartetem Ertrag niedriger als bei Maßnahme A. Dass man dennoch ggfs. Maßnahme C erwägen wird, zeigt, dass die Entscheidungsfindung nicht nur diese monetären Größen berücksichtigen kann. Es ist vielmehr notwendig, auch andere, quantitative und qualitative Maße, die in diese Rechnung nicht eingehen, zu berücksichtigen.

Das Kostendenken hat gerade in der betrieblichen Bildungsarbeit in den letzten Jahren deutlich zugenommen. Sie zwingt unternehmensexterne wie -interne Bildungsanbieter dazu, die Effektivität und Effizienz ihrer Maßnahmen deutlicher zu machen als zuvor. Dennoch bleibt offensichtlich, dass sich der Nutzen von Bildungsmaßnahmen für den Abnehmer eben nicht über monetäre Maße einfach abbilden lässt. Denn überträgt man diese Sicht auf Abnehmer von Bildungsmaßnahmen, zeigen sich die Grenzen einer Messung des Nutzens in monetären Maßen. Der Nutzen der Teilnahme an einem Kurs für einen Arbeitnehmer ebenso wie für einen Arbeitgeber lässt sich in den seltensten Fällen angemessen auf der Basis monetärer Maße bestimmen. Zumindest sind bei der Entscheidung für die Durchführung eines bzw. Teilnahme an einem Kurs in der Regel eine Reihe weiterer Gründe ausschlaggebend, die über solche Maße hinausgehen.

Optimierung der Effektivität

In der Bildungsarbeit ist die konventionelle Kosten-Nutzen-Analyse, bei der auf beiden Seiten monetäre Maße eingehen, für eine Entscheidungsfindung wenig angemessen, da sich die ausschlaggebenden Ergebnisse und Folgen der Bildungsarbeit für die Bildungsabnehmer auf diese Weise kaum abbilden lassen. Eine andere Betrachtung ergibt sich, wenn der Frage nachgegangen wird, mit welcher Maßnahme die größte Effektivität verbunden ist.

Nehmen wir an, eine Bildungseinrichtung erwägt den zusätzlichen Einsatz von Medienpaketen als Teil ihrer Sprachausbildung, um die bislang geringen Lernergebnisse ihrer Kursabsolvent/innen zu verbessern. Dabei stehen drei Varianten zur Diskussion.

In dem dargestellten Fall wird man sich für Maßnahme C entscheiden, da hier mit dem geringsten Aufwand der höchste Lernzuwachs erzielt werden sollte. Doch es bleiben Fragen: Wie würde die Entscheidung ausfallen, wenn Maßnahme C teurer wäre als Maßnahme B? Wäre der zusätzliche Aufwand gerechtfertigt, um den Unterschied von 5% erwartetem Lernzuwachs zu begründen?

	Aufwand	Lernzuwachs
Medienpaket A	400 DM/Tn	25%
Medienpaket B	300 DM/Tn	25%
Medienpaket C	200 DM/Tn	30%

Noch grundsätzlicher stellt sich das Problem, das der erwartete Lernzuwachs oder ähnliche Effektivitätsmaße einer Variante in wohl kaum einem Fall auch nur annähernd begründet abgeschätzt werden können. Es liegen keine Daten über z.B. den durchschnittlichen Effekt einer CBT-Anwendung in der Vor- oder Nachbereitung von Sprachkursen vor. Die Varianz möglicher Anwendungen ist darüber hinaus so groß, dass ein entsprechender Mittelwert für eine Entscheidung wenig aussagekräftig ist. Hinzu kommt, dass *ein* Medium in *einer* Konstellation ausgesprochen erfolgreich und effizient sein kann, im Rahmen einer anderen Maßnahme dagegen möglicherweise versagt.

Ein weiteres, zentrales Hindernis der dargestellten Analysen besteht darin, dass sie nicht den *Zuwachs* durch CBT oder WBT im Rahmen von Bildungsmaßnahmen thematisieren, sondern nur vom *stand alone*-Einsatz ausgehen, der in der schulischen bzw. betrieblichen Anwendung eher selten ist. So bleibt die Frage offen, ob es sich z.B. lohnt, eine WBT-Anwendung in einer Schulungsmaßnahme *zusätzlich* einzusetzen, damit statt bislang 75% nunmehr 90% der Teilnehmer/innen einen Kurs erfolgreich abschließen.

Optimierung des Aufwands

Eine andere Entscheidungssituation ergibt sich, wenn ein bestimmtes Effektivitätskriterium gesetzt wird und nach der kostengünstigsten Variante zur Erreichung dieser Kriterien gefragt wird. Es wird also ein *cut off*-Wert festgelegt, den eine Maßnahme erreichen muss, um Berücksichtigung zu finden. Unterschiede in der Effektivität von Maßnahmen werden dabei vernachlässigt.

Nehmen wir an, es liegen drei Multimedia-Anwendungen vor, von denen aus verschiedenen Unternehmen bekannt ist, dass sie die selbständige Erarbeitung eines Lehrinhaltes ermöglichen. Auch wenn die drei Anwendungen unterschiedliche Lernansätze verfolgen, erscheint eine weitergehende Differenzierung im Hinblick auf den Lernerfolg nicht begründet. In diesem Falle würde die Aufwandsoptimierung fordern, die Kosten für Erwerb und Einsatz der drei Anwendungen gegenüberzustellen und sich für die günstigste Variante zu entscheiden.

Das Vorgehen kommt insofern der dargestellten Ausgangsproblematik im pädagogischen Kontext entgegen, da mögliche Unterschiede in der Effektivität in vielen Fällen nicht so gewichtet werden können, dass sie Unterschiede im Aufwand zu relativieren erlauben. Insofern erscheint es für die Entscheidungsfindung in der Praxis angemessener, sich über ein Kriterium zu einigen, das eine Maßnahme erreichen soll und anschließend den Aufwand verschiedener Maßnahmen gegenüberzustellen. Allerdings verführt gerade dies in der Praxis dazu, das ganze Augenmerk auf vordergründige Kostensenkungen zu lenken, etwa auf die Reduzierung der Länge von Lehrgängen oder der konzeptionellen Arbeit bei Multimedia-Anwendungen. Ob derart beschnittene Maßnahmen dann überhaupt noch in der Lage sind, die gesetzten Kriterien zu erreichen, bleibt oft ungeprüft.

Kosten-Nutzen-Analyse

Bei einer Kosten-Nutzen-Analyse wird versucht, die *relative* Bedeutung von Alternativen in Bezug zu dem zu tätigenden Aufwand in Beziehung zu setzen. Bei der Quantifizierung der Effekte ist üblicherweise auf Schätzungen zurückzugreifen, da andere Daten nicht verfügbar sind bzw. im konkreten Fall zu gewichten sind. Ebenso muss der relative Vorteil einer Maßnahme gegenüber einer anderen *subjektiv* gewertet werden.

Stehen erneut drei Varianten zur Auswahl, ist der relative Vorteil einer Maßnahme gegenüber der anderen zu gewichten. Demnach wäre in folgendem Beispiel etwa in Erwägung zu ziehen, ob der zusätzliche Nutzen von Medienpaket B gegenüber C bzw. A gegenüber B den zusätzlichen Aufwand rechtfertigt.

	Aufwand	Lernzuwachs
Medienpaket A	400 DM/Tn	30%
Medienpaket B	300 DM/Tn	25%
Medienpaket C	200 DM/Tn	20%

In diesem Fall ist zu entscheiden, wie wichtig der Organisation der erreichbare zusätzliche Nutzen ist. Dies hängt z.B. davon ab, welchen Stellenwert die angestrebten Kompetenzen in der Wertschöpfungskette des Unternehmens haben oder welche Nebeneffekte die Maßnahme haben könnte, z.B. Motivations- oder Imageeffekte. Schwieriger wird es bei Effekten, die sich einer Quantifizierung entziehen. Bedingung einer Kosten-Nutzen-Analyse ist, dass beide Variablensätze zumindest nominal oder ordinal skalierbar sind, d.h. die verschiedenen Kosten und Effekte in eine Rangreihe gebracht werden können. Eine weitere Voraussetzung ist, dass für jede Variable *Kriterien* angegeben werden können, die als Minimum erreicht werden sollen. In der Darstellung wählen wir (–) für Werte, die unterhalb des Kriteriums liegen. Dagegen zeigt (o) an, dass das Kriterium erfüllt ist. Lassen sich die Effekte in eine Rangreihe bringen, wird dies durch mehrere (++) bzw. (– –) angezeigt. Die Gegenüberstellung dreier Varianten könnte wie in der folgenden Übersicht aussehen:

Alle Lösungen erweisen sich im Hinblick auf die *Entwicklungskosten* innerhalb des gesteckten Rahmens. Die *Gesamtkosten* bei Lösung C übersteigen diesen jedoch. Zu prüfen wäre für C, ob die Effekte der Maßnahme das Überschreiten grundsätzlich begründen würde, andernfalls entfällt Lösung C aus der Diskussion. Das Medium B ist die im Gesamtaufwand günstigste Lösung.

Bei den Effekten zeigt sich ein differenziertes Bild. Die Analyse der Konzeption von A und C legt nahe, dass sie auf die Wissensvermittlung ausgerichtet sind. Kognitive Fertigkeiten werden von keiner der Anwendungen besonders gut vermittelt. Die Lernmotivation wird allerdings vor allem von den Anwendungen B und C gefördert.

	Entwicklungs-aufwand	Gesamt-aufwand	Wissens-vermittlung	Kognitive Fertigkeiten	soziale Kom-munikation	Lern-motivation
A	O	O	+	O	–	O
B	+	+	O	O	–	+
C	O	–	O	O	+	++

Für welche Anwendung wird man sich entscheiden? Zunächst kommt es auf die Gewichtung der Effekte an: Wenn auf die soziale Kommunikation nicht verzichtet werden soll, wird man trotz Überschreiten des vorgesehenen Gesamtaufwands für diese Variante plädieren. Da der Gesamtaufwand bei Variante B am niedrigsten ist und die anderen Kriterien zumindest erreicht, wird man dieser Variante vermutlich die höchste Effizienz zuschreiben.

Es zeigt sich also, dass der Vergleich der Effizienz medialer Lernangebote unter reduziertem Anspruch möglich ist: Es lässt sich nicht die Effizienz *einer* bestimmten Lösung bestimmen, es lässt sich jedoch die Effizienz verschiedener Varianten gegeneinander abwägen.

Maßnahmen zur Steigerung der Effizienz

Bisher haben wir diskutiert, wie sich die Effizienz verschiedener Lernangebote bestimmen bzw. vergleichen lässt. Es bleibt die Frage, welche Maßnahmen aufgrund bisheriger Erfahrungen grundsätzlich geeignet erscheinen, um die Effizienz der Bildungsarbeit durch Einsatz medialer Lernangebote steigern zu können?

Ganz allgemein nennt DECKER (1995, S. 162f.) folgende Möglichkeiten zur Steigerung der Effizienz von Bildungsmaßnahmen in der betrieblichen Bildungsarbeit:

* Optimierung von Zeit- und Kostenaufwand,
* Optimaler Einsatz von Referenten, Betriebsmitteln etc.,
* Steigerung der Qualität und der Effektivität der durchgeführten Bildungsmaßnahmen (z.B. Fertigkeiten und nicht nur Wissen),
* Verbesserung des Verhältnisses von Kosten und Nutzen,
* Senkung der Abwesenheitszeiten von Mitarbeitern,
* Steigerung der Problemlösefähigkeiten der Mitarbeiter und der Organisation,
* Qualifizierung der Führungskräfte,
* Bildungscontrolling und Maßnahmen zur Erfolgssicherung.

DECKER führt dabei das Fernstudium explizit als eine wesentliche Möglichkeit zur Optimierung von Zeit- und Kostenaufwand an. Die Effizienzsteigerung könnte sich in der Steigerung der Qualität und Effektivität von Bildungsmaßnahmen oder in der Senkung von Kosten (auch durch geringere Abwesenheitszeiten, geringere Lerndauer, geringere Raum- und Personalkosten, bessere Disposition von Betriebsmitteln) bemerkbar machen.

Strategien der Effizienzsteigerung

Grundsätzlich kommen zwei Strategien in Frage, um die Effizienz der Bildungsarbeit durch multi- oder telemediale Lernangebote zu steigern (s. a. Abbildung 9).

1. Steigerung des Lernerfolges: Wie lässt sich bei gleichem Aufwand das Ergebnis verbessern?

Eine Steigerung des Lernerfolges bei gleichbleibendem Aufwand lässt sich prinzipiell vor allem mit einem didaktisch besseren Lernangebot erreichen. Diese Strategie verweist auf die Qualität der didaktischen Medienkonzeption. Denn diese beeinflusst, wie mit gegebenen Ressourcen möglichst hochwertige Lehrziele und Lernerfolge erreicht werden. Eine besser auf das didaktische Feld zugeschnittene mediendidaktische Konzeption sollte – bei gleichem Aufwand – zur Steigerung von Effizienz beitragen.

2. Reduktion des Lehr-/Lernaufwands bei (zumindest) gleichbleibendem Lernerfolg: Wie lässt sich bei gleichem Ergebnis der Aufwand reduzieren?

Eine andere Strategie zur Effizienzsteigerung zielt auf eine Reduktion des Lehr- und/oder des Lernaufwands durch den Medieneinsatz. Mit dem Schlagwort Effizienzsteigerung wird in der Praxis vor allem diese kostensenkende Strategie verbunden. Eine Kostensenkung ist jedoch nur dann effizienzsteigernd, wenn das Ergebnis (der Lernerfolg) gleichbleibt!

Im Folgenden soll genauer untersucht werden, unter welchen Bedingungen diese zweite Strategie erfolgreich sein kann. Bei gesetztem Kriterium für einen zu erzielenden Lernerfolg ist zu untersuchen, wie sich der Aufwand für die Seite der Lerenden und/oder Lehrenden durch den Medieneinsatz reduzieren lässt.

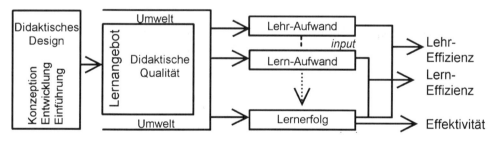

Abbildung 9: Determinanten von Lerneffektivität und -effizienz

Wie dargestellt, lässt sich der *Lernaufwand* mihilfe von Medien tatsächlich im Durchschnitt reduzieren, d.h. das gleiche Lernergebnis kann in kürzerer Zeit erreicht werden. Gleichzeitig ist die Abbruchquote zu berücksichtigen, die beim mediengestützten Lernen typischerweise höher ist als bei konventionellen Lehrveranstaltungen, und zwar insbesondere wenn die Personen der Lerngruppe nicht über

genügend Lernerfahrungen mit selbstgeregeltem Lernen verfügen oder andere ungünstige Lernvoraussetzungen bei der Zielgruppe vorliegen. Durch die Abbrecher
reduziert sich die „Netto-Lernerfolgsquote", der über die gesamte Gruppe der Teilnehmenden erzielte Lernerfolg einer Bildugnsmaßnahme.

Der *Lehraufwand* lässt sich vor allem systematisch verringern, wenn eine Kommu-
nikationsvariante gewählt wird, bei der die Gesamtkosten nicht mehr mit der Anzahl der Teilnehmer zusammenhängen. Dies wird inbesondere erreicht bei ...

- einem Vertrieb des Mediums über den stationären Buch-/Software-Handel oder
  den Versandhandel,
- einer Ausstrahlung über Massenmedien (Rundfunk, Fernsehen, Satellit) oder
- der Publikation in Datennetzen (Internet).

Im Einzelnen zu prüfen ist jeweils, ob die Zugangsvoraussetzungen und -erfahrun-
gen mit dem Mediensystem bei der Zielgruppe gegeben sind.

Distribution über Massenmedien und Medienverbund

Die größte Reichweite wird weiterhin mit den klassischen Mediensystemen der
Massenkommunikation, also insbesondere bei Ausstrahlung von Radio- oder Fernsehsendungen oder mit der Distribution über Verlage und Softwarehändler erreicht.
Über Massenmedien lassen sich im Prinzip viele Personen erreichen; unsicher ist
die Intensität der individuellen Auseinandersetzung der erreichten Personen und
damit das Ausmaß des erreichbaren Lernerfolgs in der *Gesamtgruppe*. Die Reichweite einer Sendung lässt sich über Einschaltquoten bestimmen, doch besagt das
wenig über die Bilanz der erzielbaren Lerneffekte.

Um die Lernintensität in einem solchen Arrangement zu sichern, können verschiedene mediale Lernangebote zu einem *Medienverbund* zusammengeschlossen werden. Die Medienverbünde *Telekolleg* und *Funkkolleg* bestehen etwa aus Radio-
bzw. Fernsehsendungen, Studientexten sowie lokalen Begleitzirkeln (in Zusammenarbeit mit den Volkshochschulen). Beim Telekolleg steht der Erwerb der Hoch-
schulreife im Vordergrund, der Funkkolleg dient der Weiterbildung.

Als Beispiel sei auf den Medienverbund *Funkkolleg* eingegangen, sicherlich eines
der am intensivsten erforschten mediengestützten Lernangebote überhaupt (vgl.
Kucklick, 1995). Bei den 26 jeweils zweisemestrigen Funkkollegs, die zwischen
1966 und 1994 in Deutschland durchgeführt wurden, nahmen zwischen 3.000 und
48.000 Personen teil (im Durchschnitt etwa 24.000 Personen).

Die aufgewendete Lernzeit betrug im ersten Semester durchschnittlich ca. 3,5
Stunden pro Woche; im zweiten Semester reduzierte sich die Lernzeit auf ca. 3
Stunden pro Woche. Den *gesamten* Medienverbund aus Studienbrief, Radiosendung
und lokalem Begleitzirkel nutzten ca. 10% der Teilnehmenden. Die Absicht, ein
Zertifikat zu erwerben, sank über die Jahre von etwa 60% auf 45%. Dies korrespondiert mit dem zunehmend stärker werdenden allgemeinen gegenüber berufli-
chem Interesse am Funkkolleg. Die Klausurteilnahme lag in den letzten 10 Jahren
zwischen ca. 10% und 20% der Teilnehmenden. Dies sind im Durchschnitt immer
noch bundesweit über 3000 Personen pro Funkkolleg. Mit der abnehmenden Rele-

vanz des Zertifikaterwerbs als Motivation für die Teilnahme sinkt jedoch auch die Bedeutung der Klausurteilnahme als Indikator der Lernintensität.

In einem solchen abgestimmten Medienverbund lässt sich eine hohe Lernintensität erreichen, die bei einer bloßen Ausstrahlung nicht gewährleistet ist. Zur Abschätzung der Effekte und Effizienz lässt sich am Beispiel des Funkkollegs jedoch auch zeigen, dass eine Kosten-Nutzen-Rechnung, die lediglich die Teilnehmeranzahl oder gar (erfolgreiche) Klausurteilnehmer ins Auge fasst, zu kurz greift. Denn die Wirkung gerade des Funkkollegs geht über die bloße Wissensvermittlung hinaus, indem ein Beitrag zur Reflexion gesellschaftlicher Probleme und allgemeinbildender Fragen geleistet wird: So lauteten die Themen etwa Umwelt und Gesundheit, Humanökologie, Religion, Politik, Beratung in der Erziehung, Altern usw. Das Medium trägt zum *agenda setting* bei: Es fördert die Auseinandersetzung mit bestimmten Themen von gesellschaftlicher Relevanz und fördert damit die Durchdringung der Lebenswelt mithilfe wissenschaftlicher Methoden und Erkenntnisse. Schließlich trägt der Funkkolleg auf diese Weise zum Wissenschaftstransfer bei, mit dem Probleme und Konzepte, die bis dahin lediglich in kleineren wissenschaftlichen Zirkeln diskutiert wurden, einer weiteren Öffentlichkeit vorgestellt werden.

Diese Effekte entziehen sich einer quantitativen Nutzenbewertung. Und dennoch lässt sich aus mediendidaktischer Sicht nach der Effizienz des Lernszenarien fragen. So ist z.B. zu prüfen, ob die *Kollegstunde*, die als Hörfunksendung ausgestrahlt wird, auch als Audiokassette versendet werden könnte. Der Nachteil der Hörfunksendung besteht vor allem darin, dass Gelegenheitshörer, die nicht am Funkkolleg angemeldet sind, nicht in den Genuß der Sendungen kommen. Aus den Einschaltquoten lässt sich berechnen, wie groß dieser Personenkreis ist. Es gilt dann abzuwägen, ob dieser Nachteil den möglichen Kostenvorteil dieser Distributionsvariante egalisiert.

Resümee

Bei der Strategie zur Reduktion des Lehraufwandes bleibt die grundlegende Frage, wie sich eine solche Reduktion auf die erzielbaren Lerneffekte auswirken wird. Zu berücksichtigen sind dabei nicht nur quantitative Auswirkungen, im Sinne möglicher Einschränkungen des Lernerfolges, sondern auch qualitative Auswirkungen, die durch den Verlust interpersoneller Kommunikation bedingt sein können. Es stellt sich die Frage: Lassen sich bestimmte Lehrziele überhaupt ohne ein kommunikatives Lernszenario erreichen? Gerade bei den Funkkollegs mit geistes- und sozialwissenschaftlichen Themen zeigt sich, dass ein Medienverbund mit Lernzirkeln und -seminaren unabdingbare Voraussetzung für das Verfolgen von Lehrzielen ist, die über den reinen Wissenserwerb hinausgehen.

In Kontexten, in denen Lehrziele verfolgt werden, die einer intensiven interpersonellen Kommunikation bedürfen, kann auf personale Betreuungsvarianten nicht verzichtet werden. Diese Betreuung muss allerdings nicht in Form von konventionellem Unterricht oder tutorieller Betreuung stattfinden, sie lässt sich auch durch telemediale Varianten der Betreuung realisieren. Multimediale Lernangebote sind in solchen Verbundlösungen keine alternativen Unterrichtsformen, die sich gegenüber konventionellem Unterricht zu behaupten haben.

Es bleibt also festzuhalten: Bildungsmedien können zu einer Lehr- und Lernerleichterung beitragen, die vor allem durch eine verkürzte Lerndauer bedingt ist, und über die Reduktion des Lernaufwandes effizienzsteigernd wirkt. Eine deutlichere Reduktion der Kosten pro Teilnehmer lässt sich nur erreichen, wenn die Gesamtkosten der Bildungsmaßnahme von der Teilnehmerzahl entkoppelt werden. Dies ist im wesentlichen nur einlösbar, wenn auf bestimmte Bestandteile personaler Betreuung verzichtet wird, also wie in der kybernetischen Pädagogik formuliert wurde: Lehrfunktionen „objektiviert" (von Personen auf ein Objekt übertragen) werden. Die Effizienz der Maßnahme bleibt jedoch nur dann erhalten, wenn die Netto-Lernerfolgsquote in einem solchen Szenario nicht abfällt!

Gleichzeitig sind Kriterien einer Kostenoptimierung und Effizienzsteigerung im Diskurs der Pädagogik kritisch zu hinterfragen. Denn Bildung und Erziehung verweisen auf Ziele, wie z.B. Selbstbestimmung, Mitbestimmung und Solidarität von Menschen, in denen grundlegend andere Wertigkeiten zum Ausdruck kommen und die sich einer oberflächlichen Berechnung von Nutzen und Erträgen entziehen.

Doch gilt es m.E., die Diskussion der Ziele und der Mittel didaktischen Handelns analytisch zu trennen, da beide Bereiche unterschiedlichen Bewertungskriterien unterliegen müssen. So lassen sich pädagogische *Ziele* (wie z.B. auch Unternehmensziele) einer ethischen Diskussion unterziehen. *Mittel* müssen dagegen *zunächst* daraufhin untersucht werden, wie effizient sie bestimmte Ziele erreichen. Dabei kann nicht vernachlässigt werden, dass bestimmte Mittel (teilweise: immanente) Nebeneffekte beinhalten, die bei deren Bewertung nicht übersehen werden dürfen. Denn der Einsatz bestimmter Mittel kann Nebeneffekte implizieren, die die eigentliche Zielerreichung in Frage stellen, oder übergeordneten Zielen entgegen laufen. So vertrat MCLUHAN beispielsweise die These, dass die vorrangige Bedeutung von Massenmedien für eine Gesellschaft unabhängig von den transportierten Inhalten ist, sondern durch die Wirkungen ausgeht, die durch das Mediensystem als solches induziert werden.

Aus der Sicht der Mediendidaktik ist zu fragen, ob verfügbare Medien und Hilfsmittel geeignet sind, bestimmte Bildungsziele zu kommunizieren bzw. Bildungsprobleme zu lösen. Dabei ist zu berücksichtigen, dass mögliche Nebeneffekte des Medien- und Computereinsatzes diese oder andere Bildungsziele in Frage stellen können, und eine erneute Bewertung der Mittel vorzunehmen ist. Dies betrifft vor allem den grundlegenden Einschnitt in der Kommunikationssituation durch Ausblendung dialogischer Kommunikation bei Einschalten eines technischen Mediums.

Es besteht m.E. kein grundlegender Widerspruch zwischen bildungstheoretischen Ansätzen, die die Reduktion von Bildung auf das bloß „Nützliche" und „Verwertbare" kritisieren, und der hier vorgestellten gestaltungsorientierten Mediendidaktik, die Kriterien der Effektivität und Effizienz in das Zentrum der Diskussion rückt (, ohne andere Kriterien zu vernachläsigen). Denn die Kriterien zur Bewertung von einerseits Bildungs*zielen* und andererseits Bildungs*medien* können nicht identisch sein! So lässt sich die Frage nach der Effektivität und Effizienz eines Bildungsmediums auch stellen, wenn man sich einer pädagogischen Position verpflichtet fühlt, die einen Anspruch von Bildung erhebt, der über die „Vermittlung von Wissen" hinausreicht und die Bedeutung von Bildung für die umfassende Entwicklung von Persönlichkeit, Gesellschaft und Kultur betont. Doch die *mediendidaktische* Argumentation über den Einsatz technischer Medien und Werkzeuge bleibt um die Begriffe und Kriterien der Effektivität und Effizienz zentriert.

1.5 Von der Idee zur mediendidaktischen Konzeption

Fassen wir die bisherigen Überlegungen zum Medieneinsatz im didaktischen Feld zusammen: Die Prüfung einer Idee für die Entwicklung und den Einsatz eines didaktischen Mediums sollte möglichst rigoros erfolgen, um potenzielle Probleme der Einführung oder Vermarktung frühzeitig zu erkennen. Dabei wären etwa folgende Fragen zu klären:

(1) Welche Ziele werden mit der Produktion (und dem Einsatz) des Mediums verbunden? Sind diese realistisch? Welche Hindernisse stehen deren Erreichung entgegen?

- Steigerung der didaktischen Qualität
- Steigerung der Effizienz der Bildungsarbeit
- Reorganisation der Bildungsarbeit (insbesondere verstärktes dezentrales Selbstlernen/kooperatives Lernen)
- Erschließung *neuer* Zielgruppen, neuer Lernsituationen
- hohe Erlöse durch Verkauf des Mediums
- Imageeffekte für Anwender, Entwickler und/oder Auftraggeber (Neuigkeitseffekt).

(2) Wer sind die potenziellen Abnehmer bzw. Nutzer des Mediums?

- disperses Massenpublikum
- Lehrkräfte bzw. Bildungsverantwortliche oder
- spezifizierte Zielgruppe von Lernern (soziodemographische Angaben, regionale Verteilung, psychologische Merkmale).

(3) Unter welchen Bedingungen werden die Anwender bereit sein, das Medium zu nutzen?

- Höhe des Kaufpreises
- Rezeptionsbedingungen und -gewohnheiten (mögliche Lernorte) und
- Erwartungen an personale Dienstleistungen.

(4) Welche Vorteile sind für den *Anwender* (bzw. Käufer) mit der Nutzung des Mediums verbunden?

- Ersetzt das Medium andere (bereits eingeführte) Formen des *delivery*? Ist der verbleibende Vorteil des neuen Mediums groß genug, dass der Wechsel zu dem neuen Medium für den Anwender lohnend erscheint (Gewohnheiten!)?
- Überwiegen die Vorteile gegenüber möglichen Nachteilen?

(5) Ist der vermutete Entwicklungsaufwand im Verhältnis zu den erwarteten Ergebnissen/Erlösen angemessen? Lassen sich durch Koproduktionen, Lizensierung, Medienpakete etc. Kosten reduzieren?

(6) Welche anderen/ähnlichen Produkte werden auf dem Markt/im Internet (erfolgreich?) angeboten? Welche Erfahrungen haben andere Organisationen mit entsprechenden Lehr-Lernmedien gemacht? Ist es ihnen gelungen, eine nachhaltige Veränderung ihrer Bildungsarbeit/Effizienzsteigerung zu erreichen?

Die Beantwortung dieser Fragen erscheint wichtig, um die Chancen einer Produktidee frühzeitig zu klären. Gerade bei Inhouse-Produktionen oder Produktionen, die mit öffentlichen Fördergeldern finanziert werden, werden sie nicht immer mit der nötigen Konsequenz eruiert. Im weiteren Entwicklungsprozess machen sich fehlende und falsche Vorannahmen und die ungenügend kritische Prüfung einer Produktidee bemerkbar. Das didaktische Design kann nur so gut sein, wie die eigentliche Produktidee.

Nicht selten ist eine Produktion von Beginn an fixiert auf die Vorstellung, z.B. eine CD-ROM produzieren zu wollen, „ins Internet zu gehen", eine Multimedia-Anwendung zu entwickeln etc. Doch der Wahl etwa des Datenträgers bzw. des *delivery systems* ist eine nachgeordnete Rolle zuzuordnen. In den Vordergrund ist die Untersuchung des didaktischen Feldes zu stellen: Was soll die Aussage des Mediums sein, an wen richtet sich das Medium, was erwartet die Zielgruppe, was soll der Zielgruppe vermittelt werden, wie kann eine dauerhafte und nachhaltige Integration des Mediums in der Bildungsarbeit sichergestellt werden?

Auch wenn das Medium später nicht „verkauft" wird, sondern z.B. an die Teilnehmer eines Lehrgangs ausgegeben wird und im Auftrag einer Organisation produziert wird, muss die didaktische Medienproduktion von der Zielgruppe der *Lerner* her geplant sein. Das Ergebnis solcher Untersuchungen kann sein, dass Multi- oder Telemedien nicht die richtige Plattform sind, sondern andere Mediensysteme und Maßnahmen angemessener bzw. effizienter erscheinen. In den meisten Fällen wird man insbesondere den *Medienmix* modifizieren, d.h. die Lernorganisation verändern, etwa indem weitere Medien und personale Dienstleistungen zu *Medienpaketen* geschnürt werden.

weiterführende Literatur: Zum Bildungscontrolling (einschl. der Kostenfrage) gibt LEHNERT (1999) eine praxisnahe Einführung.

2 Analyse der Zielgruppe und Lernsituation

Medien

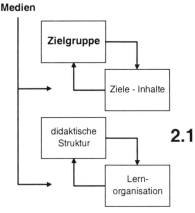

Lernangebote müssen sich an überdauernden und aktuellen Merkmalen der Lernenden orientieren. Zu klären ist, wie die Zielgruppen multimedialer und telemedialer Lernangebote beschrieben werden können und welche Zielgruppen für mediengestützte Lernangebote besonders relevant sind.

2.1 Definition von Zielgruppen

Bei der Spezifikation von Merkmalen der Lernenden orientieren wir uns an einer *Gruppe* von Lernenden. Eine Individualisierung des Lernens mit interaktiven Medien würde dies unnötig machen: Das Medium passt sich *von selbst* den habituellen (überdauernden) oder aktuellen Merkmalen des Benutzers an. Die Hoffnung einer derartigen *Interaktivität* des Mediums erscheint nach heutigen Erkenntnissen weiterhin unrealistisch. Insofern bleibt die Notwendigkeit bestehen, dass sich das didaktische Design auch bei der Planung *interaktiver* Medien an wesentlichen Variablen der Zielgruppe, wie sie in der Lehr-Lernforschung diskutiert werden, auszurichten hat.

Es sei auf eine Besonderheit bei der Konzeption von Bildungsmedien hingewiesen, die sie von der Planung von konventionellen Schulungsmaßnahmen unterscheidet: Die Spezifikation der Zielgruppe ist für eine Medienkonzeption sehr wichtig, um das mediale Lernangebot von Beginn an auf genau diese Zielgruppe hin zu planen. Wird zu einem späteren Zeitpunkt festgestellt, dass z.B. bestimmte Vorkenntnisse fehlen, dass eine (zu) geringe Motivation vorliegt etc., lässt sich die Medienkonzeption kaum mehr modifizieren, wie bei konventionellen Schulungsmaßnahmen.

Untersuchung potenzieller Teilnehmer

Zur Spezifikation der Zielgruppen kann eine Untersuchung potenzieller Teilnehmer erfolgen. Dies ist bei innerbetrieblichen Maßnahmen sowie Maßnahmen, bei denen der Kreis der potenziellen Teilnehmenden genau umrissen werden kann, vorzusehen. Schwieriger ist es, wenn sich das Lernangebot an eine vorab nicht genau definierbare Gruppe von Adressaten wendet (z.B. Vermittlung von Programmierkenntnissen im Rahmen Erwachsenenbildung). Dann sind *Idealtyp(en)* festzulegen, von denen erwartet werden kann, dass sie typische Merkmale der Zielgruppe aufweisen.

In beiden Fällen stellt sich das Problem, dass die späteren (tatsächlichen) Teilnehmer von der *a priori* vorgenommenen Definition der Zielgruppe gehörig abweichen können. Bei der Publikation und Ausstrahlung von Medien (ohne Rückkanal) bleiben diese Differenzen meist unbemerkt bzw. werden kaum systematisch erhoben. Eine Ausnahme stellt etwa die aufwändige Begleitforschung zum Funkkolleg dar, bei der mithilfe repräsentativer Erhebungen Aufschluss über die Nutzung des Lernangebotes gewonnen werden konnte. Grundsätzlich müssen wir aber auch hier mit dem Spezifikum mediengestützten Lernens leben: Selbst wenn ein Abweichen der anvisierten Zielgruppe registriert wird, kann keine (weitreichende) Anpassung des Lernangebotes mehr erfolgen!

Das Problem der Definition der Zielgruppe verschärft sich folglich um so mehr, je *unbekannter* und weniger *homogen* diese ist. Bei einer sehr diffusen oder inhomogenen Zielgruppe sollte der Weg gewählt werden, Merkmale der Zielgruppe *a priori* festzulegen und den potenziellen Lernern diese Voraussetzungen mitzuteilen, damit diese selbst entscheiden können, ob das Lernangebot für sie interessant ist.

Betrachten wir im Folgenden verschiedene, besonders interessanter Zielgruppen für mediengestützte Lernangebote.

Private Bildungsnachfrage

Ist der Lerner zugleich Käufer bzw. individueller Nachfrager des Mediums, handelt er in privatem Bildungsinteresse. Üblicherweise produzieren Verlage, Softwarehäuser oder Rundfunk- und Fernsehunternehmen Bildungsmedien für diese Zielgruppe.

Wenn die Produktion und Distribution des Mediums nicht mit öffentlichen Mitteln finanziert wird, stellt sich für die Vermarktung die Frage, wie groß die Zielgruppe ist und wieviel sie für das Lernangebot zu zahlen bereit wäre. Beim Vertrieb digitaler Medien (etwa CD oder DVD) über Software- oder Buchhandel sind die Erwartungen oft zurückzuschrauben. Denn auch für Medien mit allgemeinbildenden Inhalten (Sprache, Kultur, Zeitgeschichte etc.) ist der deutsche Markt relativ klein.

Die Medienkonzeption muss besonders berücksichtigen, wie ein potenzieller Käufer, der zugleich Nutzer des Produkts ist, zu einer Kaufentscheidung motiviert werden kann. Die Kaufentscheidung hängt u.a. von der subjektiv wahrgenommenen Attraktivität, der Qualität und dem Nutzen des Produktes ab. Dabei korreliert die wahrgenommene Attraktivität vielfach vorrangig mit Oberflächenmerkmalen sowie der Verfügbarkeit multimedialer Informationen; es sind dies die Elemente, die einem Käufer unmittelbar ersichtlich sind und einen Kaufanreiz darstellen.

Bei dieser Zielgruppe sind erzielbarer Lernerfolg und Qualität der Lehrziele als Kaufargumente schwer zu kommunizieren. Es gibt verschiedene Bestrebungen die Qualität von Bildungsmedien für potenzielle Käufer stärker sichtbar zu machen. Entsprechende Gütesiegel und Auszeichnungen von Wettbewerben können etwa dazu beitragen, dass bei der Kaufentscheidung (und damit letztlich bei der Medienkonzeption und -produktion) solche Kriterien stärkere Berücksichtigung finden. Für den Schulsektor haben in der Vergangenheit vor allem Einrichtungen der Lehrerfortbildung entsprechende Übersichten und Einschätzungen vorgelegt, die für die Orientierung über verfügbare Medien und Kaufentscheidung in großem Umfang genutzt werden.

Bislang wird bei Anwendungen für die private Nachfrage vielfach eher in die *ästhetische* Qualität als in die didaktische Konzeption investiert. Es wird angenommen, dass kurzfristige Kaufentscheidungen (Kaufimpuls) auf diese Weise am ehesten positiv beeinflusst werden können. Nach einiger Zeit merkt der Käufer jedoch möglicherweise, dass der Nutzen des Programms hinter seinen Erwartungen zurückbleibt und wird von dem Erwerb weiterer Lernmedien eher Abstand nehmen.

Die Vernachlässigung der didaktischen Konzeption und damit der Ausrichtung an dem didaktischen Nutzen könnte damit für die weiterhin teilweise geringe Nachfrage nach entsprechenden Titeln verantwortlich sein. Dies würde bedeuten, dass die Ausrichtung an der kurzfristigen Vermarktbarkeit die langfristige Durchsetzung von multimedialen Lernangeboten behindert.

Standardlösungen für Bildungseinrichtungen

Bei Bildungsmedien, die als Standardlösungen von verschiedenen Bildungseinrichtungen im Rahmen ihrer Bildungsaktivitäten eingesetzt werden können (also z.B. Physik-Grundlagen) geht der Investitionsimpuls oft von Medienproduzenten aus, wenn sie einen Markt für eine entsprechende Anwendung sehen. Dabei ist eine Zielgruppe mit einer gewissen Homogenität im Hinblick auf Vorkenntnisse, angestrebte Lehrziele etc. Voraussetzung. Die Definition dieser Zielgruppe muss andererseits breit genug sein, um einen genügend großen Absatzmarkt zugrunde legen zu können.

Potenzielle Käufer der Anwendung wären z.B. Lehrkräfte eines Gymnasiums oder Verantwortliche für Bildung und Personal in einem Unternehmen. Diese Personen interessiert vor allem, ob die „Standardlösung" tatsächlich für die in der eigenen Organisation gegebenen Anforderungen geeignet ist. Deswegen wird man in diesem Fall besonderen Wert darauf legen, den erfolgreichen Einsatz in verschiedenen Organisationen nachzuweisen. Der Kaufpreis ist für den Einzelnen im Verhältnis zu einer maßgeschneiderten Lösung für die eigene Organisation wesentlich niedriger. Wichtiger als die Höhe des Kaufpreises ist für die Entscheidung die wahrgenommene Qualität der Anwendung zur Lösung der spezifischen Anforderungen.

Auftragsproduktion für Bildungseinrichtungen

Bei Auftragsproduktionen ist der Käufer zugleich Investor und verhandelt unmittelbar mit dem Medienentwickler, da eine Distributionsinstanz entfällt. Dies ist der klassische Fall des *instructional systems development*, der weiter unten diskutiert wird. Hierbei kommt es vor allem darauf an, eine Anwendung zu definieren, die präzise auf die Problematik der Organisation zugeschnitten ist, da ansonsten eine Standardlösung vorzuziehen ist. Je kleiner die Zielgruppe ausfällt, um so mehr werden detaillierte Kosten-Nutzen-Überlegungen unter Abwägen verschiedener Szenarien notwendig sein. Die Zielgruppe der Lerner lässt sich in diesem Fall am besten definieren und die relevanten Personenmerkmale sind präzise zu erfassen.

Neben dieser grundsätzlichen Überlegungen zu Typen von Zielgruppen lässt sich der Personenkreis möglicher Zielgruppen aufgrund vorliegender Erfahrungen näher einkreisen. Günstige Voraussetzungen für die Akzeptanz mediengestützter Lernangebote sollten vor allem dort bestehen, wo *neue* Zielgruppen gewonnen werden können, für die bislang kein adäquates Lernangebot existiert. Dies trifft für z.B. folgende Zielgruppen bzw. Lernsituationen zu: Personen in räumlicher Entfernung von Bildungsangeboten (z.B. in ländlichen Gebieten, auf Montage im Ausland, auf Schiffen etc.), Eltern in der Phase der Kinderbetreuung, Personen, die aufgrund ihrer Arbeitsbelastung oder -einteilung nicht an konventionellen Bildungsmaßnahmen teilnehmen können oder wollen, Menschen mit körperlichen Behinderungen oder ein Großteil privater Weiterbildung in der Freizeit.

2.2 Merkmale der Zielgruppe und Lernsituation

Anhand welcher Merkmale lässt sich die Zielgruppe eines didaktischen Medienangebotes charakterisieren? Betrachten die wichtigsten Merkmale der Zielgruppe, die wir als Grundlage mediendidaktischer Entscheidungen heranziehen werden.

Soziodemographische Merkmale

Die Zielgruppe sollte zunächst anhand der in der Kommunikationsforschung üblichen soziodemographischen Daten charakterisiert werden. Dabei wird man schnell feststellen, wie genau die Vorstellung über die Zielgruppe ist, für die das Lernangebot entwickelt werden soll. In vielen Fällen wird es ausreichen, eine Schätzung über die folgenden Variablen abzugeben. Bei Auftragsproduktionen für eine definierte Zielgruppe ist eine Erhebung dieser Daten an einer Stichprobe (z.B. 30-40 Personen) empfehlenswert:

- Größe der Zielgruppe (maximale Anzahl potenzieller Benutzer, maximal erreichbare Benutzer, erwartete Anzahl und minimale Anzahl von Benutzern)
- geographische Verteilung der Zielgruppe (Regionen, Nationen)
- Alter (Durchschnitt, Spanne), Geschlecht (Verteilung)
- höchster schulischer Abschluss
- Benutzergruppe (betriebliche Anwender, PC-Besitzer, Heim-Anwender)
- bei Eigenproduktion: Kaufbereitschaft (Wieviel wäre ein typischer Benutzer in der Lage/bereit, für den Kauf des Mediums zu zahlen?)

Die soziodemographischen Daten werden u.a. zur Planung der Distribution des Mediums erhoben, für die didaktischen Entscheidungen haben sie zunächst weniger Bedeutung.

Neben der primären Zielgruppe ist es (etwa bei aufwändigen Produktionen) sinnvoll, an weitere Verwertungen zu denken, bei der die Anwendung mit einem überschaubaren Modifikationsaufwand ebenfalls nutzbar wäre. Auch für diese sekundäre Zielgruppe sollten die soziodemographischen Daten spezifiziert werden.

Vorwissen

Lehrinhalte und -methoden sind an die Vorkenntnisse der Lernenden auszurichten. Offensichtlich muss eine andere Vorgehensweise eingeschlagen werden, wenn kaum Vorkenntnisse zu einem Lehrgegenstand vorliegen, als bei fortgeschrittenen

Lernern. Intensiv untersucht wurde die Bedeutung der Variable Vorwissen im Zusammenhang mit der Nutzung explorativer vs. expositorischer Lehrmethoden.

Es zeigt sich, dass Lerner mit größerem Vorwissen sich in offenen Lernumwelten, die Exploration fördern, besser orientieren können und ihr Lernzuwachs höher ist als bei Personen mit niedrigerem Vorwissen. Für Anfänger bietet sich eher eine stärker strukturierte Variante der Instruktion an.

In den Untersuchungen werden üblicherweise Gruppen mit unterschiedlichen Vorkenntnissen verglichen. Die Einschätzung der Vorkenntnisse *einer* Zielgruppe erweist sich in der Praxis jedoch vielfach als überraschend diffizil: Wann kann man sagen, eine Lerngruppe weist *viel* oder *wenig* Vorkenntnisse zu einem Thema auf? Haben z.B. Abiturienten „viel" Vorwissen zum Thema Genetik, haben Informatiker „viel" Vorwissen zum Thema Logik? Und wie groß ist die Bandbreite möglicher Vorkenntnisse innerhalb der Zielgruppe?

Deswegen bleibt nur die explizite Benennung von Vorkenntnissen im Sinne von Eingangsvoraussetzungen für einen Kurs bzw. eine Kurseinheit: Was muss ein Lerner bereits wissen oder können, um erfolgreich in eine Kurseinheit einzusteigen? Ein Vorgehen besteht darin, jedem Kurs oder jeder Lerneinheit die jeweils erwarteten Vorkenntnisse voranzustellen, d.h. explizit zu benennen, und möglicherweise vor der Lerneinheit auch zu prüfen, ob die Eingangsvoraussetzungen vorliegen, um ein späteres Scheitern auszuschließen.

Diese hier kurz skizzierte Vorgehensweise wurde charakteristisch für behavioristische Ansätze des CBT: Danach ist in jedem Fall zu verhindern, dass zu schwierige oder zu leichte Lerneinheiten präsentiert werden. Bei nicht-sequenziell organisierten, hyperstrukturierten Lernangeboten verlieren diese Überlegungen an Bedeutung. Es stellt sich die Frage, wie und ob in solchen Umgebungen, die Benennung von Lernvoraussetzungen überhaupt erfolgen soll oder kann.

Auch wenn die Benennung der Lernvoraussetzungen inhaltlich und technisch realisierbar ist, muss bedacht werden, dass Lerner nur selten bereit sind, solche Hinweise im einzelnen zu lesen oder sich vor dem Aufruf der Information einem Test zu unterziehen. Aus diesem Grund wird auf die Benennung bzw. Prüfung der Lernvoraussetzungen etwa in hyperstrukturierten Lernangeboten i.a. ganz verzichtet, d.h. es ist *voraussetzen*, dass die Zielgruppe mit dieser Art des Lernangebotes auch tatsächlich angemessen umzugehen versteht. Sinnvoll bleibt auch bei hyperstrukturierten Lernangeboten, die Vorkenntnisse für ganze Kurs oder Kursprogramme zu bestimmen und geeignet zu kommunizieren.

Lernmotivation

Bei der Motivation der Lerner interessiert weniger, *ob* sie motiviert sind, sondern *wodurch* sie zum Lernen motiviert sind. Hierbei erweist sich vor allem die Unterscheidung zwischen *intrinsischer* und *extrinsischer* Motivation als relevant (vgl. Heckhausen, 1988):

- Intrinsisch motivierte Personen lernen aus Interesse an dem Lerngegenstand selbst oder aus Spaß an der Beschäftigung mit dem Lerngegenstand (sog. Vollzugsanreize).

• Extrinsisch motivierte Personen lernen, um bestimmte Ziele zu erreichen, wie der Erwerb eines Zertifikats oder Diploms, Erhalten des Arbeitsplatzes, betrieblicher Aufstieg, erhöhter Status, Anerkennung von Freunden etc.

Intrinsisch motivierte Lerner benötigen selten zusätzliche Anreize, um zu Lernaktivitäten angeregt zu werden. Nicht selten verbringen sie viele Stunden damit, sich mit einem Gegenstand auseinanderzusetzen und würden dieses Engagement auf Befragen oftmals gar nicht als Lernaktivität bezeichnen. Durch die schulische Sozialisation ist Lernen in vielen Fällen gekoppelt mit strikt expositorischen, institutionalisiertem Unterricht im Klassenverband. Das scheinbar mühelose Eintauchen in eine faszinierende Lernwelt dagegen („Flusserleben"), wird als solches vielfach nicht als Lernaktivität aufgefasst. Zu bedenken ist allerdings, dass diese intensive Beschäftigung keineswegs automatisch dazu führt, dass bestimmte gesellschaftlich möglicherweise erwünschte Ziele erreicht werden, wie z.B. ein Berufs- oder Studienabschluss.

Hieraus ergibt sich bei Überwiegen intrinsischer Motivation, dass das Medium

• ein Eintauchen in eine Lernwelt mit möglichst umfangreichen Informationen ermöglicht („Immersion"),
• keine vorgegebenen Einteilungen in „Lerneinheiten" vornimmt,
• dem Lerner eine weitgehende Kontrolle über Lernwege überlässt,
• dem Lerner Möglichkeiten zur Beeinflussung der Darstellung gibt,
• Tests und Rückmeldungen nur auf Anforderung durchführt und
• durch Abwechslung in der Präsentation Neugier aufrecht erhält.

Bei extrinsischer Motivation stehen Folgen möglicher Lernhandlungen im Vordergrund. Die Lernaktivitäten selbst fallen extrinsisch motivierten Personen deutlich schwerer, da diese als mit Anstrengung verbunden erlebt werden. Günstig wirkt sich jedoch aus, dass bei extrinsischer Motivation die Lernaktivitäten eher geplant werden und Rückmeldungen eher erwünscht sind als bei intrinsischer Motivation.

Aus diesen Überlegungen ergeben sich bei Überwiegen extrinsischer Motivation folgende Konsequenzen:

• beim Einstieg motivierende Maßnahmen vorsehen
• Aufmerksamkeit auf Ziele des Lernens lenken
• Lehrstoff in definierte, überschaubare Einheiten einteilen
• Pausen vorsehen
• Konsistenz der Präsentation rigide aufrecht erhalten
• Tests ankündigen und nach Präsentation durchführen
• Lernfortschritt rückmelden.

Auffallend ist, dass diese Überlegungen für extrinsisch motivierte Lerner mit den konventionellen Lehrstrategien expositorischer Provenienz (etwa nach Gagné, s. Seite 186) konvergieren.

Ein Problem kann auftauchen, wenn eine Anwendung, die für überwiegend extrinsisch motivierte Personen angepasst wurde, von einer Gruppe vornehmlich intrinsisch Motivierter bearbeitet wird. Denn dies könnte in einer Demotivation intrinsisch motivierter Personen resultieren: Sie verlieren möglicherweise den Spaß am

Lernen, wenn ihnen nicht die Möglichkeit gegeben wird, volle Kontrolle über ihre Lernaktivitäten zu behalten, wenn sie regelmäßig auf bestimmte Ziele hingewiesen werden und ihre Defizite registrieren müssen. Aus diesen Gründen erscheint es besonders wichtig, die *Art* der Motivation bei der Medienkonzeption zu berücksichtigen.

Lerngewohnheiten

Eine weitere, häufig diskutierte Variable, die bei der Konzeption von Lehr-Lernmedien zu berücksichtigen ist, sind die *Lerngewohnheiten* der Benutzer. Dabei wird oft von lerngewohnten vs. -ungewohnten Personen gesprochen. Gemeint ist i.a. institutionsgebundenes Lernen, also z.B. der Besuch von Schulen oder Weiterbildungsveranstaltungen. Nicht berücksichtigt wird dabei, welchen Stellenwert Lernen in einem weiteren Sinn, etwa in der Freizeit dieser Personen, hat.

Aufschlussreicher ist jedoch, wie sehr die Personen mit unterschiedlichen Lernangeboten und -methoden vertraut sind. Verschiedene Methoden der didaktischen Aufbereitung garantieren nicht für jeden Lerner den optimalen Lernerfolg. Im Laufe der individuellen Lernbiographie bilden sich Präferenzen für Lernmethoden heraus. Es kann angenommen werden, dass diese Präferenzen auf individuelle Erfahrungen der Person zurückgeführt werden kann, z.B. ob die Person in der Schule zu Eigenaktivitäten angeregt wurde und entsprechende Lernstrategien aufgebaut hat. Hat jemand beispielsweise nur Erfahrungen mit expositorischen Lehrverfahren (s. Seite 186) sammeln können, wird die Konfrontation mit auf Exploration oder Kooperation basierenden Medien wenig erfolgreich sein.

In der Forschung hat allerdings die Frage solcher lernbiographischer Präferenzen didaktischer Methoden wenig Aufmerksamkeit erhalten, intensiv wurde dagegen das Konstrukt *individueller Lernstil* untersucht. Es stellt sich jedoch die Frage, ob es gerechtfertigt ist, von einem Lernstil als überdauerndem Persönlichkeitsmerkmal auszugehen, der bei der Entwicklung verschiedener, hierauf maßgeschneiderter Varianten von Lernangeboten zu berücksichtigen wäre.

Es wäre denkbar, den Lernstil vor der Bearbeitung eines Programms mithilfe einiger Fragen am Computer zu erfassen und anschließend das Lernangebot entsprechend anzupassen. So naheliegend diese Überlegung ist, so schwer erweist sich deren Einlösung bei der Gestaltung von multimedialen Lernangeboten. Denn der individuelle Lernstil zeigt sich nicht als stabile Disposition der Persönlichkeit, die das Lernverhalten konstant und unabhängig von weiteren situativen und gegenstandsbezogenen Aspekten beeinflusst. Das Lernverhalten einer Person scheint durch ein wesentlich komplexeres Bündel von Merkmalen der Person und der Situation bestimmt zu sein, als dass wir es mit einem wie auch immer zu beschreibenden „Lernstil" einer Person in Zusammenhang bringen können.

Als Alternative bliebe, den „Lernstil" einer Person nicht als überdauerndes Persönlichkeitsmerkmal, sondern als die konkrete Ausprägung des *aktuell* beobachtbaren Lernverhaltens in Wahlsituationen zu definieren. Welche Angebote wählt der Lernende aus? Werden textliche Darstellungen intensiv bearbeitet oder wird schnell weiter geblättert? Ist der Lerner bereit/interessiert, Testfragen zu beantworten? Der aktuelle Lernstil eines Benutzers könnte im Hinblick auf die Dimensionen *konkret* vs. *abstrakt* sowie *vertiefend* vs. *oberflächlich* bestimmt werden. Hierzu wäre das Benutzerverhalten bei der Bearbeitung des Lernangebotes zu registrieren und auszuwerten. Auf der Grundlage einer Bewertung der Aktionen des Lerners ist dann eine Entscheidung über den aktuellen Lernstil zu treffen. Liegen zu allen Angeboten des Systems diese Einordnungen vor, kann das System die Angebote im Hinblick auf den so erfassten Lernstil der Person anpassen. So spannend solche Überlegungen auch im einzelnen sind, ist auf die bekannten Probleme solcher *online–*Diagnosen hinzuweisen (s.a. Kapitel 2.3.4).

Lerndauer

Für die Planung mediengestützter Lernangebote besonders wichtig ist die zu erwartende Lerndauer, d.h. wieviel Zeit die Lerner mit dem Lernmedium arbeiten werden bzw. wollen, auch wenn diese Variable bislang kaum Gegenstand mediendidaktischer Erörterungen gewesen ist.

Nicht selten wird die Dauer, die für das Bearbeiten der Kursinhalte notwendig ist, von den Lernenden höher eingeschätzt als es in der Medienkonzeption vorgesehen ist, wenn die Lernzeit überhaupt explizit angegeben wird. Die notwendige Bearbeitungszeit liegt nach Aussage der Lernenden vielfach (deutlich) über der implizit oder explizit vorgesehenen Bearbeitungsdauer. Hinzu kommt, dass die Bearbeitungsdauer, die für eine erfolgreiche Bearbeitung nötig wäre, oft über der verfügbaren Zeit der Lerner liegt. In den Funkkollegs lag z.B. die von den Lernenden für notwendig erachtete Lerndauer zwischen 4,5 und 7,5 Stunden pro Woche. Der verfügbare Lernzeit lag zwischen ca. 2,5 und 4,5 Stunden pro Woche (Kucklick, 1995).

Es macht wenig Sinn, wenn etwa ein Fernstudienangebot mit einer Laufzeit von z.B. zwölf Wochen mit einer vorgesehenen Bearbeitungszeit von je zehn Wochenstunden entwickelt wird, obwohl bekannt ist, dass die Teilnehmer maximal fünf Stunden pro Woche lernen werden. Dies würde nämlich bedeuten, dass die Hälfte des entwickelten Lernmaterials nicht angemessen bearbeitet werden kann, und die vorgesehene Taktung der Distribution nicht eingehalten werden kann. Die Entwicklungskosten von etwa der Hälfte des Lernmaterials hätte somit sinnvoller investiert werden können.

Aus diesem Grund sollte versucht werden abzuschätzen, wieviel Zeit der Zielgruppe typischerweise zur Verfügung steht. Darüber hinaus sollte die Schätzung der notwendigen Bearbeitungszeit für einen Kurs oder eine Kurseinheit jeweils zu Beginn möglichst eindringlich mitgeteilt werden.

Anders als die Benennung der Vorkenntnisse zu Beginn eines Kures oder einer Lerneinheit, ist dies zum einen eine sehr einfach und schnell zu erfassende Größe und zum anderen eine Größe, die das aktuelle Lern*verhalten* positiv beeinflussen soll: Der Lerner kann abschätzen, wieviel Zeit für die Bearbeitung eines Kapitels notwendig ist, und kann entscheiden, ob er diese Zeit aufbringen will oder kann.

Einstellungen und Erfahrungen

Folgende Einstellungen können bei der Konzeption computergestützter Lernangebote berücksichtigt werden: Einstellung zu technischen Neuerungen im allgemeinen, zu EDV im allgemeinen, Erfahrungen mit selbständigem Lernen und medien- bzw. computergestütztem Lernen.

Wichtiger als die Erhebung derartiger oftmals eher stereotyp geäußerte Einstellungen sind jedoch konkrete Erfahrungen, z.B. mit Computern und computergestütztem Lernen. Für die Bedienung eines Multimedia-Systems kann ausschlaggebend sein, in welchem Umfang Erfahrungen im Umgang mit Computern existieren. Mit der zunehmenden Verbreitung von digitalen Medien in Beruf und Alltag werden Probleme bei der Nutzung von digitalen Mediensystemen, die aus mangelnder Erfahrung im Umgang mit Computern resultieren, weiter zurückgehen. Dennoch sollte bei der Gestaltung der Benutzeroberfläche berücksichtigt werden, wie intensiv die EDV-Erfahrungen der potenziellen Benutzer sind.

Bei Überwiegen von EDV-Anfängern kann deswegen u.a. vorgeschlagen werden ...

- deutliche Trennung von Schalt- und Informationsflächen
- keine eingebetteten Schaltflächen
- Schaltflächen mit realitätsnaher Metapher
- Eingabe *entweder* mit Tastatur *oder* mit Maus
- Tastatureingaben bestätigen lassen
- keinen berührungsempfindlichen Bildschirm einsetzen
- einheitliche Erscheinung des *cursor*

Dies sind jedoch sehr allgemeine Hinweise, die im konkreten Fall an die Voraussetzungen der Zielgruppe genauer angepasst werden sollten.

Lernorte und Medienzugang

Schließlich muss neben den Erfahrungen mit EDV die schlichte Verfügbarkeit der Computer-, Medien- und Kommunikationstechnik in der Zielgruppe eruiert werden. Es ist zu bedenken, dass die Definition bestimmter technischer Anforderungen für die Nutzung von Lernangeboten die Zielgruppe ganz entscheidend determiniert. So ist bekannt, dass der typische Internet-Benutzer männlich, akademisch gebildet und zwischen 20 und 30 Jahren alt ist. Geschieht die Wahl eines Mediensystems aus didaktischer Sicht, muss sich diese an den Möglichkeiten der definierten Zielgruppe orientieren und sollte nicht *per se* auf ein bestimmtes Mediensystem setzen.

Bei der Spezifikation des *delivery system* ist zu berücksichtigen, ob die Zielgruppe auf dieser Plattform tatsächlich angemessen adressiert werden kann. Aus dieser Sicht könnte z.B. die Ausstrahlung per direkt strahlendem Satellit mit telephonischem Rückkanal für manche Personen leichter zugänglich sein als eine Internet-basierte Konferenz. Und schließlich: Printmedien bleiben für Schriftkundige das Medium mit der einfachsten Zugänglichkeit.

Die Möglichkeiten des Medienzugangs hängen nicht unwesentlich von dem Lernort ab. Ist der Lernort bereits festgelegt, ist zu prüfen, inwieweit dieser die Zugänglichkeit zu bestimmten Mediensystemen gewährleistet. In der wirtschaftspädagogischen Diskussion wird seit einiger Zeit über neue *Lernorte* diskutiert. Die Aufmerksamkeit wendet sich zusehends von dem Unterrichtsraum als klassischem Lernort hin zu Konzepten einer Aus- und Weiterbildung in Nähe des Arbeitsplatzes. Man erhofft sich davon einen besseren Lerntransfer auf die Anwendungssituation und eine Steigerung der Effizienz.

Problematisch bleibt der private Anwendungskontext für die Nutzung von multi- und telemedialen Lernangeboten, da weiterhin nur bestimmte Personengruppen über entsprechende Systeme verfügen bzw. diese aktiv nutzen. Auch im öffentlichen (Hoch-)Schulwesen ist im Einzelnen zu prüfen, ob entsprechende Systeme überhaupt in angemessener Ausstattung verfügbar sind.

Zusammenfassung

Bei der Analyse bzw. Bestimmung der Zielgruppe ist zu überlegen, welcher *spezifische* Nutzen durch ein *mediengestütztes* Lernangebot für die ins Auge gefasste Zielgruppe entsteht. Immer dann, wenn klassische Lernangebote eingeführt sind, und die potenziellen Nutzer vielleicht über Jahre gewohnt sind, mit diesen umzugehen, muss die Frage nach dem Nutzen besonders kritisch gestellt werden. Über Jahre oder gar Jahrzehnte entwickelte Lerngewohnheiten dürfen nicht ignoriert werden. Sie lassen sich nicht *ad hoc* durch kurzfristig attraktiv erscheinende mediale Lernangebote außer Kraft setzen.

Günstige Bedingungen für mediale Lernangebote ergeben sich vor allem dort, wo *neue* Zielgruppen gewonnen werden können, für die bislang kein adäquates Lernangebot existiert. Besondere Aufmerksamkeit verdienen folglich solche Lernsituationen, in denen konventionelle Bildungsangebote nicht nachgefragt werden, nicht erfolgreich (genug) durchgeführt werden oder in denen der Zugang zu diesen Angeboten erschwert ist.

Es spricht wesentlich mehr dafür, mediengestützte Lernangebote dort anzubieten, wo *neue* Zielgruppen mit *neuen* Lernsituationen angesprochen werden können. In den (überwiegenden) Konstellationen, in denen das mediengestützte Lernen auf bereits existierende konventionelle Bildungsmaßnahmen trifft, muss der spezifische Nutzen des neuen Angebotes heraus gearbeitet werden und deutlich gemacht werden, wie die Lerngewohnheiten auf das neue *delivery system* umgestellt werden sollen.

3 Didaktische Aufbereitung der Lehrinhalte

Wissensinhalte sind für eine mediale Lernumgebung aufzubereiten. Bei der Produktion didaktischer Medien wird dieses Problem der *didaktischen Aufbereitung* vielfach auf eine Sammlung von Inhalten reduziert, die es auf ein Medium zu übertragen gilt. Die Frage der mediendidaktischen Konzeption beschränkt sich darauf, die Inhalte geschickt und ansprechend in dem Medium zu implementieren.

Implizit angenommen wird, dass sich die Inhalte ebenso wie das Vorgehen der Instruktion *aus der Sache selbst* ergeben: Die Wissensinhalte werden gleichgesetzt mit den Inhalten der Instruktion, und das Vorgehen wird der Sachlogik des Gegenstands entnommen. Diese Annahme ist jedoch falsch: Um Wissen lehrbar zu machen, sind die Inhalte einer *didaktischen Aufbereitung* zu unterziehen. Dieser Vorgang der Transformation von bloßen Sachinhalten in ein didaktisch aufbereitetes, mediales Lernangebot wird im Folgenden beschrieben.

3.1 Modelle der didaktischen Aufbereitung

Wie kommt das Wissen von Expert/innen über das Medium zu dem Lernenden? Kann dies als ein Vorgang der Übertragung des Wissens von einem Sender zu einem Empfänger beschrieben werden? Oder finden an den jeweiligen Schnittstellen dieser Übertragung „Brüche" statt, die eine bestimmte Transformation erforderlich machen?

Medien als Übermittler von Wissen

Ein verbreitetes Modell dieses Vorgangs geht davon aus, dass das Wissen von Sachexpert/innen auf ein Medium übertragen werden und von da aus dem Lernenden präsentiert werden. Diese Vorstellung impliziert folgende Annahmen:

- Wissensinhalte sind gleichzusetzen mit Lehrinhalten.
- Lehrinhalte werden „im" Medium implementiert bzw. abgebildet (auch: „auf die CD gebrannt", „ins Netz gestellt" u.ä.).
- Das Medium übernimmt – statt des Lehrenden – die Funktion der Präsentation der Lehrinhalte.
- Bei der Rezeption des Mediums werden die Lehrinhalte an den Lerner übermittelt. Das Wissen gelangt so vom Experten über das Medium in das Gedächtnis des Lerners.

Diese Auffassung über das Lernen mit Medien kann auch als Kopiermodell des Lernens bezeichnet werden. Lernen funktioniert danach wie ein Kopiervorgang, bei der Informationen von einer Seite Papier auf eine andere oder von einer Festplatte auf eine Diskette übertragen werden. Die mediendidaktische Konzeption muss sich dann darauf konzentrieren die Informationen möglichst fehlerfrei zu präsentieren und sicherzustellen, dass die Lernenden diese akkurat in ihr Gedächtnis aufnehmen. Auch wenn diese technische Sichtweise von Lernen bei vielen Lehrkräften und Medienentwicklern in den verschiedenen Bildungskontexen überraschend weit verbreitet ist, so entspricht sie in keiner Weise heutigen Erkenntnissen über Strukturen und Prozesse menschlicher Informationsverarbeitung (vgl. z.B. Anderson, 1988; Schnotz, 1994).

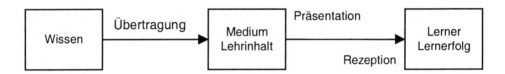

Abbildung 10: Medien als Übermittler von Lehrinhalten (Kopiermodell)

Kopiermodell = Behaviorismus? Dieses reduktionistische Vorstellung des Lernens als Kopieren von Information wird oft einer behavioristischen Position zugeschrieben. Doch gerade SKINNER war davon ausgegangen, dass die Lernenden ständig zu Aktivitäten aufgefordert werden sollten, um Dialoge zwischen Lerner und System und damit auch eine Korrektur entstehen zu lassen. Gerade die ersten Anwendungen zur programmierten Instruktion zeichneten sich dadurch aus, dass sie den Lernenden zu bestimmten Aktivitäten anregen wollten. Die Art der Lernaktivitäten, die SKINNER seinerzeit vorsah, und die Art der Dialoge waren freilich wenig angetan, die notwendigen Lernprozesse tatsächlich in Gang zu setzen, und – wegen der Gleichförmigkeit der Interaktion – die notwendige Lernmotivation aufrecht zu erhalten. Dennoch kann kaum behauptet werden, behavioristische Ansätze gingen von einer rein passiven Übertragung des Wissens vom Medium auf den Lerner aus.

Medien als Lernangebote

Kommen wir zu einer alternativen Position, wie sie hier vertreten wird, die sich an konstruktivistische Überlegungen anlehnt. Es geht dabei nicht mehr um die möglichst fehlerfreie Übertragung von Informationen, sondern um die Anregung zu Lernaktivitäten durch *Lernangebote*. Mediengesützes Lernen funktioniert danach unter folgenden Prämissen:

- Medien sind Angebote der sozialen Umwelt, die Lernende auf unterschiedliche Weise nutzen und damit verschiedenartige Aktivitäten bei Lernenden anregen.
- Es kann nicht davon ausgegangen werden, dass das Lernangebot in der vorgesehenen Weise tatsächlich genutzt wird. Es ist zu prüfen, wie die Lernenden mit dem Angebot umgehen.

- Mediale Lernangebote sind so aufzubereiten, dass ihre Bearbeitung bestimmte Lernprozesse möglich machen.
- Der Lernerfolg ist (u.a.) davon abhängig, inwieweit es gelingt, die angestrebten kognitiven und emotionalen Lernprozesse anzuregen.

Das, was zwischen Medium und Lernenden passiert, ist demnach deutlich offener und weniger determinert als in dem beschriebenen Kopiermodell, das von der möglichst fehlerfreien Übertragung ausgeht. Es wird vielmehr angenommen, dass dieser Prozess an allen Übergängen eine Re-Konstruktion des angebotenen „Materials" impliziert: bei der Aufbereitung von Wissen zu Lernangeboten und bei der Nutzung des Angebotes durch Lernende. An diesen Übergängen ist zu prüfen, was bei der Re-Konstruktion passiert bzw. inwieweit die Re-Konstruktion von dem erwünschten Prozess abweicht.

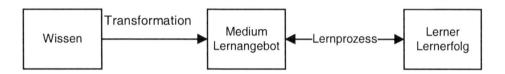

Abbildung 11: Bildungsmedien als Angebote zur Anregung von Lernprozessen

Offensichtlich ist diese Auffassung aufwändiger für die Praxis als das beschriebene Kopiermodell. Denn es stellen sich eine Reihe von Fragen: Welchen Lernprozess gilt es anzuregen? Was soll mit dem Lernprozess letztlich für ein Lernziel verbunden sein? Wie kann dieses Ziel formuliert werden? Wie kann sichergestellt werden, dass die Lernenden das Angebot tatsächlich annehmen, und der Lernprozess tatsächlich stattfindet?

Das Ergebnis der didaktischen Aufbereitung ist also ein mediales Angebot, dass zu bestimmten Tätigkeiten einlädt. Neben der reinen Rezeption via Lesen, Hören oder Sehen geht es vor allem um bestimmte Instruktionen, mit denen z.B. multimediale Materialien – individuell oder mit Anderen – bearbeitet werden sollen. Solche *Lernaufgaben* führen dazu, dass die Intensität der Auseinandersetzung gegenüber der reinen Rezeption steigt. Dies betrifft sowohl die kognitive wie emotionale Ebene der Auseinandersetzung mit Inhalten. Darüber hinaus definieren sie Tätigkeiten, die der Lernende ausführen soll, und nehmen so steuernd auf den Lernprozess Einfluss.

Doch zur Aufbereitung von Lehrinhalten in solche *präsentierenden* und *aktivierenden* Lernangebote muss zunächst bestimmt werden, was denn die eigentlichen Lehrziele sind, um die möglichen Lernprozesse und -aufgaben bestimmen zu können. Die Benennung von Lehrzielen beinhaltet dabei eine Inhalts- und eine Ergebniskomponente: Die *Inhaltskomponente* beschreibt, auf welche Fakten, Konzepte, Regeln oder Prozeduren (in welchen Kontexten) sich das Lernangebot bezieht. Da Lernprozesse und -ergebnisse aber sehr unterschiedliche Qualitäten beinhalten, nennt die *Ergebniskomponente* des Lehrziels, welches Resultat erwartet wird, d.h.

welche Kompetenzen die Lernenden als Ergebnis der Lernaktivitäten erwerben sollen, und wie sich diese feststellen lassen.

Damit wird eine wesentliche Eigenschaft eines mediengestützten Lernangebotes nochmals deutlich: Das Medium muss so konzipiert werden, dass bestimmte *Lernprozesse* angeregt werden. So ist beispielsweise das reine Lesen von Texten für manche Arten der Auseinandersetzung geeignet. Allerdings steht zu befürchten, dass die bloße Rezeption von Texten die notwendigen Lernprozesse nicht intensiv genug anregt. Dies ist zumindest eine grundlegenden Erkenntnisse der Forschung zum Lernen mit Medien: Wir müssen das Medium so aufbereiten, dass die kognitive und emotionale Auseinandersetzung des Lernenden intensiviert wird. Und dies gelingt in vielen Fällen nur dadurch, dass wir die Lehrinhalte nicht einfach „präsentieren", sondern so aufbereiten, dass ein Lernprozess möglichst zuverlässig stattfindet. Als Ergebnis der didaktischen Transformation sollte benannt werden (können), welcher Lernprozess mit welchem Lernziel bei der Bearbeitung eines bestimmten Segments einer Anwendung – zumindest aus Sicht des didaktischen Designs – angestrebt wird.

Anzumerken bleibt, dass dieser Vorgang der didaktischen Aufbereitung von Lehrinhalten in bisherigen Modellen des *instructional design* kaum thematisiert wird (s.a. Achtenhagen, 2000). Es bleibt offen, wie das Wissen, das zu einem Gegenstand des Lernens gemacht werden soll, eigentlich transformiert wird (s.a. Shulman, 1986b). Die beste Vermittlungsmethode taugt nichts, wenn nicht die Lehrinhalte selbst thematisch angemessen aufbereitet worden sind. Die Frage der Transformation von Expertise in ein didaktisch aufbereitetes Wissen wird deswegen im Folgenden ausführlicher diskutiert.

3.2 Inhaltskomponente des Lehrziels

Was ist das Thema, um das es in dem Lernmedium geht? Was für Inhalte sind es, die gelehrt werden sollen? Diese Fragen erscheinen auf den ersten Blick einfach zu beantworten. Ergibt sich dies nicht in der Regel von selbst?

Die thematische Aufbereitung der Lehrinhalte für eine didaktische Medienkonzeption erfordert eine Reihe von Schritten, bei der Wissen in Lernangebote transformiert werden:

    [↳ Tätigkeitsanalyse]
        ↳ Analyse der Sachlogik
            ↳ Sammlung von Lehrinhalten
                ↳ Gliederung der Lehrinhalte
                    ↳ Gewichtung und Reduktion der Lehrinhalte

Grundsätzlich ist zu fragen, wovon bei der Aufbereitung der Lehrinhalte ausgegangen werden soll: von Tätigkeiten, die erlernt werden sollen, oder von abstrakten Gegenständen. Beispiele für tätigkeitsbezogene Lernanforderungen wären z.B. die Bedienung einer Maschine, das Beherrschen der Finanzbuchhaltung, die Kenntnis betrieblicher Regelungen. Abstrakte Lehrinhalte wären dagegen z.B. Prinzipien der

Naturwissenschaften oder Kenntnisse der Geschichte. Bei vielen Lehrinhalten ist die Zuordnung nicht ganz einfach: Die Beherrschung einer fremden Sprache etwa beinhaltet sowohl abstrakte Kenntnisse über den Aufbau von Satzstrukturen als auch bestimmte Tätigkeiten, wie sie bei arbeitsplatzbezogenen Anforderungen relevant werden, z.B. Technisches Englisch für die Informatik. Die Zuordnung hängt also nicht nur vom Thema ab, sondern ob die zu vermittelnden Inhalte später für eine bestimmte Tätigkeit verwertbar sein sollen.

3.2.1 Analyse der Sachlogik

Um die sachlogische Struktur eines Lerngegenstandes zu erfassen, werden die relevanten Inhalte gesammelt und nach sachimmanenten Gesichtspunkten gegliedert. Es werden dabei zunächst keine psychologischen oder pädagogischen Kriterien angelegt, sondern die Struktur des Lerngegenstandes wird in der Begrifflichkeit des Gegenstandes erfasst.

Sammlung und Gliederung

Gemeinsam mit einem Sachexperten werden alle relevanten Themen, Aspekte, Probleme, Anwendungsfälle, Fertigkeiten etc. relativ unstrukturiert gesammelt. Die Beschaffung und eigene Sichtung relevanter Literatur ist eine weitere Informationsquelle, doch wird es in den meisten Fällen nicht möglich sein, sich genügend Expertise auf dem jeweiligen Gebiet anzueignen.

Fragen an Sachexperten können dann etwa lauten:

- Was *könnte* ein Kurs zu dem Thema beinhalten?
- Welche Sachverhalte spielen bei dem Thema eine Rolle?
- Was gehört alles zu dem Thema?
- oder auch: Was fällt Ihnen zu dem Thema ein?

Die *Sammlung* sollte so angelegt sein, dass sie *kein* Raster und keine theoretische Begrifflichkeit (Taxonomie etc.) vorgibt, an das sich Experten halten müssen, sondern sollte eher als *brainstorming* angelegt sein. Neben der Sammlung gilt es, eine *Gliederung* der Lehrinhalte anzufertigen, die immer wieder erweitert und umstrukturiert werden wird, die Inhalte jedoch wesentlich besser handhaben lässt. Hierbei wird man sich ebenso auf Experten und Literatur verlassen müssen. Die Gliederung sollte die Ebene der Analyse berücksichtigen.

Gewichtung und Reduktion

Mit der *Gewichtung* und schließlich *Reduktion* der Lehrinhalte erfolgt nun ein Einschnitt, denn es kann nicht „allen alles" gelehrt werden. Es wird letztlich eine Auswahl getroffen werden, welche Lehrinhalte überhaupt aufgenommen werden sollen und welchen Stellenwert bestimmte Thematiken erhalten werden. Die *Gewichtung* erfordert ebenfalls, Sachexperten zu konsultieren. Günstig ist es, hierzu zusätzlich Befragungen von Betroffenen, Personalverantwortlichen, Vorgesetzten oder Lehrkräften durchzuführen, da sie oftmals andere Einschätzungen als reine Sachexperten vorbringen. Vorzulegen wäre etwa die vorläufige Gliederung der Lehrinhalte mit der Bitte, jeden Aspekt durchzugehen und dessen Wichtigkeit anzugeben. Gleichzeitig sollte die Möglichkeit gegeben werden, weitere nicht aufgeführte Aspekte zu nennen.

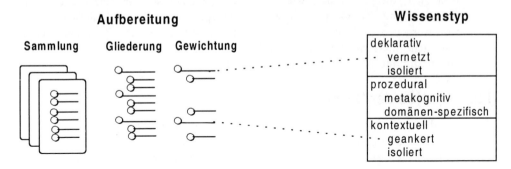

Abbildung 12: Didaktische Aufbereitung (Übersicht)

Bei der *Reduktion* gilt es vor allem, „exemplarische" Lehrinhalte aufzunehmen. Es wären solche Inhalte bevorzugt aufzugreifen, von denen ein positiver Lerntransfer erwartet werden kann. Derartige Entscheidungen über mögliche Effekte des Erlernens einer Aufgabe auf die *Lernerleichterung* (WELTNER) sind jedoch bei der Analyse schwer abzuschätzen, da hierzu genauere Kenntnisse über die zugrundeliegenden Lernprozesse notwendig wären.

Wenngleich das Problem der didaktischen Reduktion eine der Standardaufgaben jeder Lehrkraft darstellt, gehört es zu den vernachlässigten Forschungsfragen der Didaktik. BECKER (1993) stellt die grundsätzliche Notwendigkeit und potenzielle Wege zur didaktischen Reduktion dar. Er erläutert die Reduktion durch fachliche und thematische Strukturierung, durch Orientierungswissen und durch Ankerbildung.

Bei der Reduktion von Lehrinhalten für mediengestützte Lernangebote gibt es zumindest bei interaktiven Medien eine Besonderheit: Wenn sich die Stoffmenge nicht einfach reduzieren lässt, besteht die Möglichkeit, die Inhalte in einem *hyperstrukturierten* Medium zu organisieren (s. Seite 217). Es wird dem Lerner überlassen, die Inhalte zu selektieren, die ihm im Hinblick auf die zur Verfügung stehende Lernzeit und seine Lernziele relevant erscheinen.

Die Versuchung liegt nahe, in einem solchen hyperstrukturierten Medium möglichst *viele* Inhalte aufzunehmen, in dem Vertrauen auf die Selektionsfähigkeit des Lerners. Wenn in dieser Weise eine große Menge an Lehrstoff berücksichtigt wird, die nur durch Selektion des Teilnehmers bewältigt werden kann, dann *muss* das Medium den Lehrinhalt derart strukturieren, dass zentrale Inhalte von weniger zentralen Inhalten intuitiv unterschieden werden können. Die weniger zentralen Inhalte sind dann unterhalb eines deklarierten Haupt-Lernweges zu organisieren. Die Lernangebote sind im Hinblick auf die inhaltliche Kohärenz als auch auf die ästhetische Qualität der Präsentation aufzubereiten.

Bei Internet-basierten Lernangeboten stellt sich diese Frage in noch schärferer Form: Das Internet stellt sich dem Lernenden als eine gigantische Ansammlung

möglicher Lerninhalte dar. Doch in der Beliebigkeit der Inhalte und ihrer Verknüpfung relativiert sich der didaktische Nutzen einer solchen „Sammlung" von
Inhalten für den Lernenden. Deswegen ist gerade bei der Konzeption Internetbasierter Lernangebote sehr genau zu überlegen, in welcher Modularität und Gra-
nularität die Lernangebote aufbereitet werden.

3.2.2 Tätigkeitsanalyse

Es stellt sich die Frage, ob einer solchen Analyse der Sachlogik eine Untersuchung
der Tätigkeiten vorzuschalten ist? Legt man der Spezifikation der Lehrinhalte konkrete Tätigkeiten zugrunde, analysiert man die Zieltätigkeit im Hinblick auf die zu
erlernenden elementaren Fertigkeiten, notwendigen Kenntnisse und methodischen
Kompetenzen: Welche Fertigkeiten, Kenntnisse und Methoden müssen beherrscht
werden, um eine bestimmte (Art von) Tätigkeit ausführen zu können?

In diesem Fall muss zunächst die *Tätigkeit* selbst untersucht werden, um festzustellen, welche Anforderungen mit der Tätigkeit verbunden sind bzw. welche Anforderungen in Zukunft gestellt sein werden. Im Unterschied zu rein curricularen
Ansätzen geht man also von konkreten Anforderungen einer Arbeitstätigkeit (z.B.
Beherrschen einer CNC-Maschine).

Der Begriff der Tätigkeiten ist dabei nicht gleichzusetzen mit dem Begriff Verhaltensweisen, der auf einem vergleichsweise elementaren Niveau angesiedelt ist. Tätigkeiten fassen typische Bestandteile einer Anforderungssituation zusammen. Will
man z. B. Lehrer/innen ausbilden, wären die Tätigkeiten von Lehrer/innen zu analysieren und zu spezifizieren. Solche Tätigkeiten wäre etwa die Unterrichtsplanung
und die Unterrichtsdurchführung, die wiederum zu zerlegen wären in ihre Tätig-
keitsbestandteile, bis man z. B. je nach Fachgebiet und Altersstufe auf der Ebene
verschiedener Verhaltensweisen angelangt.

In der Praxis verbreitet sind Checklisten, in denen Experten einschätzen, in welchem Ausmaß bei einer bestimmten Tätigkeit bestimmte Qualifikationen, wie z.B.
Geschicklichkeit, Verantwortung, intellektuelle Anforderungen etc. notwendig sind.
Hierbei stellt sich das Problem, dass diese Dimensionen i.a. nicht direkt beobachtbar sind und von verschiedenen Beurteilern unterschiedlich eingeschätzt werden
können (vgl. Jonassen, Hannum, & Tessmer, 1989; Patrick, 1992).

Solchen Verfahren fehlt jedoch üblicherweise eine theoretische Fundierung.
SONNTAG (1990) kritisiert, dass i.a. von der *Oberflächenstruktur* der Arbeitstätigkeit ausgegangen wird: Es werden lediglich Verrichtungselemente zusammengestellt, ohne dass die zugrundeliegenden psychischen Prozesse und Strukturen erfasst werden können. Deswegen ist es schwierig, aus diesen Analysen Anforderungen an die Qualifikation begründet abzuleiten (zur neueren Diskussion
vgl.Faulstich, 1997).

Diese Analysen sind aufwändig, und deswegen ist die Notwendigkeit solcher Analysen umstritten. Die Entscheidung ist dabei weniger offensichtlich als teilweise
angenommen wird: In beruflichen Kontexten wird man eher von Tätigkeiten ausgehen und fragen, welche Kenntnisse und Fertigkeiten für deren Beherrschung zu

vermitteln sind. Sobald es dabei um mehr als elementare Bewegungsabläufe geht, wird man auf theoretische Sachverhalte stoßen, die es zu systematisieren und in die zugrundeliegenden abstrakten Konzepte und Prozeduren zu zerlegen gilt.

Anderseits wird bei stark theoretisch ausgerichteten Curricula, wie z.B. an der Universität, in der Regel von der Systematik eines Fachgebietes ausgegangen und die Lehrinhalte entsprechend gegliedert. Die Diskussion an der mangelhaften Anwendbarkeit („träges Wissen") solcherart definierter Lehrinhalte hat jedoch dazu geführt, dass auch hier vermehrt nach der Ausrichtung der Lehrinhalte an Tätigkeiten, die von den Absolventen eines Studien- oder Lehrgangs bewältigt werden sollen, gefragt wird.

In der folgenden Übersicht sind Ziele der beiden Zugänge aufgelistet. Um so eher konkret zu benennende Anforderungen kurzfristig zu bewältigen sind, um so eher wird man Lehrinhalte an Tätigkeiten ausrichten. Immer dann, wenn die Tätigkeiten, die von den Absolvent/innen erwartet werden, tatsächlich gut bestimmbar sind, sollte man die Aufbereitung der Lehrinhalte auch daran ausrichten.

Tabelle 11: Bezugspunkte einer didaktischen Transformation

Orientierung	vorrangige Ziele
an der zukünftigen Tätigkeit	Anwendbarkeit von erlerntem Wissen, Verhinderung von „trägem Wissen", kurzfristige Verwertbarkeit Fokussierung auf praktische Fertigkeiten, methodisches Vorgehen Fertigkeit relevante, auch divergierende Aspekte eines Problems zu integrieren, Förderung ganzheitlichen Denkens bessere Orientierung in (beruflichen) Tätigkeitskontexten
an dem Sachinhalt	Verstehen grundlegender Begriffe, Konzepte und Prozeduren Fokussierung der Vermittlung auf Kenntnisse und abstrakte Fertigkeiten, insbesondere beim Umgang mit Wissen Vermittlung von analytischen Fertigkeiten bei Erfassen und Beschreiben eines Problems Fähigkeit zum Umgang mit unbestimmten und komplexen Situationen sowie Fehlersituationen Fähigkeit zur eigenständigen Ableitung neuen Wissens längerfristige, breiter angelegter Nutzen: polyvalente Verwertbarkeit

Je mehr es um eine grundlegende Vorbereitung für eine (noch) nicht präzise bestimmbare Tätigkeit geht, wird man sich an der abstrakten Logik von Sachgebieten orientieren. Dies trifft für weite Bereiche der Primar- und Sekundarstufe zu. In der Hochschulbildung ist genau dieser Aspekt jedoch umstritten. Es ist eine Frage des Selbstverständnisses, welche Ausrichtung man bevorzugt. Nicht nur die Fachhochschulen, mit ihren traditionell stärker auf Tätigkeiten ausgerichteten Lehrangeboten, sondern auch die Universitäten sind zunehmend mit der Forderung konfrontiert, ihre Bildungsinhalte mehr auf berufliche Anforderungen auszurichten.

3.3 Ergebniskomponente des Lehrziels

Bei der Konzeption didaktischer Medien werden die thematischen Inhalte oft gleichgesetzt mit den angestrebten Lernergebnissen: Als Ziel des Medieneinsatzes wird die Vermittlung bestimmter Inhalte angegeben. Eine weitergehende Präzisierung dessen, was erreicht werden soll, scheint sich zu erübrigen. In der Wahrnehmung von Auftraggebern, aber auch mancher Entwickler, ist mit der Festlegung der Inhaltskomponente das Ziel didaktischer Aktivitäten hinreichend bestimmt: Die Lerner sollen eben diesen oder jenen Stoff beherrschen. Auch kognitive Ansätze gehen teilweise davon aus, dass die Aufbereitung des Lehrinhaltes, etwa dessen Darstellung als semantisches Netzwerk, das Ziel der Lehr-Lernaktivitäten hinreichend beschreibt. Mit der Darstellung der Sachstrukturen, die die Beziehungen zwischen Konzepten abbilden, ist die Analyse üblicherweise abgeschlossen. Weitergehende Formulierungen von Zielen, die beschreiben, welche *Qualität* des Lernprozesses erreicht werden soll, bzw. welche Kompetenz als Ergebnis des Lernprozesses erwartet wird, ist vielfach zu einer unangenehmen und oft bereits als überflüssig erlebten „Pflichtübung" der Unterrichtsplanung verkommen.

Wie unterscheidet sich nun die Formulierung der Inhalts- und der Ergebniskomponente des Lehrziels? Es ist offensichtlich, dass unterschiedliche Paradigmen des didaktischen Designs sehr verschiedene Vorstellungen entwickelt haben, was Ergebnisse von Lehr-Lernprozessen sein können bzw. sollen. Wenn ein kognitiver Ansatz etwa den „Erwerb von Kompetenzen" in den Vordergrund stellt, würde ein situierter Ansatz eine individualistische Verkürzung des Lernverständnisses beklagen. Ein behavioristischer Ansatz schließlich wird die Benennung „beobachtbaren Verhaltens" als Ergebnis von Lernprozessen fordern. In der Tradition der deutschsprachigen Didaktik ist darüber hinaus ein weiterreichender Horizont von Bildungs- oder Erziehungszielen formuliert und inhaltlich benannt worden. Im Kontext des didaktischen Designs dominieren jedoch der Psychologie entlehnte Modellvorstellungen, die die Ergebnisse und Qualitäten von Lehr- und Lernprozessen weniger inhaltlich als strukturell systematisieren.

3.3.1 Operationale Definition von Lehrzielen

Im behavioristischen Ansatz ist die Forderung nach der Bestimmung von *Ergebnissen* des Lehr-Lernprozesses einfach begründet: Es gilt, das aufzubauende Zielverhalten möglichst genau zu beschreiben, um Verstärkungsmechanismen festzulegen, die den Aufbau des Verhaltens gewährleisten. Da der Behaviorismus nur beobachtbares Verhalten als Gegenstand seiner Analyse gelten lässt, beschränkt sich die Formulierung von Lehrzielen auf genau derartige *Operationen* des Lerners. Die Ausarbeitung solcher operationaler Lehrziele ist ein typisches Merkmal behavioristischer Ansätze didaktischen Designs.

Lange Zeit ist für Entwickler von Bildungsmedien die Definition von Lehrzielen mit der Forderung nach deren *Operationalisierbarkeit* verbunden gewesen. Bis heute reduziert sich für Viele eine didaktische Medienkonzeption auf das Formulieren operationaler Lehrziele. Lehrziele sollten in Kategorien beobachtbaren Verhaltens beschrieben werden. Statt: „der Lerner soll ein tieferes Verständnis des Zahlenbegriffs erhalten" wäre die Formulierung vorzuziehen: „der Lerner soll in der Lage sein, alle Grundrechenarten mit dreistelligen Zahlen auf dem Papier ohne Hilfestellung ausführen zu können".

Eine operationale Definition eines Lehrziels muss nach ROBERT MAGER die zu erlernende Verhaltensweise unter Angabe beobachtbarer *Indikatoren*, die *Bedingungen*, unter denen das Verhalten gezeigt werden soll, und die *Kriterien* für die Beurteilung des Lernfortschritts benennen. Damit können mangelhafte Lernfortschritte nicht mehr hinter wohlklingenden, aber vagen Zielformulierungen versteckt werden. Erst der „Zwang" zur Operationalisierung lenkt die Aufmerksamkeit des Medienentwicklers auf Indizien, an denen sich die Ergebnisse von Lernprozessen erkennen lassen. Nach MAGER, der sich im übrigen dagegen verwehrt, als Behaviorist bezeichnet zu werden, kann über Erfolge von Lern- und Lehrbemühungen sinnvoller Weise nur gesprochen werden, wenn man benennt, woran diese festgemacht werden. Diese Forderung erscheint im Licht neuerer Ansätze zum *Bildungscontrolling* aktueller denn je.

Allerdings garantiert oder fördert eine solchermaßen präzisierte Definition von Lehrzielen keineswegs, wie es teilweise erhofft wurde, den Erfolg von Lehraktivitäten. So lehnen Entwickler, denen ein derartiges Verständnis von Lehrzielen vermittelt wurde, auch die Mühe ab, die mit der Formulierung von (solchen) Lehrzielen verbunden ist.

Für den Bereich kognitiver Lehrziele lässt sich darüber hinaus zeigen, dass es nicht immer möglich ist, konkrete *Verhaltensänderungen* zu benennen, die als Indiz für einen *Wissenserwerb* gelten können. Ebenfalls schwierig ist die Forderung im affektiven Bereich durchzuhalten, da Einstellungsänderungen, Aufbau von Werten etc. sich oftmals nicht unmittelbar in Verhalten niederschlagen und trotzdem eine nachhaltige, persönlichkeitsbildende und damit langfristige Wirkung haben.

Beharrt man also auf der operationalen Definition von Lehrzielen, kann dies mit einer Einschränkung der lehrbaren Sachverhalte einhergehen: Lehrbar wird nur das, was sich an konkreten Verhaltensänderungen niederschlägt. Kognitive Ansätze warnen gar davor, sich auf operationale Lehrziele zu beschränken. Konzentrieren wir didaktische Bemühungen nur auf das sichtbare Verhalten, so besteht die Gefahr, die diesem Verhalten zugrunde liegende Struktur zu übersehen und nicht richtig anzulegen.

Die didaktische Analyse sollte deswegen, wann immer möglich, tatsächlich beobachtbare Verhaltensänderungen benennen, die sich als Folge der Lehr-Lernaktivitäten einstellen sollten; es lässt sich jedoch nicht aufrecht erhalten, dies bei der Festlegung von Lehrzielen zur Voraussetzung zu machen.

Auch wenn die Formulierung *operationaler Lehrziele* im Kontext behavioristischer Ansätze begründet wurde, verweisen diese keineswegs automatisch auf eine behavioristische Medienkonzeption. Es handelt sich vielmehr um ein methodisches Instrument, um Ergebnisse von Lehr-Lernprozessen beschreibbar zu machen. Leider wird die Anwendung eines methodischen Instrumentes oft gleichgesetzt mit einer Zustimmung zu dem Ansatz, in dessen Kontext das Instrument entwickelt wurde. Es lässt sich jedoch durchaus, wenngleich in anderer Gewichtung, im Rahmen anderer Ansätze nutzen.

3.3.2 Gegenstandsbereiche von Lehrinhalten

Die theoretische Kritik ebenso wie die praktischen Probleme der strikten Operationalisierung von Lehrzielen motivierte eine bis heute verbreitete Kategorisierung von Lehrzielen. Sie geht (eher a-theoretisch) von einer groben Kategorisierung von Lehrgegenständen aus, denn es liegt nahe, dass die Art der Lehrinhalte die notwendigen Lehr- und Lernaktivitäten entscheidend beeinflusst.

Üblich ist eine Differenzierung, die sich an folgenden allgemein-psychologischen Funktionsbereichen orientiert und sich vor allem durch die Arbeitsgruppe von BLOOM durchgesetzt haben (Bloom, Engelhart, Furst, Hill, & Krathwohl, 1956):

* *Kognitive Lehrziele* beschreiben das Wissen über Fakten, Konzepte, Regeln, Prozeduren oder Prinzipien.

* *Affektive Lehrziele* beziehen sich auf Interessen, Einstellungen und Werte sowie die Fähigkeit, angemessene (moralische) Werturteile bilden zu können und eigenes Verhalten danach auszurichten.

* *Psychomotorische Lehrziele* (Verhaltensweisen) beinhalten die Beherrschung von Bewegungsabläufen und komplexen Verhaltensweisen, die unterschiedlich starker psychomotorischer Regulation erfordern. Sportliche Leistungen oder handwerkliche Fähigkeiten etwa erfordern die Koordination sehr unterschiedlicher (grob- und fein-)motorischer Subsysteme. Bei der zunehmend kompetenten Beherrschung dieser Verhaltensweisen erfolgt eine Automatisierung, die den Aufwand der psychomotorischen Regulation reduziert.

Die Klassifikation von Lehrinhalten nach einem kognitiven, affektiven und psychomotorischen Bereich ist aus wissenspsychologischer Sicht keineswegs zwingend. Denn affektive Lehrziele, also Einstellungen, Werte, Normen etc., benötigen zweifelsohne ebenfalls eine kognitive Repräsentation: Der Erwerb einer Einstellung, der Aufbau von Werthaltungen oder Normen bedeutet den Aufbau eines kognitiven Schemas. Ebenso ist die Aneignung von Verhaltensweisen ohne den Aufbau unterschiedlich komplexer kognitiver Schemata nicht denkbar. Insofern handelt es sich bei affektiven und psychomotorischen Lehrzielen nur um inhaltlich spezifizierte, letztlich auch kognitiv repräsentierte Bereiche des Lernens. Dabei sollten möglichst alle Elemente der Trias „kognitiv, affektiv, psychomotorisch" Berücksichtigung finden. Gerade die affektiven Elemente (Aufbau von Einstellungen und Werten) werden oft übersehen bzw. nicht explizit formuliert.

Belässt man es nun bei der Kategorisierung der Lehrinhalte nach solchen Gegenstandsbereichen, ist jedoch kein wesentlicher Erkenntnisfortschritt erreicht. Aus diesem Grund werden verschiedene Niveaus des Lernprozesses unterschieden und etwa in Taxonomien von Lehrzielen systematisiert. Es macht beispielsweise einen Unterschied, ob …

- Fakten wiedergegeben werden können,
- komplexe Zusammenhänge von Begriffen verstanden werden oder
- erworbenes Wissen in neuen Situationen angewendet werden kann.

Mit solchen unterschiedlichen Leistungsniveaus, so kann vermutet werden, sind auch unterschiedliche Lehrstrategien zu wählen. Insofern ergibt sich mit der Spezifikation des angestrebten Leistungsniveaus bereits ein erster Rückschluss auf das didaktische Design.

Kognitive Lehrziele

Die Arbeitsgruppe um BLOOM formulierte umfangreiche Taxonomien für die Klassifikation von Lehrzielen auf den unterschiedlichen Leistungsniveaus. Die Taxonomien waren geprägt von behavioristischen Konzepten. Für die verschiedenen Gegenstandsbereiche werden dabei unterschiedliche Kriterien angelegt: Im kognitiven Bereich werden Ergebnisse des Lernens nach dem Grad der *Komplexität* unterschieden, im affektiven Bereich wird der Grad der *Internalisierung* (von Werten, Einstellungen etc.) herangezogen und im psychomotorischen Bereich wird nach dem Grad der *Koordination* oder Komplexität unterschieden.

Stufe	Kognitive Lehrziele
1	**Kenntnisse:** Bekannte Informationen können aus dem Gedächtnis erinnert werden.
2	**Verstehen:** Neue Informationen können verarbeitet und in einen größeren Kontext eingeordnet werden.
3	**Anwenden:** Regeln und Prinzipien können in definierten Situationen verwendet werden.
4	**Analyse:** Ein Sachverhalt kann in seine Bestandteile zergliedert werden.
5	**Synthese:** Teile oder Elemente können zu einem (neuen) Ganzen zusammengefügt werden.
6	**Bewerten:** Es können Urteile gefällt werden, ob bestimmte Kriterien erfüllt sind.

Am bekanntesten (und in der Praxis verbreitet) ist die kognitive Lehrzieltaxonomie. Auf der ersten Stufe wird angestrebt, Informationen aus dem Gedächtnis abrufen und verbal wiedergeben zu können. Dies beinhaltet Faktenwissen, aber auch Wissen über Prozeduren oder Prinzipien. Für den Lernerfolg im Allgemeinen besser ist es jedoch, wenn höhere Lehrziele der Taxonomie angestrebt werden. Das *Verstehen* und *Anwenden* ebenso wie die *Analyse* und *Synthese* erfordern eine tiefergehende Auseinandersetzung mit Lehrinhalten und sollten den Transfer auf Anwendungssituationen sichern helfen.

Affektive Lehrziele

METFESSEL, MICHAEL & KIRSNER (1969) systematisierten *affektive Lehrziele*. Affektive Lehrziele, wie Toleranz oder Ehrlichkeit, können nur vermittelt werden, wenn zunächst die Aufmerksamkeit gesichert ist, d.h. die Lernenden sind in der Lage und bereit, sich mit einer bestimmten Meinung, einem Kunstwerk oder politischen Problem auseinanderzusetzen. Der Aufbau von Einstellungen oder Werthaltungen erfordert darüber hinaus zumindest ein Reagieren des Individuums. Eine wichtige Funktion hat dabei das bewusste Erleben von Emotionen, sei es Spaß, Trauer, Überraschung oder Angst. Das Bewerten und Einordnen von Werten schließlich führt zum reflektierten Umgang mit Meinungen und Einstellungen. Angestrebt wird letztlich, dass sich Werte in Handlungen niederschlagen, sei es im Alltag oder in Konflikt- und Problemsituationen.

Verbale Appelle und Überzeugungsversuche erreichen überraschend selten Einstellungs- und Verhaltensänderungen im affektiven Bereich. Wesentlich wirksamer ist dagegen insbesondere das Verhalten von *Modellpersonen*, d.h. Personen, die man besonders schätzt oder die besonders mächtig oder attraktiv sind, wie BANDURAS Lerntheorie hervorhebt. Beobachtet wird, ob das Verhalten dieser Personen in verschiedenen Situationen mehr oder weniger erfolgreich für die Erreichung bestimmter Ziele ist.

Stufe	Affektive Lehrziele
1	**Aufmerksamkeit:** Passive Wahrnehmung, Bereitschaft zur aktiven Aufnahme
2	**Reagieren:** Dulden als Reaktion, Bereitschaft zur aktiven Reaktion, Emotionale Betroffenheit erleben
3	**Einstellungen und Werte bilden:** Verstehen von Werten, Präferenz für einen Wert, Persönliche Verpflichtung für Wert eingehen
4	**Werte einordnen:** Selbständige Formulierung und Beschreibung eines Wertes, Einordnen von Werten in ein Wertesystem, Vergleich von Werten und Wertesystemen
5	**Internalisierung von Werten:** Werte schlagen sich im Handeln nieder, Konsistenz von Handeln und Werten in Konfliktsituationen

Solche Modellpersonen finden sich nicht nur im Alltag, einen wesentlichen Beitrag zur Bildung von Meinungen und Einstellungen liefern mediale Darstellungen. In der Werbung wird insbesondere der Ausstrahlungseffekt genutzt, wonach Attribute einer Person auf die Einschätzung der von ihr genutzten Gegenstände, geäußerten Meinungen etc. „ausstrahlt". Ähnliche Effekte werden durch Einsatz von Musik, graphischen Elementen oder Schnitteffekten erzielt, bei denen bestimmte emotionale Wirkungen erreicht werden. Gerade mit zunehmender Werbeintensität muss damit gerechnet werden, dass solche Mechanismen in der werblichen Kommunikation weniger gut funktionieren (zumindest solange die gleichen Stilmittel eingesetzt werden).

Doch gerade in nicht-werblichen Darstellungen, wie Spielfilmen, wo der Appellcharakter der Nachricht nicht evident ist, wirken diese Mechanismen in gleicher Weise. Auch hier werden neben einfachen Prozessen der Konditionierung durch Beobachtungslernen Einstellungen gebildet. In dem Maß, in dem die Rezeption von Medien für Kinder und Jugendliche zu einem wichtigen Bestandteil ihrer Sozialisation wird, tragen Medien wesentlich zur Bildung von Werthaltungen bei.

Dies geschieht in gleicher Weise auch bei interaktiven Medien, insbesondere dann wenn eine hohe innere emotionale Beteiligung im Umgang mit dem Medium erreicht wird. Eine solche Begeisterung mit ihren psychophysischen Begleiterscheinungen kann die Meinungsbildung sehr positiv beeinflussen.

3.3.3 Klassifikation von Lehrzielen nach GAGNÉ

Für das didaktische Design bis heute grundlegend ist die Klassifikation von ROBERT GAGNÉ (BRIGGS, GAGNÉ, & WAGER, 1992; 1985). Neben den affektiven und psychomotorischen Lehrzielen werden kognitive Lehrziele nach folgenden Bereichen zunehmender Schwierigkeit unterschieden:

Verbale Informationen (Wissen über Objekte, Konzepte, Ereignisse oder Vorgänge) können einzelne Informationen umfassen, aber auch das Verständnis und Einordnen von z.B. Begriffen und Konzepten. Die Bezeichnung „verbale" Information soll dabei deutlich machen, dass dieses Wissen in sprachlicher Form *abgerufen* wird: Ziel ist, dass der Lerner in der Lage ist, Sachverhalte zu beschreiben, Objekte zu benennen, Ereignisse zu erinnern. Dieses Wissen ist offensichtlich keine rein additive Sammlung von Fakten, sondern es handelt sich um ein hochgradig strukturiertes Gedächtnissystem. Je mehr Informationen in diese Struktur eingebettet sind (indem sie z.B. in einem sinnhaften Kontext erlernt werden), um so höher sind die Chancen des Erinnerns bzw. der Rekonstruktion der Information. Der Abruf wird durch Gedächtnisstützen und Eselsbrücken (mnemonische Hilfen) unterstützt. Besonders effektiv erweisen sich visuelle Vorstellungsbilder für das Erinnern.

Intellektuelle Fertigkeiten (u.a. bei der Anwendung von Regeln, Prozeduren etc.) werden durch Übung und Erfahrung erworben. Sie bauen in einer hierarchischen Form aufeinander auf. So müssen grundlegende kognitive Operationen ebenso wie das Verständnis bestimmter Konzepte vorausgesetzt werden, um komplexere intellektuelle Fähigkeiten (wie z.B. die Berechnung eines Dreisatzes) aufbauen zu können. Für die Unterrichtsplanung muss deswegen sichergestellt sein, dass bei dieser Art des Wissens die Voraussetzungen (wie z.B. Ausführung der Grundrechenarten und Verständnis von Operationen des Kürzens etc.) zuverlässig beherrscht werden.

Kognitive Strategien sind eine Voraussetzung für das Bewältigen von Problemen, bei denen ein Anfangs- in einen Endzustand zu transformieren ist. Hierzu reicht es nicht aus, die grundlegenden Operationen, die hierzu benötigt werden, zu beherrschen. Diese müssen organisiert, d.h. ausgewählt, angewandt und überprüft werden. Diese metakognitive Fähigkeit ist damit strategischer Art. Das Beherrschen elementarer kognitiver Fertigkeiten, wie z.B. der Grundrechenarten, garantiert nicht, dass diese in einem bestimmten *Problemkontext* angewendet werden können. Es bedarf der Fähigkeit, vorhandene Operationen zu neuen Ketten zusammenzusetzen, zu erproben und ggfs. zu verwerfen.

Dieser Bereich war in der Taxonomie von BLOOM nicht vertreten, nicht zuletzt weil behavioristische Ansätze versuchten, ohne solche Kategorien psychischer Funktionen, die grundsätzlich nicht beobachtbar sind, auszukommen. Man kann annehmen, dass elementare Strategien helfen, sich auch in Situationen zurecht zu finden, in denen kein Vorwissen besteht. Offen bleibt, wie sehr diese Strategien übertragbar sind auf beliebige Anforderungs- und Problemsituationen. Wäre dies der Fall, so sollte man Lehr- und Lernbemühungen auf den Erwerb solcher universellen Problemlösekompetenzen konzentrieren. Doch es zeigt sich, dass der Transfer dieses metakognitiven Wissens keineswegs auf beliebige Domänen möglich ist (vgl. Mandl & Friedrich, 1992).

3.4 Repräsentation von Wissen im Gedächtnis

Mit der zunehmenden Bedeutung kognitiver Ansätze im didaktischen Design wurde kritisiert, dass die verschiedenen Taxonomien wenig aufschlussreich für die Ableitung und Begründung einer didaktischen Konzeption sind. Die Formulierung der Lehrziele bleibt letztlich an Merkmalen des *Lehrgegenstand* verhaftet, die anzuregenden *Lernprozesse* lassen sich kaum oder nur intuitiv ableiten.

Die taxonomischen Ansätze beruhen auf eher vagen Annahmen über psychische Funktionen als auf einem Modell menschlichen Wissens. Es bleibt unklar, welche kognitiven Strukturen beim Lerner als Ergebnis des Lernprozesses angestrebt werden und mithilfe welcher kognitiver Operationen diese aufgebaut werden können. Mehrfach wurde gefordert, das didaktische Design stärker auf kognitionswissenschaftlichen Modellen des Wissens zu fundieren. Solche Modelle haben die Forschung zum didaktischen Design erst relativ spät beeinflusst (vgl. Bonner, 1988; Elen, 1992; Winn, 1990).

Es bleibt das Problem, dass es „das" Modell der Architektur menschlichen Wissens nicht geben kann, sondern eine Vielzahl von Modellvorstellungen konkurrieren. Hinzu kommt, dass die Interessen des didaktischen Designs und der kognitionspsychologischen Forschung nicht identisch sind: Das didaktische Design benötigt Modelle, die die relevanten Wissensbereiche möglichst umfassend berücksichtigen. Die Kognitionspsychologie beschäftigt sich dagegen mit speziellen Phänomenen in Teilbereichen von Wissen; die theoretische Diskussion von übergreifenden kognitiven Architekturen ist vergleichsweise gering ausgeprägt.

Architektur des Gedächtnisses

Die bekannteste Annahme über die Struktur des menschlichen Gedächtnisses ist die Unterscheidung zwischen (Ultrakurzzeit-,) Kurzzeit- und Langzeitgedächtnis. Diese statischen Mehrspeichermodelle sind bereits in den 70er Jahren etwa durch den *levels of processing*-Ansatz relativiert worden. Bis heute wird jedoch etwa zwischen Arbeits- und Langzeitspeicher unterschieden.

Neben dieser klassischen Unterscheidung differenzieren neuere Klassifikationsvorschläge Gedächtnissysteme entweder (s. Engelkamp, 1991, S. 49):

- nach der gespeicherten *Information* (z.B. verbal-nonverbal-imaginal, sensorisch-motorisch, episodisch-semantisch) oder
- nach den beteiligten *Prozessen* (z.B. deklarativ-prozedural, implizit-explizit, automatisch-kontrolliert).

Ein *umfassendes* Modell des menschlichen Gedächtnisses sollte im Prinzip zumindest diese Dimensionen berücksichtigen; für Analysen im Rahmen des didaktischen Designs wird dies jedoch recht komplex. OPWIS (1992) spricht von einer eher verwirrenden Vielzahl von Vorschlägen. Wählt man die Art der Repräsentation zum Ordnungskriterium, können folgende drei Varianten unterschieden werden:

Propositionale Repräsentationssysteme dienen vornehmlich der Darstellung sprachlich-begrifflichen Wissens als symbolische Struktur. Unter Proposition versteht man den Bedeutungsgehalt (den „Kern") einer sprachlichen Aussage, der „bei Abstraktion von ihrer syntaktischen Form und ihrer illokutionären Rolle als eine eigenständige Behauptung formulierbar ist, die sinnvoll als wahr oder falsch beurteilt werden kann." (Opwis, 1992, S. 51).

Die meisten der bisher entwickelten Modelle beschreiben propositionale Repräsentationssysteme. Semantische Netzwerkmodelle lassen sich hier zuordnen. Sie sind bereits in den 70er Jahren in der Gedächtnispsychologie entwickelt worden zur Darstellung sprachlich-begrifflichen Wissens. Die verschiedenen Netzwerkmodelle stellen Wissen in Form gerichteter Graphen mit Knoten und Kanten dar, die auf elementare sprachliche Einheiten und Relationen verweisen. Die Weiterentwicklung entsprechender Modellvorstellungen erfolgt im *frame*- (Minsky, 1992) und *script*- Ansatz (Schank & Abelson, 1977).

Regelbasierte Repräsentationssysteme eignen sich vor allem zur Darstellung von operativen Fähigkeiten, die üblicherweise in Form von Wenn-Dann-Regeln formuliert werden. Solche „Produktionssysteme" wurden erstmals von NEWELL & SIMON (1972) vorgestellt. Die im Folgenden kurz dargestellte ACT-Theorie von ANDERSON beinhaltet ein solches regelbasiertes Repräsentationssystem.

Analoge Repräsentationssysteme werden zur Darstellung von bildhaft-anschaulichem Wissen herangezogen. Hierbei besteht eine weitgehend direkte Korrespondenz zwischen der Repräsentation und dem Repräsentierten (vgl. Seel, 1991).

NEWELL, ROSENBLOOM, & LAIRD (1989, S. 109) sehen in ANDERSONS (1983) Theorie den ersten Ansatz, der den Begriff kognitive Architektur überhaupt verdient. Gleichwohl beschäftigt sich auch dieses Modell nur mit einem Ausschnitt von Wissensbeständen: nämlich sprachlich-symbolisch kodiertem Wissen, also Wissen, das *Begriffe* und ihre Beziehungen untereinander beinhaltet sowie kognitive Operationen, die mit diesen Begriffen agieren.

Das wissenspsychologische Modell von ANDERSON

J.R. ANDERSON entwickelte ein Modell der Architektur menschlichen Wissens. Das Modell wurde mehrfach modifiziert und liegt seit 1993 als ACT-R vor, die als Grundlage der folgenden Ausführungen herangezogen wird. Anders als bei den dargestellten Taxonomien wird nicht zwischen den Inhalten des Wissens, sondern nach dem Typ (bzw. dem Zustand) des Wissens im Langzeitgedächtnis differenziert. Es wird unterschieden …

- *deklaratives* Wissen (Kenntnisse in propositional-symbolischer Kodierung über Fakten, Ereignisse, Objekte etc.) und

- *prozedurales* Wissen (Fertigkeiten als Operationen zur Konstruktion, Verknüpfung und Anwendung deklarativer Wissensbestände).

Das deklarative Wissen basiert auf Konzepten, die durch ein Netz von Relationen verbunden sind und damit das semantische Gedächtnis einer Person ausmachen. Die Knoten in diesem Netz werden in ACT-R als *chunks* bezeichnet, die unterschiedlich repräsentiert sein können. Neben der sprachlich-symbolischen Relation sieht das Modell auch zeitliche oder räumliche Relationen vor.

Nach ANDERSON et al. (1995) wird dieses deklarative Wissen durch Beobachtung oder externe Information unmittelbar abgespeichert. Speicherung und Abruf sind jedoch zwei unabhängige Prozesse: Die Speicherung garantiert nicht ihre Abrufbarkeit. Dieses deklarative Wissen lässt sich vergleichsweise schnell aneignen; es ist als solches in konkreten Situationen jedoch nicht anwendbar. In GAGNÉS Modell entspricht dies dem Bereich „verbale Information".

Das prozeduralisierte Wissen besteht aus Wenn-Dann-Regeln, die das Handlungswissen einer Person konstituieren, das in einer Situation anwendbar ist. Diese Regeln sind abstrakt, modular (d.h. miteinander kombinierbar), auf Ziele ausgerichtet und operieren auf der Basis des deklarativen Wissens. Sie beschreiben Bedingungen, wann bestimmte Operationen auszuführen sind.

Eine Anmerkung zu der Verwendung der Begrifflichkeit in der Literatur zum didaktischen Design und zur Wissenspsychologie: Wenn MERRILL von Prozeduren spricht, können diese sowohl deklarativ als auch prozeduralisiert vorliegen. Ausgangspunkt wäre in jedem Fall die deklarative Form, bei MERRILL entspricht dies dem Leistungsniveau *Erinnern*. Ziel wäre deren Überführung in prozeduralisiertes Wissen, bei MERRILL wäre dies das Leistungsniveau *Anwenden*.

Stadien des Wissenserwerbs

Gegenstand der kognitiven Lerntheorie von ANDERSON ist vor allem der Aufbau prozeduralisierten Wissens. Der Aufbau deklarativen Wissens erscheint ANDERSON wenig problematisch: „Declarative knowledge can be acquired by simply being told." (ANDERSON et al., 1995, S. 170f.). Der Aufbau kognitiver Fertigkeiten macht es jedoch erforderlich, dass deklaratives Wissen *prozeduralisiert* wird. Gerade dieser Mechanismus der *Wissenskompilierung* ist für das didaktische Design von besonderem Interesse, wenn es um die Frage der Aneignung nicht nur verbaler Information, sondern den Aufbau kognitiver Fertigkeiten geht.

ANDERSON orientierte sich an Überlegungen von FITTS & POSNER (1967), die ein dreistufiges Modell des Wissenserwerbs vorschlugen:

- Im *kognitiven* Stadium liegt das Wissen lediglich *deklarativ* vor,
- im *assoziativen* Stadium der Anwendung und Übung ist Wissen *prozedural* repräsentiert und
- im *autonomen* Stadium kann das Wissen *automatisch* verarbeitet werden.

In der ersten, kognitiven Phase geht es zunächst darum, grundlegende konzeptuelle Wissensbestände aufzubauen und in einem semantischen Netz zu integrieren. Gilt es eine entsprechende Aufgabe zu lösen, wird eine Person in dieser ersten Phase -

mühsam - auf einzelne, bislang niedrig vernetzte Konzepte des Langzeitgedächt-
nisses zuzugreifen versuchen. Für die Anwendung wird sie auf inhaltsunspezifische
Regeln zurückgreifen müssen, die in anderen Kontexten aufgebaut wurden. Zunächst sind diese lediglich deklarativ repräsentiert. Erst in der Anwendung können
diese in größere Einheiten eingebunden werden.

Nach Aufbau des grundlegenden deklarativen Wissens können in der zweiten, as-
soziativen Phase *domänenspezifische* Regeln aufgebaut werden. Es entwickeln sich
Assoziationen zwischen Bedingungen und spezifischen Operationen, die als Wenn-
Dann-Regel das prozedurale Wissen in diesem Kontext erweitern. Werden nun Be-
dingungen perzipiert, die den Wenn-Teil der Regel erfüllen, wird der Dann-Teil der
Regel automatisch aufgerufen und steht zur Ausführung im Arbeitsspeicher bereit.

Erst mit wiederholter, zumeist langjähriger Erfahrung schließlich wird das dritte,
autonome Stadium erreicht. Die Person hat mittlerweile eine Vielzahl verästelter
Regeln aufgebaut, die eine äußerst feine Anpassung des Handelns auf eine Reihe
unterschiedlicher Teilaspekte ermöglicht. Die Regeln haben darüber hinaus durch
wiederholtes Anwenden eine hohe Assoziationsstärke entwickelt. So werden im
Laufe der Zeit die vielen einzelnen Regeln, die das Wissen eines Experten ausmachen, durch übergeordnete, scheinbar vereinfachte Regeln ersetzt. Bei diesen Regeln sind Wenn- und Dann-Teil vielfach „reduziert". Charakteristisch ist, dass Teile
dieser Regeln nicht mehr ohne weiteres zu verbalisieren sind: Sie bestimmen das
Handeln weitgehend automatisch, ja „autonom". Mit zunehmender Praxis werden
diese so beherrscht, dass sie auch ohne kognitive Kontrolle ausgeführt werden können. Dies entlastet die kognitive Kapazität, so dass sich der Lernende komplexeren
Anforderungen stellen kann. In diesem Stadium wird das Anwenden von Regeln
nahezu mühelos, es bedarf wenig kognitiver Ressourcen und ist der eigenen Intro-
spektion nicht mehr unmittelbar zugänglich.

3.5 Wissenstypen im didaktischen Design

In der Literatur zum didaktischen Design hat sich zunächst die Unterscheidung
zwischen deklarativem und prozeduralem Wissen etabliert. Hinzu kommt der Bereich des kontextuellen Wissens, der gerade für situierte Ansätze des didaktischen
Designs von besonderer Bedeutung ist (vgl. Tennyson & Rasch, 1988). Wenn man
diese Bereiche für das didaktische Design ordnet, erhält man eine Wissensarchi-
tektur, wie sie Abbildung 13 zeigt:

- *Deklaratives* Wissen beinhaltet Fakten und Begriffe, die hinsichtlich ihres Abstraktionsgrades geordnet werden können. Als Faktenwissen bezieht es sich auf
  konkrete Einzelheiten, Ereignisse, Fälle oder es handelt sich um abstrakte Begriffe oder Konzepte.
- *Prozedurales* Wissen bezieht sich entweder auf eine eher spezifische Fertigkeiten in einem Fachgebiet („Domäne") oder auf mehr oder weniger allgemeine,
  metakognitive Strategien.

- *Kontextuelles* Wissen erstreckt sich von der analogen Repräsentation einzelner Episoden hin zu einer geankerten Form der Repräsentation, bei der die konkrete Episode mit abstrakten Konzepten verknüpft ist.

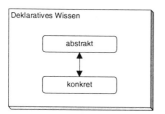 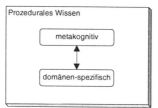 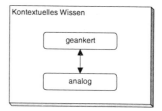

Abbildung 13: Typen des Wissens im didaktischen Design

3.5.1 Wissenspsychologische Analysen

Wie lässt sich nun zunächst das deklarative und prozedurale Wissen, das medial vermittelt werden soll, erfassen? Ist hierzu das Wissen von Novizen, Fortgeschrittenen oder Experten zu untersuchen? Wie geht man vor, um die speziellen kognitiven Anforderungen bei der Bearbeitung einer Aufgabe zu analysieren?

Gegenstand der Analyse. Ursprünglich versuchte man, das Wissen von *Experten* zum Ausgangspunkt zu nehmen. Man erhoffte sich auf diese Weise Aufschluss zu erhalten über Prozesse, die bei Novizen notwendig sind. Doch durch die bereits erwähnten Schritte der Wissenskompilierung unterscheidet sich die Wissensbasis von Novizen und Experten auch qualitativ und nicht nur quantitativ. Der Status des Novizen kann nicht als defizitäre Struktur eines „noch-nicht"-Experten aufgefasst werden. Eine didaktische Konzeption, die sich an der Struktur von Experten orientiert, ist nicht unbedingt geeignet, Novizen zu diesem Expertenstatus zu verhelfen.

Ein Problem besteht also darin, dass selbst die genaue Kenntnis der Wissensbasis von Experten keine eindeutigen Hinweise darüber gibt, wie der Experte diese Wissensbasis erworben hat bzw. wie diese Wissensbasis aufzubauen ist. Ist die Erfassung von Merkmalen der Wissensbasis bereits schwierig genug, so muss der Versuch der Rekonstruktion des Wissenserwerbs scheitern, da die Vorgänge der Wissenskompilierung nicht bewusst ablaufen.

Darstellung deklarativen Wissens. Die nächste Frage bezieht sich auf die *Darstellung* des Wissens: Wie kann deklaratives Wissen – vielleicht formalisiert – dargestellt werden, um es für die Übertragung in eine didaktische Anwendung zu verwenden?

Bezieht sich das deklarative Wissen auf *Konzepte*, so sind die wesentlichen *Begriffe* eines Sachverhaltes zu erfassen und die *Relationen* zwischen diesen zu bestimmen. Prominent geworden ist insbesondere die Darstellung von Wissen in Form eines *semantischen Netzwerkes*, bei dem Wissen als gerichteter Graph mit Kanten und Knoten repräsentiert wird.

Bereits in den kybernetischen Ansätze wurden frühzeitig Verfahren vorgestellt, wie sich Lehrinhalte (als sogenannter Basaltexte) in einer formalisierten Form darstellen lassen. SCHOTT et al. (1981) und KLAUER (1974) übertrugen solche Überlegungen auf die Analyse von Lehrinhalten. Das Verfahren von SCHOTT orientiert sich an Aussagemodellen der formalen Logik. Ausgehend von Lehrinhalten, die in Textform vorliegen, werden zunächst alle *Bausteine* des Textes ermittelt. Es sind dies die *Elemente* und *Relationen* des Inhaltes. Darüber hinaus geht es um die Repräsentation von Lernaufgaben, die sich – im Sinne der Denkpsychologie – als Problemlöseanforderungen darstellen lassen, bei denen ein Anfangs- in einen Endzustand transformiert werden soll.

Der Aufwand hierfür ist erheblich und wird deswegen vor allem auf die Entwicklung von *intelligenten tutoriellen Systemen* und Ansätze des automatisierten Instruktionsdesign (s. Seite 369) beschränkt bleiben. Nur in diesem Kontext lässt sich auch prüfen, ob die Menge der postulierten Regeln auch tatsächlich die intendierte kognitive Fähigkeit abbilden.

Darstellung prozeduralen Wissens. Der grundlegende Unterschied zwischen deklarativem und prozeduralem Wissen besteht nicht in den Inhalten, sondern in deren Organisation. Während deklaratives Wissen sich als (hierarchisch) strukturierte Menge von Relationen darstellen lässt, besteht das Wissen nach der Kompilierung aus *Produktionsregeln*, die im Sinne von Wenn-Dann-Regeln eine kognitive Fertigkeit beschreiben. Wenn nicht nur deklaratives Wissen, sondern auch solche Fertigkeiten vermittelt werden sollen, dann wären die diesen Fertigkeiten zugrunde liegenden Produktionsregeln zu explizieren. Es gibt dabei immer mehrere Sätze von Regeln, die die zu vermittelnde Fertigkeit beschreiben. Im didaktischen Design gilt es, einen *möglichen* Satz solcher Regeln zu finden. Auch hier ist der Aufwand zur Spezifikation eines solchen Regelsatzes unerhört groß, so dass dieser Ansatz in der Praxis keine Anwendung findet.

Vorgehen für die Erhebung. Schließlich stellt sich die Frage, wie vorzugehen ist, um die Organisation solcher Wissensstrukturen zu erheben: Sollen grundsätzliche Aussagen über bestimmte kognitiven Strukturen gemacht werden oder beschränkt man sich auf Untersuchungen an einzelnen Personen aus der Zielgruppe?

Bei nomothetisch angelegten Studien erhofft man grundsätzliche Erkenntnisse über Anforderungen und Prozesse bei der Bearbeitung und Bewältigung bestimmter Anforderungen und Aufgaben, die sich dann auf die Planung einer Unterrichtseinheit und didaktische Medien übertragen lassen. Für die Mathematik liegen teilweise präzise Analysen vor, welche kognitiven Prozesse bei Lernern stattfinden und welche typischen Fehlerkonzepte sich anhand welcher Indikatoren klassifizieren lassen. Je weniger axiomatisch jedoch ein Fachgebiet ist, um so weniger können derartige Erkenntnisse abgeleitet werden und um so weniger lassen sich die allgemeinen Erkenntnisse auf ein spezifisches Projekt übertragen.

Als Ausweg bliebe die projektbezogene Vorgehensweise, bei der eine Stichprobe der zukünftigen Lerner ausgewählt und eingehend untersucht wird. Man muss sich dabei im Klaren sein, dass kognitive Aufgabenanalysen leicht einen Umfang annehmen, die deren Einsatz in normalen Entwicklungsprojekten verhindern. JONASSEN,

HANNUM & TESSMER (1989) berichten über kognitive Verfahren, die für die Analyse einer (!) Aufgabe mehrere Monate benötigen. Es ist insofern nicht verwunderlich, dass auch solche Verfahren in der Praxis des didaktischen Designs keine Bedeutung erlangt haben.

Aufbereitung für das automatisierte Instruktionsdesign

Einen Schritt weiter gehen Verfahren, bei denen die wissenspsychologische Aufbereitung der Lehrinhalte nicht nur der analytischen Durchdringung im didaktischen Design dienen, sondern unmittelbar in die Implementation des Mediums einfließen (und damit eine Automatisierung des didaktischen Designs anstreben, s. Seite 367). Die genannten kognitionswissenschaftlichen Ansätze ermöglichen es, den Bedeutungsgehalt von Aussagen formalisiert darzustellen. Dies korrespondiert etwa mit dem objektorientierten Ansatz der Programmierung, mit dem diese Darstellung computertechnisch implementiert werden kann: Objekte werden durch verschiedene Typen von Verknüpfungen in Beziehung zueinander gesetzt. Die grundlegenden Typen sind „ist ein"- oder „hat ein"-Verknüpfungen. Damit können Über- bzw. Unterordnungen von Objekten definiert werden und den Objekten Merkmale bzw. Eigenschaften zugewiesen werden. Diese Über- und Unterordnungen definieren die Hierarchie der Objekte. Innerhalb dieser Hierarchie werden die Merkmale der jeweiligen Objekte an untergeordnete Objekte *vererbt*. Auf diese Weise lassen sich auch bei untergeordneten Objekten Schlussfolgerungen über Merkmale ziehen, die übergeordneten Objekten zugewiesen wurden.

Probleme der wissenspsychologischen Analyse

Mit der wissenspsychologischen Analyse der Lehrinhalte soll deren mögliche Repräsentation im Gedächtnis erfasst werden. Mit dieser Art der Aufbereitung möchte man Hinweise erlangen, wie das zu vermittelnde Wissen als Ergebnis von Lernprozessen im Gedächtnis am Ende repräsentiert sein könnte. Mithilfe solcher Analysen, so die Annahme kognitiver Ansätze des didaktischen Designs, sollte es möglich sein, die Lernangebote präziser auf die notwendigen, kognitiven Lernprozesse anzupassen. Gerade mediengestützte Lernangebote, so wurde bereits mehrfach erwähnt, bedürfen einer intensiven Planung, und würden den (erheblichen) Aufwand derartiger Analysen eher rechtfertigen als personale Unterrichtsverfahren.

Für die Arbeit des didaktischen Designs haben sich diese Analysen jedoch als wenig praktikabel erwiesen. SEEL kommt nach Diskussion wissenspsychologischer Modelle für das didaktische Design denn auch zu dem Schluss, dass der notwendige Aufwand nicht Verhältnis zu dem möglichen Nutzen steht (Seel, 1981, S. 55).

Damit wird deutlich, dass die Relevanz entsprechender Analysen zur Aufbereitung von Lehrinhalten für das didaktische Design geringer ist, als dies von Vertretern kognitiver Ansätze des didaktischen Designs zu Beginn der 90er Jahre erhofft wurde. Die Aussicht, mit Hilfe wissenspsychologischer Analysen Aufschluss über Wissensstrukturen und den, zu deren Vermittlung notwendigen Lernprozessen zu erhalten, ist gering. Beschränkt man sich nicht auf sehr eng begrenzte Lehrinhalte, lassen sich aus den Analysen kaum Schlussfolgerungen für die Gestaltung von Lehrangeboten ableiten.

Das weiterhin bestehende wissenschaftliche Interesse an der Thematik hängt folglich vor allem mit dem Anliegen der Automatisierung des didaktischen Designs zusammen. Denn für eine Automatisierung ist die formalisierte Darstellung der Lehrinhalte zwingend notwendig, gleichwohl ist genau dies eine der größten Hürden für alle Ansätze zu einer Automatisierung des didaktischen Designs (s. Seite 369).

3.5.2 Lernprozesse und kognitive Operationen

Die diskutierten Architekturen des Gedächtnisses beschreiben Modelle der Gedächtnisrepräsentation von Lehrinhalten. Es ist jedoch keineswegs offensichtlich, *wie* dieses Wissen *gelernt* wird bzw. die zugrundeliegenden Strukturen erworben werden. Es bleibt unbeantwortet, *welche* Lernprozesse bzw. Operationen des Lernens stattfinden bzw. stattfinden müssen, um ein bestimmtes Leistungsniveau zu erreichen.

GAGNÉ sah, dass behavioristische Modelle des Lernens nur einen begrenzten Ausschnitt von Lernphänomenen beschreiben und erklären. Er postulierte - eher eklektisch - eine Hierarchie von acht, aufeinander aufbauenden Lernprozesstypen. Untergeordnete Typen von Lernprozessen (wie Signallernen, Reiz-Reaktionslernen) müssen danach beherrscht werden, damit übergeordnete Lernprozesse (wie Begriffs- und Regellernen sowie Problemlösen) angestrebt werden können. Hieraus entwickelte er das Modell der Lernhierarchie für die Ableitung und Sequenzierung von Lernangeboten.

In den verschiedenen Auflagen des Lehrbuchs von GAGNÉ et al. kann der Weg von einer eher behavioristischen zu einer eher kognitiven Begründung des didaktischen Designs nachvollzogen werden. Zunehmend rücken die mentalen Verarbeitungs- und Aneignungsprozesse beim Lernen in den Mittelpunkt der didaktischen Konzeption. Es wird betont, dass der Erfolg aller didaktischen Aktivitäten davon abhängt, ob bestimmte *interne* Verarbeitungsprozesse (= kognitive Operationen) stattfinden. Aktionen einer lehrenden Instanz sind möglicherweise *nützlich*, jedoch für Lernen weder hinreichend noch zwingend notwendig. Didaktische Überlegungen sind an Aktivitäten der lernenden und nicht an Aktivitäten des lehrenden Instanz auszurichten.

Einen Ansatz, der diese Operationen des Lerners in einem didaktischen Modell berücksichtigt, legten KÖNIG & RIEDEL (1979) vor. Sie unterscheiden zwischen Extern- und Internoperationen, je nachdem ob ein (externer) Energieumsatz oder (interner) Informationsumsatz überwiegt. Bei den (kognitiven) Internoperationen unterscheidet RIEDEL (1991) sieben Varianten, wobei eine aufsteigende Schwierigkeitsstufung (in Abbildung 14 von links nach rechts) postuliert wird. Die dargestellten Internoperationen sind dabei unterschiedlich anspruchsvoll, sowohl was den Aufwand für den Lerner als auch für die Unterrichtsplanung betrifft. Mit zunehmender Schwierigkeit ist eine höhere Wertigkeit für das Lernen verknüpft, so dass Unterrichtssituationen gefordert werden, die verstärkt solche „höherwertigen" Internoperationen anregen.

Das Modell der Internoperationen beschreibt mögliche kognitive Aktivitäten bei der Aneignung von Lerninhalten. Wenn die zur Erreichung eines Lehrziels notwendigen Operationen benannt sind, können Lernaufgaben konstruiert werden, die geeignet sind, diese Operationen zu initiieren.

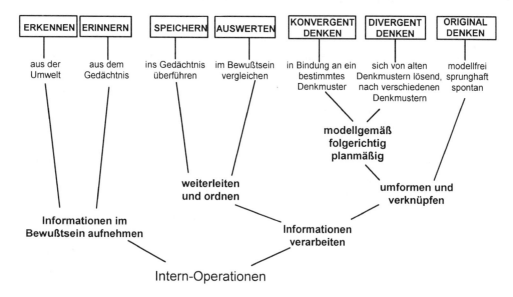

Abbildung 14: Varianten von Internoperationen (RIEDEL)

Man kann eine Parallele zu den Leistungsniveaus von MERRILL ziehen: Reicht das *Erinnern* von Informationen aus, kann man sich auf *kogneszierende* Operationen beschränken. Bei der *Anwendung* wird man *produzierende* Operationen fordern müssen. Für das *Entdecken* schließlich sind *transformierende* Operationen zu erwarten.

Indem man jedoch das Leistungsniveau, eigentlich ein Bestandteil der Formulierung von Lehrzielen, als kognitiven Prozeß *in* den Lerner verlagert, erscheint noch wenig gewonnen. Es bleibt das Problem wie bei konkreten Lerninhalten festgestellt werden kann, *welche* der Operationen zur Erreichung bestimmter Lehrziele denn tatsächlich notwendig sind. Es muss also konstatiert werden, dass Kriterien fehlen, anhand derer entschieden werden kann, welche Lernprozesse mit der Aneignung bestimmter Lerninhalte einhergehen (sollten).

Diese Kritik kann z.B. auch an dem Ansatz von VERMUNT & van RIJSWIJK (1988) vorgebracht werden. Sie beschreiben acht verschiedene kognitive Aktivitäten bei Lernprozessen:

- *Beziehungen knüpfen* zwischen unterschiedlichen Teilen von Informationen, zwischen Teilen und Ganzen und neuen und alten Informationen

- *strukturieren* von isolierten Teilen von Informationen in ein Ganzes und integrieren von neuen Informationen in bereits Bekanntes

- *zerlegen* von größeren Einheiten von Informationen in Bestandteile, analysieren einzelner Schritte einer Problemlösung

- *konkretisieren* von abstrakten Informationen mit Beispielen

- *persönliche Beziehung herstellen* zu Informationen der Umwelt

- *memorieren* von einzelnen Informationen etwa durch Wiederholen

- *hinterfragen* von Informationen der Umwelt, eigene Schlussfolgerungen bilden

- *auswählen* von wichtigen vs. unwichtigen Informationen.

Diese und andere Übersichten kognitiver Prozesse, die sich förderlich auf Lernen auswirken, zeigen übereinstimmend: Eine aktive, aber letztlich auf *Rezeption* beschränkte Wahrnehmung medialer Lernangebote ist aus didaktischer Sicht vergleichsweise wenig günstig. Das Medium muss zu Aktivitäten anregen, die in irgend einer Weise interne Verarbeitungsprozesse beim Lernenden in Gang setzen.

3.5.3 Kontextuelles Wissen im didaktischen Design

Sowohl deklaratives als auch prozedurales Wissen ist – im Sinne der dargestellten Gedächtnismodelle – in stark abstrahierter Form organisiert. Doch wie ist die Beziehung dieses Wissens zu episodischen Informationen, zu Wissen über konkrete Situationen, Ereignisse oder biographische Erlebnisse?

Erfassung kontextuellen Wissens

Sowohl deklaratives wie prozedurales Wissen kann mehr oder weniger abstrakt sein und sich auf abstrakte *wie* konkrete Sachverhalte beziehen, also z.B. sowohl auf Unterscheidungsmerkmale von Automobilen als auch auf konkrete Autos oder auf die grundsätzliche Vorgehensweisen beim Zerlegen eines Motors ebenso wie besondere Finessen beim Auseinandernehmen eines speziellen Motors. Sowohl die eher abstrakte als auch die eher konkrete Information lässt sich in Modellen semantischer Netzwerke, als Proposition oder Produktionsregel darstellen. Dennoch muss festgestellt werden, dass konkret erlebte Situationen einen gänzlich anderen Zugang zu Wissen erlauben, die sich nur schwer in Propositionen oder Produktionsregeln abbilden lassen.

Im Kontext des didaktischen Designs haben TENNYSON & RASCH (1988) deswegen *kontextuelles Wissen* neben deklarativem und prozeduralem Wissen als weiteren Wissenstyp eingeführt. Kontextuelles Wissen umfasst Problemlösestrategien für bestimmte Kontexte, also auch Standards und Einschätzungen der Angemessenheit bestimmter Prozeduren, und *wann* und *wo* welches Wissen anzuwenden ist. Während das deklarative und prozedurale Wissen den Umfang der individuellen Wissensbasis bestimmen, determiniert das kontextuelle Wissen die Art der Organisation und die Zugreifbarkeit solchen Wissens in Anwendungssituationen. Die kognitionswissenschaftliche Forschung zu diesen Wissensbereichen ist wesentlich weniger weit fortgeschritten.

Auch TENNYSON & RASCH bleiben relativ vage, wie dieses Wissen organisiert sein mag und in eine Architektur des Wissens eingeordnet werden könnte: TULVING hatte die Unterscheidung „semantisch vs. episodisch" eingeführt. Das episodische Gedächtnis beinhaltet dabei alles, was mit konkreten Erfahrungen einer Person zusammenhängt. Es wurde jedoch bereits darauf hingewiesen, dass sich auch semantische Informationen auf konkrete Ereignisse beziehen können. Dies ist insbesondere im *Script*-Ansatz von SCHANK & ABELSON ausgearbeitet worden.

Das hier gemeinte kontextuelle Wissen muss also eine andere Form der Kodierung aufweisen, um nicht als Teil- oder Schnittmenge deklarativen oder prozeduralen Wissens aufzugehen. Es bezieht sich folglich auf nicht-verbal kodiertes, „analog" repräsentiertes Wissen. Analoge Repräsentationen zeichnen sich dadurch aus, dass sie Erlebtes möglichst unmittelbar abspeichern. Mentale Modelle sind solche analoge Repräsentationen, die JOHNSON-LAIRD (1983) beschrieben hat. Die Abläufe etwa der Maschinen- oder Softwarebedienung basiert auf mentalen Modellen.

Vorstellungsbilder sind ebenfalls Informationen, die man als analog repräsentiert beschreiben kann. Kognitive Landkarten, also Wissen über den Aufbau von Städten oder die Verbindungen zwischen Orten, sind als derart analoge Repräsentationen konzipiert worden (Steiner, 1988). Aber auch ganz konkrete bildhafte Erinnerungen an Ereignisse, Personen und Szenen mit Merkmalen wie Atmosphäre, Geruch und begleitenden Gefühlen können in ihrer Ganzheit als analog gespeichertes Wissen eingeordnet werden. Überlegungen zur Struktur deren Speicherung liegen etwa von KOSSLYN (1992) vor. Es wird deutlich, dass sich dieses Wissen einer analytischen Zerlegung weitgehend widersetzt. Dennoch sind Kriterien zu entwickeln, wie wesentliche Merkmale dieses Wissens erfasst und dargestellt werden können.

Das sprachlich-symbolisch repräsentierbare Wissen stand lange Zeit im Mittelpunkt der Forschung; manche Autoren mochten gar alles Wissen auf diese Form der Repräsentation zurückführen. Doch es spricht zusehends mehr für Modelle, die *verschiedene* Varianten der Codierung im Gedächtnis vorsehen (Engelkamp, 1991).

Kontextuelles Wissen und Lernen

Es stellt sich die Frage, welche Funktion situative Informationen beim Aufbau deklarativen und prozeduralen Wissens hat. Wird dieses Wissen besser mithilfe abstrakter oder konkreter Informationen aufgebaut bzw. vermittelt? Wird der Wissensaufbau eher unterstützt durch die Präsentation situationsbezogener, kontextueller Information oder situationsunabhängiger, bereits abstrahierter Information? Gerade mithilfe von Video und Multimedien lässt sich Kontextinformation in ein Lernmedium integrieren. Deswegen ist die Frage nach der Bedeutung kontextuellen Wissens, dem dritten Wissenstyp neben deklarativem und prozeduralem Wissen, für die Konzeption didaktischer Medien besonders relevant.

Das *Allgemeine* wie das *Besondere* haben aus didaktischer Sicht spezifische Vor- und Nachteile: Allgemeine Informationen weisen potenziell den Vorteil auf, dass sie vom konkreten Zusammenhang abstrahieren und sich somit auf *verschiedene* Probleme und Situationen einsetzen lassen. Gleichzeitig birgt genau dies die Gefahr, dass abstraktes Wissen in einer konkreten Situation *nicht* angewandt werden kann. Informationen, die sich sehr stark auf konkrete Ereignisse, Problemlösungen usw. beziehen, beinhalten dagegen die Schwierigkeit der Übertragbarkeit auf andere Situationen.

Man könnte annehmen, dass es für die Transferierbarkeit von Wissen günstiger sei, Wissen möglichst von konkreten Zusammenhängen zu abstrahieren. Für eine dauerhafte Aneignung und Anwendbarkeit von Wissen kann auf konkrete kontextuelle Erfahrungen jedoch gerade nicht verzichtet werden. Es handelt sich um Wissen über raum-zeitliche Zusammenhänge („Wo?" und „Wann?") von Ereignissen. Dabei kann es sich um einzelne, relativ isolierte Situationen handeln oder um prototypische, verdichtete *Fälle*, die bereits mit deklarativen und prozeduralen Wissensbeständen verknüpft sind. Wir können von *Verankerungen* sprechen, die kontextuelles Wissen und sprachlich-symbolisches Wissen verknüpfen.

Die Bedeutung kontextuellen Wissens für die Anwendbarkeit und Transferierbarkeit von Wissen wird gerade in situierten Ansätzen des didaktischen Designs betont. Der Aufbau kontextuellen Wissens wird durch Lernangebote unterstützt, die authentische Lernszenarien beinhalten. Lernangebote sind dazu an konkreten, lebensweltlich repräsentierten Aktivitäten auszurichten; die notwendige Abstraktion soll durch den Lernenden selbst erfolgen.

Identifikation authentischer Lernszenarien

Wie lassen sich aber solche *authentische Lernszenarien* identifizieren? Auszugehen ist von typischen Merkmalen der Anwendungssituation, die möglichst detailliert zu erfassen sind. Dabei ist zu beschreiben, welche Begriffe und Gebräuche üblich sind, welche Formulierungen und Darstellungsformen den *context of expertise* ausmachen. Vor einer abstrahierenden Differenzierung etwa kognitiver Operationen und Strukturen sollte die genauere Beschreibung etwa der Tätigkeiten, der definierten Anforderungen usw. im Feld erfolgen. Aus diesem Grund werden etwa Arbeitsplatzanalysen, Tätigkeitsinventare, teilnehmende Beobachtungen im Feld etc. wichtig.

Verschiedentlich ist kritisiert worden, situierte Ansätze würden auf den Aufbau abstrakten Wissens verzichten. SANDBERG & WIELINGA (1992) fragen, inwieweit die Vermittlung lediglich kontextuellen Wissens ausreicht, um Kompetenzen aufzubauen und Qualifikationen zu vermitteln. Diese Kritik ist jedoch insofern unberechtigt, da das situierte Lernen eben gerade etwa die „generische" Problemlösefähigkeit der Lernenden fördern soll. Allerdings wird davon ausgegangen, dass diese Fähigkeit nur vom Lernenden – im Kontext der Anwendungssituation – abgeleitet werden kann. Die Orientierung an authentischen Lernszenarien impliziert keine Fixierung auf die Situation, bei der auf den Aufbau abstrakter Wissensbestände verzichtet würde. Allerdings wird davon ausgegangen, dass dieses Wissen bzw. diese Kompetenz nicht im Gedächtnis abgelegt ist, sondern immer wieder in Situationen konstruiert wird.

Situierte Ansätze verzichten damit nicht auf die Formulierung von Lehrzielen und versetzen den Lerner auch nicht in beliebige „authentische" Situationen der Lebenswelt, indem sie ihn der Anwendungssituation ausliefern. Die Lernumgebung ist vielmehr so aufzubereiten, dass kontextuelles Wissen nicht *episodisch* bleibt, sondern *geankert* wird, d.h. mit grundlegenden Konzepten und Regeln (deklarativem und prozeduralem Wissen) verknüpft wird. Das didaktische Design soll mit der Präsentation authentischer Lernszenarien eine Umgebung schaffen, die solche Konstruktionsleistungen ermöglichen.

Praktische Erfahrungen zeigen, dass das Konzept der Authentizität nicht überhöht werden darf. So stellt sich die Frage nach der Grenze zwischen authentischem und nicht-authentischem (= didaktisiertem) Lernangebot. Eine Tageszeitung ist zum Beispiel ein authentisches Lernmaterial. Bringt eine Lehrerin jedoch eine Zeitung in den Unterricht mit der Aufforderung an die Schüler/innen, die politische Tendenz eines Beitrags zu prüfen, so handelt es sich bereits um eine arrangierte Lernsituation. Durch den Arbeitsauftrag der Lehrerin wird das an sich authentische Material einer didaktischen Transformation unterzogen, nämlich indem die Situation auf ein Lehrziel bezogen wird. Hätte die Lehrerin den Beitrag überarbeitet, um bestimmte Textstellen zu vereinfachen, wäre die Authentizität des Textes verloren gegangen. Doch für das Lehrziel kann eine solche Reduktion der Komplexität in bestimmten Fällen sogar förderlich sein. Insofern sieht man, dass die Forderung nach Authentizität sich nicht als solches begründet, sondern immer der mögliche Nutzen entsprechenden Materials für das Lehrziel aufzuzeigen ist.

3.6 Didaktisches Knowledge Engineering

Durch wen erfolgt nun die didaktische Transformation des Wissens? Anders als z.B. Schulbuchautoren stehen didaktische Designer in den meisten Fällen vor der Aufgabe, ein Medium zu konzipieren, ohne über die notwendigen Fachkenntnisse bzw. fachdidaktische Erfahrung zu verfügen. In der Regel ist es ausgeschlossen, sich für eine einzelne Produktion die entsprechende Expertise anzueignen. Deswegen ist bei der Konzeption didaktischer Medien in der Regel eine Kooperation zwischen Personen mit Sachexpertise, mit Kompetenz im didaktischen Design und mit fachdidaktischer Erfahrung notwendig. Von der Qualität dieser Zusammenarbeit hängt letztlich ab, ob es gelingt, eine inhaltlich wie didaktisch angemessene Medienkonzeption zu formulieren.

Der Begriff *didaktisches knowledge engineering* verweist auf das Problem (s. Abbildung 15): Zum einen gilt es, das Fachwissen von Experten explizit zu machen und ggfs. in eine Wissensbasis einzugeben *(knowledge acquisition)*. Doch dann gilt es, dieses Wissen – ggfs. gemeinsam mit einer fachdidaktisch ausgewiesenen Person – didaktisch zu reduzieren und (mit Beispielen, Fällen, Übungen etc.) aufzubereiten, um Lernangebote zu formulieren. Die Explikation des Wissens von Sachexperten unterliegt einigen Problemen, die mit der Routinisierung zusammenhängen: Ein Experte ist oft selbst nicht in der Lage, unmittelbar Auskunft zu geben, wie oder warum er z. B. bestimmte Handlungen in einer bestimmten Art ausführt. Das Wissen von Experten ist nicht nur quantitativ anders als bei Novizen, sondern weist auch qualitative Unterschiede in der Organisation auf. In der Konsequenz bedeutet dies, dass die Aussagen eines Experten alleine oft überraschend wenig zur didaktischen Aufbereitung beitragen. Hier kann die Interaktion mit einem fachdidaktisch ausgerichteten Experten (= erfahrene Lehrkraft) hilfreicher sein. Damit wird deutlich, wie weit diese Aufgabe über das eigentliche *knowledge engineering* hinausgeht, das bereits als komplexes Problem anerkannt wird.

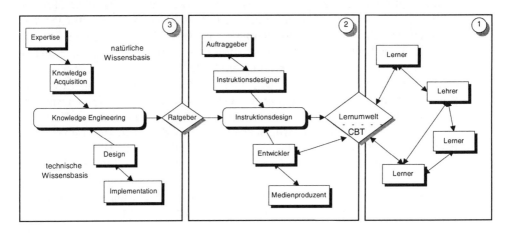

Abbildung 15: Didaktisches *knowledge engineering*

Zusammenarbeit mit Sachexpert/innen. Fragt man Experten, was den Lernenden vermittelt werden soll, werden sie in der Regel mehr oder weniger umfangreiche Kataloge mit Fakten, Begriffen, Methoden, Prinzipien etc. erstellen. Damit ist jedoch zunächst noch wenig gewonnen. So reicht möglicherweise die Lernzeit nicht aus, alle Inhalte abzuarbeiten; es ist eine didaktische Reduktion vorzunehmen. Auch sagt eine solche Sammlung nichts darüber aus, *wie* man diese Inhalte lernen bzw. vermitteln könnte; die Inhalte sind „didaktisch aufzubereiten".

Personen mit Sachexpertise sind möglicherweise in der Lage, ihr Wissen zu explizieren, also zu benennen, was sie wissen. Sie können aber kaum erklären, wie sie sich das Wissen angeeignet haben, d.h. wie sie zur Expertin oder zum Experten geworden sind. Sie werden vielleicht sagen, dass sie sich seit vielen Jahren mit der Thematik beschäftigt haben, doch die Frage, wie Neulinge nun in die Thematik am besten eingeführt werden sollten, bleibt in der Regel unbeantwortet.

Dies ist dann die zentrale Aufgabe des didaktischen Design: die Transformation von Lehrinhalten in Lernangebote. Die didaktische Aufbereitung von Lehrinhalten für ein Bildungsmedium geht also weit über die Erstellung eines Kataloges von Inhalten und Themen hinaus.

TENNEY & KURLAND (1988) fanden in einer Untersuchung, dass sich für die Formulierung von Lehrzielen und Lehrelementen Gespräche und Analysen mit Experten weniger gut eigneten als mit Fortgeschrittenen, da ihnen die wesentlichen Konzepte, Prozeduren etc. noch stärker bewusst waren, während bei Experten durch die *Wissenskompilierung* bereits eine stärkere Form der Routinisierung dieses Wissens stattgefunden hat. Das Wissen von Experten ist damit nicht nur quantitativ anders als bei Novizen, sondern weist auch qualitative Unterschiede in der Organisation auf (vgl. Ericsson, Krampe, & Tesch-Römer, 1993). Unerfahrene didaktische Designer berücksichtigen diese strukturellen Merkmale der Wissensorganisation von Experten zu wenig (Saroyan, 1991).

In der Konsequenz bedeutet dies, dass die Aussagen eines Experten überraschend wenig zur didaktischen Transformation beitragen können. Die Interaktion zwischen didaktischem Designer und Sachexperten impliziert damit immer eine potenzielle Konfliktsituation. Sie eskaliert dann, wenn der Experte den Eindruck gewinnt, dass seinen Äußerungen nicht vertraut wird. Experten ist die Notwendigkeit und Problematik didaktischer Transformation in vielen Fällen zunächst nicht einleuchtend, da sie die Entwicklung ihrer eigenen Wissensstruktur selten reflektiert haben: Sie sind im Laufe der Zeit eben zu Experten geworden, die damit einher gehenden strukturellen Veränderungen ihrer Wissensbasis ist ihnen dabei nicht bewusst.

Didaktische Designer müssen deshalb die Sachexpertise anerkennen und gleichzeitig deutlich machen, dass für die didaktische Transformation der Lehrinhalte Umstrukturierungen notwendig sind. So erleben didaktische Designer das didaktische *knowledge engineering* oftmals als nicht einfache Gratwanderung zwischen einerseits völliger *Unterwerfung* unter die Sachexpertise des Gesprächspartners und andererseits *Selbstbehauptung* eines didaktischen Anspruchs.

Wenn ein wechselseitiges Vertrauensverhältnis etabliert werden kann, ist dies weitgehend unproblematisch. Hilfreich ist es jedoch, wenn das eigene Vorgehen erläutert und begründet werden kann. Voraussetzung dazu ist, dass ein didaktischer Designer auch tatsächlich selbst verstanden hat und sicher ist, warum er so vorgeht, da er nur dann Anderen das eigene Vorgehen überzeugend begründen kann.

Dabei muss berücksichtigt werden, dass die Planung von Bildungsmedien in der Praxis häufig von den diskutierten Modellen und Vorgehensweisen einer systematischen Analyse von Lehrinhalten und -zielen abweichen. So wird häufig ausgegangen von:

- konkreten Lehr-Lernaktivitäten (z.B. „die Schüler sollten etwas gemeinsam tun", „es sollte ein Video gezeigt werden", „es sollte ein möglichst motivierendes Medium eingesetzt werden"),
- verfügbaren Ressourcen (z.B. „die Anwendung sollte als CDi realisiert werden", „die Produktion muss in 6 Monaten realisierbar sein", „der Unterricht sollte als Blockkurs realisierbar sein") oder
- konkreten Lehrinhalten (z.B. „das Thema Menschenaffe sollte unbedingt behandelt werden", „die Zusammenhänge in einem Ökosystem sind darzustellen", „der Lehrer sollte auf die Wichtigkeit des Energiesparens hinweisen").

Die möglichen Problemen einer solchen Vorgehensweise sollten deutlich geworden sein. Die Alternative, eine wissenspsychologisch fundierte Analyse, muss jedoch für die Praxis ebenfalls hinterfragt werden. So scheint die Forderung, Lernangebote an kognitiven Lernprozessen auszurichten, unmittelbar plausibel und bedenkenswert. Die Diskussion der dazu notwendigen Analysen hat jedoch die Schwierigkeiten deutlich gemacht, entsprechende Verfahren im didaktischen Design zu etablieren. In der Ausbildung und Praxis der Produktion von Bildungsmedien haben sich folglich Modelle, die eine gewisse Formalisierung von Lehrinhalten einfordern, nicht durchsetzen können.

3.7 Zielanalyse bei interaktiven Medien

Nachdem die grundsätzlichen Aspekte der Aufbereitung von Lehrinhalten und Angabe von Lehrzielen diskutiert worden sind, geht es im Folgenden um spezielle Fragen der Spezifikation von Zielen bei multi- und telemedialen Lernangeboten.

Umsetzung unterschiedlicher Leistungsniveaus

Bei mediengestützten Lernangeboten werden in den meisten Fällen kognitive Lehrziele verfolgt. In der überwiegenden Zahl geht es um die Vermittlung von deklarativem Wissen auf einem eher niedrigen Leistungsniveau. Doch auch auf unteren Leistungsniveaus reicht es keineswegs aus, Information lediglich z.B. als Text oder Video zu präsentieren. Zu bedenken ist, dass das Wahrnehmen und Einprägen jeglicher Information nur gewährleistet ist, wenn die Bedeutung der Information verstanden wird. Auch die Aufforderung, die Information nach der Präsentation wiederholen zu lassen, d.h. direktes und auch mehrfaches Repetieren, erweist sich als ungeeignet, um deren dauerhafte Speicherung oder gar ihre Anwendbarkeit sicherzustellen, wie in den folgenden Kapiteln gezeigt wird.

Um die Bedeutung einer Information zu *verstehen*, ist es erforderlich, dass der Lerner über eine kognitive Struktur verfügt, die eine solche Dekodierungsleistung erbringen kann. Dies setzt u.a. voraus, dass Sender und Empfänger einer Nachricht die gleiche Sprache (in einem weiteren Sinne) verstehen müssen, damit diese Dekodierung zuverlässig stattfindet. Die Behaltensleistung neuer Information ist darüber hinaus davon abhängig, was der Lerner über den zu lernenden Sachverhalt bereits weiß und ob ein Zusammenhang zu diesem Wissen hergestellt wird. Wird ein tieferes *Verstehen* des Lerngegenstandes angestrebt, dann bedeutet dies, dass der Lerner in der Lage ist, Informationen in eigenen Worten wiederzugeben, Bezüge zu anderen Kontexten herzustellen, Implikationen und Konsequenzen selbständig zu entdecken. Dies erfordert bereits komplexere intellektuelle Fertigkeiten und lässt sich nur durch eine intensivere Auseinandersetzung mit dem Gegenstand erreichen.

Statt einer bloßen Rezeption von Informationen muss der Lerner mit dem Wissen *operieren*. Dazu sind geeignete Lernsituationen und -aufgaben zu schaffen, die solche Operationen anregen. Im entwickelnden Unterrichtsgespräch etwa kann ein Thema so eingeführt werden, dass Wissen nicht bloß präsentiert, sondern schrittweise erarbeitet wird. In einem Gruppenverband ist gleichwohl nie sicher, welche Lerner welche kognitive Operationen aktiv vollzogen haben. Dies ist jedoch eine Bedingung für den Lernerfolg. In der Geschichte der Didaktik ist immer wieder nach neuen Wegen gesucht worden, um die Auseinandersetzung des Einzelnen mit dem Lehrgegenstand zu intensivieren und um neue Lernerfahrungen und ein tieferes Verständnis zu ermöglichen. Neben alternativen Methoden der Präsentation und des Unterrichtsdialogs sind dabei u.a. die Interaktion des Lerners mit sozialer Realität, die soziale Interaktion zwischen Lernern und die Interaktion mit Medien ins Blickfeld von Neuerungen geraten.

Die Forderungen an das didaktische Design für Medien erscheinen auf dieser Stufe bereits anspruchsvoll. Doch in vielen Fällen reichen die Leistungsniveaus *Wissen* und *Verstehen* nicht aus; vielmehr gilt es, Wissen zu kompilieren und in unterschiedlichen Kontexten flexibel anzuwenden. Dies betrifft zunächst Wissen über Abläufe und Prozeduren: Den „Satz des Phytagoras" verstanden zu haben bedeutet, ihn an konkreten Fällen, etwa bei der Berechnung von Flächen, anwenden zu können. Und in der *Anwendung* an konkreten Fällen wird oftmals erst erkannt, dass bestimmte Sachverhalte noch nicht genügend durchdrungen (und damit *verstanden*) wurden. Dies trifft auch für die weiteren Stufen der Taxonomie nach BLOOM zu: die *Analyse* und *Synthese*. Beide erfordern eine vertiefte Auseinandersetzung, die einen dauerhaften Lernerfolg mit sich bringen sollte, wenn die Vorkenntnisse vorliegen. Das eigene Kreieren von Informationen, Texten, Liedern, Bildern usw. ist dann eine besonders geeignete Form der Lernaufgabe.

Multi- und telemediale Lernumgebungen sind folglich so zu konstruieren, dass sie eine intensive Form der Auseinandersetzung mit einem Gegenstand ermöglichen. Angenommen wird, dass Lehrziele unterschiedlicher Leistungsniveaus eine zunehmende didaktische Wertigkeit aufweisen. Vor allem zur Steigerung des *Lerntransfers*, d.h. der Übertragung von Erlerntem auf neue Situationen, sollten hochwertige Leistungsniveaus angestrebt werden. Denn ein spontaner Lerntransfer tritt vergleichsweise selten auf. Doch gerade von institutionalisierten Lernaktivitäten etwa in der Weiterbildung wird in der Regel die Anwendbarkeit von Wissen erwartet.

Grenznutzen hochwertiger Leistungsniveaus

Bei höheren Leistungsniveaus steigt der Aufwand für Konzeption und Entwicklung des Mediums. So sehr diese Leistungsniveaus aus didaktischer Sicht wünschenswert erscheinen, so sind in einer konkreten Medienproduktion *realistische* und *angemessene* Lehrziele anzustreben und mit dem Auftraggeber zu vereinbaren. Dabei ist abzuwägen, in welchem Verhältnis zusätzlicher Aufwand und möglicher „Ertrag", d.h. erreichbare Leistungsniveaus, zueinander stehen.

Beim Auftraggeber ist mit zwei möglichen Problemen zu rechnen: Es werden zum Teil zu hohe häufiger aber auch zu niedrige Leistungsniveaus angestrebt. Sind die Erwartungen an das zu realisierende Medium zu hoch, sollte das didaktische Design entweder auf das Problem möglicherweise zu hoher Entwicklungskosten oder auf lernorganisatorische Maßnahmen (z.B. durch Präsenzphasen, Tele-Lernen o.ä.) verweisen, die notwendig sind, um diese zu erreichen.

Bei zu niedrig angesetzten Lehrzielen sollte auf die mittel- und langfristigen Konsequenzen verwiesen werden, die mit mangelhaftem Lerntransfer einhergehen. Die

Probleme, die sich aus zu niedrig angesetzten Leistungsniveaus von Lehrzielen ergeben, sind vielfach nicht bekannt, so dass diese zu erläutern sind.

Affektive und psychomotorische Lehrziele

Zu bedenken sind die affektiven Wirkungen von Medien. Sie tragen zur Bildung von Einstellungen bei, auch wenn dies nicht bewusst intendiert ist. Denn in der Art, wie Sachverhalte formuliert sind, können Wertungen sichtbar werden, die der Lernende übernimmt. Insofern ist durchaus zu thematisieren, welche Einstellungen in einer Anwendung vermittelt werden.

Ebenfalls zu berücksichtigen sind psychomotorische Lehrziele, auch wenn sich diese auf den ersten Blick eher ausschließen. Zum einen können Multimedien genutzt werden, um bestimmte Fertigkeiten zu erlernen, z.B. das Bedienen einer Maschine, die entweder auf dem Computer simuliert wird oder von dem Computer gesteuert wird. Dies finden wir z.B. bei Lehrsystemen für moderne CNC-Maschinen. Mithilfe bestimmter Eingabegeräte kann die Steuerung komplexer Geräte und ganzer Systeme erlernt werden, ohne dass diese teuren Anlagen belegt sind oder durch Bedienungsfehler ausfallen. Auch der Flugsimulator gehört hierzu.

Mit neuen Eingabe- und Ausgabemedien, wie Datenhandschuh und 3D-Darstellungen, wird der Bereich psychomotorischer Lehrziele an Bedeutung zunehmen. Denn das computergestützte Lernen bietet mithilfe solcher Darstellungen Möglichkeiten, die außer der realen Erfahrung und Erprobung mithilfe anderer Medien kaum zu vermitteln sind.

Schließlich können computergestützte Verfahren durchaus auch im Kontext von *Verhaltenstrainings,* z.B. zum Training der Gesprächs- oder Verhandlungsführung, eingesetzt werden. Das computergestützte Verfahren ersetzt dabei keineswegs das direkte Verhaltenstraining, sondern ergänzt es, insbesondere bei der Vor- bzw. Nachbereitung, wo es z.B. darum geht, sich grundsätzlich mit verschiedenen Strategien im Gespräch und ihren Wirkungen auf den Gesprächspartner auseinander zu setzen. Es wird deutlich, dass es nicht vom Thema oder Lehrziel abhängt, ob der Einsatz interaktiver Medien sinnvoll ist. Vielmehr kommt es auf die Lernorganisation an, wie diese mit anderen Maßnahmen kombiniert werden, um die angestrebten Ziele zu erreichen.

Lehrziele und Lernziele

Didaktische Planung beruht auf der Erkenntnis, dass Lehrinhalte einer *didaktischen Transformation* bedürfen, bei der die Ergebnisse und Ziele der Lehr-Lernaktivitäten spezifiziert werden. Bei der Planung didaktischer Medien hat der Begriff der „Lehrziele" infolge des Behaviorismus eine Wertung erfahren, die die heutige Diskussion entscheidend prägt: Wird über die Spezifikation von Lehrzielen bei CBT oder WBT gesprochen, dann wird damit in der Praxis oft die Forderung nach deren operationaler Definition verbunden. Die Bestimmung von Lehrzielen gehört denn auch in der Praxis zu den am wenigsten systematisch durchgeführten und am ehesten vernachlässigten Analysen des didaktischen Designs. Das deutet darauf hin, dass sich didaktische Designer von diesem methodischen Werkzeug vergleichsweise wenig versprechen.

In bekannten Lehrbüchern des didaktischen Designs besteht dagegen weiterhin die Forderung, Lehrziele möglichst operational zu formulieren (z.B. Alessi & Trollip, 1991; Gabele & Zürn, 1993). Das Beharren auf in der Praxis scheinbar kaum durchsetzbaren Prozeduren zur Zielbestimmung fördert als Konsequenz ein Vorgehen, das eine systematische Zielbestimmung insgesamt vernachlässigt. So wird bei der Planung von Bildungsmedien oft auf eine ausführlichere Zielanalyse verzichtet. Es heißt dann: „Ziel ist die Produktion eines Mediums zum Thema X" oder „Ziel ist die Ausstattung aller Einrichtungen mit dem Medium Y". Nachzufragen ist: Welches *Bildungsproblem* soll in diesem Projekt tatsächlich gelöst werden? Zu klären ist, was eine bestimmte, näher zu charakterisierende Gruppe von Lernenden erfahren soll und welche Kenntnisse und Fertigkeiten von den Lernenden als Ergebnis der Lehr-Lernaktivitäten erwartet werden. Zu klären ist dabei auch, ob die intendierten Maßnahmen überhaupt geeignet sind, um die erwarteten Veränderungen herbeizuführen, oder ob eine Veränderung etwa der Arbeits- oder Teamorganisation, der Führungsprinzipien und -grundsätze oder anderer am *Umfeld* ansetzender Maßnahmen hierfür nicht erfolgversprechender ist. Nicht selten werden mit der Entwicklung und dem Einsatz von Bildungsmedien Erwartungen verknüpft, die von der mediendidaktischen Konzeption nur schwer eingelöst werden können.

Die Bestimmung und Reflexion von Zielen bleibt eines der wesentlichen und essentiellen Merkmale professionellen Handelns. Dabei ist die Bedeutung von Lehrzielen im Lichte theoretischer Weiterentwicklungen neu einzuschätzen. Solange davon ausgegangen wird, dass mediengestütztes Lernen ein im wesentlich (fremd-) gesteuerter bzw. geregelter Prozeß ist, ist die Bedeutung extern vorgegebener Lehrziele offensichtlich. Anders sind Lehrziele einzuordnen, wenn davon ausgegangen wird, dass Medien ein *Lernangebot* enthalten, das Lernende im Sinne ihrer *Lernziele* für die Konstruktion von Wissen nutzen (können).

Zunächst sind folglich Lehr- und Lernziele zu differenzieren. Das didaktische Design bestimmt immer nur *Lehrziele*, d.h. Ziele einer lehrenden Instanz; inwieweit diese mit Lernzielen, d.h. Zielen der Lernenden, übereinstimmen, ist keineswegs sicher. Zumindest wäre es falsch *a priori* von einer Deckungsgleichheit auszugehen. Ziele von Lernenden sind dabei schwer prognostizierbare Größen. Bei der Planung eines Lernangebotes werden zwar Annahmen über Lernende gemacht; mit welchen Bedürfnissen und Interessen diese jedoch das Lernangebot in der speziellen Lernsituation nutzen, lässt sich (Monate) vorher kaum zuverlässig bestimmen.

Kommunikations- und Projektziele

Die Lehrziele formulieren Lernergebnisse, die mit dem Einsatz des Mediums beim Lehren und Lernen angestrebt werden. Doch eine realistische Zielanalyse muss die Perspektive ausweiten: Kommunikationsziele beziehen sich auf Gründe, die von den Verantwortlichen/den Promotoren mit dem Einsatz des Mediums verfolgt werden (s. Seite 85). Bei einer Gegenüberstellung von Lehrzielen und Kommunikationszielen kann man feststellen, ob die beiden Zielhorizonte kompatibel sind bzw. an welchen Stellen mangelnde Konvergenz besteht. Dabei kann z.B. deutlich werden, dass die Lehrziele im Verhältnis zu Kommunikationszielen sogar vergleichs-

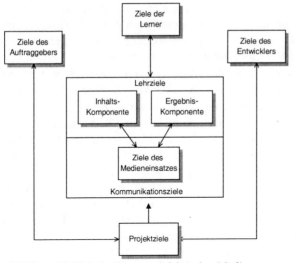

Abbildung 16: Ziele im Kontext didaktischer Medien

weise unbedeutend sind (z.B. wenn der Imageeffekt oder eine *enrichment*-Funktion des Medieneinsatzes im Vordergrund steht).

Eine weitere Ebene der Zielanalyse betrifft *Projektziele* als Vereinbarungen eines Auftraggebers mit einem Entwickler bei der Medienproduktionen. Sie beinhalten zum einen die Festlegung von Terminen und Ressourcen und zum anderen inhaltliche Spezifikationen. Ihre möglichst präzise Festlegung dient der reibungslosen Kommunikation mit dem Auftraggeber und innerhalb des Projektteams und trägt so zur Sicherung des Projekterfolges bei (s. Abbildung 16).

Projekte können bereits daran scheitern, dass ihre Projektziele nicht eindeutig formuliert und von den Betroffenen vereinbart wurden. Schlecht formulierte Projektziele lassen sich u.a. daran erkennen, dass die didaktischen Zielvorgaben fehlen. Lehrziele beinhalten, wie dargestellt, eine Inhalts- und Ergebniskomponente. Die mediendidaktische Zielanalyse muss damit über die „klassische" Spezifikation von Lehrzielen hinausgehen und insbesondere prüfen, inwieweit diese mit Kommunikations- und Projektzielen konvergieren.

3.8 Vom Lehrinhalt zum Lernangebot

Die zentrale Aufgabe der didaktischen Aufbereitung ist letztlich die Formulierung von *Lernangeboten*, durch deren Bearbeitung die angestrebten Lernprozesse ermöglicht werden. Von grundlegender theoretischer wie praktischer Bedeutung ist damit die Unterscheidung zwischen Lehrinhalten und den didaktisch aufbereiteten Lernangeboten, die deren Vermittlung bzw. Aneignung ermöglichen. Die systematische Durchdringung der zu vermittelnden Inhalte und deren Zuordnung zu Wissenstypen ist lediglich eine Vorarbeit für die eigentliche Aufbereitung der Inhalte in Lernangebote.

Besonders offensichtlich wird diese Notwendigkeit beim mediengestützten Lernen: Die Potenziale von Bildungsmedien kommen erst dann zum Tragen, wenn die Lernangebote die Intensität der individuellen Auseinandersetzung sicherstellen, und ein bloß oberflächliches *browsen* verhindern. SEEL unterscheidet zwischen *Lernobjekt* als „zu-Lernendes, Inhalte, Lehrsachverhalte allgemeiner Art" und

Lernaufgaben als „selektierte und präparierte Lernobjekte mit dem Ziel, Lernprozesse zu initiieren und zu steuern/organisieren" (1981 S. 67):

> Texte [werden] erst dann zu Lernmaterialien [...], wenn festgelegt wird, welche Operationen an ihnen vollzogen werden sollen.

Bei KÖNIG & RIEDEL (1979) werden solche Operationsobjekte u.a. hinsichtlich der Dimensionen der Konkretion (real, ikonisch, nicht-ikonische Objekte sowie Bewusstseins- und Gedächtnisinhalte), der Kodierung, dem Nachrichtenkanal und der Reizintensität differenziert. REIGELUTH (1983b) spricht bei der Auswahl von Lehrelementen für die Präsentation von Lehrinhalten von der instruktionellen Mikro-Strategie. Hinzu kommt die Makro-Strategie, die sich mit der zeitlichen Organisation der einzelnen Elemente beschäftigt. MERRILL nennt die elementaren Varianten eines Lernangebotes *Präsentationsformen*, die zu Lehrsequenzen kombiniert werden.

Das Repertoire möglicher Varianten solcher elementaren Formen bei interaktiven Medien ist wissenschaftlich sicherlich nie abzubilden, und die Kreativität des didaktischen Designs zeigt sich gerade im Überschreiten konventioneller Varianten. Dennoch sollen mögliche Varianten und ihre Relevanz für didaktische Medien kurz angesprochen werden.

Im Folgenden werden solche *Aktionsformen* aufgeführt, wobei zwischen darstellenden, aktivierenden und strukturierenden Aktionsformen unterschieden wird. Sie werden als konventionell bezeichnet, um sie von den anschließend beschriebenen Varianten abzuheben, bei der die Interaktion vollständig in *Handlungswelten* eingebettet wird.

Darstellende Aktionsformen: Multimediale Präsentationen

Betrachten wir zunächst darstellende Aktionsformen. Lange Zeit herrschten bei interaktiven Medien, wie bei z.B. linearen Medien, bestimmte Arten der *Präsentation* vor, bei der Lehrinhalte in unterschiedlicher Aufbereitung dargestellt werden: Ein Sachverhalt wird als Einführung, Erläuterung, Vertiefung, Wiederholung oder Zusammenfassung etc. präsentiert.

Die Informationen können sprachlich-symbolischer Art ebenso wie bildlich-statischer (Photographien, Grafiken) und bildlich-bewegter (Video, Animation) Art sein. Die sprachlich-symbolische Darstellung von Sachverhalten herrscht bei didaktischen Multi- und Telemedien weiterhin vor. Dabei ist es zunächst unerheblich, ob diese Informationen vom Bildschirm gelesen oder akustisch (synthetisierte oder digitalisierte Sprache) wahrgenommen werden.

Alle diese Varianten können auch bildlich-statisch oder bildlich-bewegt dargestellt werden: Sei es mithilfe von Strukturzeichnungen, Skizzen oder Abbildungen, die abstrakte Vorgänge verdeutlichen oder konkrete Ereignisse wiedergeben, oder aber mit Bewegtbildsequenzen, die einen Vorgang veranschaulichen oder ein Beispiel vorführen. Wiederum unerheblich ist hierbei zunächst, ob es sich dabei um z.B. digitalisierte Abbildungen bzw. Bewegtbildsequenzen oder computergenerierte Grafiken bzw. Animationen handelt.

Vorteilhaft ist insbesondere die *Kombination* verschiedener Varianten oder ein Wechsel der Art der dargebotenen Information. Beim *Vorzeigen* oder *Vormachen* folgt z.B. auf eine sprachlich-symbolische Darstellung eine bildlich-statische oder bildlich-bewegte Form der Darstellung. Dies kann auf der gleichen Ebene des Abstraktionsniveaus stattfinden, d.h. es bleibt bei einer *Erläuterung* oder *Einführung*, oder der Wechsel der Repräsentationsform beinhaltet ein anderes Abstraktionsniveau.

Sprachlich-symbolische Information

Wie lassen sich sprachlich-symbolische Information, wie sie als Text vorliegen, in Multimedia-Anwendungen präsentieren? Welche der folgenden Varianten wäre vorzuziehen:

- die Darstellung von Text am Bildschirm (visuell präsentiert)
- der Vortrag von Text durch einen Sprecher aus dem Off (auditiv präsentiert)
- die audiovisuelle Präsentation des Textes durch einen Sprecher

Am meisten verbreitet bei digitalen Medien ist weiterhin die erste Variante: Der Text wird am Bildschirm visuell ausgegeben. Dabei sind – gegenüber der Wiedergabe im Printmedium – einige Besonderheit der Darstellung am Bildschirm zu beachten: So sollten die Texte insgesamt kürzer verfasst sein und in einer festen, vergleichsweise schmalen Spalte präsentiert werden. Dies macht es dem Auge leichter, den Text zu fixieren.

Umstritten ist das „Scrollen" von Texten in Textfeldern oder Frames, bei denen der Text mithilfe eines Balkens am Fensterrand nach oben oder unten gerollt wird, um den nicht sichtbaren Teil zu lesen. Auf diese Weise lässt sich auf eine Bildschirmseite mehr Text unterbringen als die sichtbare Bildschirmfläche zulässt. Dennoch sollte diese Möglichkeit nur begrenzt genutzt werden, weil das Lesen von größeren Textmengen mithilfe einer solchen Rollfunktion wenig angenehm ist.

Den gleichen Text kann man ebenso gut von einem Sprecher vortragen lassen. Der Vortrag dieser Person kann als Video präsentiert werden, oder aber man beschränkt sich auf einen Audio-Track. Die Videodarstellung hinterlässt sicherlich den persönlicheren Eindruck, sie ist jedoch nur dann von Bedeutung, wenn die Person des Vortragenden eine bekannte Persönlichkeit darstellt. Ein ausgebildeter Sprecher ist dagegen in der Regel vorzuziehen. Denn nur so ist sichergestellt, dass die Konzentration bei längeren Textpassagen erhalten bleibt. Die Kosten für einen professionellen Sprecher sind im Verhältnis zu den Gesamtkosten derart unbedeutend, dass an dieser Stelle nicht gespart werden sollte. Denn ein schlechter Sprecher kann die gesamten Mühen bei der Formulierung der Materialien zunichte machen. Die bildliche Präsentation des Sprechers kann hier in der Regel reduziert werden auf vielleicht einen Einleitungs- oder Begrüßungstext.

Eine rein auditive Präsentation des Vortrags hat den Vorteil, dass gleichzeitig Grafiken, Schaubilder, Photos etc. wiedergegeben werden können. Eine solche Kombination ist didaktisch besonders attraktiv, die Synchronisation solcher Medientypen ist – je nach Autorensystem – aber zum Teil überraschend kompliziert.

Das zentrale Merkmal der auditiven ebenso wie audiovisuellen Präsentationen ist – gegenüber statischen Medien wie Texte und Bilder – die Zeitabhängigkeit der Wiedergabe dieser Medientypen. Dies hat aus didaktischer Sicht Vor- und Nachteile: Bei Texten kann eine Seite tatsächlich zügig überflogen werden, um festzustellen, ob die Inhalte von Belang sind. Die Wiedergabe des Videos kann nur begrenzt beschleunigt werden, ein Vorspulen bedeutet immer den Verlust an Informationen. Das Überfliegen von Texten führt dagegen zu einer oberflächlichen Rezeption und nährt möglicherweise die Illusion, einen Text bearbeitet zu haben. Die auditive und audiovisuelle Präsentation verhindert ein solches Durchklicken von Texten.

Entscheidet man sich für Audio- oder Videofiles, so sollte man diese jeweils in kleinere Segmente von einigen Minuten aufteilen, die in einer Übersicht am Bildschirm mit textuellen Überschriften angeordnet sind und durch Anklicken der Reihe nach aufgerufen werden können. Die Person kann so schnell übersehen, welche Segmente sie tatsächlich interessiert. Die Gefahr, dass sie durch Vorspulen wichtige Bestandteile übersieht, ist reduziert.

Visualisierung von Prozeduren und Prozessen

Eine ganz typische Anforderung bei Multimedia-Anwendungen ist die Darstellung von Prozeduren und Prozessen. Es kann sich dabei um eine Prozedur handeln, die eine Person erlernen soll, wie z. B. die Bedienung eines Gerätes, oder um einen abstrakten Prozess, der veranschaulicht werden soll, wie z. B. der Vorgang eines Vulkanausbruches. Aber auch die Visualisierung von Völkerwanderungen in der Menschheitsgeschichte, der Entwicklung des Autoverkehrs oder von Geldanlagen fallen hierunter. Bei der Darstellung solcher Vorgänge kommen in Frage:

(a) die Wiedergabe des – aufgezeichneten – realen Vorgangs

(b) die Simulation des realen Vorgangs mithilfe einer Computeranimation

Auch hier wird die Frage, welche Variante vorzuziehen ist, kontrovers diskutiert. Beide Varianten können in der Herstellung sehr aufwändig sein, so dass in einem konkreten Projekt für eine Entscheidung die Kosten beider Varianten gegenüber zu stellen wären. So wären – die sicherlich beeindruckenden – Filmaufnahmen von Details eines Vulkanausbruch zum einen mit hohen Kosten verbunden und zum anderen werden selbst diese Aufnahmen wenig Aufschluss über die eigentlichen Wirkmechanismen in der Erde liefern. Diese Mechanismen wird man also mit Computeranimationen visualisieren.

Halten wir fest: Viele reale Vorgänge sind im Hinblick auf das eigentlich zu veranschaulichende Prinzip relativ schwierig zugänglich. Und wenn sie zugänglich gemacht werden, bleibt es oft schwer, sie didaktisch angemessen aufzubereiten. Nun ist jedoch die gleichermaßen aufwändige Computeranimation nicht immer die einzige Alternative zu der Präsentation eines Videos. Ebenso in Frage kommt:

(c) die Präsentation einer Folge von Einzelbildern bzw. -grafiken, ggfs. begleitet von einem Sprechertext

Die wesentlichen Schritte bzw. Einschnitte bei einem Vorgang können mit einzelnen Bildern oder Grafiken dargestellt werden. In einem Lehrbuch wird die Völkerwanderung anhand einer Reihe von Grafiken präsentiert, in denen die Bewegungen mit Pfeilen angedeutet werden. In gleicher Weise kann dies auch am Bildschirm mit einer Folge von Einzelbildern geschehen, die hintereinander aufgerufen werden oder deren Wiedergabe mit einem Sprechertext synchronisiert ist.

Hierbei kann man auf folgenden Einwand stoßen: Warum stellen wir die Völkerwanderung in einem Multimedia-System dar, wenn wir – wie im Lehrbuch – letztlich bloß Einzelgrafiken präsentieren und keine Computeranimationen? Dieser Einwand erscheint aus mediendidaktischer Sicht nicht gerechtfertigt. Denn die Entscheidung, welche Art der Darstellung gewählt wird, sollte nicht durch das gewählte *Mediensystem* bestimmt werden. Wesentlich ist vielmehr, ob der zusätzliche Mehraufwand für z.B. die 2D-Computeranimation gegenüber den Einzelgrafiken im Hinblick auf den Lernerfolg lohnend erscheint. Und dies ist bei vielen Ansätzen, in denen eine Computeranimationen vorgesehen ist, fraglich.

Aktivierende Aktionsformen

Der Aktivierung des Lernenden über Lernaufgaben kommt beim Lernen mit Multi- und Telemedien ein besonderer didaktischer Wert zu. Denn die Bearbeitung von Lernaufgaben …

- erreicht mit größerer Wahrscheinlichkeit als die bloße Präsentation von Inhalten, dass die für einen Lernerfolg notwendigen kognitiven Operationen ausgeführt werden,
- ermöglicht die Einbeziehung kommunikativer und diskursiver Elemente durch Anregung von Dialogen zwischen Lernenden und Lehrenden, etwa über die Bearbeitung von Gruppenaufgaben (z.B. im Internet),
- übt die Anwendung von Wissen anhand konkreter, möglichst unterschiedlicher Beispiele und fördert damit die Flexibilisierung und Kompilierung von Wissen und
- ermöglicht die (Selbst-)Prüfung des erreichten Wissensstands und gibt damit Aufschluss über Lernfortschritt und -defizite.

Aktivierende Aktionsformen sind auch bei interaktiven Medien zunächst vergleichsweise eingeschränkt. Das System kann Informationen wiederholen lassen, kann auffordern, dargebotene Informationen auf neue Sachverhalte anzuwenden, oder es wird ein Problem präsentiert, für das eine Lösung entwickelt werden soll.

Bei der Repräsentation herrschen auch hier sprachlich-symbolische Darstellungen vor: Der Lerner wird aufgefordert, aus mehreren Antwortalternativen auszuwählen oder ein Wort oder einen Satz als Antwort zu formulieren. Dies kann allerdings auch mit bildlichen Darstellungen erfolgen, indem z.B. die richtige Anwort in einer Grafik auszuwählen (anzuklicken) ist oder indem in einem bewegten Ablauf eingegriffen werden soll. Gerade die letzteren beiden Varianten ermöglichen Interaktionen, die über das konventionelle Unterrichten und Testen mit Papier und Bleistift hinausgehen. Hierbei sind insbesondere die folgenden beiden Varianten zu unterscheiden:

- interaktive Computersimulationen („Computerwelten" oder „virtuelle Welten") oder

- (Tele-) Steuerung realer Objekte.

Bei der ersten Variante wird ein Vorgang mit einer Computeranimation visualisiert. Bei einer „normalen" Computeranimation hat der Benutzer die Möglichkeit, die Wiedergabe anzuhalten oder vor- und zurückzuspulen. Bei einer interaktiven Simulation kann jedoch unmittelbar in das Geschehen eingegriffen werden, mit den Objekten der simulierten Welt umgegangen werden. Dies geschieht mithilfe von mehr oder weniger komplizierten Eingabegeräten, wie z. B. einem Datenhandschuh.

Bei der zweiten Variante steuert die Person über den Computer reale Objekte, also z. B. Geräte oder Maschinen. Diese können am Rechner direkt angeschlossen sein oder über Netze ferngesteuert werden. Besonders interessant ist natürlich die Fernsteuerung solcher Objekte über das Internet: Sind diese über das Internet steuerbar, kann der Lernende direkt mit diesen operieren und den Umgang mit diesen – vielleicht teuren oder schwer zugänglichen – Geräten erlernen. In einem „virtuellen Labor" können Studierende beispielsweise die Steuerung von Robotern oder Fertigungssystemen erlernen, ohne das Labor, in dem diese Geräte sich physisch befinden, jemals aufzusuchen. Die Steuerungsbefehle werden per Internet an das Gerät übertragen, die Sensoren melden den Status des Gerätes ebenfalls über das Internet zurück. Zusätzlich kann eine optische Kontrolle über Web-Kameras im entfernten Labor erfolgen (vgl. z.B. http://www.vvl.de).

Natürlich stellt sich auch hier die Frage, ob und wann dieses recht aufwändige Szenario der Fernsteuerung realer Objekte gerechtfertigt ist. Die Alternative bestünde in der vollständigen Simulation des Systems. Die Entscheidung zwischen diesen beiden Varianten (Fernsteuerung vs. Simulation) muss im Einzelfall gefällt werden. Wesentliche Grundlage für die Entscheidungsfindung ist die Erhebung des Kostenrahmens beider Varianten. So kann im Einzelfall die Fernsteuerung gegenüber der Simulation günstiger sein, insbesondere wenn das Objekt bereits über ein Interface zum Internet verfügt. Die Fernsteuerung birgt jedoch auch Risiken: So wird man nur Lernende mit gewissen Kenntnissen zulassen, da die Gefahr eines folgenschweren Bedienungsfehlers oder generell einer unsachgemäßen Bedienung besonders bei einem Zugriff von anonymen Personen groß ist. Hinzu kommt, dass mit diesem Szenario nur vergleichsweise wenig Studierende „bedient" werden können, da in der Regel immer nur ein Lerner Zugriff und Kontrolle über das System ausüben kann.

Ganz allgemein kann man sagen, dass die Steuerung realer Objekte vorteilhaft ist, wenn die Bedienung tatsächlich des einen und speziellen Gerätes erlernt werden soll. In diesem Fall geht es dann tatsächlich um Feinheiten, die in der reinen Computersimulation kaum vermittelt werden können. Wenn es aber um allgemeinere Prinzipien und Abläufe geht, kann von diesen Details abstrahiert werden; diese Feinheiten können sogar das Verstehen des Grundprinzips behindern.

Mithilfe solcher aktivierenden Elemente wird das Potenzial digitaler Medien zu
Interaktivität didaktisch sinnvoll – insbesondere für den Aufbau von Fertigkeiten –
genutzt. Die Kluft zwischen *Wissen* und *Anwenden* zu überwinden, bleibt – bei allen unterrichtswissenschaftlichen Erkenntnissen – eine zentrale Herausforderung
für das didaktische Design. Dieses Problem wird ignoriert, wenn sich die Anwendung auf die Präsentation von Informationen beschränkt. Nur durch aktivierende
Aktionsformen kann versucht werden, dieses Problem zu bewältigen. Dabei ist zu
bedenken, dass diese Elemente auch nicht *im* Medium realisiert sein müssen; so
können Anwendungsphasen auch als Aufgaben für eine Einzel-, Partner- oder
Gruppenarbeit (auch im Netz) vorgesehen werden.

Meta-Aktionen

Neben darstellenden und aktivierenden Aktionsformen stellen Meta-Aktionen eine
weitere Art der Interaktion zwischen Mensch und Maschine dar. Damit sind alle
Aktionen gemeint, die dem System Informationen für die Präsentation des Lernangebotes übermitteln, insbesondere der Selektion folgender Lernangebote. Bereits
frühe Lernprogramme versuchten z.B. die Vorkenntnisse des Lerners festzustellen,
um das Angebot entsprechend anzupassen. Liegen Parameter vor, die es erlauben
anhand des aktuellen Benutzerverhaltens die Performanz des Lernenden zu erfassen, so kann diese diagnostische Aktivität auch *online* erfolgen, d.h. während der
Benutzung des Systems.

Statt eine aufwändige Online-Diagnose zu implementieren, kann das System einfa-
che Rückmeldungen beim Benutzer einholen: Wird ein systematisch strukturiertes
Lernangebot und/oder „Schmökern" (*browsing*) gewünscht? Wieviel Zeit steht zur
Verfügung? Wie groß ist die Bereitschaft, textliche Informationen zu bearbeiten?
Ein entsprechendes *Feedback* kann in Frageform geschehen oder durch spezielle
Schaltflächen, mit denen der Benutzer dem System z.B. mitteilt, ob die präsentierten Informationen zu leicht/zu schwer, langweilig etc. dargeboten werden. Durch
diese Meta-Information kann das Lernangebot inhaltlich und formal auf den Ler-
nenden – auch ohne komplexe Online-Diagnose – angepasst werden.

Einbettung in Handlungswelten

Zunehmend bedeutsamer wird die Einbettung von Lernangeboten in komplette
Handlungswelten und *Spielszenarien*. Anders als bei den dargestellten, konventionellen Varianten der Interaktion via Präsentation und Aktivierung wird eine ganz-
heitliche Aufbereitung des Lehrgegenstandes in einer Handlungswelt gewählt: Es
werden entweder Realitätsausschnitte nachgebildet oder künstliche Welten präsentiert. Das Lernangebot ermöglicht es, in Welten einzutauchen, in denen das Neu-
gierverhalten angeregt wird und spielerisch im Umgang mit den nachgebildeten
Objekten gelernt werden kann. Es zeigt sich, dass gerade durch diese Art der Aufbereitung Merkmale von Multimedia-Systemen nutzbar werden, die in anderen
Medien (wie z. B. dem Buch) kaum realisierbar wären. Auf dem freien Markt steigt
die Nachfrage nach gerade solchen Anwendungen und entsprechend steigt auch das
Interesse von Verlagen und Softwarehäusern an solchen Produkten, in denen
Lernangebote spielerisch aufbereitet sind.

FEHR (1995) erprobte die Möglichkeiten solcher Lernwelten in einem *virtuellen Museum*. Dabei zeigte sich, dass bei photorealistischen 2-D Grafiken bereits der Eindruck des Eintauchens in virtuelle Welten erzeugt werden kann. Bei dem virtuellen Museum handelt es sich um ein reines Informationssystem, bei dem eine attraktive Navigationsoberfläche auf der Basis einer Raummetapher geschaffen wurde.

KONRATH (1996) untersuchte die Möglichkeiten einer Raummetapher für eine multimediale CBT-Anwendung zu „Grundlagen der Optik". Das Lernangebot ist dabei in eine spielerische Lernumgebung eingebettet. Es handelt sich um die Nachbildung einer ägyptischen Tempelanlage, in der man sich in verschiedenen Räumen bewegen kann, in denen Experimente zur Optik aufgebaut sind. Es sind verschiedene Versuchsanordnungen realisiert, mit denen experimentiert werden kann. Dabei sind auf dem Bildschirm die Funktionsgleichungen sichtbar, die den jeweiligen Aufbau beschreiben. Die eigentlichen Erklärungen werden jedoch erst bei Aufruf der Hilfefunktion gegeben. In der Tempelanlage sind bestimmte Aufgaben an den optischen Bänken zu bearbeiten; es lassen sich Mauern öffnen, und man gelangt zu einer Schatzkammer.

Die Wissensvermittlung ist in diesen Anwendungen eher zurückhaltend eingebettet und wird nur bei Abruf präsentiert. Es wird davon ausgegangen, dass die Anwendung zum Aufruf dieser Komponente motiviert, z.B. weil man bestimmte Effekte oder Zusammenhänge an einer Versuchsanordnung verstehen möchte. In jedem Fall muss der Lerner initiativ werden und die Lehrinhalte selbst abrufen.

Für den Entwickler bedeutet diese Art der Aufbereitung von Lehrinhalten zu Lernangeboten einen nicht unerheblichen Mehraufwand sowohl bei der Konzeption als auch bei der Produktion. Der Lehrstoff ist zunächst genauso systematisch zu durchdringen, und es müssen Lernaufgaben definiert werden. *Hinzu* kommt die Einbettung der Inhalte in das Spielszenario.

weiterführende Literatur: Das Handbuch von JONASSEN (1989) beschreibt eine Fülle an Verfahren zur Anforderungsanalyse. Die kognitionspsychologischen Grundlagen beschreiben ANDERSON (1988) oder SCHNOTZ (1994). BALLSTAEDT geht insbesondere auf die Aufbereitung visueller Informationen ein (1997).

4 Sequentiell strukturierte Lernangebote

Die Frage der didaktisch-methodischen Struktur medialer Lernangebote betrifft eine zentrale Entscheidung der mediendidaktischen Konzeption. Dabei werden in den folgenden Kapiteln vier verschiedene – sich nicht ausschließende – Strukturprinzipien vorgestellt: Exposition, Exploration, Konstruktion und Kommunikation.

Zunächst wird es um das Prinzip der zeitlichen Struktuierung von Lernangeboten (= Exposition) gehen. Damit ist die Annahme verbunden, dass sich die richtige zeitliche Anordnung von Elementen des Lernangebotes günstig auf den Lernerfolg auswirkt.

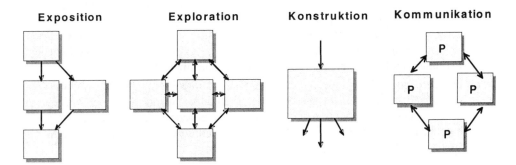

Abbildung 17: Didaktische Struktur medialer Lernangebote

4.1 Modelle sequentieller Strukturen

Was ist die „richtige" Folge von Elementen eines Lernangebotes? Wie beginnt man am besten? Womit beendet man eine Lerneinheit, um den Lernerfolg sicherzustellen? Mit diesen Fragen beschäftigen sich Modelle der sequentiellen Strukturierung von Lernangeboten.

Diese Modelle gehen von folgender Überlegung aus: Lernen ist ein sich *zeitlich erstreckender Prozess*. Im konventionellen Unterricht erbringt eine Lehrkraft mit der zeitlichen Vor- Strukturierung der Aktivitäten der Lernenden eine wesentliche Leistung, – auch wenn die Lehraktivitäten die Lernaktivitäten nicht unmittelbar determinieren. Ein gute Lehrerin findet den richtigen Einstieg, weiss das Tempo des

Unterrichts zu steuern; sie meistert schwierige Phasen und kann die vorgegebene Zeit einteilen. Es scheint folglich auch für das mediengestützte Lernen naheliegend, dass die Lernangebote eine zeitliche Folge der Lernaktivitäten vorgeben. Sind die Lernangebote zeitlich richtig angeordnet, so die implizite Annahme, ist mit einem Lernerfolg zu rechnen.

Die zeitliche Strukturierung eines mediengestützten Lernangebotes ergibt sich durch die schrittweise Präsentation von Lehrinhalten. Solche Sequenzierungen können auf Phasenmodelle für konventionellen Unterricht zurückgreifen. Sie bieten Raster, mit dem sich die zeitliche Struktur von Lernangeboten planen lässt. Vorliegende Modelle unterscheiden sich im Grad der Detailliertheit ihrer Vorgaben für die „richtige" Sequenz des Lehrens.

Vergleichsweise einfach sind universelle Sequenzmodelle und intuitive Heuristiken zur zeitlichen Strukturierung von Lernangeboten. Sie gehen davon aus, dass es einige grundlegende Prinzipien gibt, die zur Sequenzierung von Lehraktivitäten angelegt werden können und zwar unabhängig von der Art des Lehrinhaltes, Merkmalen der Lernenden oder der Lernsituation.

Heuristische Lehrprinzipien wären z.B. die Induktion oder Deduktion. Bei einem induktiven Vorgehen wird von einem konkreten Fall ausgegangen, z.B. einem chemischen Experiment oder einer Beobachtung, und davon ein allgemeines Gesetz oder Prinzip abgeleitet: *vom Besonderen zum Allgemeinen*. Beim deduktiven Verfahren wird umgekehrt vorgegangen. Es wird zunächst das allgemeine Prinzip genannt und anschließend werden Beispiele hierfür vorgestellt: *vom Allgemeinen zum Besonderen*.

Bei Heuristiken wird nicht näher spezifiziert, unter welchen Bedingungen, welches Vorgehen gewählt werden soll. Sie haben den Vorteil, dass jegliche Analyse z.B. des Lerners entfallen kann und bieten gerade wegen ihrer konzeptuellen Sparsamkeit einen einfachen Orientierungsrahmen für die Planung.

Die Suche nach den optimalen Strategien des Lehrens nahm in der früheren didaktischen Literatur einen großen Stellenwert ein (vgl. Peterßen, 1992). In der neueren, empirischen Lehr-Lernforschung wird der Aspekt der sequentiellen Organisation von Lehraktivitäten dagegen kaum thematisiert (Weinert, 1996c). SHULMAN (1986a) führt dies auf das Vorherrschen eines Forschungsansatzes zurück, der eine molekulare Sichtweise des Lehr-Lernprozesses bevorzugt. Dabei wird das Auftreten und die Häufigkeit des Auftretens bestimmter Lehraktivitäten (z.B. Art und Häufigkeit von Lehrerfragen) in Beziehung gesetzt z.B. zum Lernerfolg. Doch die einzelne Lehraktivität erhält ihre Bedeutung erst im Interaktionsprozess: die Angemessenheit z.B. einer Einleitung, Zusammenfassung oder Testfrage lässt sich nur schwerlich als einzelnes Ereignis werten.

4.1.1 Instruktionale Ereignisse (GAGNÉ)

Die Arbeitsgruppe um ROBERT GAGNÉ an der FLORIDA STATE UNIVERSITY formulierte ein universelles Modell, nach dem sich erfolgreiches Lehren und Lernen als Folge neun zielgerichteter Aktivitäten darstellen lässt (Briggs et al., 1992; Gagné,

1985; Wager & Gagné, 1983). Das Modell beschreibt, welche *instruktionalen Ereignisse* eintreten müssen, damit Lernen erfolgreich ist (s. Tabelle 12). Diese instruktionalen Ereignisse können in mehr oder weniger großen Anteilen vom Lernenden selbst ausgeführt werden und bedürfen keineswegs grundsätzlich der Organisation durch eine lehrende Instanz. GAGNÉ unterscheidet dabei zwischen den *internen Bedingungen* des Lerners und *externen Bedingungen* des Lernangebotes. Die didaktischen Aktivitäten sind auf die internen Bedingungen des Lernenden abzustimmen.

Das Einhalten dieser Folge instruktionaler Ereignisse trägt nach GAGNÉ zum Lernerfolg bei und kann unabhängig von Lerngegenstand, Merkmalen von Lernmedium, Lerner oder Lernsituation verfolgt werden. Es handelt sich damit um ein *universelles* Sequenzmodell, da es keine Parameter berücksichtigt, die auf die Unterrichtsstrategie Einfluss nehmen. Die instruktionalen Ereignisse sind bei verschiedenen Lehrzielen zwar unterschiedlich zu gestalten und zu gewichten, ihre Abfolge sollte jedoch grundsätzlich beibehalten werden.

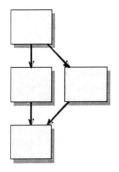
Das Modell beinhaltet Aspekte sowohl behavioristischer als auch kognitiver Lerntheorien: Die behavioristische Tradition klingt an bei der Betonung der Mitteilung von Lehrzielen sowie der späteren Überprüfung und Rückmeldung des Lernfortschritts. Diese Aspekte werden jedoch in neueren (Re-) Formulierungen des Modells zunehmend kognitiv begründet: Die Mitteilung von Lehrzielen dient dem Aufbau angemessener Erwartungen über die Instruktion; Prüfung und Rückmeldung werden nicht mehr primär im Sinne von Verstärkungsmechanismen eingesetzt, sondern es wird deren (selbst-)diagnostische Funktion herausgestellt.

Im wesentlichen schlägt das Modell ein Vorgehen vom Allgemeinen zum Besonderen vor (s. Tabelle 12): Zunächst werden Lehrinhalte präsentiert, anschließend werden diese vertieft, mit Beispielen erläutert und an konkretem Material eingeübt.

Lernhilfen in Schritt ⑤ beziehen sich auf alle Maßnahmen, die sich günstig auf die Speicherung und Organisation des Materials beziehen und dazu beitragen, dass dieses besser erinnert werden kann (z.B. Merksätze oder „Eselsbrücken", Grafiken wie Skizzen oder Flussdiagramme, humoristische Illustrationen und manches mehr).

Interessant ist die separate Aufnahme von Maßnahmen zur Sicherung des Lerntransfers in Schritt ⑨: Hiermit wird das Problem angesprochen, dass selbst bei der erfolgreichen Aneignung von Wissen nicht sichergestellt ist, dass dieses auch in neuen, insbesondere Alltagssituationen *anwendbar* wird. Das Modell von GAGNÉ sieht vor, dieses Problem im Anschluss an die Aneignungsphase bewusst zu adressieren und zwar durch Vorführen möglichst realer Beispiele oder textliche Hinweise auf solche Anwendungsbeispiele.

Tabelle 12: Instruktionale Ereignisse (nach GAGNÉ)

	Aktivität Lehrsystem	Aktivität Lernsystem
①	Aufmerksamkeit erzielen	Konzentration mobilisieren
②	Lehrziele mitteilen	realistische Erwartung über Lernergebnis aufbauen
③	an Vorwissen anknüpfen	Langzeitgedächtnis aktivieren
④	Lernmaterial präsentieren	Lernmaterial wahrnehmen
⑤	Lernhilfen anbieten	Übernahme in Langzeitgedächtnis durch semantische Enkodierung fördern
⑥	Gelerntes anwenden	Rückschlüsse auf Lernergebnis ermöglichen
⑦	Rückmeldung geben	diagnostische Information und Verstärkung geben
⑧	Leistung testen	Hinweise zur Verfügung haben, die bei der Erinnerung benötigt werden
⑨	Behaltensleistung und Lerntransfer fördern	Leistung in neuen Situationen erproben

Mit dem Lerntransfer ist eines der zentralen Probleme gerade auch der beruflichen und betrieblichen Bildungsarbeit angesprochen, doch aus Sicht situierter Ansätze des Lernens bleibt die Lösung unbefriedigend. Denn die Erhöhung des Lerntransfers wird eben als separates, auf die eigentliche Aneignungsphase folgendes Problem gesehen. Situierte Ansätze fordern dagegen, dass die Aneignung selbst unter Berücksichtigung des Kontextes erfolgen sollte, d.h. bereits bei der Bereitstellung des Lehrmaterials sollte der Anwendungskontext berücksichtigt werden.

Anwendung auf multimediale Lernumgebungen

Die Anwendung des Modells von GAGNÉ auf die Konzeption von multimedialen Lernumgebungen erweist sich zwar als einfach, dennoch ergibt sich die Umsetzung keineswegs von selbst. Kreativität ist gefordert, wenn es darum geht, wie beispielsweise *Aufmerksamkeit* (Schritt ①) erzeugt werden kann. Vorgeschlagen werden von den Autoren etwa multimediale *eye catcher*, wie AV-Clips oder interessante Grafiken auch humoristischer Art. Wichtig erscheint jedoch auch deren Inhalt: Er sollte auf das Lehrmaterial hinführen oder bezogen sein, etwa durch Vorstellen eines konkreten Falls oder Ereignisses im Sinne eines deduktiven Vorgehens oder durch Hinweis auf Fehler und Probleme, die in konkreten Situationen (etwa durch Unkenntnis) entstehen können (damit wird der *Nutzen* des Lehrinhalts deutlich). Eine bloße Steigerung der Aufmerksamkeit durch visuelle Effekte erscheint dagegen weniger sinnvoll, zum einen weil damit möglicherweise falsche Erwartungen aufgebaut werden und zum anderen weil sich diese sehr schnell verbrauchen. Auch die Formulierung von Lernhilfen oder die Förderung des Lerntransfers macht eingehende Überlegungen notwendig, wie dies im konkreten Fall umzusetzen ist.

Kritisiert werden kann, dass sich das Modell zu sehr auf einen allgemeinen Rahmen beschränkt. Auch gibt es keine Hinweise, wann eine bestimmte Lehraktivität *zwingend* ist, und wann auf diese „verzichtet" werden kann, da die korrespondierenden Lernaktivitäten selbständig ausgeführt werden. Versuche einer weitergehenden Konkretisierung des Vorgehens werden von GAGNÉ jedoch skeptisch beurteilt (Wager & Gagné, 1983, S. 59):

> Lessons incorporating events that are appropriate for the type of learning outcomes desired will be more likely to attain the desired learning goals than lessons that do not include them. Our guidelines cannot be more specific than this, since it is the designer who must interpret the function being served by any particular display. To imagine that the design process can be reduced to a set of cook-book prescriptions is wishful thinking.

4.1.2 Präsentationsfolgen in der cdt (MERRILL)

DAVID MERRILL knüpft an das Modell von GAGNÉ an mit dem Ziel, die Konzeption von Lernangeboten im Detail präziser spezifizieren zu können. Während die Überlegungen zunächst ganz allgemein auf die Planung jeder Art von Unterricht abzielen, konzentriert er sich zunehmend auf computergestützte Unterrichtsverfahren.

In den 70er Jahren entwickelte seine Arbeitsgruppe das Autorensystem TICCIT. Aus diesen Erfahrungen erwuchs das theoretische Gerüst der *component display theory* (cdt), die in den Folgejahren mehrfach modifiziert und erweitert wurde (Merrill, 1994, S. 106). Die aktuellste und komprimierteste Darstellung findet sich bei MERRILL (1994, Kap. 8). Die formalisierte (!) Darstellung der 13 Regeln der CDT umfasst dort 17 Seiten. Der Ansatz gehört in den USA zu den bekannten Modellen zur Konzeption mediengestützten Lernens, in Deutschland wurde er lange Zeit kaum wahrgenommen (s. aber Niegemann, 1995).

Die Rezeption ist allerdings dadurch erschwert, dass der Ansatz eine kontinuierliche Weiterentwicklung über zwei Jahrzehnte erfahren hat, nicht zuletzt als MERRILL ab 1987 eine neue (nunmehr groß geschriebene) *Component Display Theory* (CDT) vorstellte, die die alte *cdt* jedoch nicht ablöst (vgl. Merrill, 1994, Kap. 8). Mit der *instructional transaction theory* liegt ab 1989 eine weitere Generation des Modells vor, die speziell als Rahmen für neuartige Autorensysteme (für die Automatisierung des didaktischen Designs) konzipiert wurde. Die folgende Darstellung beschränkt sich deswegen auf den lange Zeit relativ konstant gebliebenen Aussagenkern der ursprünglichen *cdt*.

Das deskriptive Rahmenmodell der *cdt*

Im Unterschied zu universellen Sequenzmodellen geht die *cdt* davon aus, dass das instruktionelle Vorgehen abhängig zu machen ist (zumindest) von dem *Lehrinhalt* einerseits und dem angestrebten *Leistungsniveau* anderseits. Die *cdt* beschränkt sich dabei auf kognitive Lehrinhalte:

- *Fakten* (beliebig geordnete Informationsbestandteile)
- *Konzepte* (Begriffe)
- *Prozeduren* (Sequenz von Schritten, die zur Erreichung eines Ziels benötigt werden)

* *Prinzipien* (kausale oder korrelative Zusammenhänge von Ereignissen oder Bedingungen)

Tabelle 13: Matrix der Lehrinhalte und Leistungsniveaus (nach MERRILL)

	Fakten	Konzepte (Entitäten)	Prozeduren (Aktivitäten)	Prinzipien (Prozesse)
Entdecken				
Anwenden				
Erinnern - abstraktes Wissen				
Erinnern - konkretes Wissen				

Lehrstrategien der *cdt*

Darüber hinaus wird unterschieden, welches Leistungsniveau angestrebt wird. Sollen bestimmte Konzepte, Prozeduren oder Prinzipien nur *erinnert* werden, sollen sie auf neue Gegebenheiten *angewendet* werden oder sollen gar neue Konzepte, Prozeduren oder Prinzipien *entdeckt* werden?

Anzugeben ist, ob Fakten, Konzepte, Prozeduren oder Prinzipien auf dem Niveau *Erinnern* eines konkreten Beispiels oder einer Verallgemeinerung, *Anwenden* oder *Entdecken* angestrebt werden. Jede dieser Kombinationen erfordert nach MERRILL ein jeweils spezifisches instruktionelles Vorgehen. Die Kategorisierung der Lehrziele soll damit an die Lehrmethodik geknüpft werden.

Das Modell greift damit den Wunsch der Praxis nach möglichst konkreten Hinweisen für die Konzeption computergestützter Lehrprogramme auf. Sie ermöglicht eine gewisse Standardisierung der Medienproduktion mit den entsprechenden Vor- und Nachteilen: Die Ähnlichkeit der entwickelten Anwendungen vereinfacht die schnelle Orientierung der Benutzer im Programm. Gleichzeitig wirken die Anwendungen relativ uniform und werden zunehmend als langweilig empfunden.

Die Standardisierung der Konzeption weist damit vor allem für die Produktion und das Management gerade größerer Projekte Vorteile auf. Denn ab einer gewissen Größenordnung von Projekten (Umfang der Anwendung, Anzahl beteiligter Personen und Einrichtungen u.ä.) stellt sich das Problem, wie die Produktionsabläufe durch die Standardisierung von Prozessen und Entscheidungen optimiert werden können.

Primäre Präsentationsformen

Das Ziel der *cdt* besteht darin, die Konzeption eines Lernprogramms bis auf die Ebene einzelner *displays*, also Bildschirmseiten, möglichst präzise zu bestimmen.

Dazu werden zunächst die wesentlichen Elemente eines computer- (oder netz-) gestützten Lernprogramms systematisiert. Diese primären Präsentationsformen können sich auf einen abstrakten oder konkreten Sachverhalt beziehen. Sie dienen dazu, neue Lehrinhalte darzubieten bzw. einzuführen, zu üben sowie sicherzustellen, dass das Lehrziel erreicht wird. Unterschieden wird zwischen darstellenden Präsentationen *(expository presentations)*, bei denen neue Sachverhalte vorgestellt werden, und fragenden oder ganz allgemein: aktivierenden Präsentationen *(inquisitory presentations)*, bei denen Sachverhalte erfragt werden und Eingaben oder andere Aktivitäten des Lernenden verlangt werden (s. Tabelle 14).

Tabelle 14: Primäre Präsentationsformen

	darstellend (*expository:* E)	aktivierend (*inquisitory:* I)
abstraktes Wissen (G)	**E G**	**I G**
konkretes Wissen, Beispiel, „Instanz" (eg)	**E eg**	**I eg**

In der Vergangenheit wurden darstellende Präsentationen bei CBT und WBT vielfach als einfache Textseiten und aktivierende Präsentationen als schlichte Abfragen (etwa mit *multiple choice*-Fragen) realisiert. Die Präsentationsformen können und sollen jedoch alle multimedialen Möglichkeiten zur Vorstellung von Sachverhalten ausschöpfen. Sie sollten alle Varianten zur Aktivierung des Lerners nutzen, um eine übende Vertiefung zu ermöglichen, also neben Fragen z.B. Spiele, KonstruktionsAufgaben in Mikrowelten, Identifikationsaufgaben etc.

Sequenzierung der Präsentationsformen

Die Sequenzierung des Lernangebotes in einem Lernprogramm (sei es ein CBT oder WBT) ergibt sich aus der Kombination der primären Präsentationsformen. Im Kern wird dabei eine vergleichsweise einfache Struktur vorgeschlagen. In Tabelle 15 sind die Sequenzierungsregeln für die primären Präsentationsformen in Abhäigigkeit von dem zu Lehrziel dargestellt. Jede Zeile beinhaltet eine Lehrstrategie; alle beruhen jedoch auf der Folge:

Präsentation ⇒ Übung ⇒ Anwendung/Test

Sollen beim Lernen faktische Informationen angeeignet werden, sind diese vorzustellen und anschließend abzufragen. Bei abstraktem Wissen soll dieses zunächst in abstrakter Form präsentiert und mit Beispielen erläutert werden. Es folgen Übungen, in denen diese allgemeinen Konzepte, Prozeduren oder Prinzipien vom Lerner *paraphrasiert* werden sollen. Bei der Anwendung von Konzepten, Prozeduren oder Prinzipien wird zunächst ebenso die allgemeine Information abstrakt präsentiert, Beispiele sind anzufügen. In den anschließenden Phasen erfolgt die Einübung anhand neuer Beispiele.

Wird beispielsweise das *Entdecken* von Problemlösungen angestrebt, entfällt die Präsentation. Anhand konkreter Beispiele sollen zunächst Aktivitäten angeregt werden. Hierauf folgt die Einübung auf einem abstrakten Niveau, erneut mit neuen Fällen. Wenn es dagegen um die Vermittlung theoretischen Wissens geht (Konzepte erinnern), schlägt das Modell vor, mit der Darstellung abstrakter und konkreter Informationen zu beginnen, anschließend mehrere Übungen zu abstrakten Wissenseinheiten anzufügen und dies in der Testphase erneut zu wiederholen.

Tabelle 15: Regeln zur Sequenzierung primärer Präsentationsformen

	Präsentation	Übung	Anwendung/Test
Entdecken		I egs.n $\Rightarrow$ I G.n	$\Rightarrow$ I egs.n $\Rightarrow$ I G.n
Anwenden	EG $\Rightarrow$ E egs	$\Rightarrow$ I egs.n	$\Rightarrow$ I egs.n
Erinnern (Konzepte) [abstraktes Wissen]	EG $\Rightarrow$ E eg	$\Rightarrow$ I G.p	$\Rightarrow$ I G.p
Erinnern (Fakten) [konkretes Wissen]	E eg	$\Rightarrow$ I eg	$\Rightarrow$ I eg

Abkürzungen: E = expositorisch   s = Plural (= mehrere)
                       I = aktivierend *(inquisitory)*   n = neu
                       G = abstrakt *(general)*   p = paraphrasierend
                       eg = konkret

Darüber hinaus unterstützen *sekundäre Präsentationsformen* die Informationsverarbeitung des Lerners oder geben weitere Hinweise, z.B. vertiefende oder erläuternde Informationen. Sie werden bei Bedarf in den Verlauf des Programms eingestreut und vertiefen die Auseinandersetzung des Lernenden mit dem Gegenstand.

Instruktionale Transaktionen

Bei der weiteren Entwicklung wurde das Ziel verfolgt, die *cdt* in Form einer Wissensbasis computertechnisch zu implementieren und als Expertensystem verfügbar zu haben. Dabei wurden die Grenzen des ursprünglichen Modells schnell sichtbar, und es wurden die Grundzüge der *instructional transaction theory (ITT)* formuliert (Merrill, 1994, Section 6). Das vorrangige Ziel der ITT ist nicht mehr, die konzeptuelle Arbeit des didaktischen Designs zu unterstützen. Es geht vielmehr um ein Modell, mit dem die „Intelligenz" des didaktischen Designs in einer vom Computer ausführbaren Form, etwa eines Expertensystems oder eines neuartigen Autorensystems, implementierbar wird. Bei einer solchen indirekten Implementationsstrategie beschränkt sich die Aufgabe des didaktischen Designs dann darauf, die Parameter des Systems einzustellen. Die eigentlichen instruktionellen Entscheidungen soll das Computersystem – und nicht der didaktische Designer – übernehmen. Es geht dann um die Automatisierung des didaktischen Design.

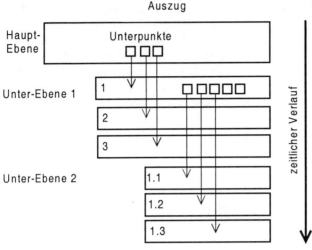

Abbildung 18: Prinzip der Elaboration

Elaborationsmodell

MERILLs Modell erlaubt zwar die Spezifikation einer Folge von Bildschirmseiten, es gibt jedoch kaum Hinweise zur übergreifenden Struktur des Lernangebotes. REIGELUTH et al. (1980) entwickelten deswegen das *Elaborationsmodell*. Danach vollzieht sich Lernen nicht geradlinig, z.B. vom Einfachen zum Schweren, sondern durchläuft die Lehrinhalte in mehreren Schleifen mit Sprüngen vor- und rückwärts. In interaktiven Medien wären die Lehrinhalte demnach mit zunehmenden *Vertiefungen* zu organisieren, um die *Elaboration* der Lehrinhalten durch die Lernenden zu fördern.

Um diese Art der individuellen Auseinandersetzung zu ermöglichen, kommen Strukturierungshilfen besondere Bedeutung zu, da sie den Lernprozess nachweislich unterstützen. REIGELUTH schlägt vor, Auszüge (sogenannte Epitome) zu präsentieren, die im Unterschied zu Zusammenfassungen einige der im Programm später präsentierten Ideen, Konzepte, Inhalte usw. aufführen und zwar in einer konzentrierteren und konkreteren Form als eher abstrahierende Zusammenfassungen.

Ausgehend von einem solchen Auszug unterscheidet REIGELUTH verschiedene Formen von *Elaborationen*: vom Allgemeinen zum Besonderen, vom Einfachen zum Komplexen sowie vom Abstrakten zum Konkreten. Bei der Erstellung eines Auszugs sind die essentiellen, repräsentativen, allgemeinen und/oder grundlegenden Begriffe und Aussagen eines Sachverhaltes zu extrahieren und in einer Gliederungsform zu präsentieren. Der dabei entstehende Auszug kann nun auf unterschiedlichen Niveaus angesiedelt werden. Für jeden Unterpunkt kann wiederum ein eigener Auszug erstellt werden.

Nach der Präsentation des *Auszugs* auf der Hauptebene, wird auf der ersten Unterebe-

Beispiel für einen Auszug

Einführungskurs Statistik		
1. Inhaltliche Struktur		
Messungen	a. Zentraltendenz	
	b. Streuung	
	c. Proportion	
	d. Beziehungsmaße	
Methoden	a. beschreibende Statistik	
	b. schätzende Statistik	
	c. Hypothesentestung	

ne fortgefahren, indem erneut der *Auszug* auf der Unterebene vorgestellt wird. Erst wenn alle Unterpunkte auf dieser Ebene abgearbeitet sind, wird zu den Unterpunkten des ersten Kapitels verzweigt. Bei der Zusammenfassung wird nach einer Zusammenfassung des Unterpunktes auch eine Einordnung in die übergeordnete Ebene des Auszugs vorgenommen.

Bei der Konkretisierung des Vorgehens ist nun wiederum nach der Art des Wissens zu unterscheiden. Bei konzeptuellen Wissensbeständen (z.B. einem Biologiekurs) bestehen die Auszüge aus immer differenzierter werdenden Klassifikationen (z.B. der Lebewesen). Bei prozeduralen Wissensbeständen (z.B. einem Kurs zur Anwendung statistischer Methoden) besteht der Auszug auf der Hauptebene aus der Darstellung des allgemeinen Vorgehens. Auf den Unterebenen folgen dann einzelne Verfahren, die bei speziellen Fällen anzuwenden sind (z.B. t-Test). Einen Einführungskurs der Wirtschaftswissenschaften könnte man sich dagegen als prinzipienorientierten Kurs vorstellen, bei dem einzelne grundlegende Prinzipien, wie z.B. der Zusammenhang von Angebot und Nachfrage, zunächst vorgestellt werden. Die Vertiefungen betreffen dann situationsspezifische, problembezogene Aspekte des Wirtschaftslebens.

4.1.3 Prinzipien zeitlicher Organisation von Unterricht

POSNER & STRIKE (1976) untersuchten Vorschläge zur Sequenzierung von Lernangeboten in didaktischen Modellen. Sie identifizierten einige typische Prinzipien der zeitlichen Organisation von Lernangeboten. Ihre Übersicht fand Eingang in allgemein-didaktische Modelle der Unterrichtsplanung (Posner & Rudnitzky, 1986). Sie ist auch Grundlage verschiedener Ansätze zur Automatisierung des didaktischen Designs geworden, bei denen die Sequenz der gespeicherten Lernangebote vom System generiert wird. In Anlehnung an diese Überlegungen können folgende Prinzipien der zeitlichen Organisation von Lernangeboten unterschieden werden (s.a. Klauer & Lühmann, 1983):

(1) Die Sequenzierung nach der *Ordnung der Dinge* orientiert sich an der „Realität", d.h. die Präsentation der Lernangebote richtet sich nach der (a) räumlichen, (b) zeitlichen oder (c) physikalischen Anordnung von Objekten, Ereignissen etc., die eine bestimmte Reihenfolge nahelegt (Beispiel: im Geschichtsunterricht nach der zeitlichen Folge von Ereignissen).

Dieses Prinzip ist nur eingeschränkt anwendbar. Zu bedenken ist, dass die *Ordnung der Dinge* erst durch Kriterien des Betrachters Wirklichkeit wird (z.B. die Definition von Epochen im Geschichtsunterricht). Eine Sequenzierung mit einer entsprechenden Begründung wäre zu hinterfragen.

(2) Die Sequenzierung nach der *logischen Struktur* der Lerninhalte geht von einer dem Gegenstand innewohnenden Ordnung aus, etwa:

- der *logischen Abhängigkeit* verschiedener Lerninhalte, die analytisch gewonnen werden,

- der *konzeptuellen* Organisation der Lernangebote (Über-/Unterordnung von Begriffen etc.), die sich etwa aus einem semantischen Netzwerk oder einer Objekthierarchie ergeben,

- der *inhaltlichen Zusammengehörigkeit* von Lernangeboten (z.B. Theorie → Anwendung, Regel → Beispiel, Satz → Beweis) oder

- der *Komplexität* von Lernangeboten eines Inhaltes (leicht → schwer).

Ähnlich wie bei dem ersten Prinzip bleibt die Sequenzierung stark dem Gegenstand selbst verhaftet. Gleichwohl bedarf der Gegenstand bereits einer deutlich stärkeren Aufbereitung, wie sie in den vorigen Kapiteln dargestellt wurde.

(3) Die Sequenzierung folgt dem *Erkenntnisprozess* des Lerngegenstandes, d.h. wie die Inhalte entdeckt bzw. erforscht wurden/werden, etwa indem der Prozeß der Erkenntnisgewinnung historisch oder empirisch nachvollzogen wird (Beispiel: Replikation gedächtnispsychologischer Experimente).

Dieses Prinzip der Sequenzierung wird vor allem im Kontext von didaktischen Ansätzen bedeutsam, die das eigenständige entdeckende Lernen fördern wollen. Auch dazu sind Lernangebote zeitlich so zu organisieren, dass bestimmte Erkenntnisse möglich werden. Wertvoll ist insbesondere das eigenständige Durchführen von Untersuchungen, Experimenten, Beobachtungen etc. Das selbständige Erforschen und Nachvollziehen bestimmter Phänomene sollte dazu beitragen, diese besser verstehen und lernen zu können.

(4) Die Sequenzierung folgt dem *Anwendungskontext*, d.h. wie die Lerninhalte benötigt werden im Hinblick auf gesellschaftliche, berufliche oder individuelle Anforderungen bzw. Bedürfnisse. Dieses Prinzip orientiert sich an der Schrittfolge von Prozeduren (etwa bei Prozessen der Entscheidungsfindung) oder der Häufigkeit bzw. Wichtigkeit von Lerninhalten im Berufsleben bzw. für Bewältigung von Alltagssituationen.

Wenngleich dieses Prinzip didaktisch-inhaltlichen Erwägungen kaum zu folgen scheint, ist es für den betrieblichen Trainingskontext nicht untypisch. Man orientiert sich an Abläufen und Strukturen, wie sie im Arbeitsalltag vorkommen, und bildet diese in der Sequenzierung der Lernangebote nach – vor allem in der Hoffnung auf eine höhere Lerneffizienz und die Sicherung des Lerntransfers. Vornehmlich betrifft dieses Prinzip damit vor allem Prozeduren, z.B. wie betriebliche Abläufe organisiert sind, und Fertigkeiten, wie z.B. Produktionsmaschinen oder Computeranwendungen zu bedienen sind.

(5) Sequenzierungen, die sich an den äußeren *Rahmenbedingungen* orientieren, wurden von POSNER & RUDNITZKY (1986) als weiteres Prinzip hinzugefügt. Berücksichtigt wird dabei, welche Ressourcen wann, wie und zu welchen Bedingungen für Lernaktivitäten zur Verfügung stehen. Finden sich z.B. geeignete Räumlichkeiten für Präsenzphasen nur zu einem bestimmten Zeitpunkt, wird man entsprechende Lernangebote zeitlich entsprechend arrangieren. Wenngleich damit ein schlichtes Kriterium vorliegt, wird deutlich, dass das didaktische Design sehr wohl auf die konkrete Lernsituation eingehen muss. Denn alle Maßnahmen können nur

unter Berücksichtigung der jeweils konkret gegebenen Rahmenbedingungen und Vorgaben angemessen konzipiert werden.

(6) Die Sequenzierung orientiert sich am *Lernprozess*, d.h. an Erkenntnissen der Lehr-Lernforschung über die kognitiven Operationen beim Lernen. Es wurde bereits dargestellt, dass dieses Prinzip in den meisten Fällen kaum anwendbar ist, weil Ergebnisse über die kognitiven Anforderungen konkreter Aufgaben kaum vorliegen.

(7) In der erziehungswissenschaftlichen Literatur hat die Forderung der Sequenzierung nach einer *entwicklungspsychologischen Entfaltungslogik* (im schulischen Kontext: „kindgemäßer" Unterricht) eine lange Tradition. Inhalte und Folgen sollten sich am Lebensalter bzw. dem Entwicklungsstand des Lerners orientieren. (z.B. Stufen der geistigen/moralischen Entwicklung nach PIAGET/KOHLBERG). Dieses Prinzip ermöglicht jedoch - wenn überhaupt - nur vage Angaben über die zeitliche Strukturierung der Lernangebote auf der Ebene von Kursen.

(8) Folgende Prinzipien der Sequenzierung beziehen sich auf den Zustand des *Lerners* bzw. des *Lernfortschritts:*

- Die *Vertrautheit* mit Lerninhalten bzw. *Vorwissen* kann zur Sequenzierung herangezogen werden. Hieraus ergibt sich die Forderung, zunächst möglichst Lerninhalte zu präsentieren, mit denen der Lernende bereits vertraut ist, und die an Vorwissen anknüpfen. Relevant ist insbesondere die Häufigkeit, mit der die Person sich mit den Lerninhalten bereits beschäftigt hat bzw. in ihrer Umgebung in Berührung gekommen ist (z.B. thematisiere zunächst das deutsche Bildungswesen, anschließend das Bildungssystem anderer Länder!).

- Ähnlich ist das Kriterium *Interesse* einzuordnen*:* Inhalte, die den Lerner persönlich motivieren, involvieren, aktivieren, neugierig machen etc. sind zeitlich vorzuordnen.

- Die Steigerung der *erlebten Schwierigkeit* legt eine Sequenzierung vom Einfachen zum Schwierigen nahe. Dabei kann die benötigte kognitive Kapazität, die geforderte Präzision und Geschwindigkeit der Ausführung (Fertigkeiten) oder der Grad der Internalisierung (affektiver Gegenstandsbereich) als Kriterium angelegt werden.

(9) Vor allem durch GAGNÉ bekannt geworden ist schließlich die Bildung von Sequenzen anhand von *Lernhierarchien*, die die Voraussetzungsbeziehung von Lernprozessen abbilden. Ausgegangen wird davon, dass ein Lernprozess einen anderen Lernprozess erleichtern oder hemmen kann. Durch eine angemessene Sequenzierung von Lernangeboten sollten sich solche Lernerleichterungen ermöglichen bzw. Lernhemmungen ausschließen lassen. GAGNÉ (1965) geht von empirisch gewonnenen Voraussetzungsbeziehungen über die zeitliche Organisation von Lernprozessen aus: D.h. welche Reihenfolge der Präsentation hat sich für das Erlernen bestimmter Lerninhalte als günstig erwiesen? Die Sequenzierung sollte sich aus solchen Erkenntnissen über die Abhängigkeiten von Lernprozessen ergeben (*prerequisite structure*).

Im Unterschied zu rein logischen Abhängigkeiten (s.o.) basieren diese Sequenzierungen auf empirischen Erkenntnissen der Lehr-Lernforschung über die pro- vs. retroaktive Hemmung bzw. Erleichterung von Lernprozessen bei bestimmten Lerngegenständen, d.h. welche Folge der Aneignung sich empirisch vorteilhaft erwiesen hat (z.B. lerne erst Buchstaben vor Worten). Im konkreten Fall kann jedoch kaum auf solche Erkenntnisse zurückgegriffen werden. WELTNER (1978) wählt deswegen Expertenratings zur Identifikation der Abhängigkeiten in Halbordnungen.

Merkmale effektiver Unterrichtssequenzen

In POSNER & RUDNITZKY (1986) finden sich Beispiele für Curricula, die nach den verschiedenen Prinzipien der Sequenzierung aufgebaut sind. Sachexperten neigen zu einer sachlogischen Strukturierung der zeitlichen Organisation von Lernangeboten. Die bekannten didaktischen Ansätze stehen kritisch zu einer Aufbereitung von Lernangeboten, die sich alleine an der sachlogischen Struktur eines Wissensgebietes orientiert. Zur Sicherung der Lerneffektivität werden vor allem solche Prinzipien betont, die sich am *Lernprozess* oder Merkmalen des Lerners orientieren. Mit situierten Ansätzen rückt auch die Lernsituation in das Blickfeld der Sequenzierung.

Eine empirische Prüfung der guten oder gar optimalen Sequenzierung von Lernangeboten ist komplex, wenn nicht unmöglich. Man denke an die Anzahl möglicher Aktionsformen und die Kombinationen, die sich hieraus ergeben, die in Beziehung zu Variablen des Lernerfolgs zu setzen sind. Die schwerwiegenden methodischen Probleme der experimentellen Erforschung von Lehr-Lernsequenzen hatte bereits TENNYSON (1972) dargestellt. Bei n Elementen, die es in einer Sequenz zu organisieren gilt, sind $n!$ verschiedene Sequenzen möglich. Bei zehn Elementen entspricht dies bereits 3½ Mio. möglichen Sequenzen, die im Vergleich zu prüfen wären (Klauer & Lühmann, 1983). So lässt sich nur in Ausschnitten untersuchen, welche Elemente und Kombinationen besonders geeignet erscheinen.

ROSENSHINE & STEVENS (1986) erstellten nach Sichtung vieler Einzeluntersuchungen eine Übersicht von Merkmalen effektiver Sequenzierungen bei personalen Lehrformen. Es wurden u.a. folgende Elemente identifiziert, für die ein positiver Zusammenhang mit dem Lernerfolg nachgewiesen werden konnte:
- der Unterricht beginnt mit einer kurzen Wiederholung,
- die Lehrziele werden kurz benannt,
- die Lehrinhalte werden in kleinen Schritten präsentiert, auf die jeweils eigene Aktivitäten der Lerner folgen,
- Formulierungen und Erklärungen sind klar und präzise,
- alle Schüler werden zu eigenen Aktivitäten angeregt,
- möglichst vielen Schülern werden häufig Fragen gestellt,
- Lerner werden bei Übungen in einem neuen Lehrgebiet begleitet,
- Rückmeldungen und Verbesserungshinweise werden regelmäßig gegeben,
- genaue Anweisungen für selbständige Aufgaben werden formuliert,
- die Bearbeitung der Lernaufgaben wird beaufsichtigt.

Diese Merkmale des Lehrverhaltens sind bei hierarchisch strukturierten Lehrinhalten als überlegen nachgewiesen worden: z.B. beim Erlernen von Grammatik, historischen Zusammenhängen, Wissen in den Natur- oder Wirtschaftswissenschaften, ebenso beim Erlernen der Anwendung von Regeln, z.B. der Anwendung von Formeln oder Prinzipien der Maschinenwartung, nicht jedoch bei weniger hierarchisch strukturierten Lehrinhalten, wie der Analyse von Literatur, Musik oder bildender Kunst, der Diskussion sozialer oder ethischer Fragen und der Entwicklung kreativer Fähigkeiten.

Derartige Merkmale effektiven Lehrverhaltens werden in einer Reihe von Publikationen immer wieder - in verschiedenen Altersstufen, organisatorischen Kontexten und Kulturkreisen - berichtet, so dass von einer gewissen Allgemeingültigkeit ausgegangen werden kann (Klauer, 1985).

Bei der Konzeption multimedialer Lernumgebungen sollten deswegen folgende Elemente berücksichtigt werden:

- Lernaktivitäten vorbereiten (d.h. Lernmotivation und Aufmerksamkeit sind sicherzustellen, etwa durch Anknüpfen an konkrete Beispiele, Verweis auf bereits Erlerntes, Aufbau angemessener Erwartungen etwa durch Nennen von Lehrzielen, Überprüfen von Vorkenntnissen, Einordnen in übergeordnete Lehrpläne/-ziele, Vorstellen der Kursübersicht),
- Informationen zu *Allgemeinem* ebenso wie *Besonderem* aufnehmen und sequentialisieren (d.h. Lernangebote sollen sowohl abstrakte Information wie konkretes Material beinhalten; die Sequenz der Präsentation ist zu strukturieren),
- Lern-*aktivitäten* sicherstellen (d.h. die reine *Präsentation* von Informationen reicht nicht aus: es sind Angebote vorzusehen, die *Aktivitäten* des Lerners erfordern),
- Lernfortschritt feststellen und rückmelden (d.h. die Überprüfung des Lernfortschritts dient der Unterstützung des *Lehr-* ebenso wie des *Lernprozesses*; die Qualitätssicherung ist statt des Prüfungscharakters hervorzuheben).

Lerndauer

Die Lerndauer, d.h. die Dauer aktiver Auseinandersetzung mit einem Lerngegenstand, sowie die Allokation bestimmter kognitiver Lernaktivitäten über die Zeit ist in einem kognitiven Ansatz des didaktischen Designs von zentraler Bedeutung: Welche kognitiven Prozesse sind in welchem zeitlichen Rahmen und welcher zeitlichen Folge für das Lernen notwendig?

Die Lerndauer hat sich in der Lehr-Lernforschung als wichtige Variable zur Bestimmung von Lernerfolg erwiesen. Dabei ist die Lerndauer offensichtlich nicht identisch mit z.B. der Verweildauer in der Schule oder einem Klassenzimmer. GOODLAD (1984) zeigte, dass nur deutliche Veränderungen *aktiver* Lernzeit mit besserer Problemlösefähigkeit und Kreativität einher geht. Er empfiehlt, statt wie bisher etwa 70% der Unterrichtszeit für deklaratives und prozedurales Wissen vorzusehen, 70% der Lernzeit für den Erwerb komplexerer Denkfähigkeiten einzuplanen. Allerdings sollten derartige Übungen innerhalb der Domäne des Lehrgegenstands angesiedelt sein. Der Versuch, domänen-unabhängige Denkfähigkeiten und - strategien zu vermitteln, scheint weitgehend als gescheitert.

TENNYSON & RASCH (1988) schlagen vor, die Lernzeit zwischen *Speicherung* und *Abruf* aufzuteilen. Neben dem Erwerb deklarativen und prozeduralen Wissens gilt es, auch kontextabhängiges (episodisches) Wissen aufzubauen. Dem deklarativen Wissen weisen sie dabei die geringste Bedeutung zu. Dem kontextuellen Wissen, das vor allem die Anwendbarkeit und Zugänglichkeit abstrakter Wissensbestände erhöht, sollte dagegen mehr Lernzeit zugewiesen werden. Am meisten Lernzeit wäre jedoch dem Erwerb kognitiver Strategien zu widmen (s. Tabelle 16 nach Tennyson & Rasch).

Tabelle 16: Allokation von Lernaktivitäten über die Lernzeit

Gedächtnis-komponente	Speicherung			Abruf	
	deklaratives Wissen	prozedurales Wissen	kontextuelles Wissen	gesamtes kognitives System	
Lernzeit	10 %	20 %	25 %	30 %	15 %
Lernziel	verbale Information	intellektuelle Fähigkeit	kontextuelle Fähigkeit	Kognitive Strategie	kreativer Prozeß
Lehrmethode	Exposition	Übung	Problemlöse-strategien	komplexe Probleme	persönliche Erfahrung

Das Modell erscheint jedoch relativ willkürlich, zumal das Kriterium des angestrebten Leistungsniveaus, wie etwa bei MERRILL, fehlt. Denn die Allokation von Lernaktivitäten über die Lernzeit ist sicherlich von dem angestrebten Leistungsniveau abhängig zu machen. Wird lediglich der Erwerb deklarativen Wissens erwartet, so wäre eine andere Zuordnung vorzunehmen. Das Modell ist insofern eher als Anregung über eine mögliche Verteilung von Lernaktivitäten in einer Sequenz zu werten.

4.2 Lernerfolgskontrolle und Rückmeldung

Testaufgaben und Rückmeldungen wurden lange Zeit als *die* essentiellen Merkmale von Lernprogrammen betrachtet: Im Kontext behavioristischer Ansätze war ein Lernprogramm ohne Tests und Rückmeldungen (Verstärkung) undenkbar. In MERRILLs ursprünglicher *cdt* bestand eine CBT-Anwendung aus der Kombination von Wissenspräsentationen und prüfenden Fragen mit Rückmeldungen.

Diese Sicht hat sich heute weitgehend geändert, und es finden sich zusehends weniger Anwendungen, in denen systematische Lernerfolgskontrollen mit differenzierten Rückmeldungen vorgesehen sind. So verfügen Autorensysteme auch immer seltener über Fähigkeiten einer komfortablen Antwortanalyse im z.B. *multiple choice*- oder Freitext-Format.

Der Aufwand für die didaktisch angemessene Konzeption und Umsetzung von Lernerfolgskontrollen war und ist immer groß gewesen. Er umfasst leicht ein Drittel der Kosten für die Erstellung der didaktischen Medienkonzeption. So ist es nicht verwunderlich, dass alleine aus Kostengründen auf diese Elemente gerne verzichtet wird. Kann jedoch tatsächlich auf Lernerfolgskontrollen und Prüfungen verzichtet werden? Sind diese Elemente in den Ansätzen explorativen und situierten Lernens überflüssig geworden?

Bei einer *sequentiellen* Strukturierung des Lernangebotes spielen die Testfragen und Antworten des Lernenden eine entscheidende Rolle für die *Verzweigungsentscheidung*, wenn diese das *System* vornimmt. In Abhängigkeit von der Richtigkeit einer Antwort fährt das Programm fort und wählt das weitere Vorgehen aus. Will man das Vorgehen von dem aktuellen Lernprozess abhängig machen, so die Annahme, müssen laufend Prüfungsroutinen eingebaut werden, die eine entsprechende Diagnose erlauben.

4.2.1 Motivationspsychologische Hintergründe

Seit den ersten Lehrmaschinen von PRESSEY und SKINNER wird computergestütztes Lernen eng mit Frage-Anwort-Mustern verbunden. Die Pioniere des CBT sahen in Wissenstests den zentralen Bestandteil des computergestützten Lernens und Lehrens. Doch welchen Sinn hat die Kontrolle von Lernerfolg? Lohnt sich der Aufwand zur Konstruktion entsprechender Tests? Im Folgenden werden diese Fragen auf dem Hintergrund motivationspsychologischer Theorien erörtert.

Bedeutung von Rückmeldungen. Als entscheidendes Lernprinzip des Behaviorismus gilt die *Bekräftigung* von Verhalten. Deswegen ist der Lehrstoff so zu segmentieren und zu sequenzieren, dass Mechanismen der Bekräftigung möglichst optimal zur Wirkung kommen können. Fragen sollten (möglichst richtiges) Verhalten hervorrufen, welches es zu bekräftigen gilt und über diesen Mechanismus angeeignet wird. Die Motivation, das bekräftigte Verhalten in Zukunft erneut zu zeigen, steigt. Die Auftretenswahrscheinlichkeit des bekräftigen Verhaltens ist höher als die eines nicht bekräftigten Verhaltens.

Im kybernetischen Ansatz wird das Frage-Anwort-Muster nicht mehr mit dem Ziel angewendet, um Verhalten zu bekräftigen, sondern um zu testen, ob Informationen vom Lernenden richtig *gespeichert* wurden. Auch kognitiven Ansätzen geht es nicht darum, Verhalten hervorzurufen und zu bekräftigen. Vielmehr soll das *Verständnis* geprüft werden, d.h. ob Sachverhalte richtig verstanden wurden oder Fehlkonzepte aufgebaut wurden, ob abstrakte Konzepte richtig angewendet und auf neue Situationen übertragen werden können etc.

Rückmeldungen beinhalten demnach sowohl eine Motivationskomponente, wie sie im Behaviorsmus betont wird, und eine Informationskomponente, die bereits beim kybernetischen Ansatz zum Ausdruck kam. Eine Richtig-Rückmeldung gibt dem Lernenden einerseits den Hinweis, dass zutreffend geantwortet wurde, etwas verstanden oder angewandt wurde (Informationskomponente). Andererseits hat die

Rückmeldung einen motivationalen Effekt: z.B. ich freue mich, erlebe Stolz, möchte gerne weitermachen (Motivationskomponente).

Leistungsbezogenes Handeln. Frühe Untersuchungen zu Effekten von Rückmeldungen haben gezeigt, dass Rückmeldungen *an sich* bereits motivierend sein können. Selbst redundante Rückmeldungen (z.B. „Teil A des Kurs haben Sie jetzt geschafft!") können dazu führen, dass man eher geneigt ist, auch ermüdende Aufgaben weiter zu bearbeiten. Insofern kann davon ausgegangen werden, dass Rückmeldungen von Lernern zunächst durchaus wohlwollend aufgefasst werden.

Oft wird jedoch angenommen, dass vor allem eine – wie immer geartete – Erfolgsrückmeldung des Systems zur Motivierung des Lerners beiträgt. Dies ist jedoch keineswegs der Fall; derartige Meldungen können sich auch gegenteilig auswirken. Eine Rückmeldung wirkt sich nur unter bestimmten Bedingungen positiv auf das leistungsbezogene Handeln einer Person aus:

1. Die Bearbeitung einer Aufgabe muss überhaupt erst als *leistungsbezogen* erlebt werden. Nach HECKHAUSEN (1988) aktiviert eine Situation das Leistungsmotiv, wenn folgende fünf Faktoren gegeben sind:

- Eine Handlung muss ein identifizierbares Ergebnis aufweisen.
- Das Ergebnis muss nach Güte oder Menge zu bewerten sein.
- Die zu bearbeitende Aufgabe darf weder zu schwer, noch zu leicht sein.
- Das Ergebnis muss als von der eigenen Person verursacht erlebt werden.
- Es müssen Vergleichsmaßstäbe für eine Bewertung vorliegen, die zur Einschätzung des Ergebnisses herangezogen werden können (möglich sind Vergleiche mit anderen, mit sich selbst oder einem sachinhärenten Vergleichsmaßstab).

Sollen Rückmeldungen motivational wirksam werden, ist zunächst sicherzustellen, dass die Situation überhaupt leistungsthematisch interpretiert wird. Das schlichte – oft nicht näher begründete – Stellen einer Frage in einem Programm reicht hierzu nicht aus, genauso wenig zielführend ist die nicht weiter erläuterte Mitteilung eines irgendwie ermittelten Punktwertes. Das Programm sollte z.B. ankündigen, welche Fertigkeiten oder Fähigkeiten getestet werden, und sich von der eigentlichen Wissenspräsentation z.B. im Oberflächendesign abheben.

2. Die Person muss den *Entschluss* fassen, eine Aufgabe bearbeiten zu wollen. Bevor sich eine Person zur Bearbeitung einer Lernaufgabe entschließt, wird sie verschiedene Erwartungen abwägen. Sie wird überlegen, ob das Bearbeiten des Lernprogramms zu dem gewünschten Ergebnis (z.B. Bestehen einer Prüfung) führen wird (Handlungs-Ergebnis-Erwartung) oder ob das Ergebnis, bedingt durch andere Faktoren, ohnehin bereits feststeht (Situations-Ergebnis-Erwartung). Schließlich wird sie bedenken, welche Folgen das Ergebnis der Lernaktivitäten (Instrumentalität) nach sich ziehen wird (z.B. Versetzung in die nächste Jahrgangsstufe, Studienabschluss, beruflicher Aufstieg) und ob diese Folgen wichtig genug sind (Valenz). Nur wenn alle vier Entscheidungen günstig ausfallen, sollte die resultierende Motivation genügend hoch sein, sich auf eine Prüfung vorzubereiten, Lernaufgaben zu bearbeiten und multimediale Lernangebote zu bearbeiten. Ist es der Person dagegen nicht wirklich wichtig, sich bestimmte Lerninhalte anzueignen, bezweifelt sie, dass die Aneignung der Lerninhalte die durchaus erwünschten Folgen nach sich ziehen werden, oder mißtraut sie der Möglichkeit, sich mithilfe des Computers Lerninhalte anzueignen, so ist es unwahrscheinlich, dass sie sich entschließen wird, mit dem System zu arbeiten.

Man könnte folglich überlegen, ob man in einem Lernprogramm die positiven Folgen der Bearbeitung der Lernaufgaben herausstellt. Das Programm wird jedoch kaum in der Lage sein, die handlungsveranlassenden Erwartungen zu beeinflussen, insbesondere die Folge-Erwartungen sowie die Einschätzung der Valenzen. Man könnte auch die oben genannten Erwartungen konkret abfragen und dem Lernenden, falls eine motivational problematische Konstellation vorliegt, auf diesen Tatbestand hinweisen.

3. Die zu bearbeitende Aufgabe muss ein angemessenes *Schwierigkeitsniveau* aufweisen, um das Ergebnis als *Erfolg der eigenen Person* interpretieren zu können. Insgesamt sollte die Aufgabe nicht zu einfach und nicht zu schwer sein, d.h. es muss Anstrengung notwendig sein, um die Aufgabe zu lösen. Es existieren allerdings interindividuelle Unterschiede zwischen Lernenden, welche Ziele sie typischerweise bevorzugen. Die meisten Personen bevorzugen, wenn man ihnen die Wahl lässt, Aufgaben einer mittleren Schwierigkeit, das bedeutet, dass die Wahrscheinlichkeit, die Aufgabe richtig zu lösen, etwa 50 % beträgt.

Wird eine derartige Aufgabe bewältigt, wird am ehesten Stolz empfunden, denn die Person kann das positive Abschneiden bei der Aufgabenbearbeitung auf sich selbst zurückführen. Einen Mißerfolg kann man auf verschiedene Faktoren attribuieren. Wenn die Person den Eindruck hat, gescheitert zu sein, weil sie unbegabt, zu dumm etc. ist, lohnt es sich kaum, in Zukunft weitere Anstrengung in die Aufgabenbearbeitung zu investieren. Wenn sie jedoch den Eindruck gewinnt, gescheitert zu sein, weil sie sich zu wenig *angestrengt* hat, erscheint es lohnend, beim nächsten Mal mehr Anstrengung einzusetzen.

Für andere Personen ist dagegen charakteristisch, dass sie eher Aufgaben wählen, die besonders leicht oder schwer sind, das bedeutet ihre Erfolgswahrscheinlichkeit liegt entweder unter 20% oder über 80%. Wählt man besonders schwere Aufgaben, lässt sich ein Versagen gut auf die Schwierigkeit der Aufgabe zurückführen. Ein Erfolg bei einer relativ leichten Aufgabe beweist anderseits kaum die Fähigkeiten der eigenen Person. Die Aufgabenwahl dieser Personen zusammen mit dem beschriebenen motivational ungünstigen Attributionsmuster, mit dem man sich Erfolg bzw. Mißerfolg erklärt, wirkt sich auf Dauer negativ auf die Person aus.

Das richtige Schwierigkeitsniveau bei Testfragen

Was ergibt sich hieraus für die Bestimmung des angemessenen Schwierigkeitsniveaus bei Übungs- und Testaufgaben in CBT- oder WBT-Anwendungen? Zunächst stellt sich die Frage, ob man den Lernenden die Schwierigkeit selbst wählen lassen soll. Da Personen unterschiedliche Schwierigkeitsgrade bevorzugen, käme es ihnen vermutlich zunächst entgegen, wenn man ihnen die Wahl ließe, welche Aufgabe sie bearbeiten möchten. Allerdings wäre zu befürchten, dass damit das anfangs geweckte Interesse bei den Personen, die (zu) leichte oder schwere Aufgaben bevorzugen, schnell verblasst. Vor allem bleibt alleine durch die Wahl der Aufgabe eine eindeutig ungünstige motivationale Strategie aufrecht erhalten. Aus diesem Grund bietet es sich also eher an, *keine* Wahl über das Schwierigkeitsniveau der zu bearbeitenden Aufgabe zu lassen, sondern grundsätzlich eher *mittelschwere* Aufgaben zu präsentieren.

Wie kann das Pogramm jedoch, (1) die Fähigkeit des Lernenden einschätzen oder (2) die richtige Schwierigkeit einer (mittelschweren ?) Aufgabe bestimmen? Für beides gibt es sehr aufwändige, gut dokumentierte Verfahren, z.B. indem man mit der Person Vortests macht und die einzelnen Aufgaben einer eingehenden Schwierigkeitsanalyse bei verschiedenen Stichproben unterzieht. Dies ist in der Praxis üblicherweise nicht anwendbar.

Deswegen kann man folgendermaßen vorgehen: Man ordnet die Aufgaben in Absprache mit einem Experten unterschiedlichen Schwierigkeitsstufen zu. Zwischen 5 und 10 Stufen reichen dazu aus. Man präsentiert dem Lernenden zunächst eine Aufgabe einer mittleren Schwierigkeitsstufe, kann sie nicht richtig gelöst werden, wählt man eine leichtere Aufgabe. Dies wiederholt man, bis man das richtige Schwierigkeitsniveau gefunden hat. Dieses liegt dann vor, wenn im Durchschnitt die Hälfte der Antworten richtig sind.

Für dieses Vorgehen des *adaptiven Testens* wird ein Itempool mit unterschiedlich schwierigen Aufgaben benötigt, aus denen das System Aufgaben auswählt. Die Person muss also nicht mehr einen ganzen, festgelegten Satz an Aufgaben bearbeiten, sondern ihr wird eine angemessene Auswahl an Aufgaben hintereinander präsentiert (Leutner, 1992). Voraussetzung hierfür bleibt natürlich, dass die Aufgaben in eine sinnvolle Rangreihe ihrer Schwierigkeit angeordnet werden können. Bei vielen Themen oder Aufgaben ist dies keineswegs trivial, da für die Lösung bestimmter Aufgaben mehrere, unterschiedliche Fähigkeiten notwendig sind.

Rückmeldungen sollten alle Möglichkeiten multimedialer Lernumgebungen nutzen. Die sicherlich schlichteste und gebräuchlichste Variante ist die textliche Darstellung. Wenn es um eine Bewertung von Leistungen bzw. des Lernfortschritts geht, wird üblicherweise ein Verfahren gewählt, bei dem ein Punktestand ermittelt bzw. mitgeteilt wird. Für den Benutzer sollte die Ermittlung der Punktzahl jederzeit transparent sein. Zwar wird man sich Gedanken machen, ob z.B. eine Gewichtung der Punktzahl je nach Schwierigkeitsgrad der Aufgabe vorgenommen werden soll, im Zweifelsfall ist die ungewichtete Punktvergabe jedoch vorzuziehen, da sie am einfachsten vom Lerner zu durchschauen ist.

Motivation durch Vollzugsanreize

Rückmeldungen über den Lernfortschritt sollen zu weiterem Lernen motivieren. Doch es stellt sich die Frage, was der eigentliche Anreiz für Lernende ist, wenn z.B. die Mitteilung gegeben wird: „70% der Aufgaben sind richtig gelöst", „die Anzahl der richtig gelösten Aufgaben hat sich verdoppelt" und ähnliches mehr.

Die dargestellte motivationspsychologische Analyse des Lernens mit multimedialen Lernangeboten kann eine Reihe von Hinweisen geben für die Gestaltung verschiedener Aspekte des Mediums. Diese Sicht der Leistungsmotivationsforschung verengt den Blick jedoch auf zweckrationales Handeln: Ich entscheide mich für die Handlung, die mit der höchsten Wahrscheinlichkeit zu dem besten Ergebnis führen wird. Doch gerade beim Lernen (mit Medien) sind Spaß an der Thematik, die Neugier, ein Problem begreifen zu wollen, und das Interesse, sich selbstvergessen in eine Fragestellung zu vertiefen, ganz wesentlich: Motivationen, die mit dem zweckrationalen Erklärungsmuster der Erwartung-Anreiz–Modelle kaum zu erklären sind. Aus diesem Grund können *Vollzugsanreize* angenommen werden, die mit der Ausführung von (Lern-)Handlungen selbst verbunden sind. RHEINBERG (1982) hat dies beispielsweise bei der Erklärung für die Ausübung riskanter Sportarten und Freizeitbeschäftigungen, die nur um ihrer selbst willen ausgeführt werden, ebenso wie mit Aktivitäten zur Prüfungsvorbereitung aufgezeigt.

Beim Arbeiten mit Computern ist das gleiche Phänomen zu beobachten: Wir sehen die selbstvergessene Beschäftigung mit dem Computer bei jugendlichen *Hackern*, ein für Außenstehende oftmals unerklärliches, gar bedrohliches Phänomen. Dieses Gefühl des Verschmelzens mit der Maschine, die man vollends beherrschen will, ist eine stärkere Motivation als scheinbar reale Folgen dieser intensiven Beschäftigung mit Computern wie z.B. bessere Berufsaussichten durch EDV-Kenntnisse. Selbst unmittelbar erlebbare körperliche Mangelerscheinungen oder Schäden können diese Motivation nicht unterminieren; es kann sogar ein Ansporn sein, diese Mangelerscheinungen zu überwinden.

Wenn diese tätigkeitsbezogene Motivation so stark sein kann, kann man sie dann nicht auch bei der Gestaltung multimedialer Lernumgebungen gezielt einsetzen? Es wäre denkbar, neben den leistungsbetonten, zielorientierten Anreizen zusätzlich interessebetonte, vollzugsorientierte Anreize zu implementieren. Für diese Kategorie von Lernmedien bürgert sich zusehends der Begriff des *edutainment* ein. Die Verknüpfung von Spielen, Lernen und Unterhaltung stößt besonders in Deutschland auf Skepsis. Zu prüfen ist im Einzelfall, wie diese Elemente so kreativ zu verknüpfen sind, dass tatsächlich auch Lehrziele verfolgt werden können. Es gehört zu den anspruchsvollsten Aufgaben des didaktischen Designs, derartige Lernangebote zu konzipieren, in denen die Vermittlung von Lehrinhalten in eine attraktive Spielhandlung eingebettet wird. Zu bachten ist der hohe Aufwand zur Implementation solcher Umgebungen – zumal, wenn anspruchsvollere Lehrziele verfolgt werden sollen.

In der Motivationspsychologie umstritten ist die Frage der Kompatibilität der Motivation durch Rückmeldungen und Vollzugsanreize (Eisenberger & Cameron, 1996). Möglicherweise stehen leistungsbezogene, zielorientierte Anreize in Widerspruch zu den angesprochenen tätigkeitsbezogenen, im Handlungsvollzug selbst liegenden Anreizen. Die mediendidaktische Konzeption sollte sich für eine motivationale Strategie entscheiden. Möchte man auf beide motivationalen Anreizvarianten nicht verzichten, bietet es sich eher an, sie in deutlich erkennbaren, unterschiedlichen Modulen des Programms zu implementieren. Der Benutzer kann dann zwischen beiden Modi auswählen.

Lernerfolgskontrollen aus Sicht situierter Ansätze

In situierten Ansätzen werden Lernerfolgskontrollen, die für Lernprogramme lange Zeit als selbstverständlich erachtet wurden, grundsätzlich in Frage gestellt: Wenn Wissen letztlich ein jeweils neu entstehendes Resultat der Interaktion von Personen mit Objekten in einer konkreten Situation ist (also z.B. auch mit Multimedien), dann stellt die regelmäßige Prüfung eines Wissens des sogenannten Lerners eine unnötige und fragwürdige Einengung des Potenzials an Erfahrungen und Lernmöglichkeiten dar.

Bei der Prüfung des Wissensstandes (z.B. von „Fehl"-Konzeptionen) wird im Übrigen ein vielfach nicht näher begründeter, arbiträrer Maßstab einer externen Instanz angelegt, der sich auf diese Weise einer kommunikativen Validierung entzieht. Das Frage-Antwort-Schema der üblichen Lernerfolgskontrolle legt nahe, dass Lernen die Übernahme extern gesetzter Maßstäbe beinhaltet, an denen der Lernprozess auszurichten ist.

Lernerfolgskontrollen sind jedoch in der Regel auch als *Unterstützung* für den Lernenden gedacht. Sie sollen verhindern, dass Lerner *meinen,* etwas verstanden zu haben, was sie aber tatsächlich nur flüchtig gelesen haben; sie sollen dazu beitragen, dass Lerner sich Gedanken machen über die Lehrinhalte, und dass die Inhalte aktiv wiedergegeben werden. Eine solche Unterstützungsfunktion von Lernerfolgskontrollen ist auch im Kontext situierter Ansätze angebracht. Gleichwohl machen die genannten Kritikpunkte deutlich, dass die rigide Form des Frage-Antwort-Schemas als unangemessene Fremdsteuerung aufgefasst werden kann. Hieraus ergibt sich:

- Lernerfolgskontrollen sollten als Angebot zur Selbstkontrolle betrachtet werden, und nicht automatisch an bestimmten Stellen der Anwendung eingestreut werden, deren Bearbeitung verpflichtend ist.

- Lernerfolgskontrollen sind nur dann sinnvoll, wenn sie tatsächlich einen diagnostischen Wert haben, der dem Lernenden ersichtlich und sichtbar gemacht wird. Das reine Mitteilen eines Punktwertes hat dagegen keinen diagnostischen Wert.

- Fehler bei einer Lernerfolgskontrolle sollten unmittelbar und ohne weitere evaluative Hinweise korrigiert werden.

- Bei Fehlern kann das Programm eine Wiederholung anbieten, ein automatisches Verzweigen an die Wiederholung sollte vermieden werden.

4.2.2 Technische Realisation von Lernerfolgskontrollen

Ein typisches Merkmal sequentiell aufbereiteter Lernangebote ist die Überprüfung des Lernfortschritts und – je nach Adaptivität des Systems – die Anpassung des weiteren Lernangebotes in Abhängigkeit vom erfassten Lernfortschritt. Wie werden solche Testfragen konstruiert? Welche besonderen Probleme ergeben sich bei Tests in internetbasierten Lernumgebungen?

Testfragen im Multiple Choice-Format

Wegen der Einfachheit der Programmierung werden vielfach solche Testfragen gestellt, deren Antworten sich leicht auf ihre Richtigkeit hin prüfen lassen oder zu denen leicht Antwortalternativen formuliert werden können, um diese als Auswahlen anbieten zu können. Der Lerner muss dann aus einem Auswahlmenü die richtige Antwort bestimmen. Der Autor gibt dabei eine Menge von n Alternativen vor, aus der die richtige Antwort gefunden werden muss. Die Schwierigkeit lässt sich deutlich erhöhen, wenn aus n Alternativen nicht nur *eine* richtige Antwort zu identifizieren ist (*1 aus n*–Format), sondern wenn mehrere Alternativen zu benennen sind und die richtige Kombination exakt bestimmt werden muss (*m aus n*–Format).

In der Anwendung dieses Prinzips ist man nicht beschränkt auf textliche Antwortalternativen, sondern man kann z.B. auf einer Grafik einen bestimmten Ort durch Anklicken lokalisieren, einen Schieberegler auf den richtigen Stand einstellen, oder Objekte durch *drag & drop* richtig zuordnen lassen. Es handelt sich bei allen diesen Varianten, die die Möglichkeiten graphischer Benutzeroberflächen nutzen, um Abwandlungen des *multiple choice*-Formats, da eine endliche Menge Antwortalternativen präsentiert wird, die richtige Antwort eine Teilmenge der präsentierten Antworten darstellt und somit immer eindeutig identifiziert werden kann.

Wenngleich der Einsatz solcher Auswahl-Fragetypen vielfach als didaktisch minderwertig eingeschätzt wird, so muss festgestellt werden, dass gerade anspruchsvollere Antwortformate des *multiple choice*-Typs eine intensive Beschäftigung mit den gestellten Fragen nach sich ziehen können. Insofern ist eine grundsätzliche Ablehnung dieses Fragetyps unangemessen. Das Problem besteht darin, dass mit solchen Aufgaben vielfach kaum mehr als die Aneignung von Wissen überprüft wird. Es lassen sich aber durchaus auch *multiple choice*-Aufgaben konstruieren, die die Anwendung von Fertigkeiten prüfen und üben. Ihr Konstruktionsaufwand ist jedoch deutlich höher als bei Aufgaben, die sich auf den Wissenstest beschränken.

Hinzu kommt, dass der Aufwand zur Analyse von *Freitext*-Antworten weiterhin im Allgemeinen recht hoch ist, wenn es nicht lediglich um die Identifikation von z.B. einzelnen Wörtern oder Zahlen geht. Problematisch bleibt die Unterscheidung richtiger und falscher Antworten bei Freitext-Antworten, insbesondere die Ausblendung von Tippfehlern sowie Ausschmückungen. Die zuverlässige Identifikation von Subjekt und Objekt, von Verneinungen und Präpositionen sowie ähnlichen Merkmalen von Aussagen ist bei Standard-Autorensystemen mit vertretbarem Aufwand selten in den Griff zu bekommen.

Sequentialisierte Angebote im Internet

Wie können solche sequenentiell aufbereitete Lernangebote nun für das Internet, im Sinne eines *web based trainings* (WBT), konzipiert werden? Mit der Programmiersprache des *world wide web*, der Hypertext Markup Language (HTML), werden Textseiten erzeugt, die verschiedene multimediale Elemente enthalten können. Ebenso lassen sich Schaltflächen erzeugen, über deren Anklicken auf weitere Seiten verzweigt werden kann. So kann ein sequentiell aufgebautes Lernangebot, das vom Benutzer Seite für Seite abgerufen wird, recht einfach erstellt werden.

Schwieriger wird die Implementation von Interaktivität und die Prüfung des Lernfortschritts in dem beschriebenen Sinne. Eine Eigenschaft des *world wide web* erweist sich dabei als problematisch: Das Anklicken einer Schaltfläche fordert von
einem entfernten Server Daten an. Dabei merkt sich der Server in der Regel nicht,
wer diese Seite anfordert. Die Auswertung von Testergebnissen und die bedingte
Verzweigung auf eine Seite in Abhängigkeit des registrierten Lernfortschrittes ist in
HTML nicht vorgesehen. Das *world wide web* ist seinerzeit zur Vernetzung von
„statischen" Seiten von Publikationen gedacht gewesen, für derartige interaktive
Anwendungen wurde es im Prinzip nicht konstruiert. So müssen hochgradig interaktive Anwendungen wie Einkaufsläden, Buchungssysteme oder Banksoftware im
Internet spezielle Problemlösungen anbieten, um diese komplexeren Interaktionen
über das *world wide web* abwickeln zu können.

Grundsätzlich werden dabei für interaktive Elemente Formulare mit HTML angelegt, in die der Benutzer Daten, Antworten etc. eingibt. Doch eine HTML-Seite
kann nicht selbst aktiv werden und die Eingaben auswerten. Dazu lässt sich in der
HTML-Seite zum Beispiel Code einer Skriptsprache wie JavaScript unterbringen,
mit der solche Auswertungen möglich sind und eine direkte Rückmeldung erfolgen
kann.

Die Ergebnisse einer solchen Seite können auch über die URL, mit der auf eine andere Seite verzweigt wird, übergeben werden: Sie werden einfach an den Namen
der Seite angehängt. In der Adressenzeile des Browsers kann man dann eine
manchmal lange Zeichenkette mit den Ergebnissen einer Abfrage erkennen. Nur so
lässt sich mit den Ergebnissen auch auf der nächsten Seite weiterarbeiten. Das
Verfahren hat jedoch eine Reihe von Nachteilen. So ist es auf wenige Variablen beschränkt und ist in der Programmierung vergleichsweise aufwändig.

Will man die Interaktion nicht nur auf die Übergabe von Informationen von einer
Seite auf die nächste beschränken, sondern bestimmte Informationen auch nach
Beenden der Sitzung überdauernd speichern, müssen andere Verfahren herangezogen werden. Die einfachste Form dazu sind *cookies*, die auf dem Rechner des Benutzers beim Aufruf einer bestimmten Seite eines Servers in einer oder mehreren
Dateien hinterlassen weden. In diese Seite können beliebige Benutzerinformationen
geschrieben werden, die von dem Server ausgelesen werden können, der die jeweilige Seite erzeugt hat. Damit kann die Seite eines Servers auch feststellen, wenn ein
Benutzer diese zu einem späteren Zeitpunkt wieder aufruft. Bei weiteren Interaktionen mit diesen Seiten kann der Server aus der *cookie*-Datei Informationen über
z.B. bereits besuchte Seiten, bearbeitete Aufgaben oder den Lernfortschritt heraus-
lesen. Dieses Verfahren ist recht gefahrlos für den Benutzer, gleichwohl hinterlässt
die Vorstellung, dass ein fremder Rechner auf der eigenen Festplatte Dateien anlegt
und ausliest, bei Vielen ein unbehagliches Gefühl.

An dieser Stelle setzen Lösungen ein, die tatsächlich interaktive, dynamische Web-
Anwendungen erzeugen, die sowohl bei der Entwicklung als auch bei der Benutzung Komfort bieten und die beschriebenen Sicherheitssorgen umgehen. Auf dem
Server benutzen sie dazu in der Regel Datenbanken. In einer Datenbank können
bestimmte Elemente der Web-Anwendung gespeichert werden, die während der

Laufzeit in Abhägigkeit von Benutzereingaben abgerufen und zu einer Web-Seite zusammengestellt werden. Das heißt, der Benutzer erhält eine Web-Seite, die in Wirklichkeit in dieser Form nicht auf einem Web-Server gespeichert war, sondern von diesem erzeugt wurde, – auf der Grundlage bestimmter Benutzereingaben.

Die Benutzereingaben wiederum können ebenfalls in der Datenbank auf dem Server festgehalten werden und so zu einem beliebigen späteren Zeitpunkt abgerufen werden. Auf diese Weise lassen sich hochgradig interaktive Anwendungen im Netz relisieren, die allerdings auch mit einem realtiv hohen Entwicklungaufwand verbunden sind. Nicht zuletzt deswegen finden wir im Internet vergleichsweise wenige Anwendungen mit einem stärker sequentialisierten Aufbau und der Prüfung des Lernfortschritts. Das *world wide web* eignet sich vom Ansatz her eher für die Implementation hyperstrukturierter Dokumente, wie sie in Kapitel 5 beschrieben werden.

Grundsätzlich zu bedenken ist im übrigen, dass bei einer dynamischen Web-Anwendung im Prinzip alle Daten und Vorgänge auf dem Server des Anbieters gespeichert werden bzw. werden können. Eine gewisse Sensibilität verdient damit die Frage, wie mit diesen Daten der Lernenden umzugehen ist, denn diese Daten geben ein vollständiges Bild aller Lernaktivitäten aller Benutzer wieder. So lassen sich ohne weiteres Statistiken und Rankings erzeugen über den erzielten Lernfortschritt, die Anzahl der Fehlversuche bei Aufgabenlösungen, über die durchschnittliche Bearbeitungsgeschwindigkeit der Benutzer und manches mehr. Man wird auch hier nach akzeptablen Lösungen für den Schutz bzw. Umgang mit solchen Daten suchen müssen.

4.2.3 Sequenzierung in der Fernlehre: Taktung

Die Frage der Strukturierung von Lernangeboten stellt sich in Szenarien des Fernlehrens, sei es konventioneller Fernunterricht per Fernstudientext oder Varianten des Tele-Lernens im Internet, in besonderer Form. Die *Taktung* der Distribution von Lernmaterialien betrifft in diesen Szenarien eine zentrale mediendidaktische Entscheidung, d.h. in welchem zeitlichen Raster werden Lernmaterialien den Lernenden zugänglich gemacht? Werden Lernmaterialien in einem festen Raster, z.B. alle 14 Tage, versendet bzw. freigeschaltet? Können die Lernenden das Raster selbst beeinflussen? Oder erhalten die Lernenden unmittelbar nach Anmeldung den Zugriff auf alle Materialien?

Wenn es feststeht, dass die Materialien hypertextuell strukturiert vorliegen, ist ein Versenden oder Ausstrahlen in einem festgelegten zeitlichen Rhythmus wenig sinnvoll, da die Lernenden den interaktiven Zugriff auf die gesamte Informationsbasis benötigen. Bei einer sequentiellen Struktur des Lernangebotes ist es dagegen möglich oder ggfs. sogar sinnvoll, die Lernangebote in einem bestimmten zeitlichen Takt zu distribuieren.

Taktung oder lernergesteuerter Modulabruf?

Bei Rundfunk und Fernsehen ist die Taktung zwingend, da die Termine der Ausstrahlung festliegen. Mit alternativen Distributionsvarianten, wie Internet oder digitales Fernsehen, stellt sich die Frage, ob die mit der Taktung verknüpfte Fremdsteuerung des Lernens nicht grundsätzlich zugunsten eines lernergesteuerten Abrufs der Materialien etwa im Internet, per *video on demand* im digitalen Fernsehen, Faxabruf etc. aufzugeben wäre? Der Lerner kann dabei neben den Lehrinhalten den Zeitpunkt und den Umfang seiner Lernaktivitäten vollständig frei festlegen. Voraussetzung dazu ist, dass die Lernangebote nicht mehr in Lehrgängen oder Kursen organisiert sind, sondern in deutlich kleinere Module zerlegt werden. Sie entsprechen dann z.B. dem Lehrinhalt eines Kapitels in einem Lehrbuch und können in zwei bis drei Stunden bearbeitet werden.

Einrichtungen wie die tele-akademie, als Anbieter mediengestützter Weiterbildung, sind zunehmend mit der Nachfrage nach solchen direkt zugreifbaren, eher kleinschrittigen Lernmodulen konfrontiert: Der typische Lerner im Internet möchte in dem Moment, wo er sein Weiterbildungsinteresse artikuliert auf ein maßgeschneidertes Angebot zugreifen können. Befragungen zeigen, dass er sich nicht erst zu festgesetzten, späteren Terminen zu Kursen anmelden möchte und sich ungern längerfristig (mehrere Monate) in seinen Lernaktivitäten bindet.

Diese Entwicklung entspricht der in der Fernstudiendidaktik immer schon betonten Forderung nach Unterstützung der Autonomie des Lernenden im Fernstudium und der kritischen Haltung zu fremdgesteuerten Lernangeboten (Moore, 1993). Denn die Situation des Fernstudierenden legt es nahe, die Selbstregulation des Lernens explizit zu fordern und durch entsprechend angelegte Lernszenarien auch zu fördern.

Die Gegenthese lautet: Die zeitliche Organisation und Taktung von Lernangeboten wird zu *einer zentralen Dienstleistung* eines Bildungsanbieters, um so mehr Informationen und Lernangebote im Internet verfügbar sind. Die Leistung besteht darin, die Vielzahl möglicher Lehrinhalte und Lernangebote in einer Sequenz zu ordnen und in einem zeitlichen Raster zugänglich zu machen. Dabei kann die Taktung unterschiedlich rigide erfolgen.

Die chaotische Vielfalt der im Internet vorfindbaren, vielfach wenig hochwertigen Informationen fördert den Wunsch gerade von Weiterbildungsinteressierten nach klar strukturierten hochwertigen Lernangeboten. Zudem gewährleisten getaktete Angebote einen homogeneren Kenntnis- und Fähigkeitszuwachs in der Lernergruppe, der als Grundlage für gemeinsame Kommunikations- und Kooperationsanlässe genutzt werden kann. Die Taktung vereinfacht damit auch die Betreuung der Teilnehmenden, da z.B. zu jedem Zeitpunkt bekannt ist, mit welchen Themen und Fragen sich die entfernt Lernenden gerade beschäftigen.

Die Teilnehmer an Internet-Kursen der tele-akademie der FH Furtwangen haben in Befragungen bisher in keinem Fall über zu viel *guidance* geklagt, sondern fordern eher *mehr* Bearbeitungshinweise zu vorliegenden Materialien und wünschen eine noch *stärkere* didaktische Aufbereitung und Hinweise mit persönlichen *Wertungen* zu weiterführenden Materialien.

Die Lerner nehmen diese Hinweise und Aufbereitungen als Ausgangspunkt für ihre eigenen Lernaktivitäten, als Stimulus, um sich eine eigene Meinung über vorliegende Inhalte zu bilden und Entscheidungen über weitere Lernschritte zu treffen. Wichtig ist ihnen, dass die betreuende Institution, in der Regel durch den Autor vertreten, tatsächlich eine *Position* einnimmt und zwar sowohl inhaltlich, als auch durch die Didaktisierung, d.h. indem etwa eine bestimmte Sequenz vorgegeben wird. Zu dieser Position kann man dann inhaltlich wie didaktisch seine eigene Haltung entwickeln: inhaltlich in Diskussionsforen und didaktisch durch die eigene Auswahl von Lernwegen und die Gewichtung der jeweils investierten Lernzeit.

Anders als bei expositorischen Lehrverfahren im Klassenzimmer oder Hörsaal, wo die Teilnehmenden den Ausführungen des Lehrenden tatsächlich „ausgeliefert" sind, handelt es sich bei mediengestützten Lehrverfahren ohnehin um *Angebote* für individuelle Lernaktivitäten. Die Kritik, die Taktung der Distribution und die Vorgabe von Lernpfaden in telemedialen Lernangeboten würden eine Fremdsteuerung des Lernens implizieren, ist damit – gerade unter Hinweis auf konstruktivistische Lernprinzipien – zurückzuweisen: Denn bei den durch die Taktung vorgegebenen Lernpfaden handelt es sich um Lernangebote, auf die die Lernenden mit eigenen generativen Lernaktivitäten reagieren.

Die Taktung der Distribution geschieht damit im wesentlichen aus didaktischen Gründen, zur Unterstützung der zeitlichen Organisation der Lernaktivitäten und damit zur Förderung der Persistenz des Lernverhaltens. Zur Zeit werden verschiedene Varianten der Taktung mit jeweils unterschiedlichen didaktische Implikationen erprobt und in Projekten erforscht:

- Feste Taktung (Kurse beginnen zu festgelegten Terminen; Lerngruppen können nach bestimmten Kriterien gebildet werden.)
- Bandwagon (Nach Anmeldung von N Teilnehmern beginnt eine neue Lerngruppe.)
- Ping-Pong (Der Lerner/die Lerngruppe erhält Zugriff auf die nächsten Materialien erst dann, wenn die vorherigen Aufgaben bearbeitet/eingesendet wurden.)
- Kontrakt-Lernen (Es erfolgt eine individuelle oder gruppenbezogene Vereinbarung über die zeitliche Distribution/Freischaltung.)
- Offener Zugriff (Der Einzelne kann Inhalte wahlfrei abrufen und damit die Bearbeitungs- und Lerngeschwindigkeit selbständig bestimmen; Lerngruppen können dabei nicht gebildet werden.)

Abhängigkeit der Taktung von didaktischen Kriterien

Es wurde aufgezeigt, dass die Wahl des Distributionsmediums auch die Frage der Taktung beeinflusst. Bei der Distribution über Rundfunk oder Fernsehen ist man bislang an starre Ausstrahlungstermine gebunden. Bei der Nutzung des Internet besteht dagegen eine deutlich größere Gestaltungsspielraum. So können Materialien beim Tele-Lernen sowohl wahlfrei als auch zeitlich sequenziert versendet bzw. zugänglich gemacht werden.

Die Taktung ist vor allem dann zu erwägen, wenn das Lernangebot über die Informationskomponente hinaus die Kommunikation zwischen Personen anstrebt, im Sinne gemeinsamer Lernaktivitäten der Lernenden oder einer personalen Betreuung. Dient die interpersonelle Kommunikation lediglich dem informellen Austausch, erscheint die Taktung nicht zwingend. Anders verhält es sich mit Lernarrangements, bei denen die Lernenden *gemeinsam* Lernaufgaben bearbeiten sollen, bei denen Präsenzphasen vorgesehen sind oder bei denen ein Wechsel zu getakteten Lehrangeboten, z.B. in (Hoch-)Schulen, vorgesehen ist. Hier ist es günstig, wenn die Lernenden ihren Lernprozess synchronisieren, und dies wird durch eine Taktung der Mediendistribution zumindest in Teilen erreicht (s. Seite 210).

Wenn Lernaufgaben *alleine* zu bearbeiten sind und die Auswertung und Rückmeldung nicht maschinell erfolgt, ist ein personales Betreuungssystem mit Mentoren bzw. Tutoren (lokal oder entfernt) zu installieren. Auch in diesem Fall ist es vorteilhaft, wenn die Lernangebote getaktet distribuiert werden, und zwar weil dies die *Betreuung* wesentlich erleichtert. Zu jedem Zeitpunkt ist bekannt, welche Materialien den Lernenden bereits vorliegen, und es lassen sich Verständnisschwierigkeiten genauer zurückverfolgen.

Bei Lernschwierigkeiten mit hyperstrukturierten Lernangeboten wäre ein entfernter Betreuer nicht in der Lage, den aktuellen Bearbeitungsstand des Lernenden sofort zu erfassen, d.h. welche Informationen bzw. Kapitel in welcher Form bereits bearbeitet wurden, und könnte deswegen kaum Bearbeitungshinweise und Unterstützung geben. Eine andere Situation liegt vor, wenn bei einem solchen hyperstrukturierten Medium eine *tracking*-Funktion integriert ist, die den Bearbeitungsstand festhält und diese Information an den Betreuer über das Internet weiterleitet. Dieser kann anhand einer Übersicht über den Bearbeitungsstand des Lernenden ggfs. gezieltere Hinweise geben.

Bei einer maschinellen bzw. computerisierten Auswertung von Lernaufgaben bzw. Lernerfolgskontrollen und Rückmeldungen ist die Taktung schließlich nicht zwingend. Entweder ist die Auswertung und Rückmeldung in das Medium integriert (z. B. mithilfe von eingestreuten *multiple choice*-Fragen/JAVA-Applets) oder die Auswertung der sogenannten Einsendeaufgaben erfolgt zentral. Dennoch wird auch in diesen Fällen in der Praxis vielfach eine zeitliche Taktung vorgenommen, und zwar aus *lernmotivationalen* Gründen. Es ist unmittelbar nachvollziehbar, dass z.B. das Versenden oder der Abruf eines kompletten Lehrgangs in Form eines - dann umfänglichen - Medienpaketes nicht sonderlich motivationssteigernd wirkt. Günstiger ist es deswegen, die Materialien in Teilpaketen zu liefern. Dies trifft für netzbasierte Lernangebote in gleicher Weise zu.

Festzuhalten ist, dass die Taktung der Informationskomponente vor allem davon abhängt, welche *Kommunikation* angestrebt wird. Sollen Abruf und Nutzung des Mediums weitgehend dem Lerner überlassen bleiben, kann die Taktung im Prinzip entfallen. Je mehr interpersonelle Kommunikation Bestandteil der didaktischen Konzeption ist, um so eher wird die Taktung der Distribution notwendig.

Verzahnung von Information und Kommunikation

Im Folgenden soll die Konzeption von Tele-Seminaren der tele-akademie an der FH Furtwangen skizziert werden. Die tele-akademie gilt als ein Pionier des Tele-Lernens und hat als eine der ersten Einrichtungen in Deutschland Weiterbildungsangebote im Internet vermarktet. 1995 hat sie erstmals ein öffentlich zugängliches Tele-Seminar im Internet mit großem Erfolg angeboten, das als Grundlage für den weiteren Ausbau diente. Bei den Tele-Seminaren handelt es sich um eine asynchron-getaktete Variante des Tele-Lernens.

Als besonderer Vorzug des Tele-Lernens wurde die Möglichkeit betrachtet, Informations- und Kommunikationskomponente wesentlich enger zu verzahnen als es im konventionellen Fernstudium möglich war. Dies sollte dadurch erreicht werden, dass für den Versand von Lernmaterialien einerseits und die Kommunikation zwischen Lernenden und betreuender Einrichtung andererseits gleichermaßen das Internet genutzt wird (Kerres, Berroth, & Mahringer, 1996). Ein Effekt dieser Verzahnung von Informations- und Kommunikationskomponente, so die Hypothese, sollte die stärkere Bindung der Teilnehmenden an das Lernangebot sein und die Reduktion der im Fernstudium doch (zu) hohen *drop out*-Rate. Dazu ist es notwendig, einerseits die Auseinandersetzung des Einzelnen mit den Lernmaterialien zu fördern und andererseits die Kommunikation zwischen Teilnehmenden und betreuender Einrichtung zu intensivieren.

Bei den ersten Tele-Seminaren der tele-akademie erhielten die Teilnehmenden zu jedem Termin (üblicherweise 14-tägig) ein Rundschreiben des Dozenten mit einem Haupttext (5-20 Seiten) und Lernaufgaben. Die Aufgaben sind textlicher Art und sind als solche zu beantworten. Die Antworten/Lösungen zu den Aufgaben werden an Tutor/innen geschickt, die ihrerseits Kommentare zurücksenden, Antworten oder Fragen weiterleiten (z.B. an den Dozenten). Je nach Lehrziel wird die Lernaufgabe so formuliert, dass diese in einer Lerngruppe im Internet zu bearbeiten ist (zur Organisation und Betreuung der Lerngruppen, s. Seite 295f.). Es zeigt sich, dass eine didaktisch wertvolle Kommunikationssituation nur eintritt, wenn eine definierte Gruppe mit ähnlichen Lernzielen zu einem Zeitpunkt mit einem Thema beschäftigt. Dies wird durch eine zeitliche Strukturierung der Lernaktivitäten durch eine vorgegebene Taktung der Materialdistribution und die Verzahnung von Informations- und Kommunikationskomponente begünstigt.

4.2.4 Lernweganalysen sequentieller Lernangebote

Der Lernweg bezeichnet die zeitliche Folge, in der Informations- oder Lernangebote eines Mediums aufgesucht, ausgewählt oder abgerufen werden. Um festzustellen, wie Anwender mit sequenzierten Lernangeboten in Multimedia-Anwendungen oder Web-Based-Trainings umgehen, werden *Lernweganalysen* durchgeführt. Dabei werden Benutzereingaben während der Bearbeitung des Mediums mithilfe von Tracking-Software registriert und ausgewertet.

Das Aufzeichnen von Lernwegen ist technisch i.a. relativ einfach. Die Aufzeichnung erlaubt eine vollständige Protokollierung der aufgesuchten Seiten sowie der

dort ausgeführten Aktionen und damit die Rekonstruktion des individuellen Lernwegs durch eine Anwendung. Die Inspektion dieser Verläufe, auch gemeinsam mit
dem Anwender, ist durchweg aufschlussreich und eine wichtige Grundlage der
Programmverifikation gerade bei der Prüfung von Prototypen. Wenn diese Auswertungen jedoch über Einzelfallstudien hinausgehen sollen, stellt sich das Problem, die vorliegenden Datenmengen angemessen aufzubereiten, um etwa korrelative oder gar kausale Zusammenhänge z.B. mit Personvariablen oder Lernerfolg
untersuchen zu können.

Ein forschungsmethodisch weiterhin schwierig zu bewältigendes Problem ist dagegen das Aggregieren von Lernwegedaten: das Zusammenfassen individueller Verläufe zu typischen Verlaufsmustern. Da jeder Lernweg aus einer (nahezu beliebig)
großen Datenmenge besteht, stellt sich das Problem der Identifikation von Lern-
wegtypen und die Zuordnung eines speziellen Falls zu solchen Typen. Statistische
Verfahren zur Typidentifikation (z.B. Konfigurationsfrequenzanalyse, Clusteranaly-
sen) sind bei professionellen Produktionen in der Regel nicht anwendbar, da die
Anzahl der Personen im Verhältnis zu der Anzahl der Variablen zu klein ist. Bei
der Prüfung der verfügbaren statistischen Verfahren zeigt sich, dass die Voraussetzungen für die Anwendung der Verfahren bei der Analyse von Lernwegen i.a. nicht
gegeben sind. Aus diesen Gründen sind wesentlich weniger anspruchsvolle Verfahren, eher deskriptiver Art, vorzuziehen.

Ein anderes, modellbasiertes Vorgehen besteht darin, aufgrund theoretischer Überlegungen Kriterien, im Sinne von *cut-offs,* festzulegen, wie sich bestimmte Typen
von Lernwegen in einer konkreten Anwendung manifestieren sollten: Für einen linearen Lernweg könnte z.B. festgelegt werden, dass „weniger als 5% der Verzweigungen zwischen Seiten von den (vorgeschlagenen) Default-Verzweigungen abweichen"; andernfalls handelt es sich um eine nicht-lineare Bearbeitung. Ein solches
Kriterium ist, wenngleich einsichtig, dennoch arbiträr, da weder die inhaltliche
Festlegung noch der *cut off*-Wert zwingend sind. Andere Ergebnisse ließen sich
ggfs. erzielen, wenn z.B. festgelegt wird, dass ein linearer Lernweg bei „Einhalten
der Kapitelfolge (unabhängig von zwischenzeitlichen Verzweigungen)" vorliegt.
Während im ersten Beispiel ein sehr molekulares Kriterium (Verzweigung von
Seite zu Seite) angelegt wurde, handelt es sich in zweiten Fall um ein Kriterium
mit einer gröberen Auflösung.

Die Lernweganalyse kann zwei Interessen verfolgen, die unterschiedliche Kriterien
für ihr Vorgehen anlegen müssen: Es kann einerseits um grundsätzliche Erkenntnisse über Lernwege und ihre Determinanten gehen. Dann wird man auf eine Typisierung (oder zumindest: Parametrisierung) von Lernwegen nicht verzichten können. Eine andere Fragestellung liegt vor, wenn die Qualitätsprüfung und -sicherung
eines bestimmten Mediums (im Sinne formativer Evaluation) im Vordergrund
steht. Hier ist der Informationsverlust durch das Aggregieren von Lernwegen zu
Typen ggfs. unangemessen hoch.

Die Zuordnung von Lernwegverläufen zu Typen erscheint um so problematischer,
je eher die Analyse im Rahmen eines Entwicklungsprojekts im didaktischen Feld
geschieht. Die Lernweganalyse dient hier vor allem als methodisches Instrument

der Qualitätssicherung. Die Untersuchung weniger Einzelfälle und die eher zurückhaltende Aufbereitung dieser Daten liefert Information über z.B. folgende Fragen:

- Wurden die Default-Lernwege eingehalten? An welchen Stellen wurde der Default-Lernweg verlassen? (In der späteren Befragung lassen sich ggfs. Gründe für das Abzweigen eruieren.)
- Diese Informationen liefern Hinweise, ob eine Lerneinheit z.B. zu *umfangreich* ist, ob an den Verzweigungsstellen Verständnisschwierigkeiten vorliegen oder ob die Einheit zu *langweilig* ist.
- Werden alle Kapitel gleichmäßig durchgearbeitet oder werden bestimmte Inhalte besonders intensiv bearbeitet?
- Hier lässt sich prüfen, ob bestimmte Themenstellungen als solche mehr oder weniger interessant erscheinen, oder ob dies mit der guten bzw. schlechten Qualität der inhaltlichen oder medialen Aufbereitung zusammenhängt.

In unseren Lernweganalysen zur Prüfung der Medienkonzeption werden folgende Parameter erfasst:

- Welche Bestandteile des Lernprogramms werden wie oft aufgerufen und wie lange sind die jeweiligen Verweilzeiten?
- Gibt es Bestandteile des Lernprogramms, die an bestimmten Stellen des Lernwegs häufiger aufgerufen wurden?
- Wird der vorgegebene Lernweg eingehalten? An welchen Stellen wird von dem vorgegebenen Lernweg häufig abgewichen?

LEMPER (1995) untersuchte das Lernen mit einer CBT-Anwendung für den Bankbereich mithilfe von Befragungen sowie einem integrierten Tracking-Modul. Die Anwendung selbst wurde in allen Dimensionen positiv bewertet. Interessant sind die Ergebnisse zur Abweichung von dem vorgeschlagenen Default-Lernweg: Im Prinzip sind Abweichungen von dem vorgeschlagenen Lernweg *nicht* zu registrieren gewesen, d.h. die Auszubildenden arbeiteten das Programm systematisch von vorne bis hinten durch.

Dabei bietet das Programm angemessene Möglichkeiten, jederzeit auf unterschiedlichen Ebenen vor und zurück zu springen, AV-Sequenzen anzuwählen und Hilfen sowie ein Lexikon aufzurufen. Dies kann über Menüs, über Schaltflächen oder eingeblendete Funktionstasten erfolgen. Das Programm beinhaltet einen Orientierungsplan, der die Struktur der Anwendung darstellt und über den ebenfalls in beliebige Bestandteile verzweigt werden kann. Der vorgeschlagene Lernweg ist hervorgehoben. Am Ende eines Kapitels schließen sich Übungsaufgaben im *multiple-choice*-Format an, wobei bei Fehlern Rückmeldungen gegeben werden. Darüber hinaus beinhaltet die Anwendung in einem unabhängigen Programmteil Testaufgaben, die weitgehend prüfungsanalog gestaltet sind.

LEMPER zieht als Entwicklerin der Anwendung eine kritische Bilanz: „Es stellt sich die Frage, wozu überhaupt noch ein so großer technischer Aufwand für die Ent-

wicklung adaptiver, flexibler Lernwege betrieben wird, wenn diese kaum wahrgenommen werden." (1995, S. 112)

Die in diesem Beispiel vorliegenden Bedingungen können als typische Voraussetzung genannt werden, die für zeitlich strukturierte Lernangebote sprechen: Die
Zielgruppe ist präzise bekannt, sie ist weitgehend homogen. Die Teilnehmer sind
inhaltlich motiviert, den Lerngegenstand zu erarbeiten, es handelt sich um Prü-
fungsstoff. Die in der Anwendung aufbereiteten Inhalte sind exakt auf die Anwendungssituation der Lerner ausgerichtet. Die Sachlogik der Lehrinhalte beinhaltet in
wesentlichen Teilen eine Hierarchie, d.h. die eingeführten Konzepte und Prozeduren bauen deutlich aufeinander auf. Unter diesen Bedingungen wäre ein sequentiell
strukturiertes Lernangebot gegenüber einem hyperstrukierten Lernmedium mit
stark vernetzten Informationselementen vorzuziehen.

Vielfach wird die Forderung erhoben, Multimedien in einer Weise zu gestalten, die
sowohl eine sequentialisierte als auch wahlfreie Bearbeitung zulässt: LEMPERS Einwand macht jedoch deutlich, dass dies angesichts des erheblichen Mehraufwands
für die Praxis keine zufriedenstellende Strategie darstellt. Vielmehr ist auf der
Grundlage eingehender didaktischer Analysen die „angemessene" Medienkonzeption abzuleiten und diese konsequent zu implementieren.

In einer anderen Studie (Schuler & Störk, 1994) geht es um den Vergleich von zwei
Varianten eines Lernprogramms – ebenfalls aus dem Bankbereich. Die Anwendung
basiert auf vorliegenden Videos, die als MPEG-kodierte *streams* eingebunden wurden. Eine Version beinhaltete eine rein lineare Variante, bei der aus einem Haupt-
menü Kapitel ausgewählt werden können, die dann seitenweise abgearbeitet werden. Am Ende erscheint ein Test, der zu bearbeiten ist, bevor das Programm mit
der erneuten Präsentation der Hauptauswahl fortfährt. Bei der explorativen Variante
kann der Lerner den Lernweg selbst bestimmen. An der unteren Bildschirmseite
finden sich Schaltflächen, die ein Zurück- und Vorwärtsblättern auf unterschiedlichen Ebenen erlauben. Darüber hinaus kann zwischen einer Voll- und einer
Knappversion ohne AV-Sequenzen gewählt werden.

Die durchschnittliche Lernzeit ist bei beiden Varianten nicht unterschiedlich. Es
zeigt sich jedoch, dass bei der linearen Version ca. 85% des Lernangebotes aufgerufen wurden, während bei der explorativen Version nur ca. 55%. Als Testmaße
wurden sowohl ein Vor- als auch ein Nachtest, die als Parallelversionen gelten
können, durchgeführt. Im Durchschnitt ist der Lernzuwachs bei der linearen Version tendenziell höher (16,8%) als bei der explorativen Version (11,3%). Dieser Unterschied ist jedoch nicht signifikant.

Als Ergebnis dieser Untersuchung kann festgehalten werden: Verschiedenartig
strukturierte Lernangebote legen andere Bearbeitungsstrategien nahe. Bei einer *linearen* Version werden die vorgegebenen Lernwege durchweg bearbeitet. Bei einer
explorativen Version macht sich die individuelle Präferenz bestimmter Inhalte
deutlicher bemerkbar. Da die Bearbeitungsdauer insgesamt bei den beiden untersuchten Gruppen gleich hoch ist, ist auch der unterschiedliche Lernzuwachs er-
klärlich: Denn durch die vollständigere Bearbeitung in der linearen Version, haben
die Personen die angebotenen Lehrinhalte systematischer erarbeitet. Das sequentiell

aufgebaute vs. explorative Lernangebot legt offensichtlich unterschiedliche Bearbeitungsstrategien nahe: eine *Breiten-* oder *Tiefen-*Bearbeitung.

weiterführende Literatur: STEPPI (1990) beschreibt das Vorgehen zur Erstellung sequentiell strukturierter CBT-Anwendungen.

5 Logisch strukturierte Lernangebote

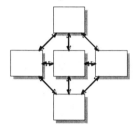

Exploration

Lernen findet auch ohne Lehren statt. Ständig nehmen wir neue Informationen auf und erweitern so unseren Horizont, auch wenn niemand einen Plan entworfen hat, in welcher Folge dieses Wissen anzuzeigen bzw. zu vermitteln ist. Diese Aneignungsprozesse basieren demnach nicht auf der Qualität der zeitlichen Strukturierung von Informationen, bedürfen jedoch einer sinnhaften Ordnung, damit diese Informations- und Lernangebote erfolgreich exploriert werden können.

Zunächst wird im Folgenden der Prozess des explorativen Lernens zu analysieren sein, um danach Überlegungen zur Gestaltung entsprechender Lernangebote ableiten zu können. Dabei werden auch die Grenzen sogenanter hypertextuell strukturierter Lernangebote sichtbar werden.

5.1 Selbstregulation von Lernaktivitäten

Exploratives Lernen (= entdeckendes, forschendes oder autonomes Lernen) weist eine hohe Selbstverbindlichkeit auf. Es wird mitunter nicht einmal als Lernaktivität erlebt, weil Lernen vielfach als langweilig und mühsam aufgefasst wird, während das eigene Erforschen im explorativen Lernen oftmals mit großem Engagement und Begeisterung – scheinbar mühelos – erfolgt.

Merkmale explorativen Lernens

Explorative Lernaktivitäten sind üblicherweise nicht von Anderen (Lehrern, Vorgesetzten etc.) angeordnet, sondern gehen von der eigenen Person aus. Es stellt sich jedoch die Frage, ob es nicht möglich ist, dieses so mühelose explorative Lernen von außen zumindest zu fördern, wenn nicht sogar durch geeignete multimediale Lernangebote zu initiieren. Exploratives Lernen in solchen Lernumgebungen schließt aus, dass z.B. Ziele und/oder Wege des Lernens von außen vorgegeben werden. Es kann ein *Angebot* gemacht werden, das so zu gestalten ist, dass die Person motiviert ist, sich eigenständig mit einem Gegenstand auseinanderzusetzen.

Exploratives Lernen kann durch folgende Merkmale charakterisiert werden:

- Die Person steckt sich selbst ein Lernziel: Sie möchte etwas wissen oder können.

- Die Person initiiert verschiedenartige Handlungen, um dieses selbst gesteckte Ziel zu erreichen: Sie entscheidet, welche Lernaktivitäten in welcher Sequenz auszuführen sind.

- Das Lernen vollzieht sich dabei nicht als linearer Prozeß von einer Thematik bzw. Schwierigkeitsstufe zur nächsten, sondern eher spiralenförmig: Die Person tastet sich in verschiedene Richtungen weiter, sie kann sich in Sackgassen begeben, bevor sie an eine frühere Stelle zurückkehrt etc.

- Der Vollzug dieser Aktivitäten wird als befriedigend erlebt (und nicht [nur] das Handlungsergebnis).

Wesentliche Momente der Instruktion müssen bei Lernangeboten, die zur Exploration anregen sollen, zurücktreten. Die zeitliche Vorstrukturierung des Lernprozesses durch eine externe Instanz kann entfallen, nicht jedoch die logische Strukturierung des Lernangebotes. Hinzu kommen Maßnahmen, die die Orientierung des Lerners in der Lernumgebung unterstützen, damit ein Lernweg auch tatsächlich zum Lernerfolg führen kann.

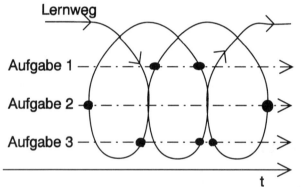

Abbildung 19: Lernweg im Spiralencurriculum

Um Hinweise für die Gestaltung solcher Lernangebote geben zu können, sind Lernprozesse in diesen Situationen zu untersuchen.

Analysiert man, wie Personen vorgehen, wenn sie sich *selbständig* mit einem Lerngegenstand beschäftigen, fällt zunächst eines auf: Die Auseinandersetzung mit dem Lerngegenstand vollzieht sich nicht als linearer Zuwachs von Kenntnissen, wie es in sequentiellen Modellen des Lehrens - zumindest implizit - angenommen wird. Selbst wenn sich ein Lerner einen Plan für seine Aktivitäten zurecht legt, wird er typischerweise zwischen verschiedenen Teilanforderungen hin- und herspringen. Stößt er bei einer Frage auf Schwierigkeiten, wendet er sich z.B. einer anderen Thematik zu und kommt zu einem späteren Zeitpunkt auf diesen Aspekt zurück (s. Abbildung 19).

Bei der Anfertigung eines Referates wird man nach Entwurf einer ersten Gliederung mit einem bestimmten Unterpunkt anfangen, vermutlich nicht mit der Einleitung. Hat man einige Unterkapitel verfasst, ist es nicht unwahrscheinlich, dass man zu dem Gliederungsentwurf zurückkehrt und feststellt, dass einige Veränderungen vorgenommen werden müssen. Auch fallen bei der Bearbeitung möglicherweise weitere Unterpunkte ein, die in die Gliederung eingearbeitet werden.

Gerade bei schwierigeren Aufgaben oder Lerngegenständen ist ein derartiges spiralenförmiges Vorgehen typisch. Eine strikt sequentielle Planung und Durchführung der Lernaktivitäten, wie sie manche Ratgeberliteratur empfiehlt, entspricht einfach nicht der Struktur selbständigen Lernverhaltens. Ein strikt sequentielles Vorgehen kommt nur dann zur Anwendung, wenn es mehrfach erprobt wurde und nahezu routinemäßig eingesetzt wird. Dies ist z.B. im Rahmen einer Klausurvorbereitung denkbar, in der Lehrstoff wiederholt wird. Da man diese Art der Lernaktivität bereits öfters durchgeführt hat, wird man ein Vorgehen anwenden, das sich in der Vergangenheit bewährt hat.

Dieses Vorgehen von Lernern entspricht AUSUBELs Konzept eines *Spiralenxurriculums*. Das didaktische Vorgehen orientiert sich an dieser Art des selbständigen Lernens. Statt jedes Kapitel Schritt für Schritt zu präsentieren, wird dem Lerner nicht nur erlaubt, sondern er wird ermutigt, sich spiralenförmig durch den Lehrstoff zu bewegen.

Explorative Lernangebote gehen demnach davon aus, dass die Sequenzialisierung des Lernangebotes am besten durch den Lernenden selbst erfolgt. Auch wird bezweifelt, dass Lernzuwachs als stetige Funktion über die Zeit einzuschätzen ist. Statt dessen wird betont, dass ein Lernzuwachs nicht immer schrittweise kumuliert, sondern dass sich Lernen gerade durch Sackgassen und Rückschläge, qualitativ neue Einschätzungen und Sichtweisen durch wiederholtes Bearbeiten etc., also: durch Nicht-Linearität auszeichnet. Gleichwohl erfordern solche explorativen Lernangebote eine logische Strukturierung der dargebotenen Information.

Selbstgeregeltes Lernen in der pädagogischen Diskussion

Der häufig verwendete Begriff *selbstorganisiertes* Lernen erscheint problematisch, da nicht deutlich wird, ob damit die eigenständige Wahl des Lernweges (Zeiteinteilung, Ortswahl, Methoden- und Medienwahl) oder Lernziels gemeint ist. Der Begriff *selbstgesteuertes* Lernen schließlich ist ebenfalls problematisch, da eigentlich nur *selbstgeregeltes* oder *-reguliertes* Lernen gemeint sein kann. Im angelsächsischen Sprachraum wird darüber hinaus von *offenem* Lernen gesprochen; der Begriff bezieht sich auf die Angebote von Bildungsträgern, die ohne bestimmte Schulabschlüsse besucht werden können. Offene Lernangebote werden dann als Angebote bezeichnet, die nicht innerhalb fest umrissener Curricula oder Lehrgänge, die bestimmte Eingangsvoraussetzungen (z.B. Schulabschlüsse) fordern, konzipiert sind. Der Begriff „offen" wird jedoch auch benutzt für Lernangebote mit *wahlfreiem* Zugriff auf Informationen, da die Information nicht in einer festen, sequentiellen Folge abgerufen werden müssen.

Die Diskussion über exploratives Lernen mit digitalen Medien wird durch die Konnotation der genutzten Begriffe vielfach überfrachtet: Häufig werden die Begriffe der „Selbstkontrolle", des „freien" und „offenen" Lernens verwendet. Nicht selten werden so Konzepte zur Aufbereitung von Lernangeboten mit weltanschaulichen und gesellschaftspolitischen Vorstellungen verknüpft.

SEYMOUR PAPERT (1990) etwa forderte eine Abkehr von der „hierarchischen, zentralisierten und entpersonalisierten Organisation" des Lehr-Lernprozesses, wie in sequentiellen CBT-Programmen, mit Verweis auf die *Perestroika* und den politischen Umbruch in der ehemaligen UdSSR. Die Anreicherung der didaktischen Planungsarbeit mit solchen m.E. sachfremden Begriffen erschwert eine wissenschaftliche Diskussion. Denn wer würde gegen Selbstbestimmung, Freiheit etc. beim Lernen argumentieren wollen? Tatsächlich geht es bei der Konzeption mediengestützter Lernangebote um weniger spektakuläre Entscheidungen, nämlich:

- Unter welchen Bedingungen ist auf die zeitliche (Vor-)Strukturierung der Lernangebote durch eine externe Instanz zu verzichten?

- Wie sind Lernangebote logisch zu strukturieren, dass sich ein Lernerfolg auch ohne zeitliche Strukturierung einstellt?

Die Erkenntnis der Bedeutung von selbstgeregelten Lernaktivitäten, der eigenständigen Exploration etc. ist keineswegs neu, auch wenn ein Blick in die aktuelle Literatur über multi- und telemediales Lernen dies glauben machen könnte. So war die Forderung nach *Selbsttätigkeit* ein beherrschendes Thema der Reformpädagogik zu Beginn des Jahrhunderts. Durch die Förderung der Eigenaktivität des Lernenden sollte eine neues Verständnis von Schule und Unterricht geschaffen werden, das sich abhebt von der so bezeichneten traditionellen „Buchschule".

Die Dimensionen Selbst- vs. Fremdkontrolle beim Lernen ist in der Vergangenheit unterschiedlich bewertet worden. Für welche Ausprägung auf der oder den Dimensionen der Kontrolle man sich entscheidet, hängt nicht zuletzt von grundsätzlichen Vorstellungen von Erziehung und Entwicklung sowie dem Menschenbild ab. So meinte bereits MEUMANN (Meumann, 1913, S. 423):

> Fassen wir die Entwicklung mehr als eine passive Anpassung an Umgebungsbestandteile auf, so werden unsere Maßnahmen das Kind auch mehr als ein empfangendes, passiv bestimmtes Wesen behandeln; wenn wir sie dagegen mehr als ein aktives Verarbeiten der Umgebungseinflüsse betrachten, so gewinnt die ganze Erziehung den Charakter einer bloßen Wegbegleitung für diese Aktivität des Kindes, zu der nur noch der Schutz des Kindes vor Irrwegen, Irrtümern, unzweckmäßigem Verhalten und Gefühlen aller Art kommt.

Es stellt sich schließlich die Frage, inwieweit explorative Lernprozesse überhaupt herstellbar sind und ob sich derartige Lernprozesse damit überhaupt als Gegenstand und Ziel von Aktivitäten des „didaktischen Designs" eignen. Denn die Gestaltung von Lernangeboten wurde als planvoller, intentionaler Prozeß beschrieben. Gerade dies scheint dem vom Lernenden kontrollierten, explorativen Lernen zu widersprechen.

Die menschliche Fähigkeit zur Exploration der Umwelt ist jedoch als ein Potenzial anzusehen, das in Abhängigkeit von situativen Bedingungen mehr oder weniger gut *angeregt* wird. Um genau diesen Aspekt geht es dem didaktischen Design im Hinblick auf exploratives Lernen: Wie können möglichst günstige Bedingungen geschaffen werden, um solche Lernprozesse anzuregen? Das didaktische Design soll Rahmenbedingungen beschreiben, die solche Lernprozesse ermöglichen, nicht herstellen.

Diese Zurückhaltung in pädagogischen Interaktionen, die zur Exploration anregen will, kommt auch bei MUTH zum Ausdruck, der gleichzeitig ein entscheidendes Missverständnis ausräumt (Muth, 1978, S. 64):

> Damit ist keinesfalls dem unterrichtlichen Chaos das Wort geredet oder der unterrichtlichen Anarchie, und keineswegs ist damit gesagt, dass sich die Planung des Unterrichts erübrigt. Vielmehr machen gerade die möglichen Imponderabilien, die im Unterricht auftreten können und denen der gute Lehrer Raum gewährt, eine eingehendere und intensivere Planung nötig als sie da angebracht ist, wo sich der Lehrer sklavisch seiner Vorbereitung ausliefert. Nur auf der Grundlage einer intensiven Planung wird er frei und beweglich.

Es gilt, eine Lernumgebung zu schaffen, die einen *definierten* Anregungsgehalt zur Initiierung solcher Lernprozesse aufweist. Als Beispiel kann auf Schulen verwiesen werden, die nach Prinzipien von MARIA MONTESSORI geführt werden. Ein wesentliches Unterrichtsprinzip besteht darin, Kinder zu eigenständiger Aktivität anzuregen. Dabei werden die Schüler in der *Freiarbeit* jedoch keineswegs wahllos beliebigen Umweltreizen überlassen, sondern es werden Lernumwelten mit einem bestimmten Anregungsgehalt gestaltet. Diese beinhalten Spiel- und Arbeitsmaterialien sowie Medien, die geeignet sind, definierte Lernprozesse in Gang zu setzen. Manche dieser Materialien und Medien haben Eingang in die Regelschulen gefunden (Zählbretter, Perlenschnüre, Riechkästchen etc.).

Mit diesem Verständnis von Lehren verändert sich die Rolle der lehrenden Instanz. Obwohl die Interaktion weiterhin geplant und auch gelenkt wird, tritt die lehrende Instanz in den Hintergrund und überlässt den Lernenden die Initiative. Dabei handelt es sich um eine bewusste pädagogische Entscheidung, die nicht mit Passivität verwechselt werden darf. Doch es stellen sich auch eine Reihe nicht einfach zu beantwortender pädagogischer Fragen: Wie kann ein einheitliches Curriculum für alle Schüler aufgestellt werden? Wie kann garantiert werden, dass ein bestimmter Lernerfolg erreicht wird? Wie sollen Lernerfolgskontrollen stattfinden, wenn jeder Lerner sich mit etwas anderem beschäftigt hat? Was ist zu unternehmen, wenn das Interesse des Lerners nicht geweckt werden kann?

Bedingungen der Exploration

Exploratives Lernen basiert auf dem menschlichen Neugiermotiv. Es wird vor allem aktiviert durch *neue, überraschende, inkongruente* oder *komplexe* Informationen bzw. Situationen.

Allerdings unterscheiden sich Personen in der Ausprägung des Neugiermotivs: Menschen mit hohem Neugiermotiv schätzen derartige Situationen und suchen sie in verschiedener Form auf. Menschen mit niedrigem Neugiermotiv meiden sie und bevorzugen bekannte Situationen mit wenig Überraschungen usw.

Das konkrete Verhalten von Menschen mit hohem oder niedrigen Neugiermotiv ist unterschiedlich. Nicht alle Personen mit einer hohen Ausprägung des Neugiermotivs sind Fernreisende und Weltenbummler. Es kann sich auch in der begeisterten Auseinandersetzung mit Literatur, Film o.ä. ausdrücken oder in einem besonderem Interesse an anderen Menschen. Die Bedeutung des Neugiermotivs hat man vor allem in der kindlichen Entwicklungsphase untersucht, es ist jedoch offensichtlich, dass dieses Motiv in der gesamten Lebensperspektive von Bedeutung ist.

Es ist gerade die selbstvergessene und andauernde Auseinandersetzung mit einem Gegenstand, die das explorative Lernen mit Medien charakterisiert, und in der Geschichte der Pädagogik immer wieder zu der Forderung geführt hat, derartige Lernprozesse gezielt zu fördern.

Hemmnisse für Exploration

Das explorative Lernen anzuregen scheint ein idealer Weg zu sein, um Personen stärker für ihre Lernen verantwortlich zu machen und ihre intrinsische Motivation zu fördern. Allerdings existieren verschiedene *Hemmnisse* für derart selbstgeregeltes, exploratives Lernen mit Medien.

Subjektive Theorien über das Lernen. Viele Lernende wie auch Lehrende glauben, dass Lernen ein Vorgang ist, der einer „Unterweisung" bedarf. Sie hängen dem oben beschriebenen Kopiermodell des Wissens an, was den Erfolg explorativen Lernens grundsätzlich in Frage stellt (s. Seite 145).

VERMUNT & VAN RIJSWIJK (1988) haben die subjektiven Theorien über das Lernen bei Studierenden untersucht. Sie fanden drei unterschiedliche Auffassungen: Bei der häufig anzutreffenden *reproduktiven* Lernkonzeption wird Lernen als eine Art des Kopierens von Gesagtem oder Geschriebenem in das Gedächtnis aufgefasst. Eine andere subjektive Theorie des Lernens sieht vor allem den *Nutzen* des Gelernten: Lernen ist ein Vorgang, um später etwas wiedergeben zu können. Bei der dritten Lernkonzeption schließlich wird, vergleichsweise selten, die Notwendigkeit zu eigenständiger Auseinandersetzung und *Konstruktion* von Wissen gesehen.

Lehrende wie Lernende halten an bisherigen Konzepten der Vermittlung und des Lernens fest, weil sie diese gewohnt sind und weil wenig für Veränderungen spricht. Auch fördert die gängige Prüfungspraxis die Reproduktion von zuvor auswendig Gelerntem und honoriert selten die eigenständige Auseinandersetzung. So bevorzugt ein großer Teil von Studierenden Lernsituationen, in denen selbständiges Lernen *nicht* erforderlich ist.

Fertigkeiten zur Selbstkontrolle. Entsprechend ist die Fähigkeit, den eigenen Lernfortschritt beim selbstgeregelten Lernen mit Medien angemessen zu überwachen, bei vielen Schülern und Studenten gering ausgeprägt. Dies ist für alle Formen des mediengestützten Lernens, auch im Fernstudium, ein besonderes Hindernis. Damit wird deutlich, dass exploratives Lernen keineswegs zuverlässig zu Lernerfolgen führt. Folglich sind bei explorativen Lernangeboten besondere Überlegungen anzustrengen, wie ein Lernerfolg gesichert werden kann. SIMONS (1992; Simons & de Jong, 1991) hat hierzu Prinzipien vorgestellt, die sich auf mediengestütztes Lernen übertragen lassen:

- subjektive Lernkonzeption überprüfen: Bei einer unangemessenen Vorstellung darüber, wie Lernen funktioniert, findet selbständiges Lernen nicht statt. Ggfs. muss die subjektive Lernkonzeption des Einzelnen erhoben und reflektiert werden oder das Vorgehen entsprechend angepasst werden, z.B. in Richtung auf stärkere Lenkung.

- schrittweise Selbständigkeit einführen: Wird selbständiges Lernen erst allmählich eingeführt, wird der Lernende schrittweise an exploratives Lernen gewöhnt.
- Prozeß statt Ergebnis betonen: Das Lernangebot sollte Lernaktivitäten und -prozesse betonen anstatt ausschließlich die Lernergebnisse.
- Nützlichkeit betonen: Dem Lerner kann der Nutzen des Lernergebnisses und der explorativen Lernstrategie vor Augen geführt werden.
- Selbstdiagnose fördern: Der Lernende wird darauf hingewiesen, dass er den Lernprozess selbst zu überwachen hat.

WELTNER (1978) nennt folgende Faktoren, von denen der Erfolg von Angeboten zu explorativem, autonomen Lernen abhängt:

- Fehlen von Streß- und Angstsituationen: Die Angst vor Überforderung, das subjektive Gefühl, der zu bearbeitenden Thematik nicht gewachsen zu sein, drohende Prüfungen und Konkurrenzerleben können dazu beitragen, dass Streß erlebt wird, der sich ungünstig auf das Explorationsverhalten auswirkt.
- Zugriff auf Lernhilfen: Gerade bei längeren selbstgeregelten Lernphasen wirken sich Lernprobleme negativ auf den Lernerfolg aus. Die Verfügbarkeit zusätzlicher Lernmaterialien kann längere Irrwege abkürzen.
- Zugriff auf Informationsquellen: Alle relevanten Materialien müssen tatsächlich jederzeit zugreifbar sein. Es zeigt sich, dass je nach Motivation des Lerners mehr oder weniger große Hindernisse bei der Beschaffung von Informationsquellen Lernanstrengungen behindern können.
- Förderliches Arbeitsklima: Es sind Maßnahmen zu überlegen, wie der Kontext des Lernens positiv beeinflusst werden kann. Hier spielt insbesondere der zwischenmenschliche Umgang zwischen Lernern und Betreuern eine Rolle.
- Diskussions- und Kooperationsmöglichkeit: Beim selbstgeregelten Lernen kommt der Einrichtung und Unterstützung von Diskussions- und Kooperationsforen eine wichtige Bedeutung zu. WELTNER betont die Möglichkeit, eigene Erkenntnisse in der Diskussion einzubringen und zu vertreten. Es lässt sich so der eigene Lernfortschritt überprüfen und mit dem Stand anderer Lerner vergleichen.

Exploratives Lernen mit Medien

PETER PETERSEN gilt als einer der ersten Erziehungswissenschaftler, der sich mit der Gestaltung von *Arbeitsmitteln* beschäftigte, die ein selbständiges Erarbeiten von Lehrinhalten ermöglichen. Für den schulischen Kontext liegen folgende Arbeitsmittel vor:

- Spiele und Rätsel, die vornehmlich in der Elementarstufe eingesetzt werden,
- Einzelarbeitsanweisungen, d.h. Arbeits- und Übungskarten, die vor allem in der Unter- und Mittelstufe zur Erarbeitung, Festigung und Vertiefung von Lehrstoff eingesetzt werden,
- Arbeitshefte und Arbeitsmappen, die einen zusammenhängenden Lehrgang beinhalten und vor allem in der Oberstufe eingesetzt werden sowie

- Arbeits- und Ordnungskästen vor allem zum Nachschlagen oder Nacharbeiten.
- Im Unterschied zu zeitlich strukturierten Medien, die sich am personalen Unterricht orientieren, sind bei der Entwicklung solcher Arbeitsmittel nach Petersen verschiedene Aspekte zu berücksichtigen:
- Das Medium sollte Anreize enthalten, sich mit ihm zu beschäftigen.
- Es sollte (möglichst) sofort erkennbar sein, was mit dem Medium zu tun ist.
- Es sollte die richtige Verwendung und Lösung selbst erkannt werden können, d.h. es sollten Möglichkeiten der Kontrolle und Rückmeldung bei der Mediennutzung gegeben sein.
- Das Medium sollte Möglichkeiten und Anreize zur mehrfachen Wiederholung einer Aufgabe beinhalten.
- Das Medium sollte von sich aus weiterführen, d.h. zur Nutzung weiterführender Medien motivieren.
- Das Medium soll eine „wertvolle Arbeitshaltung" anerziehen.

PETERSENs Kriterien lassen sich unmittelbar auf interaktive Medien anwenden: Das Multimedium sollte nicht nur äußerlich attraktiv gestaltet sein, wesentlich ist vielmehr, dass es zu bestimmten Lern-*Aktivitäten* motiviert. Es muss darüber hinaus sofort ersichtlich sein, was das Thema ist, aber auch wie das System zu nutzen ist. Das Multimedium sollte Wiederholungen anbieten, d.h. es muss ein Pool von verschiedenen Darstellungen, Aufgaben etc. vorliegen: Es reicht nicht aus, wenn einzelne Informationen einfach abgespeichert und abrufbar sind. Interessant ist auch die Forderung nach der *Weiterführung:* Das Medium sollte Verweise zu anderen Lernangeboten beinhalten und so zu Vertiefungen etc. motivieren. Die *wertvolle Arbeitshaltung*, heute etwa als *metakognitive Fertigkeit* diskutiert, meint insbesondere, wie das Lernen mit dem Medium über die Lehrinhalte hinaus die grundlegende Fähigkeit zu Lernen schult.

Die dargestellten Kriterien schließen, wie DÖRING (1969) anmerkt, Prinzipien behavioristischen Lernens aus, indem sie etwa *Fehler* als pädagogisch durchaus wertvolle Erfahrungen akzeptieren und diese nicht durch geschickte Konstruktion von *Programmiertem Unterricht* zu vermeiden versuchen. Interessant ist jedoch, dass PETERSEN Kontrolle und Rückmeldung sehr wohl als wichtige Kriterien des so verstandenen Arbeitsmittels fordert, was heute vielfach als die Exploration behindernd eingeschätzt wird.

Heutige Varianten explorativer Angebote basieren auf Hypertext, Mikrowelten, Simulationen und *edutainment* bzw. Computerspielen sei es auf lokalen Medien oder dem Internet. Solche Lernangebote scheinen *einfacher* zu konstruieren zu sein als auf einer Lehrstrategie beruhende, zeitlich strukturierte Lernprogramme: Durch den *wahlfreien* Abruf von Informationen durch den Lerner scheinen sich Überlegungen zur sequentiellen Strukturierung des Lernangebotes durch einen Autor zu erübrigen. Für die Entwicklung ist jedoch zunächst die angemessene *sachlogische Strukturierung* des Lehrinhaltes vorzunehmen. Hinzu kommen – wegen der geringeren Bedeutung der zeitlichen Strukturierung – Maßnahmen zur Unterstützung der Orientierung des Benutzers beim Abruf der Informationen, dem *Browsen* durch das Lernangebot. Aus diesem Grund wird die Gestaltung der Benutzeroberfläche bei diesen Varianten zu einer wichtigen Frage der didaktischen Medienkonzeption. Darüber hinaus wird im Folgenden noch dargestellt, dass bei explorativen Lernangeboten ein Lernweg in vielen Fällen zwar nicht *vorgegeben* wird, doch über einen Default-Lernweg nahegelegt oder empfohlen werden kann, – und dieser muss dann auch konzipiert werden.

5.2 Prinzip von Hypertext

Die Frage der zeitlichen Strukturierung eines Lernangebotes gewinnt erst bei *interaktiven* Multimedien eine neue Dimension: War man bei linearen Medien - technisch bedingt - auf die sequentielle Organisation der Lernangebote beschränkt, so wird vor allem bei Medien mit wahlfreiem Zugriff die Implementation explorativer Lernangebote vereinfacht. Vor allem die schnelle Verbreitung von Hypertext-Anwendungen seit Anfang der 90er Jahre hat die Diskussion über exploratives Lernen mit Medien deutlich belebt. Im Internet stellt sich die Frage der Angemessenheit hyperstrukturierter Lernangebote noch deutlicher, da hier eine geradezu chaotische Vielfalt weltweit vernetzter Lernangebote wächst.

Erste konzeptuelle Überlegungen zu hypertextartigen Informationssystemen als Bildungsmedien liegen bereits einige Zeit zurück. Die Idee ist einfach: Informationen werden unterteilt in einzelne Informationseinheiten und untereinander verknüpft. Aus einem langen, unstrukturierten Textdokument wird so ein Hypertext-Dokument, bei dem der Benutzer die Möglichkeit erhält, zu einzelnen Teilen des Dokumentes unmittelbar zu verzweigen. Informationen brauchen nicht mehr sequentiell durchgearbeitet zu werden, um eine bestimmte Information zu erreichen, die von Interesse ist. Obwohl es ursprünglich nicht als Entwicklungswerkzeug für Lernmedien gedacht war und auch nicht über die Möglichkeiten der bis dahin bei didaktischer Software für notwendig erachteten Dialogsteuerung (vorgegebene Lernpfade, Tests, Antwortanalysen etc.) verfügt, findet der Hypertext-Ansatz bei der Entwicklung von Bildungsmedien vermehrt Anwendung.

Dabei wird folgendermaßen vorgegangen:

(1) Ein bestimmter Sachverhalt wird in Informationseinheiten untergliedert (*chunks*). Jede Informationseinheit sollte in sich abgeschlossen und verständlich sein. Die Größe einer Informationseinheit ist systembedingt. Üblicherweise umfasst eine Informationseinheit die auf einer Bildschirmseite darstellbare Information. Vom System ist abhängig, welche Typen multimedialer Information präsentiert werden können. Liegen neben Texten und Daten, Computergrafiken und -animationen überdies Töne und Bewegtbilder vor, wird auch von Hypermedia-Systemen gesprochen.

(2) Es werden Zusammenhänge zwischen einzelnen Informationseinheiten definiert (*links*). Diese Verknüpfungen besagen, dass etwas (ein Teil einer Informationseinheit, z.B. ein Ausschnitt aus einer Grafik) irgendwie mit etwas anderem

(z.B. einer Melodie) zusammenhängt. Es werden also assoziative Verknüpfungen von Informationselementen vorgenommen; es wird nicht festgelegt, in welcher Beziehung die Informationen zueinander stehen oder warum die Informationen zusammenhängen.

(3) Die Definition von *chunks* und die Verknüpfung der Informationselemente mit *links* reichen aus, um ein lauffähiges System zu erstellen. Die so bearbeitete Information ist mithilfe der Dialogkomponente des Hypertextsystems sofort zugänglich.

(4) Der Dialog kann mithilfe einer Kommandosprache gesteuert werden, so dass Dialoge auch programmgesteuert ablaufen können. Die Möglichkeiten insbesondere der Antwortanalysen sind jedoch i.a. eingeschränkt.

Wissensrepräsentation in Hypertext

Als Vorteil des Hypertext-Ansatzes wird oft fälschlicherweise angeführt, dass die Struktur von Hypertexten den Prinzipien der menschlichen Gedächtnisorganisation ähnlich sei. Auf den ersten Blick scheint die Wissensrepräsentation in Hypertexten dem Aufbau semantischer Netze zu ähneln; Hypertexte wurden auch als Implementation semantischer Netzwerke bezeichnet. Auch hier treffen wir, graphentheoretisch gesprochen, auf *Knoten*, die für die im Gedächtnis repräsentierten Konzepte stehen, und *Kanten*, die diese Knoten untereinander verbinden. Damit ist die Darstellung hierarchischer Strukturen und Beziehungen möglich.

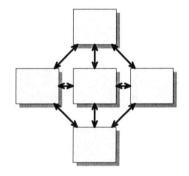

Entscheidende Unterschiede zwischen der Wissensrepräsentation in Hypertexten und semantischen Netzen bestehen jedoch vor allem in folgender Hinsicht:

1. Die Kanten in semantischen Netzen stehen für zu definierende *Relationen* zwischen Konzepten, z.B. „A ist-ein B" oder „A hat-ein B". In Hypertext-Systemen sind die Kanten dagegen untypisiert; sie besagen lediglich „A hat-zu-tun-mit B".

2. Die Knoten in semantischen Netzen beinhalten *Konzepte*, deren Bedeutung durch die Gesamtheit ihrer Verknüpfungen mit anderen Konzepten im semantischen Netz (über- bzw. untergeordnete Konzepte, zugeordnete Merkmale) definiert ist. In konventionellen Hypertext-Systemen handelt es sich bei den Knoten dagegen um nicht näher spezifizierte Informationseinheiten *(chunks)*, die noch am ehesten durch die Menge aller Verknüpfungen definierbar wären. Diese Verknüpfungen sind jedoch lediglich assoziativer Art; damit ist die Bedeutung der Informationseinheit nicht zu erschließen.

Hierzu einige Erläuterungen: Eine einfache Variante von Verknüpfungen in Hypertexten sind *Anmerkungen* (Annotationen) und *Verzweigungen*. *Anmerkungen* geben weiterführende Informationen, sie verzweigen jedoch nicht an eine andere

Stelle im Medium, sondern kehren unmittelbar und unbedingt an die Sprungstelle zurück. Typisches Beispiel wäre die Fußnote, eine Anmerkung auf der gleichen Seite, die man üblicherweise liest, um dann an der Sprungadresse im Text fortzufahren. *Verzweigungen* beinhalten Informationen zu einem bestimmten Thema und ermöglichen, dass der Benutzer von dieser Stelle aus an eine andere Stelle des Systems gelangt (oder auch zurückspringt). Typisches Beispiel ist das Inhaltsverzeichnis eines Buches, das z.B. auf das Abbildungsverzeichnis verweist, von dem aus man z.B. eine einzelne Abbildung aufsucht oder zurück zum Inhaltsverzeichnis blättert. Lesezeichen können Stellen markieren, zu denen man evtl. wieder zurückkehren möchte.

Derart strukturierte Informationen können am ehesten dem episodischen Wissen zugeordnet werden, das einzelne Ereignisse, deren Beziehung untereinander und zum semantischen Gedächtnis beinhaltet. Es erscheint somit unangemessen, die Wissensorganisation in Hypertexten als der menschlichen Gedächtnisorganisation äquivalent einzuordnen. Menschen wären kaum entscheidungs- und handlungsfähig, wenn ihr Wissen in rein assoziativen Netzen ohne weitere Ordnungsstrukturen organisiert wäre. Hypertexte beinhalten damit kein Werkzeug zur Modellierung von Wissensbasen, die mithilfe eines abstrakten Inferenzmechanismus befragt werden könnten.

Die Ökonomie der assoziativen Verknüpfungen in Hypertexten ist zugleich ihr größtes Problem. Nichts spricht im Prinzip dagegen, zusätzliche Möglichkeiten zur Strukturierung vorzusehen, die bei Bedarf eingesetzt werden können (Grob & Seufert, 1996). Ein bei KUHLEN (1991) beschriebener Weg besteht darin, Hypertext *semantisch anzureichern*. Die semantische Anreicherung von Hypertexten unterliegt jedoch den gleichen Problemen wie das Konzept semantischer Netze. Um aus technischer Sicht ein schwerwiegendes Argument zu nennen: Der *Verdrahtungsaufwand* ist unrealistisch hoch, d.h. der Aufwand zur Implementation entsprechender Wissensbasen bereits kleiner Realitätsausschnitte ist für didaktische Anwendungen i.a. zu groß (Wender, 1988). Ein anderes Vorgehen besteht darin, dass die Verknüpfungen nicht fest gespeichert sind, sondern während der Laufzeit des Systems erzeugt werden. Ein derart *produzierendes* Hypertext-System kann man als dynamischen Hypertext bezeichnen.

Hypertext als didaktisches Medium

Trotz der konzeptuellen Mängel von Hypertexten ist zu bedenken, wie einfach Informationen in Hypertexten zu implementieren sind. Deswegen ist der Frage nachzugehen, *welche* Arten von Information sich besonders eignen, um in Bildungsmedien als Hypertexten organisiert zu werden. Untersucht man gelungene Anwendungen, so finden sich z.B. *Reise- und Städte-Informationsysteme,* bei denen man sich von Thema zu Thema gleiten lassen kann und je nach Interessensgebiet Informationen zu bestimmten Themengebieten abruft, und *Online-Hilfesysteme*, die im Hintergrund eines Programms kontext-sensitiv Hilfe zu bestimmten Schlagworten anbieten. Man kann feststellen, dass die einzelnen Informationseinheiten in diesen

Systemen typischerweise *gleichrangig* sind, in einem Hilfesystem z.B. Informationen zur Druckeransteuerung, Bildschirmausgabe, Tastatur etc.

Hypertextuelle Strukturierungen von Lehrinhalten bieten sich folglich am ehesten unter einer der folgenden Bedingungen an:

- Die sachlogische Struktur der Information beinhaltet wenig Ordnungskriterien (z.B. Über- bzw. Unterordnungen).
- Dem Lerner sind die Ordnungskriterien bekannt (z.B. Fortgeschrittene).
- Der Aufwand zur Typisierung von Relationen ist zu groß. Die Explizierung solcher Relationen erfordert weitreichende Sachexpertise in dem Themenbereich.
- Das System wird inkrementell (evtl. unter Beteiligung mehrerer Autoren) entwickelt, d.h. zu Beginn liegt nur eine vage Konzeption des Informationssystems vor, die sich im Laufe der Zeit verfeinert.

Es stellt sich jedoch die grundsätzliche Frage, ob derartige Hypertext-Systeme nun überhaupt *Lernangebote* darstellen. Handelt es sich nicht bloß um Informationssysteme, denn fehlt ihnen nicht jede Form einer didaktischen Aufbereitung und zielgerichteten Lehrstrategie?

Eine Benutzerin steht einem mehr oder weniger großen Wissensuniversum gegenüber, in dem sie stöbern (*browsen*) kann, ihrer Neugier freien Lauf lassen kann und bestimmte Inhalte vertiefen, andere übergehen kann. Sie *konstruiert* das Lernangebot, wie sie es interessiert, und zwar ohne Vorgaben einer lehrenden Instanz zu folgen. Die Gegenfrage einer konstruktivistischen Position des Wissenserwerbs könnte also lauten: Benötigt (computergestütztes) Lernen überhaupt Instruktion? Behindert Instruktion nicht die selbstgeregelte Aneignung von Wissen, wie es gerade mit dem Computer möglich ist?

Lange erschien es Entwicklern von Bildungsmedien selbstverständlich, dass sich die didaktische Nutzung des Mediums Computer an sequentiellen Modellen des Unterrichts mit der detaillierten Festlegung möglichst aller Lehr- und Lernschritte zu orientieren habe. Gerade der überraschende Erfolg des Hypertext-Ansatzes im didaktischen Kontext war Anlass, derartige Selbstverständlichkeiten in Frage zu stellen.

Computeranimation

Statt reale prozesshafte Vorgänge auf Video aufzuzeichnen und in einem Multimedia-System zu integrieren, können solche Prozesse auch als computergenerierte Animation visualisiert werden. Bei einer interaktiven Computersimulation erhält die Person die Möglichkeit, mit dem implementierten Modell direkt zu interagieren.

Die Computeranimation kann zur Veranschaulichung von Vorgängen, die anders kaum oder nur aufwändig bildhaft darstellbar wären, eingesetzt werden, z.B. bei schwer zugänglichen oder erdachten Abläufen. Die Funktionsweise eines existierenden oder projektierten Motors oder einer Maschine ist durch Ablichten oder -filmen nicht verständlich zu machen.

Der Aufwand zur Herstellung graphisch anspruchsvoller Darstellungen wird jedoch oftmals unterschätzt. Zur Entwicklung wird ein mathematisches Modell bestimmt, das die Struktur, die Oberfläche und das Verhalten des darzustellenden Objektes hinreichend beschreibt. Die Software berechnet auf der Grundlage dieses Modells dann das eigentliche Bild; je genauer das Modell ist, um so genauer wird die Darstellung mit der erdachten oder realen Welt übereinstimmen.

Die Einbindung vorhandener Computeranimationen in CBT- oder WBT-Anwendungen ist i.a. denkbar einfach, da diese Funktionalität in den gängigen Betriebssystemen bereits eingebaut ist. Üblicherweise wird dem Lerner dabei ermöglicht, in den Ablauf der Computeranimation durch Anhalten, Vor- und Zurückspulen in Grenzen einzugreifen. Die Animation selbst hat jedoch – wie ein konventionelles Video – eine lineare Struktur, die von dem Benutzer nicht verändert werden kann, d.h. das was der Betrachter zu Gesicht bekommen kann, steht bereits vor der Wiedergabe vollständig fest.

Auch bei Computeranimationen in didaktischen Medien gilt, dass gerade durch das Weglassen von Details der realen Abbildung, der Betrachter die Aussage des Bildautors bzw. die Zusammenhänge, die es zu veranschaulichen gilt, leichter nachvollziehen kann. Insofern wird man bestimmte Zusammenhänge oder Vorgänge auf Skizzen reduzieren, wichtige Bestandteile graphisch akzentuieren und mit Verständnishilfen markieren.

Aus ästhetischer Sicht besonders attraktiv erscheinen Computeranimationen in photorealistischer Qualität, die mit einer Farbtiefe von 24 *bit* erreicht wird. Für didaktische Einsatzzwecke sind derartige Anforderungen in den seltensten Fällen zu begründen. Es ist nicht nur die i.a. mangelhafte Leistung des Wiedergaberechners, die dem entgegen steht. Auch bei der Wahl der Farbtiefe ist die Reduktion von Details didaktisch in vielen Fällen wünschenswert. Deswegen sind Darstellungen mit einer geringeren Farbtiefe photorealistischen Darstellungen vielfach vorzuziehen.

Kann gänzlich auf eine Farbdarstellung verzichtet werden, sollte man gleichwohl statt einer schwarzweißen Darstellung, d.h. einer Farbtiefe von einem *bit*, Grauschattierungen zur Gliederung und Strukturierung der Darstellung wählen. Damit kann insbesondere das natürliche Bildverstehen (Weidenmann, 1991) unterstützt werden, z.B. kann durch Andeuten von Perspektive die Figur-Grund-Differenzierung schneller erfolgen.

Interaktive Computersimulation

Ein anderer Ansatz, der sich besonders für die Exploration eignet, ist die Computersimulation. Die Exploration simulierter Handlungswelten eröffnet faszinierende Perspektiven gerade für Ansätze des situierten bzw. problemorientierten Lernens. Gleichwohl ergeben sich einige prinzipielle Einschränkungen für didaktische Anwendungen, die im Folgenden zu diskutieren sind.

Die Computersimulation kann zur Veranschaulichung eines zuvor textlich dargestellten Zusammenhangs oder Vorgangs dienen; sie kann aber auch für sich alleine stehen. Der Lernende ist mit einer Umgebung (z.B. einem simulierten Staatswesen) konfrontiert, in der er eine Reihe von Eingriffsmöglichkeiten hat (z.B. als Staatspräsident). Dabei übernimmt er die Aufgabe, ein bestimmtes Ziel durch geschickte Regelung des Systems zu erreichen (z.b. hohe Lebensqualität der Bürger).

Bekannt geworden sind z.b. Flugsimulatoren, mit denen geübt wird, ein Flugzeug von einem Ort zu einem anderen sicher zu manövrieren. Die Lenkung des Flugzeuges erweist sich dabei i.a. als einfach, da Richtungsänderungen des Steuerknüppels sich unmittelbar übertragen. Es ist z.b. auch abzuschätzen, wie man mit einer definierten Menge an Treibstoff durch Anpassung der Geschwindigkeit zuverlässig das Ziel erreicht.

Im Flugsimulator wird die in solchen Szenarien typicherweise zu bewältigende Lernaufgabe deutlich: Die Veränderung von Input-Variablen durch den Benutzer zeigt Wirkungen auf Output-Variablen, die nicht vom Benutzer direkt beeinflussbar sind. Manche der Zusammenhänge zwischen Input- und Output-Variablen sind offensichtlich und unmittelbar sichtbar: z.B. das Bewegen des Steuerknüppels. Andere Zusammenhänge sind nicht auf den ersten Blick ersichtlich, wirken sich aber entweder über Moderatorvariablen oder über die Zeit auf die Output-Variablen aus, z.B. das Beschleunigen auf die Tankfüllung. Auch müssen exogene Variablen berücksichtigt werden, wie z.B. Wetterverhältnisse, die auf das Systemverhalten als ganzes oder aber auf einzelne Variablen einwirken, ohne dass sie vom Benutzer beeinflusst werden können.

Bei Computersimulationen muss ein Funktionsmodell eines erdachten oder nachgebildeten Realitätsausschnittes erstellt werden, das die Beziehung dieser Variablen abstrakt darstellt. Der Unterschied zur Computeranimation besteht darin, dass der Lernende bei der Computeranimation nur den *Ablauf* innerhalb einer zuvor aufgezeichneten linearen Folge beeinflussen kann. Bei der Animation werden die Zusammenhänge zwar bildhaft vorgeführt, der Zusammenhang zwischen den Variablen kann jedoch nicht durch eigenes Agieren exploriert werden. Beim bloßen Betrachten einer Computeranimation erscheint die Steuerung eines solchen Systems möglicherweise relativ einfach; durch das eigene Ausprobieren der Steuerung in der Simulation lässt sich die Erfahrung machen, wie schwierig das aktive Eingreifen zur Regelung eines derartigen Systems ist.

Entwicklungsstrategien für Computersimulationen

Bei der Entwicklung von Computersimulationen für Lehr-Lernzwecke können zwei Strategien unterschieden werden: Zunächst kann angestrebt werden, einen Ausschnitt der Realität möglichst echt nachzubilden. Es sind im Allgemeinen umfangreiche Recherchen und oftmals endlos scheinende Testläufe nötig, um auch nur kleinste Bereiche in einem derartigen System zu implementieren und bis das nachgebildete System wenigstens teilweise dem realen Verhalten entspricht. Das Problem besteht darin, dass sich Zusammenhänge in der Realität oftmals nur schwer als Funktionsgleichungen einfacher oder höherer Ordnung darstellen lassen. Ob im übrigen das im Computer implementierte Modell der Realität zutrifft, spielt zunächst keine Rolle. Entscheidend ist, dass das *Verhalten* des Systems mit der Realität so weit wie möglich übereinstimmt.

Überprüfen lässt sich dies mit einer ausreichend großen Menge realer Daten. Der Computer wird mit bestimmten Ausgangsdaten der Realität (= Input-Variablen) gefüttert, und es wird überprüft, ob die errechneten Output-Variablen mit den tatsächlichen Werten übereinstimmen. Günstig ist es, wenn viele, kontinuierlich erhobene Daten existieren. Auf diese Weise werden z.B. Modelle der Wettervorhersage getestet und ständig verbessert: Man gibt ihnen die Ausgangsdaten von z.B. vor zwei Wochen ein und überprüft, inwieweit das Modell in der Lage ist, das Wetter der letzten Woche oder heute vorherzusagen. Die (relative) Übereinstimmung von realem und nachgebildetem Systemverhalten ist Voraussetzung, um bei diesem Ansatz derartige Szenarien zu Lehrzwecken nutzen zu können. Weicht das Modell von realen Zusammenhängen ab, ist der Lernerfolg fraglich.

Nun kann eingewendet werden, dass der damit nötige Aufwand zum einen (für Bildungszwecke) zu hoch ist und zum anderen zu Lehrzwecken möglicherweise auch Modelle reichen würden, die nur mäßig mit der Realität übereinstimmen bzw. deren Übereinstimmung nur oberflächlich getestet wurde. Zu bedenken ist jedoch, dass es hier um dynamisch vernetzte Systeme geht. Diese Systeme zeichnen sich eben dadurch aus, dass kleine Veränderungen im Gefüge der Ursache-Wirkungs-Zusammenhänge das Verhalten des gesamten Systems dramatisch verändern können.

Wenn man diese Probleme aus didaktischer Sicht zusammenfasst, lässt sich folgendes festhalten: Der Versuch, reale Wirkungszusammenhänge in explorativen Computersimulationen abzubilden, bleibt in der Regel auf folgende Bereiche beschränkt:

- Der Realitätsausschnitt lässt sich in mathematische Funktionsgleichungen abbilden. Dies ist insbesondere bei Maschinen oder technischen Systemen der Fall. Schwierig wird dies insbesondere wenn gesellschaftliche, politische, ökonomische oder psychologische Zusammenhänge ins Spiel kommen.

- Die zugrunde liegenden funktionalen Zusammenhänge sind bekannt. Dies ist insbesondere der Fall, wenn z.B. genaue Unterlagen zum Aufbau technischer Systeme vorliegen.

Deutlich wird, warum z.B. Unternehmensplanspiele für den didaktischen Einsatz nicht unproblematisch sein können: So lässt sich das Agieren eines (erfolgreichen) Unternehmens in der Wirtschaft nicht vollständig in Algorithmen abbilden. Wäre dies möglich, dann wäre es auch wesentlich einfacher, ein Unternehmen zielgerichtet auf Erfolgskurs zu halten (wie beim Flugsimulator).

Bei manchem Planspiel ist demnach mit einem paradoxen Effekt zu rechnen: Erfahrene (und/oder erfolgreiche) Manager schneiden hierbei keineswegs besser ab, sondern z.T. schlechter als unerfahrene Anfänger. Der Grund hierfür liegt darin, dass der Experte durch die Begrifflichkeit an etwas ihm Bekanntes erinnert wird und deswegen Zusammenhänge *unterstellt,* wie er sie im Laufe seiner Berufserfahrung als zutreffend erlernt hat, die in dem Modell der Computersimulation so aber nicht implementiert wurden. Auch ist es möglich, dass die Person mit manchen der im Szenario verwendeten Begriffe aus ihrer Erfahrung eine andere Bedeutung verbindet. Für den Anfänger sind die meisten Begriffe dagegen eher unbesetzt, d.h. sie haben überhaupt keine Bedeutung, und es muss folglich nicht umgelernt werden.

Aufgrund dieser Probleme ergibt sich für didaktisch ausgerichtete Computersimulationen eine andere Lösung: Es wird nicht angestrebt, einen bestimmten Ausschnitt möglichst real nachzubilden, sondern es wird eine *künstliche Welt* erzeugt, in der ein Lerner bestimmte Aufgaben lösen soll. Dabei ist deutlich zu machen, dass es sich um eine erdachte Welt handelt, in der manche Dinge anders funktionieren als in der Realität. Dadurch, dass bewusst eine unbekannte Welt präsentiert wird, reduziert sich die Gefahr, dass das implementierte Modell mit dem Erfahrungswissen verglichen wird. Im Vordergrund steht dann auch nicht das Lernen konkreter Inhalte der Simulation, sondern das Umgehen mit komplex vernetzten Systemen. Es geht darum, dass gelernt wird, wie man das Zusammenwirken vielfach rückgekoppelter Variablen über die Zeit durchschauen kann und durch geschicktes Beeinflussen in eine positive Richtung lenkt.

Nicht zuletzt die Lohausen-Studie von DÖRNER et al. (1983) hat deutlich gemacht, wie schwer es fällt, angemessene Entscheidungen in solchen Systemen zu fällen. Die Autoren haben das Leben einer (erdachten) Stadt abgebildet, das in der Funktion als Bürgermeister zu leiten ist, wobei die Lebensqualität der Bewohner positiv zu beeinflussen ist und die komplex miteinander zusammenhängenden Variablen wie Arbeitsplätze, Umweltverschmutzung, Investitionen etc. zu berücksichtigen sind.

5.3 Gestaltung explorativer Lernumgebungen

Statt eine sequentielle Struktur der Bearbeitung des medialen Lernangebotes vorzugeben, legen Lernumgebungen, die zu explorativem Lernen anregen wollen, das Augenmerk auf die *sachlogische* Struktur des Interaktionsraumes, die im Unterschied zu eher linearen Lernwegen ein komplexeres Netz von Informationselementen aufweisen. Die Planung solcher *Interaktionsräume* mit hyperstrukturierten Informationseinheiten sollte darauf abzielen, den Aufbau einer *kognitiven Landkarte* beim Benutzer zu unterstützen.

5.3.1 Unterstützung kognitiver Orientierung

Der Umgang mit einer explorativen Lernumgebungen kann nur dann einen Lernerfolg ermöglichen, wenn die Person – relativ schnell – eine kognitive Landkarte von dem Lernangebot aufbaut. Nur so kann sie das System für ihre Informations- und Lerninteressen nutzen.

Dabei ist die Orientierung im Interaktionsraum sicherlich nur eine Voraussetzung, und keine hinreichende Bedingung für einen Lernerfolg. Möglichst schnell sollte jedoch der Aufbau der Anwendung von den Lernenden durchschaut werden können. Dies geschieht am ehesten, wenn sich der Aufbau zunächst an einem Hierarchiebaume mit bestimmten Eigenschaften orientiert. In jedem Fall ist zu vermeiden, eine wilde Vernetzung der Informationselemente zuzulassen, die es ermöglicht, beliebig zwischen Seiten zu springen. Gerade die Einfachheit, mit der solche Verknüpfungen (sogenannte *hyperlinks*) hergestellt werden können, verführt dazu, diese wahllos anzuhäufen. Statt dessen sollte zunächst von einer hierarchischen Struktur ausgegangen werden, die anschließend mit Verknüpfungen angereichert werden, die das Verzweigen auch über Ebenen erlauben. Bleibt die Grundstruktur des Hierarchiebaumes für den Anwender sichtbar, so unterstützt dies den Aufbau einer kognitiven Landkarte beim Benutzer. Im übrigen vereinfacht das *auch* die Orientierung des Entwicklers!

Informations-elemente	Hierarchie-stufen
5 – 20	1
10 – 100	2
20 – 200	3
80 – 1.000	4
ab 200	5

Bei der Entwicklung solcher Hierarchiebäume sind eine Reihe von Aspekten zu berücksichtigen. Folgende Fehler sollten vermieden werden:

(1) zu *tiefe* Auslegung der Hierarchie

Die Tiefe des Hierarchiebaumes beschreibt die durchschnittliche Anzahl der Informationselemente, die hierarchisch organisiert sind. Sind Hierarchiebäume zu *tief* ausgelegt, wird das Informationsangebot als linear erlebt, da auf die einzelnen Informationselemente erst nach Abruf einer Reihe von Seiten zugegriffen werden kann.

Die angemessene Tiefe hängt mit der Größe des Informationssystems zusammen. Es können folgende (spekulative) Überlegungen angestellt werden: Vier, fünf oder gar mehr Stufen sind erst bei einer größeren Anzahl von Informationselementen begründbar. Eine Erhöhung der Tiefe erschwert immer die Zugreifbarkeit der Information. Deswegen ist zu prüfen, ob nicht inhaltlich zusammenhängende Informationen auf einer Ebene zusammengefasst werden können.

(2) zu *flache* Auslegung der Hierarchie

Die Breite des Hierarchiebaumes beschreibt, wie viele Informationselemente auf einer Ebene abrufbar sind. Dabei sollten im Durchschnitt drei Informationselemente nicht unterschritten werden, d.h. von einem Element verzweigen (im Durchschnitt) mindestens drei weitere Elemente (ohne Standard-Verzweigungselemente wie Vorwärts- und Rückwärts-Sprünge etc.).

Die optimale Anzahl dieser Verzweigungen ist im konkreten Fall in Relation zur Tiefe der Hierarchie zu sehen: Bei inhaltlichem Bezug der Informationselemente bietet es sich an, die Tiefe der Hierarchie zugunsten der Breite zu reduzieren, d.h. wenn auf einer Ebene weitere Informationselemente angeordnet werden können, sollten diese zusammengefasst werden.

(3) *unausgewogene* Äste des Hierarchiebaumes

Die Informationseinheiten sollten innerhalb eines Hierarchiebaumes ausgewogen verteilt sein. Für den Aufbau eines mentalen Modells der Anwendung ist es ungünstig, wenn ein Ast sehr viele Einheiten beinhaltet, während ein anderer Ast sehr wenig Einheiten beinhaltet (vgl. Abbildung 20). In diesem Fall ist eine Reorganisation des Aufbaus in Erwägung zu ziehen.

(4) *Sackgassen*, die nicht angemessen zu anderen Ästen zurückführen,

(5) zu *niedrige/*zu *hohe* Vernetzung des Interaktionsraumes.

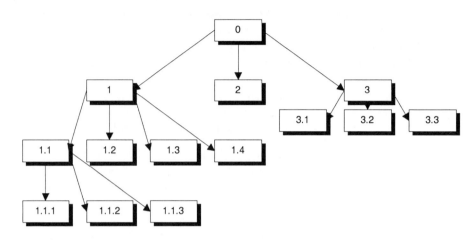

Abbildung 20: Unausgewogener Hierarchiebaum

Manche derartiger Fehler sind bereits auf Schwächen der Konzeption im *interakti-ven Drehbuch* zurückzuführen. Insofern wäre es wünschenswert, wenn diese bereits dort identifiziert werden könnten. Dies ist jedoch solange nicht möglich, wie die Erstellung dieser Konzeptionen mit *Papier und Bleistift* erfolgt. Durch den Mangel an analytischen Werkzeugen werden manche dieser Schwächen überhaupt erst in der Phase der Testung registriert, was einen ungerechtfertigt hohen Modifikations-aufwand nach sich zieht. Die Identifikation derartiger Fehler in der *Entwicklungs-phase* bleibt bislang der menschlichen Prüfung überlassen, was bei komplexen, et-wa stark hyperstrukturierten Interaktionsräumen nicht unmittelbar zu erkennen ist.

5.3.2 Kontrolle des Lernwegs

Ein wesentlicher Aspekt einer explorativer Lernumgebung ist die Frage der Kon-trolle des Lernweges: Wird der Lernweg alleine vom Lerner bestimmt, macht das System Vorschläge oder wird ein Haupt-Lernweg vorgegeben? Die Frage der Kon-trolle des Lernweges bei CBT ist Gegenstand vieler Untersuchungen geworden. In den experimentell angelegten Untersuchungen zeigt sich keineswegs die Überle-genheit einer ausschließlichen *Lernerkontrolle*, bei der dem Lernenden die völlige Kontrolle über den einzuschlagenden Lernweg überlassen wird.

Ergebnisse von Projekten

Die beiden Autorensysteme PLATO und TICCIT aus den 70er Jahren unterschieden sich vor allem in der Konzeption der Lernerkontrolle. Bei TICCIT konnte der Ler-ner zu jedem Zeitpunkt mithilfe speziell bezeichneter Funktionstasten den Kursablauf steuern. Die unterschiedlichen Präsentationsvarianten der *component display theory* von MERRILL konnten so jederzeit abgerufen werden. Mit PLATO erstellte Kurse erlaubten weniger Verzweigungsvarianten.

STEINBERG (1977) berichtet über eine Untersuchung, in der gezeigt wird, dass die meisten Lernenden – wenn man ihnen die Wahl lässt – nur wenige Sequenzierungsvarianten bilden. Es wurden vor allem die Varianten „Regel ⇨ Beispiel ⇨ Anwendung" oder „Beispiel ⇨ Anwendung" abgerufen. Insgesamt zeigt sich, dass die Motivation der Lernenden bei Lernerkontrolle höher ist, aber die Leistung keineswegs bessere Werte erreicht.

Diese Beurteilung verdichtet sich in der 1989 erneut vorgelegten Übersicht von STEINBERG. Die vorliegenden Befunde weisen zusehends darauf hin, dass Anfänger bei selbstkontrolliertem Lernweg schlechtere Leistungswerte erzielen als bei vorgegebenem Lernweg. Anfänger sind weniger gut in der Lage, zwischen wichtigen und weniger wichtigen Informationen zu unterscheiden. Auch fehlen ihnen Strategien zur Aneignung des Lerninhaltes.

Es kann also nicht davon ausgegangen werden, dass alle Lerner über die notwendigen und hinreichenden kognitiven und motivationalen Voraussetzungen verfügen, um explorative Lernangebote effektiv zu nutzen. Aus diesem Grund sind den Rahmenbedingungen des multimedialen Lernens gerade bei explorativen Lernangeboten besondere Aufmerksamkeit zu schenken. Es wären insbesondere Maßnahmen einzuplanen, die zur Verbesserung der Fähigkeit beitragen, die eigene Leistung angemessen einschätzen zu können. Denn insbesondere schwächere Lerner versagen z.T. wegen der mangelnden Fähigkeit zur Selbsteinschätzung des Lernfortschritts in explorativen Lernumgebungen. Der beste Weg hierzu dürfte die Einrichtung und Unterstützung sozialer Kooperation darstellen, denn die Erhöhung der *Diagnostizität* der explorativen Lernumgebung (durch Lernerfolgskontrollen) kann dem Ansatz der freien Exploration widersprechen (s. Seite 200f.).

So kreist die aktuelle Diskussion über didaktische Hypertext-Anwendungen interessanterweise um die Frage, wie man die Offenheit des Systems und damit die Beliebigkeit des „Wanderns in Informationsuniversen" mithilfe von Navigationshilfen etc. doch wieder im Sinne didaktischer Strukturierungen linearisieren kann.

Lernerkontrolle vs. Systemkontrolle?

Die Vorteile vorgegebener Lernwege durch das *System* sind …

- Die Person verliert nicht den Überblick.
- Solange sie sich auf dem empfohlenen Pfad bewegt, weiß sie, dass sie an ein *Ziel* gelangen wird.
- Nach Bearbeitung des Lernangebotes hat sie das Gefühl, etwas geschafft zu haben, *fertig* zu sein.

Als Nachteile einer solchen Kontrolle des Lernwegs durch das System gelten:

- Die Person erlebt sich eingeengt.
- Sie kann sich nicht mit Inhalten auseinander setzen, die sie wirklich interessieren und verliert Zeit mit Informationen, die ihr bereits bekannt sind.

Die Entscheidung über die Lerner- vs. Systemkontrolle bei einem Lehr- und Informationssystem hängt nach den bisherigen Erkenntnissen vor allem von folgenden drei Faktoren ab:

- dem Strukturierungsgrad des Gegenstandsbereich (Liegt dem Gegenstand eine eindeutige sachimmanente Strukturierung zugrunde? Lassen sich hieraus hierarchische Beziehungen ableiten, die es begründen, dass sich bestimmte Sachverhalte aus anderen ableiten?),
- dem Ziel des Systems (Wird ein dezidiert didaktisches Ziel im Rahmen eines Curriculums verfolgt? Wird das Programm systematisch abgearbeitet, oder werden nur Elemente des Angebotes abgefragt? Wird das Programm z.B. als Prüfungsvorbereitung eingesetzt?),
- der Zielgruppe (Wird eine eher offene oder eher lineare Darstellungsform bevorzugt? Handelt es sich um Anfänger oder Fortgeschrittene im Themenbereich bzw. im Umgang mit Computersystemen überhaupt?).

Weitere Studien werden Aufschluss zu diesen Fragen geben. Da es vermutlich die eine, optimale Dialogstruktur nicht gibt, könnten Entwicklungssysteme anbieten, unterschiedliche Arten der Dialogstruktur innerhalb einer Anwendung weitgehend automatisch generieren zu lassen. Ein solches – zugegeben aufwändiges – System, das unterschiedliche Varianten von Lernwegen gespeichert hat, würde dann etwa folgendermaßen vorgehen:

- Biete unterschiedliche Strategien an, wie mit dem Medium gelernt werden kann,
- versuche Motivation und Vorkenntnisse festzustellen,
- biete Informationen über die Angemessenheit unterschiedlicher Lernstrategien und
- überlasse die Wahl des konkreten Lernwegs dem Benutzer.

5.3.3 Maßnahmen zur Förderung von Orientierung

Bislang diskutiert wurde die didaktische Entscheidung auf der Dimension der Lerner- vs. Systemkontrolle. Darüber hinaus stellt sich die Frage, wie die Orientierung bei hyperstrukturierten Interaktionsräumen, sowohl auf logalen Medien wie im Internet, durch gestalterische Maßnahmen gesichert. Verhindert werden muss ein Orientierungsverlust bzw. mangelnde Orientierung in der Anwendung. Vor allem bei größeren Hypertext-Anwendungen, etwa im *world wide web*, muss grundsätzlich damit gerechnet werden, dass sich eine Person *lost in hyperspace* fühlt, d.h. sie weiß nicht mehr, *wo* sie sich in dem Informationssystem befindet, und wie sie zu einem bestimmten Thema gelangt. Ein weitgehender *Verlust* der Orientierung ist in der Regel wenig wahrscheinlich, doch ist zu überlegen, wie ein didaktisch sinnvolles Explorationsverhalten durch bestimmte Elemente *unterstützt* werden kann. Ausführlich hat sich LECHNER (1994) mit verschiedenen Strategien zur Unterstützung der Orientierung in Hypertexten durch Oberflächengestaltung beschäftigt. Er entwickelte eine CBT-Anwendung, die mögliche Maßnahmen nennt und gleichzeitig illustriert.

Inhaltliche Orientierungselemente. Für das Arbeiten mit Lehrtexten hat AUSUBEL ein Orientierungselement vorgestellt, das sich auch bei multimedialen Anwendungen einsetzen lässt: Gemeint sind sogenannte *advance organisers*. Vor dem eigentlichen Lehrtext sollen sie dem Leser eine Orientierung zu dem folgenden Text geben. Das beinhaltet allerdings keine Kurzfassung des Textes. *Advance organisers* sollen nach AUSUBEL lediglich die wichtigsten Konzepte des folgenden Textes erwähnen und den Leser zu diesem hinführen.

Derartige Elemente haben eine Reihe von Vorteilen. Zunächst erhöhen sie die Orientierung, da der Lerner schnell erfasst, worum es im Folgenden Kapitel geht. Sie sollen Interesse wecken und zum Weiterlesen einladen. Aus gedächtnispsychologischer Sicht ist darüber hinaus von Vorteil, dass die wesentlichen Konzepte im Gedächtnis bereits aktiviert werden und dadurch der folgende Text besser aufgenommen werden kann.

Dies lässt sich grundsätzlich auf eine der folgenden Arten erreichen:

- Gliederung: Der gesamte Lehrstoff des Kurses wird in Form einer Gliederung aufgeführt und das Kapitel oder der Abschnitt, der im Folgenden bearbeitet werden kann, wird hervorgehoben. So lässt sich das Teilgebiet besser einordnen in die Gesamtstruktur des Lehrgebietes.
- Auszug: Nicht nur die Überschriften, wie bei der Gliederung, sondern die Essenz der Abschnitte, etwa in Form von Merksätzen, werden aufgeführt.
- Zusammenfassung: In drei bis vier Sätzen wird der Inhalt des Kapitels wiedergegeben.
- Begriffe: Zur Hinführung auf das Kapitel werden nur wesentliche Begriffe genannt, die anschließend näher bearbeitet werden. Die Beziehung der Begriffe untereinander lässt sich auch als *concept map* darstellen.

Alle Varianten können dazu beitragen, die genannten Ziele einer Orientierung vor Bearbeitung des Lernmaterials zu erreichen. Man sollte sich jedoch für eine Variante entscheiden und diese in der Anwendung konsequent durchhalten. Es wäre günstig, dass dieses Orientierungselement immer an bestimmten Stellen im Programm präsentiert wird oder aber jederzeit vom Benutzer aufrufbar ist.

Wenn möglich, sollte vor allem die aktuelle Position in Relation zum Gesamten sichtbar gemacht werden. Es ist einer der wesentlichen Vorzüge des konventionellen Lehrbuchs, der bei der Konzeptualisierung multimedialer Lernangebote lange Zeit unbeachtet blieb: Das Erleben der aktuellen Position ist im Buch u.a. über taktile Empfindungen jederzeit gewährleistet. Ich merke, ob ich mich in der Mitte oder am Ende eines Buches befinde. Dieses Gefühl geht bei der computergestützter Anwendung weitgehend verloren. Durch geeignete Orientierungselemente lässt sich dieser Verlust jedoch ausgleichen. Wenn man bedenkt, dass es um einen Ersatz für ein vornehmlich taktiles Empfinden geht, sollte man bei der Realisierung auch um eine möglichst intuitiv zugängliche Umsetzung bemüht sein. Dies würde vor allem zusätzlichen Text als wenig geeignet erscheinen lassen („Sie befinden sich in einem Unterkapitel zu dem Thema ...“). Günstiger sind farbliche oder graphische Elemente, Ikonen oder Symbole.

Bei stark strukturierten Themen bieten sich diese inhaltlichen Orientierungselemente an, für Hypertext-Strukturen mit höherem Vernetzungsgrad wurden spezielle
Orientierungelemente entwickelt, die im Folgenden diskutiert werden.

Indizes. Aus allen Informationseinheiten oder aus allen Informationen, von denen
oder auf die Verweise existieren, wird ein Index erzeugt. Die Benutzerin kann diesen Index jederzeit aufrufen und zu den gewünschten Informationen verzweigen.
Der Index dient damit als eine Art Übersichts- und Orientierungsseite, von der aus
man sich im System weiterbewegen kann.

Zur Untersuchung der Vor- und Nachteile eines solchen zusätzlich eingebrachten
Orientierungselementes verglichen EDWARDS & HARDMAN (1989, nach Woodhead,
1991) drei verschiedene Hypertext-Systeme: (1) ein typisches, hierarchisches Hy-
pertext-Layout (mit Querverweisen), (2) ein System, das den Informationszugriff
nur über eine Indexseite erlaubt, und (3) ein System, das Zugriff über Querverweise
und Index anbietet.

Es zeigt sich, dass der Zugriff über den zusätzlich angebotenen Index in Bedingung
(3) keinen zusätzlichen Vorteil bietet. Hier finden sich die meisten Berichte von
Orientierungsverlust, es dauert zunächst sogar länger, bis eine Information aufge-
funden wird, und die Aufgaben werden als schwerer eingestuft. Die listenförmige
Darstellung von Schlagworten im Index, so schließen die Autorinnen, verhindert
den Aufbau einer kognitiven Landkarte mit einer der Informationsstruktur entsprechenden hierarchischen Struktur.

Die Untersuchung veranschaulicht, dass nicht alle Navigationshilfen die Orientierung im System erleichtern und den Aufbau einer z.T. ideosynkratischen kognitiven
Landkarte möglicherweise sogar behindern können.

Graphische Landkarten. Dem Lerner wird eine graphische Übersicht der Informationseinheiten (*Karten, Seiten* etc.) und deren Verknüpfung präsentiert. Die Informationseinheit, die zur Zeit bearbeitet wird, ist hervorgehoben. Auf diese Weise
kann sich die Person orientieren, an welcher Stelle im System sie sich befindet.

Kompensiert werden kann damit z.T. auch der Verlust des unmittelbaren Erlebens
von räumlich wie inhaltlichen *Distanzen* beim Übergang vom linearen Buchtext
zum computerbasierten Hypertext: Beim Buchtext weiß ich, dass die Hälfte des
Lehrbuchs bereits bearbeitet ist, wo Inhalts- und Literaturverzeichnis zu finden
sind, wo Anfang und Ende sind.

Manche Hypertext-Systeme bieten eine entsprechende Funktion automatisch an.
Dabei werden in der graphischen Übersicht weiterhin *alle* Verknüpfungen präsentiert. Bei rein hierarchisch aufgebauten Hypertext-Anwendungen mag dies durchaus übersichtlich sein, bei vielen Querverweisen wirkt dies allerdings schnell chao-
tisch.

Aus Untersuchungen zu *kognitiven Landkarten* von Menschen ist bekannt, dass
diese keineswegs eine graphische Abbildung aller Informationen beinhalten, die
wie ein Bild oder eine Karte gelesen wird. Aus dem Wissen über Wege im Hypertext (Routen), bei dem zunächst räumliche Relationen erhalten bleiben, entwik-
kelt sich ein eher stilisiertes Übersichtswissen, das auf die für wesentlich erachteten

Elemente reduziert ist, und so eine schnelle Orientierung und Entscheidung über die Navigation im Interaktionsraum ermöglicht (Steiner, 1988; 1996).

Die graphisch präsentierte Landkarte trägt nicht unbedingt zu einer besseren Orientierung von Lernenden bei. Denn die *kognitive* Landkarte des Benutzers kann sich von der präsentierten unterscheiden; nach mehrmaliger Benutzung orientiert sich diese weniger an einzelnen konkreten Merkmalen. Dennoch kann vermutet werden, dass eine vorgegebene Landkarte den Aufbau individuellen Orientierungswissens in der Anfangsphase fördert. Dabei sollte auf automatisch generierte Überblickskarten verzichtet werden, sondern eine vorgegebene, auf die wesentlichen Elemente reduzierte Landkarte der Anwendung dargeboten werden, die bei Bedarf auch weggeschaltet werden kann.

Orientierungspunkte und Fischaugen-Sicht. Mit einem anderen Ansatz wird versucht, die Orientierung durch besondere Orientierungspunkte (*landmarks*) in graphischen Landkarten zu erleichtern. Dabei werden solche Informationen herausgehoben, die einen besonderen Stellenwert in der Anwendung haben. Neben inhaltlichen Kriterien für den „herausragenden" Stellenwert einer Information lässt sich auch ein formales Kriterium heranziehen: So zeigt sich, dass sich die Knoten mit einer hohen (vor allem indirekten) *Verknüpfungsdichte* als solche Orientierungspunkte eignen (Parsaye, Chignell, Khoshafian, & Wong, 1989).

Die Sicht auf die Informationsbasis kann im übrigen in Analogie zu einem Photoobjektiv mit extrem kurzer Brennweite (einem Fischauge-Objektiv) auch in Abhängigkeit vom aktuellen Standort eingeschränkt werden: Die Information in der Umgebung des augenblicklichen Fokus wird genau abgebildet, an den Rändern verschwinden Details. Bei einer geographischen Landkarte würden etwa die den Lerner zur Zeit umgebenden Straßen und Gebäude einer Stadt genau erkennbar sein; Nachbarstädte, entfernte Gebirge oder Flüsse werden nur grob angedeutet.

Ziel dieser Verfahren ist, die *views* des Benutzers automatisch aus der Informationsstruktur zu generieren, da sich damit der Entwicklungsaufwand für die Dialogkomponente deutlich reduziert.

Filter. Bei Filtern wird die Sicht auf die Informationsbasis bei Laufzeit generiert und zwar in Abhängigkeit von direkten Benutzereingaben oder indirekt erschlossenen Benutzermerkmalen. In Anlehnung an Abfragen in Datenbanken können dazu Suchfunktionen implementiert werden, die die Sicht auf bestimmte Einheiten beschränken.

Solche Filter können sich auf inhaltliche Suchen beziehen (z.B. „zeige alle Informationen über Alaska") oder formale Merkmale, wie z.B. das Speicherdatum („zeige alle Informationen, die nach 1996 eingegeben wurden.") oder ähnliches betreffen.

Weiterführende Überlegungen gehen dahin, aus dem Verhalten des Benutzers z.B. das Niveau der Kenntnisse zu erschließen und auf diese Weise das Ausmaß der vom System angebotenen Informationstiefe zu beeinflussen (vgl. Jonassen & Mandl, 1990).

Lesezeichen und Pfadverfolgung, Pfadvorgaben. Bei *Lesezeichen* wird die Möglichkeit gegeben, Informationseinheiten zu markieren, um diese später leichter wieder aufzufinden. Aus Gründen der Übersichtlichkeit sollten entsprechende Lesezeichen jedoch nur in begrenztem Umfang angeboten bzw. eingefügt werden.

Ebenso hilfreich kann die Pfadverfolgung sein, bei der festgehalten wird, welche Informationen vom Lerner bereits abgerufen wurden. Anschließend kann der Pfad entweder seitenweise zurückverfolgt werden oder es wird eine Bildschirmseite angeboten, auf der die letzten Informationseinheiten schematisch dargestellt sind.

Bei der Vorgabe von Default-Lernwegen durch den Interaktionsraum werden bestimmte Verknüpfungen besonders hervorgehoben. Den Lernenden wird empfohlen, diesen Pfad durch das System zu verfolgen. Die *Pfadvorgabe* sollte garantieren, dass die wichtigsten Informationen präsentiert werden und zuverlässig zu bestimmten Ausgangs- und Verzweigungspunkten geführt wird.

Gerade bei Informationssystemen mit didaktischer Ausrichtung empfehlen sich Pfadvorgaben. Diese Vorgaben können auch unterschiedlich sein, indem z.B. zu Anfang abgefragt wird, ob der Lerner sich als Anfänger oder Fortgeschrittener einschätzt. Außerdem kann sich das System mit einer *Pfadverfolgung* merken, welche Informationen bereits bearbeitet wurden, und diese Abschnitte bei einer späteren Bearbeitung abhaken, auslassen oder nachfragen, ob die Einheiten nochmals präsentiert werden sollen.

Navigation im Internet. Bei einer hyperstrukturierten Anwendung im Internet ist in gleicher Weise zu überlegen, wie die Orientierung aufrecht erhalten werden kann, wie bei einer lokalen Anwendung. Neben der Binnenorientierung also innerhalb einer Anwendung gibt es im Internet jedoch das Problem der Orientierung über die eigene Anwendung hinaus, also wenn z.B. Verweise auf andere Server oder externe Dokumente erfolgen. Die hierbei aufgerufenen Dokumente beinhalten üblicherweise keine Rückverweise auf das Ursprungsdokument. Sie „verführen" damit dazu, den Lernpfad zu verlassen, und in den Weiten des Internet zu vagabundieren.

Folgende Möglichkeiten, dieses Problem in den Griff zu bekommen, wären denkbar:

- Der Inhalt des externen Servers wird in einem neuen Fenster angezeigt. Das Ursprungsfenster bleibt erhalten, es tritt während der Bearbeitung des neuen Fensters in den Hintergrund.
- Der Inhalt des externen Servers wird in einem neuen Fenster angezeigt. Neben diesem Fenster erscheint ein spezielles, kleineres Navigationsfenster, mit dem zu dem Lernpfad zurückverwiesen werden kann.
- Der Inhalt des externen Servers wird in einem untergeordneten Frame angezeigt. Die Navigationselemente, mit denen zu dem eigentlichen Lernpfad zurückgekehrt werden kann, bleiben etwa in einem oberen oder seitlichen Frame sichtbar.

Doch es ist umstritten, ob und wann diese Verweise überhaupt erlaubt sind. Gerade letztere Variante erfordert das Einverständnis des Anbieters. Im folgenden Kapitel werden wir sehen, wie problematisch externe Verweise in internetbasierten Anwendungen sein können.

5.3.4 Verweise im Internet

Das *world wide web* als Dienst des Internet erlaubt es, auf einfachste Weise Verweise innerhalb eines Dokumentes oder auf andere Dokumente, sei es auf dem gleichen Server oder auf anderen Servern, zu erzeugen. Der folgende Kasten zeigt ein Beispiel in der ursprünglichen Programmiersprache des *world wide web,* der Hypertext Markup Language (HTML).

```
<head>
<title>Veranstaltungsangebot</title>
</head>
<body>
<p>Veranstaltungen: </p>
<p>
<a href="pros01.html">Grundlagen der Mediendidaktik</a></p>
<p>
<a href="hs01.html">Konzeption telemedialer Lernangebote </a></p>
<p>
</body>
</html>
```

Dieser Code erzeugt folgenden Text, wenn er in einem Internet-Browser angezeigt wird:

Veranstaltungen:

Grundlagen der Mediendidaktik

Konzeption telemedialer Lernangebote

Die unterstrichenen Textstellen zeigen an, dass der Benutzer weitere Informationen durch Anklicken erhalten kann. Der Browser fordert dann das mit diesem Link verknüpfte Dokument (in diesem Fall vom gleichen Server) an.

Die schlichte Art, mit der solche Verzweigungen in Dokumenten verwaltet wird, vereinfacht deren Erstellung, – in der Praxis kann sich dies jedoch unangenehm auswirken. Nehmen wir an, ein Dokument *Dok-1* verweist auf ein anderes Dokument *Dok-2*, so dass der Benutzer durch Anklicken der verweisenden Textstelle auf das andere Dokument springen kann. Zwischenzeitlich wurde *Dok-2* jedoch modifiziert. Es hat nun den Namen *Dok-Z* erhalten, oder wurde in ein anderes Verzeichnis verschoben. Der Benutzer erhält die lapidare Mitteilung, dass das Dokument nicht auffindbar ist. Durch dieses Prinzip entstehen „tote" Verknüpfungen; man geht davon aus, das mindestens 10% aller Verknüpfungen im Internet derart ins Nichts führen.

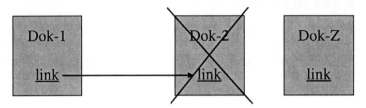

Abbildung 21: "Tote" Verknüpfungen im Internet

Dieses grundsätzliche Problem von Verknüpfungen im Internet erschwert die Entwicklung konsistenter Lernangebote. Bei Verweisen muss immer (und immer wieder) geprüft werden, ob die angegebenen Links noch existieren. Doch auch das hilft nur beschränkt, manche – für das Lernprogramm vielleicht ganz wesentliche – Verknüpfungen auf externe Ressourcen werden möglicherweise nicht auffindbar sein, – möglicherweise weil der Autor gar nicht weiß, dass ein anderes Lernangebot auf seine Seiten verweist. Das *world wide web* ist kein Gebilde, dem Seiten eines Lernangebotes „hinzugefügt" werden, – es ist an allen Stellen vielmehr in einem ständigen Wandel begriffen.

Konsequenzen

Eine naheliegende Lösung für das Problem der Konsistenz externer Links könnte darin bestehen, Seiten eines externen Servers, auf die verwiesen werden soll, auf den eigenen Server zu kopieren. Die Pflege der Links ist dann deutlich einfacher. Doch dies ist zum einen bei dynamischen Web-Seiten, d.h. Web-Seiten die zur Laufzeit generiert werden, technisch nicht einfach. Zum anderen ist dies schlicht nicht zulässig, da das Werk eines Autors geschützt ist und ohne Klärung der Verwertungs- und Nutzungsrechte nicht einfach auf den eigenen Server übertragen werden darf.

Doch nicht nur der Inhalt darf nicht einfach übernommen werden, auch der Verweis auf Seiten im Internet ist nicht immer erlaubt. So muss der Verweis auf den Server eines anderen Anbieters als solcher kenntlich werden. Der Anbieter einer Seite darf nicht den Eindruck erwecken, als ob die Information, auf die seine Seite verweist, von ihm erzeugt wurde, z.B. dadurch dass diese in einem Frame erscheint. Noch bestehen gewisse Unsicherheiten, wann und wie auf die Seite Anderer verwiesen werden darf. In jedem Fall existiert eine deutliche Diskrepanz zwischen der Einfachheit, mit der ein Link erzeugt werden kann, und den möglichen Folgen dieses Tuns!

Man muss bedenken, dass tatsächliche und vermeintliche Verstöße gegen Urheber- und Nutzungsrechte im Internet plötzlich eben auch weltweit „sichtbar" sind. Ein erster Schutz entsteht, wenn verhindert wird, dass Suchmaschinen bestimmte Teile des Lernangebotes durch ihre „Suchroboter" finden und indizieren. Ein weitere Maßnahme besteht darin, dass Lernende, Tutor/innen oder Autor/innen Materialien grundsätzlich nur in geschützte Bereiche des Web einstellen dürfen, die nur über eine Anmeldung (auch anonymer Art) zugänglich sind. Auch damit wird - zumindest bislang - verhindert, dass Suchmaschinen die Dateien indizieren können.

Für Schulen und Bildungseinrichtungen sind diese Konsequenzen nicht trivial. Es geht um die Frage, welche Rechte man Lernenden und Lehrenden bei der Publikation von Seiten im Internet einräumen kann und wer für welche Verstöße (z.B. unerlaubter Link) die Haftung übernimmt.

Das Internet mit seinen faszinierenden Möglichkeiten der Vernetzung von Informationen macht es notwendig, dass sowohl der Einzelne aber auch die Gesellschaft als Ganzes den Umgang mit Informationen neu definiert. Das Internet ist insofern tatsächlich ein völlig anderes Medium. Der Vergleich mit der Zeitung, dem Fernsehen, der Pinwand und manchem mehr versagt. Wir müssen Antworten finden auf die Fragen: Wer hat welche Rechte an welcher Art von Information? Wie lassen sich diese schützen? Wie können sich Informationen aufeinander beziehen? Wie kann die Konsistenz von Verknüpfungen aufrecht erhalten werden, ohne die Rechte Anderer zu verletzen?

5.3.5 Untersuchungen zur Navigation

Die Frage, wie die Navigation zu gestalten ist, damit diese sowohl die Orientierung im System als auch den Lernerfolg sicherstellt, wurde in verschiedenen Projekten an der FH Furtwangen thematisiert.

Mentale Repräsentation. RICH (1995) untersuchte, wie hyperstrukturierte Interaktionsräume bei Lernern kognitiv repräsentiert werden. Denn für Benutzer einer solchen hyperstrukturierten Anwendung besteht folgendes Problem: Sie wählen – aus den vielen möglichen Pfaden – *einen* Pfad durch die Anwendung. Das dabei gebildete mentale Modell der Anwendung repräsentiert danach im Prinzip zunächst lediglich eine lineare Folge von Informationseinheiten, die in der zeitlichen Folge des Abrufs geordnet ist.

Die Repräsentation des tatsächlich netzartigen Interaktionsraumes, der der Anwendung zugrunde liegt, erfordert von der Person eine kognitive Reorganisationsleistung, d.h. sie muss von der Struktur des *Abrufs* der Seiten abstrahieren. Dies ist sicherlich keine triviale Leistung, die – so die Hypothese – vor allem Personen mit einer gewisse Erfahrung mit entsprechenden Anwendungen gelingt.

Bei der Entwicklung eines Reiseführers Griechenland, der neben üblichen Informationen eines Reiseführers textlicher Art auch AV-Dokumente integriert, konnte diese Hypothese geprüft werden. Er bietet gegenüber konventionellen Reiseführern in Print den Vorteil, dass die geographische Verortung von z. B. Sehenswürdigkeiten jederzeit auf einer Landkarte veranschaulicht werden kann.

Bei dem untersuchten Prototyp des Reiseführers wurden die Benutzereingaben mit Hilfe einer Tracking-Software aufgezeichnet. Nach 10-15 Minuten eigenständigen Explorierens wurden den Versuchspersonen zehn Karten mit Bildschirmseiten des

Reiseführers vorgelegt. Sie wurden aufgefordert, die Seiten so anzuordnen, wie sie der Struktur des Reiseführers ihrer Meinung nach am ehesten entspricht. Außerdem sollten die Verzweigungen zwischen den Seiten mit schwarzen Streifen markiert werden. Die Ergebnisse dieser kognitiven Landkarten wurden anschließend photographiert. Zuvor erhielten die Teilnehmer einen Fragebogen zu ihren Erfahrungen und Einstellungen mit Computern, Multimedia und CBT.

Obgleich alle Benutzer die gleiche Anwendung erhielten, bildeten manche Benutzer eine eher lineare Rekonstruktion, andere Benutzer legten eine eher vernetzte Rekonstruktion vor. Als Kennziffer für die Qualität des gebildeten mentalen Modells wurde der Vernetzungsgrad des mentalen Modells berechnet. Er drückt aus, wie die Vernetzung der Informationseinheiten (*chunks*) von der Person erfasst wurde. Wird von einer Informationseinheit lediglich *eine* Verknüpfung (*link*) zu einer weiteren Informationseinheit rekonstruiert, so wurde ein *lineares* Modell der vernetzten Anwendung gebildet, d.h. die vernetzte Struktur der Informationseinheiten ist nicht rekonstruiert worden. Der Vernetzungsgrad wird demnach folgendermaßen berechnet:

$$VG = \sum \left(links[chunk[links > 2]]^{-1} \right)$$

D.h. der Vernetzungsgrad *VG* ist die Summe aller Verknüpfungen der Informationseinheiten, von denen mehr als zwei Verknüpfungen verzweigen, abzüglich eins. Die statistischen Auswertungen belegen, dass die Fähigkeit, ein vernetztes Modell eines hyperstrukturierten Dokumentes zu erkennen mit den Vorerfahrungen und Vorkenntnissen der Benutzer korreliert. Ebenso werden bei erfahrenen Benutzern weniger falsche Verknüpfungen zwischen den Informationseinheiten gebildet. Da die Teilnehmer etwa die gleiche Zeit mit der Anwendung verbrachten, bedeutet dies, dass sich Vorerfahrungen günstig auf das Bilden eines vernetzten mentalen Modells auswirken. Erfahrene Benutzer schaffen es, aus dem zwangsläufig linearen Durcharbeiten der Informationseinheiten weitgehend automatisch die Vernetzung der Informationseinheiten zu erkennen. Dies bedeutet auch, dass bei Anfängern eher mit Problemen bei Anwendungen mit einem hohen Vernetzungsgrad zu rechnen ist: Sie werden eine eher *flache* Repräsentation der Anwendung erzeugen.

Darüber hinaus interessiert, ob Zusammenhänge bestehen zwischen Parametern der Nutzung des Programms und der anschließenden Rekonstruktion. Es zeigt sich, dass ein Zusammenhang besteht zwischen der Art der Navigation durch das Programm und den Verknüpfungen, die zwischen den einzelnen Informationseinheiten kognitiv gebildet werden:

- Je häufiger die Übersichtsfunktion des Programms aufgerufen wurde, desto weniger entsprechen die rekonstruierten Verknüpfungen der implementierten Struktur der Anwendung.
- Je häufiger die Schaltfläche „Zurück" aufgerufen wurde, desto eher entspricht die Rekonstruktion den Verknüpfungen in der Anwendung.

Dies ist insofern überraschend, als die Übersichtsfunktion *eigentlich* eine grafische Repräsentation der Struktur der Anwendung beinhalten sollte. Dennoch erweist sich die Bearbeitung über die eingebetteten Schaltflächen günstiger, um ein vernetztes mentales Modell zu formen.

Der Reiseführer *Griechenland* setzt auf Metaphern der Navigation auf, wie sie sich bei graphischen Benutzeroberflächen etabliert haben: Schaltflächen (*buttons*), Auswählen durch Maus-Klicks etc. Gleichzeitig können diese Bedienelemente gestalterisch fortentwickelt werden, um einen höheren ästhetischen Anspruch zu signalisieren. Dies geschieht z.B. durch eingebettete Schaltflächen, die nicht mehr die Form von Rechtecken aufweisen.

Raummetaphern. Eine Weiterentwicklung der an konventionellen GUIs (graphical user interfaces) angelehnten Oberflächen von CBTs hin zu neuen Formen, die den Benutzer durch die Gestaltung noch mehr in ihren Bann ziehen und zum Verweilen motivieren, ist in der Raummetapher zu sehen. Die Raummetapher beinhaltet eine grundsätzlich andere Form der Navigation durch Informations- und Lernangebote.

FEHR (1995) entwickelte eine Museumsanwendung auf der Basis einer 3D-Raummetapher. Die Anwendung zeigt ein virtuelles Museum, durch das sich ein Besucher mithilfe von Mauseingaben bewegen kann. Es handelte sich nicht um eine VR (*virtual reality*)-Anwendung, da kein formalisiertes Modell des *virtuellen Museums* implementiert wurde, das die Bilder *zur Laufzeit* generiert. Es wurden vielmehr eine genügend hohe Anzahl von Einzelansichten erzeugt, um den Eindruck einer kontinuierlichen Bewegung durch dreidimensionale Räume herzustellen.

Die entwickelte Museumsanwendung basiert damit auf einer der realen Welt entlehnten Metapher, die einer Zielgruppe, die nur gelegentlich mit einer solchen Anwendung konfrontiert ist, eine schnellere Orientierung in der Computerszenerie ermöglichen sollte. Bedient wird die Anwendung ausschließlich mit der Maus, die bei Anwählen sensitiver Flächen Aktionen auslöst. Der Mauszeiger verändert dabei seine Gestalt, wenn er über bestimmte Aktionsflächen fährt. Die sensitiven Flächen selbst wurden *nicht* explizit kenntlich gemacht, um den Realitätscharakter der Anwendung noch eindringlicher werden zu lassen, denn auch in der Realität finden sich an Objekten keine Hinweise über deren Benutzung. Gleichwohl sind Benutzer gerade graphischer Benutzeroberflächen gewohnt, dass das System mitteilt, *wo welche* Arten von Aktionen ausgelöst werden sollen.

Untersucht wurde, wie die Personen mit unterschiedlicher Computer-Vorerfahrung mit dieser Art eingebetteter (unsichtbarer) Schaltflächen zurecht kommen. Interessanterweise erzielten Personen mit *höherer* Computererfahrung bei der Orientierung schlechtere Werte als Personen mit *geringer* Computererfahrung. Dies hängt möglicherweise damit zusammen, dass die Gruppe mit *höherer* Computererfahrung die Anwendung weniger ausdauernd explorierte.

Als Hinweis für die Fähigkeit, Aktionsflächen zu erkennen bzw. sie von funktionslosen Flächen zu unterscheiden, wurden sogenannte *none clicks* gewertet. Eine hohe Anzahl deutet darauf hin, dass ein Benutzer relativ beliebig Flächen anklickt, die keine Aktionen auslösen. In der Anwendung sind dies im Durchschnitt insgesamt nur 5% aller *mouse clicks*. Dies deutet darauf hin, dass ein spezielles Markieren von Aktionsflächen nicht zwingend notwendig für die Navigation erscheint.

Interessant ist, dass diese *none clicks* vor allem bei textlichen Informationen festzustellen waren, d.h. die Benutzer erwarteten weitere Verzweigungen im Sinne von Hypertexten (, die hier *nicht* implementiert waren!).

Die Gruppe erfahrener Computerbenutzer (= Erfahrung mit konventionellen grafischen Benutzeroberflächen) geht mit der für sie „neuen" Metapher der Nutzung von Multimedia anders um, als Novizen. Sie beschäftigen sich weniger lange mit den Inhalten, bilden ein mentales Modell, das weniger mit der Anwendung übereinstimmt, und schätzen sich als weniger gut informiert ein. Die Erwartung an die Interaktion ist durch *scroll bars* und *buttons* geprägt. Eine alternative Metapher verwirrt mehr, als dass sie zur Exploration anregt. Sie suchen nach ihnen bekannten Elementen. Entgegen den Erwartungen sind die Personen mit wenig Computererfahrung wesentlich interessierter und aufgeschlossener gegenüber der Raummetapher.

Dies ist ein Hinweis darauf, dass beim Umgang mit dem Computer Erwartungen und Schemata aufgebaut werden, die bei neuen Anwendungen je nach Dauer und Intensität der Erfahrung eingebracht werden. Gerade bei Anwendungen, die eine schnelle und intuitive Bedienung notwendig machen, ist diese Erwartungshaltung zu berücksichtigen.

Navigation beim Tele-Lernen. Die Raummetapher eignet sich nicht nur für lokale Multimedia-Anwendungen, sondern ebenso für Anwendungen im Internet. Für die Lernangebote der tele-akademie der FH Furtwangen im Internet entwickelten DISCH & POGRZEBA (1997) eine Oberfläche, die ein Eintauchen in eine virtuelle Welt ermöglicht (s. Abbildung 22). Von der Eingangsansicht wird in das Foyer verzweigt. Im Foyer können weitere Räume angewählt werden: Cafeteria, Bibliothek, Sekretariat, Seminarraum, Hörsaal. Mit diesen Räumen sind verschiedene Varianten der Kommunikation verknüpft.

Bei der Entwicklung und ersten Erprobung zeigte sich, dass die Raummetapher von Benutzern zunächst mit Interesse aufgenommen wird, dass aber auch andere Methoden gewünscht werden, um durch die Inhaltsangebote zu navigieren. So ist es auf Dauer ungemein lästig, mit Pfeiltasten durch das Foyer zu manövrieren, um z.B. von einem solchen „Seminarraum" an das „Schwarze Brett" zu gelangen. Ein zusätzlich aufrufbares, konventionelles Menü ist

Abbildung 22: Außenansicht der virtuellen tele-akademie

für diese Funktion auf Dauer einfacher zu bedienen.

Die verschiedenen Metaphern zur Unterstützung der Navigation sind damit unter zwei Gesichtspunkten zu werten: zum einen unterstützen sie das Zurechtfinden im System und das Auffinden von Informationen, zum anderen unterstützen sie den Aufbau einer kognitiven Struktur des Benutzers. Es deutet sich an, dass beide Kriterien nicht immer zu konvergierenden Ergebnissen führen. Aus diesem Grund sollte die Implementation einer Metapher konsequent, aber nicht rigide erfolgen, d.h. es sollten auch alternative Bedienungsvarianten angeboten werden, auch wenn diese nicht der Metapher der Anwendung entsprechen.

weiterführende Literatur: Vertiefte Informationen und Beispiele finden sich in den Monographien von KUHLEN (1991) und SCHULMEISTER (1997).

6 Werkzeuge der Wissenskonstruktion

Neben zeitlich und logisch strukturierten Lernmedien können Mediensysteme in didaktischen Kontexten als Werkzeuge zur Konstruktion und Kommunikation von Wissen eingesetzt werden. Mit der Annahme einer „Übertragung" von Lehrfunktionen auf ein Medium wurde der *Werkzeugcharakter* von Medien lange Zeit übersehen bzw. in seiner Relevanz unterschätzt: Medien können Informationen nicht nur darstellen und kommunizieren, Mediensysteme sind mächtige Werkzeuge zur aktiven Konstruktion und Kommunikation von Wissen.

6.1.1 Möglichkeiten von Computer-Werkzeugen

Jedes Mediensystem, das neben der Wiedergabe *auch* die Bearbeitung und Speicherung von Informationen ermöglicht, kann als generisches Werkzeug bei Lernaktivitäten Verwendung finden, *wenn* der Lernprozess durch dessen Einsatz gefördert wird, sei es indem mit dem Werkzeug …

- Informationen von Medien abgerufen werden (Online-Dienste, Datenbank-Recherchen, Ratgeber- und Expertensysteme, WWW-Suche etc.),
- Informationen gesammelt, strukturiert und ausgewertet werden (Datenbankerstellung, Hypertext-Entwicklung, Statistik-Auswertungen),
- zur Entlastung kognitiver Kapazität Informationen auf externen Speichern abgelegt werden,
- Informationen publiziert und damit einer mehr oder weniger großen Öffentlichkeit präsentiert werden (z.B. mit *electronic publishing*- und Präsentations-Software) oder
- Kommunikationsprozesse zwischen Lernern und/oder Experten oder Tutoren unterstützt werden (Telematik-Dienste, Konferenzsysteme etc.).

Bei der Bearbeitung einer Reihe von Lernaufgaben kann der Einsatz solcher Werkzeuge erwogen werden, vor allem wenn die zu sammelnden Informationen weiterverarbeitet, ausgewertet oder kommuniziert werden sollen.

Text als symbolisches Ausdruckssystem. Das *Buch* zeichnet sich wie andere Printmedien u.a. dadurch aus, dass es die eigenständige kognitive Auseinandersetzung eines Lesers mehr oder weniger gut unterstützt. Dies geschieht in Texten z.B. durch die Aktivität des Unterstreichens und Hervorhebens sowie durch das Anbringen von Anmerkungen, Lernhilfen sowie Verweisen. Gerade die *Annotation* unterstützt den Aufbau kognitiver Strukturen beim Lerner, was beim bloßen Lesen eines Textes oder z.B. beim Betrachten eines Films weniger gut gelingt.

In unserer, durch die Schrift geprägten Kultur ist der Umgang mit Printmedien selbstverständlich, das Erlernen von Lesen und Schreiben ist essentieller Bestandteil schulischer Sozialisation. Mithilfe des Lesens erschließt sich der Lerner den Zugang zu dem Wissen der Kultur, durch das Erlernen des Schreibens wird die Befähigung erworben, an der gesellschaftlichen Produktion und Kommunikation von Wissen teilzuhaben. Das eigene Produzieren von Text (Erlebnisbericht, Bildbeschreibung, Aufsatz, Gedicht etc.) trägt dabei ganz wesentlich zu einem tieferen Verständnis anderer Texte sowie der Probleme der Textproduktion bei. Der Text steht (gegenüber anderen Ausdrucksformen und Symbolsystemen wie bildende Kunst, Musik, Tanz) im Mittelpunkt schulischen Lernens, da er einen vorrangigen Stellenwert in unserer Gesellschaft erlangt hat.

Digitale Medien eignen sich für die aktive Auseinandersetzung mit sprachlich-symbolisch kodiertem Wissen in dem Maße, wie sie zumindest die Leistung und Flexibilität der papiergebundenen Medien erreichen. Dies war zumindest solange nicht der Fall, wie z.B. das komfortable Editieren von Annotationen und das Herstellen von Verknüpfungen in den Anfängen der EDV kaum komfortabel unterstützt wurde.

Im Hinblick auf das sprachliche Symbolsystem liegen mit Büchern, Papier und Schreibwerkzeugen also günstige Voraussetzungen für die aktive Auseinandersetzung vor: Man kann ein Buch lesen, Hervorhebungen und Anmerkungen hinzufügen und weiterführende Gedanken auf Papier bringen. Dieses Prinzip einer *aktiven* Auseinandersetzung mit Wissen hat sich als besonders nützlich für die Wissensaneignung erwiesen und hat sich nicht umsonst als grundlegende Lerntechnik in unserer Kultur etabliert.

Auf diese aktive Bearbeitung von Informationen musste bei Multimedien aus technischen Gründen lange Zeit verzichtet werden. Die verfügbaren Anwendungen sind fertige Medien, die „abgebearbeitet" werden. Hinzu kommt ein grundsätzliches, und weiterhin nicht gelöstes Problem: Ein Bildschirm eignet sich im Vergleich zu einem Printmedium weniger gut zur Präsentation und zur Rezeption längerer Textdokumente. Die Abtastung der Information durch das Auge und die Orientierung in einem Dokument wird auch bei größeren Bildschirmdiagonalen als anstrengender erlebt als bei Printmaterialien. Nicht überraschend ist es deswegen, dass Lerner Textmaterialien wie Studienbriefe oder sogar Hypertexte in den meisten Fällen zunächst auf Papier ausgeben, wenn sie ernsthaft damit arbeiten wollen.

Das audiovisuelle Ausdrucksystem. Anders stellt sich die Situation bei audiovisuellen Informationen dar. Bei Dias, Film oder Video (auf analogen Datenträgern) ist
ein komfortables Annotieren und Editieren technisch bedingt nicht möglich. Erst
mit Multimedia-Systemen können diese Quellen wie jedes andere Objekt bearbeitet
und mit beliebig anderen Informationen verknüpft werden (also auch mit Anmerkungen, Verweisen etc.).

Nicht zuletzt aus diesem Grund blieb die Auseinandersetzung mit Audio und Video
als Mittel des persönlichen *Ausdrucks* des Lernenden in schulischen Lernkontexten ein randständiges Thema, denn AV-Medien dienten üblicherweise der Wiedergabe vorgefertigter Medien. Das Produzieren von AV-Medien blieb Einrichtungen
wie Sendeanstalten und Filmstudios überlassen, die dem einzelnen Lerner und Bildungseinrichtungen im Normalfall kaum zugänglich waren. Erst mit heute verfügbaren Multimedia-Systemen lassen sich audiovisuelle und grafische Informationen
in diesen Kontexten deutlich einfacher erzeugen, bearbeiten und verfügbar machen.

Es eröffnet sich die Möglichkeit, das audiovisuelle Symbolsystem als zusätzliches
persönliches Ausdrucksmittel in den Bildungsalltag einzubeziehen und entsprechende fachdidaktische Ansätze der Mediennutzung als Werkzeuge der Wissenser-
schließung und -kommunikation für die verschiedenen Inhaltsbereiche zu entwik-
keln bzw. anzuwenden. Diese didaktische Perspektive konvergiert dabei gleichzeitig mit der zunehmenden Bedeutung der elektronischen AV-Medien und der Visualisierung als Mittel individuellen Ausdrucks und gesellschaftlicher Kommunikation. Eine solche erweiterte Betrachtung sieht Multi- und Telemedien in einem flie-
ßenden Übergang sowohl

- als Medien zur Darstellung von Lehrinhalten,
- als Medien der interaktiven Bearbeitung von Lernangeboten,
- als Medien der interpersonellen Kommunikation sowie
- als Medien der Wissenskonstruktion und -kommunikation.

Damit wird deutlich, dass *Multimedia* nicht nur als ein technischer Medienverbund
zu verstehen ist, sondern bereits ein mehrschichtiges *methodisches* Instrumentar-
ium beinhaltet. In einem solchen methodischen Verbund werden Medien nicht nur
genutzt, um Wissen zu *präsentieren*, sondern das System beinhaltet gleichzeitig
Werkzeuge zur aktiven Auseinandersetzung und Kommunikation dieser Wissensinhalte.

Steht der *Werkzeugcharakter* eines Mediensystems im Vordergrund, und damit die
Unterstützung der aktiven Konstruktionsleistung der Lernenden, entfällt in der Regel die zeitliche oder logische Strukturierung des Lernangebotes. Neben etablierten
computerbasierten Werkzeugen wie Textverarbeitungssystemen oder Kalkulati-
onsanwendungen wäre beispielsweise auf *Modellbildungssysteme* hinzuweisen, die
reale oder erdachte Welten auf Rechnern nachzubilden erlauben. Die dabei zwingend notwendige, intensive mentale Auseinandersetzung mit dem nachzubildenden
Gegenstand kann zu einem vertieften Verständnis von Strukturen und Prozessen
beitragen. Auch Hypertext-Systeme lassen sich als Werkzeuge zur Wissenskon-

struktion nutzen, bei dem die Lernenden – alleine oder gemeinsam – bestimmte Themengebiete mithilfe des Werkzeuges medial aufarbeiten.

Im Folgenden werden Beispiele digitaler Mediensysteme als Werkzeuge vorgestellt. Dabei soll deutlich werden, dass dem Einsatz dieser Werkzeuge als solches zunächst keine didaktische Wertigkeit zukommt. Jedes Werkzeug kann – im Prinzip – Lernprozesse unterstützen; es kommt auf die mit dem Werkzeug bearbeitete *Lernaufgabe* an, ob die Nutzung des Werkzeugs für das Erreichen des Lehrziels förderlich ist. Gleichzeitig wird zu berücksichtigen sein, dass jedes Werkzeug Lehr- und Lernprozesse durch seine *implizite Struktur* beeinflusst.

Programmierwerkzeuge

HAREL & PAPERT (1990b) berichten über Schulversuche, in denen Schülern die Möglichkeit gegeben wurde, mit der Programmiersprache LOGO als einem Werkzeug zur Entwicklung von Computersoftware zu experimentieren. Den Schülern eines *4. Schuljahres* wurde die Aufgabe gestellt, ein Programm zu entwickeln, das „etwas über Bruchrechnen erläutert". Jeden Morgen mussten die Schüler ihre Vorhaben für den Tag in ein Buch eintragen und anschließend eine Unterrichtsstunde mit der Softwareentwicklung verbringen. Im Plenum wurde die Programmierung mit LOGO erläutert, über den Aufbau von Lehrprogrammen gesprochen und die selbst entwickelten Programme präsentiert. Ebenso thematisiert wurde, wie man das Bruchrechnen in einem Lehrprogramm erläutern könnte. Regelmäßig wurden jüngere Schüler zu Demonstrationen eingeladen, wo die entwickelten Programme vorgestellt wurden, und die jüngeren Schüler bei der Arbeit mit den selbst entwickelten Lehrprogrammen von den älteren Schülern betreut wurden.

Fasziniert waren die Schüler von der Entdeckung, dass die „Welt voller Brüche" steckt: Sie fanden diese nicht nur bei geometrischen Figuren, sondern auch bei der Zeitmessung, bei Geld und vielen anderen Kontexten des Alltags. Die Autoren fühlen sich bestätigt, dass diese Effekte erst durch das selbständige Arbeiten mit und in der LOGO-Programmierung möglich wurden.

Diese Schlussfolgerung ist jedoch m.E. kaum zwingend. Zunächst muss konstatiert werden, dass die LOGO-Programmierung für die Entwicklung didaktischer Anwendungen sowohl für Erwachsene als auch für Kinder in der Regel wenig geeignet ist. Selbst wenn man die Vorliebe des Autors für die Programmiersprache (LOGO) akzeptieren mag, bleibt zu fragen, wie der Einsatz genau dieses Werkzeuges im Hinblick auf ein zu benennendes didaktisches Ziel begründet wird. Ein Abwägen gegenüber alternativen Werkzeugen (etwa nicht computergestützter Art) fand nicht statt. Im vorliegenden Fall wäre etwa der Aufwand abzuschätzen gewesen, der benötigt wird, um die Schüler in die Benutzung des Werkzeugs einzuführen, damit diese sich auf die Bewältigung der inhaltlichen Lernaufgabe konzentrieren können. Angesichts der relativ komplexen Lösungen, die die Kinder in LOGO programmiert haben, ist von einem nicht unbeträchtlichen Aufwand für die LOGO-Schulung auszugehen.

Der beschriebene und empirisch belegte Erfolg der Unterrichtseinheit ist kaum auf den Einsatz des Programmierwerkzeugs zurückzuführen. Entscheidend ist vielmehr, dass die Schüler dazu aktiviert werden konnten, das Thema Bruchrechnen auf ihre Lebenswelt zu beziehen und hier Beispiele und Anwendungen finden konnten. Bei der Erklärung grundlegender Prinzipien, so ist den Texten zu entnehmen, hat die Motivation der Lehrerin eine nicht unwesentliche Rolle gespielt. Die Begeisterung der Schüler ist schließlich auf einen *Neuigkeitseffekt* zurückzuführen (Harel & Papert, 1990b, S. 44).

Eine solche Motivation kann auf Dauer nicht aufrecht erhalten und in anderen „normalen" Kontexten in dieser Form nicht eingebracht werden. Das Beispiel verdeutlicht, wie einem *Werkzeug* (hier z.B. zur Programmierung) eine ihm innewohnende didaktische Funktion zugeschrieben wird, die es als solches nicht hat. Eine didaktisch aufbereitete Lernumgebung entsteht erst, wenn eine Lernaufgabe formuliert wird und ein angemessenes Werkzeug *für deren* Bearbeitung gewählt wird.

Modellbildungssysteme

In Computeranwendungen, in denen komplex vernetzte Systeme abgebildet werden, wird erlebbar, wie schwierig die Regelung solcher Systeme ist und wie schwerwiegend sich fehlerhafte Eingriffe auswirken können. Entwicklungsumgebungen für die Implementation solcher „Welten" können als Werkzeuge im didaktischen Kontext genutzt werden.

Die Entwicklungssoftware, etwa zur Erzeugung einer Computersimulation, wird dann zum Werkzeug, um Realitätsausschnitte zu untersuchen, abzubilden und entwickelte Modelle der Realität zu prüfen. Das didaktische relevante Ziel besteht dabei in dem *Modellbildungsprozess*, das computertechnische Resultat steht eher im Hintergrund. Denn das Ergebnis dieser Bemühungen reicht nie an die Resultate kommerzieller Produktionen heran. Entsprechende Erwartungen sind deswegen von vornherein zu relativieren.

Anders als beim Aufruf vorgefertigter Computersimulationen gilt es, ein solches Funktionsmodell durch Lerner entwickeln zu lassen. Mithilfe von Lernaufgaben, die sich solcher Modellbildungssysteme bedienen, lassen sich verschiedenartige Lehrziele verfolgen: Zunächst handelt es sich vornehmlich um bereichsspezifische Lehrziele, die auf die Abbildung von Prozeduren und Prozessen in bestimmten Domänen zielen. Doch um solche Abläufe abbilden zu können, muss ein relativ differenziertes Repertoire an Begriffen vorliegen, das es ermöglicht, die zugrunde liegenden Vorgänge zu erfassen. Schnell erfährt der Lerner, dass der Gegenstand sehr intensiv durchdrungen werden muss, bevor eine Formalisierung bzw. Implementation in einem Modellbildungssystem angegangen werden kann. Alleine bei dieser Aktivität der Durchdringung solcher Vorgänge sind eine Vielzahl kognitiver Fertigkeiten vonnöten. Die Formalisierung erfordert jedoch eine weitere Stufe logisch-analytischer Fertigkeiten, die ebenfalls ein hohes Abstraktionsniveau voraussetzen. Die intellektuellen Anforderungen sind damit beim Einsatz von Werkzeugen zur Modellbildung höher als bei der Exploration von vorgefertigten Computersimulationen.

Erst mit intuitiv zu bedienenden Werkzeugen zur Modellbildung mit graphischer Benutzeroberfläche kann deren Einsatz im didaktischen Kontext diskutiert werden.

Denn im Mittelpunkt solcher Lernaufgaben darf nicht das Entwicklungswerkzeug selbst stehen, sondern die Lerner müssen sich auf den Modellbildungsprozess konzentrieren können. Deswegen sollten Kenntnisse der Computeranwendung sowie der Benutzeroberfläche bei der Lerngruppe vorliegen. Die Bedienung des entsprechenden Softwarewerkzeuges muss innerhalb kürzester Zeit (etwa eine Unterrichtsstunde) vermittelbar sein. Andernfalls ist die Gefahr zu groß, dass die Komplexität der Software mit der Bewältigung der eigentlichen Lernaufgabe interferiert.

Diese im Rahmen der Modellbildung vermittelbaren Kenntnisse und Fertigkeiten können als hochwertige Lehrziele eingestuft werden. Ob sich bei einer solchen, eventuell wiederholten Arbeit mit Software-Werkzeugen zur Modellbildung tatsächlich eine generische Fertigkeit des *systemischen Denkens* einstellt, wie u.a. VAVIK (1995) hofft, bleibt jedoch offen. Angesichts eher skeptischer Befunde zur Existenz einer solchen generischen Fertigkeit, wären eher domänenspezifische Lehrziele anzustreben (Ross, 1986).

Die implizite Vorstrukturierung des Lernangebotes erfolgt beim Einsatz von Werkzeugen zur Modellbildung in dem Spektrum möglicher Varianten zur Relationenbildung. Sie bestimmten, wie Prozesse abgebildet werden können. Grundsätzlich wird dabei davon ausgegangen, dass sich Beziehungen zwischen jedweden Entitäten aufgrund mathematischer Funktionsgleichungen beschreiben lassen.

Damit wird deutlich, dass im Rahmen des didaktischen Einsatzes von Modellierungswerkzeugen ein weiteres Lehrziel diskutiert werden kann: Das Erleben der Schwierigkeit bzw. des Scheiterns von Bemühungen mathematischer Modellbildung, d.h. Abbildung von Realitätsausschnitten in Funktionsgleichungen. Außer bei ausgesprochen trivialen Vorgängen gelingt es selten, mit geringem Aufwand ein System nachzubilden, das sich so verhält wie die „Wirklichkeit". Alleine diese Erkenntnis ist jedoch didaktisch wertvoll, da sie die Grenzen der Formalisierung und Prognostizierbarkeit der technischen und sozialen Umwelt verdeutlicht.

Lernaufgaben zur Modellbildung erfordern, wie aus der bisherigen Darstellung ersichtlich, eine detaillierte didaktische Konzeption, die über den Einsatz einer Software zur Modellierung hinausgehen muss. Es bietet sich an, die Lernangebote zunächst in ihrer Komplexität zu reduzieren, also vom Einfachen zum Komplexen fortzuschreiten. Dies kann durch eine Reduzierung des *Realitätsausschnittes* erfolgen oder durch eine Einschränkung der einsetzbaren *Relationen* (z.B. lineares und exponentielles Wachstum, Oszillation, asymptotische Näherung, Steuerung und Rückkopplung).

Soll die Modellierung komplexerer Systeme zum Lerngegenstand werden, so ist zu erwägen, ob mit vorfabrizierten (Teil-)Modellen gearbeitet werden kann. Der Lerner erhält die Möglichkeit, mit einem Modell zu experimentieren und erhält die Aufgabe, bestimmte Erweiterungen vorzunehmen. So entfallen teilweise mühselige Vorarbeiten am System, die didaktisch nur beschränkt wertvoll sind. Es zeigt sich, dass der Einsatz von Werkzeugen zur Modellierung in einen wesentlich größeren didaktischen Planungshorizont einzubetten ist, damit die anspruchsvollen Lehrziele erreicht werden können.

Die forschende Lerngemeinschaft

Besondere Aufmerksamkeit hat der Ansatz von SCARDAMALIA & BEREITER (1994) gefunden: „Wissensaufbau in der forschenden Lerngemeinschaft" (*knowledge building communities*), ein Ansatz, der sich als schulische Innovation und nicht als Modell für die Gestaltung technischer Systeme versteht.

Als Prototyp der forschenden Lerngemeinschaft beschreiben die Autoren das Modell (das Ideal?) der klassischen deutschen Universität, in der eine Gruppe von Lehrenden und Lernenden gemeinsam an bestimmten Forschungsproblemen arbeiten und diskutieren. Bestimmte Formen sozialer Interaktion sind ein zentrales Element solcher Arbeits- und Lernumgebungen, z.B. die Beobachtung und der Austausch mit ähnlichen Arbeitsgruppen, die Überprüfung des eigenen Arbeitsfortschritts, die arbeitsteilige Aufgabenbearbeitung, die Interaktionen zwischen Teilnehmern unterschiedlichen Wissensniveaus (Experten und Novizen), Evaluation durch Außenstehende (*peers*) etc.

Im Rahmen des Projekts CSILE (*computer-supported intentional learning environment*) soll die Gruppe lernen, wie Wissensinhalte in technischen Medien aufbereitet werden. Schüler bearbeiten *Problemstellungen*, indem sie eine wachsende und sich verändernde Wissensbasis aus Texten und Grafiken für die eigene Gruppe und Außenstehende erstellen. Jeder kann persönliche Anmerkungen an ein Dokument anfügen; die Person, die das Dokument erstellt hat, wird über die Anmerkung informiert. Die Veröffentlichung eines Dokumentes in der Wissensbasis kann beantragt werden. Dazu wird es von Mitschülern und Lehrerinnen begutachtet. Einen Vorteil dieses technischen Arrangements sehen die Autoren darin, dass die interpersonelle Kommunikation vernetzter wird: *many-to-many* statt *one-to-many*.

Berichtet wird über die Erprobung im Geschichtsunterricht des 5. Schuljahrs, in der das Leben im Mittelalter thematisiert wurde. Ein anderes Beispiel bezieht sich auf den Biologieunterricht, in der die Reproduktion von Schwämmen behandelt wurde. Die Berichte belegen die Vorteile eines solchen didaktischen Konzeptes, hervorgehoben wird vor allem die Möglichkeit, fachliches und soziales Lernen zu verbinden. Die Autoren sehen ihren Ansatz der aktiven und kooperativen mediengestützten Wissenskonstruktion als Alternative zum Einsatz vorgefertigter Medien, etwa im Sinne computergestützter Lehrprogramme. Sie lehnen diese Programme ab, da sie den Aufbau metakognitiver und sozialer Fertigkeiten der Wissenskonstruktion nicht genügend unterstützen.

6.1.2 Didaktische Funktion von Werkzeugen

Mit der Debatte über Konstruktivismus in der Didaktik ist die Bedeutung strikt sequentialisierter „Lehr"-aktivitäten (erneut) in Frage gestellt worden. In aktuellen Veröffentlichungen, etwa von J.S. BROWN, S. PAPERT u.a., wird die Förderung selbstständiger Aktivitäten von Lernenden in den Mittelpunkt didaktischer Überlegungen gestellt. Systematisch geplante, zeitlich strukturierte Lehraktivitäten einer externen Instanz werden bei der selbständigen Konstruktion von Wissen durch Lernende als hinderlich bewertet. Entsprechende Positionen, die pädagogisches

Handeln auf ein „Wachsen-lassen" reduzieren wollen, sind in der Geschichte der Pädagogik freilich nicht neu.

PAPERT beschreibt die Begeisterung von Kindern, die in einer Modellschule mit Logo-LEGO Bausteinen experimentieren und programmieren konnten. Jegliche pädagogische Intervention erscheint ihm nicht nur unnötig, sondern hinderlich in der eigenständigen Auseinandersetzung der Kinder mit ihrer Umwelt: Man nimmt ihnen die Möglichkeit zur eigenen Konstruktion von Wissen (Harel & Papert, 1990b).

Tatsächlich scheinen Lehrkräfte in einem Arrangement, in dem Kinder sich fasziniert mit Bauteilen, Werkzeugen und Materialien, eben Medien und Hilfsmitteln jeglicher Art, beschäftigen, überflüssig. In einer medial angereicherten Lernumgebung, wie sie beispielsweise in MONTESSORI-Kindergärten und -Schulen anzutreffen sind, spielt die pädagogische Betreuung eine andere Rolle als bei konventionell geführtem Unterricht. Diese Rolle ist keineswegs einfach zu übernehmen; sie lässt sich nicht defizitär definieren als „Nicht-Unterrichten".

Dabei wird die Bedeutung, die der Gestaltung und Anpassung der Lernumgebung zukommt, vielfach unterschätzt: Sie wird als gegeben bzw. nicht als Problem des didaktischen Designs thematisiert. Doch jede Lernsituation und -umgebung weist ein unterschiedliches *Potenzial* für Lernerfahrungen auf. Gerade die Logo-LEGO Umgebung von PAPERT zeichnet sich dadurch aus, dass sie individuellen Konstruktionsaktivitäten z.B. durch die große Anzahl von Variationsmöglichkeiten der Elemente einen enormen Gestaltungsspielraum geben. Gleichwohl ist der Horizont möglicher Lernerfahrungen in dieser Umgebung nicht endlos, sondern durchaus beschreibbar und auch begrenzt. Dadurch dass eine *solche* Umgebung realisiert und angeboten wird und keine andere, sind die möglichen Lernerfahrungen sehr wohl definiert.

Das Problem liegt möglicherweise darin, dass Unterrichtsaktivitäten *sichtbar* sind, während Designentscheidungen, die zur Entwicklung solcher Lernumgebungen führen, *unsichtbar* bleiben: Die vorfindbaren Artefakte scheinen einfach da zu sein; die Reichweite ihrer didaktischen Implikationen werden oft auch von den Gestaltern nicht gesehen. Schulgebäude etwa sind solche Artefakte, die die Aktivitäten von Lehrenden und Lernenden wesentlich beeinflussen und das Potenzial möglicher Lernarrangements und sozialer Interaktionen präformieren: Die Architektur beeinflusst damit täglich und unmittelbar Lehr- und Lernaktivitäten, ohne dass die Person des Architekten anwesend ist (und ohne dass die architektonische Planung und Gestaltung die didaktischen Implikationen i.a. angemessen reflektiert).

Die Bedeutung der Lernumgebung wird damit klarer: Sie ist nicht bloß die Summe der Reize, auf die der Lernende (passiv) reagiert bzw. die der Lernende (aktiv) konstruiert. Werkzeuge sind ebensolche Artefakte der Lernumgebung, die den Horizont möglicher Lernerfahrungen präformieren, auch wenn sie die Lernaktivitäten nicht in zeitlicher oder logischer Struktur vorgeben bzw. vorschreiben.

Doch welchen Stellenwert haben solche multi- und telemedialen Werkzeuge einer arrangierten Lernumgebung aus der Sicht didaktischer Ansätze? Zu analysieren ist dazu, welche Lernerfahrungen mit solchen Werkzeugen in Lernumgebungen möglich werden. SALOMON (1993b) unterscheidet zwischen arbeitsreduzierenden und – unterstützenden Werkzeugen.

Arbeitsreduzierende Werkzeuge, die im Alltag eine wesentliche Erleichterung darstellen können, entlasten die kognitive Kapazität. So hilfreich diese Werkzeuge im Alltag sind, so sehr *verhindern* diese möglicherweise, dass bestimmte kognitive Fertigkeiten aufgebaut werden. Die Verfügbarkeit elektronischer Taschenrechner etwa reduziert die Notwendigkeit, bestimmte Rechenoperationen erlernen zu müssen. Eine ähnliche Unterstützung bieten Computerprogramme zur Statistik, Kalkulation oder auch Textbearbeitung. Gleichwohl ermöglichen solche Hilfsmittel, dass die kognitive Kapazität entlastet wird für möglicherweise komplexere Analysen, Auswertungen etc. Insofern ist zu untersuchen, ob der *arbeitsreduzierende* Charakter eines solchen Werkzeuges den Aufbau bestimmter Kompetenzen *verhindert* oder *ermöglicht*.

Anders verhält es sich mit *arbeitsunterstützenden* Werkzeugen, die die *Qualität* der Arbeitsbewältigung fördern sollen. Sie bieten eine Arbeits- und Lernumgebung, mit der bestimmte Aufgaben effizient bearbeitet werden können. Dabei bleibt ihre Steuerung oder gar Regelung weitgehend unsichtbar: Indem sie den Lerner von bestimmten Routineaufgaben entlasten, fördern sie die Konzentration auf eine eigentliche Lernaufgabe. Dennoch geben sie ein Raster vor, wie eine bestimmte Aufgabe zu bearbeiten ist: Die Hypertext-Entwicklungsumgebung ermöglicht bestimmte Arten der Strukturierung und Darstellung von Informationen, andere schließt sie aus; eine Statistiksoftware z.B. eröffnet eine Vielzahl quantitativer Analysen, qualitative Auswertungen bleiben unberücksichtigt.

Bei dem Einsatz von Multi- und Telemedien als Werkzeuge bleibt zu fragen, ob die didaktischen Anforderungen und Ziele, etwa zur Bearbeitung von Lernaufgaben, mithilfe der neuen Medientechniken tatsächlich *besser* bewältigt werden können als mit konventionellen Medien und Hilfsmitteln. Wenn es etwa gilt, in einer Lerngruppe Informationen zu sammeln und zu strukturieren, ist keineswegs offensichtlich, dass z.B. im schulischen Unterricht eine Datenbankanwendung oder ein Hypertext-System als optimales Werkzeug begründbar ist. Statt dessen ist das Anfertigen einer Wandtapete oder das Anlegen von Karteikästen zu erwägen. Letztere Varianten bieten insbesondere Vorteile wie: Der Speicherplatz ist kaum begrenzt; Datenformate sind zu vernachlässigen; der Zugriff von Vielen ist leicht zu koordinieren etc.

Es handelt sich dabei (absichtlich) um computertechnische Kriterien, um zu verdeutlichen, wie manche didaktische Rahmenbedingungen den Einsatz computergestützter Hilfsmitteln und Medien in Frage stellen. Im übrigen ist zu bedenken, dass der Einsatz computergestützter Hilfsmittel und Medien eine Verschiebung von Interesse und Aufmerksamkeit auf die Technik selbst zur Folge haben kann, was teilweise durch Systemmerkmale und -mängel bedingt ist.

Übersehen wird häufig, dass der Einsatz entsprechender Werkzeuge nicht auf dessen *Nutzung* abzielt, sondern auf die kognitiven (und affektiven sowie sozialen) *Lernprozesse*, die dabei möglich werden. Dies geschieht nicht durch den Einsatz als solches, sondern indem bestimmte *Lernaufgaben* mit diesen Medien bearbeitet werden. Es muss also sichergestellt werden, dass Lernaufgaben formuliert werden und eine Lernumgebung angeboten wird, die deren Bearbeitung sicherstellt.

Im Vergleich dazu ist die Bedeutung der Wahl eines bestimmten Mediensystems eindeutig nachgeordnet. Teilweise kann die Medienwahl gerade im didaktischen Kontext kontraproduktiv sein: Entscheidet man sich für moderne, scheinbar attraktive Medien, zu denen Multi- und Telemedien sicherlich gehören, kann Begeisterung erweckt werden, die jedoch auf die Medientechnik selbst reduziert bleibt. Es gelingt kaum, die Faszination auf die thematische Arbeit dauerhaft zu übertragen. Es muss damit gerechnet werden, dass eine Begeisterung, die letztlich durch die Medientechnik induziert ist, äußerst schnell abflacht. Insofern ist die vielfach von Pädagogen wie Bildungspolitikern gleichermaßen geäußerte Hoffnung, Lerner durch neue Medien an Lerninhalte zu fesseln, mehr als fragwürdig.

Eine solche Betrachtung übersieht im übrigen gewisse Nebeneffekte, die mit der Nutzung der Werkzeuge verbunden sind und die meist weniger sichtbar sind. Wir können deswegen von impliziten Merkmalen der Werkzeugnutzung sprechen. So hat Salomon (1979) aufgezeigt, dass mit verschiedenen Mediensystemen bestimmte Einstellungen verbunden sind: „TV is easy – books are hard", so die verbreitete Meinung, die sich massiv auf die Wahrnehmung und Verarbeitung von Informationen auswirkt. So wurden in einer Untersuchung Lehrfilme – wegen der mit dieser Einstellung kovariierenden oberflächlichen Rezeption der Informationen – weniger gut erinnert als die textuelle Aufbereitung der Lehrinhalte.

Neben der Gefahr der Ablenkung durch neuartige Mediensysteme besteht damit der möglicherweise kontraproduktive Nebeneffekt, der durch (für das Lernen ungünstige) Einstellungen bedingt ist, die der Multimediatechnik entgegengebracht werden.

Besonders gut belegt sind darüber hinaus geschlechtsspezifische (Neben-)Effekte der Techniknutzung – auch bei dem Einsatz digitaler Medien zu Lehr- und Lernzwecken. So wurde bereits dargestellt, dass Männer und Frauen Videokonferenzen unterschiedlich erleben und sich in einem solchen Settting auch anders verhalten (s. Seite 263). Dies einfach zu ignorieren hieße, die implizite Wirkung der Technik zu übersehen. Will man diese Problematik angemessen adressieren, wären Strategien zu überlegen, wie dieser Effekt egalisiert werden könnte. Es wird deutlich: Auch wenn solche (Neben-)Effekte nur implizit mit der Einführung und Nutzung des Mediensystems verbunden sind, bleiben sie wirkungsvoll, indem sie Kommunikation und Interaktion präformieren.

weiterführende Literatur: In HAREL & PAPERT (1990a) stellen die Autoren ihren Ansatz des „Constructionismus" vor.

7 Mediengestützte Kommunikation

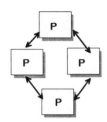

Integrieren wir Lernangebote in ein System, das Kommunikation zwischen Menschen ermöglicht, können wir die üblicherweise „einsame" Form des klassischen mediengestützten Lernens durch Varianten personaler Interaktion erweitern oder gar ersetzen. In den 90er Jahren wurden Projekte gestartet, die etwa auf Satelliten oder anderen Techniken beruhen, mit denen Kommunikation und persönliche Rückkopplung zwischen Lernenden und Lehrenden möglich wurde. Mit der wachsenden Bedeutung des Internet sind diese kommunikativen Elemente eines mediengestützten Lernangebotes in den letzten Jahren in den Mittelpunkt der Diskussion gerückt.

Ein wesentlicher Vorteil von Telemedien in einem Lernarrangement besteht in der großen räumlichen und zeitlichen Flexibilität der Kommunikation. Die mediengestützte Kommunikation zwischen Menschen kann dabei sehr vielfältig gestaltet werden. Über das Internet können Lernende Unterstützung von anderen Lernern oder von Lehrkräften erhalten oder sie können sich zu Lerngruppen im Internet zusammenschließen. Die Kommunikation kann textlich per E-Mail (zeitversetzt) oder Chat (zeitgleich) erfolgen, sie kann auch per Audio oder Video mithilfe von Internet-Telephonie oder Web-Kameras geschehen. Es lassen sich überraschend viele Varianten der Kommunikation und Interaktion, die wir von Angesicht zu Angesicht (face-to-face) gewohnt sind, über Telemedien umsetzen.

Diese technischen Möglichkeiten sind faszinierend, doch auch hier muss die Frage gestellt werden, welcher didaktische Nutzen mit dem Einsatz dieser Technologien angestrebt wird. Im Kontext des mediengestützten Lernens ist genau zu prüfen, welche Rolle und didaktische Funktion der Kommunikationskomponente in der mediendidaktischen Konzeption zugewiesen werden soll.

7.1 Merkmale von Kommunikationssystemen

Multimediasysteme verfügen zunehmend über einen Zugang zu lokalen Netzen oder dem Internet. Auf diese Weise kann auf Lernmaterialien zugegriffen werden, die auf entfernten Rechnern vorgehalten werden, und die netzbasierte Kommunikation zwischen räumlich entfernten Personen wird möglich. Der Austausch von Informationen und die Kommunikation zwischen entfernten Personen ist sicherlich seit langem, z.B. über den Postweg, realisierbar und wird etwa im Fernunterricht systematisch genutzt. In telemedialen Szenarien werden allerdings *neue* Varianten von Interaktivität sichtbar. So kann der Zugriff auf lokal oder entfernt gespeicherte oder generierte Informationen kombiniert werden mit bestimmten Angeboten persönlicher Kommunikation, sei es mit anderen Lernern oder mit entfernten Exper-

ten. Die Integration von Kommunikationstechnologie in Multimediasysteme eröffnet verschiedene Varianten kommunikationstechnischer Szenarien, die bisher für
mediengestütztes Lernen wenig relevant gewesen sind.

7.1.1 Varianten der Kommunikation

Untersuchen wir verschiedene kommunikationstechnische Szenarien, wie sie bei
dem Einsatz in Bildungskontexten zur Anwendung kommen können. Zunächst
sind verschiedene Typen der Kommunikation zu unterscheiden, je nachdem ob die
Kommunikation etwa zu einer Einzelperson (1:1) oder vielen Anderen (1:N) bzw.
synchron (zeitgleich) oder asynchron (zeitversetzt) verläuft.

Bei einer synchronen Kommunikation muss technisch eine maximale Verzögerung
zwischen den Endstellen garantiert werden, damit subjektiv der Eindruck einer
zeitgleichen Verständigung eintritt. Bei asynchroner Kommunikation ist der Austausch zwischen den Personen zeitlich verzögert; ein Speichermedium wird notwendig und übermittelt die Nachricht an den oder die Rezipienten.

Die Übergänge zwischen synchroner und asynchroner Kommunikation sind dabei
(zunehmend) fließend und sind nicht an eine bestimmte medientechnische Distributionsvariante gebunden: Die „normale" Telephonie stellt eine synchrone Kom-
munikationsvariante dar. Mit der Sprach-Mailbox im Telephonnetz werden Aussagen einer Person zum Abruf durch eine andere Person gespeichert, womit die
Kommunikation asynchron verläuft.

Der Horizont möglicher Interaktivität ebenso wie die grundsätzlichen Einschränkungen, die durch die technischen Optionen gegeben sind, lassen sich anhand von
Beispielen veranschaulichen (s. Tabelle 17). Bei der Publikation ❷ findet die Interaktivität grundsätzlich zwischen Rezipient und dem Präsentations- bzw. Speichermedium, z.B. PC und CD-ROM statt. Die Art der Interaktivität ist dabei auf den
Zugriff und damit auf die *Auswahl* der Informationen beschränkt, die auf dem Speichermedium abgelegt sind und von dem Präsentationsmedium wiedergegeben werden können. Der Rezipient kann lediglich auf die Informationen, wenn auch wahlfrei, zugreifen, die auf dem Medium verfügbar sind.

Die Interaktivität lässt sich in diesem Szenario ganz allgemein durch Verbesserung
der Interaktion zwischen Mensch und Maschine erreichen, etwa durch intuitive
Bedienelemente, vor allem aber durch Ein- und Ausgabegeräte, die die menschlichen Sinne besser ansprechen als die Tastatur oder der in der Wiedergabe auf zwei
Dimensionen beschränkte Monitor. Eine grundsätzliche Veränderung möglicher
Interaktivität ergibt sich erst, wenn die medialen Informationen nicht mehr nur von
dem Speichermedium *abgerufen* werden, sondern diese während der Laufzeit *generiert* werden (s.o.).

Beim *broadcasting* ❸, etwa via Fernsehen, ist Interaktivität technisch bedingt bislang ausgeschlossen, wenn man einmal von Zuschauerbefragungen und -beobach-
tungen absieht. Das interaktive Fernsehen öffnet in einem ersten Schritt die Rück-
Kommunikation mit dem Sender, etwa durch verschiedene Arten des Rückkanals.
Dabei bezieht sich Interaktivität nicht auf das Präsentationsmedium (also hier: das

Fernsehgerät), sondern (zunächst) auf den *Sender*, der durch einen Rückkanal Anforderungen etc. erhält. Dies betrifft Wünsche zur Programmauswahl, bei Live-Sendungen oder vorproduzierten Beiträgen, in denen Verzweigungspunkte existieren, aber auch die Programmgestaltung. Der Rückkanal (wie z.B. beim Phone- oder Fax-In, TED) nutzt dabei bereits Telekommunikationsdienste. Jede stärkere Individualisierung auch der abrufbaren Information, im Sinne etwa eines *video on demand*, ist dagegen erst möglich bei Nutzung von Vermittlungsnetzen auch für den Hinkanal. Solange das Programm auch in Verteilnetzen „ausgestrahlt" wird, bleibt es ein Medium der Massenkommunikation und kein individualisiertes Programmangebot.

Tabelle 17: Interaktivität und kommunikationstechnische Szenarien (Beispiele)

Szenario:	❶ Versand	❷ Publikation	❸ Übertragung	❹ Vermittlung
Urheber	Autor	Autor	Autor	Lehrperson
Distributionsagent	Post	Verlag, Softwareproduzent	Sender	digitaler Netzbetreiber
Speichermedium	Brief, Kasette ...	CD-ROM	Videobänder	x
Übertragungsmedium	x	x	Rundfunk, Kabel, Satellit	Videokonferenz im ISDN, vermitteltes Leitungsnetz
Präsentationsmedium	Papier, ggfs. AV-Medien	PC mit Bildschirm	Fernseher, AV-Geräte	PC, Telematik-Endgerät
Rezipient: Wahrnehmungskanal	visuell	auditiv, visuell	auditiv, visuell	auditiv, visuell
Kommunikationstyp	1 : 1 asynchron	1 : n asynchron	1 : n synchron	1 : 1 synchron

Um so mehr das *broadcasting* zum *narrowcasting* wird, das sich an kleine spezielle Zielgruppen richtet, um so besser lassen sich Gruppen interessierter Lerner mit speziellen Lernangeboten – und intensiver bidirektionaler Kommunikation – adressieren. Um so kleiner die adressierten Gruppen jedoch werden, um so weniger attraktiv wird diese Variante der Ausstrahlung aus Kostengründen.

Bei der vermittelten Übertragung zwischen definierten Endstellen ❹ handelt es sich schließlich um eine mediengestützte, *interpersonelle* Interaktion. Es ist nicht nur der *Zugriff* auf, sondern auch der inhaltliche *Eingriff* möglich, z.B. durch unmittelbare Kommunikation mit dem Lehrenden, etwa über Videokonferenz. Damit impliziert dieses Szenario eine Form der Interaktivität, die am weitesten reicht (vgl. Abbildung 23).

Darüber hinaus lässt sich über digitale Netze jeder andere Kommunikationstyp nachbilden: von bisher konventionellen Postdiensten (E-Mail) über das Anbieten multimedialer Informationsdienste auf entfernten Servern bis hin zum *broadcasting* von Fernsehsendungen (*video on demand*). Als synchroner Kommunikationsdienst können neben der von der Telephonie bekannten 1:1 Kommunikation, Videokonferenzen zwischen Einzelnen und Gruppen realisiert werden, bei denen gleichzeitig das gemeinsame Arbeiten an Dokumenten, also z.B. Lernaufgaben, möglich ist. Szenarien des Lehrens und Lernens, die solche Kommunikationsdienste in ihr Konzept multimedialen Lernens einbeziehen, sind Grundlage mediendidaktischer Konzepte, die über die Interaktivität bisheriger Multimedien hinaus weisen.

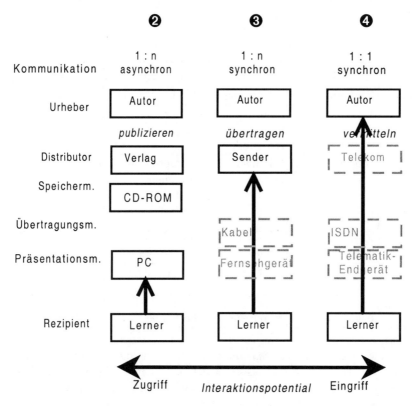

Abbildung 23: Interaktion bei verschiedenen Kommunikationstypen (Beispiele)

Zunächst versuchte man, konventionellen Gruppenunterricht über Netze zu realisieren. Die Lerner befinden sich dabei an verschiedenen Orten und können im Sinne einer erweiterten Bildtelephonie den Ausführungen der Lehrenden folgen, sich bei Bedarf einschalten und so mit anderen in Interaktion treten. Der Begriff „virtuelles Klassenzimmer" für diese Konstellation verdeutlicht, dass dabei Lernende und Lehrende an entfernten Orten zu einem Verbund zusammengeschaltet sind. Die Erfahrungen mit dem virtuellen Klassenzimmer sind jedoch nicht uneingeschränkt positiv. Oft wird dies auf unausgereifte Technik und hohe Verbindungsgebühren zurückgeführt, es mangelt jedoch ebenso an didaktischen Konzepten für die angemessene Nutzung und Gestaltung dieses Szenarios. Interessanter stellt sich vor allem die Kombination von synchronen und asynchronen Kommunikationsformen dar (s. Organisation des Tele-Lernens, Seite 305).

7.1.2 Probleme der Telepräsenz

Der Einsatz von Telemedien in einem Lernszenario kann sehr unterschiedlich aussehen. Zusätzlich zu dem Abruf von Lernmaterialien von entfernten Servern können sychrone und asynchrone Dienste für die zwischenmenschliche Kommunikation genutzt werden. Bei der Planung sollte man sich allerdings über einige systematischen Probleme von „Telepräsenz" im Klaren sein. So ist bei der Kommunikation im Internet, z.B. in textbasierten Chats (synchrone Kommunikation) oder Newsgroups (asynchrone Kommunikation) mit folgenden Einschränkungen zu rechnen (vgl. Hesse, Grasoffky, & Hron, 1997):

- Mangel an sozialer Präsenz (Die Verfügbarkeit sozialer Hinweisreize z.B. nonverbales Verhalten ist reduziert. Es fehlt unmittelbares Feedback des Gegenübers.)
- Verlust gemeinsamer Wissenshorizonte (Die Teilnehmer sind wahrscheinlich unbekannt. So fällt es schwer, eine gemeinsame Basis für die Kommunikation zu etablieren.)
- Mangel an Mechanismen der Gruppenkoordination (Es fehlen Mechanismen zur Entwicklung einer Gruppenidentität, soziale Rollen und Gruppenhierarchien.)
- Überangebot an Informationen (Es besteht die Gefahr, dass die Beteiligten mit Informationen überfrachtet werden.)
- Verlust der (gewohnten) Struktur von Nachrichten (Dialoge müssen aus z.B. hiearchisch strukturierten *threads* in Newsgroups rekonstruiert werden.)

Vor allem der Aufbau einer funktionierenden sozialen Gruppe und das Knüpfen persönlicher Beziehungen zwischen Lernenden untereinander sowie zu Lehrenden ist erschwert. Dabei ist es für das Gelingen von Lernprozessen wichtig, persönliche Rückmeldungen zu erhalten, die über die Mitteilung eines Lerndefizits, etwa die Korrektur eines Fehlers, hinausgehen. Es sind gerade die para- und nonverbalen Merkmale, die wesentlich zur Orientierung von Lernenden beitragen und – auch in Videokonferenzen – weniger deutlich übermittelt werden.

Darüber hinaus ermöglicht die individuelle Einordnung in eine soziale Gruppe, eigene Fähigkeiten und Schwächen zu erkennen. Damit ist in der Regel auch ein nicht unwesentlicher Ansporn für individuelle Lernleistungen verbunden. Diese Prozesse setzen jedoch voraus, dass sich tatsächlich eine soziale Gruppe herausbildet mit den typischen Merkmalen wie Gruppennormen und -rollen sowie einer Gruppenhierarchie.

Gerade die synchrone Kommunikation, wie sie in Chats und Videokonferenzen möglich wird, weist gegenüber der Kommunikation *face to face* grundsätzliche

Unterschiede, genauer: Nachteile, auf, die auf den ersten Blick nicht offensichtlich sind. Bei Chats kommt das Problem hinzu, dass sich schnell das Gefühl eines Informationsüberangebotes einstellt. Gerade bei textbasierten Systemen ist es z.B. schwer zuzuordnen, auf welchen Beitrag der aktuelle Beitrag eines Konferenzteilnehmers Bezug nimmt. Deswegen ist die Bedeutung textbasierter Konferenzen und Chats für didaktische Zielsetzungen in der Regel als sehr gering zu werten.

Videokonferenzen

Videokonferenzen als synchrone Telekommunikations-Dienste unterstützen den direkten und persönlichen Dialog von Lerner und Lehrer oder zwischen Lernenden. Damit wird Fernlehre möglich, die räumliche Distanzen überbrückt, und doch zwischenmenschliche Kommunikation ohne Zeitverzögerung realisiert.

In der Praxis zeigen sich dabei jedoch eine Reihe nicht trivialer Probleme. Die Übertragung von Bewegtbild ist weiterhin aufwändig und die interpersonelle Kommunikation gerade in Videokonferenzen mit Gruppen an verschiedenen Orten ist in mehrfacher Hinsicht beschränkt. So wird die potenziell durch die Technik gegebene Möglichkeit zur Kommunikation faktisch eher selten genutzt. Zu groß ist in vielen Fällen die Hürde, sich über Konferenzschaltungen an einen entfernten Dozenten mit Fragen, Anmerkungen oder Entgegnungen zu wenden. So verkümmert die technisch zwar mögliche und in vielen Fällen mit hohem Aufwand realisierte Zwei-Wege-Kommunikation zur unidirektionalen *Ausstrahlung*. Dies liegt weniger an der Lethargie der Teilnehmenden, wie manche Dozenten beim Tele-Teaching beklagen, sondern ist durch die Einschränkungen in der Kommunikationssituation bedingt. Das Gegenüber scheint „zum Greifen" nahe, doch das Kommunikationsverhalten der Gesprächspartner bleibt weniger spontan als in der Situation vis-a-vis. In der Forschung geht es u.a. darum, ob diese Einschränkungen durch das technische Medium oder durch erlernte Gewohnheiten der Kommunikation bedingt sind.

Will man synchrone Kommunikationstechnik einsetzen, um *interpersonelle* Kommunikation zu ermöglichen, muss folglich das gesamte Lernarrangement entsprechend ausgerichtet sein, da die Hürde für die Beteiligung des Einzelnen deutlich höher ist als in der Situation *face to face*. Das bedeutet für die Dozierenden, die Veranstaltung noch systematischer auf einen Dialog hin anzulegen.

Auch bei *multi point*-Videokonferenzen, an denen mehr als zwei Endstellen teilnehmen, sind komplizierte Mechanismen zu implementieren, wie die Reihenfolge der Beiträge koordiniert wird. Beim Einsatz von Videokonferenzen für Lernzwecke machen sich diese Schwierigkeiten deutlicher bemerkbar als z.B. bei Projektbesprechungen. Es handelt sich dabei nicht um zu vernachlässigende Randprobleme, sondern um Faktoren, die den Erfolg einer mediengestützten Bildungsmaßnahme wesentlich in Frage stellen können.

SORENSON (1995) berichtet über eine Initiative in den USA, bei der über 100 Hörsäle eines Bundeslandes über bidirektionale Satellitenkommunikation verbunden wurden. Die beteiligten Studierenden in 18 verschiedenen Kursen äußerten insgesamt eine hohe Zufriedenheit mit Kursverlauf und -ergebnissen. In einigen Details wurden jedoch auch die Probleme sichtbar. Weniger positiv wurde etwa die Kursorganisation bewertet, was darauf hindeutet, dass sich bei Kursbetreuung und -verwaltung ein höherer Aufwand ergibt, als zunächst angenommen wurde. Weibliche Teilnehmer fühlten sich weniger stark als männliche Teilnehmer in das Unterrichtsgeschehen einbezogen und schätzten Lehrende ebenso wie die Lernumgebung weniger positiv ein. Im Durchschnitt ältere (über 25 Jahre) Teilnehmer fühlten sich darüber hinaus eher in das Unterrichtsgeschehen involviert als jüngere Teilnehmer.

Ähnliche *geschlechtsspezifische* Befunde zeigen sich auch in anderen Studien. Weibliche Teilnehmerinnen äußern demnach weniger Zufriedenheit mit den Möglichkeiten der Interaktion in Videokonferenzen. Auch der Alterseffekt ist bereits mehrfach nachgewiesen worden: Danach zeigt sich eine *höhere* Zufriedenheit mit dem Tele-Teaching bei Teilnehmern *über* 25 Jahren, möglicherweise da ein geringer ausgeprägtes Bedürfnis nach Interaktionen mit anderen Lernern besteht (Belenky, Clinchy, Goldberger, & Tarule, 1986; Gilligan, 1982).

Wegen dieser Probleme ist der Einsatz von Videokonferenzen genau zu überlegen. Videokonferenzen mit *mehreren* Gegenstellen oder Gruppen kommen somit vor allem zum Einsatz, wenn die unidirektionale Kommunikation im Vordergrund steht (Vortrag) und sich der Rückkanal auf einzelne (seltene) Anfragen beschränkt. Es handelt sich damit um eine sternförmige Kommunikation und im eigentlichen Sinne keine Konferenz, in der sich jeder mit jedem austauschen kann. Es stellt sich nämlich als gewichtiges Problem dar, wie der Austausch der vielen Teilnehmer untereinander koordiniert werden kann. Um dies zu vereinfachen bzw. überhaupt sinnvoll zu ermöglichen, wird hierbei teilweise auf Telefax oder E-Mail als Rückkanal an eine Zentrale ausgewichen.

Durch eine systematische Planung und Organisation von Kommunikationsaktivitäten lässt sich dieses Problem bei weniger Gegenstellen jedoch in gewissem Ausmaß in den Griff bekommen. Voraussetzung dafür ist die konsequente Ausrichtung des Lehrangebotes an didaktischen Ansätzen, die die Lehr-Lernaktivitäten z.B. um das gemeinsame Bearbeiten von Lernaufgaben zentrieren, und so die Gruppenbildung fördern.

7.2 Kommunikation und Gruppenbildung

Einer der interessantesten Aspekte internetbasierter Lernangebote betrifft die Möglichkeit, die typischerweise vereinzelte Lernsituation beim mediengestützten Lernen durch die Kommunikation mit anderen Lernern im Netz aufzubrechen (vgl. Döring, 1999; Renkl & Mandl, 1995). Dieses Potenzial des Internet ist bereits vielfach beschworen worden, und es wird von neuen *Gemeinschaften (communities)* im Internet gesprochen, die den zugehörigen Personen soziale Kontakte und Beziehungen sowie Identitätsfindung ermöglichen (Hagel & Armstrong, 1997).

Virtual communities. Die Diskussion über *virtual communities* hat zunächst einen stark *kommerziellen* Hintergrund: Verschiedene Anbieter versuchen Plattformen im Internet zu etablieren, auf den möglichst viele Personen kommunikative Interessen und Bedürfnisse befriedigen (können). Die Menschen, die sich zu solchen Gemeinschaften zugehörig fühlen, werden den jeweiligen Server immer wieder aufsuchen, um die Kommunikationsangebote abzurufen. So wie im privaten free-TV die Ausstrahlung von Nachrichten, Filmen, Sportbeiträgen einzig dazu dient, der zahlenden Werbeindustrie ein geeignetes Umfeld für die Plazierung zielgruppenspezifischer Werbung anzubieten, wird mit dem Aufbau von *virtual communities* ein Umfeld geschaffen, in dem sich zielgruppenspezifische Werbebotschaften plazieren oder Provisionen für den Abverkauf von Produkten vereinnahmen lassen.

Trotz dieses eindeutig kommerziellen Hintergrundes sind Konzepte über virtuelle Gemeinschaften im Internet gerade aus pädagogischer Sicht genauer zu untersuchen. Denn hier wird der Kommunikation zwischen Lehrenden und Lernenden als den Akteuren im Internet ein zentraler Stellenwert zugeschrieben, – freilich gehen pädagogische Forderungen an eine solche Kommunikation über die Möglichkeit hinaus, z. B. Werbung präzise an Zielgruppen auszurichten. Es ist folglich zu fragen, welche Art interpersoneller Kommunikation im Internet aus pädagogischer Sicht anzustreben wäre und mit welchen Maßnahmen diese Kommunikation unterstützt werden kann.

Didaktische Kriterien für kommunikative Elemente. Kommunikation ist ein elementares menschliches Bedürfnis, das in den unterschiedlichsten sozialen Kontexten mehr oder weniger Befriedigung findet. In vielen pädagogischen Theorien wird die Begegnung von Mensch zu Mensch als essentielle Kategorie allen pädagogischen Handelns und elementare Voraussetzung für Bildung aufgefasst. So ist es nur konsequent, dass Versuche der Mediendidaktik, auf diesen pädagogischen Bezug zu verzichten, oft mit Skepsis aufgefasst wurde. Und so ist es auch verständlich, dass die Option, persönliche Kommunikation zwischen Menschen – mithilfe von Technik – zu ermöglichen, gerade von Pädagog/innen in den letzten Jahren mit großem Interesse verfolgt worden ist. Überall finden sich im Internet Kommunikationsangebote wie Internet-Foren, „Schwarze Bretter", Listserver usw..

Oft werden diese Angebote sich zu äußern, seine Meinung kund zu tun, zu diskutieren etc. jedoch nicht in der Form angenommen, wie dies erhofft wird. Zum einen kann es passieren, dass schlicht keine Beiträge eingestellt werden, dass sich die Zielgruppe also nicht angesprochen fühlt, so dass es für andere wiederum wenig attraktiv wird, diese Foren zu besuchen. Zum anderen kann es passieren, dass das Angebot zwar angenommen wird, aber ein unübersichtliches Dickicht an Nachrichten, Meinungen, Beiträgen etc. vorliegt, so dass der Lernwert eines solchen Forums ebenfalls in Frage gestellt ist.

Damit wird deutlich, dass es wenig zielführend ist, derartige kommunikativen Angebote „einfach so" ins Internet einzustellen. Wenn diese nicht angenommen werden, so ist dies ein klares Zeichen für eine fehlerhafte mediendidaktische Konzeption. Es ist die Aufgabe des Anbieters eine Umgebung zu schaffen, die tatsächlich zu Kommunikation anregt. So wird sich beispielsweise auch eine Lehrerin nicht über die „mundfaulen" Schüler/innen beklagen dürfen, sondern wird ihre Unterrichtsmethoden und Vorgehensweisen in Frage stellen müssen, wenn es nicht gelingt, Gespräche im Klassenzimmer anzuregen.

Wir könnten umgekehrt fragen, warum solche Angebot im Internet überhaupt funktionieren sollten? Wer hätte je gedacht, dass an einer Hochschule ein „Schwarzes Brett", an dem jeder Nachrichten anheften kann, als Ersatz für z. B. ein Seminar Einsatz finden sollte? Wer würde ernsthaft meinen, ein „Schwarzes Brett" in einem unbeleuchteten Keller der Mensa könnte sich als zentraler Austauschplatz der Hochschule etablieren? In einer ähnlich unzugänglichen Situation befinden sich jedoch manche der Internet-Foren.

Die Gestaltung von Kommunikation und Interaktion – auch im Internet – ist eine eminent didaktische Aufgabe, sie kann nicht reduziert werden auf die Einrichtung eines Antwortformulars oder eines Internet-Forums. Wir müssen also bei der Konzeption ganz grundlegend fragen, welche Bedeutung kommunikative Elemente in dem Lernangebot haben sollen?

Die Beantwortung dieser Frage steht in engem Zusammenhang mit den Lehrzielen. Wenn sich das Lehrziel auf die Aneignung von Fakten oder das Verstehen von Konzepten und theoretischen Zusammenhängen bezieht, dann haben kommunikative Elemente eine untergeordnete Bedeutung. Ein Internet-Forum kann hier eingerichtet werden, um Rückfragen zum Lernmaterial und weiterführende Fragen zu beantworten. Wird das Forum *nicht* genutzt, so ist dies kein Mißerfolg, sondern kann sogar bedeuten, dass die Lernenden mit den Materialien als solches zurecht kommen. Nehmen wir an, ein Kurs behandelt „Grundlagen der Elektrotechnik". Für den Lerner gibt es vermutlich wenig Anlass, sich mit Beiträgen an ein Forum zu wenden, wenn die Lernmaterialien gut aufbereitet sind.

Eine andere Konstellation ergibt sich erst, wenn die Erreichung der Lehrziele den Diskurs der Teilnehmenden voraussetzt. In einem Internet-Kurs „Demokratie und Internet" wird man die These diskutieren, ob das Internet demokratische Partizipation begünstigt oder beeinträchtigt. Das Ziel, die kontroversen Thesen wiedergeben zu können, wird man als untergeordnet einordnen. Zentrales Lehrziel wäre dagegen, dass die Teilnehmenden die verschiedenen Positionen verstehen, abwägen können, eine eigene Stellung beziehen und diese angemessen vertreten können. Hierzu ist ein kommunikatives Lernszenario zu entwickeln, das für den Einzelnen Anlässe schafft sich mit Beiträgen an dem Diskurs zu beteiligen.

Hierbei ist folgendes zu berücksichtigen: Die Hürde, sich mit Beiträgen an einer solchen Auseinandersetzung zu beteiligen, ist im Internet höher als in der Situation *face to face*. Dies hängt mit Gruppenphänomenen zusammen, die in der sozialpsychologischen Forschung belegt sind: Je größer eine Gruppe ist (bzw. erlebt wird) und je anonymer die anderen Mitglieder der Gruppe sind, desto größer ist die Hürde sich zu beteiligen. Man möchte erst einmal die Anderen zu Wort kommen lassen, man fühlt sich weniger verantwortlich, man verschwindet in der Masse ...

Hinzu kommt ein Phänomen, das in sogenannten Austauschtheorien sozialer Beziehungen thematisiert wird, und in diesem Setting besonders stark wirksam wird: Ich bringe um so eher einen Beitrag ein, je mehr ich damit rechne oder bereits erlebt habe, für mich „wertvolle" Beiträge von Anderen zu erhalten.

Dies bedeutet jedoch insgesamt, dass – gerade am Anfang eines solchen Kurses – für die Teilnehmenden eher wenig Grund besteht, sich an der Kommunikation zu beteiligen, – zumindest wenn man den „Neuigkeitsfaktor" abzieht, d.h. die Teilnehmenden beteiligen sich, um das neue Medium auszuprobieren. Wird die Anfangssituation jedoch nicht konstruktiv bewältigt, bleiben die die Kommunikation belastenden Negativmerkmale bestehen und es kommt keine „wertvolle" Kommunikation zustande.

Die Ausgangssituation zu meistern setzt – mehr noch als in Präsenzveranstaltungen – eine dezidierte Planung und genaue Vorgabe für bestimmte Aktivitäten voraus, d.h. die Teilnehmenden erhalten eine enge Anweisung, was sie tun sollen. Diese Anweisung beinhaltet z.B. wer, was bis wann wohin geschickt bzw. gepostet hat. Dabei sind der Kreativität keine Grenzen gesetzt: vom Einsenden eines Steckbriefs über das gemeinsame Anfertigen von Grafiken und Bildern bis hin zu Rollenspielen im Internet kann hier manches realisiert werden. Besonders überzeugend sind für die Teilnehmenden dabei solche Aktivitäten, die ihnen einen unmittelbaren Mehrwert für ihren Kompetenzerwerb versprechen, also insbesondere Übungen mit Anwendungsbezug.

Stadien der Gruppenbildung. Interpersonale Kommunikation baut soziale Beziehungen zwischen Menschen auf, es können soziale Gruppen und das Gefühl einer Gruppenzugehörigkeit entstehen. Gleichzeitig fördert genau diese Gruppenzugehörigkeit die Häufigkeit und Intensität persönlicher Kommunikation. Untersuchen wir das Verhältnis zwischen Kommunikation und Gruppenbildung genauer.

Bei der sozialen Interaktion von Lernenden im Netz und der Entwicklung von Lerngruppen in internetbasierten Kursen können drei Stadien beobachtet werden, bei denen sich zunehmend ein Gefühl von „Gemeinschaft" einstellt, und die wiederum auf die Qualität der Kommunikation rückwirken. Sie entsprechen sozialpsychologischen Modellen der Entwicklung sozialer Gruppen:

- informeller Austausch
- projektbezogene Kollaboration
- kollegiale Kooperation

Auf einer unteren Stufe sehen wir den *informellen Austausch* von Informationen, z.B. in Chaträumen oder Newgroups, bei denen sich Menschen in virtuellen Räumen treffen, um andere kennen zu lernen. Sie sind sich einander fremd und haben kein gemeinsames Ziel – außer der Kommunikation selbst. Solche Möglichkeiten des informellen Austausches in telemedialen Lernumgebungen sind sinnvoll und auch für die Lernmotivation günstig; ihre Nutzung bleibt wenig planbar und in der Regel existieren für solche rein kommunikativen Bedürfnisse bereits genügend andere Foren, so dass entsprechende Angebote vielfach ungenutzt bleiben, wenn nicht Anlässe für die Kommunikation geschaffen werden.

Eine andere Ebene der Kommunikation entsteht, wenn sich Menschen zusammenfinden, um gemeinsam ein definiertes, zumeist extern vorgegebenes Ziel zu erreichen. Bei einer solchen *projektbezogenen Kollaboration* können Menschen, die sich nicht oder nur wenig kennen, mithilfe des Netzes gemeinsam, auch über Distanzen an bestimmten Aufgaben zusammenarbeiten. Ihre sachlichen Rollen werden in der Regel zu Beginn festgelegt, ihre sozialen Rollen in der Gruppe bilden sich in der Interaktion allmählich heraus. Über Newsgroups hinaus unterstützen Online-Konferenzen die Kommunikation untereinander und *Groupware*-Werkzeuge die gemeinsame Bearbeitung von Dokumenten.

Kollegiale Kooperation zeichnet sich darüber hinaus dadurch aus, dass sich die Interaktion der beteiligten Akteure auf eine soziale Rollenstruktur stützt, die sich im Laufe der Zeit durch soziale Interaktionen heraus kristallisiert hat. Hierdurch wird nicht nur die arbeitsteilige Bearbeitung definierter Themenstellungen, sondern auch die Planung und Entwicklung neuer Ziele möglich. Hierbei werden die zu erreichenden Ziele und Vorgehensweisen selbst über das Netz diskutiert und entschieden. Dies wäre etwa der Fall, wenn sich Lernende im Netz treffen, um sich gemeinsam ein Projekt vorzunehmen bzw. Bearbeitungsschritte diskutieren.

Das Stadium der Kollaboration, der gemeinsamen Bearbeitung von Lernaufgaben im Netz, kommt jedoch u. E. nur unter bestimmten Bedingungen zustande: z.B.

- wenn ein externer Druck existiert (z.B.: Der Arbeitgeber möchte, dass dieses Projekt über das Netz abgewickelt wird.),
- wenn bereits eine persönliche Beziehung zu einzelnen oder mehreren der entfernten Partner besteht,
- wenn die Rahmenbedingungen gegeben sind, dass sich eine soziale Gruppe bilden kann (Größe, Homogenität etc.),
- wenn die beteiligten Personen davon überzeugt sind, dass sich unter den gegebenen Bedingungen (Zeit, Betreuung etc.) so etwas wie eine soziale Gruppe bilden wird,
- wenn in ähnlichen Lernkontexten gute Erfahrungen mit kommunikativen Szenarien gemacht wurden,
- wenn die betreuende Institution genügend überzeugend auftritt (und die Teilnehmer von dem Szenario begeistert werden können),
- wenn der Kontext des Bildungsanbieters für die Teilnehmer ohnehin attraktiv ist, d.h. die Bindung des Einzelnen geschieht über die Identifikation mit der Einrichtung, (z. B. durch frühere positive Erfahrungen) oder
- wenn die Zusammenarbeit gegenüber der Einzelarbeit einen deutlichen Mehrwert erkennen lässt (z. B. weil erfahrene oder bekannte Kollegen mitwirken).

Zu prüfen ist also, ob eine soziale Gruppenstruktur (Verteilung sozialer Rollen, Etablierung sozialer Normen etc.) vorliegt, die für die Kommunikation im Internet und die zu bewältigende Lernaufgabe adäquat ist, bzw. durch welche Maßnahmen, die dazu notwendige soziale Gruppenbildung unterstützt werden kann. Grundsätzlich ist mit Schwierigkeiten zu rechnen, wenn eine Intensität der Zusammenarbeit erwartet wird, die nicht mit dem Stadium der sozialen Gruppen korrespondiert. Dies trifft insbesondere zu, wenn sich die Teilnehmenden persönlich nicht kennen. In beruflichen Kontexten wird diese Form einer netzbasierten Zusammenarbeit, bei der Menschen an einem gemeinsamen Projekt arbeiten, die sich nie persönlich an einem Ort kennengelernt haben, ohne Fragen zunehmen. In didaktischen Kontexten bleibt dies jedoch schwierig. Denn zunächst wird für eine Zusammenarbeit kein wirklicher Anlass wahrgenommen. Schon genügend Lehrer/innen wundern sich, dass Schüler/innen der Aufforderung zusammenzuarbeiten oft nicht nachkommen. Dieses Problem gilt für das Netz in deutlich verschärftem Maße. Die schlichte Aufforderung „Jetzt diskutieren Sie dies mal im Netz„ bleibt oft genug ohne Echo.

Allgemein lässt sich festhalten, dass für ein entsprechendes kommunikatives Lernszenario zu klären ist, welche Stufe der Zusammenarbeit unter den jeweils gegebenen Bedingungen überhaupt angestrebt wird bzw. erreichbar ist. So ist zu bedenken, dass – entgegen aller Community-Euphorie – keineswegs alle Menschen voller Sehnsucht darauf warten, solche „Gemeinschaften„ von Gleichgesinnten im Internet zu finden: Zu berücksichtigen ist das individuell unterschiedliche Interesse an derartigen kommunikativen Lernangeboten (zur Kritik s.a. Kraut et al., 1998).

So erscheint die Umsetzung der letzten Stufe einer *gemeinsamen Zielfindung und -erreichung* über das Netz bei Personen, die sich nicht persönlich kennen, zur Zeit wenig realistisch, auch wenn sie im Sinne des Community-Gedankens die interessantesten Perspektiven bietet. Auch für die gemeinsame Aufgabenbearbeitung bei der *projektbezogenen Kollaboration* ist eine aufwändige Planung und Betreuung notwendig. Förderlich erscheint zumindest eine Präsenzphase *(kick off*-Treffen), die so anzulegen ist, dass die soziale Gruppenbildung im Vordergrund steht. In einem solchen Rahmen ist der rein *informelle Austausch* (netzbasiert) ein zusätzliches und durchaus nützliches Element der Kommunikation, für sich gesehen erscheint er uns aber zu wenig zielführend. Insgesamt muss betont werden, dass auch diese informelle Kommunikation einer Betreuung bedarf, d.h. die Teilnehmenden müssen das Gefühl haben, es lohnt sich in den Foren des Bildungsanbieters zu kommunizieren, z.B. weil die Tutor/innen oder Autor/innen sich auch (gelegentlich) beteiligen.

Reiz- und Reaktionsseite des kommunikativen Szenarios

Das kommunikative Szenarios muss also zunächst durch Kommunikationsanläße strukturiert werden, die auf das Lehrziel zu beziehen sind. Um so attraktiver dieser *Reiz* sich dem einzelnen Lerner darstellt, um so eher wird die Person motiviert sein, sich mit Beiträgen zu beteiligen. Dies ist die *Reizseite* des kommunikativen Szenarios, die in der didaktischen Konzeption zu spezifizieren ist, d.h. wie und durch was werden die Lernenden motiviert zu kommunizieren?

Eine wesentliche Bedingung, die sich auf diese Bereitschaft günstig auswirkt, ist die Gruppengröße. Man könnte annehmen, dass die Wahrscheinlichkeit möglicher Beiträge um so höher ist, je größer die Anzahl der zugelassenen Teilnehmer ist. Dies ist jedoch nicht der Fall. Die netzbasierte Kommunikation kann nur intensiviert werden, wenn eine *soziale Gruppe* entsteht. Es ist also zu überlegen, unter welchen Bedingungen soziale Gruppen und Kommunikation in Gruppen entsteht. Aus sozialpsychologischen Erkenntnissen ergibt sich, dass es sinnvoll ist, die Zahl der Teilnehmenden zu beschränken. Berücksichtigt man einen gewissen Anteil von Personen, denen man eine passive Rolle zugesteht (sog. *lurker*), dann ergibt dies eine Teilnehmerbegrenzung, die zwischen 60 und 100 Personen liegt.

Das Entstehen einer sozialen Gruppe mit sozialen Rollen und einer Gruppenidentität setzt im Übrigen voraus, dass der Prozeß durch externe Setzung einer gewissen

Strukturierung unterliegt. So sollte die Veranstaltung eine Einstiegsphase und einen Abschluss haben. Auf den Prozeß der Gruppenbildung wirkt sich auch eine gewisse Homogenität der Gruppenzusammensetzung günstig aus, d.h. die Teilnehmenden haben ähnliche Anliegen (Lernziele) oder eine ähnliche berufliche Tätigkeit oder Ausbildung.

Was passiert aber, wenn ein Teilnehmer nun auf den gesetzten Reiz, den vorgegebenen Kommunikationsanlass (z.B. Lernaufgabe), mit einem Beitrag reagiert? Hier muss sichergestellt sein, dass die Person erleben kann, dass sich der Beitrag „gelohnt" hat, d.h. wie wird auf den Beitrag einer Person reagiert? Es ist vorab zu überlegen, wie die *Reaktionsseite* des Szenarios gestaltet werden kann.

Als problematisch können bestimmte negative Reaktionen auf den Beitrag gesehen werden, also z.B. ablehnende, abwertende oder gar diffamierende Äußerungen. Zu bedenken ist, dass mediengestützte Kommunikation bestimmten systematischen Einflussfaktoren unterliegt. So wird geschriebene Kritik in der Regel schärfer erlebt als gesprochene Kritik, bei der immer die Gelegenheit besteht, die Kritik durch nonverbale Hinweise zu modulieren bzw. abzuschwächen. Hier muss überlegt werden, ob bzw. wie eine Tutorin eingreifen kann, um (vom Verfasser oft nicht intendierte) negative Emotionen rechzeitig abzufangen.

In der Praxis stellt sich jedoch häufiger ein anderes Problem, nämlich wenn *keine* Reaktion auf einen Beitrag erfolgt! Die Wahrscheinlichkeit, dass weitere Beiträge vom Autor oder von Anderen geliefert werden, wird hierdurch unmittelbar reduziert. Im Sinne der Verhaltenstheorie findet die Löschung einer Verhaltenstendenz statt. Zu bedenken ist, wie sich die Reaktionen auf die die Teinehmenden, die (noch) nichts beigetragen haben, auswirken. Sie beobachten gerade in der Anfangsphase was passiert, wenn jemand einen Beitrag liefert (Modelllernen). Kritisch ist dabei, dass eine Reihe von Beiträgen gerade in der Anfangsphase gewisse Mängel haben, sei es dass sie falsch eingestellt werden, dass die Aufgabe/die Vorgaben nicht richtig verstanden wird, oder eine Antwort inhaltlich oder formal nicht der Vorgabe entspricht. Alles dies erfordert von Seiten der Betreuung ein kreatives Vorgehen.

Es ist also zu planen, wie die Reaktions-Seite gestaltet werden soll. Die Maßnahmen können dabei sehr unterschiedlich sein. So könnten die Tutoren in der Anfangsphase auf Beiträge besonders intensiv eingehen. Dabei ist aber zu beachten, dass die Teilnehmenden auch nicht den Eindruck gewinnen dürfen, die Kommunikation wäre vollständig in der Hand der Tutoren, da ansonsten wenig direkte Bezugnahme der Teilnehmenden untereinander erfolgt. Grundsätzlich sollten die Tutoren Beiträge in Internet-Foren in eine andere Kategorie verschieben können, falls sie falsch gepostet wurden.

Insgesamt wird deutlich, dass die Schwierigkeiten und Probleme in einem solchen telemedialen Lernszenario sich nicht grundsätzlich anders darstellen als in einem konventionellen Setting. Allerdings muss man sich darüber klar sein, dass die Bewältigung solcher Problem- und Konfliktsituationen in der Regel schwieriger ist als in der Situation vis-a-vis.

weiterführende Literatur: Theoretische Grundlagen zur Kommunikation im Internet finden sich bei DÖRING (1999) und WALLACE (1999).

8 Organisation medialer Lernangebote

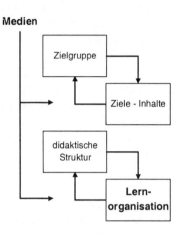

Medien

Zielgruppe

Ziele - Inhalte

didaktische Struktur

Lern-organisation

Bei der Frage der Organisation von Lernangeboten als didaktisches Entscheidungsfeld geht es um deren zeitlich-räumliche Organisation (s. Abbildung 24). Die Gestaltung der Lernsituation wird vielfach den externen Determinanten, d.h. der didaktischen Konzeption vorgegebenen Randbedingungen zugeordnet, und nicht als zentraler Teil einer mediendidaktischen Konzeption und damit als Gestaltungsaufgabe erkannt. Die mediendidaktische Konzeption verengt sich auf die Merkmale des *Medienprodukts*.

Denn ob ein didaktisches Medium überhaupt genutzt oder gar erfolgreich genutzt wird, hängt nicht (nur) von Charakteristika des Mediums ab, sondern von der Relation des Mediums zu der Lernsituation. Dieses Verhältnis ist bei der Planung des Mediums zu berücksichtigen, es ist als Teil der mediendidaktischen Konzeption aufzufassen. Die systematische Berücksichtigung der Lernsituation ist ein wesentlicher Aspekt zur Überwindung der „mediendidaktischen Naivität", die DÖRING & ZIEP (1989) beklagen. Sie fordern eine breitere Sicht der „Qualitäts- und Realisationssicherung mediendidaktischer Innovationen", die über die rein technische und inhaltlich akkurate Realisation des Mediums hinaus die Lernsituation selbst berücksichtigt. Nur so lässt sich ihres Erachtens sicherstellen, dass nicht nur die *Produktion* des Mediums, sondern vor allem der *Einsatz* erfolgreich ist. Lernsituation und -organisation sind nicht als „vorgegebene" Einflussfaktoren zu betrachten, die die Konzeption des Mediums beeinflussen, sondern als *eigenständiges* Gestaltungsfeld der mediendidaktischen Konzeption.

Es ist zu beachten, dass die erfolgreiche Einführung mediengestützter Lernangebote ggfs. eine Umstrukturierung im Bereich der Bildungs- oder Arbeitsorganisation bedarf, die über die hier diskutierten Fragen der mediendidaktischen Konzeption hinausgehen. Nicht selten zeigt sich in Projekten die Notwendigkeit zu weitreichenden organisatorischen Modifikationen, die zunächst häufig unterschätzt werden.

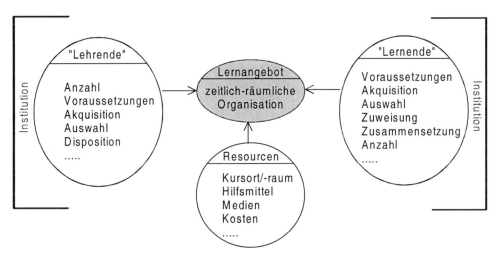

Abbildung 24: Organisation von Lehr-Lernangeboten (aus Kerres, 1996b)

8.1 Selektion des Mediensystems

Wir haben verschiedene Varianten von mediengestützten Lernangeboten kennengelernt. Doch wie finden wir das „richtige" Medium für eine konkrete Lernsituation? Die folgenden Überlegungen zeigen, dass die Beantwortung dieser Frage schwieriger ist, als man vielleicht denkt. Dennoch ist die Wahl des Mediums ganz entscheidend für den Projekterfolg.

Algorithmische Modelle der Medienselektion

Die Wahl eines *delivery systems,* des Mediensystems, ist eine mediendidaktische Entscheidung. Verschiedene Modelle des didaktischen Designs nennen deswegen Kriterien zur Identifikation des „richtigen" Mediensystems in einer gegebenen Situation. Mit der Verfügbarkeit von Instrumenten computergestützter Entscheidungshilfe, wie z.B. Expertensystemen, werden die Ansätze methodisch zunehmend anspruchsvoller.

Bekannt ist vor allem das Modell von REISER & GAGNÉ (1983) zur Medienwahl, das sich auf die didaktische Konzeption von GAGNÉ bezieht (ähnlich: Cantor, 1988; Romiszowski, 1988). Im Anschluss an eine Kategorisierung der angestrebten Lehrziele wird die Medienwahl in erster Linie abhängig gemacht von der Fähigkeit der verschiedenen Mediensysteme zur Präsentation unterschiedlicher Typen medialer Information. Wenngleich dies sicherlich ein wichtiges Merkmal von Mediensystemen darstellt, bleibt der Entscheidungsbaum damit allerdings relativ trivial: Wenn z.B. visuelle Informationen dargeboten werden sollen, sind z.B. das Dia, der Film oder das Video zu wählen. Handelt es sich um Bewegtbild, ist das Dia auszuschließen; bei auditiven Informationen ist ein Medium mit Tonspur zu wählen usw.

Aus didaktischer Sicht erscheint zunächst weniger relevant, ob z.B. sprachliche Informationen am Bildschirm *textlich* oder *auditiv* präsentiert werden. Auch lassen sich Bildfolgen in reduzierter Form als Folge von Dias oder sogar auf Papier präsentieren.

Zu bedenken ist im Übrigen, dass mit der Darstellung auf Papier, Dia, Video oder Film völlig unterschiedliche Kostenrahmen bei der Produktion verbunden sind, die in diesen Modellen völlig vernachlässigt werden. Für *Multimedien* sind die Modelle ohnehin wenig aussagekräftig, da sich Multimedien ja gerade durch die Integration der verschiedenen Informationstypen auszeichnen. Bezieht sich das Modell der Medienwahl vorrangig auf die darstellbaren Informationen des Mediensystems, müsste das Modell in *jedem* Fall Multimedien vorschlagen.

Medienwahl als Chiffre

In der Praxis finden wir vielfach ein ganz anderes, nicht weniger problematisches Muster vor: So werden mit der Auswahl bestimmter Medien häufig sehr weitgehende Hoffnungen und Erwartungen verknüpft. Die Medienwahl verkümmert zu einer Chiffre für den Wunsch nach Innovation, kann diese aber kaum einlösen.

Wie ist dies gemeint? In der Vergangenheit sind im Rahmen verschiedener pädagogischer Reformbemühungen verschiedentlich Medien entwickelt worden, die ganz wesentliche Impulse für unser heutiges Verständnis des mediengestützten Lernens gegeben haben. Als Beispiel können die Arbeiten an der Vanderbilt Universität in den USA gelten, wo eine viel beachtete Unterrichtsreihe mit Abenteuergeschichten auf interaktiven Bildplatten entwickelt wurde, und mit diesen Medien gleichzeitig ein instruktives Beispiel für den Ansatz des *situierten Lernens* vorgestellt wurde (s. S. 79f.).

Vielfach wird jedoch der Umkehrschluss gezogen, dass nämlich der Einsatz jener Medien, die im Kontext solcher innovativen Ansätze entwickelt worden sind, die damit verbundenen pädagogischen Zielvorstellungen bereits einlöst. Didaktische Medien werden damit oft mit dem ihrer Entwicklung zugrunde liegenden ursprünglichen pädagogischen Anliegen gleichgesetzt. Jemand, der z.B. die Materialien von Montessori im Unterricht einsetzt, handelt jedoch noch lange nicht im Sinne der Montessori-Pädagogik. Auch die Benutzung von Pinwänden in der Erwachsenenbildung garantiert kein erwachsenengerechtes Lernen im Sinne der Moderationsmethode: Ein didaktische Methode wird auf den Einsatz eines bestimmten Mediensystems reduziert.

Oft wird die Medienwahl damit zur *Chiffre*, zum Erkennungszeichen, mit dem Bildungsverantwortliche oder Dozenten eine bestimmte Haltung oder Einstellung demonstrieren, um sich zu bestimmten Prinzipien oder Maximen in Erziehung und Bildung zu bekennen. Für sich wäre dies unproblematisch, wenn damit nicht oft die Annahme verbunden wird, dass der Einsatz der jeweiligen Medien diese Prinzipien bereits verwirkliche. Ein *kindgerechter* oder *erwachsenengerechter* Unterricht beispielsweise ist von den eingesetzten Medien weitgehend unabhängig; und umgekehrt: im Prinzip lässt sich dieser mit jedem Medium erreichen. Der Einsatz medienengestützter Lernangebote bringt auch nicht automatisch eine stärkere Selbstverantwortung oder -organisation des Lernprozesses mit sich. Solange es etwa das stark sequenzierte, darstellende Lehren des personalen Unterrichts ab- oder nachzubilden versucht, bleibt es der bekannten Methodik treu; es bedient sich lediglich eines anderen Mediums.

Medienselektion als Wahl des effizientesten Transportsystems

Die dargestellten Modelle der Medienwahl gehen übereinstimmend davon aus, dass es für bestimmte didaktische Anforderungssituationen mehr oder weniger gut geeignete Medien gibt. Doch ist dies tatsächlich der Fall? Bei algorithmischen Modellen der Medienwahl wurde bereits kritisch festgestellt, dass die vorliegenden Modelle kaum begründbar sind. Zunehmend wird die Bedeutung der Medienwahl für das Lernen in Frage gestellt (Dick, 1987, S. 193):

> The research data seem to indicate that except for the most extreme of circumstances, the selection of a particular medium has little influence on the quality of learning that occurs.

RICHARD CLARK behauptet sogar, dass ein Medium nur insoweit zum Bildungsgeschehen relevant ist, wie der Lastwagen, der Lebensmittel transportiert, zu unserer Ernährung beiträgt (Clark, 1983, S. 445):

> Media are mere vehicles that deliver instruction but do not influence student achievement any more than the truck that delivers our groceries causes changes in our nutrition.

Aus seiner Sicht ist für Lernerfolg die Wahl der richtigen Lehrmethodik mit dem effizientesten Mediensystem entscheidend. Die Wahl des Mediensystems, des „Transporters" des didaktisch aufbereiteten Lernangebotes, hat danach (alleine) unter Kriterien der Effizienz stattzufinden. Der Lernerfolg hängt dagegen vor allem von der Wahl der Lehrmethode und der Qualität der Aufbereitung ab. Lehrmethode und Medium werden oftmals verwechselt oder gleichgesetzt. „Interaktivität" ist seines Erachtens ein Merkmal der Lehrmethode und kein Merkmal des Mediensystems.

Diese, für Viele provozierende These geht von einer kritischen Durchsicht vorliegender empirischer Untersuchungen zur Frage der Überlegenheit bestimmter Mediensysteme im Lehr-Lernprozess aus (Clark, 1994b; Clark & Salomon, 1986). CLARK (1994a) beschäftigt sich mit empirischen Untersuchungen zum *delivery system* im Fernstudium. Er kommt zu dem Schluss, dass es keine Berechtigung für die Annahme gibt, dass bestimmte Mediensysteme im Hinblick auf Variablen des Lernerfolgs anderen überlegen seien: „Media will never influence learning", so der programmatische Artikel von CLARK (1994b).

Mit dem Aufkommen einer neuen Medientechnik wird immer wieder die Hoffnung verknüpft, dass dieses Medium in der Lage ist, Lernerfolge in besonderer Weise zu fördern. Derartige z.T. euphorische Hoffnungen haben sich in der Vergangenheit tatsächlich nach einer gewissen Zeit regelmäßig zerschlagen, wenn man erkannt hat, dass es nicht die Technik als solches ist, die den Lernprozess positiv beein-

flusst, sondern die Art der Konzeption und die Nutzung des Mediums im didaktischen Kontext.

Mit dieser Position hat CLARK eine Reihe von Entgegnungen provoziert. KOZMA
(1991; 1994) beispielsweise stimmt zu, dass ein überzeugender Nachweis für die
Überlegenheit bestimmter Medien*systeme* nicht existiert; er meint *noch* nicht existiert, weil die verfügbaren Anwendungen zum Lernen mit Multi- und Telemedien
die technischen Möglichkeiten überhaupt nicht ausschöpfen und deren Überlegenheit folglich auch (noch) nicht nachgewiesen werden konnte. Das Potenzial hierzu
ist mit diesen Medien sehr wohl gegeben, jedoch nur wenn dies mit den Medien
angemessenen, neuen Vermittlungsmethoden geschieht. Bislang, so KOZMA, folgt
das computergestützte Lehren und Lernen vornehmlich dem behavioristischen Paradigma, das für das mediale Lehren und Lernen unangemessen sei. Die Vorzüge
kämen erst mit konstruktivistischen Ansätzen des didaktischen Designs zum Vor-
schein, da diese die Verarbeitungsleistung der Person, die notwendige Eigenaktivität ebenso wie den sozialen Kontext des Lernens berücksichtigten.

Die Debatte verweist auf einen wichtigen Punkt: Es wäre falsch anzunehmen, dass
der Einsatz bestimmter Medientechniken als solches bestimmte pädagogische Vorteile mit sich bringen würde. Es ist damit m.E. CLARK zuzustimmen, dass Medientechniken als Instrumente zur Erleichterung didaktischen Handelns und didaktischer Kommunikation aufgefasst werden sollten. Die Wahl des Mediensystems hat
somit zunächst unter Gesichtspunkten der *Effizienz* zu erfolgen: Welches Mediensystem ist der Erreichung der gesteckten Ziele unter Berücksichtigung des Aufwands am ehesten zuträglich?

Gibt es nun darüber hinaus Gründe, die für den Einsatz *bestimmter* Medientechniken sprechen? Eine Reihe von Autoren weisen wiederholt auf die Vorzüge bestimmter Medientechniken hin, z.B. die Möglichkeiten des interaktiven Videos, der
Computersimulation oder der Videokonferenz (z.B. Petkovich & Tennyson, 1984).
CLARK kontert mit dem Argument, dass sich auch ohne deren Einsatz entsprechende pädagogische Ziele erreichen lassen und in der Vergangenheit auch erreicht
wurden. Die Medientechnik bringt somit keine *zwingend neue didaktische* Dimension mit sich, die - jenseits einer möglicherweise höheren Effizienz - für deren Einsatz sprechen würde.

Nach CLARK bleibt es *gleichgültig*, welches Mediensystem gewählt wird, solange es
möglichst effizient ist. Sollte sich die Wahl eines bestimmten Mediensystems als
vorteilhaft für den Lernzuwachs erweisen, so liegt dies *nur* an den Rezeptionsge-
wohnheiten und Erwartungen des Medienkonsumenten oder *nur* an kulturspezifi-
schen Ausdrucksformen, wie sie Videoproduzenten, Buchautoren etc. erlernt und
perpetuiert haben, - aber eben nicht am Medium. CLARK abstrahiert damit - im
Unterschied zu seinen Kritikern - das Medium von dem jeweiligen sozialen und
kulturellen Kontext, und unter dieser Prämisse ist ihm vermutlich zuzustimmen.
Eine derartige Vorannahme bleibt jedoch für unser Anliegen äußerst artifiziell, da
die Konzeptualisierung und Produktion eines Mediums immer auf dem Hintergrund eines sehr konkreten sozialen Kontextes stattfindet.

Der Dissens lässt sich auch darauf zurückführen, dass CLARK nach *notwendigen*, seine Kritiker nach *hinreichenden* Gründen für die Medienwahl suchen, - denn in der Praxis *muss* eine Entscheidung erfolgen, so dass selbst wenn keine zwingenden Gründe für die Wahl eines Mediensystems vorliegen, dennoch eine begründete bzw. begründbare Selektion erfolgen sollte. Das Problem der Medienselektion wird *noch* komplizierter, wenn man eine „multimediale Lernumgebung" arrangieren will, die aus verschiedenen Lernangeboten besteht. Denn für die Bestimmung einer möglichst optimalen Kombination von Medientechniken sowie personalen Unterrichts- und Betreuungselementen liegen keine wissenschaftlichen Erkenntnisse vor, die es erlauben würden, die jeweils effizienteste Medienkombination festzulegen.

Im Übrigen bleibt der Vorschlag von CLARK kaum praktikabel: Demnach wäre für eine Entscheidung der Lernerfolg, der mit einem bestimmten Medium erreicht werden kann, dem Aufwand gegenüber zu stellen, der mit dessen Produktion und Einsatz anfällt. Offen ist jedoch, wie die Effizienz eines Mediums im Einzelfall festzustellen wäre, da der Lernerfolg immer von der Qualität der erst zu erstellenden jeweiligen Medienkonzeption abhängig ist und nicht von dem Mediensystem als solchem.

So sehr CLARK zuzustimmen ist, dass *im Prinzip* mit jedem Mediensystem jeder Inhalt vermittelt werden kann, so ist es in der Praxis jedoch keineswegs nur eine Kostenfrage, ob das „richtige" Mediensystem ausgewählt wurde. Schließlich kann die Wahl des Mediensystems sehr wohl über den Erfolg oder Mißerfolg eines Projektes entscheiden. Es stellt sich u.a. die Frage, ob ein Mediensystem mit dem konkreten Kontext kompatibel ist, d.h. inwieweit die Situation den Gebrauch des Mediums unterstützt oder behindert, bzw. inwieweit Maßnahmen ergriffen werden können, die den angemessenen Gebrauch des Mediensystems in der Situation sicherstellen. Im Unterschied zu Ansätzen der Medienwahl, die *technische* Merkmale eines Mediensystems mit didaktischen Kriterien verknüpfen, wäre demnach die Medienwahl von der *Bedeutung*, die dem Medium vom sozialen Kontext zugeschrieben wird, abhängig zu machen.

Medienwahl und sozio-organisatorische Kompatibilität

Es stellt sich damit die Frage, ob mit der Wahl des Mediensystems mit der höchsten Effizienz im Hinblick auf den Lernerfolg tatsächlich die beste Entscheidung getroffen wird. Zu berücksichtigen ist die *Bedeutung*, die dem Medium bzw. dem Mediensystem vom sozialen Kontext zugeschrieben wird. Denn die Wahl des effizientesten Mediums stellt in einem bestimmten sozialen bzw. organisatorischen Rahmen nicht immer die Lösung dar, die von den Betroffenen *(stakeholders)* tatsächlich akzeptiert wird und in dem organisatorischen Rahmen dauerhaft verankert werden kann.

Die Bedeutung, die technischen Medien im Lehr- und Lernprozess zugeschrieben wird, ist sehr unterschiedlich. Sie ergibt sich keineswegs aus den technischen Merkmalen des Mediums, sondern spiegelt Einstellungen, Meinungen und Erfahrungen Betroffener und Beteiligter wider. Derartige *implizite Theorien* über interaktive Medien von *Promotoren* des Computereinsatzes in der Weiterbildung wurden in dem Kapitel „Begründungsmuster in der Praxis" (s. Seite 90) diskutiert. Der Einsatz von Lernmedien wird mit Argumenten begründet, die unterschiedlich gut mit dem sozio-organisatorischen Kontext harmonieren (s. Abbildung 25 nach Kerres, 1995).

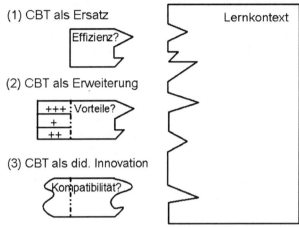

Abbildung 25: Implizite Theorien des Computereinsatzes

Es lässt sich dabei nicht entscheiden, ob diese impliziten Theorien *richtig* oder *falsch* sind. Entscheidend ist, dass sie das Wahrnehmungs- und Handlungsfeld der Beteiligten und Betroffenen konturieren und damit ihr Handeln in dem jeweiligen sozialen Feld beeinflussen. Zu prüfen wäre insbesondere, inwieweit die Begründungsmuster mit dem sozio-organisatorischen Umfeld harmonieren:

- neue Bildungsmedien als Ersatz für personalen Unterricht: Bei Vorherrschen dieser impliziten Theorie ist zu prüfen, ob mögliche Widerstände bei Lehrkräften und Dozenten den Erfolg des Projekts gefährden.
- neue Bildungsmedien als Ergänzung zum personalen Unterricht: Bei Vorherrschen dieser impliziten Theorie ist fraglich, ob eine Steigerung der Effizienz erreicht werden kann.
- neue Bildungsmedien als institutionelle Innovation: Bei Vorherrschen dieser impliziten Theorie ist zu prüfen, ob die relevanten Personen über die notwendigen Fähigkeiten, Fertigkeiten und Einstellungen verfügen, um die damit verbundenen Ziele erreichen zu können.

Es wird deutlich, dass die Medienwahl nicht von dem konkreten Umfeld des medienengestützten Lernens abstrahieren kann. Es besteht die Gefahr, dass mit dem Mediensystem bestimmte Erwartungen des Umfeldes verknüpft werden, die sich aufgrund der im jeweiligen Lernkontext gegebenen Bedingungen als unrealistisch herausstellen. Deswegen ist es notwendig, solche Konstellationen frühzeitig zu sondieren, bei der Medienwahl zu berücksichtigen bzw. Strategien zu deren Modifikation zu entwickeln

Medienwahl bei multi- und telemedialen Lernangeboten

Wie erwähnt, wird mit dem Aufkommen neuer Medientechniken regelmäßig diskutiert, ob die neue Medientechnik grundsätzliche didaktische Vorzüge gegenüber anderen Mediensystemen aufweist: Steigert der Computereinsatz gegenüber personalem Unterricht die Lerneffektivität und -effizienz? Sind interaktive Multimedia-

Anwendungen konventionellen Lehrfilmen überlegen? Ist das Internet gegenüber einer CD-ROM vorzuziehen?

Aus unserer Sicht gibt es keinen Grund, bestimmte Medien bzw. -systeme anderen Medien grundsätzlich vorzuziehen. Es gibt keine *innovativen* oder *antiquierten* Medien im Lehr-Lernkontext. Neue Medien erweisen sich im Bildungskontext vor allem dann als erfolgreich, wenn sie gegenüber bisherigen Medien einen spezifischen Vorzug bei der Lösung eines *Bildungsproblems* aufweisen. In der Praxis steht die Auswahl eines Mediensystems oft bereits vor dem Ergebnis didaktischer Analysen fest. Dabei spielen nicht selten Imagegründe oder individuelle Vorlieben von Personen, die solche Entscheidungen beeinflussen, eine ausschlaggebende Rolle. Gerade die Verfügbarkeit neuer Medien motiviert immer wieder Projekte, bei denen die Auswahl eines Mediensystems *a priori* erfolgt. Man hofft, dass sich die Attraktivität des jeweils neuen Mediums als solches positiv auf den Projekterfolg auswirkt.

Auch wenn die Selektion bestimmter Mediensysteme nicht einfach didaktisch zu begründen ist, ist die Wahl des Mediensystems nicht beliebig. Die Diskussion ist jedoch zu eingeschränkt, wenn einzelne Mediensysteme als *Alternativen* aufgefasst werden, wie dies die dargestellten Selektionskonzepte üblicherweise tun. Bereits jede konventionelle Bildungsmaßnahme beinhaltet eine Mixtur von Medien. Der Unterrichtsvortrag der Lehrenden wird begleitet von Folien, hinzu werden schriftliche Materialien verteilt, Lehrbücher ermöglichen die Vertiefung der Unterrichtsinhalte. Im Fernlehrgang steht der *Studienbrief* im Vordergrund, doch Präsenzphasen an zentralen Orten oder regionalen Studienzentren sind auch hier üblicherweise in das Studienkonzept integriert. Auch der *Telekolleg* der Rundfunkanstalten bietet eine Kombination aus Fernsehübertragungen, schriftlichem Lehrmaterial sowie Begleitseminaren.

Damit wird deutlich, dass die Medienwahl im allgemeinen nicht als Problem von sich ausschließenden Alternativen aufgefasst werden kann. Auch stellt sich die Alternative WBT oder konventioneller Unterricht *in dieser Form* in der Praxis selten. Angesichts der Fülle medialer Informationsangebote in der Lebens- und Lernwelt ist die Medienwahl nicht um die *Auswahl*, sondern um die *Kombination* von Medien zu zentrieren; es muss um deren Verzahnung und Integration in eine *Lernumgebung* gehen.

Leitmedium

Bei der Konzeption einer multimedialen Lernumgebung wird in der Regel ein *Leitmedium* zu bestimmen sein, das u.a. durch folgende Merkmale charakterisierbar ist:

- Das Leitmedium organisiert den Lernprozess in seiner zeitlichen und/oder inhaltlichen Form (mehr oder weniger explizit).

- Der Lerende orinetiert seine Lernaktivitäten an der Struktur des Leitmediums.

- Die Lernenden verbringen üblicherweise den größten Anteil der Lernzeit mit dem Leitmedium.

- Ist eine Sequentialisierung von Lerninhalten vorgesehen, sollte dessen Distribution durch das Leitmedium erfolgen.

Der Einsatz von technischen Medien kann auch im Kontext des personalen Unterrichts betrachtet werden. Bei diesen Varianten bleibt der personale Unterricht das *Leitmedium,* etwa …

- im Unterricht: Das Medium dient der Unterstützung von Lehraktivitäten, etwa zur Veranschaulichung, ebenso wie Lernaktivitäten, etwa bei der selbständigen Erarbeitung von Lehrinhalten oder als Werkzeug zur Beschaffung, Bearbeitung oder Kommunikation von Informationen.
- zur Vorbereitung von Unterricht: Die Teilnehmer erfahren in der Vorbereitung grundlegende Begriffe, Konzepte, Prozeduren etc. durch das Medium; in der Präsenzphase kann dann die Erörterung vertiefender Aspekte etwa in der Gruppendiskussion, in Rollenspielen oder ähnlichem erfolgen. Auf diese Weise trägt das Medium zur Intensivierung von Präsenzphasen bei.
- zur Nachbereitung von Unterricht: Die Übung und Verfestigung von Lehrinhalten kann mit Unterstützung des technischen Mediums erfolgen. In der Vor- und Nachbereitung ist der Einsatz von Multimedien weiterhin wenig verbreitet, obwohl gerade hier eine Steigerung der Effizienz von Bildungsmaßnahmen zu erwarten ist.

In einer medialen Lernumgebung übernimmt dagegen das technische Medium die Funktion des Leitmediums; personale Dienstleistungen (Beratung, Betreuung, Unterstützung) sind an diesen auszurichten, und beziehen sich auf bestimmte Teilprozesse des Lernens und werden in bestimmten Phasen des Lernens relevant.

Zu beachten ist, dass dabei Unterschiede zwischen Entwicklern und Rezipienten in der Wahrnehmung des Leitmediums auftreten können. So wurde beim *Funkkolleg* zunächst die Radiosendung als Leitmedium konzipiert mit den Studientexten als Begleitmaterial. Im Zuge der Erforschung des Lernverhaltens stellte sich jedoch heraus, dass die schriftlichen Materialien zunehmend in den Vordergrund der Studienaktivitäten der Teilnehmenden rücken (Kucklick, 1995). Dies hat dazu geführt, dass einzelne Medien im Medienverbund anders gewichtet werden mussten.

8.2 Hybride Lernarrangements

Heute wird das computergestützte Lernen – in welcher Form auch immer – in der Bildungspraxis kaum mehr als grundsätzliche Alternative zu konventionellem Unterricht aufgefasst. Es setzt sich vielmehr die Sichtweise durch, dass z.B. die betriebliche Bildung, aber auch die Lehre an Hochschlen einer höheren zeitlich-räumlichen Flexibilität und mehr methodischer Varianten bedarf. Genau dies löst der lernorganisatorische Ansatz der *hybriden Lernarrangements* ein. Es geht es nicht mehr um die Überlegenheit bestimmter Medien und didaktischer Methoden, sondern um deren Kombination. Es geht also letztlich darum, die Vorteile möglicher Varianten so zu verknüpfen, dass pädagogische Zielvorstellungen ebenso wie Effizienzkriterien so weit wie möglich erreicht werden können. Die Praxis hat gezeigt, dass solche Optimierungen – aus pädagogischer wie ökonomischer Sicht gleichermaßen – nur möglich werden, wenn eine flexible Kombination von Varianten gefunden wird.

Die Diskussion bleibt also unangemessen eingeschränkt, wenn Mediensysteme als *Alternativen* aufgefasst werden. Die Frage der Substitution personaler Lehre stellt sich in der Form, wie sie in den 70er Jahren diskutiert wurde, nicht mehr: Das mediengestützte Lernen wird zunehmend integraler Bestandteil von Bildungsangeboten. Bereits jede konventionelle Bildungsmaßnahme beinhaltet eine Mixtur von Medien. Der Unterrichtsvortrag der Lehrenden wird begleitet von Folien, zusätzlich werden schriftliche Materialien verteilt, Lehrbücher ermöglichen die Vertiefung der Unterrichtsinhalte. Im Fernlehrgang steht der *Studienbrief* im Vordergrund, doch Präsenzphasen an zentralen Orten oder regionalen Studienzentren sind auch hier üblicherweise in das Studienkonzept integriert. Auch der *Telekolleg* der Rundfunkanstalten bietet eine Kombination aus Fernsehübertragungen, schriftlichem Lehrmaterial sowie Begleitseminaren.

Elemente hybrider Lernarrangements

In der folgenden Tabelle sind typische Elemente solcher Lernangebote aufgeführt, jeweils mit Beispielen für deren didaktisch-methodische Organisation sowie möglichen telemedialen Varianten, die im weiteren Kapiteln genauer erläutert werden (aus Kerres & Jechle, 1999).

Elemente	Beispiele für die konventionelle Organisation	Telemediale Variante
(1) Vortrag mit Gespräch	Frontalunterricht in Seminarraum, Hörsaal	Rundfunk, Video auf Abruf (digitales Fernsehen, Internet etc.), Videokonferenz
(2) Selbstlernen	Print-, AV-Medien (Kassette), Multimedia (CD-ROM, DVD) am Arbeitsplatz, im Selbstlernzentrum oder zu Hause	Rundfunk, WWW-Seiten
(3) Kooperatives Lernen	Partner- und Gruppenarbeit (inhaltsbezogen)	Computer mediated communication/conferencing (CMC), groupware-basierte Kooperation
(4) tutoriell betreutes Lernen	Mentoren-Modelle (auch: Peer-Tutoren)	Tele-Coaching, Tele-Tutoring
(5) kommunikatives/ soziales Lernen	Gruppenansätze (Team-Building, Gruppenfeedback, Metakommunikation etc.)	Internet-Café, Chat-Räume, Diskussionsforen
(6) Beratung	Einzelgespräche, Informationsveranstaltungen	E-Mail, Schwarze Bretter im WWW, Newsgroups
(7) Test, Zertifizierung	Klausur, Prüfung, computerbasiertes (adaptives) Testen	Internetbasierte Tests, Videokonferenz

(1) Das *Referieren*, Vortragen oder Präsentieren mit Frage-Antwort-Sequenzen nimmt
     sowohl in der (Hoch-) Schule als auch in der betrieblichen Bildungsarbeit weiterhin
     einen wesentlichen Stellenwert ein. In der konventionellen Form wird dies als Prä-
     senzmaßnahme in Unterrichtsräumen, Hörsälen etc. organisiert. Lernort und Lern-
     zeit sind dabei extern vorgegeben und auch die Lerngeschwindigkeit kann vom
     einzelnen Lernenden kaum seinen individuellen Bedürfnissen angepasst werden.
     Gleichwohl bieten sich eine Reihe von mediengestützten Alternativen.

     Zu nennen ist zunächst die Distribution von Vorträgen über Audio- oder Videokas-
     setten, bei der die Lernenden – anders als bei Ausstrahlung in Rundfunk und Fern-
     sehen – den Zeitpunkt des Abrufs frei wählen können. Auch über das Internet las-
     sen sich solche Mitschnitte distribuieren. Es ist überraschend, wie wenig von der
     Weitergabe solcher Mitschnitte in der Bildungsarbeit in Deutschland Gebrauch ge-
     macht wird. Der eigentliche Grund, warum Menschen an einem Ort und Raum zu-
     sammenkommen, erscheint die zwischenmenschliche Kommunikation, die aber ge-
     rade bei der Vortragsform in vielen Fällen äußerst rudimentär ist. Viele Teilnehmer
     schätzen bei solchen Veranstaltungen gerade die Pausengespräche, die jedoch
     quantitativ so gering sind, dass der Aufwand für die Durchführung solcher Veran-
     staltungen problematisiert werden kann.

     In einem hybriden Lernarrangement würde deswegen die reine Wissensvermittlung
     in Vortragsform über längere Einheiten in Frage gestellt. Die „Präsenz" von Men-
     schen an einem Ort – auch mit Dozenten – verfolgt in diesem Zusammenhang an-
     dere Ziele: eine Einführung und einen Überblick über Themen zu geben, zum Ler-
     nen zu motivieren, sich kennenzulernen, Gruppen zu bilden etc. – die interperso-
     nelle Kommunikation muss in diesem Setting im Vordergrund stehen. Hierbei än-
     dert sich das Verständnis und die Anlage einer Präsenzveranstaltung– weg von der
     Inhaltsvermittlung hin zu vielfältigen, strukturierten und betreuten Kommunikati-
     onsaktivitäten.

(2) *Selbstlernaktivitäten* bieten gegenüber Präsenzmaßnahmen eine höher zeitliche und
     räumliche Flexibilität. Darüber hinaus besteht für Lernende bei allen Medien die
     Möglichkeit, die Geschwindigkeit der Bearbeitung, aber auch die Intensität der Be-
     arbeitung von Inhalten selbst zu wählen. Es ist ein Irrglaube, dass nur sogenannte
     „interaktive Medien" auf CD-ROM oder im Internet, einen interaktiven Zugriff er-
     lauben: Jedes Buch oder sogar jedes Video kann (und wird in der Regel) interaktiv
     bearbeitet werden, durch Vor- und Zurückblättern/-spulen, das Anbringen von
     Eselsohren und vielem mehr.

     Gerade in einem hybriden Lernarrangement wird es nicht mehr zwingend nötig,
     alle kommunikativen und interaktiven Elemente eines Lernangebotes „in" ein Me-
     dium (z.B. ein CBT-Programm) zu implementieren, da diese durch verschiedene
     Elemente des Lernarrangements abgedeckt werden können. D.h. der Versuch, ein
     äußerst hochwertiges, hochgradig interaktives CBT oder WBT zu erstellen, ist
     möglicherweise viel zu aufwändig (und zu wenig effizient) gegenüber der Kombi-
     nation eines einfacheren Mediums mit einer personalen Betreuung. Im Hinblick auf
     die Ziele des Medieneinsatzes kann es keine grundsätzliche Bevorzugung be-
     stimmter Medien geben.

(3) *Kooperatives Lernen* wird als wesentliches Element nicht nur für den Aufbau kommunikativer sondern auch kognitiver Kompetenzen aufgefasst. Zusammenarbeit in Gruppen fördert soziale Schlüsselqualifikationen wie Gruppenorganisation und Teamfähigkeit. Der Austausch unterschiedlicher Perspektiven trägt wesentlich zu einer intensiven Auseinandersetzung mit Wissensgebieten bei, die einer besonderen geistigen Durchdringung bedürfen. Schließlich zeigen sich deutlich positive motivationale Effekte, die – über eine erhöhte Identifikation mit dem Lernangebot – mit einer erhöhten Lernintensität und Persistenz, sowie geringerer Abbruchquote einhergehen. Die Gestaltung solcher kooperativer Lernvarianten ist didaktisch anspruchsvoll, da „Kooperation" nicht einfach dadurch eintritt, dass sich Menschen zusammenfinden. In der betrieblichen Bildungsarbeit sind diese Ansätze im Zusammenhang mit anderen Gruppenansätzen (wie Qualitätszirkeln, KVP, TQM u.ä.) zu sehen.

Die Nutzung des Internet für solche Lernszenarien ist vergleichsweise neu. Außer E-Mail stehen Werkzeuge zur Unterstützung computerbasierter Gruppenarbeit (Computer Supported Cooperative Work, CSCW) zur Verfügung. Allerdings sind auch hier eine Reihe von strukturellen Einschränkungen zu berücksichtigen, die andere Elemente des hybriden Lernarrangements entsprechend auszugleichen vermögen: Gemeint ist insbesondere die Präsenzphase, die so zu gestalten ist, dass sich Gruppenmitglieder kennen lernen können, und die Gruppe grundlegende Absprachen zur Zusammenarbeit treffen kann.

(4) Eine *Betreuung* von Einzelnen oder Gruppen durch Tutoren sieht vor, dass die Lernenden Aufgaben und Übungen bearbeiten und von Tutoren eine individuelle Rückmeldung zu ihrer Lösung erhalten. Die Tutoren sollen darüber hinaus Gruppen und Gruppenarbeiten betreuen und als Ansprechpartner bei Schwierigkeiten bereit stehen. In der Bildungspraxis sind solche aufwändigen Szenarien leider selten. Beim Lernen mit CBT oder WBT erfolgt allenfalls eine automatisierte Rückmeldung auf relativ einfache Aufgabentypen (z.B. *multiple choice*, Lückentexte, Zuordnungsaufgaben etc.). Obwohl der Lerneffekt solcher Aufgabentypen unbestritten ist, sind sie bei Lernenden wie Lehrenden wenig beliebt. Zum anderen ist die subjektive Verbindlichkeit zur Bearbeitung derartiger Aufgaben bei einer fehlenden personalen Betreuung eher gering, so dass sie – wenn sie denn überhaupt bearbeitet werden – eher nach dem Prinzip von Versuch und Irrtum durchgeklickt werden.

Bei hybriden Lernarrangements spielt dagegen die personale Betreuung eine besondere Rolle, wobei die gesamte Palette an Kommunikationsvarianten genutzt werden kann. Damit wird nicht nur ein höherer Grad von Verbindlichkeit und Individualität bei der Rückmeldung erzielt, sondern es können auch komplexere Aktivitätsformen wie Üben, Anwenden und Praxistransfer begleitet werden.

(5) *Soziale Lernprozesse* finden in konventionellen Präsenzveranstaltungen immer statt. Selbst in reinen Vortragsveranstaltungen nehmen die Teilnehmer andere Personen wahr, sie beobachten und vergleichen sich. Gehören die Teilnehmenden einer Organisation an, trägt alleine das gemeinsame Treffen zur Bildung und Stärkung einer Gruppenidentität bei. Durch verschiedene Formen von Rückmeldungen und

sozialer Sanktionierung werden Verhaltensweisen auf- oder abgebaut, es findet Modell- und Beobachtungslernen statt. Solche impliziten oder explizit angestoßenen Lernprozesse gehen beim mediengestützten Lernen zunächst verloren. Durch Treffen in Bildungs- oder Studienzentren können diese Prozesse jedoch ebenso initiiert werden.

Der Vorteil telemedialer Varianten liegt darin, dass die Kommunikation kurzfristiger und mit weniger Aufwand erfolgt. In günstigen Fällen finden in der Kommunikation über das Netz die gleichen sozialen Lernprozesse wie in Präsenzveranstaltungen statt. Gleichwohl ist es günstig, Tele-Lernen mit Präsenzmaßnahmen zu kombinieren. Bei der Präsenzveranstaltung sollten die Teilnehmenden nicht den Eindruck gewinnen, bei den Treffen ginge es lediglich darum sich kennenzulernen, sich auszutauschen etc.: Es muss eine Lernsituation geschaffen werden, in dem inhaltliches Lernen mit kommunikativen Aktivitäten in der Gruppe und mit Dozenten etc. verwoben sind.

(6) *Lernberatung* erscheint in der Praxis ein eher randständiges Problem, das sich in der Realität nicht selten auf eine Art Kursmanagement reduziert: Wann findet welcher Kurs statt? Wo gibt es freie Plätze etc.? Beim konventionellen Lernen im Unterricht ist diese Beratungsleistung oft weniger relevant, weil z. B. der Dozent solche Funktionen übernimmt, etwa wenn Teilnehmer auf andere (leichtere oder fortführende) Kurse hingewiesen werden oder Rückmeldungen über ihren Lernfortschritt durch Dozenten erhalten. Im Gruppenverband ist auch der soziale Vergleich gegeben, d.h. man erkennt z.B. an Bemerkungen, Fragen und Antworten anderer Teilnehmer, ob man dem Fortgang einer Veranstaltung folgen kann, ob man mehr (oder weniger) Anstrengung in Lernaktivitäten investieren muss. Beim „einsamen" Lernen mit Medien fehlen vor allem Hinweise über die Angemessenheit der investierten Zeit bzw. Anstrengung, zum relativen Lernfortschritt etc. beim Lernen. Gerade bei größeren thematischen Lerneinheiten entsteht ein gewisses Vakuum, das einerseits enorme Lernleistungen motivieren kann, anderseits besteht gerade bei Personen mit wenig Erfahrung mit selbstgeregeltem Lernen die Gefahr reduzierter Lernmotivation. Eine individuelle Verbindlichkeit für das Lernen in einem solchen Arrangement entsteht dagegen, wenn ein Lerner im Rahmen einer Lernberatung mit einer anderen (für sie wichtigen?) Person eine Vereinbarung („Kontrakt") schließt, die definiert, welche Lernleistung von der Person in welchem Zeitraum erwartet/zugesagt wird. Wird Lernberatung darüber hinaus als Teil der betrieblichen Personalentwicklung aufgefasst, dann geht es darum, mit dem Einzelnen die individuellen und organisatorischen Qualifikationsbedürfnisse und -bedarfe zu klären und einen individuellen Plan für Lernziele aufzustellen. Im Rahmen einer „Führung durch Zielvereinbarung" ist dies beispielsweise eine wesentliche Führungsaufgabe bei der Personalentwicklung in Organisationen.

(7) Für alle Beteiligten ist die *Qualitätskontrolle und -sicherung* der Lernprozesse und -ergebnisse von Bedeutung. Die Prüfung und Zertifizierung von Lernerfolg ist für das lernende Individuum nicht nur für die Erlangung z.B. eines formelle Studienabschlusses oder für das berufliche Fortkommen wichtig, sondern auch für das Gefühl, ein definiertes Pensum bewältigt zu haben. Aber auch für den Bildungsanbie-

ter sind solche Informationen über erzielte Lernfortschritte wichtiger als bei konventionellen Maßnahmen, da der mehr oder weniger valide, unmittelbare Eindruck von Dozenten aus dem Unterrichtsgespräch fehlt.

Für Organisationen wird durch die Kontrolle des Lernerfolges transparenter, was in Bildungsmaßnahmen passiert. Früher bestand die (trügerische) Gewißheit, dass solange sich Menschen in einem Seminarraum aufhalten, dort „gelehrt" und „gelernt" wird.[2] Die gesetzlichen, gewerkschaftlichen und individuellen Vereinbarungen mit den Mitarbeitern und deren Kontrolle haben sich in der Vergangenheit immer auf die Dauer der *Anwesenheit* in einer Bildungsmaßnahme (resp. Veranstaltungsraum) bezogen. Dies ist einem hybriden Lernarrangement in dieser Form obsolet; hier sind neue Wege zu finden, wie die Teilnahme an mediengestützter Weiterbildung geregelt werden kann. Dabei wird es weniger um die Teilnahme an bestimmten Maßnahmen gehen, sondern um Lernqualität und -ergebnisse.

Kombination von Elementen hybrider Lernarrangements

Lernarrangements bestehen aus verschiedenen Lernangeboten und lernförderlichen Maßnahmen personeller wie (infra-) struktureller Art. Diese sollten in ihrer Anlage unterschiedliche Lernerfahrungen ermöglichen und unterschiedlichen Lernbedürfnissen entsprechen. Das Lernarrangement sollte insofern überdeterminiert sein als verschiedene Elemente das anzustrebende Lehrziel gleichermaßen verfolgen, d.h. es liegen z.B. sowohl Print- als auch AV-Medien zu einem bestimmten Thema vor. Der einzelne Lerner kann dabei seine Schwerpunkte setzen und die für seine Lernsituation günstigste Variante wählen.

Lernangebote können sich dabei entweder inhaltlich überlappen, indem z.B.

- unterschiedliche Medien für die gleichen Inhalte und methodische Aufbereitung gewählt werden (Der Lerner kann z.B. bestimmte Inhalte in einer Präsenzveranstaltung hören oder als multimediales CBT bearbeiten.),
- verschiedene oder gleiche Medien einen unterschiedlichen methodischen Zugang bieten (Der Lerner kann z.B. eine Aufgabe alleine oder in einer Lerngruppe bearbeiten.)

oder inhaltlich ergänzen, indem z.B.

- vertiefende Informationen angeboten werden oder fehlendes Wissen, das für das Verständnis wichtig ist, nachgeholt werden kann.

Aber auch in dem hybriden Lernarrangement ist ein Leitmedium zu bestimmen, und damit eine Hierarchie der Elemente. In einer typischen Lernumgebung können umfangreiche multimediale Informationen auf lokal verfügbaren Datenträgern angeboten werden. Über das Internet können Lerner auf entfernte Rechner zugreifen und Informationen abrufen. Es sind dies entweder Wissensbasen für die gezielte und ungezielte Informationsrecherche oder Server, auf denen speziell aufbereitete Medien vorgehalten werden. Diese Medien können für die Bearbeitung lokal geladen oder aber interaktiv im Internet bearbeitet werden. Der Lerner kann mit ande-

---

[2] Auf die Notwendigkeit, neue Regelungen für den Schutz von Daten zu finden, die sich auf den Lernprozeß beziehen, wurde bereits hingewiesen.

ren Teilnehmenden oder Betreuern vor Ort lokal kommunizieren. Gleichwohl können entfernte Lerner oder Experten bzw. Betreuer über Netze eingebunden werden, die den Lerner unterstützen.

Eine solches multimediales Lernangebot kann organisiert werden von einem Bildungsmanagement, das die Angebote systematisch plant, implementiert und die Lernenden unterstützt. Dies kann auch Maßnahmen beinhalten, bei denen die persönliche Kommunikation im Vordergrund steht, also Präsenzphasen, die den persönliche Austausch zwischen Lernenden und Lehrenden ermöglichen, und in denen Präsentationen, *workshops* oder Prüfungen durchgeführt werden.

Bisherige Modelle der Medienselektion müssen beim Arrangieren solcher Lernumgebungen versagen, weil sie einzelne Elemente oder Maßnahmen im wesentlichen als Alternativen werten. Sinnvoller ist es, nach dem Beitrag einzelner Elemente für die Schaffung einer lernförderlichen Umgebung zu fragen. Außer den üblichen Kriterien zur didaktischen Bewertung solcher Elemente ist insbesondere zu klären: Welche alternativen Elemente kommen in Frage? Welche Aufwändungen sind für die Beteiligten mit den jeweiligen Elementen verbunden? Worin besteht der zusätzliche Nutzen (*added value*) der verschiedenen Elemente für die Lösung eines Bildungsproblems, die Zielgruppe und die Lernorganisation? Welche (zusätzlichen) Maßnahmen sind notwendig, damit die Angebote tatsächlich – dauerhaft – genutzt werden und in die Lernumgebung integriert werden (Nachhaltigkeit)?

Während die mediendidaktische Forschung lange Zeit durch die Kontroverse über die Ersetzbarkeit personalen Unterrichts durch Medien und Computer geprägt war, hat sich in der Praxis eine Sichtweise durchgesetzt, die nach der Kombination verschiedener Lernangebote sucht, nicht zuletzt weil solche hybriden Arrangements am ehesten eine Steigerung der Effizienz der Bildungsarbeit versprechen. Gerade im betrieblichen Kontext der Aus- und Weiterbildung geht es deswegen um die Frage, wie verschiedene Elemente von Unterricht, selbstgeregeltem und kooperativem Lernen mit Lern- und Qualitätszirkeln, Maßnahmen der lernförderlichen Arbeitsgestaltung, bis hin zu Konzepten der Organisationsentwicklung und einer Unternehmenskultur der lernenden Organisation kombiniert werden können.

8.3 Organisation des Medienzugangs

Bei der Planung eines Lernarrangements stellt sich die Frage, wie den Lernenden das Medium zugänglich gemacht werden soll? Im Folgenden sollen Varianten des Medienzugangs erörtert werden. Wird das Medium gegenständlich distribuiert, kann der Lerner es zur Nutzung ...

- erwerben oder ausleihen (orts*un*gebundener Medienzugang: Distribution über den stationären Handel oder Versand) oder
- aufsuchen (ortsgebundener Medienzugang: z.B. Selbstlernzentrum, Lernstudio).

Wenn das Medium nicht-gegenständlich distribuiert wird, ist ebenfalls ein ortsungebundener Medienzugang möglich, und zwar durch Aussendung in Verteilnetzen oder Abruf in Vermittlungsnetzen.

Die Entscheidung für eine dieser Varianten geschieht auf dem Hintergrund des Verständnisses der Bildungsarbeit und hängt davon ab, welche Bedeutung selbstgeregeltem Lernen einerseits und personaler Kommunikation anderseits in der Arbeit einer Bildungseinrichtung bzw. -abteilung zugeschrieben werden. Solange das Lernen in Gruppen und Seminaren vorherrscht, sind die im Folgenden diskutierten Fragen der Konzeption des Medienzugangs wenig relevant. Um so mehr das flexible und selbständige Lernen in den Fokus von Bildungsangeboten gerät, gewinnt die Frage des angemessenen, u.a. schnellen und komfortablen, ggfs. betreuten Zugangs zu medialen Lernangeboten eine zentrale Bedeutung.

8.3.1 Ortsgebundener Medienzugang

Bei einem ortsgebundenen Medienzugang muss ein Lerner eine Einrichtung aufsuchen, die ihr den Zugang zu dem Lernangebot eröffnet. Diese Variante ist typischerweise in der betrieblichen Bildungsarbeit, wo zentrale Abteilungen das Lernangebot organisieren, sowie bei Angeboten von Weiterbildungsträgern (einschließlich der Erwachsenenbildung) anzutreffen.

Selbstlernzentrum und Mediothek

Selbstlernzentren sind, ähnlich wie Klassenräume, ausgestattet mit Mediensystemen, die speziell für die Nutzung von Lernmedien eingerichtet sind. Der PC-Raum erinnert in Ausstattung und Anordnung oft an das frühere Sprachlabor. Die Lernenden buchen Unterrichtsstunden im PC-Raum, indem sie in einem Sekretariat oder auf elektronischem Weg Zeiten belegen. Ein Betreuer unterstützt bei der inhaltlichen Wahl der Kurse und bei eventuell auftretenden technischen wie inhaltlichen Schwierigkeiten bei der Kursbearbeitung.

In Selbstlernzentren wird der Zugriff auf Lernprogramme auf CD oder im Intranet angeboten, die in der Regel von einer Bildungsabteilung auf ihre inhaltliche wie didaktische Qualität geprüft wurden. Inhaltlich sind die verschiedensten Anwendungen anzutreffen, vielfach handelt es sich um Kurse zur Computertechnik und Softwarebenutzung sowie Sprachkurse.

Voraussetzung für den Erfolg solcher Zentren ist u.a.:
- die Verfügbarkeit einer genügenden Auswahl verschiedener Kurse (z.B. auch auf unterschiedlichem Schwierigkeitsniveau)
- die professionelle innerbetriebliche Vermarktung des Bildungsangebotes
- die innerbetriebliche Akzeptanz und Unterstützung der Arbeit des Selbstlernzentrums (insbesondere durch Führungskräfte) sowie
- präzise Vereinbarungen, die die Buchung, den Besuch sowie die Verrechnung des Kursbesuchs regeln.

Die Einrichtung von Selbstlernzentren ist zu favorisieren, wo die Verbreitung multimediafähiger Rechner am Arbeitsplatz gering ist, die Einrichtung und Betreuung von Multimedia-Anwendungen sich als aufwändig erweist und eine große Anzahl von Mitarbeitern ihre Tätigkeit in enger räumlicher Nähe zu dem Zentrum verrichten.

Die Anordnung in einem PC-Raum erfordert bei Audio-Komponenten in Lernprogrammen den Einsatz von Kopfhörern. Vor allem aber behindert die Aufstellung mehrerer (selbst abgeschirmter) Rechner in einem Raum die persönliche Kommunikation zwischen Teilnehmern oder mit einem Betreuer, da dies andere Lerner stört.

Konzepte der kooperativen Bearbeitung von Lernaufgaben sind bei dieser Anordnung nicht realisierbar. Die Idee des Selbstlernzentrums ist weitgehend von dem konventionellen Konzept des Unterrichts im Klassenzimmer inspiriert: Zum Lernen sucht man einen speziellen Ort auf, an dem in einem vorgegebenen Zeitraster (wahrscheinlich) Lernen stattfindet.

Für die Organisation besteht der Vorteil in der leichten Kontrollierbarkeit des Nutzungsverhaltens des Teilnehmers. Wie bei konventionellen Bildungsmaßnahmen kann ein Mitarbeiter zur Teilnahme an bestimmten Kursen an einen bestimmten Ort „abgeordnet" werden; die im Selbstlernzentrum verbrachte Zeit wird auf das, dem Mitarbeiter nach den geltenden gesetzlichen Bestimmungen und betrieblichen Vereinbarungen zustehende Weiterbildungskontingent angerechnet.

Tatsächlich bietet die Alternative, das Lernen *am Ort* des Arbeitsplatzes, nur selten die äußerlichen Bedingungen, die für eigenständige Lernaktivitäten geeignet sind: Ablenkung durch Kunden, Telephonate oder Kollegen erschweren die konzentrierte Bearbeitung von Kursmaterialien. Hinzu kommen technische Hindernisse: Selbst bei Verfügbarkeit eines Multimedia-PCs mit Internet-Anschluss ist die oftmals nicht triviale Installation der Medien und Bearbeitungswerkzeuge (z.B. Plug-Ins) notwendig.

Interessanterweise sind Selbstlernzentren nicht nur aus pädagogischen Erwägungen, sondern gerade auch aus Kostengründen oft wenig attraktiv. Denn es sind nicht geringe räumliche, sachliche und personelle Ressourcen vorzuhalten. Wichtiges Ziel der Bildungsabteilung wird die *Auslastung* der vorgehaltenen Ressourcen, was nicht unbedingt die Antwort für die Bildungsprobleme und -ziele der Organisation sein muss. Hinzu kommen eine Vielzahl praktischer Probleme: Die Bildungsabteilung muss bemüht sein, ihre Angebote möglichst lange im Voraus zu planen und dabei möglichst über die gesamte Kernarbeitszeit die Auslastung zu erhöhen. Dies macht eine Verwaltung der Ressourcen mit Anmeldungen, Belegplänen und Dispositionen notwendig. Gerade bei medialen Lernangeboten wäre jedoch der kurzfristig mögliche Zugang mit weitgehend individueller Variabilität erwünscht. So müsste eine Lösung zu finden sein bei z.B. unverhofften Leerlaufzeiten, in denen Weiterbildungsinteressen verfolgt werden können. Mit Hilfe der konventionellen Zuweisung der Ressourcen lässt sich dies nicht lösen. Hier ist ein orts*un*gebundener Medienzugang zu realisieren.

Gleichwohl bietet der ortsgebundene Medienzugang in der Praxis einige wesentliche Vorteile, die diese Variante vor allem aus Sicht des Bildungsmanagement auch in Zukunft interessant erscheinen lassen:

• Die Bildungsaktivitäten können leichter geprüft und überwacht werden.
• Der Zeitraum der Freistellung der Mitarbeiter für Lernzwecke ist definierbar.

- Wenn Medien auf Lizenzbasis abgerechnet werden, ist die Anzahl der benötigten Lizenzen vergleichsweise gering. Mit z.B. 10 Softwarelizenzen können ohne weiteres 1000 und mehr Mitarbeiter zentral geschult werden.
- Die Berechnung der Dienstleistungen der Bildungsabteilung (auf Zeitbasis) ist gut nachvollziehbar, was das Bildungscontrolling erleichtert.

Als weitere Variante derartiger Einrichtungen lässt sich der Medienzugang auch durch *Ausleihe* in einer Mediothek organisieren, welche üblicherweise Bibliotheken angegliedert sind. Die Nutzung des Mediums geschieht dann privat oder am Arbeitsplatz. Das bloße Bereitstellen von Medien ist jedoch kein Ersatz für - private wie öffentliche - Bildungsarbeit. Die Erhebung von Bedarf und Bedürfnissen, Programm- und Kursplanung, der Beratung und Betreuung bis hin zur Prüfung und Zertifizierung von Lernenden macht weiterhin einen wesentlichen Teil der Bildungsarbeit aus.

Lerninseln

Eine weitere Variante des ortsgebundenen Zugangs stellt die Einrichtung von *Lerninseln* dar. Hierbei wird *in räumlicher Nähe* des Arbeitsplatzes jedoch abgeschirmt ein Rechner speziell zu Lernzwecken eingerichtet. Die Nutzung dieses Rechners kann wesentlich weniger bürokratisch als etwa der Besuch eines Selbstlernzentrums erfolgen, z.B. in Zeiten geringeren Arbeitsanfalls.

Ein solches Szenario von dezentralen Lerninseln wird insbesondere durch die zunehmende Vernetzung der Rechner am Arbeitsplatz vereinfacht: Der Lerner kann sich an einem Intranet anmelden und Anwendungen abrufen. Wenn dies notwendig wird, kann hierüber auch die individuelle Freigabe und Abrechnung der Softwarenutzung erfolgen.

Die Einrichtung von Multimediasystemen in Lerninseln wird technisch nicht zuletzt durch die Fernwartung von Rechnern vereinfacht: Der Betreuer kann von einer entfernten Zentrale die teilweise doch aufwändige Installation von Software an der Lerninsel durchführen und überprüfen, ohne sich an den Ort jeder einzelnen Lerninsel begeben zu müssen. Der Serviceaufwand in einem solchen Netz ist jedoch nicht zu unterschätzen. Auch hier ist eine zentrale Betreuung im Hinblick sowohl auf die technischen als auch auf die inhaltlichen Probleme vorzusehen, um den Erfolg der Einrichtung sicherzustellen.

Mit derartigen Lerninseln lassen sich darüber hinaus sehr unterschiedliche didaktische Ansätze realisieren. Von Vorteil erscheint vor allem, dass insbesondere die Kommunikation vor Ort und damit der Austausch der Lernenden mit Kollegen etc., wahrscheinlich wird, d.h. das Medium regt so eher zu Gesprächen, Rückfragen bei Kollegen etc. an, als ein PC in einem entfernten Selbstlernzentrum.

8.3.2 Ortsungebundener Medienzugang

Durch die Nutzung von Netzen ergibt sich die Möglichkeit, die Distribution von Bildungsmedien ortsungebunden zu gestalten. Diese eröffnet dem einzelnen Lerner sowie Organisationen die Option, ihre Lehr-Lernaktivitäten wesentlich flexibler zu gestalten als bei einem ortsgebundenen Medienzugang. Darüber hinaus entfällt die Notwendigkeit, Personal und Räumlichkeiten für z.B. eine Mediothek vorzuhalten; jedoch ergeben sich Kosten im Zusammenhang mit dem Betreiben und der Nutzung der Netze. Außerdem fallen für den Lerner als „Endanwender" erhöhte Aufwändungen an, da er die technischen Einrichtungen für Empfang oder Abruf der Medien bereitstellen muss. Die Bewältigung technischer Probleme, wie Installation, Kompatibilität oder Datensicherheit, werden damit an den Ort des Lerners verlagert.

Prinzipiell zu unterscheiden sind Verteil- und Vermittlungsnetze. Beide ermöglichen einen ortsungebundenen Medienzugang. Darüber hinaus unterstützen sie – in unterschiedlichem Ausmaß – die Möglichkeit einer interpersonellen Kommunikation über Distanzen.

Verteilnetze

Die Ausstrahlung von Sendungen in Rundfunk und Fernsehen zu Lehrzwecken hat eine lange Tradition. In der Anfangszeit von Rundfunk und Fernsehen sah man den zentralen Auftrag dieser Medien überhaupt in der Verbreitung von Bildung, Kultur und Information. Das *Bildungsfernsehen* nimmt Lehrveranstaltungen, insbesondere Vorträge und Vorlesungen auf, und distribuiert diese über Rundfunk, Kabel oder Satellit. Man vermisste jedoch Möglichkeiten der unmittelbaren Rückmeldung des Zuhörers bzw. Zuschauers und der Interaktion.

Deswegen wurden verschiedene Szenarien erprobt, wie im Rahmen solcher Arrangements ein Rückkanal für die bidirektionale Kommunikation eingerichtet und genutzt werden kann. Es entstand das Szenario des Tele-Teaching, bei dem zunächst vor allem Vorlesungen, Diskussionen, Demonstrationen etc. aus einem Studio übertragen wurden; den Lernenden wird die Möglichkeit geboten, über einen Rückkanal mit dem entfernten Experten zu kommunizieren.

Für die Kommunikation im Tele-Teaching ist ein Hinkanal (zum Lerner) sowie Rückkanal (zum Lehrenden) einzurichten. Für den Hinkanal kommen dabei unterschiedliche Varianten synchroner Kommunikation in Frage. Im europäischen Förderprogramm DELTA wurde Anfang der 90er Jahre vor allem die Satellitenübertragung erprobt (Held & Kugemann, 1995).

Für den Rückkanal sind grundsätzlich folgende Varianten zu diskutieren:

- Audio-Verbindungen des analogen Telefonnetzes
- Telefax über das leitungsvermittelte Netz (analog oder digital)
- textueller Datenaustausch über Computerkonferenzen (via E-Mail)
- Audio- (und ggfs. Video)verbindungen über ISDN oder über Intra- und Internet.

Aus didaktischer Sicht zu differenzieren sind wiederum *synchrone* (zeitgleich) und *asynchrone* (zeitversetzt) Varianten für den Rückkanal. Beide haben Vor- und Nachteile. Die Spontaneität des direkten Austauschs lässt sich nur mit synchronen Kommunikationstechniken erreichen. Gleichwohl können asynchrone Varianten in Fernlehrszenarien auch Vorteile aufweisen. Sie fördern überlegtere Formulierungen auf Seiten von Lernern wie Lehrern. Auch lassen sich Rückmeldungen, Fragen etc. sammeln und gebündelt beantworten.

Unterschiedlich wird bei Fernsehübertragungen (als Hinkanal) die Beschränkung auf Audio (Telefon) als Rückkanal eingeschätzt, da bei dieser zwar kostengünstigen Variante nonverbale Hinweise verloren gehen. Gleichwohl stellt sich im konkreten Fall die Frage, ob der zusätzliche Aufwand für den Video-Rückkanal den didaktischen Nutzen rechtfertigt. Darüber hinaus sind die Probleme bei der Einrichtung und Bedienung von videobasierten Systemen zu berücksichtigen. Ähnliches gilt für Computerkonferenzen, da sie den Zugang zu Datennetzen erfordern, vor allem aber die Fähigkeit und Erfahrung, in solchen Netzen zu kommunizieren.

Doch das Tele-Teaching via Verteilnetzen weist wesentlich mehr Varianten auf, die in der Regel vorzuziehen sind, da sie die Möglichkeiten des technischen Mediums besser ausnutzen, und in vielen Fällen die didaktisch interessanteren Optionen beinhalten, zum Beispiel ...

- die Aufnahme von Studiodiskussionen mit Dozenten, Experten und Lernern
- die Verküpfung mehrere Schulungsräume
- die Übertragung moderierter Präsentationen, in der z.B. Experten interviewt werden können,
- die Übertragung dokumentarischer Beiträge in Art und Qualität der Fernsehberichterstattung mit anschließender Diskussion
- die Durchführung virtueller *workshops*, bei denen Studierende und Experten gemeinsam eine Aufgabe bearbeiten

FOLEY (1995) beschreibt jene Varianten, die sich in Projekten als vergleichsweise vorteilhaft erwiesen. Dazu gehört die Kombination von Studiodiskussionen nach vorproduzierten Videobeiträgen oder im Anschluss an moderierte Präsentationen.

Vermittlungsnetze

Die Szenarien des Tele-Teaching, die Anfang der 90er Jahre auf der Basus von Satellitenausstrahlungen erprobt wurden, konnten sich nicht auf breiterer Basis durchsetzen. Sie blieben auf ein sogenanntes *business TV* beschränkt, das vor allem grössere Unternehmen bei z.B. überregionalen Produktankündigungen oder - schulungen für ihre Mitarbeiter nutzen.

Dies liegt zum einen an dem relativ hohen Aufwand, der mit der Distribution verbunden ist. Zum anderen kommt der zügige Ausbau digitaler Telekommunikations-Netze hinzu. Das ISDN-Netz bietet kostengünstigere Möglichkeiten für Videokonferenzen und bietet den meisten privaten wie betrieblichen Interessenten damit attraktivere Optionen.

Es besteht dabei ein wesentlicher Unterschied zwischen *ausgestrahlten* Bildungsangeboten, für die eher mühsam ein Rückkanal konstruiert wird, und Angeboten, die über ein digitales Telekommunikationsnetz *verteilt* werden. Rundfunk und Fernsehen (sei es über terrestrische Frequenzen, Kabel oder Satellit) bleiben immer ein Medium der *Massenkommunikation*, bei der eine Nachricht über einen Sender an ein disperses Publikum ausgestrahlt wird. In einem Vermittlungsnetz lassen sich dagegen *alle* Kommunikationstypen abbilden, also nicht nur die Kommunikation 1:N, sondern auch 1:1 sowie N:N. In einem Vermittlungsnetz kann Jeder mit Jedem kommunizieren, aber sich auch zu Gruppen zusammenschließen, Informationen für wenige oder für viele zugänglich machen etc. Damit bietet ein vermitteltes Netz eine wesentlich flexiblere Basis für die Organisation von Lernangeboten als ein reines Verteilnetz.

8.4 Varianten des Tele-Lernens

Durch die Nutzung von Vermittlungsnetzen erweitert sich beim Tele-Lernen das Spektrum möglicher Varianten zu interpersoneller Kommunikation: die aus der Telefonie bekannte Kommunikation zwischen Einzelpersonen (1:1), der Versand von Informationen an eine Gruppe (1:N) oder die Kommunikation innerhalb oder über Gruppen hinweg (N:N). Gegenüber bisherigen Medienverbundlösungen zeichnet sich das Tele-Lernen dadurch aus, dass Hin- und Rückkanal der Kommunikation in *einem* technischen Medium realisiert sind. Hierdurch vereinfacht sich der wechselseitige Austausch zwischen lehrender Institution und Lernenden ganz wesentlich. Ist eine bestimmte Bandbreite des Datendurchsatzes gewährleistet, kann neben der asynchronen (zeitversetzten) Kommunikation auch die synchrone (zeitgleiche) Kommunikation zwischen Personen realisiert werden.

Beim Tele-Lernen werden damit sehr unterschiedliche Varianten zur Distribution von Informationen und zur Gestaltung eines Rahmens für interpersonelle Kommunikation möglich. Es können alle bisher dargestellten Varianten nachgebildet werden, und es lassen sich neue, didaktisch interessante Varianten realisieren, wie etwa das *kooperative Lernen im Netz*.

Tabelle 18: Systematik telemedialer Lernszenarien

Varianten	Interaktion	kooperativ	betreut	synchron - asynchron [*]
offenes Tele-Lernen	L	–	–	as
Tandem-Lernen	L — L	+	–	as
(unbetreute) Lerngemeinschaften	L — L — L	+	–	as
Tele-Coaching	L — T	–	+	s
Tele-Teaching	T — L, L, L	–	+	s
betreutes Tele-Lernen	T — L (L)	–	+	as
verteiltes, kooperatives Lernen	L — L — T	+	+	as
E-Mail Partnerschaften	T L — L (T)	+	+ (lokal)	a
virtuelles Klassenzimmer	T L L — L L (T)	+ (lokal)	+ (lokal)	s + as

Anmerkungen: L – Lerner, T – Tutor
                    [*] vorrangige Kommunikationsform: s = synchron, as = asynchron

In einem telemedialen Lernszenario bearbeiten einzelne oder mehrere Lernende mit mehr oder weniger Unterstützung durch Andere einen Lerngegenstand. Bei einer Systematisierung möglicher Varianten können die telemedialen Lernszenarien in Tabelle 18 unterschieden werden.

Tele-Teaching

Beim Tele-Teaching steht der Aspekt der Wissensvermittlung durch einen Dozenten im Vordergrund. Dabei werden in der Regel Vorträge, Präsentationen oder (Studio-) Diskussionen übertragen (vgl. Günther, 1996). Die Lernenden sind räumlich vom Lehrenden getrennt und zunächst vor allem rezipierend beteiligt. Es besteht jedoch die Möglichkeit, sich mit Fragen, Kritik oder Anmerkungen an den Referenten zu wenden. Eine typische Anwendung wäre die „Übertragung" einer Vorlesung, eines Vortrages oder einer Präsentation aus einem Hörsaal oder Studio an eine andere Hochschule, in den Schulungsraum eines Unternehmens oder einer Weiterbildungseinrichtung. Es bleibt didaktisch bei einem eher konventionellen Ansatz, da die Lernenden im wesentlichen einem Unterricht per Telemedien beiwohnen (vgl. die Kritik von Peters, 1997).

Am gebräuchlichsten für solche Konferenzschaltungen ist bislang die Nutzung des ISDN-Netzes. In der Regel reicht die Qualität der Bild- und Tonübertragung von einfachen Konferenzsystemen, die zwei bis vier B-Kanäle nutzen, für didaktische Zwecke aus, um mittelgroße Gruppen (bis ca. 30 Teilnehmer) zu addressieren. Die Qualität lässt sich durch die Bündelung von weiteren ISDN-Kanälen steigern. Nur wenn die Übertragung hochauflösender Bilder in Echtzeit didaktisch wirklich begründet ist, werden breitbandigere Übertragungswege erforderlich. Bei Videokonferenzen im Internet müssen weiterhin Abstriche an die Qualität der Bildübertragung gemacht werden, wenn kein Zugriff auf besonders schnelle Verbindungen besteht.

Anders als vielfach erwartet erweist sich weniger die Bild- als die Tonübertragung als problematisch, da in den Veranstaltungsräumen recht aufwändige technische Maßnahmen zur Tonaufzeichnung und z.B. Unterdrückung von akustischen Rückkopplungen vorgesehen werden müssen. Hinzu kommt, dass die Teilnehmer eine weniger hochwertige *Bild*übertragung eher akzeptieren als eine schlechte *Ton*übertragung. Es ist zu bedenken, dass in der Regel der Audiokanal die inhaltlichen Informationen transportiert.

Technich wenig problematisch sind dabei Videokonferenzen, die zwei Lokationen (z.B. Veranstaltungsräume) *point to point* (wie bei einer normalen Telephonschaltung) verbinden. Aufwändiger sind *multi point*-Verbindungen zwischen mehreren Lokationen. Es ist es auch möglich, die Anzahl der gekoppelten Lokationen darüber hinaus zu erhöhen. Allerdings leidet mit der Komplexität solcher *multi point*-Schaltungen die Kommunikation, nicht zuletzt wegen des erhöhten Aufwandes sowohl während des Aufbaus der Schaltung als auch während der Gesprächsführung (s. Seite 262f.).

Es stellt sich insbesondere die Frage des *turn taking* in der Kommunikation: Wie wird gesteuert, wer wann mit wem reden darf/kann? Wegen der nicht unerheblichen Probleme der verfügbaren Lösungen reduzieren sich entsprechende Versuche in vielen Fällen auf ein reines *broadcasting:* D.h. das Potenzial *bidirektionaler* Kommunikation reduziert sich letztlich auf eine *einseitige* Kommunikation vom Referenten zu den Zuhörern. Wenn aber keine bidirektionale Kommunikation möglich ist bzw. zustande kommt, ist der Aufwand für die Einrichtung und Durchführung dieses Szenarios fragwürdig, und es sind Alternativen (z.B. Versand von Video-Kassette oder CD) zu erwägen.

Die Anforderung an die Dozenten in diesem Szenario besteht in der keineswegs einfachen Gestaltung und Anregung zu ortsübergreifender Kommunikation. Denn ein Dialog über die Distanz hinweg stellt sich – auch bei *point to point* Verbindungen – mitnichten automatisch ein. Zur Kommunikation in Videokonferenzen liegen mittlerweile Untersuchungen vor, die auch die Beschränkungen deutlich machen (Fussell & Benimhiff, 1995; Hightower & Sayeed, 1995; O'Conail, Whittaker, & Wilbar, 1993).

Trotz der erlebten Nähe der Teilnehmenden durch die Bildzuschaltung bleibt eine überraschend hohe Distanz im Kommunikationsverhalten bestehen. Aus didaktischer Sicht stellt sich die grundsätzliche Frage, ob der in der Regel nicht unerhebliche Aufwand für den Rückkanal lohnt, wenn die wechselseitige Interaktion zwischen Referierenden und Zuhörenden in entfernten Lokationen in der Praxis doch eher *selten* stattfindet: Es bleibt in den überwiegenden Fällen bei einer (unidirektionalen) „Ausstrahlung“ von einem Sender zu einem Empfänger *(broadcasting).* Ein Versand etwa von Videokassetten oder CDs ist hier sehr wohl als Alternative zu diskutieren. In jedem Fall bedarf es eines Trainings der Dozenten, welches neben der Nutzung der technischen Komponenten auf die Gestaltung einer didaktisch sinnvollen Kommunikation in dem spezifischen Szenario eingeht.

Offenes Tele-Lernen

Beim offenen Tele-Lernen greift ein einzelner Lerner auf Lernmaterialien im Netz zu; die Bearbeitung der Materialien geschieht ohne Kooperation mit Anderen oder Betreuung durch Tutoren. Diese Variante eignet sich insbesondere für kleinere Lerneinheiten (etwa von wenigen Stunden Bearbeitungsdauer) und für Wissensdefizite, die *ad hoc* behoben werden sollen. Es eignet sich gerade für Fortgeschrittene, die bereits einen Überblick über ein Fachgebiet haben, ihr Wissensdefizit genau benennen können und auch wissen, wie sie es beheben können. Der Begriff des *just in time learning* charakterisiert diese Variante besonders gut: Die Person möchte nicht warten bis ein Kurs beginnt, sie bedarf keiner weiteren Unterstützung, sondern sucht genau zu diesem Zeitpunkt ein didaktisch angemessen aufbereitetes Angebot. Sie geht davon aus, dass eine Anfrage in einer Newsgroup ihr Defizit nicht angemessen beheben wird, sie will zuverlässig eine kompetente schnelle Lösung und ist im Prinzip bereit, dafür auch finanziell aufzukommen. Man wird ihr (tutorielle) Unterstützung anbieten können, sie wird dies aber vermutlich nur im Notfall nachfragen, z.B. um eine Beschwerde loszuwerden. Auch die Bereitschaft, sich mit anderen auszutauschen, ist vergleichsweise gering.

Der Begriff des offenen Lernens ist eng verbunden mit der britischen *Open University.* Sie organisiert ihr Lehrangebot nicht in festumrissenen Curricula und Studiengängen, sondern fördert die individuellen Lerninteressen durch die Offenheit in der Kurswahl. Das Angebot ist für jeden zugänglich und möchte so zur Chancengleichheit im Bildungssektor beitragen (s.a. Kapitel 5.1 in Peters, 1997).

Dieses Konzept der Offenheit von Zugang und Zugriff auf Lernangebote erhält durch das Lernen im Internet wesentliche Impulse. Denn das Lernen im Internet ist in mehrfacher Hinsicht *offen*: Die *Offenheit* des Lernens kommt in der individuellen Wahl der Inhalte und Ziele, aber auch des Zeitpunktes der Lernaktivitäten und des gewählten Lernwegs zum Ausdruck. Sie können selbständig und *ad hoc* auf Lernangebote zugreifen, um aktuelle Informations- oder Wissensdefizite beheben zu können (vgl. Beiträge in Zimmer, 1994).

Das Lernangebot ist auf die individuelle Auseinandersetzung des Einzelnen mit Lernmaterialien auszurichten. Betreuung (synchron oder asynchron) kann als optionale Dienstleistungen vorgehalten werden, die der Einzelne bei Bedarf abrufen kann. Dennoch steht der Flexibilität eines offenen Abrufs von Materialien *(on demand)* der (mögliche) Nachteil gegenüber, dass die *Kommunikation* in diesem Szenario arbiträr bleibt, d.h. sie ist nicht systematisch geplant (planbar) und auf bestimmte Lehr-Lernziele ausgerichtet. Darüber hinaus lässt sich das Lernen des Einzelnen nicht in sozialen (im Internet verteilten) Lerngruppen organisieren.

Das Internet bietet sich für diese insgesamt sehr flexible Form des Fernlernens an. Gleichwohl ist zu bedenken, dass sich manche Ansätze oft darauf reduzieren, ihre Materialien und Texte auf Servern für den individuellen Abruf abzulegen und ggfs. eine Ansprechperson per E-Mail zu benennen. Von einem *System* des Fernunterrichts kann hier nicht gesprochen werden, da die Betreuung des Fernlernenden nur beiläufig passiert, und die personalen Dienstleistungen nicht spezifiziert und ausgearbeitet sind. Letztlich bleibt es bei einem autodidaktischen Lernen im Netz, das gleichwohl gegenüber dem Lernen mit einem Buch wenig Vorteile bietet.

Tele-Coaching

Beim Tele-Coaching steht die persönliche Betreuung im Vordergrund, eine entfernte Person betreut Lerner durch E-Mail oder mithilfe von Audio- und Videokonferenzen. Die synchronen Varianten, bei denen Coach und Lerner zeitgleich an ihrem jeweiligen Computer anwesend sind, sind attraktiv, wenn es um längere, wechselseitige Dialoge geht, bei der auch auf Aspekte eines Einzelfalls intensiver eingegangen werden soll. Beim Tele-Coaching besteht damit ein fließender Übergang zur Beratung, z.B. in Fragen von Finanzen, Steuern, Recht usw.

Das Szenario wurde entwickelt und erprobt bei der Fern-Betreuung von Computer-Anwendern, die z. B. in der Benutzung von Office-Software geschult werden sollten (vgl. Geyken & Mandl, 1993; s.a. Gräsel, Bruhn, Mandl, & Fischer, 1997). Dabei kommt in der Regel eine Fernsteuerungs-Software zum Einsatz, die es dem entfernten Coach erlaubt, den Bildschirm des Anwenders „einzusehen" und den Computer fernzusteuern. Der Coach kann die Aktionen des Lernenden verfolgen und ggfs. eingreifen oder eine Lösung demonstrieren. Auf diese Weise lassen sich relativ einfach Fehler diagnostizieren und Lösungsstrategien entwickeln. Hier steht allerdings der Support bei der Lösung eines akuten technischen Problems und nicht die Schulung und systematische Weiterbildung zu solchen Problemen im Vordergrund.

Da das gesamte Prozedere für Anfänger zunächst fremd und gewöhnungsbedürftig ist, lohnt sich dieses Szenario nur, wenn für diese Art der Betreuung eine bestimmte Regelmäßigkeit vorgesehen ist, also nicht nur einmalig erfolgt. Gerade für größere Organisationen mit mehreren Standorten ist ein solches Szenario für die Betreuung von Computeranwendern attraktiv.

Auf diese Weise ist eine intensive Betreuung durch die individuelle Unterstützung von Lernenden möglich. Ohne das zeitliche Gerüst eines Kursangebotes kann der Lernende die Beratung *ad hoc* anfordern. Einfach zu realisieren sind dabei *asynchrone* Kommunikationsvarianten, bei der sich Lernende an eine entfernte Tutorin z.B. per E-Mail wenden können. Der Anbieter muss hierbei eine funktionsfähige Infrastruktur (technisch wie personell) aufbauen, die eine schnelle und kompetente Betreuung sicherstellt.

Eine andere Variante wäre das Tele-Coaching, bei der eine Person Hilfestellungen in eher persönlichen Fragen abrufen kann. Denkbar sind Kundenberatungen z. B. von Banken und Versicherungen bis hin zur psychologischen Beratung sowohl im beruflichen als auch persönlichen Umfeld. Die Ansprache durch eine (entfernte) Beraterin ist durch die synchronen Technologien sicherlich für die Kommunikation vorteilhafter als durch asynchrone Technologien etwa per E-Mail. Aber gerade bei diesen Themen ist zu fragen, ob nicht für beide Kommunikationspartner wesentliche (z. B. nonverbale) Informationen verloren gehen, die diese Varianten auch in Zukunft wenig attraktiv erscheinen lassen, – zumindest in dicht besiedelten und industrialisierten Ländern, wo solche Dienstleistungen räumlich relativ einfach aufzusuchen sind: Ein solcher Privatunterricht über Distanzen lässt damit vergleichsweise selten Vorzüge gegenüber bisherigen Varianten erwarten.

Gerade für den privaten Sektor wird man genau prüfen müssen, ob die Lehrinhalte und -ziele tatsächlich für das Szenario geeignet sind. Denkbar erscheint etwa die Weiterbildung von Führungskräften zum Thema Mitarbeiterführung, bei der ein Coach eine Führungskraft bei der Lösung bestimmter Führungsschwierigkeiten unterstützt. Der Vorteil des Szenarios ist die relativ schnelle Verfügbarkeit einer relativ intensiven Beratung. Allerdings wird man dieses Tele-Coaching im Sinne einer Supervision nur als ein Element einer Maßnahme konzipieren, bei der Textmaterialien u.a. mit vielleicht Videosequenzen, einer CD und (ganz sicher) einem Präsenztraining kombiniert wird. An diesem letzten Fall sieht man, dass man das Tele-Coaching gerade aus Kostengründen in der Regel nur als Element einer Maßnahmen einplanen und anbieten wird.

Diese Art der individuellen Betreuung durch Tutoren oder Coaches wird man also vor allem als *ein* Element einer Lernumgebung vorsehen. Nur in der Kombination mit anderen Elementen, wie selbstgeregeltes Lernen mit (Multi-) Medien, Präsenzphasen u.a. stellt sich hier in der Regel eine didaktisch sinnvolle und effiziente Lernorganisation ein.

Unbetreute Lerngemeinschaften

Lerninteressierte können bestimmte Angebote im Internet aufsuchen, wo sie Gleichgesinnte mit ähnlichen Anliegen treffen können. Seit Längerem werden Newsgroups in dieser Weise genutzt: Hat man z. B. ein bestimmtes technisches Problem, kann in einer Newsgroup nach Lösungen gesucht werden bzw. man kann eine Frage stellen in der Hoffnung, von irgendeiner anderen Person eine Antwort zu erhalten. Dabei kann weder gewährleistet werden, ob man eine Antwort erhält oder ob diese Antwort komptent ist. Dennoch ist es faszierend zu erleben, dass dieses Prinzip einer weltweiten Unterstützung von Menschen, die sich mit ähnlichen Fragestellungen beschäftigen, funktionieren kann (insbesondere im Bereich „Probleme mit Hard- und Software"): Der Einzelne hofft auf Unterstützung von Anderen und ist bereit, Andere ebenso an seinem Wissen teilhaben zu lassen.

Die Diskussion über solche *communities* erhält auch im Kontext des *Wissensmanagements* in Organisationen Bedeutung (vgl. Bürgel, 1998). Wissensmanagement zielt darauf, formelles und informelles Wissen in Organisationen besser zu dokumentiren und Anderen zugänglich zu machen. Auf Intra- oder Internet-Servern sollen die Mitarbeiter/innen einer Organisation Informationen, Erfahrungen etc. eingeben, so dass Andere – in anderen Abteilungen und an anderen Standorten – hierauf zugreifen können. Voraussetzung dazu ist, dass sich der Einzelne tatsächlich als Mitglied einer Gemeinschaft erlebt, der er bereit ist, sein Wissen zur Verfügung zu stellen.

Es ist zu beachten, dass der erwünschte Austausch in vielen Fällen allerdings gerade nicht oder nur eingeschränkt eintritt (s.a. Hesse & Giovis, 1999). Bei Newsgroups der tele-akademie der FH Furtwangen zeigt sich etwa: Um so größer die Anonymität, um so weniger findet eine wechselseitige Unterstützung statt. So wird die Kommunikation nur in kleineren, überaschaubaren Gruppen mit bekannten Mitgliedern als befriedigend erlebt (vgl. Jechle & Kerres, 2000).

Im Übrigen: Wir können hier von einem Informationsaustausch sprechen, aber kaum von einem Lernangebot im eigentlichen Sinne. Ein Internet-Forum ist vielmehr ein mögliches *Element* eines Lernangebotes bzw. einer Lernumgebung im Rahmen des Wissensmanagement. Und es wäre naiv zu glauben, dass die Einrichtung einer Newsgroup eine *virtual community* etablieren würde! Dazu bedarf es bestimmter Erfahrungen im Prozess der Gruppenbildung (s. Seite 263).

Betreutes Tele-Lernen

Beim Tele-Tutoring steht die Betreuung von entfernten Lernern bei der Bearbeitung von Lernaufgaben durch Tutoren im Mittelpunkt. Wie beim konventionellen Fernstudium wird die Notwendigkeit gesehen, die individuelle Auseinandersetzung des Einzelnen durch gezielte Lernaufgaben zu fördern bzw. zu fordern. Auf diese Weise soll vor allem einer oberflächlichen Auseinandersetzung mit Lernmaterialien entgegen gewirkt werden. Für die Lernenden entsteht durch die Betreuung eine Gewißheit, etwa bei Lernschwierigkeiten, Unterstützung zu erhalten, aber vor allem auch eine Verpflichtung gegenüber einem Menschen, Ergebnisse der Lernaktivitäten termingerecht zu präsentieren (und dabei möglichst sinnvolle Antworten vorzulegen).

Das Tele-Tutoring nutzt in der Regel das Internet und bietet damit den Vorteil eines schnellen Kommunikationsaustausches, da elektronische Post unmittelbar versendet und beantwortet werden kann. Allerdings sind auch hier Antwortzeiten von 24-48 Stunden üblich, die im Prinzip auch per Telefax und Briefpost realisiert werden können. Ein vielleicht wichtigerer Vorteil für die Lernenden besteht darin, dass sich elektronische Kommunikation im Vergleich zur Briefpost eher Konventionen der face-to-face-Konversation annähert: E-Mails werden spontaner formuliert, und Fehler aller Art werden vergleichsweise selbstverständlich akzeptiert. Auf diese Weise wird der Austausch von E-Mails zwischen Lernenden und Lehrenden als natürlicher erlebt.

(1) Studienmaterialien

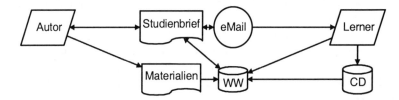

(2) Lernaufgaben

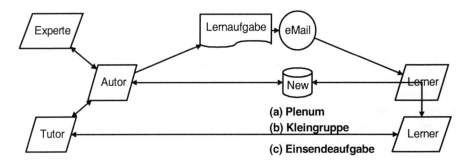

Abbildung 26: Tutoriell betreutes Tele-Lernen

Die tutorielle Betreuung beim Tele-Lernen ist in einem engem Zusammenhang mit der Bereitstellung und der Bearbeitung von *Lernaufgaben* zu sehen. Je nach dem, welche Aktivität beim Lernenden angestrebt wird, soll die Lernaufgabe beantwortet werden (s. Abbildung 26):

- als Einsendeaufgabe, die an eine Tutorin verschickt und von ihr beantwortet/ kommentiert/ bewertet wird,

- als individueller (Diskussions-) Beitrag, der in einem allen Kursteilnehmern zugänglichen Plenum (in einer Newsgroup o.ä.) zugänglich ist, oder
- als (Diskussions-) Beitrag, der zunächst innerhalb einer kleineren Lerngruppe (mit etwa sechs Teilnehmer/innen) erarbeitet wird, und dann an die Tutorin weitergeleitet wird.

Es wird deutlich, dass die Lernaufgabe sehr überlegt auf die Art der angestrebten Bearbeitung anzupassen ist: Nichts wirkt in diesem Kontext demotivierender als eine unpassende Lernaufgabe. Es ist demnach in Abhängigkeit von Lehrinhalten und -zielen zu entscheiden, ob bei der Bearbeitung einer Lernaufgabe die Kommunikation eher zwischen Einzelnen (Lerner – Tutor) oder in (Lern-) Gruppen angestrebt und unterstützt wird. Diese Varianten werden im Folgenden genauer erläutert und diskutiert (zur Interaktion zwischen Tutoren und Lernenden vgl. Chi, 1996).

Verteiltes, kooperatives Lernen

Das verteilte, kooperative Lernen ist eine Erweiterung des Ansatzes des betreuten Tele-Lernens. Dabei steht die Gruppenarbeit von im Internet verteilten Lernenden im Vordergrund. Es werden gezielt Lerngruppen gebildet, die Personen mit bestimmten Lerninteressen umfasst, und diese Lerngruppen zu genau umrissenen Lernaktivitäten anregt. Ein solches verteiltes, kooperatives Lernen bedarf einer Betreuung. Zur Zeit untersucht wird, welche Rolle und Aufgaben solche Tutoren übernehmen sollen, um die Lerngruppen optimal zu betreuen. Bei der tele-akademie der FH Furtwangen haben die Tele-Tutor/innen sowohl fachliche als auch gruppenbezogene Aufgaben. Sie geben fachliche Rückmeldungen zu Ausarbeitungen der Lerngruppe und unterstützen die Gruppe bei der Organisation ihrer Lernaktivitäten.

Die Betreuung der Lernenden muss also nicht – wie beim Tele-Coaching – auf einer 1:1-Basis zwischen einzelnen Lernern und Tutor/innen geschehen, wo die Kommunikation sternförmig auf die Tutorin und die betreuende Institution bezogen bleibt. Die Tutorin kann ihre Rolle auch darin sehen, eine *Gruppe* von Lernenden bei ihren Lernaktivitäten zu fördern. Dies ist – über Distanzen – keine triviale Aufgaben: Es gilt, die Gruppe bei der Gruppenfindung und der Bearbeitung von Lernaufgaben zu unterstützen. Von den Tutoren ist nicht nur eine fachliche Qualifikation zu fordern, sondern sie müssen Gruppenprozesse betreuen (können), – eine für Pädagog/innen sicherlich bekannte Anforderung. Denn auch über das Netz beobachten wir alle – funktionalen wie dysfunktionalen – Gruppenprozesse (wie z.B. die mehr oder weniger ausgeprägte Identifikation mit der Gruppe und dem Gruppenergebnis, die Herausbildung von Gruppennormen und -strukturen, die Verstärkung der Lernmotivation des Einzelnen durch die Gruppe, aber auch: die „schweigende Mehrheit", die Profilierung Einzelner, vorschnelles Aufteilen von anstehenden Aufgaben statt gemeinsames Erarbeiten und Diskutieren u.v.a.m.). Deutlich schwieriger als in konventionellen Gruppen ist allerdings das Eingreifen der Tutorin. Es liegen wenig Erfahrungen vor, wie Tutoren solche Gruppenprozesse positiv beeinflussen können. Aus didaktischer Sicht rücken gerade in diesem Szenario Fragen der Lehrer-Lerner-Interaktion, wie sie in der traditionellen Didaktik diskutiert werden, wieder verstärkt in den Vordergrund. Zudem ergeben sich für die

Tele-Tutorinnen neue, sowohl technische als auch kommunikationspraktische Anforderungen, die eine mehr oder weniger umfangreiche Schulung erforderlich machen. Auch hier stellt sich die Frage, wie die vorliegenden umfangreichen Erfahrungen aus der traditionellen (Präsenz-)Didaktik z.B. zur Schüler-Schüler-Interaktion, zu gruppendynamischen Prozessen und Sozialformen auf die Besonderheiten von Tele-Lernsituationen nutzbar gemacht werden können (s.a. Hron, Hesse, Reinhard, & Picard, 1997; McGrath & Hollingshead, 1994).

Tandem-Lernen

Beim Tandem-Lernen finden sich zwei Lerner zu einer Lern-Partnerschaft zusammen. Sie finden sich über irgendeine Form einer Agentur, die auf der Grundlage einer Datenbank mit den Interessen anderer Lerner, solche Lern-Partnerschaften vermittelt. Entwickelt und erprobt wurde das Szenario im Kontext des Erlernens von Fremdsprachen, bei dem sich jeweils zwei Lernende zusammentun, die die Sprache, die der Andere erlernen möchte, selbst als Erstsprache erworben haben: Eine Deutsche, die Spanisch lernen will, wird auf diese Weise ein Tandem bilden mit einer Spanierin, die ihre Deutschkenntnisse vertiefen möchte. Sie erhalten eine Folge von Aufgaben, die die Grundlage ihrer Konversation bilden wird, der Kontakt geschieht vorrangig via E-Mail. Die Häufigkeit und Intensität der Konversation bleibt den beiden Lernpartnern überlassen. Die Lernaktivitäten selbst werden in der Regel auch nicht direkt betreut, allerdings kann die „Agentur" als eine Anlaufstelle für Probleme eingerichtet werden.

Der Ansatz sieht verlockend aus: Man installiere einen Server bzw. eine Datenbank im Internet, in der sich Interessenten eintragen bzw. ihren Wunsch-Partner suchen können. Nach beidseitiger Einwilligung in die Tandembildung erhalten sie – ebenfalls automatisiert – einen Leitfaden für ihre Arbeit und die Materialien, die auf ihr Profil zugeschnitten sind.

In dieser Weise lassen sich im Tandem verschieden Lernthemen bearbeiten; die Hauptproblematik liegt zum einen darin, geeignete Partner zusammen zu bringen. Zum anderen müssen didaktisch aufbereitete Materialien und Aufgaben vorliegen, die eine gemeinsame Bearbeitung erforderlich machen und deren Bearbeitung einen Lernfortschritt sicherstellt. Da jede Lern-Partnerschaft von anderen Voraussetzungen ausgeht und sicherlich nie völlig gleiche Lernziele anstreben wird, muss ein gewisse Breite an Materialien vorliegen, um die Lernaktivität der Partner angemessen anzuregen.

Wenn man sich diese Anforderungen vor Augen führt, ist es nicht verwunderlich, dass viele solche Tandems schon nach relativ kurzer Zeit ihre gemeinsamen Lernaktivitäten einstellen. Nur eine intensivere Betreuung und Anpassung der Lernaufgaben an die besonderen Bedingungen der Partner kann die Persistenz erhöhen und die drop-out Rate reduzieren helfen. Damit sieht man, dass eine weitgehende Automatisierung und ein vollständiger Verzicht auf persönliche Betreuung bei diesem Ansatz nicht ausreichen, um die didaktischen Ziele im Ganzen zu erreichen.

E-Mail Partnerschaften

Nicht wesentlich anders als das Tandem-Lernen funktionieren E-Mail Partnerschaften. Der Unterschied besteht darin, dass die Lernenden von einer Instanz, z. B. einem Lehrer, vor Ort unterstützt werden. Dieser Ansatz kommt vor allem in Schulen zum Einsatz. Den größten Nutzen verspricht der Ansatz, wenn zwei Lehrkräfte an den beiden Schulen zusammenarbeiten und das Vorgehen inhaltlich und zeitlich absprechen. Auf diese Weise kann der Austausch zwischen den Lernenden per E-Mail systematischer auf ein bestimmtes Thema und Ziel ausgerichtet werden. Der besondere Nutzen eines solchen Arrangements liegt vor allem im Hinblick auf Lehrziele im Bereich des interkulturellen Lernens.

Virtuelles Klassenzimmer

Eine Erweiterung des Partnerlernens auf ganze Gruppen bringt die Koppelung von zwei oder mehreren Klassenzimmern über den Standort hinweg. Bei einem solchen *virtuellen Klassenzimmer* arbeiten die Lernenden vor Ort oder auch standort-übergreifend in Gruppen, sie werden dabei von einer oder mehreren Lehrkräften betreut. Zum Einsatz kommen zum einen synchrone Kommunikationswerkzeuge (Videokonferenzen) sowie Groupware-Lösungen für die gemeinsame Bearbeitung von Arbeitsaufträgen bzw. Dokumenten. Der technische und organisationelle Aufwand ist nicht unerheblich.

Tabelle 19: Vor- und Nachteile der wichtigsten Szenarien des Tele-Lernens

offenes Tele-Lernen	betreutes Tele-Lernen	Tele-Teaching
Merkmale: • Lerninhalte werden in *modularen* Lern-Datenbanken angeboten, Abruf erfolgt wahlfrei • keine organisierte Kommunikation	• getaktete Distribution von Lernmaterialien mit Lernaufgaben • Betreuung vor allem *asynchron*	• *synchrone* Kommunikation zwischen entfernten Personen
Vorteile: • individuelle Auswahl von Lerninhalten und – wegen • freier zeitlicher Zugriff	• Unterstützung durch betreuende Instanz • kooperatives Lernen in Gruppen möglich	• interpersonelle Interaktion ohne zeitliche Verzögerung
mögliche Nachteile: • kein systematisch aufbereitetes Lernangebot • keine systematische Betreuung • geringer Lernerfolg für Anfänger	• Aufwand bei Planung (u.a. Anpassung an Zielgruppe) • organisatorischer Aufwand bei Durchführung • kein wahlfreier Zugriff	• technischer Aufwand • oft nur Einweg-Kommunikation • Synchronisation des *Lernprozesses*

8.5 Betreuungssystem

> *Evidently, the presentation of learning matter*
> *cannot be confined to dissemination of information.*
>
> HOLMBERG (1989)

Dem Fernstudiendidaktiker HOLMBERG erscheint selbstverständlich, was in der Theorie und Praxis des mediengestützten Lernens keineswegs verbreitet ist, nämlich dass Lehren mehr ist als die Präsentation didaktisch aufbereiteten Wissens in technischen Medien: Lehren beinhaltet eine Informations- und eine Kommunikationskomponente. Es gilt, Informationen zu präsentieren und Kommunikationsprozesse anzuregen, die die Auseinandersetzung mit Lehr-Lerninhalten fördern. Während diese beiden Komponenten im personalen Unterricht auf natürliche Weise integriert sind, stellt sich beim *mediengestützten* Lernen die Frage, welche Bedeutung interpersonelle Kommunikation hat. Auf den ersten Blick scheint hier Betreuung überflüssig zu werden, da sich die Lernsituation ja gerade durch die Reduktion der Auseinandersetzung des Einzelnen mit einem technischen Medium auszeichnet. Da ein solches *autodidaktisches* Lernen mit Medien jedoch in seinen Zielsetzungen eingeschränkt bleibt, ist zu überlegen, wie es sich durch organisierte Formen der Kommunikation und Betreuung anreichern lässt.

Die Mediendidaktik thematisiert traditionell vor allem die Interaktion zwischen Lerner und einem technischen Medium. Die Faktoren, die das Lernen mit Medien umgeben und möglichst unterstützen, werden dabei oft vernachlässigt. Bei mediengestützten Lernangeboten scheint Betreuung oder Unterstützung – in einem weit gefassten Sinne – meist nur durch Elemente zu erfolgen, die in das Lernmaterial selbst integriert sind. Die Fernstudiendidaktik hat dagegen immer schon auch Beratungs- und Betreuungsaktivitäten durch Tutoren, Mentoren usw. in den Blick genommen: Betreuung durch eine „helfende Organisation" dient sowohl der Lernerfolgskontrolle bei Einsendeaufgaben als auch der Beratung beim Überwinden von Lernproblemen und dem Aufrechterhalten der Lernmotivation (vgl. Seite 28). Untersuchen wir zunächst verschiedene Maßnahmen, das autodidaktische Lernen zu unterstützen.

Autodidaktisches Lernen

Das Lernen mit Medien ist in den meisten Fällen zunächst ein autodidaktisches Lernen, eine Variante des Wissenserwerbs, die in der pädagogischen Diskussion eindeutig vernachlässigt wird, wenn man bedenkt, wie natürlich sich Menschen auf diese Weise mit Bildungs- und Kulturgütern auseinandersetzen. Nach MANDL & FRIEDRICH (1992) erfordert autodidaktisches Lernen folgende Aktivitäten:

- Abschirmung des Lernens von konkurrierenden Tätigkeiten (Lernkoordination)
- Organisation des eigenen Lernens (Lernorganisation)
- Auseinandersetzung mit dem Lerngegenstand (Informationsverarbeitung).

Die besondere Schwierigkeit beim autodidaktischen Lernen liegt in der Organisation des eigenen Lernens. Probleme entstehen vor allem durch eine ungünstige Einteilung der Lernzeit, durch mangelhafte Vorgehensweisen bei der Strukturierung komplexer Sachverhalte sowie durch fehlende Übung. Günstig für die Lernkoordination ist es, wenn entweder ein besonders eindringliches Lernziel vorliegt oder der Tätigkeitsvollzug selbst motivierend ist. Unter diesen Umständen sollte es vor allem gelingen, sich auf die Lernaktivitäten zu konzentrieren und andere Handlungstendenzen auszublenden. Erschwert wird die Konzentration, wenn das Lernen z.B. unmittelbar am Arbeitsplatz stattfinden soll.

Das Prinzip des *autodidaktischen* Lernens erscheint im Kontext des mediengestützten Lernens das naheliegende Modell zu sein, da es doch offensichtlich ohne Lehrkräfte und Betreuung stattfindet und sich als geeignet erweist, Lerninhalte anzueignen. Gleichwohl muss grundsätzlich beachtet werden, dass Lehrziele, die eine intensive Auseinandersetzung mit vornehmlich abstrakten Konzepten erfordern, sich in den meisten Fällen nur erreichen lassen, wenn Lernen in einen interpersonellen Diskurs eingebunden wird: Die aktive Beteiligung an Präsentationen, Erörterungen und Diskussionen sind hier elementare Voraussetzungen zur Erreichung des angestrebten Lehrziels. Dieser Diskurs findet - in günstigen Fällen - auch in Gesprächen mit Kollegen, Bekannten oder in der Familie statt und bedarf keiner weiteren „organisierten Kommunikation".

In der Praxis liegen jedoch eine Reihe von Bedingungen vor, die das Gelingen dieser autodidaktischen Informationsaufnahme und -verarbeitung erschweren:

- Wenn die Lerntätigkeit selbst nicht intrinsisch motivierend ist und die subjektiv wahrgenommene Wichtigkeit von Lernergebnis und -folgen nicht besonders hoch ist, ist der Erfolg autodidaktischen Lernens in Frage gestellt.
- Mangelnde Lernfertigkeiten bzw. -erfahrungen mit autodidaktischem Lernen wirken sich ungünstig aus, z.B. wenn Personen lange Zeit überhaupt nicht in Lernaktivitäten eingebunden waren oder über lange Jahre anderen Lehrmethoden ausgesetzt waren.

Diese grundsätzlichen Hindernisse sind gleichwohl nicht unüberwindlich, und es lässt sich überlegen, wie deren Bewältigung im Einzelfall aussehen könnte. Entsprechende Strategien sind jedoch langfristig anzulegen, so dass zur Absicherung des Lernerfolgs Maßnahmen der personalen Betreuung zu erwägen sind.

Bei einem *ortsgebundenen* Medienzugang ist die Organisation personaler Betreuung am offensichtlichsten. In Bildungszentren steht Personal zur Verfügung, das den einzelnen Lerner bei der Auswahl von Medien berät, bei fachlichen Fragen zur Verfügung steht sowie Prüfungen abnimmt. Die Rolle von Lehrenden wandelt sich dabei vom *Dozenten* zum *Lernberater*. Wie bereits erwähnt, ist dies Szenario jedoch in den meisten Fällen wenig effizient. Eine Alternative stellt das Einrichten sogenannter Studien- oder Lernzirkel dar, die das mediengestützte Lernen begleiten. Diese Organisationsform wurde im Rahmen des Funkkollegs gewählt, bei dem in ganz Deutschland in Zusammenarbeit mit Einrichtungen der Erwachsenenbildung derartige Studienzirkel angeboten wurden. Entsprechende Varianten werden in der betrieblichen Bildungsarbeit in Form von Lernzirkeln diskutiert. Werden solche Betreuungssysteme ins Auge gefasst, sollte eine zeitliche Taktung der Mediendistribution gewährleistet sein, um den Lernprozess der Beteiligten zu synchronisieren. Betrachten wir im Folgenden die Betreuungssituation im konventionellen und netzbasierten Fernstudium genauer.

Integrierte Elemente der Betreuung

Als Ersatz einer personalen Betreuung kann das Material für das autodidaktische Lernen eine besondere Aufbereitung erfahren, die den menschlichen Tutor quasi auf das Papier bannt. Aus Erkenntnissen kognitionspsychologischer Forschung lassen sich z.B. für Text als Lernmedium Hinweise für eine lesefreundliche Gestaltung von Texten ableiten (vgl. Hartley, 1982; 1995); die Forschung zum Textverstehen gibt Hinweise für die sprachliche und strukturelle Seite der Lernmaterialien (vgl. Schnotz, 1994) und in der Forschung zum Textlernen wird die Frage der Unterstützung von Lernprozessen durch verschiedene Formen von Lernhilfen diskutiert (vgl. Jechle, 1998).

Bei multimedialen Lernmaterialien interessiert insbesondere die Frage der Adaptierbarkeit und Adaptivität von Lernsystemen (vgl. Leutner, 1992) oder die Navigation durch umfangreiche, hypertextuelle aufbereitete Interaktionsräume (vgl. Tergan, 1997). Als eine im Medium implizierte Form der Betreuung können hierbei etwa Lernwegvorgaben oder -empfehlungen oder auch Übungs- und Kontrollelemente mit einer auf die Eingaben der Lernenden abgestimmten Rückmeldung betrachtet werden. Trotz intensiver Forschungs- und Entwicklungsbemühungen in den letzten zwei Jahrzehnten müssen die heute verfügbaren Multimedien aber weiterhin als vielfach wenig interaktiv und adaptiv bewertet werden.

Varianten der Betreuung in Selbstlernzentren und Mediotheken

Wird ein mediales Lernangebot physisch distribuiert (Videoband, CD etc.), so lässt sich der Zugang über die Ausleihe in Mediotheken oder (z.B. betrieblichen) Lernzentren organisieren. Diesen Einrichtungen kommt die Aufgabe zu, die Lernenden zu beraten und zu betreuen sowie Lernaktivitäten zu organisieren. Allerdings erscheinen gerade sog. Selbstlernzentren – sowohl aus pädagogischen als auch aus ökonomischen Erwägungen – zunehmend weniger attraktiv, gerade weil sich die pädagogische Betreuung in diesem Rahmen als schwierig erweist.

Die Verlagerung der Lernaktivitäten an oder in die Nähe des Arbeitsplatzes (in der betrieblichen Weiterbildung) bringt gegenüber dem Lernen in Selbstlernzentren bereits eine deutliche Flexibilisierung mit sich, macht aber ebenso eine Betreuung der Lernaktivitäten (einschließlich Bildungsbedarfsanalyse, Bildungsplanung, -beratung etc.) notwendig. Besonders attraktiv erscheint jedoch die Kombination solcher Varianten des mediengestützten Lernens mit personaler Betreuung via Telemedien (vgl. Dörr & Birkel, 1998).

Konventioneller Fernunterricht

Beim Fernstudium besteht eine räumliche Distanz zwischen Lernenden und einer betreuenden Institution. Hierdurch zerfallen die Informations- und die Kommunikationskomponente, die im personalen Unterricht auf natürliche Weise integriert sind, in zwei Subsysteme (s. Abbildung 27). Ein Subsystem distribuiert Informationen üblicherweise auf der Basis von Printmedien, aber auch mit audiovisuellen Medien auf analogem oder digitalem Datenträger oder über Rundfunk und Fernsehen an ein disperses Publikum. Darüber hinaus werden in Präsenzphasen, etwa in Studienzentren, weitere Kommunikationsangebote gemacht, die der Studienberatung und -betreuung dienen.

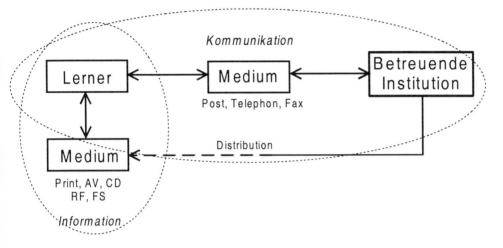

Abbildung 27: Konventionelles Fernstudium

Die Kommunikation mit einer betreuenden Institution im Fernstudium erfordert das Überbrücken räumlicher Distanzen mit Hilfe technischer Medien. Beim konventionellen Fernunterricht steht der Postweg zur Distribution des Lernmaterials und zur Kommunikation mit der betreuenden Institution im Vordergrund. In bestimmten Abständen erhält der Lerner Materialien (Print, AV-Medien etc.) und Lernaufgaben, deren Lösung zurückzusenden ist. Durch Korrekturen erhält die Person laufend Rückmeldungen über Fehler und den Lernfortschritt. Die Korrekturen von *multiple choice*-Aufgaben werden bei großen Fernstudiensystemen maschinell erledigt. Der Lernende bleibt dabei relativ „einsam", denn der Kontakt zu der betreuenden Institution, zu Lehrenden und anderen Lernenden bleibt für die meisten Teilnehmenden oft eher vage. Nicht zuletzt deswegen ist die Abbrecherquote in manchen Institutionen recht hoch.

Ausgehend von der Erkenntnis, dass Lerner oftmals überfordert sind, sich völlig alleine - gerade umfassende - Wissensgebiete autodidaktisch anzueignen, wurden bereits im 19. Jahrhundert Ansätze der *Fernlehre* institutionalisiert. Die ersten derartigen Lehrangebote wurden *Korrespondenzkurse* genannt. In dieser Bezeichnung kommt zum Ausdruck, was das Wesentliche eines solchen Bildungsangebotes ausmacht: nämlich die *Korrespondenz* zwischen Lernenden und Lehrenden (hier: per Post)

Fernlehre ist also zunächst dadurch gekennzeichnet, dass Lernende und Lehrende räumlich getrennt sind. Jeder Fernunterricht, ist er nicht bloß ein *Versand* von Lehrmaterialien, beinhaltet darüber hinaus ein unterstützendes System, das Lernaktivitäten in bestimmter Weise organisiert. Ein offensichtliches Kriterium für die Definition von *Fernlehre* ist damit die physische Distanz zwischen Lernenden und Lehrenden, die durch zumindest ein technisches Medium überwinden wird. Fernlehre beinhaltet dann die Auswahl, die Vorbereitung und Präsentation bzw. Distribution medialer Lernangebote einschließlich der Unterstützung und Kontrolle der Lernenden in verschiedenen Phasen ihrer Lernaktivitäten.

KEEGAN (1986) benennt folgende essentielle Elemente von Fernunterricht:

- die räumliche Trennung von Lernenden und Lehrenden
- die Organisation der Lehr-Lernaktivitäten durch eine Bildungsinstitution (im Unterschied zum autodidaktischen Lernen)
- der Einsatz technischer Medien
- die Verfügbarkeit bidirektionaler Kommunikation und
- die (optionale) Einrichtung von Präsenzphasen.

MOORE betont die räumlich-zeitliche Trennung der Lehr- und Lern*aktivitäten* in der Fernlehre (Moore, 1973 S. 664):

> Distance teaching may be defined as the family of instructional methods in which the teaching behaviours are executed apart form the learning behaviours including those that in a contiguous situation would be performed in the learner's presence, so that communication between the teacher and the learner must be facilitated by print, electronic, mechanical or other device.

Demnach wäre weniger die räumliche Trennung von Lehrer und Lerner entscheidend (die kann etwa auch in einer Hochschule vorliegen), sondern die zeitliche Trennung der im konventionellen Unterricht aufeinander bezogenen *Aktivitäten* des Lehrens und Lernens.

WEDEMEYER verbindet darüber hinaus bestimmte inhaltliche Vorstellungen über Lernen mit der Fernlehre: Er sieht in der „Unabhängigkeit des Lerners" das zentrale Merkmal von Fernlehre, die sie von konventionellen Bildungsangeboten unterscheidet. Fernlehre sollte so organisiert werden und dazu beitragen, dass sich die Freiheit der Lernenden möglichst gut entfalten kann   (s.a. Moore & Kearsley, 1996).

Die diskutierten Merkmale sprechen nach PETERS (1973) dafür, dass sich *Fernlehre* grundsätzlich von anderen didaktisch aufbereiteten Bildungsangeboten (etwa der Präsenzlehre) unterscheidet und deswegen nicht nur einer speziellen Didaktik bedarf, sondern auch von Einrichtungen zu organisieren ist, die unabhängig von konventionellen Bildungsanbietern operieren.

Medienverbund

Der klassische Medienverbund nutzt für die Präsentation von Lehrinhalten *Verteilnetze* (terrestrischer Rundfunk, Kabel oder Satellit). Bei einer solchen Ausstrahlung von Sendungen handelt es sich um eine unidirektionale Kommunikation (1:N). Die persönliche Auseinandersetzung wird zum einen über schriftliches Begleitmaterial und zum anderen über lokale Begleitzirkel (etwa an der Volkshochschule) gesichert.

Zur Intensivierung der Interaktion bei der Ausstrahlung von Sendungen sind verschiedene Varianten eines Rückkanals erprobt worden, wie z.B. Phone-In, Fax-In, E-Mail etc., bei der während einer Live-Sendung Kontakt mit Expert/innen im Studio aufgenommen werden kann (vgl. Held & Kugemann, 1995).

Trotz der steigenden Anzahl an Sendern und Sendeplätzen gerät diese Variante des betreuten Lernens im Medienverbund in Bedrängnis. Unter dem Diktat der Einschaltquoten erscheinen die Reichweiten entsprechender Angebote als zu gering. Für das Bildungsfernsehen der Zukunft ist deswegen das digitale Fernsehen interessant mit seiner wesentlich höheren Kapazität an gleichzeitig übertragbaren Kanälen.

Betreuung beim Tele-Lernen

Beim Tele-Lernen werden für Informations- wie Kommunikationskomponente Telekommunikations-Dienste als Transportmedium genutzt, vor allem das Internet. Der Begriff Tele-Lernen bezieht sich damit also auf medientechnische Konfigurationen auf deren Basis unterschiedliche Lernszenarien realisierbar sind. In internetbasierten Kursen sind vielseitige Varianten von Kommunikation und Betreuung realisierbar. So lässt sich individuellen Kommunikationsbedürfnissen besser entgegen kommen als in der vergleichsweise isolierten Situation im konventionellen Fernstudium. Dabei ist zu bedenken, dass die Etablierung der dazu notwendigen sozialen Prozesse einen bestimmten Zeitraum sowie ein gemeinsames Ziel der Teilnehmer voraussetzt. Die interpersonelle Kommunikation bleibt durch ein technisches Medium „gefiltert" und stellt sich keineswegs als solches ein, nur weil die technischen Voraussetzungen zur Kommunikation verfügbar sind. Es bedarf einer gezielten Anregung und einer überlegten Initiierung von Kommunikation (vgl. Tait, 1996).

Organisation netzbasierter Lernangebote

Im Folgenden geht es um die Kommunikationskomponente bei Angeboten des Fernlernens, da dies die besondere Leistung des Betreuungssystems eines Fernstudienanbieters darstellt. Die Kommunikation zwischen Lerner und betreuender Institution läuft beim Fernunterricht klassischerweise durch *Einsendeaufgaben*, d.h. der Lerner bearbeitet Aufgaben, sendet die Antwort ein und erhält Rückmeldung auf seine Lösungen. Derartige mehr oder weniger automatisierte Kommunikationsmechanismen finden sich bei den meisten Fernstudien-Anbietern und werden eingesetzt, um eine möglichst effiziente Abwicklung zu erreichen. Unterschiedlich eingeschätzt wird jedoch die Wichtigkeit persönlicher Kommunikation, die über eine automatisierte Auswertung von Einsendeaufgaben hinausgeht. Diese kann zwischen dem Lerner und dem Autor der Fernlehrmaterialien oder aber einem Tutor bzw. Mentor stattfinden, wenn der Autor nicht zur Verfügung steht oder die Menge an Anfragen nicht bewältigen kann oder will. Die Kommunikation kann darüber hinaus in sich regelmäßig treffenden Lerngruppen (etwa in regionalen oder betrieblichen Bildungszentren) mit oder ohne Tutoren oder in eher seltener stattfindenden Präsenzphasen organisiert werden.

Auch die Studienberatung wird an Fernlehrinstitutionen sehr unterschiedlich gehandhabt. Vor allem in US-amerikanischen Institutionen finden wir Beratungsangebote, die Studierende regelmäßig, intensiv und umfassend betreuen. Aufgabe der Studienberatung ist es hierbei, gemeinsam mit den Studierenden bewältigbare Studienpläne zu entwickeln und regelmäßig den individuellen Lernfortschritt zu überprüfen, nicht zuletzt um den Einzelnen als Kunden zu halten. Oft sind solche Beratungsangebote pro-aktiv angelegt, d.h. sie greifen bereits ein, wenn sich im Verhalten von Teilnehmenden Schwierigkeiten andeuten.

Neben diesen Rahmenbedingungen ist das Hauptaugenmerk der mediendidaktischen Konzeption auf den kommunikativen Anregungsgehalt des Lernangebotes zu richten. Nach KEEGAN (1986) sollte sich Fernlehre möglichst stark an dem Vorbild der interpersonalen Kommunikation zwischen Lehrenden und Lernenden orientieren. Er fordert die *Re-Integration* des Lehrens in den Lernprozess im Fernstudium. Dies beinhaltet zwei Maßnahmenbündel.

Die Lernmedien sollten *erstens* wenn immer möglich Elemente und Formen persönlichen Dialogs nachbilden bzw. simulieren, z.B. indem die Teilnehmer persönlich angesprochen werden, Fragen in Texte eingestreut werden etc. HOLMBERG spricht in diesem Zusammenhang von *konversationalen Elementen*, die in die Fernstudientexte von dem Autor aufzunehmen sind. Fernstudienmaterialien werden durch die direkte Ansprache persönlicher und - möglicherweise - eindringlicher. Das erfordert jedoch ein Umdenken von Autoren, die gewohnt sind wissenschaftliche Texte zu verfassen, bei denen das Ausblenden persönlicher Stilelemente und Ausdrucksformen üblich ist und die direkte Ansprache des Lesers ungebräuchlich ist.

Darüber hinaus sollten *zweitens* alle technischen Möglichkeiten zur Intensivierung interpersoneller Kommunikation, soweit dies technisch und ökonomisch vertretbar ist, realisiert werden, um eine Bindung des Lerners an den Lerninhalt und die Bildungsinstitution zu erreichen. Denn die physische Distanz verleitet zu einer „mentalen Distanz". Bereits in der didaktischen Konzeption, aber auch in der technischen Realisation sind Maßnahmen zu ergreifen, um daraus resultierende Probleme frühzeitig zu antizipieren, und Optionen für interpersonelle Kommunikation anzubieten.

PHELAN (1995) warnt gleichzeitig davor, dass die Verfügbarkeit technischer Einrichtungen zur Kommunikation nicht bedeutet, dass tatsächlich kommuniziert wird. Das bloße Austauschen von Informationen und Versenden von Nachrichten garantiert keine lernförderliche Interaktion. Darum haben verschiedene Fernlehreinrichtungen dezentrale Studienzentren eingerichtet. Es zeigt sich, dass die Qualität der gesamten Maßnahme nicht unwesentlich von der Qualität der (dezentralen) Betreuung abhängt, d.h. inwieweit es gelingt, Dialoge mit und unter den Lernenden anzuregen und zu steuern. Man verlagert damit einen Großteil interpersoneller Interaktivität an den Ort bzw. die Region des Lerners.

Die Kenntnis möglicher Probleme des „einsamen" Lernens im Fernstudium hat schließlich zu Konzepten geführt, das individuelle Lernen stärker einzubinden in *kooperative Lernszenarien,* in denen die Lernenden zu Paaren oder Gruppen zusammengefasst werden, sei es im Rahmen von Präsenzphasen oder – beim netzbasierten Fernstudium – über Netze der Telekommunikation.

Bei Präsenzphasen reicht es allerdings nicht aus, z.B. mehrere Lerner aufzufordern, eine Aufgabe gemeinsam zu lösen und für die Bearbeitung einen Rechner zuzuweisen. Zu bedenken ist: ANDERSON et al. (1995) berichten z.B., dass die CBT-Anwendung „Algebra-Tutor" negativ bewertet wurde, als man mangels verfügbarer Geräte zwei Lernern einen Rechner zuwies. Bei älteren Teilnehmern wurden Befürchtung zu versagen oder sich zu blamieren geäußert und in gemischtgeschlechtlichen Dyaden blieb die Initiative typischerweise bei den männlichen Partnern.

Das Zusammenarbeiten von entfernten Lernenden über Netze (verteiltes, kooperatives Lernen), etwa bei der gemeinsamen Bearbeitung von Lernaufgaben, ist eine interessante methodische Variante zur Förderung interpersoneller Kommunikation. Für Lernende ergibt sich beim Übergang vom konventionellen Fernstudium zum Tele-Lernen eine Lernumgebung, die folgende Besonderheiten aufweist:

- Die *Zeit,* die für die postalische Distribution der Informationsmedien benötigt wird, entfällt (die Information ist praktisch unmittelbar nach Einspeisung im Netz verfügbar).

- Es ist möglich, beliebige *Distanzen* zu überbrücken (der physische Ort des Anbieters wird für den Lerner unbedeutend).

- Informations- und Kommunikationskomponente lassen sich in *einem* Medium integrieren.

- Durch die technische Vereinfachung der interpersonellen Kommunikation kann der Dialog zwischen Lerner und *betreuender Institution* intensiviert werden, sei es durch synchrone (Audio- oder Videokonferenzen) oder durch asynchrone Kommunikation (z.B. über ein Schwarzes Brett oder Newsgroups).

- Es lassen sich fernstudienmethodische Ansätze realisieren, die eine intensivere Kommunikation der *Teilnehmenden* anstreben, wie z.B. der Ansatz des *verteilten, kooperativen Lernens.* Hierbei werden die Lernaufgaben von einer Gruppe räumlich entfernter Teilnehmer *gemeinsam* (über das Netz) bearbeitet und gelöst.

Gestaltung der Lernoberfläche

Besondere Beachtung verdient die Gestaltung der Lernoberfläche eines internetbasierten Lernangebotes. An der tele-akademie wurden verschiedene Varianten mit unterschiedlichen Metaphern erprobt (s. Raummetapher S. 246). Dabei zeigte sich, dass eine konventionelle, eher „sparsame" Oberfläche am schnellsten von den Teilnehmenden aufgefasst wurde. Sie umfasst konventionelle Schaltflächen mit getrennten Navigationsleisten für Inhalte (oberer Rand) und Funktionen (linker Rand).

Bei der Konstruktion einer Lernoberfläche sollte man eine wesentliche Forderung berücksichtigen: Alle Elemente des Lernangebotes sollten sofort auf dem Haupt-Bildschirm sichtbar und zugreifbar sein. Der Kurs in Abbildung 28 beinhaltet eine Materialkomponente („Seminarraum"), in der auch der Zeitplan abgelegt ist, eine Betreuungskomponente („Tutoren") mit Kommunikations- und Kooperationsele-menten.

Ein zentrales Element der Kursangebote der tele-akademie sind *Lernaufgaben*, die die (kognitive wie motivationale) *Aktivierung* der Teilnehmenden sicherstellen sol-len. Sie sind den *Einsendeaufgaben* des konventionellen Fernstudiums nachemp-funden und versuchen diese um Ansätze entweder des betreuten Tele-Lernens oder des verteilten, kooperativen Lernens zu erweitern. Die Studienmaterialien werden per Internet oder CD-ROM distribuiert und beinhalten Lernaufgaben für die Teil-nehmenden, die in einer von drei Varianten zu bearbeiten sind:

- Bei Diskussionsbeiträgen gilt es, eine Antwort an ein Plenum eines News-groups-Servers zu senden, das von allen Teilnehmenden eingesehen werden kann.

- Aufgaben, bei denen ein Gruppenergebnis zu erarbeiten ist, sollen in einer Kleingruppe (in einer geschlossenen *newsgroup*) erörtert werden.

- Aufgaben, die primär auf die Abfrage von Wissen zielen, werden als Einsende-aufgaben an Tutoren geschickt, die die Antworten auswerten und ggfs. eine Rückmeldung schicken.

Abbildung 28: Lernoberfläche der tele-akademie der FH Furtwangen

In einer Reihe von Kursen wurde eine Verbundlösung aus offline- und online-Medien gewählt: Wenn die Lernmaterialien umfangreich sind und z.B. digitalisierte Videos oder beispielhafte Anwendungen enthalten, werden die multimedialen Teile per CD-ROM und nicht per Internet versandt. Das Internet wird dann vor allem für die Kommunikation genutzt. Die Kommunikation geschieht in der Regel über Newsgroups, ein Internet-Forums (HTML-basiert), weniger Bedeutung kommt der synchronen Kommunikation via Chat zu. Die kooperative Bearbeitung bestimmter Aufgaben wird über einen Groupware-Lösung (BSCW) realisiert. Unter „Teilnehmer" befinden sich darüberhinaus „Steckbriefe" der Kursteilnehmer.

Die Lernoberfläche in Abbildung 28 ist eine Eigenentwicklung der tele-akademie der FH Furtwangen, sie ist HTML-basiert und nutzt CGI-Skripte für bestimmte interaktive Funktionen. Die Seiten sind damit im wesentlichen statisch, d.h. sie werden nicht zur Laufzeit, in Abhängigkeit von z.B. bestimmten Benutzerdaten, dynamisch erzeugt. Das bedeutet auch, dass die Lernoberfläche jedes Benutzers gleich aussieht. Eine „Personalisierung" der Lernoberfläche bedeutet, dass jeder Benutzer eine spezifische, auf ihn zugeschnittene Startseite erhält, auf der z.B. die belegten Kurse und der Lernfortschritt angezeigt werden. Dies erfordert jedoch andere Softwaretechnologien zur Entwicklung von Lernoberflächen (s. Internet-Programmierung S. 385).

Organisation von Fernstudiensystemen

Kommen wir zu der Frage, welche Anforderungen an die Organisation von betreuten netzbasierten Lernangeboten aus Sicht eines *Bildungsanbieters* zu stellen sind. In der Fernstudienforschung ist die Ablauf- und Aufbauorganisation von Fernstudiensystemen, auch im internationalen Vergleich, ausführlich untersucht worden (Holmberg, 1989; Keegan, 1986; Moore & Kearsley, 1996).

Es werden zunächst zwei Subsysteme sichtbar: Einmal die *Produktion* von Medien, die für das Fernstudium geeignet sind, und zum anderen die Koordination der *kommunikativen* Aktivitäten (s. Abbildung 29). Fernstudiensysteme unterscheiden sich vor allem darin, wie sie die Kommunikation mit den Lernenden organisieren. Hinzu kommen ein planendes und steuerndes Subsystem sowie ein technisches Unterstützungssystem (zentrale Einrichtungen und Dienstleistungen, Logistik).

Die Produktion der Fernstudienmaterialien ist so zu koordinieren, dass diese rechtzeitig und auf die Zielgruppe angepasst vorliegen, Erfahrungen mit den Materialien ausgewertet, und in deren Revision zurückfließen. Diese Verzahnung ist typisch für Fernstudiensysteme und unterscheidet sie etwa von der Buchproduktion.

Die beiden zentralen Subsysteme sind im Übrigen konstituierende Elemente jedes Fernstudiensystems. Auch beim Tele-Lernen sind genau diese Aufgaben zu bewältigen. Insofern ändert sich beim Tele-Lernen nichts an den zu koordinierenden Aufgaben. Für einen Bildungsanbieter stellen sich beim Tele-Lernen die gleichen aufbau- und ablauforganisatorischen Anforderungen wie beim konventionellen Fernstudium.

Die mediendidaktische Konzeption beschreibt und begründet dabei, wie eine (üblicherweise größere) Gruppe von Lernenden unter Berücksichtigung begrenzter

Ressourcen mithilfe unterschiedlicher Lernangebote bestimmte Lernziele erreichen sollen. Für die Didaktik neu ist die Frage, wie die Betreuung des mediengestützten Lernens in digitalen Netzen zu konzipieren ist. Eine wesentliche Voraussetzung für den Anbieter ist (auch hier) die Auseinandersetzung mit Interessen und Bedürfnissen der Teilnehmer/innen, mit ihren Schwierigkeiten und Befindlichkeiten. Denn die räumliche Distanz erschwert ja gerade das unmittelbare Erfassen dieser für die Anpassung des Lern- und Betreuungsangebotes und damit den Lernfortschritt wesentlichen Parameter. Nur so lässt sich ein didaktisch angemessenes Angebot realisieren, das dann allerdings auch eine durchaus hohe Kommunikationsqualität haben kann.

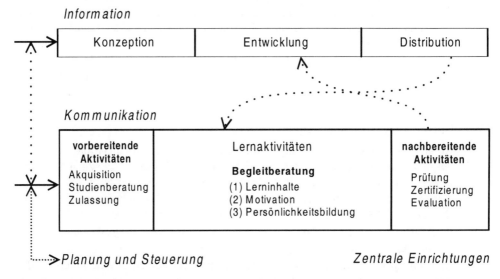

Abbildung 29: Organisation eines Fernstudiensystems

Industrialisierung und Re-Integration didaktischer Rollen

Auch wenn sich die inhaltlichen Aufgaben der Fernstudienorganisation beim Tele-Lernen *nicht* ändern, so eröffnet sich beim Übergang zum Tele-Lernen gleichwohl die Möglichkeit zur „Re-Integration didaktischer Rollen", zu einer gewissen Aufhebung der Arbeitsteiligkeit, die Fernstudiensysteme ansonsten charakterisieren.

PETERS (1973) hat als zentralen Aspekt der Organisation von Fernstudiensystemen deren – gegenüber Präsenzeinrichtungen – höhere *Arbeitsteiligkeit* herausgearbeitet. Sie ergibt sich als Folge der Aufspaltung von Informations- und Kommunikationskomponente bei der Unterrichtsvorbereitung und -durchführung: Fernlehre ist seines Erachtens durch eine „industrialisierte Form der Produktion" charakterisierbar.

Personaler Unterricht ist dadurch gekennzeichnet, dass eine Lehrkraft Unterricht (z.B. anhand von Vorgaben) plant und entwirft, Medien auswählt, den Unterricht durchführt und typischerweise auch für die Bewertung des Lernerfolges der Teilnehmer verantwortlich zeichnet. Diese Vorgehensweise könnte man als handwerklich bezeichnen, da die einzelne Lehrkraft den Prozeß weitgehend alleine verantwortet. Nur in Ausnahmefällen ist sie auf die Unterstützung von Kollegen oder technischen Mitarbeitern angewiesen.

Bei einer an die industrielle Produktion angelehnten Vorgehensweise werden diese Funktionen getrennt: Es gibt Experten für die Unterrichtsplanung, für die Medienproduktion, für die Betreuung von Lernern etc. Die Arbeitsteilung der industriellen Fertigung wird auf die „Produktion" von Unterricht angewendet. Mit diesem Schritt erhoffte sich PETERS - wie in der Wirtschaft - eine Steigerung der Effizienz im Bildungssektor. Maßgeblich sind dafür seines Erachtens folgende Gründe:

- In der arbeitsteiligen Realisation von Lernangeboten bilden sich zusehends spezifischere Rollen heraus. Dadurch können die beteiligten Personen auf dem jeweiligen Fachgebiet mehr Expertise entwickeln.

- Die Anzahl der Teilnehmenden hängt nicht mehr unmittelbar von der Anzahl verfügbarer Lehrkräfte ab, sondern von der Aufnahmefähigkeit des unterstützenden Systems. Ein solches System, das auf der Idee der Massenfertigung basiert, sollte Unterricht insgesamt effizienter anbieten können.

- Ein ganz wesentlicher Aspekt einer solchen, arbeitsteiligen Realisation ist die höhere Transparenz des gesamten Unterrichtsgeschehens. Inhalte und Methoden müssen für alle Beteiligten offengelegt werden, da eine gemeinsame Entwicklung nur so möglich wird. Maßnahmen der Evaluation und Qualitätssicherung können in einem solchen System wesentlich besser integriert werden. Damit ist auch die Arbeit der einzelnen Akteure besser kontrollierbar.

PETERS hat damit *das* wesentliche Element von Institutionen herausgestellt, die mediengestützte Lernangebote organisieren und die sie von konventionellen Bildungsinstitutionen und vor allem der Organisation von Lehre an Universitäten unterscheiden: Es ist dies das arbeitsteilige Vorgehen bei der Gestaltung von Bildungsprozessen. In Fernlehreinrichtungen sind verschiedene Varianten der Kursproduktion erprobt worden, die das hohe Ausmaß der notwendigen Arbeitsteilung verdeutlichen. Diese Arbeitsteiligkeit ermöglicht das, was PETERS seinerzeit und durchaus kritisch mit der Formulierung von der „Industrialisierung des Unterrichtens" bezeichnete. Gleichzeitig ist es genau dieses Problem, das für die teilweise geringe Akzeptanz von Dozent/innen, an Fernstudienprojekten mitzuwirken, verantwortlich ist. In vielen Institutionen, gerade an Hochschulen, muss die einzelne Person für diese Form des Arbeitens gewonnen werden, - ist für sie häufig doch kein Gewinn mit dieser „Produktionsform" sichtbar.

KEEGAN (1980) weist darauf hin, dass die arbeitsteilige Produktion im Fernstudium für die einzelnen Betroffenen, vor allem Dozenten, auch tatsächlich die Gefahr einer Entfremdung und damit einer Demotivierung beinhaltet. Vor allem große Fernlehreinrichtungen sind von solchen Problemen betroffen. Wissenschaftler/innen, die gewohnt sind, in weiten Teilen eigenverantwortlich zu agieren, erleben ein arbeitsteiliges Vorgehen in der Lehre mit den dazu notwendigen Absprachen und Kompromissen nicht selten als Einschränkung.

PETERS leitet aus diesen Überlegungen ab, dass eine solche industrielle Vorgehensweise *zwingend* verbunden ist mit eigenständigen didaktischen Theorien und mit eigenständigen Bildungsinstitutionen, d.h. es sind *andere* didaktische Modelle zu entwickeln für *anders* organisierte Bildungseinrichtungen.

Die Entwicklung der Telekommunikationstechnik stellt jedoch die Notwendigkeit, Fernlehre an dedizierte Einrichtungen auszulagern, in Frage: Mit den Möglichkeiten etwa des Internet eröffnen sich gerade für bestehende Präsenzeinrichtungen Möglichkeiten, ihr Lehrangebot mit Fernstudienanteilen zu erweitern (*dual mode*).

Bei der Organisation des Tele-Lernens lässt sich die Arbeitsteiligkeit gegenüber der konventionellen Kursproduktion (in Maßen) reduzieren: Der Autor eines Kurses kann wesentlich einfacher gleichzeitig die Funktion von Betreuer, Tutor sowie Prüfer übernehmen, falls dies gewünscht wird. Diese Reduktion der Arbeitsteiligkeit gegenüber dem konventionellen Fernstudium beinhaltet eine „Re-Integration didaktischer Rollen" bei netzbasierten Fernstudiensystemen. Dies ist ein Weg, um die Akzeptanz auf Seiten von Lehrenden (gerade in Präsenzeinrichtungen) zu steigern, auch wenn damit das Potenzial zu einer „Industrialisierung" teilweise verloren geht.

Eine weitere Konsequenz aus der geringeren Arbeitsteilung: Auch kleinere Einrichtungen können als Fernstudienanbieter, etwa in der Weiterbildung, tätig werden. Auch wenn die ablauforganisatorischen Funktionen beim Tele-Lernen sehr vielfältig sind und alle gewährleistet sein müssen (s.o.), sind weniger Spezialisten für die Übernahme der verschiedenen Teilaufgaben zwingend erforderlich (Thach & Murphy, 1995). Dies ist ein Grund dafür, dass immer mehr, auch kleinere Einrichtungen das Tele-Lernen als didaktisch-methodische Variante in Erwägung ziehen.

Kritisch zu hinterfragen sind allerdings Begriffe wie *virtuelles Lernen, virtuelles Seminar, virtuelle Hochschule* etc.. Mit dem Zusatz „virtuell" wird einerseits etwas Modernes (etwas medial Vermitteltes) konnotiert, anderseits konstruiert es einen unnötigen Gegensatz zwischen *virtuell* und *real:* Das Lernen, das Kommunizieren und die Einrichtung, die sich der Telekommunikation als Technik bedient, ist für die Betreffenden in keiner Weise virtuell, sondern Lernen und Lehren ebenso wie der erhoffte Lernerfolg sind (hoffentlich) äußerst real – freilich unter Nutzung von Telemedien, um eine solches Lernszenario **Realität** werden zu lassen.

8.6 Systematik der Entscheidungen

Lernorganisatorische Entscheidungen legen fest, welche Elemente das Lernangebot umfassen soll und wie dies den Lernenden zugänglich gemacht wird. Die vier Varianten der didaktisch-methodischen Strukturierung von Lernangeboten in Abbildung 30 wurden im Einzelnen dargestellt. Sie bilden in gewisser Weise die geschichtliche Entwickung der digitalen Medientechnik und die dabei jeweils vorherrschenden Paradigmen didaktischer Medien ab: von der Exposition über die Eploration hin zu Werkzeugen der Konstruktion und Kommunikation. In ihrer Reinform werden jeweils unterschiedliche Lernprozesse und -ziele akzentuiert.

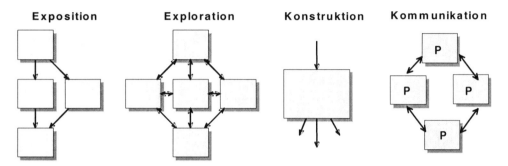

Abbildung 30: Didaktische Struktur medialer Lernangebote

Naheliegend scheint es, dass die optimale Lösung aus einer Kombination aller vier Elemente bestünde. Dies ist bei endlichen Ressourcen allerdings keineswegs der Fall. Die Entwicklung jedes Elementes ist mit Aufwändungen verbunden, so dass sehr wohl genauestens überlegt werden will, welche Variante an welcher Stelle des Lernangebotes mit welchem Ziel Einsatz finden soll. Dabei kann sich herausstellen, dass die konsequente Verfolgung eines der Ansätze eine bessere Lösung beinhaltet als die Kombination unterschiedlicher Varianten.

Im Folgenden sollen die zentralen didaktisch-methodischen Entscheidungen bei der Formulierung der Medienkonzeption noch einmal – vor allem unter dem Aspekt der Lernorganisation – zusammengefasst werden. Die Lernorganisation fragt immer, ob und wie ein Lernangebot in reale Lernsettings eingefügt werden kann, um sicherzustellen, dass die angestrebten Lernprozesse bei der Zielgruppe tatsächlich stattfinden.

Struktur von Interaktionsräumen

Fachliche Inhalte sind im Hinblick auf die angestrebten Lehrziele aufzubereiten, um diese zu Lernangeboten transformieren zu können. Dabei gibt es unterschiedliche Vorstellungen, ob und wie solche Lernangebote zeitlich zu strukturieren sind. Es ist zu klären, ob und in welchem Ausmaß dem Medium Lehrfunktionen übertragen werden sollen (d.h. den Lernprozess damit zeitlich vorstrukturieren) und welche Möglichkeiten (Werkzeuge) angeboten werden sollen, um die aktive Auseinandersetzung mit Wissen zu unterstützen.

Dies beinhaltet zunächst die Entscheidung, ob das Wissen zeitlich oder bloß logisch strukturiert dargeboten werden soll: Wie soll der Interaktionsraum des Mediums gestaltet werden? Soll die Bearbeitung anhand eines vorgegebenen Lernwegs *linear* durchlaufen werden? Oder soll die Möglichkeit gegeben werden, sich in einem Interaktionsraum, in dem Informationseinheiten entsprechend ihrer logischen Struktur mehr oder weniger stark vernetzt sind, frei zu bewegen (Hypertext)?

Diese Fragen beschäftigt die mediendidaktische Forschung seit vielen Jahren. Die vorliegenden Befunde machen deutlich, dass keine der beiden Alternative grundsätzlich vorzuziehen ist. Tabelle 20 fasst die wichtigsten Befunde grob zusammen und benennt Bedingungen, die eher für die eine oder andere Variante sprechen.

Tabelle 20: Entscheidungskriterien für die Struktur von Interaktionsräumen

	sequentiell strukturiert	**logisch strukturiert**
(1) Lehrstoff	hierarchisch gegliedert	flach gegliedert
(2) Lernsituation	formell	informell
(3) Zielgruppe	homogen	inhomogen, dispers
(4) Lernstil	unselbständig	selbständig
(5) Motivation	extrinsisch	intrinsisch
(6) Vorwissen	niedrig	hoch

Die Entscheidungskriterien wären im einzelnen:
- Bei einem Lehrstoff, der hierarchisch gegliedert ist, bauen die einzelnen Informationseinheiten aufeinander auf (Beispiel: Geometrie). Hier bietet sich ein eher linearer Aufbau des Interaktionsraums mit sequentiell angeordneten Lernangeboten an.
- Ist das Lernangebot Teil eines formellen Lehrgangs oder zielt die Lernaktivität auf das Bestehen einer bestimmten Prüfung ab, wäre eine lineare Vorgabe der Lernangebote vorzuziehen.
- Für eine stärkere Sequentialisierung spricht ebenfalls, wenn die Zielgruppe relativ bekannt ist und im Hinblick auf soziodemographische und lernpsychologisch relevante Merkmale (Vorkenntnisse, Lernmotivation) homogen ist.
- Für Lernende, die es bevorzugen bzw. gewohnt sind, selbständig zu lernen, bietet sich eher eine Lernumgebung mit logisch strukturierten Informationseinheiten an, in denen sie ihren Lernweg selbst wählen können.
- Von intrinsischer Motivation spricht man, wenn sich Lernende aus Interesse an der Sache selbst (und nicht vorrangig wegen einer bevorstehenden Prüfung o.ä.) mit dem Lerngegenstand auseinandersetzen wollen. In diesem Fall wären die medialen Informationselemente hypertextuell aufzubereiten.
- Wenn die wesentlichen Begriffe und Prozeduren eines Sachgebiets der Zielgruppe bekannt sind, ist ebenso ein vernetzter Interaktionsraum zu schaffen, in dem die Lernenden die sie interessierende Information wahlfrei auswählen können.

Lernerfolgskontrollen

Bei der Konzeption von computergestützten Lernmedien stellt sich zusehends die Frage nach der Bedeutung von Lernerfolgskontrollen und Rückmeldungen. Lange

Zeit war es selbstverständlich, den Lernfortschritt in Lernprogrammen durch Tests zu überprüfen. Gerade diese mehr oder weniger regelmäßigen Lerntests sind es jedoch, die Benutzer in vielen Fällen ablehnen. Eine wesentlich höhere Akzeptanz haben dagegen Lernangebote mit hypertextuellen Interaktionsräumen, bei denen Informationen je nach aktuellem Interesse aufgerufen werden können.

Gleichwohl ist darauf hinzuweisen, dass diese höhere Akzeptanz keineswegs mit einem höheren Lernerfolg einher geht. Hinzu kommt, dass die höhere Akzeptanz vielfach auf einen Neuigkeitseffekt zurückzuführen ist, der schnell verschwindet.

Eine mögliche Lösung dieses Dilemmas besteht darin, Tests in die Anwendung *einzubetten*. Dies ist dann möglich, wenn die Anwendung z.B. in einer Art Spielhandlung besteht, bei der bestimmte Aktionen des Lerners Aufschluss über den Lernfortschritt geben.

Medien als Werkzeuge

Schließlich geht es um die Frage nach dem Werkzeugcharakter des Mediums: Wie wird die aktive Wissenskonstruktion und -kommunikation unterstützt? Werden Lernangebote auf der Basis von Software-Werkzeugen konzipiert, ist zu prüfen, welche Lernaufgaben damit konkret bearbeitet werden sollen und wie der Einsatz des Werkzeuges die Bearbeitung dieser Lernaufgaben beeinflusst. Handelt es sich eher um ein (a) *arbeitsreduzierendes* oder (b) *qualitätssteigerndes* Werkzeug? Besteht durch Arbeitsreduzierung die Gefahr des Verlustes vorhandener Kompetenzen bzw. welche neuen Kompetenzen können durch die Entlastung der kognitiven Kapazität aufgebaut werden?

Internetbasierte Lernangebote

Multimediale Lernangebote können auf Datenträgern (wie z.B. CD-ROM) distribuiert werden. Zusehends werden diese eingebunden in Telekommunikationsnetze und es entstehen *netzbasierte* multimediale Lernangebote. Der Lerner kann sowohl mit lokal verfügbaren Lernmaterialien arbeiten, mit Medien auf entfernten Rechnern oder unmittelbar mit anderen Personen kommunizieren. Es sind vor allem folgende drei zentrale Entscheidungen zu treffen:

- Die Kommunikationsmodalität: Synchrone Kommunikation beinhaltet die *zeitgleiche* Kommunikation entfernter Teilnehmer (etwa: per Videokonferenz). Asynchrone Kommunikation bezieht sich auf *zeitversetzte* Kommunikation (etwa: per elektronischer Post).
- Die Taktung: *Getaktete* Lernangebote werden den Lernenden in einem bestimmten zeitlichen Rhythmus angeboten; *ungetaktete* Lernangebote können jederzeit von entfernten Rechnern abgerufen werden.
- Die tutorielle Betreuung: *Betreute* Angebote unterstützen die Lerner durch Tutoren, die für Fragen und Rückmeldungen verantwortlich sind.

Der Aufwand zur Implementation internetbasierter Lernangebote wird vielfach unterschätzt. Die Vorstellung ist weit verbreitet, dass es ausreichend sei, verfügbare Textmaterialien und Medien z.B. auf dem Internet abzulegen. Das *Tele-Lernen* kann jedoch nur erfolgreich sein, wenn es als Element einer multimedialen Lernumgebung mit Sorgfalt geplant und implementiert wird. Bisherige Fernstudiensysteme weisen oft eine hohe Quote von Studienabbrechern auf. Für das Vorgehen bei der Kombination solcher Elemente einer Lernumgebung werden im Folgenden *Leitfragen* benannt.

Festlegung eines Leitmediums

Eine Lernumgebung besteht aus verschiedenen Lernangeboten und lernförderlichen Maßnahmen personeller wie (infra-) struktureller Art. Diese sollten in ihrer Anlage unterschiedliche Lernerfahrungen ermöglichen und unterschiedlichen Lernbedürfnissen entsprechen. Die Lernumgebung sollte insofern überdeterminiert sein als verschiedene Elemente der Lernumgebung das anzustrebende Lehrziel gleichermaßen verfolgen, d.h. es liegen z.B. sowohl Print- als auch AV-Medien zu einem bestimmten Thema vor. Der einzelne Lerner kann dabei seine Schwerpunkte setzen und die für seine Lernsituation günstigste Variante wählen.

Bei der Definition der einzelnen Elemente ist zunächst zu klären, *ob* ein Element als *Leitmedium* fungieren soll. Entscheidendes Merkmal des Leitmediums ist aus didaktischer Sicht, dass es die Lernaktivitäten zeitlich organisiert: Das Leitmedium *taktet* den Lernprozess.

Beim klassischen Medienverbund ist die Fernseh- bzw. Radiosendung das Leitmedium, da diese den Beginn und Fortgang des Lernprozesses im wesentlichen steuert, d.h. durch die Terminierung des Senders wird definiert, wann das Programm empfangen werden kann und über welchen Zeitraum die Bearbeitung weiterer Lernmaterialien vorgesehen ist.

Hypertextuell aufbereitete Lernangebote eignen sich nicht als Leitmedium. Bei einem offenen Hypertext-System (etwa im WWW), bei dem alle Materialien mehr oder weniger direkt zugreifbar sind und alle multimedialen Elemente durch Anwählen von Verknüpfungen abrufbar sind, liegt *kein* Leitmedium vor, das die Lernaktivitäten *zeitlich* organisiert. Auch ohne die zeitliche Vorstrukturierung des Lernweges beinhaltet ein Hypertext durch die logische Strukturierung der Informationselemente und durch Pfadvorschläge eine Didaktisierung, die den Lernweg durch das Programm steuert. Solche Lernangebote beinhalten in der Regel ein vergleichsweise umfangreiches Informationsuniversum, durch das der Einzelne je nach Interessen und Zeit seinen Lernweg wählen kann.

Im Fernstudium erfolgt eine Taktung in der Regel durch den Studienbrief, der in bestimmten Abständen per Post versendet wird. Gleichwohl besteht gerade beim Fernstudium die einfache Möglichkeit, den Lernenden die Lernmaterialien nach Anmeldung komplett zur Verfügung zu stellen bzw. im Internet frei zu schalten.

Synchrone vs. asynchrone Kommunikation

Bei der *synchronen* Kommunikation sind Lehrende und Lernende zeitgleich aber an verschiedenen Orten anwesend. Ein Vortrag oder eine Präsentation wird aus einem Hörsaal oder Studio z. B. in ein betriebliches Bildungszentrum oder an den häuslichen PC übertragen. Der Vorteil dieser Variante besteht darin, dass eine bidirektionale Kommunikation zwischen Lehrenden und Lernenden möglich wird.

Erfahrungen in verschiedenen, internationalen Projekten belegen, wie schwierig es ist, mit der Technik nicht nur die räumliche, sondern auch die *soziale Distanz* zwischen den Menschen zu überwinden. Tatsächlich muss ernüchternd festgestellt werden, dass sich der Einsatz des Tele-Teaching in einer Vielzahl von Projekten auf die unidirektionale *Ausstrahlung* von Vorträgen etc. reduziert, für die – wie bereits erwähnt – wesentlich kostengünstigere und attraktivere Distributionsvarianten existieren (Video, CD ...).

Die didaktische Konzeption muss demnach in einem solchen Szenario konsequent auf die Aktivierung und Einbindung der Teilnehmenden an den *remote sites* ausgerichtet sein. Die Interaktionselemente müssen geplant sein und müssen die Einschränkungen der Kommunikation bei Videokonferenzen berücksichtigen (insbesondere bei der Übermittlung nonverbaler Signale).

Bei der *asynchronen* Kommunikation zwischen Lernenden und betreuender Institution werden räumliche Distanzen überbrückt und die Lehr-Lernaktivitäten zeitlich entkoppelt: Beim Tele-Tutoring werden die Teilnehmenden bei der Bearbeitung von Lernaufgaben von entfernten Tutor/innen im Netz betreut.

Der Nachteil besteht insbesondere im Aufwand dieser Art der Betreuung, da sich dieser weitgehend proportional zu den Teilnehmerzahlen verhält und somit nur geringe Kostenvorteile durch die höhere Teilnehmerzahl erzielt werden können.

Varianten der Kommunikation: push oder pull

Eine andere mediendidaktische Entscheidung betrifft die Frage, welche Elemente der Kommunikation (gerade im Internet) per *push* oder *pull* realisiert werden sollen. Bei *pull*-Varianten müssen sich die Teilnehmenden Informationen aktiv abholen, bei *push*-Varianten werden sie (ob sie wollen oder nicht) mit diesen versorgt. Es bedarf auch hier einer didaktischen Gesamtkonzeption um festzulegen, welche Elemente wie bereitgehalten bzw. versendet werden, da dies sehr genau an die Bedürfnisse und zeitlichen Möglichkeiten der Lernenden anzupassen ist. Bei der teleakademie wird das Leitmedium per *push* distribuiert, andere Begleitmaterialien werden für den individuellen *pull* auf Servern bereitgehalten. Eine typische telemediale Lernumgebung beinhaltet die Kombination von synchronen und asynchronen Elementen, die mit *push* oder *pull* realisiert werden können.

weiterführende Literatur: zur Organisation des Fernlernens s. BATES (1995), KEEGAN (1996), HOLMBERG (1989) oder MOORE & KEARSLEY (1996), praktische Handanweisungen s. Deutsches Institut für Fernstudienforschung (1995), für den betrieblichen Kontext s. REGLIN u.a. (1998), für die Hochschule s. FRENCH u.a. (1999).

Teil D Entwicklung medialer Lernangebote

In den bisherigen Kapiteln wurde die Ableitung einer mediendidaktischen Konzeption aus Analysen des didaktischen Feldes vorgestellt. Damit sind die pädagogisch relevanten Entscheidungen des didaktischen Designs getroffen. Die sich hieran anschließende Frage der Entwicklung und der Einführung von Bildungsmedien wird in der Mediendidaktik oft ausgeblendet. Diese Beschränkung erscheint problematisch. Wenn die Umsetzung einer mediendidaktischen Konzeption nicht von Beginn bedacht wird, besteht die Gefahr, dass hochwertige Konzeptionen in der Umsetzung scheitern und Rückwirkungen von Entscheidungen bei der Entwicklung auf die mediendidaktische Konzeption nicht reflektiert werden.

Eine idealisierende Annahme gängiger mediendidaktischer Ansätze besteht darin, von Rahmenbedingungen der Medienproduktion zu abstrahieren, um hierdurch zu allgemeineren Aussagen zu gelangen. Werden diese Aspekte jedoch ausgeblendet, ergeben sich Probleme bei der Anwendung entsprechender Ansätze. Es sind deswegen relevante Merkmale der Rahmenbedingungen in ein mediendidaktisches Entscheidungsraster aufzunehmen, um damit als Determinanten der konzeptuellen Entscheidungen reflektierbar zu werden.

Die Produktion von Multi- und Telemedien ist relativ komplex, sie erfordert eine Vielzahl von Kenntnissen und Fertigkeiten, u.a. aus der Medienproduktion und dem Bildungsmanagement. Im Folgenden soll ein kurzer Einblick in die relevanten Themengebiete erfolgen.

1 Produktion didaktischer Medien

Im Folgenden geht es um einige der Rahmenbedingungen, die eine Medienproduktion wesentlich beeinflussen: Um welche Art von Medienprodukt geht es überhaupt? Was ist das ungefähre Kostenvolumen der Produktion? Und nach welchem Vorgehensmodell soll die Produktion ablaufen?

1.1 Typen der Produktion

Jeder Dozent entwickelt für seinen (personalen) Unterricht didaktische Medien: Sei es als vorbereitete Medien, sei es im Unterricht als Ergebnis von Lehrvortrag und Unterrichtsgespräch. Das technische Medium bleibt dabei im unmittelbaren Kommunikationskontext des Produzenten. Dies hat zur Folge, dass ein Lehrer (als Produzent des Mediums) bei Verständnisschwierigkeiten klärende Hinweise geben kann, grundlegende Begriffe bereits vor der Präsentation erläutern kann bzw. andere Maßnahmen ergreifen kann, die den didaktischen Nutzen des Mediums sicherstellen.

Es soll aufgezeigt werden, dass sich die Situation grundlegend verändert, wenn ein didaktisches Medium unabhängig vom Produzenten und ohne Betreuung des *Autors* eingesetzt wird, sei es z.B. als Selbstlernmaterial oder in anderen Kursen oder Institutionen. Es ist dies die typische Konstellation, wie sie sich in der professionellen Produktion didaktischer Medien zeigt, die üblicherweise als arbeitsteilige Tätigkeit angelegt ist.

Dieser qualitative Unterschied bei der Produktion und dem Einsatz eines Mediums für *eigene* Lehrzwecke oder für eine vom Produzenten unabhängige Verwendung wird vielfach unterschätzt. So sind z.B. Lehrkräfte regelmäßig überrascht, wenn „ihre" Medien (auch CBT oder WBT) von anderen Kollegen an der gleichen oder einer anderen Einrichtung *nicht* (erfolgreich) genutzt werden. Die potenzielle Übertragbarkeit ebenso wie die faktische Übertragung solcher Medien in andere organisatorische Kontexte ist seltener gegeben als man vermutet. Dies reduziert den erhofften Wirkungsgrad von Investitionen bei manchen Medienproduktionen erheblich. Gerade bei Multimedia-Produktionen ist angesichts des erheblichen Produktionsaufwandes die *Übertragbarkeit* des didaktischen Mediums in verschiedene Lernkontexte zu prüfen und sicherzustellen.

Die Produktion solcher *übertragbarer* Medien ist durch die Komplexität von Multimedia und der damit zusammenhängenden Arbeitsteiligkeit deutlich anspruchsvoller als die Produktion konventioneller Medien (Print, AV). Es wird erforderlich, sich mit dem Produktionsprozess und Modellen der Produktion didaktischer Medien auseinanderzusetzen.

Medien für das autodidaktische Lernen. Geht es um Medien für ein weitgehend autodidaktisches Lernen, ist neben dem Autor eine Distributionsinstanz notwendig (Fachbuch: Buchhändler, Lehrfilm: Rundfunk etc., s. Typ 1 in Abbildung 31). Das Medium wäre z.B. ein Buch, ein Video oder eine Multimedia-Anwendung. Die Distribution erfolgt etwa über Buchhandel, die Ausstrahlung über Funk bzw. Satellit oder die Einspeisung in Netze. Der Kontakt zu den Rezipienten bleibt i.a. verhältnismäßig vage. Bestenfalls wird das Produkt einer mehr oder minder typischen Gruppe vorgelegt, jedoch selten systematisch geprüft. Den größten Einfluss auf die Qualität des Werkes hat (außer dem Autor) - soweit existent - das Lektorat des Verlags oder eine Redaktion.

Medien für organisierte Bildungsaktivitäten. Medien für organisierte und betreute Bildungsaktivitäten (z.B. in Schulen und anderen Bildungseinrichtungen oder -abteilungen) werden dagegen relativ gezielt auf die Anforderungen der Bildungsarbeit hin produziert. Dabei existieren in verschiedenen Bildungseinrichtungen ähnliche Anforderungen, z.B. weil sie dem gleichen Lehrplan oder der gleichen Rahmenprüfungsordnung unterliegen. Die eigentlichen Abnehmer sind damit i.a. die Lehrkräfte. Denn die Medien sind in der Regel darauf ausgerichtet, Lehrende bei ihren didaktischen Bemühungen zu unterstützen. Schulbücher entstehen unter Berücksichtigung der Vorgaben der Schulverwaltung (Lehrpläne etc.) in vergleichsweise engem Kontakt mit Lehrenden, um deren Akzeptanz zu sichern (s. Typ 2 in Abbildung 31).

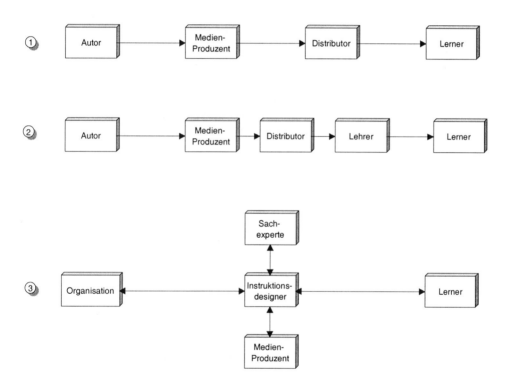

Abbildung 31: Typen didaktischer Medienproduktion

Maßgeschneiderte Medien für das Lernen in Organisationen. Andere Rahmenbedingungen liegen bei Medienprodukten vor, die für Bildungsaktivitäten bestimmter Organisationen und in deren Auftrag entwickelt werden. Die Medien sind dabei sehr viel spezifischer auf einen zu erfassenden Bedarf und die Bedürfnisse der Organisation und deren Mitglieder anzupassen. Die Übernahme verfügbarer Eigenproduktionen oder im Handel erhältlicher Medien erweist sich oft als wenig geeignet, um einen angestrebten Lernerfolg (effizient) zu erreichen. Insbesondere bei größeren Organisationen mit z.B. firmenspezifischen Technologien oder Produkten wird die Notwendigkeit offensichtlich, für das eigene Unternehmen nicht nur spezielle Kurskonzeptionen zu entwickeln, sondern auch hierauf abgestimmte Medien.

Zur Systematisierung der Planung solcher maßgeschneiderter Bildungsmaßnahmen haben die Aktivitäten der US-amerikanischen Militärs in den 60er Jahren beigetragen, die ihre Ausbildung erheblich ausweiteten, und eine qualitative Verbesserung ihrer Bildungsarbeit anstrebten. Man erkannte, dass dies nur durch systematische Prozeduren mit eingehenden Analysen didaktisch relevanter Parameter einzulösen war. Es wurde erstmals die Position eines Spezialisten für *instructional design* definiert, die zwischen Sachexpertise, Organisationsanforderungen, der Medienproduktion sowie den Lernenden vermittelt (s. Typ 3 in Abbildung 31) und verantwortlich ist für die Kurskonzeption. Grundsätzlich neu war dabei, dass die mediendidaktische Kompetenz in das Zentrum der Projekte rückte.

Für diese Konstellation ist der Begriff des *instructional systems design* (ISD) oder *systems approach to training* (SAT) geprägt worden, der – in den USA – entscheidend zur Etablierung einer entsprechenden Profession beigetragen hat. Essentieller Bestandteil eines solchen *systems approach* ist die an die Bedürfnisse einer Organisation angepasste didaktische Konzeption. Fälschlicherweise werden ISD und SAT oftmals gleichgesetzt mit der systematischen Produktion von Bildungsmedien überhaupt.

1.2 Umfang der Produktion

Zu den wesentlichen Rahmenbedingungen der Medienproduktion, die die Konzeption beeinflussen, gehören die verfügbaren Ressourcen, deren ungefährer Umfang zu Beginn eines Projektes geklärt sein muss. Wird der Kostenrahmen (als scheinbar nicht-pädagogische Kategorie) aus mediendidaktischen Überlegungen ausgeblendet, führt das vielfach zu problematischen Entscheidungspraktiken. Nicht selten werden nämlich grundlegende mediendidaktische Entscheidungen nachträglich geändert, – wenn erst in einem späteren Schritt geklärt wird, welche (i.a. beschränkten) Ressourcen zur Verfügung stehen. Die Praxis einer nachträglichen Korrektur (üblicherweise im Sinne einer Beschneidung) der mediendidaktischen Konzeption weist darauf hin, dass diese Rahmenbedingung bei der Formulierung der Medienkonzeption nicht genügend berücksichtigt wurde

Es ist zu fragen, wie ein gegebener Kostenrahmen unter Anlegung einer didaktischen Perspektive am besten ausgefüllt werden kann. Einem Auftraggeber gegenüber ist zu verdeutlichen, welche didaktische Konzeptionen mit bestimmten Ressourcen realisierbar sind und welche nicht zu verwirklichen sind. Dies führt zu einer Sichtweise, die faktisch vorhandene Spielräume möglichst weit nutzt - ohne zu leugnen, dass die Einengung dieser Spielräume bestimmte Zielsetzungen und Konzeptionen auch verhindert. In der Planung ist demnach zunächst der Kostenrahmen zu berücksichtigen, in dem sich das Projekt bewegt.

Low budget. Einfache Produktionen (bis etwa 50 TDM) erfordern grundsätzliche Beschränkungen, über die sich alle Beteiligten im Klaren sein sollten. Werden die gesetzten Einschränkungen berücksichtigt, sind auch in diesem Kostenrahmen didaktisch hochwertige Anwendungen realisierbar.

Die Produktion eigenen Videomaterials oder die Anfertigung von Computeranimationen oder -simulationen ist in der Regel ausgeschlossen. Auch die Einbindung vorliegender Bewegtbildquellen erzwingt klare Begrenzungen. Dabei verursacht nicht die Konvertierung und Digitalisierung des Materials die hauptsächlichen Kosten. Es ist vielmehr die inhaltliche und softwaretechnische Einbindung der interaktiven Ansteuerung des Materials, die sich als aufwändig erweist. So wird man sich auf die Einbindung verfügbarer, eher linearer Videosequenzen beschränken müssen.

Eine weitere, grundsätzliche Einschränkung betrifft die graphische Gestaltung der Oberfläche. Die Entwicklung eines attraktiven Layout für die Oberfläche ist mit Aufwand verbunden; das konsequent durchgängige Gestalten der Anwendung verursacht erhebliche Kosten. Auch das Anfertigen von qualitativ hochwertigem Audiomaterial oder die Produktion von Musikclips, ist in diesem Kostenrahmen kaum realisierbar.

Vergessen wird vielfach, dass für die Nutzung sowohl von vorliegendem Bildvorlagen (Fotos, Schaubilder, Videos etc.) als auch von Musik und Sprachaufzeichnungen von Dritten sehr enge nutzungs- und verwertungsrechtliche Bestimmungen gelten, die die Einbindung entsprechenden Materials in *low budget*-Produktionen i.a. ausschließt. Selbst für die Produktion kleinerer *no budget*-Anwendungen im Schul- und Hochschulbereich gilt es, diese Bestimmungen einzuhalten. Man wird ausweichen auf Material der *public domain*, das kostenfrei in eigene Angebote übernommen und ohne Abgaben eingesetzt werden kann. Bei Internet-Kursen wird man auf komplexere Anwendungen verzichten, die Inhalte dynamisch aus Datenbanken generieren oder einem Content-Management-Systeme basieren (vgl. S. 382). Lernmaterialien werden typischerweise als HTML-Seiten oder als PDF-Dokumente für den Download eingestellt. Insgesamt hat dies gleichwohl zur Folge, dass die spätere Pflege und Erweiterung der Anwendung aufwändiger wird.

Produktionen im *low budget* Bereich sind teilweise schlecht kalkuliert oder werden in der Hoffnung auf Folgeaufträge oder -erträge realisiert. Zu bedenken ist, dass sich gewisse Qualitätsvorstellungen in diesem Rahmen kaum realisieren lassen. Ebenso finden wir die Überschätzung von Einzelpersonen, die davon ausgehen, dass sie die vielen Aspekte der Produktion einer multi- oder telemedialen Anwendung kompetent beherrschen, und deswegen auf den Zukauf teurer Spezialkompetenz verzichten.

Standard-Produktion. Durchschnittlich aufwändige Produktionen (bis etwa 250 TDM) sind dadurch charakterisierbar, dass die gängigen Medientechniken und didaktischen Konzepte für die Medienproduktion genutzt werden können. Es ist genügend Spielraum vorhanden für *kleinere* Videoproduktionen, bei denen der Aufwand für Darsteller und Außenaufnahmen gering ist. Auch bei der Anfertigung von Computeranimationen wird man gewisse Abstricke machen, für das Internet eignen sich insbesondere Flash-Animationen. Das Einbinden von Fremdmaterial, einschließlich der oft aufwändigen Klärung der Nutzungs- und Verwertungsrechte, lässt sich in diesem Rahmen in der Regel realisieren. Typisch ist in der Regel die arbeitsteilige Vorgehensweise, da nur so die notwendige Professionalität erreicht wird (S. 360).

Gerade für die konzeptuelle Arbeit des didaktischen Designs, einschließlich der notwendigen analytischen Vorarbeiten, besteht ein Spielraum, wenngleich gerade hier am ehesten Bestrebungen zu beobachten sind, den Aufwand zu reduzieren, z.B. indem normierte Vorgaben für Medienkonzeptionen entwickelt werden. Da die Qualität des didaktischen Designs nicht unmittelbar „sichtbar" wird, besteht die Gefahr, dass dieser Aufwand zugunsten anderer, scheinbar wirkungsvollerer Bestandteile zurückgedrängt wird. So muss der Aufwand für didaktische Analysen und konzeptuelle Arbeiten z.B. gegenüber Ausgaben für Videoproduktionen oder die Erstellung ästhetisch anspruchsvoller Computergrafiken behauptet werden. So bleibt für grundsätzlich neue, alternative mediendidaktische Konzeptionen bei solchen Projekten oft wenig Spielraum.

„Große" Produktion. Aufwändigere Produktionen (bis und über 500 TDM) ermöglichen mehr Freiheiten bei der Konzeption. Dies betrifft sowohl die Erstellung von Videoquellen oder Grafiken bzw. Animationen als auch die Erprobung neuer Ansätze des didaktischen Designs. Im Internet kann man auf innovative Ansätze zum Content-Management setzen, um die Menge an Daten angemessen verwalten zu können sowie Layout und Inhalte ständig optimieren zu können.

Rahmenbedingungen

Das Projektvolumen definiert Rahmenbedingungen, die bestimmte konzeptuelle und gestalterische Möglichkeiten zulassen oder einschränken. Für die Produktion von Bedeutung ist neben dem Kostenrahmen auch der Zeitrahmen sowie die Verfügbarkeit weiterer, notwendiger Ressourcen, wie z.B. ...

- Zugriff auf Produktionsanlagen
- themenbezogenes know how: Zugriff auf Sachexpertise
- Nutzung bzw. Einbindung bereits vorhandener Medien (Nutzungsrechte) und
- Zugriff auf Testpersonen (möglichst aus der Zielgruppe).

Darüber hinaus wird die Produktion durch spezifische Vorgaben vielfach sehr grundsätzlich bestimmt, etwa von Vorgaben ...

- durch Auftraggeber: z.B. geplante Nutzungsdauer, Gestaltungsrichtlinien (im Sinne des corporate design), ggfs. Plattform für das delivery system sowie
- durch Entwickler: z.B. gewünschte Vermarktungs- und Folgeaktivitäten (u.a. Überarbeitungen, geplante Erweiterungen), ggfs. Entwicklungswerkzeuge und -plattformen.

1.3 Vorgehensmodelle

Die Entwicklung multi- und telemedialer Lernangebote erfordert die Koordination verschiedener Aufgaben und Prozesse sehr unterschiedlicher Art. Vorgehens- oder Produktionsmodelle problematisieren diese Anforderungen. Im Folgenden sollen zunächst Modelle aus dem Kontext der didaktischen Forschung und Entwicklung vorgestellt werden. Sie sind meist durch behavioristische Ansätze geprägt und Grundlage der Modelle des ISD *(instructional systems development)*, die für die Entwicklung umfangreicher Bildungsprogramme formuliert wurden.

In diesen Modellen findet jedoch gerade die Medienproduktion wenig Berücksichtigung. Deswegen werden im Anschluss daran entsprechende Modelle der AV-Produktion diskutiert. Interessant sind schließlich Ansätze des Software-Engineering, die die Problematik der Softwareproduktion aus Sicht der Informatik grundsätzlich beleuchten.

1.3.1 Behavioristisches Instruktionsdesign

Die Wahl eines lerntheoretischen Paradigmas wirkt sich nicht nur auf die Medienkonzeption, sondern auch auf die Strukturierung des Produktionsprozesses aus. Üblicherweise bleiben diese Annahmen in Modellen jedoch meist implizit. Die üblichen Vorgehensmodelle des didaktischen Designs bleiben dabei behavioristischen Ansätzen verpflichtet. Nehmen wir als einfaches Modell der Instruktionsentwicklung das Schema von GLASER (1962):

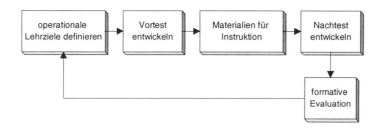

Abbildung 32: Grundmuster der Instruktionsplanung in behavioristischen Ansätzen

Den Vorstellungen behavioristischer Modelle des Lernens entsprechend wird der gesamte Produktionsprozess auf die operationale Definition von Lehrzielen bezogen. Der Formulierung von Testverfahren kommt eine große Bedeutung zu, mit denen das Erreichen der Lehrziele (und damit der Lernerfolg bzw. die Qualität des Lehrverfahrens) überprüft wird.

In der weiteren theoretischen Entwicklung wurde das dargestellte Grundmodell angereichert, und es wurden u.a. Merkmale des Lerners, komplexere Lehrstrategien oder z.B. die Medienwahl als Entscheidungsprobleme berücksichtigt. Sie bleiben jedoch im wesentlichen behavioristischen Grundannahmen verhaftet, wenn sie von der möglichst operationalen Definition von Lehrzielen ausgehen und die gesamte Lehrstoffvermittlung an diesen auszurichten versuchen. Eine derart erweiterte Sicht beinhaltet nach TENNYSON (1994b) die Aspekte in Abbildung 33 (s.a. Seel, 1999).

Das vergleichsweise einfache Vorgehensmodell macht in der praktischen Anwendung bereits erhebliche Anstrengungen erforderlich. Der Aufwand, der vor allem mit der Analyse der Zielgruppe und der formativen Evaluation verbunden ist, wird in vielen Fällen gescheut.

Damit bleibt festzustellen, dass bereits dieses Modell Vorgehensweisen benennt, die von der Praxis in den letzten Jahrzehnten kaum aufgenommen wurden, entweder weil die theoretische Grundlage (Behaviorismus) nicht akzeptiert wurde oder weil die angebotenen Instrumentarien sich als nicht praktikabel erwiesen bzw. deren Nutzen nicht sichtbar wurde.

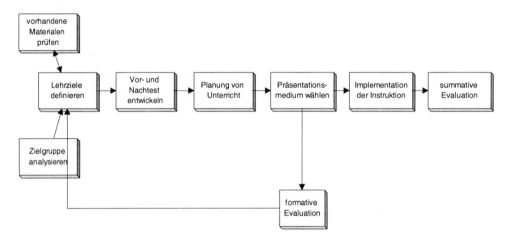

Abbildung 33: Erweitertes Vorgehensmodell

1.3.2 Instructional Systems Design

Mit der euphorischen Aufnahme der seinerzeit neuen AV-Medien zu Ende der 60er und Anfang der 70er Jahre in den USA wurde die Notwendigkeit sichtbar, Modelle der Entwicklung hochwertiger Bildungsgebote und Medien zu formulieren. Die Anforderung und die Größenordnung entsprechender „Systeme" wuchsen zusehends. Entscheidend trugen hierzu Projekte der US-amerikanischen Streitkräfte bei. Dabei waren (sehr) große Projekte zu organisieren, und es mussten Modelle formuliert werden, die das Vorgehen für alle Beteiligten festlegen.

Dabei wurde versucht, die dargestellten Modelle des behavioristischen Instruktionsdesign konsequent anzuwenden. Es zeigte sich jedoch, dass die Komplexität des Produktionsprozesses Modelle erforderlich machte, die den gesamten Prozeß – von

der Analyse und Konzeption, bis zu der Produktion und dem Einsatz – genauer ab-
bildeten. Der sich so etablierende *systems approach* oder das *instructional systems
design* (ISD) benennt die Faktoren, die den Entwicklungsprozess wesentlich beeinflussen, und stellt diese als ineinander verschachtelte Subsysteme des Produktions-
ablaufs dar.

In den USA sind eine Reihe solcher Modelle für unterschiedliche Institutionen in
der praktischen Anwendung erprobt worden. Eine Übersicht (über die keineswegs
immer erfolgreichen Ansätze) geben BRANSOW & GROW (1987). ANDREWS &
GOODSON (1980) haben nach einem Vergleich von 40 derartigen Ansätzen die wesentlichen Gemeinsamkeiten dieser Modelle identifiziert. Sie enthalten weitgehend
übereinstimmend die in der Übersicht aufgeführten Bestandteile.

Bestandteile von ISD-Modellen

- Feststellen des Bildungsbedarfs
- Durchführen von Anforderungsanalysen (am Arbeitsplatz)
- Abwägen von Kostenüberlegungen
- Formulieren operationaler Lernziele
- Entwicklung von Lerntests
- Sequenzierung des Lehrstoffs
- Bestimmung relevanter Merkmale der Zielgruppe
- Wahl einer Lehrstrategie
- Entscheidung für ein Mediensystem
- Produktion des didaktischen Mediums
- Test/Revision des Mediums/der Instruktion
- Installation/Wartung des Mediums/der Instruktion

In der Betonung der operationalen Definition von Zielen und deren Prüfung wird
unschwer das Vorherrschen behavioristischen Denkens in den untersuchten Modellen erkennbar. Auch die Entscheidungen zu Lehrstrategien und der Sequenzierung von Lernangeboten bleiben dem behavioristischen Ansatz verhaftet. Im Folgenden sollen diese Modelle und die hieraus entwickelten Varianten genauer vorgestellt werden.

Interservices Procedures

Bekannt geworden sind insbesondere die *Interservices Procedures for Instructional
Systems Development* (IPISD) der US-amerikanischen Militärs (Branson & Grow,
1987; Branson et al., 1975). Mehrere voluminöse Handbücher beschreiben das
(verbindliche) Vorgehen für alle Instanzen, die an der Entwicklung von Lehrein-
heiten und -materialien beteiligt sind (vgl. Logan, 1982).

I. Tätigkeitsanalyse

Im Mittelpunkt der ersten Phase steht die zu bewältigende Arbeitstätigkeit. Eine Übersicht
der mit einer Tätigkeit anfallenden Aufgaben wird erstellt. Für jede wird entschieden, ob sie

Gegenstand des Unterrichts werden soll oder nicht. Mögliche Leistungsindikatoren werden durch Befragung oder Beobachtung eruiert und Sachexperten zur Begutachtung vorgelegt. Um Mehrfacharbeit zu vermeiden, ist zu überprüfen, ob Teile des Kurses bereits an anderer Stelle entwickelt wurden. Bereits in der Analysephase sind Überlegungen zum Lernort und der Lernorganisation anzustellen, ob etwa Gruppenunterricht, Selbstlernen am/in der Nähe des Arbeitsplatz oder *training on the job* in Frage kommt.

- Arbeitstätigkeiten analysieren
- relevante Aufgaben auswählen
- Indizes für Arbeitsleistung entwickeln
- vorhandene Kurse untersuchen
- Lernort festlegen

II. Design

Auf Grundlage der Ergebnisse der Tätigkeitsanalyse ist für jede der gewählten Tätigkeiten das angestrebte Verhalten als operationales Lehrziel zu formulieren und die Lernschritte festzulegen, die notwendig sind, um das Lehrziel zu erreichen. Es werden Tests entwickelt, mit denen sich der Lernerfolg überprüfen lässt, und das Eingangsverhalten festgelegt, dass für das erfolgreiche Bearbeiten des Kurses erwartet wird. Dazu wird eine Stichprobe von Lernern geprüft, um sicherzustellen, dass die Vorkenntnisse bei den Lernern vorliegen.

- Lehrziele operational festlegen
- Tests entwickeln
- notwendige Vorkenntnisse benennen
- Lehrsequenzen festlegen

III. Entwicklung

Die Entwicklungsphase beginnt mit der Klassifikation der Lehrinhalte (nach GAGNÉ). Die Wahl des *delivery systems* und der Lernorganisation hat vor allem die Art des Lernprozesses, Medienattribute, Unterrichtssituation sowie Kosten zu berücksichtigen. Pläne für die Durchführung der Instruktion beschreiben den organisatorischen Ablauf und halten alle notwendigen Voraussetzungen für die Kursdurchführung fest. Es gilt, Kursmaterialien zu sichten, auszuwählen und ggfs. zu entwickeln, die an einer Gruppe typischer Lerner erprobt werden.

- Lernaktivitäten angeben
- Delivery-Medium festlegen
- vorhandene Lehrmaterialien sichten und auswählen
- Lehrmaterialien entwickeln
- Lehrmaterialien validieren

IV. Implementation

Voraussetzung für den Erfolg der Durchführung von Bildungsmaßnahmen ist die Schulung aller Mitarbeiter, Dozenten und des Betreuungspersonals, das an der Durchführung beteiligt ist. Dabei sind die Verantwortlichkeiten bei der Durchführung frühzeitig festzulegen.

Nach Abschluss jeder einzelnen Lerneinheit sind Testverfahren durchzuführen. Die Ergebnisse der Testverfahren sind auszuwerten, um festzustellen, wie Materialien und Lehrgangskonzeption verbessert werden kann.

- Schulung aller Mitarbeiter
- Bereitstellung der nötigen Ressourcen
- Prüfung der Lernergebnisse

V. Kontrolle

Evaluation und Revision ist von Personen auszuführen, die weder mit der Planung noch mit der Durchführung der Schulung betraut wurden. Die *interne* Evaluation prüft die Lernleistung im Kurszusammenhang, um ungünstige oder überflüssige Kursteile zu identifizieren. Die *externe* Evaluation untersucht dagegen die Leistung der Kursabsolventen bei der Bewältigung der Arbeitstätigkeit. Beide Informationsquellen fließen im Sinne einer permanenten Qualitätssicherung in die verschiedenen Phasen der Systemrevision zurück.

- interne Evaluation durchführen
- externe Evaluation durchführen
- Instruktionssystem revidieren

Ausgangspunkt ist die Analyse konkreter *Arbeitstätigkeiten* bzw. bestimmter Aufgaben und Funktionen in einem bestimmten Arbeitsfeld. Da die didaktischen Maßnahmen darauf abzielen, dass diese derart identifizierten Anforderungen bewältigt werden können, sind bereits zu Beginn Messinstrumente zu entwickeln, die die Leistung einer Person bei der Bewältigung dieser Anforderungen erfassen. Das gesamte Instruktionssystem wird von Anfang an auf ein festgelegtes Kriterium „geeicht". Alle an der Entwicklung Beteiligten wissen, welche Leistung von dem Kursteilnehmer am Ende erwartet wird, und im Rahmen einer externen Evaluation ist die Erreichung dieses Ziels zu überprüfen. Die interne Evaluation dient der Qualitätssicherung und untersucht das Lernangebot im Prozeß der Entwicklung, also z.B. ob die Materialien verständlich sind, die Bearbeitungszeit bei Selbstlernmaterialien richtig angesetzt ist, die Akzeptanz von Dozenten und Teilnehmern etc.

Entscheidende Voraussetzung für den Projekterfolg bei dieser Art des Vorgehens ist die Dokumentation aller Aktivitäten und Schritte, die es der Projektleitung ermöglicht, den Stand des Projekts festzustellen und die Aktivitäten zu koordinieren. Wegen der stark sternförmigen Projektorganisation, bei der alle Kommunikation über die Projektleitung läuft, sind derartige Dokumentationen Voraussetzung für die Sicherstellung des Projekterfolges, die die Beteiligten in allen Schritten peinlich genau einzuhalten haben.

Um sich den Aufwand und Umfang derartiger Dokumente und Dokumentationen zu verdeutlichen, sei auf den *Military Standard* der USA verwiesen. Das diesem Standard entsprechende *Handbook for Training Materials Development* umfasst über 500 Seiten in zwei Bänden mit mehr als 50 komplexen Flussdiagrammen, von denen einige mehr als drei (!) Meter lang sind. Die Einhaltung dieser Vorschriften bei der Planung und Entwicklung ist verpflichtend gewesen, – auch für zweitägige Kurzlehrgänge. Es verwundert nicht, wenn WULFECK et al. (1993) berichten, dass die durchschnittlichen Kosten für die Planungsarbeiten (ohne Medienkonzeption) eines typischen Lehrgangs von 10 Tagen Dauer ca. 40.000 USD betragen. Gleichwohl ist nicht zu übersehen, dass die Qualität der Ausbildung durch diese Instrumentarien erhöht werden konnte (Dick, 1987).

Dick & Carey

Einen anderen *systems approach* legten DICK & CAREY (1996) vor, der sich an *Anfänger* richtet und das beschriebene, detaillierte Modell der IPISD vereinfacht. Es ist vor allem in der Ausbildung an Hochschulen in den USA verbreitet.

- Lehrziele bestimmen

Ausgangspunkt aller Aktivitäten ist die Festlegung von Zielen. Dies kann von einer der Taxonomien abgeleitet werden, von Bedarfsanalysen, von Erfahrungen mit Lernschwierigkeiten oder von einer Tätigkeitsanalyse.

- Lehrstoff und Lernprozesse analysieren

Die Art des Lehrstoffs ist nach den Typen der Lernprozesse (nach GAGNÉ) zu beschreiben. Für die verschiedenen Typen ist eine Hierarchie der logischen und funktionalen Abhängigkeiten zu erstellen.

- Vorkenntnisse bestimmen

Die Vorkenntnisse und alle anderen Bedingungen, die für eine erfolgreiche Bearbeitung vorausgesetzt werden, sind zu benennen.

- Leistungsindizes bestimmen

Es ist zu beschreiben, was ein Teilnehmer am Ende des Kurses gelernt haben soll. Dabei sind einzelne Fähigkeiten so zu beschreiben, dass festgestellt werden kann, ob und unter welchen Bedingungen ein Lernerfolg eingetreten ist.

- Kriteriumsorientierte Tests entwickeln

Es sind einzelne Testitems zu formulieren, die auf den konkreten Leistungsindizes basieren, und nach Abschluss der Bildungsmaßnahme Aufschluss über den Lernerfolg erlauben.

- Instruktionsstrategie entwickeln

Die Instruktionsstrategie beinhaltet die Wahl der Medien, die Sequenzierung der Lernangebote, die Definition von Übungen und Rückmeldungen sowie Folgeaktivitäten des Lerners.

- Lehraktivitäten wählen und durchführen

Es ist festzulegen, ob mit vorhandenen Materialien gearbeitet werden kann oder ob Medien zu produzieren sind. Vollständige Instruktionsmaterialien beinhalten
- Unterlagen für Lernende zur Vor- und Nachbereitung
- Unterrichtsmedien für die Durchführung (z.B. OHP-Folien, Dias, Film oder CBT)
- Hinweise für Lehrende/Betreuende für die Unterrichtsdurchführung und
- Testmaterialien incl. Auswertungsunterlagen.

- Formative Evaluation planen und durchführen

Bereits der Entwurf der Instruktionsmaterialien ist mit Personen der Zielgruppe zu überprüfen, um schon in der Frühphase Schwächen erkennen und Fehler vermeiden zu können.

- Revision der Instruktionsmaterialien

Die Ergebnisse der formativen Evaluation machen Revisionen notwendig. Sie beziehen sich vor allem auf Instruktionsmaterialien, möglicherweise aber auch auf Aspekte früherer Phasen: die Festlegung der Vorkenntnisse, der Auswahl der Aufgaben oder der Analyse von Lernprozessen, die möglicherweise neu formuliert werden müssen.

- Summative Evaluation planen und durchführen

Nach Durchführung der Instruktion untersucht die summative Evaluation die relative und absolute Qualität der Bildungsmaßnahme.

Weiterführende Ansätze

Eine Integration von Parametern gängiger Vorgehensmodelle des didaktischen Designs stellt TENNYSON (1994b) vor (s. Tabelle 21). In diesem Modell wird die *Evaluation* zu einer durchgehenden Aktivität, die alle Phasen begleitet, in jeder Phase aber unterschiedliche Inhalte und Funktionen betrifft. In der Analysephase gilt es, die Machbarkeit *(feasibility)* des Projektvorhabens zu prüfen. In der Designphase wird von formativer Evaluation gesprochen, in der die Konzeption zu optimieren ist etc. Eine solche systematische Betrachtung von Evaluation als Mechanismus zur Steuerung und Kontrolle aller Phasen der Entwicklung entspricht neueren Ansätzen des *Bildungscontrolling* (Decker, 1995).

Tabelle 21: Elemente gängiger ISD-Modelle

Analyse	Design	Produktion	Implementation
Bedürfnisse und Bedarf erfassen, Merkmale des Lerners analysieren, Rahmenbedingungen und allgemeine Ziele feststellen	Lehrziele und Lehrinhalte, Lernerfolgskontrolle Trägermedium, Management-strategie	Programmierung, Dokumentation, Planung der Distribution	Management der Bildungsmaßnahme, Durchführung
Evaluation der Machbarkeit	Formative Evaluation	Summative Evaluation	Evaluation der Implementation

SCHIFFMAN (vgl. 1991) hat die verschiedenen Ansätze des ISD in den USA nachgezeichnet und dabei ein Modell der „vollständigen Sichtweise von systematischem Instruktionsdesign" skizziert. Einfache Modelle des didaktischen Designs reduzieren die Problematik auf die Frage der richtigen *Medienwahl* und der Optimierung der *Medienproduktion*. Aktuelle Modelle des didaktischen Designs beinhalten darüber hinaus zum Teil auch Methoden zur *Instruktionsanalyse*, zur Spezifikation von *Lehrzielen* oder Wahl einer *Lehrstrategie*.

Eine *vollständige* Sichtweise von didaktischem Design ist nach SCHIFFMANN umfassender anzulegen, wenn sie den Prozeß der Planung und Entwicklung von Instruktion tatsächlich angemessen erfassen und beschreiben will, indem u.a. technische, ökonomische, organisatorische und gesellschaftliche Rahmenbedingungen einbezogen werden. Diese Aspekte sind im Rahmen von Instruktionsplanung und -entwicklung zu diskutieren und wären in ein umfassendes Modell des didaktischen Designs einzubeziehen.

Die Modelle des didaktischen Designs und der Instruktionsentwicklung werden zusehends komplexer. Es zeigen sich jedoch Schwierigkeiten, entsprechende Modelle

in der Praxis anzuwenden. Wenn ihre Umsetzung nicht stattfindet, spricht dies
nicht (nur) gegen die Praxis. Zu berücksichtigen ist der *Aufwand* und der *Ertrag*
solcher Analysen für das didaktische Design. Die vorgeschlagenen Modelle sind
darauf hin zu prüfen, ob der Aufwand für die geforderten Analysen gerechtfertigt
ist. Denn in der Anwendung zeigt sich, dass bestimmte Verfahren etwa der Zielbestimmung, der Aufgabenanalyse oder der Evaluation im Verhältnis zu ihrem Nutzen für ein didaktisch hochwertiges Lernangebot (zu) wenig beitragen.

1.3.3 Bewertung der ISD-Modelle

Eine verbreitete Kritik am ISD ist der Vorwurf des Versagens der vielen publizierten und nicht publizierten Vorgehensmodelle. Tatsächlich ist nicht zu übersehen,
dass entsprechende Modelle in Europa ebenso wie in den USA in der Praxis kaum
systematisch zur Anwendung kommen und wenn dann vor allem unter (mehr oder
weniger explizitem) Zwang der auftraggebenden Instanz. Es stellt sich damit die
grundsätzliche Frage, welcher Stellenwert entsprechenden Modellen für die praktische Anwendung wie für die Forschung zum didaktischen Design zukommt.

Umsetzung in der Praxis

Die Vor- und Nachteile der dargestellten Vorgehensmodelle für didaktische Medien
sind unter mehreren Aspekten zu sehen: Zunächst erleichtern sie der *Projektleitung*
die Überwachung des Projektfortschritts. Es lässt sich zu jedem Zeitpunkt feststellen, wo das Projekt steht, und ob ein Projektplan voraussichtlich eingehalten werden kann. Zum anderen schafft das konsequente Anwenden von Vorgehensmodellen für *alle* beteiligten Personen und vor allem bei größeren Projekten Planungssi-
cherheit, wenn Klarheit besteht, wer welche Aufgaben zu welchem Zeitpunkt zu
erledigen hat. Darüber hinaus sollten vor allem Novizen profitieren, da sie eine
Anleitung für die zeitliche Strukturierung des Produktionsprozesses erhalten.

Allerdings sind die verbreiteten Modelle relativ differenziert, und es bleibt die Frage, ob bei einem Vorgehen mit z.B. 19 Schritten allen Beteiligten wirklich jederzeit
präsent ist, in welcher Phase sich das Projekt gerade befindet und wie die weiteren
Phasen lauten. Ein Vorgehensmodell muss schlank genug sein, damit es ständig
und bei allen Beteiligten im Bewusstsein präsent ist. Das Nachschlagen in einem
ISD-Handbuch dagegen erscheint für normale Produktionsabläufe wenig geeignet.

So sind die vorliegenden Modelle zwar einsichtig, aber in der konkreten Ausprägung weitgehend beliebig, da kein Kriterium für die Abgrenzung und Begründung
einzelner Phasen gegeben wird bzw. werden kann. Eine Phase sollte nur dann postuliert werden, wenn sie mit einem spezifischen Ergebnis abschließt, welches im
Produktionsprozess zwingend benötigt wird. Üblicherweise wird von *Meilensteinen*
gesprochen, die deutlich sichtbar das Ergebnis einer Phase anzeigen. Auf diese
Weise lassen sich Phasen begründen. Das Modell passt sich damit an den Produktionsverlauf an, statt von den Beteiligten bestimmte analytische Arbeiten oder Dokumentationen zu fordern, die entweder im konkreten Fall nicht zwingend sind
oder nicht eingesehen werden.

Außerdem fällt auf, dass die mehr oder weniger starke Ausdifferenzierung der Modelle des ISD einen Aspekt eher unterbelichtet lässt: nämlich die Medien- und Softwareproduktion selbst, die bei der Entwicklung didaktischer (Multi-)Medien erhebliche Zeit beansprucht. Dies liegt vermutlich daran, dass die Modelle des ISD in erster Linie auf Printmedien ausgerichtet sind. Insofern stellte sich das Problem der Koordination komplexer multimedialer Produktionen (noch) nicht.

Darüber hinaus werden oftmals Aspekte vernachlässigt, die in der Praxis über Erfolg oder Mißerfolg der Entwicklung entscheiden können, aber oft als nicht primär didaktischer Natur betrachtet werden oder sich einer verallgemeinerbaren Darstellung widersetzen: die Frage des Bildungsbedarfs und der Bildungsbedürfnisse von Lernenden, die Frage der Ressourcen, d.h. welche Mittel stehen zur Verfügung und wie lässt sich deren Einsatz optimieren, die Frage der Effektivität und Effizienz verschiedener Strategien, Medien und auch die Frage der *Implementation* der Maßnahmen im Bildungsbetrieb.

Der Vergleich von frühen ISD-Modellen bei ANDREWS & GOODSON (1980) zeigt, dass diese sich relativ stark ähneln. Die Begeisterung, mit der derartige Systeme erstellt worden sind, ist heute verflogen. Trotz Multi- und Telemedien, die eine Erweiterung, Revision oder zumindest Diskussion der *systems approaches* notwendig machen würden, finden wir wenig neuere Veröffentlichungen zu der Thematik.

Sind Modelle des ISD damit gescheitert, oder wie ist das schwindende Interesse erklärbar? Zunächst ist zu konstatieren, dass kaum konsequent mit einem der publizierten Modelle in der Praxis gearbeitet wird. Dies trifft auch für die militärischen Einheiten der USA zu, für die das Vorgehen ursprünglich verbindlich vorgeschrieben wurde. Es zeigte sich auch hier eine mangelnde Akzeptanz bei den Entwicklern. Insbesondere die Vorschriften zur Dokumentation werden vielfach als bürokratische Knebel erlebt, da sie den Entwicklern viel Arbeit zumuten, die ihnen keinen zusätzlichen Nutzen verspricht, und sie selten von der Dokumentation anderer profitieren. Dies ist jedoch nicht Schuld des Vorgehensmodells, sondern einer sternförmigen Projektorganisation, bei der die Einzelnen einer zentralen Instanz zuarbeiten ohne von den Ergebnissen Anderer systematisch informiert zu werden bzw. von Ergebnissen und Informationen Anderer zu profitieren.

ISD – für wen und warum?

Trotzdem muss ein Einwand vorgebracht werden, der die Modelle grundsätzlicher trifft. TENNYSON (1994b) spricht davon, dass die ISD-Modelle Lösungen für nicht benannte Probleme präsentieren. Damit ist gemeint, dass die Modelle (trotz großer Ähnlichkeiten) deswegen so beliebig und vielfältig sind, da sie nicht genau angeben, unter welchen Bedingungen und Konstellationen sie Gültigkeit beanspruchen bzw. ihre Gültigkeit geprüft wurde.

Das Ziel von ISD-Modellen bestand ursprünglich darin, das Vorgehen des didaktischen Designs zu systematisieren, zu reflektieren und damit zu optimieren. Die vorgestellten Modelle können allerdings keine universelle Gültigkeit beanspruchen. Wie kann der Entwickler jedoch feststellen, welches Vorgehen für *sein* Problem das richtige ist? Es gilt, das Vorgehen im Hinblick auf die konkreten Anforderungen anzupassen. Die vorliegenden Ansätze erlauben jedoch keine entsprechende Entscheidung.

So wird das notwendige Vorgehen u.a. von folgenden Aspekten beeinflusst: der Art der Produktion (Eigen- oder Auftragsproduktion), der Produktionsfirma (z.B. Software-Unternehmen oder traditionelle AV-Medienproduktion), dem Umfang des Projektes, der Ausbildung und Erfahrung der beteiligten Personen, der Entwicklungs- und Wiedergabeplattform u.a.m.

Entweder ist ein Vorgehensmodell relativ grob und muss von jedem Produktionsteam selbst auf die Anforderungen der konkreten Produktion angepasst werden, oder es wird ein sehr verästeltes Vorgehensmodell entwickelt, das versucht auf möglichst viele dieser Gegebenheiten einzugehen. Auf dem Stand unserer heutigen Kenntnisse auf diesem Gebiet, kann nur der erste Fall erwartet werden.

Dies bedeutet, dass auf der Grundlage allgemeiner Modelle ein angepasstes Vorgehen für die Produktion zu entwickeln ist. Dieses Vorgehensmodell kann wiederum für eine Vielzahl von Produktionen einer Organisation gültig sein, wenn sich diese ähneln, muss aber möglicherweise in manchen Projekten abgewandelt werden. Damit wird deutlich, dass das Vorgehensmodell nicht statisch aufgefasst werden darf, sondern einer kontinuierlichen Reflexion des Produktionsteams mit dem Ziel der weiteren Optimierung bedarf.

Wenn ISD also keine allgemeinen Vorgehensmodelle anbieten kann, sondern Vorgehensmodelle immer nur situativ gültig sind, stellt sich die Frage nach der Bedeutung solcher Modelle. Folgende alternative Einschätzungen wären dabei denkbar:

- Die postulierten Modelle dienen der Überprüfung des Vorgehens in der Medienproduktion mit dem Ziel, zunehmend bessere Vorgehensweisen zu entwickeln. Aus solchen Erkenntnissen lasen sich mit zunehmenden Forschungsergebnissen präskriptive Modelle bestimmen, die den idealtypischen Verlauf bestimmter Produktionen beschreiben und sich auf andere Projekte einer Organisation übertragen lassen.
- Sie drücken individuelle Erfahrungen von Produzenten aus. Sie beschreiben damit *mögliche* Vorgehensweisen und dienen der Reflexion der Projektbeteiligten über den Projektfortschritt.
- Sie geben Erfahrungen wieder, die im Kontext bestimmter Projekte gemacht werden konnten. Es sind zumeist persönliche Rekonstruktionen des Handelns einer sozialen Gruppe oder Organisation, die der Illustration und Rechtfertigung ihres Handelns dient. Diese Erfahrungen lassen sich jedoch selten auf andere Projekte übertragen.

Diese Einschätzungen von Vorgehensmodellen verdeutlichen grundsätzliche Unterschiede in der Auffassung des Produktionsprozesses ebenso wie der lerntheoretischen Position.

weiterführende Literatur: klassische Lehrbücher zum *instructional design* s. BRIGGS, GAGNÉ & WAGER (1992) oder DICK & CAREY (1996), s.a. die Sammelbände von REIGELUTH

(1998; 1983a; 1999). LEE & LEE (2000) wenden ISD-Modelle auf die Produktion von Multi- und Telemedien an.

2 Interaktives Drehbuch

Das Ergebnis der Medienkonzeption ist das interaktive Drehbuch. Dabei stellt sich die Frage, ob oder wie unterschiedliche Arten von Lernwegen in „interaktiven" Drehbüchern abgebildet werden können.

2.1 Abbildung von Lernwegen

Ein Drehbuch (auch: *storyboard*) ist die detaillierte Arbeitsanweisung für die Medien- bzw. Softwareproduktion. Es enthält die Beschreibung aller Elemente der Anwendung und ist damit der Übergabepunkt an die Produktion. In der Praxis haben sich einige Konventionen herauskristallisiert, wie derartige Drehbücher aussehen bzw. welche Begrifflichkeit für deren Elemente genutzt werden. Der Begriff des Drehbuchs stammt aus dem Bereich der Filmproduktion, wo es u.a. Darsteller, Dialoge, Lokationen, Requisiten, Effekte usw. je Einstellung aufführt. Der Aufbau des Drehbuchs entspricht dabei unmittelbar dem Aufbau des Films, so dass das Drehbuch einen relativ guten Eindruck von dem Endprodukt vermittelt.

Mit einem interaktiven Drehbuch liegt eine Anweisung für die Produktion eines *interaktiven* Mediums in einer *linearen* Form vor. Die Drehbuchseiten entsprechen Bildschirmseiten der Anwendung. Das Drehbuch sollte beim Lesen eine Vorstellung vermitteln, wie das fertige Produkt später auf dem Bildschirm aussieht, gleichwohl ist dies wegen der linearen Form der Darstellung nur begrenzt möglich.

Das interaktive Drehbuch stellt sich in seiner Problematik unter-

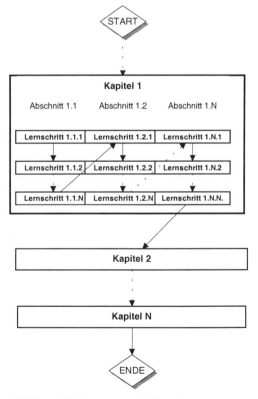

Abbildung 34: Programm mit Hauptlernweg

schiedlich dar, je nachdem ob es einen eher linearen oder hyperstrukturierten Interaktionsraum abbildet.

Im ersten Fall orientiert sich die Anwendung noch an sequentiellen Ordnungsprinzipien und das Drehbuch versucht verschiedene Lernwege darzustellen. Zur Strukturierung des Drehbuchs werden z.B. Einheiten in Anlehnung an das Medium Buch segmentiert.

Dabei kann eine unterschiedlich tiefe Hierarchie der Einheiten gebildet werden, die jedoch auf z.B. drei konzeptuelle Ebenen beschränkt werden sollte (s. Abbildung 34). Ein solcher Interaktionsraum kann demnach bestehen aus ...

⇨ Kapiteln ⇨ Abschnitten ⇨ Lernschritten

Unterschiedlich aufgefasst wird vor allem der Begriff *Lernschritt*. Teilweise wird ein Lernschritt gleichgesetzt mit einer Bildschirmseite. Dies ist jedoch wenig einleuchtend, da für einen Lernschritt i.a. wesentlich mehr als eine Bildschirmseite benötigt wird.

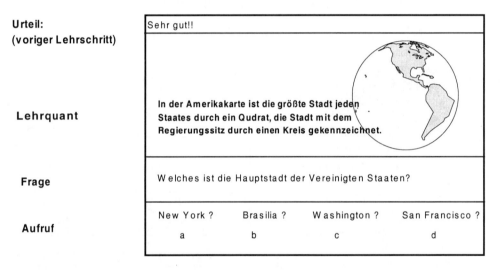

Abbildung 35: Bestandteile des Lehrschritts (nach FRANK)

Der Begriff des Lehr- bzw. Lernschritts stammt aus dem Kontext der *Programmierten Instruktion*. FRANK & MEDER (1971) haben folgende Bestandteile des Lehrschritts (s. Abbildung 35) definiert:

- Ein *Lehrquant* enthält *eine* Aussage, die zum Lehrstoff gehört,
- die *Frage* fordert den Lerner zu einer Antwort auf,
- der *Aufruf* fordert eine bestimmte Reaktion vom Lerner,
- das *Urteil* bestätigt oder weist die zuvor erfolgte Reaktion des Lerners zurück.

Im Unterschied zum Lehrbuch, das im allgemeinen auf ein lineares Durcharbeiten angelegt ist, beschreibt das interaktive Drehbuch nunmehr zusätzlich einen oder mehrere Lernwege durch die einzelnen Informationselemente. In Nachbildung der

Buchmetapher wird von einem *Hauptlernweg* (Defaut-Lernweg) gesprochen, der von einer Startseite ausgehend durch die Anwendung zu einer Schlussseite führt.

Der Hauptlernweg sieht das Durcharbeiten der einzelnen Lernschritte von einem ersten Kapitel zum letzten Kapitel über die jeweiligen Abschnitte vor. Zur einfacheren und sofortigen Zuordnung *jedes* Lernschritts sollte von Beginn an eine mehrstufige Klassifikation aller Lernschritte vorgenommen werden.

Die ersten Lehrprogramme von SKINNER bestimmten diesen Hauptlernweg als einzigen Lernweg. Das Medium war damit *zeitadaptiv*, aber nicht *wegadaptiv*, d.h. es passte sich an die Bearbeitungsgeschwindigkeit des Lerners an (wie jedes Buch), der Lernweg wurde jedoch nicht auf den Lernfortschritt abgestimmt. Technische Fortentwicklungen ermöglichten zunächst das Wiederholen einzelner Lernschritte und später das Verzweigen innerhalb des Lehrprogramms bei fehlerhafter Beantwortung von Fragen.

Wenn ein solcher Hauptlernweg für ein interaktives Medium bestimmt wird, folgt man keineswegs einer behavioristischen Konzeption des didaktischen Designs. Er dient als Hilfsmittel für die Strukturierung der Anwendung und unterstützt die Orientierung der Lernenden. Auch bei hypertextuellen Lernangeboten kann ein Default-Lernweg vorgeschlagen werden.

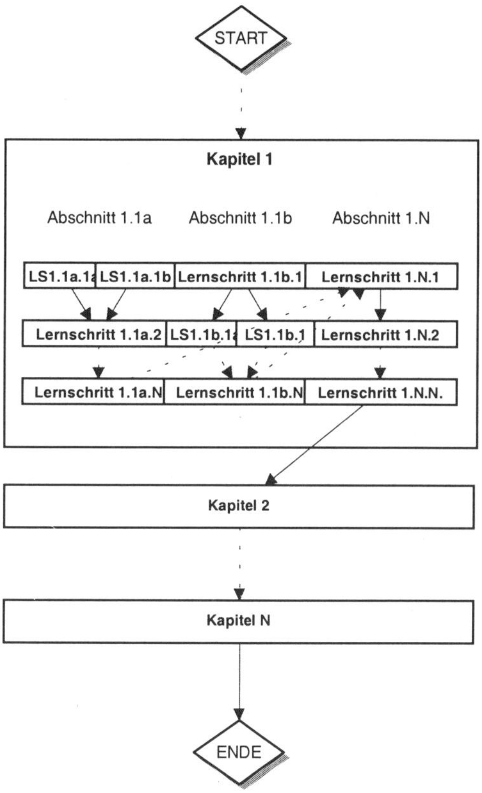

Neben einem Hauptlernweg können darüber hinaus *alternative* Lernwege vorgesehen werden (s. Abbildung 36). Dabei sind zu unterscheiden:
- didaktische Varianten und
- inhaltliche Verzweigungen.

Inhaltliche Verzweigungen ermöglichen es, andere Inhalte, z.B. erklärender oder vertiefender Art, zu wählen. Besonders interessant sind jedoch didaktische Varianten, die *einen* bestimmten Lernschritt zusätzlich in einer anderen Form realisieren. So ließe sich z.B. ein Abschnitt eines Lehrprogramms zur Sexualaufklärung für Buben und Mädchen in zwei unterschiedlichen Varianten verwirklichen. Auch die Umsetzung eines Lernschrittes für Lernende mit unterschiedlicher Vorbildung ist eine didaktische Variantenbildung.

Faktisch treffen wir derartige didaktische Varianten wegen des damit verbundenen erhöhten Aufwandes

Abbildung 36: Alternative Lernwege mit Varianten

kaum an. Zu berücksichtigen ist dabei der Aufwand für die Erstellung nicht nur der zusätzlichen Lernschritte etc., sondern auch der Verzweigungen. Diese wären etwa im o.g. Beispiel des Geschlechts noch einfach abzufragen, bei komplexeren Variablen (z.B. Vorbildung) scheitert deren Realisation jedoch oftmals an dem damit zusammenhängenden Implementationsaufwand. So reduziert sich ein „alternativer Lernweg" vielfach auf die Auswahlmöglichkeit des Lernenden, an bestimmten Stellen des Programms in unterschiedliche Kapitel oder Abschnitte verzweigen zu dürfen. Auf zusätzliche didaktische Variantenbildungen wird dabei verzichtet.

Existieren alternative Lernwege als didaktische Varianten werden diese mit kleinen Buchstaben gekennzeichnet. In dem Beispiel in Abbildung 36 liegen für den ersten Abschnitt von Kapitel 1 zwei Varianten vor, außerdem wurden auch für einzelne Lernschritte Varianten gebildet.

2.2 Drehbücher für hyperstrukturierte Medien

Die bislang dargestellte Form des interaktiven Drehbuchs lehnt sich stark an die Produktion linearer Medien, wie Buch und Film, an, wenn es von einer hierarchischen Struktur des Inhalts und letztlich *einem* Hauptlernweg mit ggfs. alternativen Lernwegen ausgeht. So wie das Drehbuch in der Filmproduktion die verbindliche Grundlage für alle an der Produktion Beteiligten darstellt, so - die Annahme - sollte das interaktive Drehbuch alle Elemente und deren Beziehung in dem endgültigen Programm darlegen, um somit die Kommunikation mit dem Auftraggeber, aber auch innerhalb des Projektteams auf eine gemeinsame Grundlage zu stellen. Solange die Multimedia-Anwendung sich dabei an die Strukturen linearer Medien hält, kann das „interaktive" Drehbuch seine Funktion sehr gut erfüllen. Dies ist vor allem dann der Fall, wenn im wesentlichen ein Hauptlernweg existiert.

Bestandteile des interaktiven Drehbuchs

Mit dem Durchblättern des üblicherweise weiterhin in textlicher Form vorliegenden interaktiven Drehbuchs können Auftraggeber wie Projektmitarbeiter eine Vorstellung von der Anwendung gewinnen. Bei eher hypertextuell strukturierten Medien wird es jedoch zunehmend schwieriger, durch ein schriftliches (lineares) Dokument eine Vorstellung von dem Endprodukt zu erhalten. Dennoch ist auch in diesem Fall ein Vorgehen notwendig, bei dem die Arbeiten auf der Grundlage von Dokumenten koordiniert und der Projektfortschritt festgestellt werden kann.

Ein solches interaktives Drehbuch für hyperstrukturierte Anwendungen, das die Arbeit von Projektgruppen koordiniert, besteht aus mehreren Bestandteilen:
- Der *Interaktionsraum* kann veranschaulicht werden durch einen *Hierarchiebaum,* der die Struktur der Anwendung graphisch repräsentiert. Da diese Struktur i.a. relativ umfangreich ist, bietet es sich an, diese in eine Grob- und Feinstruktur zu untergliedern.
- Die *Grobstruktur* des Hierarchiebaumes beinhaltet eine Übersicht der Anwendung auf etwa einer DIN A 3–Seite. Sie umfasst die wesentlichen Bestandteile

ohne einzelne Seiten oder Elemente aufzuführen und vor allem der externen Kommunikation mit dem Auftraggeber.

- Die *Feinstruktur* des Hierarchiebaumes beinhaltet dagegen eine vollständige Übersicht aller Seiten oder Informationselemente mit der Gruppierung von Seiten zu *Lerneinheiten* sowie den wesentlichen *Verzweigungen* zwischen Seiten bzw. Lerneinheiten. Sie ist Grundlage der Produktion und dient damit der Kommunikation innerhalb des Produktionsteams. Deswegen ist die Feinstruktur so zu gestalten, dass alle Elemente eindeutig identifiziert und zugeordnet werden können. Wenn das Autorenwerkzeug das Bearbeiten von Hierarchiebäumen nicht optimal unterstützt, sollte ein Programm zur Erstellung von Flussdiagrammen herangezogen werden.

- Der *Seitendeskriptor* beschreibt – bei einer Buchmetapher des Autorenwerkzeuges – die wichtigsten Merkmale und den Aufbau aller Seiten der Anwendung. Wesentliche Arbeitserleichterung wird erreicht durch die Vereinbarung von Standardseiten, sowie die Nutzung von Layertechniken beim Bildschirmaufbau. Jeder Seite der Anwendung ist eine eindeutige Ordnungsnummer zuzuweisen, die im Hierarchiebaum auftaucht. Der Seitendeskriptor zeigt ggfs. auf Einträge in der Ressourcenliste.

- Die *Ressourcenliste* ist eine vollständige Übersicht aller multimedialen Materialien, die in der Anwendung eingesetzt werden. Oft wird auch von den *assets* der Anwendung gesprochen. Wichtig ist dabei neben der inhaltlichen Kurzcharakterisierung des jeweiligen Materials die Benennung des Dokumententyps (PDF, GIF-/JPEG-Grafik, Wave-Audio, MIDI, MPEG-stream usw.), die Verantwortlichkeit für das jeweilige Dokument sowie der Bearbeitungsstatus. Es bietet sich an, die (Verweise auf die) Ressourcen und die Deskriptoren in einer Datenbank abzulegen.

Die systematische Erstellung eines solchen interaktiven Drehbuchs fördert ein *top down*-Arbeiten, das sich an konzeptuellen Überlegungen orientiert. Auch bei der Entwicklung hyperstrukturierter Interaktionsräume ist ein reines *bottom up*-Vorgehen, bei dem der Anwendung einzelne Informationselemente sukzessive hinzugefügt werden, problematisch.

Der Beliebigkeit solcher Interaktionsräume kann nur entgangen werden, wenn als kleinste Einheit nicht die Bildschirmseite betrachtet wird, sondern Gruppierungen von Seiten zu *Lernschritten*. Das bedeutet, dass einzelne Informationen nicht als beziehungslose Einheiten betrachtet werden, sondern als aufeinander aufbauende Schritte, z.B. einander erläuternde, vertiefende Information zu strukturieren sind.

Computerunterstützung bei der Drehbucherstellung

Mit zunehmender Komplexität des Interaktionsraumes eines medialen Lernangebotes wird dessen Darstellung als „interaktives Drehbuch" problematisch:

- Der Aufwand zur Beschreibung aller Verzweigungen ist recht groß. Dennoch lässt sich das auf Papier erstellte Drehbuch in der Produktionsphase nicht weiter verwerten.

- Die Anschaulichkeit der Darstellung des Interaktionsraumes ist äußerst begrenzt.
- Das „Lesen" und Bearbeiten derartiger Strukturen ist schwierig und ermöglicht trotzdem oft nur die Auseinandersetzung mit einem begrenzten Ausschnitt der interaktiven Anwendung.
- „Fehler" oder Schwächen des Interaktionsraumes werden nicht erkannt.

Die bloße Fortschreibung des linearen Drehbuchs zum interaktiven Drehbuch wird aus diesen Gründen unbefriedigend bleiben. Aus Sicht der Produktion wiegt am schwerwiegendsten das Problem, dass trotz des zusätzlichen Aufwandes zur Darstellung des Interaktionsraumes konzeptuelle „Fehler" oder Schwächen des Interaktionsraumes nur schwer identifiziert werden können.

Der Vorteil des linearen Drehbuchs besteht eben darin, dass die Konzeption des Mediums auf dieser Grundlage unmittelbar nachvollzogen und beurteilt werden kann. Es lässt sich sofort prüfen, ob ein vorgelegtes Drehbuch den eigenen Vorstellungen entspricht. Alle an der AV-Produktion Beteiligten können auf der Grundlage des Drehbuchs eine Vorstellung von dem Endprodukt gewinnen.

Dies geht beim interaktiven Drehbuch zunächst verloren. Es lässt sich nicht in jeder Hinsicht erkennen, ob das interaktive Drehbuch tatsächlich mit den Intentionen etwa des Auftraggebers übereinstimmt. Korrekturen in späteren Phasen mit den beschriebenen Folgen sind die Konsequenz. Neben der gegenüber dem linearen Drehbuch geringeren Präzision *inhaltlicher* Festlegungen besteht die Schwierigkeit, dass sich bestimmte Merkmale der Qualität des Mediums nicht unmittelbar beurteilen lassen. Gemeint sind etwa folgende strukturelle „Schwächen" von Interaktionsräumen …

- unausgewogene Äste des Hierarchiebaumes
- unausgewogene Verschachtelung von Teilen des Hierarchiebaumes
- Sackgassen, die nicht angemessen zu anderen Teilen des Hierarchiebaumes zurückführen
- insgesamt zu tiefe/zu breite Auslegung des Hierarchiebaumes
- insgesamt zu niedrige/zu hohe Vernetzung des Interaktionsraumes (im Hinblick auf Thema/Zielgruppe/Lernsituation).

Die Entdeckung derartiger Fehler bleibt der menschlichen Inspektion von Hierarchiebäumen überlassen, oftmals fallen sie erst bei der Produktion der Anwendung auf. Im Unterschied zur AV-Produktion lassen sich manche dieser Fehler auch in einer späteren Phase noch mit relativ geringem Aufwand beheben, weswegen der intensiven Prüfung der Konzeption vergleichsweise weniger Aufmerksamkeit geschenkt wird.

Bei komplexen Interaktionsräumen lassen sich diese und ähnliche Probleme nicht unmittelbar erkennen. Auch die Darstellung des Interaktionsraumes in Form von Hierarchiebäumen bietet nicht immer zuverlässige Hinweise für die Identifikation derartiger konzeptueller Fehler. Diese Überlegungen konvergieren in der Forderung, die Konzeptionsentwicklung einschließlich des interaktiven Drehbuchs mithilfe eines computergestützten Werkzeuges zu realisieren, mit den Zielen:

- erhöhte Anschaulichkeit der Struktur des Interaktionsraumes bzw. des interaktiven Drehbuchs, z.b. durch Ausgabe unterschiedlich „dichter" Hierarchiebäume
- Prüfung des Interaktionsraumes auf strukturelle Fehler
- zumindest teilweise Nutzbarkeit bzw. Übernahme des Drehbuchs in der Produktionsphase sowie
- Unterstützung gemeinsamer Arbeit mehrerer Autoren an komplexen Drehbüchern und
- Verhindern reiner *bottom up*-Vorgehensweisen.

Erfahrungen mit der computergestützten Entwicklung von Drehbüchern geben jedoch weiterhin keinen Anlass, auf eine schnelle Einführung entsprechender Werkzeuge zu hoffen. STEPPI (1990) berichtet von Versuchen, Autorensysteme für die *Konzeptionsentwicklung* zu verwenden und kommt zu dem kategorischen Urteil: „die Verwendung eines Autorensystems zur Drehbucherstellung ist unbrauchbar. Ihr gravierendster Nachteil ist die Unübersichtlichkeit." (S. 163) Gleiches ließe sich für konventionelle Hypertext-Editoren sagen. Es zeigt sich, dass konventionelle Autorenwerkzeuge zwar die Produktionsphase weitgehend komfortabel unterstützten, die Konzeptionsentwicklung jedoch nicht. Es existieren keine Prüfwerkzeuge oder zumindest komfortable Editoren für die Darstellung komplexerer Interaktionsräume und Kursstrukturen. Grundsätzlich bieten sich perspektivisch als Lösungsmöglichkeiten an (1) die computergestützte Konzeptionsentwicklung (= Drehbucherstellung) *ohne* direkte Übernahme des Drehbuchs in die Produktion und (2) die integrierte Konzeptionsentwicklung mit direkter Übernahme des Drehbuchs in die Produktionsphase.

Prototyping statt Drehbuch?

Ein wesentliches Problem einer didaktischen Medienkonzeption inform eines interaktiven Drehbuchs wurde genannt: Die Darstellung lässt die Interaktivität der Anwendung nur mehr erahnen. Aus diesem Grund wird bei der Produktion interaktiver Medien oftmals auf die Erstellung eines eigenständigen interaktiven Drehbuchs *verzichtet*. Statt dessen werden auf Papier nur mehr der schematische Aufbau der Anwendung sowie Standards für alle Objekte festgelegt. Die einzelnen Inhalte, ebenso wie die Aktionen und Verzweigungen, werden unmittelbar - im Sinne des *Prototyping* - mit dem Autorenwerkzeug eingegeben. Neue Objekte werden dabei zunächst schematisch implementiert und später verfeinert.

Im Unterschied zu der wenig anschaulichen Darstellung einer vernetzten Hypermedia-Anwendung auf Papier, können die Beteiligten auf diese Weise u.U. besser an der Struktur der Anwendung arbeiten. Die zunächst schematische Erstellung und spätere Modifikation der Objekte ist mit den verfügbaren Werkzeugen derart einfach zu realisieren, dass es kaum lohnend scheint, die Konzeption vorab in getrennter Form (z.B. auf Papier) festzuhalten und in einem weiteren Folgeschritt in dem System zu implementieren. Beim konsequenten Anwenden eines Prototyping-Ansatzes erleben die Entwickler/innen den Interaktionsraum der Anwendung bei dessen Bearbeitung wesentlich unmittelbarer.

Aus diesem Grund verschwindet das interaktive Drehbuch vielfach und wird zugunsten des Prototyping aufgegeben. Problematisch wird diese Vorgehensweise, wenn dabei auch die vorgeschalteten didaktischen Analysen entfallen, deren Ergebnisse bislang in das interaktive Drehbuch als eigenständiges Dokument (und sichtbaren Abschluss der Konzeptionsphase) eingeflossen sind.

Ein konsequentes Prototyping kann jedoch nur teilweise als Alternative in Betracht gezogen werden, nämlich wenn es sich um einen relativ „flachen" Interaktionsraum handelt, d.h. die Informationseinheiten weisen ein niedriges Ausmaß sachlogischer Abhängigkeit auf. Dies ist bei reinen Informationssystemen, wie z.B. Städteinformationen, der Fall. Bereits bei Museums-, Kunst- oder Reiseführern muss jedoch von einem komplexeren Interaktionsraum ausgegangen werden, der z.B. eine weitergehende Gruppierung von Informationseinheiten sowie komplexere Navigationsmöglichkeiten notwendig macht.

Wir können also festhalten: Mit der Erstellung eines Drehbuchs für die Multimedia-Produktion wird die Wichtigkeit systematischer didaktischer Analysen der Lehrinhalte als eigenständiges *Arbeitspaket* unterstrichen. Gleichwohl stellt sich das Problem der – wenig effizienten – Übertragung des Drehbuchs in eine Software. Viele Schritte sind dabei mehrfach auszuführen, und bei der Übertragung entstehen an der Schnittstelle zwischen Konzeption und Entwicklung Verständnisprobleme und Fehler.

Um dieses Problem zu lösen, ist die bestehende Kluft zwischen der mediendidaktischen Konzeption, wie sie sich in einem Drehbuch niederschlägt, und der Implementation mithilfe konventioneller Autorensysteme zu überwinden. Benötigt wird ein Werkzeug, das den Übergang von einer systematisch abgeleiteten mediendidaktischen Konzeption in eine lauffähige Anwendung unterstützt.

EISENHAUER & KLEEBERGER (1996) entwickelten den Prototyp eines entsprechenden objektorientierten Autorenwerkzeugs. Die Anforderungen an ein solches Werkzeug wurden aus der Untersuchung des Vorgehens von Produktionsbetrieben genauer abgeleitet. Sie lauteten u.a.:

- Alle Elemente einer Medienkonzeption sollten wiederverwertbar sein.
- Die Medienkonzeption einschließlich der Interaktionsräume müssen auf Papier ausgegeben werden können.
- Alle projektrelevanten Daten müssen aufgenommen und verwaltet werden können.
- Die Software soll vorhandene Entwicklungswerkzeuge nicht ersetzen, sondern mit diesen zusammenarbeiten.
- Der Verlauf des Programms sollte grafisch und möglichst einfach visuell zu erfassen sein.
- Die Software soll den Autor in der Kreativität nicht beschränken, etwa indem ein bestimmtes Vorgehen, das Einhalten eines bestimmten Modells etc. gefordert wird.
- Alle Funktionen der Software müssen grundsätzlich für die Bearbeitung in einem Team ausgelegt sein.

- Die Software soll sowohl die Arbeit der Projektmitarbeiter in der Konzeptionsphase organisieren als auch die Kommunikation mit dem Auftraggeber gewährleisten.
- Das Storyboard und die gesamte Programmstruktur mit ihren Funktionalitäten soll als graphische Repräsentation sichtbar werden. Für die Entwickler sollte der Verzweigungsbaum einfach und in jeder Hinsicht manipulierbar sein. Für die Kunden sollte der Verzweigungsbaum in jeder beliebigen Auflösung (*Zoom*) zu betrachten sein.
- Alle Komponenten einer Multimedia-Anwendung sollten mit *drag & drop* aus einer Datenbank importiert und positioniert werden können.

Das Entwicklungswerkzeug *Conceptor* (Eisenhauer & Kleeberger, 1996) weist einen solchen Weg, wie die Kluft zwischen Konzeption und Produktion verringert werden kann. Es unterstützt ein Vorgehen, das am Ansatz des Prototyping angelehnt ist, ohne jedoch konzeptuelles Arbeiten in den Hintergrund zu drängen. Die verbreitete Vorgehensweise bei der Multimedia-Produktion verhindert jedoch das Umschwenken auf entsprechende Werkzeuge, da sich auch hier entsprechende Gewohnheiten etabliert haben.

weiterführende Literatur: Die Umsetzung des Ansatzes von GAGNÉ zur CBT-Entwicklung findet sich in WAGER & GAGNÉ (1983). STEPPI beschreibt die Entwicklung klassischer CBT-Anwendungen (1990), s.a. GABELE (1993). HARRISON bietet eine praxisnahe Handanweisung (1999).

3 Organisation der Software-Produktion

Nach der Diskussion über Modelle des *instructional design* und dem interaktiven Drehbuch wenden wir uns im Folgenden dem Prozess der Software- und Medienproduktion selbst zu. Auch hier liegen verschiedene Modelle vor, wie der komplexe Prozess der Entwicklung von Software bzw. digitalen Medien strukturiert werden kann, um Zeit und Kosten in den Griff zu bekommen.

3.1 Phasenmodelle

Die Vielfalt unterschiedlicher Arten von digitalen Medienproduktionen verbietet es, *ein* idealtypisches Vorgehensmodell zu postulieren. Dennoch können Einschnitte im Produktionsverlauf festgestellt werden, die mit bestimmten Ergebnissen einhergehen und die sich für die Strukturierung des Produktionsprozesses eignen.

Allgemeines Phasenmodell

Ein entsprechendes Rahmenmodell muss in einem konkreten Anwendungsfall auf die Bedingungen der Produktion angepasst werden und muss folglich genügend Flexibilität aufweisen. Insbesondere dürfen Phasen nicht als Einschnitte in den

Produktionsablauf vorgegeben werden, sondern es ist Aufgabe des Produzenten, die einzelnen Aufgaben in Phasen zu bündeln, also zu definieren, wann eine Phase aufhört (Meilenstein) und anhand welcher Ergebnisse (*deliverable*) dies überprüft werden soll.

Grundsätzlich können folgende Einschnitte unterschieden werden, die bei allen Produktionen vorliegen und mit einem sichtbaren (Übergabe-)Ergebnis abschließen:

Analyse. Ausgehend von einer Produktidee sind Zielgruppe und Markt zu analysieren. Es sind darüber hinaus die Rahmenbedingungen zu benennen, die die mediendidaktische Konzeption bestimmen. Die Analyse schließt insbesondere die Prüfung der Machbarkeit ein und endet mit der Produktionsentscheidung und einer ersten Festlegung der Produktionspartner.

Konzeption. Die Phase der Konzeption beinhaltet die didaktische Aufbereitung der Lehrinhalte mit der Transformation der Wissensinhalte zu Lernangeboten. Sie schließt ab mit der Erstellung des vollständigen Produktionsplans und ggfs. eines interaktiven Drehbuchs für die weiteren Schritte der Produktion.

Produktion. In dieser Phase werden alle Medien produziert. Es sind die einzelnen medialen Quellen zu erzeugen und für die multimediale oder telemediale Anwendung aufzubereiten. Parallel dazu erfolgt die Integration der Quellen in die Anwendung. Ein nicht unwesentlicher Bestandteil ist die technische und inhaltliche Prüfung der Anwendung, möglichst auch mit Testpersonen der Zielgruppe. Mit der Abnahme eines *master,* z.B. auf CD, bzw. einer Test-Website und ggfs. Vorbereitungen für die Distribution schließt die Phase ab.

Distribution. Je nach Projekt sind unterschiedliche Distributionsaktivitäten vorzusehen. Diese können die Konfektion und Vervielfältigung, das Einspeisen in Netze, die Installation und Einführung des Mediums z.B. in Bildungseinrichtungen, die Betreuung und Schulung von Benutzern, Lehrkräften oder Tutoren ebenso wie die Wartung und Überarbeitung der Software beinhalten. Es ist zu klären, welche Folgeaktivitäten als Teil der Vereinbarungen erwartet werden.

Produktion im Verlagswesen

Im Folgenden wird ein Modell vorgestellt, dass auf Recherchen des DELTA-Projektes CAMCE beruht. In dem Projekt wurde untersucht, wie verschiedene Unternehmen didaktische Multimedia-Anwendungen entwickeln bzw. wie sie den Produktionsablauf strukturieren. Auf dieser Basis wurde ein prototypischer Ablauf für Eigenproduktionen eines Verlages formuliert, der in Tabelle 22 dargestellt ist.

Die Aktivitäten sind unterschieden nach Arbeitsschritten, die sich auf die Produktentwicklung und auf die Vermarktung beziehen, da dies unterschiedliche Abteilungen innerhalb des Unternehmens betrifft. Typisch ist die Zusammenarbeit mit Externen, die für bestimmte Arbeitsschritte herangezogen werden und entweder gemeinsam oder selbständig Arbeitspakete abwickeln.

Tabelle 22: Phasen der Produktion (Eigenproduktion, Verlagswesen)

Dauer Monat	Phase	Produktbezogene Arbeitsschritte	Marktbezogene Arbeitsschritte
+1 ↓	Planung	Produktidee Festlegung des Themas Management-Entscheidung Information an Autoren bzw. Suche nach Autoren	Marktforschung Festlegung der Zielgruppe Definition des Marktes Finanzplan, Suche nach Kooperationspartnern
+2 ↓	Vorbereitung	Designkonzept Festlegung von Entwick- lungswerkzeugen Pre-Prototyp	Produktdefinition Festlegung der Plattform Projektplan
+ 3-4 ↓	Design	Didaktisches Design Spezifikation der Funktionalität Interaktives Drehbuch Abklärung von Rechten Entwicklung von Prototyp Drehbuch für Video-Pro- duktion, Audio-Produktion (Musik, Sprecher) Grafikdesign	Evaluation von Prototyp Verträge mit Studios
+ 4-7 ↓	Produktion	Produktion und Organisation der Multimedia-Quellen Computergrafik und -animation Oberflächenprogrammierung Programmierung („Authoring") Integration von Multimedia- Quellen Entwicklung von Begleitmaterialien	
+ 2 ↓	Test	Beta-Version Tests Master	PR Planung Spezifikation der Vertriebskanäle Benutzer-Tests Information der Distributoren
+ 1	Herstellung	Duplizierung, Verpackung	Presse-Information, Werbung
	Distribution		Verkauf, Kundenbetreuung
	Evaluation	Vorbereitung von Update, Upgrade	Benutzer-Rückmeldungen

Insgesamt wird von einer typischen Projektdauer einer Multimedia-Produktion von ca. 15 Monaten ausgegangen. Für die eigentliche Design- und Produktionsphase werden neun Monate angesetzt. Die Produktion von Audio- und Videoquellen ist in diesem Zeitrahmen enthalten. Die zeitgerechte Fertigstellung des Produktes ist nur durch die Parallelisierung von Prozessen zu leisten, d.h. dass in den Phasen mehrere Arbeitsschritte von verschiedenen Personen gleichzeitig umgesetzt werden. Aus diesem Grund sind an die Kompetenz des Projektmanagement besonders hohe Anforderungen in fachlicher wie kommunikativer Hinsicht zu stellen (s.a. Greer, 1992).

In der Praxis werden heute deutlich niedrigere Produktionszeiten erwartet, so gilt ein Zeitrahmen von neun Monaten für eine Standard-Produktion als durchaus typisch. Um die vielfältigen Teilprozesse in diesem engen Zeitrahmen bewältigen zu können, muss das Produktionsteam über Erfahrung und Routinen verfügen. Vor allem müssen die Beteiligten als eingespieltes Team zusammenarbeiten und auf eine verlässliche Infrastruktur zurückgreifen können.

Software Engineering

Bereits in den 60er Jahren erkannte man, dass die (Computer-)Softwareproduktion der Entwicklungsgeschwindigkeit der Hardware kaum folgen kann, häufig nicht den Erwartungen der Anwender/Kunden entspricht und sich in vielen Fällen als zu wenig zuverlässig erweist. Damit avancierte die Softwareproduktion selbst zu einem wichtigen Forschungsthema der Informatik. Mit der Wahl des programmatischen Begriffs *Software Engineering* sollte angezeigt werden, dass die Produktion von Software keine künstlerische Disziplin, sondern auf der Anwendung von Ingenieurtechniken in der Informatik basiert. In die mediendidaktische Forschung haben derartige Analysen bislang kaum Eingang gefunden, doch die Produktion digitaler Lernangebote kann auch unter dem Blickwinkel des Software Engineering untersucht werden (s.a. Kerres, 1993).

Probleme der Softwareproduktion. Ein nicht unerheblicher Anteil von Softwareproduktionen, auch im Bereich didaktischer Medien, überschreiten auch heute den geplanten Kosten- wie Zeitrahmen. Eine Untersuchung der *Standish Group* kam bei einer Befragung von Projektleitern etwa zu dem Ergebnis, dass ein Drittel der Projekte vor ihrer Fertigstellung abgebrochen wurden, und über die Hälfte der Projekte die veranschlagten Entwicklungskosten um durchschnittlich 189 % überschritten. Nur 9 % der Software-Anwendungen konnte zeitlich und finanziell nach den Vorgaben realisiert werden (Computer Zeitung, v. 29.6.1995, S. 2).

Dies kann z.B. damit zusammenhängen, dass in der Softwareproduktion zu wenig systematisch vorgegangen wird, dass z.B. noch in der Phase der Kodierung (der eigentlichen Programmerstellung) interne Programmstrukturen oder Merkmale der Benutzeroberfläche und Programmbedienung geändert werden. Diese Änderungen in den *späten* Phasen der Produktion sind manchmal unumgänglich, sie können jedoch den Erfolg der gesamten Produktion gefährden.

WALRAET (1991) stellt typische Probleme professioneller Softwareentwicklung vor. Fehler in Software resultieren nach seiner Einschätzung überwiegend aus der Phase der Analyse (56 %), zu 10% aus der Designphase und nur zu 7% aus Fehlern der Kodierung bzw. Programmierung. Die Kosten der Softwareentwicklung können diesen Phasen zugeteilt werden. Bei der Entwicklung betrieblicher Datenbankanwendungen, zu der hierzu eine Vielzahl von Daten und Erfahrungen vorliegen, entstehen die meisten Kosten bei der Wartung eines fehlerhaften Produktes (bis zu 50%), der Anteil der Analysephase ist mit 11%, der Designphase mit 7% und der eigentlichen Kodierung mit 7% der Gesamtkosten anzusetzen.

Kostenverteilung in den Produktionsphasen. PRESSMAN (1992) geht von folgender Soll-Verteilung der Kosten bei betrieblichen Datenbankanwendungen aus: 40% für Analyse und Konzeption, 20% für Kodierung und 40% für Test und Wartung. Der Anteil der Kosten für die Kodierung an den Gesamtkosten sinkt u.a. aufgrund zunehmend leistungsfähigerer Entwicklungswerkzeugen weiter. Ein großer Teil der Kosten entsteht in der Testung und Wartung, die schwerwiegendsten Fehler werden dagegen bereits in der Analysephase begangen. So ist nachvollziehbar, dass die Kosten für die Korrektur von Fehlern unterschiedlich hoch sind, je nachdem in welcher Phase der Fehler begangen wurde. Fehler bei der Analyse schlagen mit wesentlich höheren Folgekosten zu Buche als etwa in der Kodierung.

Bei der Multimedia-Produktion sehen die Anteile anders aus, denn die verschiedenen betrieblichen Datenbankanwendungen und Informationssysteme, um die es in der Forschung zum Software-Engineering bislang vornehmlich ging, ähneln sich von der Art des Aufbaus sehr stark. So kann sowohl die Analyse als auch die Kodierung vergleichsweise standardisiert ablaufen. In der AV-Produktion ist die Software*erstellung* dagegen weiterhin mit Abstand der aufwändigste Bestandteil, da dies den größten Geräte- und Personaleinsatz erfordert.

Festgehalten werden kann, dass ein Vorgehen zu wählen ist, bei dem garantiert wird, dass Fehler oder Fehlentscheidungen möglichst *früh* erkannt und – soweit möglich – bereits in der vergleichsweise wenig kostenverursachenden Konzeptionsphase verhindert werden. Im Zweifelsfall spricht dies für eine Ausdehnung der Konzeptionsphase, da dies mit einer Reduktion des Aufwandes in Testung und Wartung einhergehen sollte.

Wasserfallmodell

Das bekannteste Vorgehensmodell in der Softwareproduktion beschreibt ihren Fortgang nach dem Prinzip eines *Wasserfalls*, in der die Produktion von einer in die andere Phase übergeht bzw. „stürzt". Jede Phase besteht aus einem Entwicklungsschritt und einem Prüfschritt. Die Ergebnisse jeder Phase werden geprüft und gegebenenfalls an die vorige Phase zurückverwiesen. Probleme sollen dadurch möglichst frühzeitig erkannt werden, da deren Beseitigung in späteren Phasen höheren Aufwand nach sich zieht. Nötig ist dazu ebenfalls eine umfangreiche Dokumentation, die jede Phase abschließt und die zur Prüfung der Ergebnisse vorzulegen ist.

Probleme. In der Anwendung zeigt sich jedoch, (1) dass das Wasserfallmodell mit realen Produktionsabläufe kaum übereinstimmt, und (2) dass das Einhalten des

Modells den Projekterfolg keineswegs sicherstellt (Boehm, 1988). Bei Multimedia-Produktionen beinhaltet das Wasserfallmodell vor allem folgende Probleme:

- Die Forderung, jeden Bearbeitungsschritt detailliert zu dokumentieren, ist umstritten. Es stellt sich die Frage, ob ein bestimmter Grad der Detaillierung noch gerechtfertigt ist. Zu bedenken ist, dass eine Dokumentation kein zuverlässiges Kriterium für den Status der Projektbearbeitung ist. Sie erzeugt dagegen u.U. ein trügerisches Gefühl von Sicherheit über den Projektfortschritt.

- Im Unterschied zu z.B. systemnaher Programmierung erweist sich das Modell vor allem bei interaktiven Anwendungen als weniger geeignet, da hier der Entwicklungsprozess häufig iterativ abläuft.

- Manche Multimedia-Projekte lassen sich in sequentiellen Phasen nur schwer abbilden, so dass die Trennung bestimmter Phasen als künstlich erlebt wird.

- Ein systematischer Austausch zwischen Entwicklern und Anwendern ist nicht vorgesehen.

- Das Ergebnis ist dem Auftraggeber bzw. Anwender erst präsentierbar, wenn es (nahezu) komplett fertiggestellt ist.

- Neue Werkzeuge des *computerbasierten* Software-Engineering finden keine Berücksichtigung. Sie unterstützen den Entwickler in der Generierung von Kode, machen aber eine veränderte Arbeitsweise notwendig.

Für die Produktion von CBT liegen entsprechende Phasenmodelle u.a. von STEPPI (1990) und GABELE & ZÜRN (1993) vor. BODENDORF (1990; 1992; 1993) verfeinert das Vorgehen im Sinne eines iterativen Phasenmodells, in dem – in Abhängigkeit von den Ergebnissen einer Phase – mögliche Rückverweise vorgesehen sind.

Prototyping

Das disziplinierte Vorgehen in Phasenmodellen hat eine Gegenbewegung der Softwareentwicklung hervorgebracht. Sie bricht mit der Grundannahme der Phasenmodelle, wonach die Produktivität durch ein konsequent schrittweises Vorgehen gesichert wird. Nach dieser klassischen Annahme ist mit der Kodierung erst zu beginnen, wenn alle Analysen durchgeführt worden sind und alle Designentscheidungen gefallen sind.

Auch wenn sich diese Annahme plausibel anhört, erweist sie sich speziell in der Multimedia-Produktion als eher hinderlich. Deswegen finden wir gerade hier – oftmals bereits bei der Ideenfindung – den Einsatz einfacher Prototypen als frühe Vorab-Version, die *nur* zu Test- und Demonstrationszwecken entwickelt wird (*dummy*). Im Kontext der Multimedia-Produktion hat dies u.a. folgende Gründe:

- Angesichts mancher technischer Probleme der Hard- und Software ist die technische Machbarkeit eines konzeptuellen Ansatzes frühzeitig zu überprüfen und zu demonstrieren. So ist etwa ein unsicherer Auftraggeber von der technischen Machbarkeit des Produktes zu überzeugen.

- Das Produkt lebt von der Oberfläche: Oftmals ist sie zentrales Element der Konzeption des Produktes. Der *dummy* dient damit der besseren Kommunizierbarkeit des Produktes mit dem Auftraggeber.

- Der Aufwand für die Entwicklung eines *dummy* ist vergleichsweise gering und kann auch als Wegwerf-Prototyp akzeptiert werden, d.h. er wird in den weiteren Produktionsphasen nicht weiterentwickelt.

Ein solcher „Wegwerf"-Prototyp dient vor allem der Kommunikation mit dem Auftraggeber und dient dazu, wesentliche Merkmale des Endprodukts verbindlich festzulegen. Für die Klärung des *look & feel* der Benutzeroberfläche kann ein solches Vorgehen empfohlen werden, da der Aufwand zu deren Entwicklung relativ niedrig ist. Insgesamt verursacht ein solcher Wegwerf-Prototyp jedoch zusätzliche Kosten und trägt nicht dazu bei, den *Entwicklungsprozess* zu verbessern.

Aus diesem Grund werden dem *Prototyping* im Software-Engineering im Prinzip nur solche Ansätze zugeordnet, bei denen in allen Phasen der Entwicklung mit dem – zunächst unvollständigen – Endprodukt gearbeitet wird, also von Beginn an unmittelbar mit einem konkret sichtbaren und benutzbaren Produkt, aus dem letztlich das Endprodukt hervorgeht. Alle Arbeiten des Projekts beziehen sich immer auf die Weiterentwicklung dieses Prototypen: HESSE et al. (1992) bezeichnen Prototypen als eine „teilweise gewollt unvollständige Implementierung eines Software-(Teil-)Systems zum Zwecke der frühzeitigen Bewertung" (S. 65).

FLOYD (1984) sieht unterschiedliche Einsatzbereiche des Prototypings. Sie unterscheidet:

- exploratives Prototyping, das bei noch unbekannten Anwendungen zum Einsatz kommt, um insbesondere die Anforderungen an ein System zu klären,
- experimentelles Prototyping, mit dem unbekannte Eigenschaften des technischen Systems ermittelt werden, und
- evolutionäres Prototyping, bei dem der Prototyp im Entwicklungsprozess inkrementell der Spezifikation des Endproduktes angenähert wird.

Das Prototyping darf jedoch nicht verstanden werden als Aufforderung zum unsystematischen Probieren. Zu bedenken ist, dass die Arbeit mit Prototypen in der Multimedia-Produktion keineswegs die *via regia* des Software-Engineerings darstellt und zu besseren Resultaten als strikte Phasenmodelle führt: Das Arbeiten mit Prototypen kann insbesondere die Abstimmung zwischen den Beteiligten verbessern, führt aber möglicherweise zu softwaretechnisch weniger gut durchdachten Lösungen im Vergleich zu der Arbeitsweise mit einem Phasenmodell. Aus diesen Gründen ist zu erwägen, das Prototyping bei der Multimedia-Produktion in Kombination mit Phasenkonzepten einzusetzen.

Für die Entwicklung von CBT-Anwendungen stellen GÖTZ & HÄFNER (1992) ein Produktionsmodell vor, das auf dem Gedanken des *Prototyping* beruht. Dabei werden Lerner frühzeitig als Projektbeteiligte einbezogen. Entsprechend genau müssen die Rollen und Verantwortlichkeiten im Projektablauf definiert werden. Statt der umfangreichen Dokumentation der Ergebnisse i. S. von Meilensteinen werden einfache Checklisten und Prüfpunkte bevorzugt.

Spiralenmodell

Ausgangspunkt der Weiterentwicklung von BOEHM war die Erkenntnis, dass bei dem Wasserfallmodell die frühen Phasen sozusagen „auf Vertrauen" beendet werden – ohne die Auswirkungen auf eine spätere Phase wirklich prüfen und entscheiden zu können. Man hofft, dass sich der Grob- bzw. Feinentwurf tatsächlich in der Implementationsphase umsetzen lässt und den Anforderungen entspricht. Mit steigender Komplexität des Projektes kann man sich hierauf allerdings nicht mehr verlassen.

Das Spiralenmodell (Boehm, 1988) beschreibt den Entwicklungsprozess nicht mehr als sequentielle Folge von Phasen, sondern als Folge mehrerer Zyklen gleichartiger Tätigkeiten, Ergebnisse und Prüfschritte. Es wird mit einem Prototypen gearbeitet, der systematisch bis zum Endprodukt fortentwickelt wird.

Die schrittweise Verfeinerung eines Prototypen entspricht einem einmaligen Zyklusdurchlauf, der aus folgenden vier Schritten besteht:

• Bestimmung des Ziels (Benennung von Anforderungen, Einschränkungen und Alternativen)

• Bewertung des Risikos der verschiedenen Alternativen, Entscheidung

• Implementation und Qualitätsprüfung

• Planung weiterer Schritte.

Im Unterschied zum Wasserfallmodell, das man als *dokumentengesteuert* bezeichnet, steht im Mittelpunkt des Spiralenmodell die *Risikoabschätzung* bzw. -minimierung. Dazu ist es notwendig, die jeweiligen Unsicherheitsfaktoren zu ermitteln, die den folgenden Entwicklungsschritt ungünstig beeinflussen können, um Maßnahmen zu deren Minimierung einzuleiten.

Das Modell unterscheidet sich insofern von dem Prototyping, da mit der Entwicklung eines Prototyps ein ganz bestimmtes Ziel verfolgt wird: Es lassen sich Simulationen und Benchmark-Tests durchführen, Benutzer können befragt werden, es können analytische Modelle aufgestellt werden – alles unter der Perspektive der Minderung eines möglichen Risikos für den Fortgang der Software-Produktion. Insofern lässt sich nach BOEHM das Spiralenmodell gut mit anderen Vorgehensmodellen kombinieren. Er hält es vor allem für große, komplexe und neuartige Softwaresysteme geeignet.

GOODYEAR (1994) empfiehlt dieses Modell der „risikogesteuerten Verfeinerung von Prototypen" für didaktische Multimedia-Projekte. WIERZ (1994) untersuchte die Anwendbarkeit verschiedener Modelle des Software-Engineerings in der Produktion von Multimedia und interviewte dazu Projektleiter verschiedener Multimedia-Produktionsfirmen. Es zeigt sich, dass das Spiralenmodell besonders geeignet erscheint, da es die Möglichkeiten einer inkrementellen Optimierung mit einem Kontrollmechanismus kombiniert. Dadurch wird ein Zwischenweg gefunden, der Freiräume für Kreativität und ständige Verfeinerungen belässt und gleichzeitig die Zielorientierung nicht aus dem Auge verliert.

3.2 AV-Produktion

Für die Produktion der eigentlich älteren audiovisuellen (AV-) Medien (Film, Video, Dia-AV) liegen im Vergleich zu den relativ ausgearbeiteten Modellen für die Produktion von Computersoftware kaum wissenschaftlich reflektierte Vorgehensmodelle vor. Auch hat sich eine eigenständige wissenschaftliche Disziplin wie das Software-Engineering im Bereich der Audio- oder Videoproduktion in dieser Form nicht herausbilden können.

Mit der zunehmenden Verbreitung digitaler Produktionstechniken spricht man auch bei der AV-Produktion immer häufiger von Softwareproduktion. Dennoch unterscheiden sich AV- und Softwareprodukte für den Computer in einigen Punkten erheblich. Um den wichtigsten und offensichtlichen Unterschied zu nennen: In der AV-Produktion verbietet sich ein evolutionäres Vorgehen im Sinne des Prototypings. Der größte Kostenaufwand der AV-Produktion entsteht üblicherweise im Zusammenhang mit den Bild- und Tonaufnahmen, dem *Dreh*. Das einmal aufgezeichnete Material wird in der Post-Produktion nachbearbeitet und „geschnitten". Bedingt durch diese zwingend und strikt sequentielle Vorgehensweise sind wesentliche Modifikationen des Drehbuchs zu einem späteren Zeitpunkt nicht möglich. Für die AV-Auftragsproduktion können die Phasen in Tabelle 23 unterschieden werden.

AV-Quellen für multimediale Anwendungen bedürfen bei der Planung und Konzeption besonderer Beachtung, da deren Produktion i.a. einen nicht unerheblichen Anteil der Gesamtkosten ausmacht. Darüber hinaus erfordert die Produktion von AV-Quellen für ein interaktives (statt für ein lineares) Medium ein Umdenken der an der Produktion Beteiligten.

AV-Quellen für interaktive Medien

Betrachten wir zunächst konventionelles, lineares Video. Die Produktion des linearen Videos ist in allen Phasen von der Idee der zeitlichen Sequenz bestimmt. Normalerweise basiert die Montage des Videos auf dramaturgischen Spannungsbögen – immer basierend auf der Zeitachse. Der Videoschnitt hat die Dramaturgie durch Wahl geeigneter Übergänge, Blenden etc. zu unterstützen. Im Drehbuch **sind folglich Szenen und Einstellungen durchnummeriert.**

Tabelle 23: Phasen der AV-Produktion

1. Planung und Konzeption
Briefing-Gespräch
Idee – Exposé – Treatment
Drehbuch
Finanzierung
2. Vor-Produktion
Drehortbesichtigung, -genehmigungen, Darstellersuche, Casting
Drehplanung, Disposition
Prüfung von Archivmaterial, Kläarung von Rechten
3. Produktion
Budgetverwaltung
Aufnahmen
4. Post-Produktion
Layout-Schnitt
Bildbearbeitung, Effekte, Computergrafik, -animation, Titel
Timecode-Liste, Fein-Schnitt
Sprachaufnahmen, Ton-Mischung, Vertonung
5. Präsentation & Distribution
Präsentation intern/Kunde
Endabnahme
Kopiermaster, ggfs. IT-Master
Kopien, Verteilung, Versand

STRZEBKOWSKI (1992) beschreibt den Aufbau von Lehrfilmen. Dabei wird gefordert ein bestimmtes dramaturgisches Grundmuster einzuhalten. Der Lehrfilm soll in Kapitel und (maximal zwei) Unterkapitelebenen eingeteilt werden. Jedes Kapitel hat den gleichen modularen Aufbau: Nach dem Titel erscheint eine Einleitung. Nach der Darstellung erfolgt eine Zusammenfassung. Ist das AV-Material tatsächlich auf diese Weise aufgebaut, ist dessen Übernahme in eine interaktive Anwendung vergleichsweise einfach. Allerdings ist dieser Fall eher selten .

Wird Video dagegen gezielt als Quelle für ein interaktives Medium produziert, liegt eine andere Ausgangssituation als bei der Produktion eines linearen Lehrfilms vor. Das Drehbuch für die AV-Produktion muss bereits berücksichtigen, dass das AV-Material nicht mehr als Sequenz rezipiert werden wird, sondern vom Lerner in Ausschnitten abgerufen wird.

Grundsätzlich ist zunächst zu bestimmen, wie das AV-Materials im interaktiven Medium montiert werden soll. Dabei sind vor allem folgende vier Varianten zu unterscheiden:

- AV-Clip (kurze Einspielung: max. 15 Sek., keine Interaktion)
- linearer Strang eines Videos (lange Einspielung: 10 Sek. bis mehrere Minuten, Interaktion beschränkt auf zeitliche Ablaufsteuerung, z.B. Stop, Weiter, Zurück, Hilfe)
- verzweigendes Video (mittlere bis lange Einspielung, Interaktion bezieht auch *inhaltliche* Ablaufsteuerung ein: z.B. gehe nach rechts oder links, wiederhole, zeige vertiefende Information) oder
- virtuelle Realität (weitreichende Interaktion des Lerners mit dem System in Abhängigkeit von dem implementierten Modell, einschließlich Eingriff in den zeitlichen wie inhaltlichen Ablauf).

AV-Clip. Das AV-Material kann als kurzer *clip* Verwendung finden, wenn z.B. eine Richtig- oder Falsch-Rückmeldung nicht nur textlich, sondern durch Einspielen einer entsprechenden Sequenz realisiert wird. Ein solcher AV-Clip ist so zu planen, dass er von beliebigen Stellen aus angesprungen werden kann. Diese Funktion erfüllen auch Sound-Bibliotheken mit akustischen Informationen vornehmlich kurzer Dauer (z.B. akustische Signale). Möglichkeiten zur Interaktion sind bei diesen AV-Clips nicht einzuplanen.

Linearer Strang. Anders verhält es sich mit längeren Videosequenzen, die in sich abgeschlossen sind, und z.B. einen bestimmten Sachverhalt erläutern. Bei der Wiedergabe hat die Benutzerin die Möglichkeit der Ablaufsteuerung, d.h. sie kann die Wiedergabe wie bei einem Videorecorder beeinflussen. Dazu sind auf dem Bildschirm Schaltflächen vorzusehen mit den üblichen Steuerelementen: Start, Stop, Vorwärts, Rückwärts, Hilfe.

In diesem Fall wird ein *Strang* eines Videos präsentiert, das zuvor möglicherweise als lineares Video produziert wurde und dann in mehrere Abschnitte aufgeteilt wurde, die nun interaktiv abgerufen werden können.

Die Abbildung 37 zeigt typische Merkmale eines solchen interaktiven Videos. Neben einer Eingangsinformation verzweigt das Video in Abhängigkeit von Eingaben des Lerners in zwei verschiedene Stränge, die jeweils unabhängig voneinander betrachtet und verstanden werden können. Jeder Strang muss folglich dramaturgisch und formal abgeschlossen sein, d.h. sowohl vom Inhalt als auch vom Schnitt (z.B. durch Blenden) nicht von anderen Teilen abhängen. Die Stränge werden deswegen getrennt nummeriert (erster Strang: 1.1, 1.2 etc.; zweiter Strang: 2.1., 2.2 etc.)

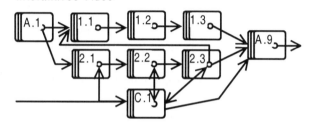

Abbildung 37: Struktur linearen vs. interaktiven Videos

Hinzu kommen Elemente, die aus der linearen Struktur herausfallen, sie werden nicht in die normale Nummerierung aufgenommen, sondern erhalten Buchstaben, um kenntlich zu machen, dass es sich um eine abgeschlossene Information handelt, die unabhängig angesprungen werden kann (z.B. für das *Intro*: A.1, für *Bedienungshinweise* C.1, C.2 etc.). Ein Beispiel hierzu wäre eine CBT-Anwendung zur Gesprächsführung, bei der der Verlauf eines Gespräches an verschiedenen Stellen durch Auswahl verschiedener Anschlussalternativen bestimmt werden kann.

Die beiden Stränge in Abbildung 37 können unabhängig voneinander, in diesem Fall aber auch hintereinander aufgerufen werden. Bereits bei der Aufnahme sind diese verschiedenen Varianten der Betrachtung zu berücksichtigen, um die richtigen Anschlüsse realisieren zu können. Denn vor 1.1 kann wahlweise das Intro A.1 oder 2.3 betrachtet werden.

Verzweigendes Video. Ein Verzweigen, also etwa im Sinne einer assoziativen Verknüpfung, ist nicht vorgesehen. Soll an eine andere Stelle gesprungen werden, so ist dies erst am Ende der Sequenz oder über ein dazwischen geschaltetes Verzweigungsmenü einzusetzen, weil zwischen Teilen der Sequenz keine Anschlüsse vorgesehen sind.

Erst bei *verzweigenden* Videos kann auch inhaltlich in die Wiedergabe eingegriffen werden. Lernende erhalten - an bestimmten Stellen - die Möglichkeit, von einem Strang in einen anderen Strang unmittelbar (also ohne Verzweigungsmenü) zu springen. Es wird damit eine Bildfolge *generiert*, die bei Abruf nicht auf einem Medium gespeichert war.

Das AV-Material ist bei der Produktion stärker auf die Interaktivität anzupassen als die bereits diskutierten Varianten. Es ist folgendes zu bedenken: Um so mehr Anschlüsse zu berücksichtigen sind, um so weniger formale Varianz sollte das AV-

Material aufweisen. Wenn nach jeder Einstellung zu jeder anderen gesprungen werden kann, dann bedeutet dies, dass die Einstellungen möglichst uniform zu gestalten sind und auf ungewöhnliche Perspektiven, Kameraeinstellungen und -fahrten zu verzichten ist. Um so höher der Vernetzungsgrad des Videomaterials, um so mehr ist die AV-Produktion zu standardisieren. Ein Beispiel hierfür wäre ein Städteinformationssystem, das eine interaktive Fahrt durch die Stadt erlaubt, und dabei zuvor aufgezeichnete Videosegmente präsentiert.

Die grundsätzliche Einschränkung liegt darin, dass nur das Material wiedergegeben werden kann, das auch aufgezeichnet (und digitalisiert) wurde. Liegt also z.B. nur ein Schwenk nach rechts vor, kann die Benutzerin auch nur diesen Schwenk auswählen. Dieses Manko wird der Benutzerin nicht einleuchten – auch wenn der fehlende Schwenk vielleicht unergiebig erscheint und nicht zum Lehrinhalt beiträgt. Dass bestimmte Einstellungen, oftmals nur in Sekundenlänge, fehlen, wird erst bei der Medienintegration deutlich, wenn die AV-Materialen in die Anwendung eingebunden werden. Es bedarf einiger Routine mit dieser Art der AV-Produktion, um bereits vor Drehbeginn alle (für den Betrachter subjektiv) notwendigen Verzweigungen einzuplanen und nicht auf nachträgliche Aufnahmen angewiesen zu sein.

Virtual Reality. Diese Einschränkung wird schließlich bei der vierten Variante, *virtual reality,* aufgehoben. Man ist nicht mehr darauf beschränkt, nur das wiedergeben zu können, was zuvor aufgezeichnet wurde. Es wird nicht nur die Folge der präsentierten Bilder, sondern auch das AV-Material selbst in Abhängigkeit von Benutzereingaben *generiert.* Dabei ist es irrelevant, welcher Ausschnitt oder Blickwinkel vom Lerner gewählt wird, der Rechner *erzeugt* die Bildinformation als Folge der Benutzereingabe.

Das Material liegt dazu nicht bildweise im Rechner vor, sondern es ist ein mathematisches Modell des zu generierenden Bildmaterials einzugeben, das bei der Wiedergabe jedes Pixel des Bildes errechnet. Mit höherem Aufwand kann eine stereoskopische Darbietung realisiert werden, bei der ein räumlicher Eindruck entsteht.

Lerner können sich dann frei, z.B. durch Räume, Gebäude, reale und erdachte Welten, bewegen und sind nicht mehr darauf angewiesen, ob bei der Aufzeichnung eine bestimmte Einstellung gewählt wurde. Allerdings kann auch nur die Bildinformation errechnet und präsentiert werden, zu der zuvor ein Modell definiert wurde. Diese Art von *virtuellen Realitäten* finden wir bereits heute z.B. beim Einsatz in Flugsimulatoren, die für Schulungszwecke in der Ausbildung von Piloten eingesetzt werden.

Multimedia-Editing

Unter Multimedia-Editing ist die digitale Aufbereitung von Quellen aller Art für eine Multimedia-Anwendung zu verstehen. Die verschiedenen Arten der multimedialen Quellen und die Bearbeitungsschritte sind in Abbildung 38 aufgeführt.

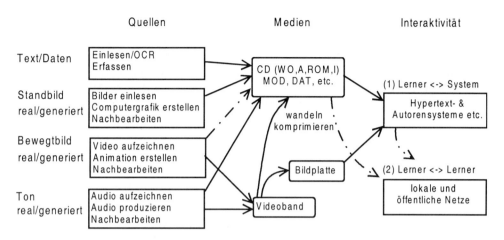

Abbildung 38: Multimedia-Editing

Multimedia-Editing beinhaltet die Digitalisierung und Konvertierung analoger AV-Informationen. Die Möglichkeiten der anschließenden Bearbeitung der digitalen AV-Information ist nur mehr von dem Leistungsumfang der Software abhängig. Im Unterschied zu konventionellen Video- und Audioeditier- und -effektgeräten ist jede Bearbeitung rein softwaremäßig zu erzielen.

Schließlich gilt es, die digitalisierten, bearbeiteten oder erzeugten AV-Informationen auf einem Speichermedium abzulegen bzw. in Netze einzuspeisen. Ergebnisse des Multimedia-Editing können dann sein: Textdokumente, digitale Audiodateien, Grafikdateien (eingelesen oder computergeneriert/-bearbeitet, in schwarz/weiß, Graustufen, oder Farbe), Bewegtbild (computergeneriert oder digitalisiert und komprimiert).

Für die Bearbeitung digitaler AV-Informationen spielt es im Prinzip keine Rolle, auf welchem Datenträger sie vorliegen. Günstig ist es, wenn das Medium eingesetzt werden kann, das auch der Anwender nutzen wird. So können Reaktionszeiten, Dauer des Bildaufbaus, Flüssigkeit der Wiedergabe usw. berücksichtigt werden.

3.3 Multimedia-Produktion

Bei der Produktion von Multi- und Telemedien fallen sehr unterschiedliche Aufgaben an. Die professionelle Produktion erfordert deswegen eine Aufbau- und Ablauforganisation, die sicherstellt, dass die in der Regel arbeitsteilig angelegten Teilaufgaben koordiniert und konvergierend abgearbeitet werden (können). Bei einem Vergleich der Produktion von Print- und Multimedien wird die Komplexität der Anforderung deutlich.

Anforderungen an Autoren

Bei Printmedien, wie Schulbüchern und Lehrwerken, wird die Arbeitsteiligkeit noch wenig stark erlebt, da sie sich vor allem auf aufeinanderfolgende Arbeitsschritte bezieht. An der Erstellung des Gesamtproduktes sind eine Reihe von Personen, Rollen bzw. Instanzen beteiligt, die die Ergebnisse ihrer Arbeit an die jeweils nächste Instanz im Produktionsprozess weitergeben. Bei der Herstellung eines Schulbuches übernimmt die Person des Schulbuchautors die zentrale Rolle. Untersuchen wir kurz, was von einem Schulbuchautor erwartet werden könnte:

- Die Person verfügt über Sachexpertise; sie ist auf dem Stand der aktuellen wissenschaftlichen Diskussion in ihrem Fachgebiet.
- Die Person hat Erfahrung als Lehrkraft; sie kennt mögliche Schwierigkeiten und Hürden bei Lernenden der Zielgruppe aus eigener Erfahrung
- Die Person verfügt über Kenntnisse didaktischer Methoden und ihrer Anwendung; sie kennt aktuelle Forschungsergebnisse und Konzepte des Lernens mit Medien.
- Die Person ist informiert über die Rahmenbedingungen der Lernorganisation der Zielgruppe; sie kennt typische Lehrpläne, Curricula, Ausbildungs- und Studienordnungen etc.
- Die Person verfügt über ein hohes Maß an Selbstmanagement; sie kann ihre Zeit und Arbeitsaktivitäten organisieren und Terminzusagen einhalten.
- Die Person ist zu Kooperation bereit und fähig; sie ist bereit, Kritik anderer anzunehmen, und in ihre Materialien einzuarbeiten.
- Die Person verfügt über Kenntnisse der Text- und Medienerstellung; sie ist in der Lage, ihre Ergebnisse mithilfe von Computern zu erstellen und zu bearbeiten.

Was ist nun der wesentliche Unterschied zur Produktion eines Multimediums? Er liegt vor allem darin, dass die dargestellten Aufgaben des Lehrbuchautors auseinander fallen in verschiedene Rollen und Personen. Diese Arbeitsteiligkeit kann als ein Kennzeichen professioneller Produktion von elektronischen und digitalen Medien herausgestellt werden, sie zu bewältigen ist zugleich eine der wesentlichen Herausforderungen.

Denn die Person, die die didaktische Medienkonzeption entwickelt, verfügt in der Regel weder über das Fachwissen noch über fachdidaktische Kompetenz (vgl. Abbildung 39). Sie kann also weder selbst entscheiden, welche Lehrinhalte fachlich aktuell sind und dem Stand der Disziplin entsprechen, noch hat sie Erfahrung, wie diese Lehrinhalte didaktisch zu reduzieren sind und der Zielgruppe angemessen vermittelt werden können. Gleichzeitig macht es auch wenig Sinn, erfahrene Lehrkräfte eine Konzeption für ein digitales Medium entwickeln zu lassen, wenn diese sich nicht ausführlich mit Ansätzen mediengestützten Lernens beschäftigt haben.

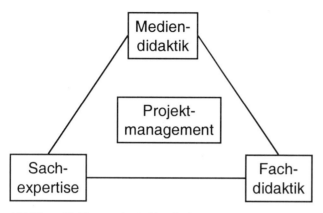

Abbildung 39: Kooperation bei Medienkonzeption

Bei vielen Produktionen, z. B. im Hochschulsektor, sind dagegen vielfach „Einzelkämpfer" anzutreffen, die von der Idee bis zur Umsetzung eines Mediums alle Schritte alleine bewältigen. Das Problem ist dabei, dass die Kompetenzen, die die Fertigstellung eines hochwertigen Medienproduktes erfordert, in der Regel so vielschichtig sind, dass sie selten in einer Person zusammenfallen. Die Aneignung aller notwendigen Teilkompetenzen ist für den Einzelnen unrealistisch bzw. mit einem im Grunde übertrieben hohen Zeitaufwand verbunden.

Abteilungs- vs. Projektorganisation

Bei arbeitsteiligen Medienproduktionen kann die Abteilungs- oder Projektorganisation unterschieden werden. Im ersten Fall werden getrennte Abteilungen etwa für Konzeption, Produktion (mit weiteren Untergruppen etwa Programmierung, Grafik, AV etc.) und Marketing gebildet, durch die die Medienprojekte „geschleust" werden. Bei dieser Organisationsform entstehen ggfs. folgende Probleme:

- Der Dokumentationsaufwand ist erheblich.
- Es entstehen Unklarheiten an den „Übergabepunkten".
- Die einzelnen Abteilungen bzw. Mitarbeiter identifizieren sich weniger stark mit dem Projektergebnis (als Folge der Arbeitsteilung).
- Das Vorgehen lässt sich nicht immer eindeutig sequentiell anlegen.

Positiv wirkt sich jedoch aus, dass die Mitarbeiter und Abteilungen auf ihrem Gebiet sehr spezifische Fertigkeiten und einen hohen Grad an Professionalität entwickeln können. Eine solche Organisation wird nur für ausgesprochen große Bildungsabteilungen oder Produktionsunternehmen in Frage kommen. Instruktionsdesign und -entwicklung der US-Armee sind etwa derart strukturiert (Branson & Grow, 1987).

Bei der *Projektorganisation* werden Teams gebildet, die im Hinblick auf die Anforderungen in einem konkreten Projekt zusammengestellt werden. Die jeweilige Gruppe ist verantwortlich für das Projektergebnis. Einzelne Mitarbeiter haben hierbei mehrere Funktionen auszuüben, auch solche, in denen sie weniger Erfahrung oder Routine aufweisen. Schwierigkeiten können durch Mehrfachzuordnungen von Mitarbeitern entstehen, d.h. wenn Mitarbeiter nicht nur in einem, sondern in mehreren Projekten arbeiten. Dies ist nahezu unvermeidbar, wenn spezielle Fähigkeiten von Einzelnen in allen Projekten benötigt werden, wie z.B. beim Grafikdesign.

Zusammenarbeit in Produktionsteams

Die verschiedenartigen Anforderungen der Multimedia-Produktion erfordern ein Vorgehen, bei dem *Professionals* unterschiedlicher beruflicher Ausbildung und Erfahrung zusammenarbeiten. Durch diese heterogene Herkunft der Mitarbeitenden können Komplikationen auftreten, die z.B. durch verschiedene Fachsprachen oder unterschiedliche Arbeitsstile bedingt sind. Die Beteiligten müssen sich auf die spezifischen Ausdrucksformen von Multimedia einstellen und ihre Arbeitsweise hierauf anpassen. Die Aufgabe des Projektmanagement ist es, diese Anforderungen zu koordinieren. Dies fängt mit der richtigen Zusammensetzung des Produktionsteams an, beinhaltet die Organisation der Produktionsabläufe innerhalb der Gruppe und Maßnahmen zur Qualitätskontrolle und -sicherung.

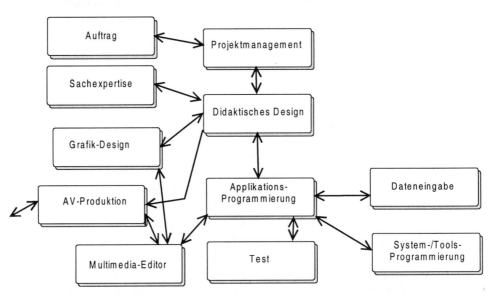

Abbildung 40: Interaktionen im Produktionsteam (Beispiel)

STEPPI (1990) diskutiert die Zusammensetzung von CBT-Teams. Eine Gruppe könnte demnach bestehen aus: 1 Projektmanager und -leiter, 3 CBT-Autoren, 6 Programmierer für Autorensystem, 1 Grafiker, 1 Person Administration, N Medienexperten (nach Bedarf) sowie N Inhaltsexperten (nach Bedarf). Ein solches, eingespieltes Team sollte in der Lage sein, etwa 50–70 Stunden CBT im Jahr entwickeln zu können.

In Abbildung 40 ist ein Beispiel für Funktionen und Interaktionen in einem solchen Produktionsteam dargestellt. Das didaktische Design ist hier verantwortlich für die Medienkonzeption, und muss eng mit Sachexperten und mit der Applikationsprogrammierung zusammenarbeiten. Das didaktische Design formuliert das interaktive Drehbuch als Grundlage für die Produktion und legt dieses mit der Projektleitung dem Auftraggeber vor. Aus dem interaktiven Drehbuch ergeben sich die Arbeitspakete u.a. für das Grafikdesign und die AV-Produktion.

Alle medialen Quellen (Texte, Grafiken, AV-Material) werden bei einer Person gesammelt, die diese Quellen sichtet und ggfs. wandelt, komprimiert, archiviert und der Applikationsprogrammierung zur Verfügung stellt bzw. in die Anwendung an den vorgesehenen Stellen einbindet. Alle diese Aufgaben des Editings, einschließlich des Datenmanagement, und der Vorbereitung und Erstellung des *Master* für die Vervielfältigung bzw. der Einspeisung in Netze, sollten bei einer Person zusammenlaufen.

In einem Testlabor sollten Testläufe durchgeführt werden mit möglichst „echten" Personen aus der Zielgruppe. Dies betrifft sowohl eine frühe Alpha-Version, die vor allem die Struktur der Anwendung beinhaltet, als auch eine Beta-Version, die die Funktionalität der Anwendung bereits vollständig abbildet. Bereits wenige Durchläufe können der Anwendungsprogrammierung wichtige Hinweise über Missverständnisse und Fehler geben. Mit einem Tracking-Modul in der Software lassen sich die Eingaben der Testpersonen festhalten und später (z.B. gemeinsam mit der Person) analysieren, um Ursachen für z.B. Fehlbedienungen feststellen zu können. Werden diese Tests zum richtigen Zeitpunkt vorgesehen, tragen sich zusätzliche Aufwändungen für die Testdurchführung alleine durch die Reduktion späterer Fehleranalysen und Programmmodifikationen.

Die genannten Funktionen werden zum Teil von einzelnen Personen ausgefüllt. Dies trifft beispielsweise in manchen Fällen für die Konzeption (didaktisches Design) und die Entwicklung (Applikationsprogrammierung) zu. Zwar sind für die Konzeption einerseits und die Entwicklung andererseits unterschiedliche Kenntnisse und Fertigkeiten erforderlich, doch gerade bei kleineren Produktionsbetrieben sind diese Funktionen nicht arbeitsteilig organisiert. Für Grafikdesign und Computeranimationen, aber auch größere AV-Produktionen sind Spezialisten auf ihren Gebieten jedoch weitgehend unabdingbar.

Die Produktion wird jedoch in vielen Fällen nicht innerhalb *eines* Unternehmens abgewickelt, sondern mit Externen oder in Kooperation mehrerer Unternehmen. Kaum ein Produktionsbetrieb verfügt über eine Infrastruktur für die Produktion *aller* Bestandteile der Multimedia-Anwendung. Das Vorhalten der verschiedenen technischen Einrichtungen rechnet sich – angesichts des zunehmenden Kostendrucks – für Multimedia-Unternehmen in der Regel nicht.

Dabei kann z.B. eine einzelne Person als Projektmanager fungieren, die sich je nach den Anforderungen des Projektes einen didaktischen Designer für z.B. die Konzeption beauftragt, eine AV-Produktionsfirma für die Audio- und Videoquellen und ein Softwareunternehmen für die Programmierung sucht etc. Insbesondere die AV-Produktion, aber auch das Screen-Design und zunehmend auch die Programmierung werden oft extern vergeben.

Auf diese Weise kann zwar flexibel agiert werden und das unternehmerische Risiko minimiert werden, benötigt werden für das Projektmanagement jedoch fundierte Kenntnisse und Erfahrung auf allen Gebieten der Multimedia-Produktion. Auch lässt sich die Zusammenarbeit zwischen den Personen der verschiedenen Unternehmen nicht *ad hoc* zuverlässig organisieren, sondern es müssen sich Erfahrungen zwischen solchen Einheiten in der Abwicklung entsprechender Projekte über die Zeit aufbauen. Dies führt dazu, dass die Multimedia-Produktion zunehmend in mehr oder weniger engen Verbünden kooperierender Unternehmen realisiert werden. Denn so kann bei gegebener unternehmerischer Unabhängigkeit der Partner eine zuverlässig eingespielte, effiziente Zusammenarbeit bei der Multimedia-Produktion aufgebaut werden.

Beispiele für die Organisation von Multimedia-Projekten

In verschiedenen Studien haben wir die Arbeitsabläufe und das Management von Multimedia-Produktionen untersucht. Das Vorgehen unterschiedlicher Multimedia-Produktionsbetriebe wird im Folgenden skizziert (Eisenhauer & Kleeberger, 1996; s.a. Wierz, 1994).

1. Ein Unternehmen entwickelt Multimedia-Anwendungen für verschiedene Kundengruppen. Das Vorgehen besteht aus sechs Schritten:

- Basistext: Der Basistext vermittelt in schriftlicher Form die Idee und den Umfang der Anwendung.
- Szenario: Das Szenario ist ein grobes Gerüst und beschreibt, wie die Lehrinhalte vermittelt werden sollen (didaktisches Grobkonzept). Es beinhaltet bereits die Menüstruktur und die Aufbereitung der Lerninhalte.
- Storyboard: Das Storyboard benennt (im Sinne eines interaktiven Drehbuchs) alle multimedialen Objekte und deren Relation. Es wird dem Kunden in Papierform vorgelegt. Das „animierte Storyboard" beinhaltet bereits eingescannte Grafiken und animierte Skizzen und vermittelt als Computeranwendung dem Kunden einen Eindruck von der Applikation.
- Medienproduktion: Die Produktion der einzelnen medialen Bestandteile erfolgt nunmehr gleichzeitig mit verschiedenen z.T. externen Produzenten.
- Mastering: Ein erster Master wird als CD an den Kunden zur Abnahme ausgeliefert.

- Auslieferung

Das Vorgehensmodell hat sich als tragfähig, auch für komplexere CBT-Anwendungen, z.B. mit Simulationen, erwiesen. Um so weniger die Struktur der Anwendung auf Standardelemente zurückgeführt werden kann, um so aufwändiger ist die Konzeptionsphase.

Als die zwei größten Schwierigkeiten in der CBT-Produktion werden das Projektmanagement und die Kommunikation mit Kunden bezeichnet. Es erweist sich als schwierig, den Kunden angemessen in den Produktionsablauf einzubeziehen. So werden bereits abgenommene Bestandteile zu einem späteren Zeitpunkt teilweise erneut in Frage gestellt. Dies liegt etwa daran, dass den Kunden die Wichtigkeit der Zwischenabnahmen für den Produktionsprozess nicht genügend deutlich ist. Hinzu kommen mögliche interne Kommunikationsprobleme zwischen Mitarbeitern unterschiedlicher beruflicher Herkunft, die ein ständiges Abgleichen des Projektfortschritts notwendig machen, was einen erheblichen Organisationsaufwand bedingt.

2. Ein anderes Unternehmen produziert Multimedia-Anwendungen im Auftrag und hat sein Vorgehen in folgenden Phasen organisiert:

- Marktbeobachtung und Akquisition: Es wird eine proaktive Strategie der Marktbeobachtung verfolgt, wonach ermittelt wird, welche Unternehmen Bedarf an welchen Dienstleistungen im Bereich Multimedia haben.
- Pflichtenheft
- Drehbuchentwicklung: Das Drehbuch enthält eine Sammlung aller Bildschirmseiten einschließlich ihrer Verzweigungen in Papierform.
- *working model:* Es beinhaltet die computertechnische Implementation eines Teilabschnitts einer Baumstruktur von der obersten bis zur untersten Ebene.
- Entwicklung von Betaversion
- Entwicklung der Vollversion
- Servicephase

3. Ein Verlag ist vor allem im Schulsektor bekannt. Das Vorgehen bei der Multimedia-Produktion für eigene Produkte beinhaltet folgende Komponenten:

- Die Konzeption wird in textlicher Form verfasst und definiert eine Zielgruppe sowie Lehrziele (z.B. „Englisch Klasse 7").
- Ein Autor bearbeitet Inhalte und entwickelt das Skript, das eine detaillierte Struktur der Anwendung einschließlich der Bildschirmoberfläche, der Navigation usw. beinhaltet. Dieses Skript wird von Lektoren, anderen Autoren und Verlagsmitarbeitern gegengelesen und begutachtet.
- Ein Programmierer „übersetzt" dieses Skript in ein Pflichtenheft, das die computertechnischen Details der Implementation beinhaltet und als Grundlage für die Zusammenarbeit mit weiteren Programmierern dient.

Da dieses Pflichtenheft von Sachexperten nicht wirklich nachvollzogen und geprüft werden kann, wird der laufende Entwicklungsfortschritt dem für die Inhalte verantwortlichen Autor regelmäßig zur Begutachtung vorgelegt. Bei dieser Art der Zusammenarbeit ist eine gewisse Beeinträchtigung der Produktivität zu erwarten, da in relativ späten Phasen der Produktentwicklung weiterhin grundlegende konzeptuelle Modifikationen wahrscheinlich werden.

4. Ein anderes Unternehmen ist als Produktionsbetrieb mit langjährigen Erfahrungen im AV-Sektor tätig. Bei einer Multimedia-Produktion entwickeln ein Projektmanager und ein Konzeptionist in Abstimmung mit einem Auftraggeber ein Exposé. Nach Auftragserteilung werden zwei weitere Mitarbeiter hinzugezogen: ein Editor, der für die inhaltliche Aufbereitung und Recherche zuständig ist, und ein Grafiker, der für die Oberflächen- und Navigationsgestaltung verantwortlich zeichnet. Je nach Komplexität der Anwendung werden weitere Personen hinzugezogen, um das *Exposé* zum *Treatment* und *Storyboard* auszuarbeiten.

In diesem Unternehmen sind die Abläufe der Multimedia-Produktion von der Videoproduktion mit seiner vergleichsweise starren Phasenstruktur bestimmt. Den Vorteilen einer klaren Phasenstruktur stehen gewichtige Nachteile gegenüber: So stellt sich die Frage, ob für die Multimedia-Produktion die Produktionsabläufe nicht flexibler anzulegen sind, mit einem höheren Anteil parallel angelegter Prozesse und mehreren Iterationsschleifen in der Kommunikation mit dem Auftraggeber.

5. Ein besonders systematisches Produktionsmodell hat eine Firma entwickelt, die durch verschiedene Multimedia-Anwendungen mit hohem graphischen Anspruch bekannt geworden ist. Es beinhaltet folgende Schritte bzw. Dokumente:

- Das *Exposé* dient vor allem der Akquisition und beinhaltet die grobe Struktur der Anwendung, eine Skizze der möglichen Delivery-Plattform, einen Zeit- und Budgetrahmen. Inhaltlich beschränkt sich das Exposé auf einen Verzweigungsbaum sowie eine Skizze der Intro-Seite. Es wird von einer Person entwickelt und dem Kunden vorgelegt.
- Das *Grobkonzept* beinhaltet die Struktur der Anwendung, einschließlich aller Unterkapitel und deren Verzweigungen, und benennt alle Quellen, die für die Produktion benötigt werden. Hieraus lässt sich eine detaillierte Kalkulation erstellen. Beteiligt sind hieran bereits ein technischer Experte, ein Inhaltsexperte, ein Grafikdesigner sowie ein Projektmanager.
- Nunmehr kann das *technische Konzept* für die Produktion festgelegt werden, d.h. welche Restriktionen zu bedenken sind, was sich wie realisieren lässt und was nicht.
- Dies bestimmt auch den *Projektplan*, der die zeitlichen Prozesse darstellt, und Grundlage des Projektmanagement ist.
- Schließlich wird das *Feinkonzept* erstellt, das aus dem interaktiven Drehbuch besteht. Die Produktion beginnt bereits bei der Erstellung des Feinkonzeptes, d.h. das Feinkonzept wird inkrementell entwickelt. Es dient der Kommunikation und Dokumentation der Projektarbeit, weniger der Steuerung und Kontrolle des Projektverlaufs.

Die Dokumente werden als Textdateien oder in einer Datenbank gespeichert. Die Dokumentation erweist sich vor allem bei komplexeren Interaktionsstrukturen als problematisch, da sich diese textlich wenig gut darstellen lassen. In der Beziehung zum Auftraggeber zeigt sich die Schwierigkeit, über Multimedia-Konzeptionen angemessen zu kommunizieren. Als weniger günstig hat es sich erwiesen, einzelne graphische Skizzen vorzulegen, da dies die Vorstellung des Kunden zu sehr einengt. Deswegen werden (unabhängig von der tatsächlichen Entwicklungsplattform) kleinere Demos programmiert, in denen der Verlauf und die Interaktion zumindest im Ansatz sichtbar werden. Es wird ein erheblicher Aufwand betrieben, um die Abstimmung mit dem Kunden sicherzustellen.

Als ein übergreifendes Ergebnis der Interviews lässt sich festhalten, dass der Produktionsprozess in den befragten Unternehmen recht unterschiedlich organisiert wird. Es zeigen sich insbesondere Unterschiede in Abhängigkeit von der Tradition des Hauses, sei es der Hintergrund der Videoproduktion, des Verlagswesens oder der Softwareproduktion. Damit verbunden sind auch unterschiedliche Vorstellungen über das Umgehen mit Prototypen, mit der Organisation von Teamarbeit sowie Methoden der Qualitätssicherung.

Auffallend ist der unterschiedliche Sprachgebrauch. Gerade zentrale Begriffe, wie Drehbuch, Storyboard, Konzeption und Design, werden unterschiedlich verwendet. Dies kann als Hinweis gewertet werden für den unterschiedlichen Ausbildungs- und Erfahrungshintergrund der Betroffenen und für ein sich erst langsam heraus- bildendes professionelles Selbstverständnis in diesem Sektor.

weiterführende Literatur: Die Grundlagen des Software-Engineering beschreibt BALZERT (1996). Greer (1992) und VAUGHAN (1998) gehen vor allem auf die Multimedia-Produktion ein.

4 Softwareentwicklung für Multimedia und Internet

In diesem Kapitel geht es um grundsätzliche Fragen der Softwareentwicklung von didaktischen Multimedia- oder internetbasierten Anwendungen. Die softwaretech- nischen Ansätz hierzu haben sich in den letzten 10 Jahren schneller verändert als die didaktisch-konzeptuellen Ansätze.

4.1 Bisherige Ansätze

Wie programmiert man multi- und telemediale Lernangebote? Welche Arten von Software-Werkzeugen werden bei der Programmierung solcher Anwendungen ein- gesetzt? Die Vorstellung darüber, was eigentlich „Programmierung" meint, haben sich deutlich verändert. Auch hier hat das Internet dazu geführt, gänzlich neu über die Entwicklung digitaler Lernmedien nachzudenken.

Von der klassischen Programmierung zu Autorensystemen

Bei der Software-Programmierung wird die interaktive Anwendung erstellt und es werden Multimedia-Quellen in die Anwendung integriert – sei es für eine physisch distribuierte Applikation oder für eine Anwendung, die über Netze distribuiert wird.

Die Programmierung mit einer klassischen Programmiersprache wie C bietet die universellsten Möglichkeiten. Da jedoch alle Bestandteile des Systems (z.B. Einga- befelder, Dialogboxen, Antwortanalysen) programmiert werden müssen, ist der Entwicklungsaufwand üblicherweise hoch. Man wird deswegen zumindest fertige Module und Klassenbibliotheken heranziehen, die in das eigene Programm einge- bunden werden und somit den Programmieraufwand reduzieren. Die professionelle Beherrschung einer solchen Programmiersprache erfordert allerdings eine intensive Schulung und längere Erfahrung in der Software-Entwicklung.

Da bei Multimedia-Applikationen im Prinzip immer wieder ähnliche Anforderun- gen im Hinblick auf Ablauf und Darstellung der Informationen auftauchen, wurden *Autorensysteme* entwickelt, die den Programmieraufwand reduzieren. Gleichzeitig können sie die Flexibilität der Entwicklung in Teilen einschränken. Mit der zunehmenden Leistungsfähigkeit nahm die Bedeutung von Autorensystemen bei der Multimedia-Produktion in den 90er Jahren zu, und zwar vor allem im Sektor der semiprofessionellen Anwender, etwa an Hochschulen. In der professionellen Produktion haben Autorensysteme jedoch den Einsatz von klassischen Programmierwerkzeugen nicht wirklich verdrängen können, da nur so die optimale Flexibilität gewährleistet ist. Allerdings erfordert der Aufbau einer eigenen Klassen- oder Modulbibliothek einiges an Investitionen und Vorarbeiten.

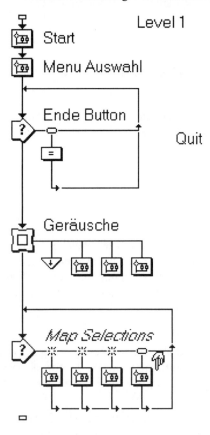

Abbildung 41: Ablauf

Autorensysteme organisieren die Inhalte nach bestimmten Metaphern, die sich für bestimmte Anforderungen des Lernmediums unterschiedlich gut eignen. In Abbildung 41 finden wir die Oberfläche eines Autorensystems, bei dem der Entwickler den Ablauf der Anwendung modelliert, indem bestimmte Symbole auf der Zeitachse eingefügt und beschrieben werden. Mit jedem Symbol sind bestimmte Aktionen seitens des Programms oder des Anwenders vorgesehen. Am Bildschirm ist dabei unmittelbar die Struktur des Programms mit den vorgesehenen Verzweigungen und Rückverweisen zu erkennen. Spezielle Programmierkenntnisse und -erfahrungen werden nicht notwendig. Offensichtlich eignet sich dieses Autorensystem am ehesten bei einer eher sequentiell aufgebauten Anwendung. Für die Implementation stärker hypertextuell aufbereiteter Lernangebote eignen sich deswegen eher Werkzeuge, die von einer Seitenmetapher ausgehen, d.h. die Anwendung in einzelne Seiten organisieren, die miteinander mit Verweisen verknüpft sind.

In der Praxis erweisen sich die gängigen Werkzeuge jedoch in vielfacher Hinsicht als wenig zufriedenstellend. Dies hat verschiedene Forschungsbemühungen motiviert. Eine Richtung versucht, den didaktischen Entscheidungsprozess in Software abzubilden, um diese Entscheidungen selbst „automatisieren" und damit dem Computer überlassen zu können („strong automation"). Eine andere, eher zurückhaltende Richtung beschränkt sich auf Computerwerkzeuge, die das didaktische Design zu unterstützen versuchen („weak automation").

Probleme konventioneller Autorensysteme

Betrachten wir zunächst die angedeuteten Probleme bisheriger Entwicklungswerkzeuge, insbesondere der Autorensysteme. Mit dem Einsatz von Autorensystemen, die als spezielles Werkzeug für Autoren (und nicht mehr für „Programmierer") didaktischer Anwendungen gedacht sind, erhofft man eine möglichst *effiziente* Entwicklung didaktisch möglichst *hochwertiger* Lernangebote. Trotz wesentlicher Fortschritte, vor allem an der Oberfläche, konnten bisherige Autorensysteme diese beiden Ziele bislang jedoch nicht zufriedenstellend umsetzen.

Als ein erstes Autorensystem mit größerer Verbreitung gilt PLATO (Programmed Logic for Automatic Teaching Operations), das seit 1960 an der University of Illinois entwickelt wurde (vgl. Fischer & Löthe, 1970): Der Autor definiert den Interaktionsraum der Anwendung, in dem Informationen präsentiert werden, und der Lerner zu Eingaben aufgefordert wird. In der Strukturierung der Lernangebote orientiert sich PLATO an den grundlegenden Operationen des Computers (Eingabe, Verarbeitung und Ausgabe von *Daten*) nicht aber an didaktischen Konzepten des Lehrens und Lernens.

Einen anderen Ansatz verfolgte TICCIT (Time-shared computer controlled information television), das in den 70er Jahren entwickelt wurde (Bunderson, 1974). Im Unterschied zu PLATO basierte es auf einem bestimmten Instruktionsmodell, nämlich MERRILLs *Component Display Theory*. Das Autorensystem stellt eine aus dem Instruktionsmodell abgeleitete Funktionalität zur Verfügung, die auf einer speziell darauf abgestimmten Hardware basiert. Es nimmt damit eine Vorstrukturierung des Programmablaufs vor. Voraussetzung ist, dass die Autoren die grundlegenden Begriffe und Konzepte des zugrunde liegenden theoretischen Modells verstanden haben, um sie bei der Implementation der Lernangebote anwenden zu können.

Erfahrungen mit diesen Autorensystemen belegen, dass das didaktisch „nackte" Konzept von PLATO bei Entwicklern mehr Akzeptanz fand als das an ein didaktisches Modell gebundene TICCIT (vgl. Hawkridge, 1988; Issing, 1967; Pagliaro, 1983). Hypothesen für den Erfolg der an PLATO orientierten Autorensysteme lauten:

- Das der Computerfunktionalität angelehnte Schema war im Denken der (bislang oft aus dem Computerbereich stammenden) Autoren bereits weitgehend verankert. Das Erlernen des Autorensystems fiel dieser Zielgruppe damit leichter.

- Autoren verfügen über mehr Freiraum in der Umsetzung eigener Ideen und müssen sich nicht an die Strukturen eines bestimmten didaktischen Konzepts halten.

- Möglicherweise hängen die Probleme von TICCIT auch mit dem zugrunde liegenden Instruktionsmodell zusammen. Lediglich das frühe (und mittlerweile weiterentwickelte) didaktische Modell der CDT (u.a. in Merrill, 1994) wurde seinerzeit einer konsequenten Implementation in einem Autorensystem unterzogen.

Die Mehrzahl heutiger Autorensysteme (einschließlich Hypertext-Entwicklungs-systeme) können der Tradition von PLATO zugeordnet werden. Durch die verbes-serte Funktionalität und den gesteigerten Bedienungskomfort können sich Ent-wickler von Bildungsmedien heute - ohne größere computertechnische Vorkennt-nisse - auf den didaktischen Gestaltungsprozess konzentrieren. Autorensysteme er-lauben damit die Produktion guter wie schlechter, theoretisch begründeter wie un-begründeter Lehr-Lernmedien gleichermaßen. Dieser Offenheit der Entwicklungs-werkzeuge steht der Nachteil gegenüber, dass keine inhaltliche Unterstützung zur Konzeption didaktisch wertvoller Materialien geboten wird.

Die in vielen Fällen bemängelte *didaktische Qualität* von CBT und WBT geht auch heute einher mit der weiterhin (zu) geringen *Produktivität* der didaktischen Me-dienentwicklung: Der Aufwand ist weiterhin so hoch, dass Qualitätskriterien oft zurückgestellt werden und die Entwicklung konzeptuell anspruchsvollerer Bil-dungsmedien verhindert wird. Vielfach bemängelt wird:

• Weitgehend lineare Anwendungen lassen sich unproblematisch entwickeln; die Realisation komplexer Interaktionsräume mit einer hohen Zahl an Verzwei-gungen wird jedoch, z.B. durch angemessene Visualisierung interaktiver Dreh-bücher, kaum unterstützt. Dies führt dazu, dass die Programmierung eher line-ar aufgebauter Interaktionsräume bevorzugt wird. Die Orientierung an didakti-schen Ansätzen, wie sie situierte Lerntheorien fordern, wird so kaum gefördert.

• Fehler bei interaktiven Drehbüchern (z.B. Sackgassen, unausgewogene Ver-zweigungsbäume/-ebenen, fehlende/übermäßige Rücksprünge, unangemessene Navigationsinstrumente etc.), sind - ab einer gewissen Komplexität - schwer identifizierbar und erhöhen den Test- und Wartungsaufwand.

• Ergebnisse vorgelagerter didaktischer Analysen können in der Entwicklungs-phase nicht übernommen werden. Dies führt dazu, dass planerische und kon-zeptuelle Überlegungen möglicherweise vernachlässigt werden, nicht angemes-sen durchgeführt oder ungünstig umgesetzt werden. Die „Freiheit" der Auto-rensysteme legt nahe, dass die Arbeit des Autors mit der Eingabe von Daten beginnt und nicht mit didaktischen Erwägungen.

• Der Aufwand zur Anpassung der Anwendung an unterschiedliche Zielgrup-pen, Lehrgegenstände und -bedingungen ist unangemessen hoch: Eine Autorin hat z.B. eine Anwendung entwickelt, die sich möglichst genau an bestimmten Gegebenheiten einer Zielgruppe orientiert, z.B. Anfänger mit hoher Lernmoti-vation. Die Anpassung an andere Zielgruppen erfordert i.a. eine komplette Re-organisation der Anwendung, deren Aufwand nicht selten einer Neuimple-mentation entspricht. Auch sachliche Änderungen oder Erweiterungen erfor-dern oftmals umfangreiche Modifikationen. Die Produktivität ist folglich durch mangelhafte Wartbarkeit einer vorhandenen Anwendung und schlechte Wie-derverwertbarkeit entwickelter Bestandteile in zukünftigen Anwendungen be-einträchtigt.

- Autorensysteme „behindern" das Management bereits mittelgroßer (z.B. verteilter) Anwendungen und vor allem die (übliche) gemeinsame Entwicklung von Anwendungen in einem Team.

In der Forschung beschäftigt man sich deswegen seit längerer Zeit mit der Frage, wie Entwicklungswerkzeuge aussehen könnten, die diese Probleme überwinden. Dabei zeigten sich jedoch einige grundsätzlichen Schwierigkeiten, die bis heute kaum gelöst sind.

4.2 Computergestütztes didaktisches Design

Wir nutzen Computer, um Lernprozesse zu unterstützen. Läßt sich der Computer aber auch einstzen, um den Vorgang der *Konzeption* solcher Lernmedien zu vereinfachen oder zu verbessern, um so die Schwächen bisheriger Autorensysteme und Entwicklungswerkzeuge zu überwinden? Mit diesen Fragen beschäftigt sich die Forschung zum *computergestützten didaktischen Design*. Ziel dieser Bemühungen ist es, die Probleme der konventionellen Entwicklung von CBT- oder WBT-Anwendungen zu überwinden.

4.2.1 Anfänge der Automatisierung

Ebenso wie die ersten Autorensysteme reichen auch Überlegungen zu deren Weiterentwicklung in die 60er Jahre zurück. In dem sogenannten bildungskybernetischen Ansatz versuchte man, die Programmierung von Lehrprogrammen zu automatisieren mit dem Ziel, die Effizienz der Softwareentwicklung zu steigern: Das Schlagwort *Algorithmisierung der Lehralgorithmen-Entwicklung* beschreibt das Anliegen (Frank, 1966).

Üblicherweise geschieht die Entwicklung eines Lehrprogramms weitgehend intuitiv durch Autoren. Würde man diesen Vorgang systematisieren, in einen Algorithmus überführen und von einem Computer ausführen, könnten Lehrprogramme automatisch vom Computer generiert werden. Genau dies war die Idee einer sogenannten *Formaldidaktik* von HELMAR FRANK. Er unterscheidet zwischen voll objektivierten Ansätzen, bei denen Lehrprogramme vollständig generiert werden, und halbalgorithmischen Ansätzen, bei denen die Anwendung nur in Teilen vom Rechner selbst erzeugt wird.

Als erster automatisierter Programmgenerator kann ALZUDI (algorithmische Zuordnungsdidaktik) gelten, der an der PH Berlin entwickelt wurde (Frank & Graf, 1967): Ziel war die „Zuordnung" von deutschen Vokabeln zu fremdsprachigen Ausdrücken, wobei das Programm für beliebige Vokabeln einen Lochstreifen für ein Wiedergabegerät und damit ein Lehrprogramm generierte.

Mit dem späteren Programmgenerator ALSKINDI (Algorithmische Skinnerstil-Didaktik) werden Lehrprogramme auf der Grundlage von Basaltextsätzen mit Basalwörtern erzeugt. Das derart erstellte Programm präsentiert zunächst einen Basaltextsatz. Anschließend werden einzelne Basalwörter dieses Satzes ausgeblendet und abgefragt bis ein bestimmtes Niveau erreicht ist. Es folgt die Präsentation des nächsten Basaltextsatzes (Frank, 1969).

Komponentenarchitektur

Mit ALSKINDI war erstmals das Konzept einer technischen Trennung von Lehrinhalten und Lehrstrategien formuliert und realisiert: Ein Modul beinhaltet das zu vermittelnde Wissen (Content), ein anderes Modul die Lehrstrategie. Man erkannte, dass sich die Programmerstellung wesentlich vereinfachen lassen könnte, wenn sich ein Programm (zumindest) in die zwei genannten Komponenten aufteilen lässt. Sachexperten müssten dann lediglich Wissen in bestimmter Weise strukturieren und in die Contentkomponente eingeben; das Lehrprogramm und damit die Sequenz von Lernangeboten wird – unter Rückgriff auf die Lehrstrategiekomponente – automatisch erzeugt. Auf dem Grundgedanken einer Komponentenarchitektur von CBT-Anwendungen basieren auch neuere, technisch orientierte Forschungsansätze.

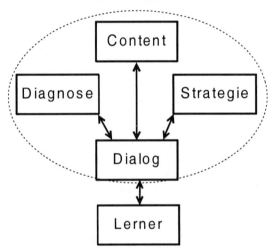

So beruhte das später entwickelte Konzept *intelligenter tutorieller Systeme* ebenfalls auf der Idee einer Trennung von *Inhaltsmodul*, das die Wissensdomäne repräsentiert, und *Strategiemodul*, das verschiedene didaktische Strategien implementiert. Hinzu kommt das Diagnosemodul, das die Eingaben der Lernenden auswertet und ihre aktuelle Kompetenz während der Bearbeitung von Lernaufgaben identifiziert, sowie das Dialogmodul, das unter Rückgriff auf die anderen Komponenten den Dialog

Abbildung 42: Komponentenarchitektur

mit dem Lerner regelt (s. Abbildung 42). Durch diese Architektur erhoffte man, eine wesentlich „intelligentere" Anpassung des Lernangebotes an den aktuellen Lernfortschritt des Lerners zu erreichen.

FRANK sah seinerzeit bereits ein grundlegendes Problem solcher Ansätze bei der Generierung instruktional verwendbarer Varianten von Lernangeboten auf der Grundlage von Wissensbasen (1969):

> Alle Formaldidaktiken stehen vor der Schwierigkeit, dass man noch keinen Algorithmus kennt, denselben (z.B. im Basaltext formulierten) Sachverhalt mit anderen Worten, insbesondere mit größerer Redundanz, nochmals auszudrücken.

Auf die grundsätzlichen Probleme dieser Komponentenarchitektur für CBT- und WBT-Anwendungen wird später erneut einzugehen sein. Dabei wird sich zeigen, dass das von FRANK angesprochene Problem trotz wesentlich anspruchsvollerer Technik nicht grundsätzlich überwunden ist. Zumindest bis heute fehlt der Nachweis, dass didaktisch sinnvolle Lernangebote aus der Verknüpfung von unterschiedlich stark formalisierten Wissensbeständen mit einer (mehr oder weniger) generischen Lehrstrategiekomponente auf der Basis eines Algorithmus entstehen können. Dabei spielt es keine Rolle, ob das Wissen als semantisches Netz, Objekthierarchie, Regel- oder Fallbasis etc. technisch implementiert wird.

Es wird dabei versucht, auf die *Transformation* von Wissensinhalten zu Lernangeboten, die Wissenselement auf spezifizierte Zielgruppen, Lehrziele und Lernsituationen ausrichtet, zu verzichten. Denn es ist gerade dieser Vorgang der didaktischen Transformation, der aufwändig ist und Kreativität verlangt. Es bleibt also weiterhin die entscheidende Frage, ob eine solche (an sich interessante) Komponentenarchitektur funktioniert, wenn sie auf die didaktische Transformation verzichtet, oder wie die didaktische Transformation in die Komponentenarchitektur aufgenommen werden könnte.

4.2.2 Aktuelle Ansätze

Eine Computerunterstützung des didaktischen Designs kann sich auf die Konzeption oder technische Implementation von Lernangeboten beziehen. Alle derartigen Bemühungen verfolgen in erster Linie folgende zwei Ziele:

(1) Steigerung der *Produktivität* durch Reduktion des Entwicklungsaufwands und

(2) Steigerung der *didaktischen Qualität* der resultierenden Lernangebote.

In der Forschung sind diese Ansätze in einer Reihe von Untersuchungen verfolgt worden, die im Grad der angestrebten Automatisierung differieren. Unterschieden werden können:

- Die weitgehende Automatisierung der CBT-Entwicklung auf der Grundlage allgemeiner Spezifikationen (s. [4] in Abbildung 43): Die Automatisierung zielt auf komplette, leicht adaptierbare CBT-Anwendungen.

- Die Automatisierung bestimmter Teile der CBT-Entwicklung im Sinne eines *Computer Aided Software Engineering* (s. [3] in Abbildung 43) durch Entwicklungsumgebungen, die (möglichst) den gesamten Entwicklungsprozess abbilden, den Autoren aber gestaltende Eingriffe ermöglichen.

- Die Unterstützung der Medienentwicklung durch analytische und produktive *Werkzeuge* (sowohl für CBT als auch für andere Lehr-Lernmedien bzw. Bestandteile der Lernumgebung) (s. [2] in Abbildung 43), die sich auf *Teile* des Entwicklungsprozess beschränken.

- Die Unterstützung des didaktischen Designs durch didaktische *Ratgebersysteme* unabhängig von den Merkmalen der zu konkretisierenden Lernumgebung (s. [1] in Abbildung 43): Ergebnis sind textliche Hinweise für didaktisches Design und -entwicklung. Die Umsetzung in konkrete Medien bzw. Instruktion wird nicht automatisiert.

- Die Unterstützung des didaktischen Designs durch elektronische *Konferenz-* und *Konsultationssysteme*. Der Computereinsatz dient hierbei vorrangig der Unterstützung *interpersoneller* (entfernter) Kommunikation.

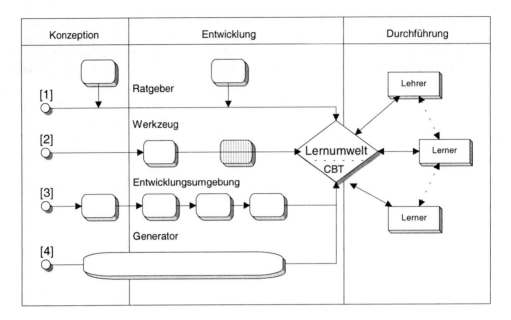

Abbildung 43: Computerunterstützung des didaktischen Designs

GOODYEAR (1994) unterscheidet in diesem Zusammenhang zwischen *weak* und *strong automation*, je nach dem Grad der angestrebten bzw. erzielten Automatisierung von Funktionen des didaktischen Design.

Funktionsprinzip automatisierender Entwicklungswerkzeuge

Automatisierte Entwicklungssysteme versuchen Teile der Anwendung selbständig zu generieren. Den „menschlichen" Autoren soll vor allem die Sequenzierung von Lernangeboten abgenommen werden. Damit ähnelt der Anspruch solcher Generatoren früheren Ansätzen „intelligenter tutorieller Systeme". Während diese jedoch eine *mikro-adaptive* Sequenzierung (d.h. Lernregelung) auf Grundlage einer *online*-Diagnose anstreben, also die Anpassung des Lernangebotes auf der Basis des aktuellen Dialogs zwischen Lerner und System, handelt es sich hier um eine *makro-adaptive* Sequenzierung (d.h. Lernsteuerung) auf Grundlage zu Beginn des Lernprozesses festgelegter Merkmale (vgl. Leutner, 1992).

Dabei ist eine grundlegende technische Bedingung zu erfüllen: Eine Kurs darf nicht *explizit* formuliert und implementiert werden (wie mit Autorensystemen), sondern er ist zunächst in einzelne Bestandteile aufzuteilen und mit Deskriptoren zu versehen, die den Inhalt und didaktische Parameter des jeweiligen Lernangebotes spezifizieren. Es existiert dann ein Mechanismus, der die Sequenzierung des Lernangebotes übernimmt, und eine Datenbank, die die segmentierten Lernangebote speichert. Der Algorithmus zur Generierung der Sequenz des Lernangebotes greift beim Zusammensetzen des Kurses auf die Deskriptoren der Datenbank zu und ruft die benötigten Lerneinheiten dort ab.

Aus einer Menge von „Seiten", z.B. aus einem Lehrbuch (mit erläuternden Texten, Grafiken, Fragen etc.), kann ein generierender Algorithmus keine didaktisch begründete Sequenz eines Lernangebotes erzeugen, da das Programm nicht „weiß", was auf der Seite steht. Er benötigt zusätzliche, beschreibende Informationen über die einzelnen Seiten, z.B. das behandelte Thema, die Art der Darstellung, der Schwierigkeitsgrad der Darstellung etc., die in den Deskriptoren gespeichert sind. Das Problem besteht dann im *Zusammensetzen* eines Lehrangebotes aus den Informationen der unterschiedlichen Komponenten, also der Sequenzierung des Lernangebotes auf der Grundlage der Deskriptoren.

Üblicherweise werden dazu Lernangebote in kleine *instruktionale Module* aufgeteilt. Ein Text(fragment) beinhaltet z.B. die „Definition eines Mittelwertes als textliche Beschreibung", ein „Beispiel für die Berechnung des geometrischen Mittelwertes", oder ein weiteres „ausführlicheres Beispiel" hierfür; eine „Grafik, die dies erläutert"; ein „Tondokument, das die Definition vorliest" usw.. Zusätzlich werden Informationen (Deskriptoren) zu diesen instruktionalen Modulen gespeichert, die der generierende Algorithmus für die Sequenzierungsentscheidung benötigt, z.B. das Thema, das das Modul behandelt, der gewählte Schwierigkeitsgrad, die Art der Repräsentation oder das vorausgesetzte Vorwissen (zur technischen Realisation: Yazdani, 1990). Der Entscheidungsalgorithmus beschreibt, was optimale Sequenzen der Module sind, und wie diese zusammenzusetzen sind. (Dies erinnert natürlich an die Lehrstoffatome der Programmierten Instruktion, die seinerzeit kritisiert wurden, weil sie Lehrinhalte völlig isoliert abzubilden versuchten.)

Der Unterschied zu der Komponentenarchitektur früherer *intelligenter tutorieller Systeme*, die auf einer sogenannten Wissensbasis operieren, wird deutlich: Eine Wissensbasis beinhaltet eine *abstrahierte* Repräsentation eines Sachgebietes (z.B. in Form von semantischen Netzen oder Wenn-Dann-Regeln), auf die eine Komponente zugreift und das Lernangebot zu generieren versucht (also z.B. textuelle Erläuterungen, Fragen, Rückmeldungen). Bei den aktuellen Systemen liegen die eigentlichen instruktionalen Lernangebote als winzige Module bereits vor, generiert wird (nur) die *Sequenz* der Module.

Zur Abgrenzung von der Komponenten-Architektur *wissensbasierter* Systeme wird deswegen auch von Lern-Datenbanken gesprochen. Denn bei dieser Architektur liegt das zu vermittelnde Wissen nicht formalisiert vor, sondern es handelt sich um eine Sammlung didaktisch bereits transformierter Lernangebote, die zuvor in Module als „kleine instruktionale Einheiten" zerlegt wurden.

Besonders interessant werden solche Ansätze auch für interaktive Lernangebote, die auf entfernten und verteilten Datenbanken im Internet operieren. Bislang werden Lernangebote im Internet üblicherweise als einfache Dokumente auf Servern abgelegt, die mit Verknüpfungen auf weitere (multimediale) Dokumente verweisen. Werden diese Lehrinhalte jedoch in abstrakter Form oder als *instruktionale Module* mit Deskriptoren versehen in einer Datenbank gespeichert, die die Inhalte auf ganz bestimmte, vorgegebene Weise strukturiert, könnte mit Hilfe einer allgemeinen didaktischen Strategiekomponente auf diese verteilten Module zugegriffen werden. Ein konkretes Lernangebot wäre nicht durch das Programm von Software-Autoren festgelegt, sondern die Strategiekomponente sucht im Netz nach den notwendigen Modulen, die es in das Lernangebot montiert, das dem Lerner präsentiert wird. So ließe sich dann eine weltweit vernetzte Lern-Datenbank mit Modulen vorstellen, die wie das *world wide web* stetig wächst.

Auch bei der Konzeption webbasierter Lernangebote ist die Idee naheliegend: In eine Datenbank werden bestimmte Lernmodule *(learning objects)* eingegeben. Deskriptoren beschreiben Inhalte, Aufbau etc. dieser Module. Wenn der Lernende nun im Internet Materialien aufruft, werden die Module passend zu Parametern des Lerners zusammengesucht. Diese Parameter können dem (z.B. in Tests eruierten) Lernfortschritt entsprechen oder werden Angaben des Lernenden entnommen. Wenn nun die Deskriptoren einer allgemeinen Konvention zur Beschreibung von Lernangeboten folgt, kann die Suche der Module auch über mehrere Datenbanken hinweg, z.B. verschiedener Anbieter, also weltweit erfolgen. Die Standardisierung solcher Deskriptoren, etwa für die Auszeichnung von XML-Dokumenten, wird zur Zeit in verschiedenen Komitees verfolgt.

Aus mediendidaktischer Sicht sind damit eine Reihe grundsätzlicher Fragen verbunden: Welche Deskriptor-Informationen werden benötigt, um solche Module als „kleinste instruktionale Einheiten" zu sinnvollen Lernangeboten zusammenzusetzen, und: was sind „optimale" Sequenzen solcher „kleinster instruktionaler Einheiten"? Läßt sich ein didaktisch sinnvolles Lernangebot auf der Grundlage solcher Module generieren oder ist eine (zusätzliche) abstrakte Implementation der Lehrinhalte als Wissensbasis notwendig?

Diese Fragen sollen im Folgenden anhand vorliegender Systeme und Erkenntnissen über ihre Leistungsfähigkeit diskutiert werden.

Vorgehensweise von automatisierten Entwicklungswerkzeugen

Unter dem Schlagwort „Automatisierung des didaktischen Designs" sind in den letzten Jahren eine Reihe von Prototypen zu Forschungszwecken entwickelt worden. KERRES (1996a) berichtet über einen Vergleich zweier, relativ fortgeschrittener Ansätze der Automatisierung. ID Expert von DAVID MERRILL ist seit 1987 in der Entwicklung. Es kommt am ehesten dem Konzept einer weitgehenden Automatisierung nahe. Die Entwicklungsumgebung von DISCourse wurde im Rahmen des EU-Förderprogramms DELTA (Development of European Learning through Technological Advance) ab 1988 entwickelt.

Bei beiden Ansätzen ist der Lehrgegenstand zunächst in eine abstrakte Struktur zu transformieren, d.h. es werden nicht Bildschirmseiten oder konkrete Bestandteile der Anwendung programmiert, sondern der Lehrgegenstand ist in Form einer Hierarchie zu bringen, in der Begriffe des Lehrgegenstandes und deren Unter- zw. Überordnung dargestellt sind. Es wird damit gefordert, den Lehrgegenstand zunächst in abstrakter Form zu durchdringen. Die zu entwickelnde Hierarchie bezieht sich auf die *sachlogische Struktur*, nicht auf eine bereits didaktisch transformierte Struktur von Lernangeboten. Bei ID Expert wird *zusätzlich* eine Sammlung konkreten Lehrmaterials in einer Ressourcenbank angelegt.

Bei DISCourse wird zunächst die *Domäne* modelliert, die die thematische Struktur des Lehrgebietes darstellt. Konkrete instruktionale Einheiten werden als *media units* den Themen zugeordnet und mit beschreibenden Elementen zu deren didaktischen Funktion verknüpft (Anekdote, Gegenbeispiel, Konzeptdefinition, Fallbeispiel, Illustration, Gedächtnishilfe, Einführung, Zusammenfassung usw.).

In einem weiteren Modul werden Lehrziele spezifiziert. Dabei fordert ID Expert das Einhalten des Rasters von MERRILLS *Component Display Theory*. Bei DIS-Course werden Lehrziele im Klartext eingegeben und beginnend von übergeordneten Zielen zunehmend verfeinert (vgl. Baker, 1994; nach Posner & Rudnitzky, 1986). Als nächster Schritt werden Objekte der Domäne mit Lehrzielen verknüpft. Es werden nur die Lehrinhalte in einen Kurs übernommen, zu denen ein Lehrziel zugewiesen wurde. Dieser Vorgang der Zuordnung von Inhalten zu Lehrzielen definiert den eigentlichen Lehrstoff *einer* spezifischen Anwendung in dem Content-Modul. Aus einer Sachgebiets-Domäne können so mehrere unterschiedliche CBT- oder WBT-Anwendungen entstehen.

Technisch weniger komplex ist das Modul, das der Bestimmung von Merkmalen der Lehr-Lernsituation dient. Beide Ansätze beschränken sich hierbei auf wenige Attribute des Lerners (üblicherweise in binärer Ausprägung): Motivation, Vorwissen, Lernstil und Lernerkontrolle. Es lassen sich „Lernertypen" abspeichern, die durch eine bestimmte Konfiguration dieser Attribute charakterisiert sind.

Generieren von Instruktionssequenzen

Aus diesen instruktionalen Einheiten werden Instruktionssequenzen zusammengesetzt. Besondere Aufmerksamkeit gilt damit dem Mechanismus, der diese Sequenzierung vornimmt. Hierbei gehen ID Expert und DISCourse unterschiedliche Wege. Bei ID Expert wählt der Autor eine sogenannte *transaction shell*, die die grundlegende Instruktionsstrategie festlegt. Verfügbar war zum Zeitpunkt der Untersuchung die erste, eher einfache *transaction shell*, die das Identifizieren und Zuordnen von Objekten zu anderen Objekten, z.B. die Positionierung von Städtenamen auf einer Landkarte, erlaubt. Zusätzlich sind neben dem Lehrgegenstand lediglich die gewünschte Zielgruppe auszuwählen. Das Programm generiert dann den Kurs.

Die Entscheidungen des Systems über die Sequenzierung bleiben bei ID Expert verborgen. Es kann nicht abgefragt werden, welche Konsequenz bestimmte Einstellungen, etwa „Lernmotivation: niedrig", auf den generierten Kursverlauf haben, auch eine Beeinflussung oder gar Veränderung ist ausgeschlossen. Dies entspricht dem Anspruch eines stark automatisierenden CBT-Generators.

Für die Sequenzierung wird im Rahmen von DISCourse das *generic tutoring environment* (van Marcke, 1992) herangezogen, das generische, also von konkreten Lehrinhalten unabhängige Instruktionsstrategien beinhaltet. Als eine Software-Komponente greift es dabei auf die anderen Module zu und erzeugt in Abhängigkeit von dem gewählten Lernerprofil verschiedene Sequenzen instruktionaler Einheiten (McIntyre, 1993; Wasson, 1992). Aufgrund technischer Probleme ist gerade dieser Schritt nur in Ansätzen erkennbar. Die Benutzeroberfläche behindert die genauere Analyse oder gar Modifikation und Erweiterung des Mechanismus. Gleichwohl muss als entscheidende Leistung gesehen werden, dass aufgezeigt wurde, wie (und dass) ein solcher *transparenter* Mechanismus implementiert werden kann.

Diskussion der automatisierenden Entwicklungswerkzeuge

Mit DISCourse und ID Expert liegen Prototypen vor, die ähnlich anspruchsvolle Ziele einer „starken" Automatisierung des didaktischen Designs für CBT-Kurse verfolgen, in der Implementation bestehen jedoch grundsätzliche Unterschiede. ID Expert basiert stärker auf einem theoretischen Raster und fordert deswegen Spezifikationen, die an diesen Konzepten auszurichten sind. Bei DISCourse macht sich als länderübergreifendes Entwicklungsprojekt die Aufteilung in verschiedene Teilprojekte bemerkbar, die eine Festlegung auf einen bestimmten (didaktischen) Ansatz verhinderte (mit entsprechenden Vor- und Nachteilen). Durch die Aufteilung war darüber hinaus eine weitgehend transparente Struktur für das Zusammenwirken der Komponenten zu realisieren.

Die erzielbare didaktische Qualität der generierten Medien muss bei beiden Systemen als deutlich eingeschränkt beurteilt werden. Die Kurse zeichnen sich durch ein hohes Maß an Standardisierung aus und bleiben einfachen expositorischen Instruktionsansätzen verhaftet. Die Qualität der Anwendung bleibt bisher (zwar zuverlässig, aber) immer auf einem relativ niedrigen Niveau, bei anderen Autorensystemen besteht zumindest die Möglichkeit zu didaktisch anspruchsvollen Konzeptionen.

Doch ist diese Frage immer im Verhältnis zu dem erreichbaren Produktivitätsgewinn zu diskutieren. Es zeigt sich, dass die objektorientierte Entwicklungsumgebung von DISCourse die Vorgehensweise der CBT-Produktion deutlich verändert:

- Die Autorin muss mit verschiedenen Komponenten und Eingabewerkzeugen arbeiten: Benötigt wird ein tieferes Verständnis über das Zusammenwirken dieser Komponenten.
- Für die Arbeit mit dem Domänen- und Content-Modul werden Kenntnisse der Konzepte objektorientierter Softwareentwicklung vorausgesetzt.
- Das System fordert eine intensive Auseinandersetzung mit dem Wissensgebiet, insbesondere dessen Strukturierung und Formalisierung, um dieses in die objektorientierte Datenbank eingeben zu können.
- Der Aufwand zur Entwicklung einer *einzelnen* Lerneinheit einer Lernanwendung ist höher als bei konventionellen Autorensystemen. Die Vorteile des Vorgehens können erst bei umfangreichen Produktionen (bei Modifikationen, Erweiterungen, Adaptionen oder Portierungen großer Anwendungen) sichtbar werden.

Benutzergruppen von Generatoren

Die Auswirkungen des Einsatzes der beschriebenen Systeme sind für unterschiedliche Benutzergruppen getrennt zu diskutieren:

(1) „Anfänger" (z.B. Studierende) schätzen eine weitgehende Automatisierung zunächst, da sie sich eine Reduktion des Arbeitsaufwandes erhoffen. Gleichwohl erhöht sich der Aufwand zum Verstehen des Arbeitsprinzips der Entwicklungsumgebung. Die eigene Lernmöglichkeit (im Sinne des Aufbaus didaktischer Expertise)

durch das Ableiten und Begründen mediendidaktischer Konzeptionen in konkreten Projekten wird in Teilen eingeschränkt, da die Kurssequenz automatisch generiert wird.

Ein Produktivitätsgewinn ist auch bei Anfängern nur zu erreichen, wenn die Komplexität der Entwicklungsumgebung beherrscht wird. Dies erfordert mehr Zeit als in anderen Systemen. Insofern ist nicht auszuschließen, dass bei gleicher Einarbeitungszeit in anderen Systemen (konventionellen Autorensystemen) qualitativ bessere Resultate erzielt werden können.

(2) Professionelle Entwickler in der Medienproduktion müssen wesentlich umdenken und bemängeln die Einschränkung ihres Gestaltungsspielraumes. Die Vorteile des alternativen Vorgehens werden nicht unmittelbar einsichtig. Erste Untersuchungen bestätigen unsere Erfahrungen, wonach gerade in dieser Gruppe mangelnde Akzeptanz gegenüber stark automatisierenden Werkzeugen vorherrscht (vgl. Baker, 1994 S. 219; Tait, 1992 S. 140). Neue Werkzeuge wären folglich stärker an der bisherigen Vorgehensweise auszurichten.

In Medienbetrieben wird jede Medienproduktion üblicherweise als *ein* Projekt betrachtet, das es möglichst effizient abzuwickeln gilt. Mögliche Produktivitätsgewinne solcher Werkzeuge werden aber erst bei Betrachtung ganzer Serien von Produktionen sichtbar. Größere Aufgeschlossenheit ist demnach bei Entwicklern zu erwarten, die große mediengestützte Bildungs-„Systeme" zu managen haben, derartige (z.B. über Deutschland oder weltweit verteilte) Anwendungen planen, und praktische Erfahrungen mit der Schwierigkeit (Unmöglichkeit) gemacht haben, dies mit konventionellen Werkzeugen effizient zu realisieren.

(3) Vor allem ID Expert setzt in den USA stark auf die Zielgruppe der Sachexperten, die CBT oder WBT neben ihrer Haupttätigkeit ohne eigentliches Interesse an Fragen des didaktischen Designs entwickeln. Unsicher erscheint das Potenzial dieser Zielgruppe in Europa. Vermutlich müssen zu deren Einschätzung kulturelle Unterschiede auch im Umgang mit Lernen berücksichtigt werden. Eine Steigerung der Produktivität entsteht nur, wenn (abgesehen von der Einarbeitungszeit) die Entwicklungsdauer eines Kurses bei vergleichbarer didaktischer Qualität geringer oder die Qualität der Anwendung bei einer gegebenen Entwicklungsdauer deutlich höher wäre als bei anderen Systemen. Beides ist mit den vorliegenden Systemen kaum zu erzielen.

Die Kosten für die Sachexpertise sind darüber hinaus sicherlich nicht niedriger als für didaktische Designer, auch die Verfügbarkeit didaktischer Expertise ist kein grundsätzliches Problem. Insofern erscheint die Zielgruppe des Sachexperten eher als Randgruppe relevant zu sein.

Lehrinhalt + Lehrstrategie = Unterricht?

Kommen wir damit erneut zu dem Problem der Komponenten-Architektur. Ähnlich wie „intelligente tutorielle Systeme" basieren die beschriebenen Entwicklungsumgebungen auf der Trennung von *Lehrinhalt* (sei als abstrakte Wissensbasis oder als instruktionale Module einer Lern-Datenbank) und *Lehrstrategien*. Ein konkretes Lernangebot ergibt sich daraus, dass generische Lehrstrategien auf Wissen-

und/oder Datenbasen operieren. Je nach gewählter Strategie (z.B. induktiv oder deduktiv), die u.a. von dem eingestellten Lernertyp abhängt, wird das Programm mit konkreten Beispielen beginnen oder mit einer abstrakten Hinführung, es wird eher textliche oder audiovisuelle Informationen anbieten usw.

Aber gerade diese Annahme ist es, die aus pädagogisch-didaktischer Sicht zu diskutieren ist: Bis heute ist die Implementation solcher Strategien, solange sie nicht auf winzige Wissensbereiche beschränkt bleiben, nicht gelungen. Es bleibt fraglich, ob Lernangebote aus der Verknüpfung abstrakter Wissensinhalte und generischen Lehrstrategien entstehen (können) oder ob Lehrinhalte immer in Lernangebote zu *transformieren* sind, die für bestimmte didaktische Bedingungen (z.B. Zielgruppen mit Lernvoraussetzungen, Motivation etc.) formuliert wurden (vgl. auch die Kritik von Goodyear, 1994).

Die beschriebenen Entwicklungsumgebungen greifen deswegen auf „kleinste instruktionale Einheiten" zu, um ein Lernangebot für eine spezifische didaktische Konstellation erzeugen zu können. Hierbei ist jedoch die Zuordnung von Lehrzielen zu solchen instruktionalen Modulen zu problematisieren, die eine zentrale Rolle für die Sequenzierung spielen. Denn durch die Auflösung von größeren Einheiten didaktisch aufbereiteter Lernangebote, also etwa eines ganzen Kapitels in „kleinste instruktionale Einheiten", verliert die Zuordnung von Lehrzielen ihre Aussagekraft. Es bleibt fraglich, ob einer Grafik, einem Textabschnitt oder einem Videoclip als solches ein Lehrziel oder eine Lernfunktion zugeordnet werden kann.

Schließlich ein weiterer Aspekt: Ein großer Teil der Komplexität entsprechender Entwicklungsumgebungen resultiert aus dem Anspruch, das Lehrangebot *automatisch* sequenzieren zu können. Es stellt sich die Frage, ob der zusätzliche Aufwand, der dadurch bei der Entwicklung entsteht, angemessen ist.

Zu bedenken wären zwei Aspekte: Welche Bedeutung hat das Problem der Sequenzierung von Lernangeboten für *Autoren* und welche hat sie für *Lerner*? Es gibt keine Hinweise, dass Autoren besondere Probleme mit der Sequenzierung von Lernangeboten hätten und entsprechenden Unterstützungsbedarf äußern würden, wenn zuvor eine Aufbereitung der Lehrinhalte vorgenommen wurde. Dabei sind die gewählten Sequenzierungen sicherlich für das gestellte Bildungsproblem nicht immer optimal. Insofern wäre ein *unterstützendes* Ratgebersystem ein besserer Weg zu einer Qualitätssteigerung, auch wenn sich dieser Effekt nur indirekt, d.h. über die gesteigerte Kompetenz bzw. Performanz des Entwicklers einstellt.

Die pädagogische Relevanz strikt sequentiell strukturierter Lernangebote *für Lerner* verweist wiederum auf die Debatte über den *Konstruktivismus*: Situierte Ansätze fordern, Lernende dabei zu unterstützen, möglichst eigenständig ihren Lernweg zu finden, statt auf eine externe Steuerung bzw. Regelung durch das System zu setzen. Danach sollte auf eine starre Sequenzierung eher verzichtet werden. Das Problem der richtigen Sequenzierung erscheint aus Sicht dieser Ansätze überbewertet, da Lernende ihre Lernangebote ohnehin „konstruieren".

Doch die Forschungsergebnisse zur Lerner- vs. Systemkontrolle in interaktiven Medien zeigen, dass eine Reihe von Konstellationen existieren, die für Medien mit sequentiell vorgegebenen Lernwegen sprechen. Auch in diesen Fällen ist allerdings anzustreben, dass die Systeme die Programmkontrolle mit zunehmender Kompetenz der Lernenden zugunsten der Lernerkontrolle *variabel* gestalten können oder sich zusehends ausblenden.

Fazit

Die bisherigen Erfahrungen zeigen, dass stark automatisierende Systeme in der Regel keine Alternative zur konventionellen Entwicklung von Bildungsmedien sind. Es wäre falsch, aus dieser Kritik auf die Unbrauchbarkeit entsprechender Ansätze zu schließen, da sich die bisherige Forschung im Prinzip auf solche Beispielanwendungen und -kontexte beschränkt, für die sich diese Systeme möglicherweise gerade wenig eignen. Insofern wurden die Systeme bislang unter Bedingungen untersucht, die deren Nutzen eher „unsichtbar" machen. Ein Einsatz unter realen Bedingungen bei Entwicklung und Management umfangreicher mediengestützter Kurssysteme ist jedoch zum jetzigen Zeitpunkt wegen technischer Probleme nicht möglich.

Es bleibt die Kritik, dass bislang nicht genügend reflektiert worden ist, für wen und was sich diese Systeme denn genau eignen (werden). Kritisch erscheint damit eher, dass an didaktischen Designern „vorbei" entwickelt wurde, d.h. das Vorgehen in der Praxis wurde nicht genügend berücksichtigt. Es wäre notwendig, neue Werkzeuge in die übliche Produktionsumgebung von Autoren zu integrieren und damit Schnittstellen zu verbreiteten Autorenwerkzeugen zur Verfügung zu stellen. Statt einer Alternative zu Autorensystemen ist der schrittweise Übergang zu komplexeren Entwicklungsumgebungen zu eröffnen.

4.2.3 Unterstützungswerkzeuge für Autoren

Aus technischer wie didaktischer Sicht weniger anspruchsvoll sind *Unterstützungswerkzeuge* für das didaktische Design. Zu unterscheiden sind *produktive* Werkzeuge, die bestimmte (eingeschränkte) Teile der Medienentwicklung übernehmen sowie *analytische* Werkzeuge, die der Prüfung von Entwicklungsergebnissen dienen. Im englischen hat sich für derartige computerbasierte Unterstützungswerkzeuge der Begriff *electronic performance support systems (EPSS)* eingebürgert (vgl. Collis & Verwys, 1995; Pirolli & Russell, 1990).

Produktive Werkzeuge

MÜLLER & SCHWEITZER (1994) entwickelten ein produktives Werkzeug für die Entwicklung von CBT-Kursen. Es wurde nicht angestrebt, Kurs(sequenzen) zu generieren, sondern eine Grundstruktur für den Interaktionsraum eines Mediums vorzufabrizieren (engl. *half fabricates*) - in Abhängigkeit von Merkmalen des Lehr-Lernprozess.

Diese Grundstruktur bildet die Grundlage für die weitere Kursentwicklung. Es wird also lediglich ein didaktisch begründetes Gerüst für den Kurs geliefert, welches von einer Autorin zu füllen ist. Es wurden sechs Input-Variablen gewählt, die zu spezifizieren sind, und von denen die Struktur des „vorfabrizierten Interaktionsraumes" abhängig gemacht wird.

Es handelt sich um folgende Fragen:

- *Inhaltsstruktur*: Bauen die einzelnen Lehr-Lerninhalte aufeinander auf/sind sie unabhängig voneinander?
- *Nutzungssituation*: Wird das Medium als Nachschlagewerk und/oder als Ersatz für Unterricht eingesetzt?
- *Homogenität*: Ist die Zielgruppe insbesondere hinsichtlich ihres Vorwissens homogen – inhomogen?
- *Vorwissen*: Ist das Vorwissen im Durchschnitt eher niedrig/hoch (d.h. sind die grundlegenden Begriffe und Konzepte bekannt)?
- *Anlass*: Ist die Teilnahme am Kurs freiwillig – verpflichtend oder Teil eines formalen Lehrgangs?
- *Interesse*: Ist das Interesse an der Kursthematik hoch – niedrig?

Nach Eingabe der Daten wird nun ein Vorschlag unterbreitet, wobei unterschieden wird zwischen: linearer Interaktionsraum, offener Interaktionsraum mit Pfadvorgabe oder hyperstrukturierter Interaktionsraum (d.h. hohe Vernetzung der Informationseinheiten). Ein hyperstrukturierter Interaktionsraum wird etwa eher vorgeschlagen, wenn die Lehrinhalte wenig stark aufeinander aufbauen, die Benutzung auch als Nachschlagewerk vorgesehen ist oder hohes Vorwissen angenommen werden kann. Eine eher sequentielle Organisation in einem linearen Interaktionsraum wird dagegen empfohlen bei stärker aufeinander aufbauenden Lehrinhalten, tendenziell bei niedrigem Vorwissen sowie bei eher verpflichtender Teilnahme. Darüber hinaus liegen auch Kombinationen vor, die für den Einsatz eines computergestützten Lehr-Lernmediums tendenziell ungünstig sind, so dass von einer entsprechenden Implementation abgeraten wird.

Das Programm macht einen *Vorschlag* zur Struktur des Interaktionsraums, die Autorin kann diesen akzeptieren oder eine andere Variante wählen. Generiert wird nun die Grundstruktur des entsprechenden Interaktionsraumes sowie ein Autorenmenü, das die Kurserweiterungen managt. Parallel zur Anwendung werden dabei strukturelle Daten der Anwendung registriert, um so z.B. die Tiefe der Verschachtelung zu erfassen. Erweiterungen des *CBT-Guide* können derartige Daten auch in der Phase der Entwicklung auswerten und Rückmeldungen z.B. über zu tiefe bzw. flache Interaktionsräume geben. Darüber hinaus wurden schriftliche Materialien entwickelt, die die zugrunde liegenden Konzepte (Vorwissen, Motivation etc.) den Autoren erläutern.

Worin liegt nun der Wert eines solcher Werkzeuges? Hinsichtlich der vom Programm gemachten Zuordnungen der Input-Variablen zu bestimmten Interaktionsräumen kann die gleiche Kritik vorgebracht werden wie bei ID-Expert und DIS-Course, nämlich dass die zugrunde liegenden Zuordnungen keineswegs zwingend bzw. durch empirische Forschungsergebnisse eindeutig belegbar sind. In einem Unterstützungssystem kommt diesen „Präskriptionen" jedoch eine andere Bedeutung zu als in den genannten, stärker automatisierenden Entwicklungsumgebun-

gen: Sie beinhalten lediglich Empfehlungen für Autorinnen und dienen der didaktischen Konzeptualisierung mediengestützter Lernangebote.

Ein solches System fördert damit m.E. das konzeptuelle mediendidaktische Denken
von CBT-Autoren, und kann insofern insbesondere für Ausbildungszwecke eingesetzt werden. Für die standardmäßige Anwendung in professionellen Medienproduktionen erweist sich das Raster mit sechs Variablen, das aus theoretischer Sicht
bereits als relativ gewagt erscheinen mag, dagegen als zu beschränkt. Letztlich sind
es gerade die schriftlich ausgearbeiteten Materialien, die den Aufbau einer mediendidaktischen Expertise bei Anfängern fördern. Der CBT-Guide dient dann eher der
Veranschaulichung und Problematisierung der diskutierten Konzepte in der Ausbildung denn als produktivitätssteigerndes Werkzeug.

Analytische Werkzeuge

Eine andere Entwicklung betrifft *analytische Werkzeuge,* die Anwendungen auf
Schwachstellen untersuchen und gezielte Hinweise für Verbesserungen geben. Die
Unterstützung bezieht sich also nicht mehr auf die Entwurfsphase des Interaktions-
raumes, sondern es werden bereits (teilweise) fertige Interaktionsräume analysiert.

WAGNER (1995) diskutiert Werkzeuge für die Untersuchung von Interaktions-
räumen, die strukturelle Schwächen aufweisen können, wie z.B. unausgewogene
Äste oder Verschachtelung des Hierarchiebaumes, Sackgassen, zu tiefe oder breite
Auslegung des Hierarchiebaumes (s.S. 338 f.).

Manche derartiger Fehler sind bereits auf Schwächen der Konzeption (im interaktiven Drehbuch) zurückzuführen. Insofern wäre es wünschenswert, wenn diese bereits dort identifiziert werden könnten. Dies ist jedoch solange nicht möglich, wie
die Erstellung dieser Konzeptionen weiterhin mit „Papier und Bleistift" erfolgt.
Durch den Mangel an analytischen Werkzeugen werden manche dieser Schwächen
überhaupt erst in der Phase der Testung registriert, was einen ungerechtfertigt hohen Modifikationsaufwand nach sich zieht. Die Identifikation derartiger Fehler in
der *Entwicklungsphase* bleibt bislang der menschlichen Prüfung überlassen, die bei
komplexen hyperstrukturierten Interaktionsräumen nicht einfach zu erkennen sind.

Ein derartiges analytisches Werkzeug dient als Instrument, um mögliche Schwachstellen in der Entwicklungsphase registrieren zu können; es bleibt die Aufgabe der
Autorin, über die Angemessenheit derartiger Hinweise zu entscheiden. Eine weitergehende Automatisierung, z.B. im Sinne einer Korrektur der Anwendung, erscheint ungerechtfertigt, da es sich hierbei lediglich um Erfahrungs- und Plausibli-
tätsüberlegungen handelt.

In der Umsetzung eines solchen analytischen Werkzeugs zeigen sich jedoch massi-
ve technische Probleme, die daraus resultieren, dass die Vorgehensweisen erfahrener Autorinnen so vielschichtig sind, dass entsprechende Werkzeuge dies kaum
abfangen können. So wäre der Einsatzbereich eines solchen Unterstützungswerk-
zeuges wiederum auf Anfänger und die Ausbildung beschränkt.

Im Unterschied zu den möglichst umfassenden Entwicklungsumgebungen adressieren die dargestellten Werkzeuge bewusst nur Teilaspekte des Planungs- und Ent-

wicklungsgeschehens. Es bleibt festzustellen, dass bisherige Werkzeuge vor allem der mediendidaktischen Ausbildung dienen.

Didaktische Ratgebersysteme

Didaktische Ratgebersysteme können verschiedene Phasen der Planung und Entwicklung unterstützen, z.B. bei der Entscheidungsfindung zur Medienwahl und zum Medieneinsatz. Hinweise des Ratgebersystems, die vorwiegend in textlicher Form gegeben werden, können in den weiteren Schritten der Konzeption und Entwicklung Berücksichtigung finden. Eine Automatisierung des didaktischen Designs im eigentlichen Sinne findet dabei nicht statt. Das Ratgebersystem trägt dazu bei, das Wissen über Unterrichtsplanung und -entwicklung zu systematisieren und vermittelbar zu machen.

G-AIDA (*Guided Automated Instructional Design Advisor*) von SPECTOR & MURAIDA (1990) ist eine Toolbook-Anwendung, die CBT-Entwicklern der US-Air Force Hinweise zur Kursgestaltung geben sollen. Erläutert wird die Lehrtheorie von GAGNÉ *(events of instruction)*. Es folgen Beispiele aus dem militärischen Bereich, wie das Modell zur Sequentialisierung von Lernangeboten in Medien angewendet werden kann. Die Erläuterungen beinhalten Materialien, die auch in textlicher Form vorliegen. Die inkludierten Beispiele führen den CBT-Autoren jedoch unmittelbar vor, wie das theoretische Modell bei CBT umgesetzt werden kann.

Das Ratgebersystem von LECHNER (1994) behandelt die Problematik der Navigation vor allem in stärker vernetzten, hyperstrukturierten Interaktionsräumen. Der Autor muss die Orientierung des Lerners in einem solchen System sicherstellen (Verhinderung von Orientierungsverlust, Aufbau kohärenter kognitiver Schemata etc.). Das Programm beschreibt Möglichkeiten globaler und lokaler Navigation und gibt Hinweise für die Auswahl und Gestaltung der unterschiedlichsten Navigationsinstrumente. Dabei ist die CBT-Anwendung selbst ein interessantes Beispiel für verschiedene, teilweise neuartige Gestaltungselemente zur Unterstützung der Navigation, die sich beliebig ein- und ausschalten lassen. Neben den bekannten Varianten der Navigation wurden z.B. eine Pre- und Postview-Funktion implementiert, bei der die zuletzt betrachtete und (in linearer Folge) nächste Seite am Rand skizzenhaft aufscheint. Der Benutzer der Hypertext-Anwendung erfährt durch das Erproben der verschiedenartigen Möglichkeiten zur Unterstützung der Navigation, wie die einzelnen Varianten auf ihn selbst wirken, um so für eine reale Anwendung adäquate Navigationsprinzipien auswählen zu können.

ConStruct, ein computerbasierter Ratgeber für didaktisches Design, entwickelten LOWYCK, ELEN & VAN DEN BRANDEN (S.A. ELEN & STEVENS, 1993; 1990). Das Programm ist nicht auf computergestützte Medien festgelegt, sondern gibt – auf der Grundlage von zuvor erfragten Informationen über Zielgruppe, Randbedingungen etc. – Hinweise für die Wahl der Vermittlungsform (direkter Unterricht, CBT u.a.), zur Gestaltung der jeweiligen Medien und Unterrichtsdurchführung. Das Programm beruht auf einer Datenbank über Forschungsergebnisse zum didaktischen Design. Es sind Hinweise gespeichert zu verschiedenen Ausprägungen von Variablen in den Bereichen Unterrichtsinhalte, -ziele, -organisation sowie Lernermerkmale. In Abhängigkeit von den Antworten wird ein Text zusammengestellt, der dem Ratsuchenden präsentiert wird. Der Benutzer kann daraufhin weitere, präzisere Informationen abfragen. Einen ähnlichen Ansatz verfolgte bereits FLECHSIG (1990).

Dabei ist die didaktische Expertise zu erfassen (*knowledge acquisition*) und zum anderen in eine formale Darstellung zu übertragen, um diese, etwa in einer Wissensbasis, implementierbar zu machen (*knowledge base design*). Es wird die Annahme zugrunde gelegt, dass das Wissen über didaktisches Design als weitgehend generisches, situationsunabhängiges Wissen implementierbar sei, das „aus dem Kopf" eines Experten in einen Computer übertragen wird, und durch das Abrufen für Andere wieder verfügbar wird.

Praktische Erfahrungen mit der Entwicklung von Expertensystemen haben jedoch deutlich gemacht, dass dieses technologische Modell des Explikations- und Implementationsprozesses problematisch ist. Die Konstruktivismus-Diskussion hat dazu beigetragen, die dieser Annahme zugrunde liegende Konzeption von Wissen in Frage zu stellen: Aus Sicht konstruktivistischer Ansätze ist Wissen nicht in den Köpfen von didaktischen Designern „gespeichert", um von da auf Situationen „angewendet" zu werden. Vielmehr wird dieses als Ergebnis der situativ gegebenen Bedingungen jeweils neu konstruiert. Aus dieser Sicht wäre es dann fragwürdig, einen generischen Didaktik-Ratgeber zu entwickeln, der die Situiertheit des didaktischen Designs ausblendet.

Fazit: „Automatisierung" ja oder nein?

Seit längerem sind die Probleme von Autorensystemen bekannt, ebenso lange wird an Alternativen gearbeitet, und immer schwanken die Ansätze zwischen der Hoffnung einer weitgehenden Automatisierung des didaktischen Designs und Skepsis bei der Konfrontation mit den Problemen der Umsetzung.

Es muss konstatiert werden, dass die Ziele Produktivitäts- und Qualitätssteigerung auseinander laufen: Ansätze, die die Produktivität prinzipiell verbessern könnten (automatisierende Entwicklungsumgebungen), verhindern eher die Erhöhung didaktischer Qualität. Diese wiederum ließe sich mit Ratgeber- und Konferenzsystemen erreichen, was jedoch keine unmittelbare Produktivitätssteigerung mit sich bringt.

Bisherige Ansätze haben die Bedürfnisse potenzieller Benutzer (Autoren) nicht genug berücksichtigt und differenziert. Zu unterscheiden bleiben Bemühungen, die letztlich der Ausbildung dienen, von Anforderungen, die sich aus der professionellen Produktion von Bildungsmedien ergeben.

Für die Ausbildung sind Unterstützungssysteme notwendig, die dazu beitragen, dass mediendidaktische Kompetenz aufgebaut wird. Einerseits verhindern stark automatisierende Systeme die Auseinandersetzung von Autoren über die Sequenzierung von Lernangeboten. Gleichzeitig bieten sie eine ausgezeichnete Lernumgebung, da sie die systematische Strukturierung von Wissensdomänen fordern.

Erfahrene Entwickler akzeptieren andererseits nur Werkzeuge, die an ihrer bisherigen Arbeitsweise ansetzen und diese nicht einschränken. Versuche alternative Vorgehensweisen zu etablieren, scheitern hieran. Produktive wie analytische Konzeptions- und Entwicklungswerkzeuge schlagen fehl, weil sie nicht annähernd die Komplexität erfahrener Entwickler nachbilden können. Ratgebersysteme könnten für begrenzte Fragestellungen interessant sein.

Die Konfrontation mit grundlegenden und teilweise unüberwindbaren Problemen, denen sich in den 60er Jahren bereits die europäische Bildungskybernetik ausgesetzt sah, wird der Idee einer *weak automation* Vorschub leisten. Damit sind Systeme gemeint, die nicht beanspruchen, didaktische Medien selbsttätig zu *generieren*, sondern sich darauf beschränken, Autoren bei der Entwicklung solcher Medien zu *unterstützen*. Vielleicht ist auch hier – wie häufiger bei Fragestellungen zu künstlich-intelligenten Systemen – Zurückhaltung angebracht bei Wunschvorstellungen über die Machbarkeit einer Automatisierung des didaktischen Designs; vielleicht sind es dann eher die kleinen, wenngleich weniger spektakulären Lösungen, die Entwickler in der Zukunft unterstützen, indem sie möglichst umfangreiches Wissen über didaktisches Design bereit stellen.

4.3 Entwicklung von Internet-Anwendungen

Die Entwicklung internetbasierter Anwendungen hat sich in wenigen Jahren deutlich verändert. Dieser Wandel, der im Folgenden kurz skizziert wird, wirkt sich auch auf die Produktion von internetbasierten Lernangebote aus.

Von lokalen zu internetbasierten Anwendungen

Was sind zunächst die wesentlichen Unterschiede zwischen Anwendungen, die auf einem Datenträger (wie der CD) oder internetbasiert distribuiert werden? Dabei fallen vor allem die Einschränkungen netzbasierter Anwendungen gegenüber der CD auf: Gegen das Internet spricht im Grunde die geringere Datenbandbreite (d.h. weniger komplexe Grafiken, Animationen oder Videos) und Interaktivität. Für das Internet spricht vor allem die gegenüber der CD schnelle und leichte Aktualisierbarkeit. Dabei ist festzustellen, dass diese Unterschiede zunehmend geringer werden. Diese Einschränkungen gelten zwar tendenziell weiter, jedoch gibt es softwaretechnische Möglichkeiten diese Limitationen zu umgehen. So ist der umgekehrte Trend zu beobachten: Nämlich dass Anwendungen, die auf Datenträgern distribuiert werden, sich zunehmend Internet-Technologien bedienen, d.h. die Anwendung basiert auf HTML etc. und wird mithilfe eines Internet-Browsers bedient.

Die Unterschiede zwischen Medienproduktionen für lokale oder netzbasierte Anwendungen verschwinden damit zusehends. Die Möglichkeit, für beide Ziel-Plattformen zu produzieren, wird selbstverständlich. Dadurch wird quasi beiläufig auch das Problem gelöst, für verschiedene Computer- und Betriebssystemplattformen (einschl. unterschiedlicher Versionen) getrennte Entwicklungen vorhalten zu müssen. Denn wenn für Internet-Browser produziert wird und rechner- oder betriebssystemabhängige Formate vermieden werden, ist die Anwendung relativ unabhängig von der Wiedergabeplattform. Auf diese Weise trägt das Internet tatsächlich zur Plattformunabhängigkeit bei.

Entwicklungswerkzeuge. Auf den rasanten Erfolg des Internet waren Autorensysteme zunächst schlecht vorbereitet. Dies hat eine Reihe von Gründen: Die eigentliche Leistung von Autorensystemen, die Gestaltung von Interaktivität, war im Internet zunächst ohne weiteres nur umständlich zu realisieren. Die Entwicklung war erneut angewiesen auf „generische" Entwicklungswerkzeuge für Internet-Anwendungen, mit denen die Implementation von z.B. HTML- oder XML-Seiten unterstützt wird.

Diese generischen Werkzeuge für die Entwicklung von Internet-Anwendungen werden den Anforderungen *didaktischer* Anwendungen allerdings nur in Teilen gerecht. Die Funktionalität der Autorensysteme ist in diesen Werkzeugen nicht verfügbar, auch die Einbindung der Kommunikationskomponente *für Lernzwecke* erweist sich als mühsam und ist nicht für die speziellen Zwecke des Lernens ausgerichtet.

Entwicklungsansätze

Betrachten wir einige Ansätze zur Entwicklung von internetbasierten Lernanwendungen auf der Grundlage generischer Werkzeuge, die sich innerhalb kurzer Zeit deutlich verändert haben: vom FTP-Upload über Content-Management-Systeme bis hin zu Application Service Providern.

Lokale Entwicklung. Die Entwicklung internetbasierter Lernangebote kann zunächst, etwa mithilfe eines HTML- oder XML-Editors, lokal auf dem eigenen Rechner stattfinden. Der Editor hilft bei der Erstellung des HTML- oder XML-Codes, u.a. bei der Positionierung von Tabellen und Grafiken. Anschließend werden die bearbeiteten Seiten auf den Web-Server kopiert.

Es existieren Werkzeuge zur Prüfung der Konsistenz von Links, mit der sich die Anwendung zumindest auf tote Verknüpfungen testen lassen. Problematisch bleibt insbesondere die Pflege der Anwendung; vor allem Modifikationen, etwa der Oberfläche, machen umfangreiche Veränderungen auf jeder Seite erforderlich. Auch die Koordination der einzelnen Teammitglieder erweist sich, insbesondere bei stark hyperstrukturierten Anwendungen, als problematisch: Wer hat welche Rechte an welcher Seite/an welcher Verknüpfung Änderungen vorzunehmen?

Site-Editing. Ein wenig einfacher wird die Entwicklung, wenn diese mithilfe eines Site-Editors stattfindet. Der Entwickler lädt dabei zwar auch eine einzelne Seite zur Bearbeitung in den Speicher seines Rechners, es schreibt sie aber unmittelbar zurück auf den Server. Auf diese Weise ist zumindest sichtbar, wer wann welche Änderungen vornehmen darf und vorgenommen hat. Ein komfortabler Site-Editor kann z.B. auch das Layout einer ganzen Web-Site mit einem Befehl verändern. Darüber hinaus verfügt er über Sicherungsmechanismen, mit der sich Veränderungen der Web-Site sichern und kopieren lassen.

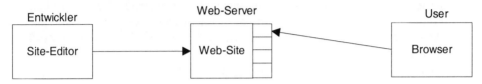

Der *Anwender* greift auf den Server nicht über den Site-Editor zu, sondern mithilfe eines Browsers auf einzelne HTML-Seiten. Diese beinhalten ggfs. spezielle Anweisungen, die der Server zunächst auswertet, und gibt dem Anwender dann „puren" HTML aus.

Ein wesentlicher Nachteil bleibt: Das Angebot besteht letztlich aus einer Sammlung von „Seiten". Jeder Kurs ist komplett neu „aufzusetzen", die komfortable Wiederverwertbarkeit von Elementen ist nicht realisierbar. Durch das Kopieren von Elementen von einem Kurs in einen anderen entsteht infolge von Redundanz erneut das Problem der Wartung, hier insbesondere der Versionskontrolle: Wo ist welches Element in welcher Version gespeichert?

Content-Management-Systeme. Eine grundlegend andere Organisation ergibt sich, wenn die Inhalte nicht mehr als „Seiten" organisiert sind, sondern wenn alle Elemente der Anwendung in einer Datenbank – redundanzfrei – abgelegt werden. (DBMS = *database management system*). Die Elemente der Lernanwendung werden in die Datenbank geschrieben und von dort zu Seiten „zusammengesetzt". Ein solches Content-Management-System (CMS) trennt im Übrigen die Inhalte von der Präsentation, d.h. die Darstellung wird durch Verändern bestimmter Parameter beeinflusst ohne die Inhalte zu modifizieren und umgekehrt.

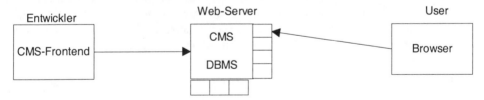

Auch hier erhält der Browser des Anwenders letztlich wieder reines HTML geliefert. Allerdings wird die Seite zur Laufzeit generiert. Solche Content-Management-Systeme sind sehr komplex, sie bieten jedoch die optimale Leistung zum Management professioneller Web-Sites, bei denen eine Gruppe von Redakteuren regelmäßig Inhalte bearbeiten muss. Sie arbeiten nicht mehr an „Seiten", sondern geben Inhalte über Formulare in die Datenbank ein, die dann vom CMS automatisch als Web-Seiten publiziert werden.

Application Server. In einer allgemeineren Form können CMS damit auch als Application Server betrieben werden, die in Zukunft für die Software-Entwicklung von besonderer Bedeutung sein werden. Der Entwickler greift dabei mit einem Browser auf einen Application Server zu, auf dem die Lernanwendung erstellt werden soll. Die Programmierung besteht hier lediglich darin, bestimmte Daten zu dem Kurs einzugeben und Formulare auszufüllen, mit dem die Angaben zum Kurs spezifiziert werden. Der Application Server generiert dann den Kurs vollständig. Je nach Leistungsfähigkeit eines solchen Application Server kann der Entwickler nahezu jedes erdenkbare Detail der Anwendung modifizieren.

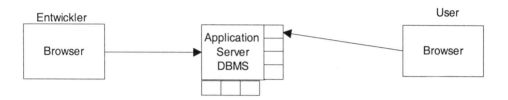

Dieser Ansatz wird auch für Lernanwendungen zunehmend interessant und einige Unternehmen wetteifern darum, möglichst schnell leistungsfähige Lernplattformen im Internet aufzubauen, um möglichst viele Kursanbieter an diese Lernplattform zu binden. Gerade für kleinere und mittlere Bildungsanbieter oder -abteilungen (auch Schulen und Hochschulen) sind diese Angebote von Application Service Providern interessant, da die Kosten für die Miete solcher Dienste deutlich niedriger sind als der eigene Betrieb entsprechender Server.

Die dargestellten Ansätze sind zunächst generischer Natur, d.h. sie sind nicht speziell auf die Entwicklung von Lernanwendungen ausgerichtet. Aus diesem Grund zeigt sich – aus Sicht des didaktischen Designs – ein gewisser Rückschritt der Entwicklungswerkzeuge. Dieser Rückschritt wird jedoch zügig aufgeholt werden. Denn für die Anbieter von Lernplattformen wird die Unterstützung dieser Aspekte ein wesentlicher Faktor sein, um die Qualität ihrer Plattform im Wettbewerb der Anbieter herauszustellen und ihr Angebot für die Entwickler von Lernmedien attraktiv zu machen.

Anforderungen an eine Internet-Plattform

Bislang wurden Ansätze beschrieben, wie Dokumente für internetbasierte Lernangebote entwickelt werden. Doch dies macht noch keine Lernplattform für das Management und die Distribution von internetbasierten Kursen aus. Dazu sind eine Menge von Funktionen notwendig, die im Folgenden kurz skizziert werden sollen. Man muss sich klar machen, dass eine solche Lernplattform im Prinzip *alle* Funktionen eines Bildungsanbieters, die gesamte Ablauf- und Aufbauorganisation, abbilden muss. Dabei soll deutlich werden, wie groß der Unterschied ist zwischen z.B. dem schlichten „Einstellen eines Skripts" im Internet und dem Betrieb eines internetbasierten Bildungsangebotes.

Die bisherigen Lernplattformen erledigen die meisten der dabei anfallenden Schritte wenig automatisch. Die Daten werden in verschiedenen Programmen vorgehalten und werden von menschlicher Hand nachgeführt. So kann eine Kursleiterin etwa in ihrem Kalender im Computer die Termine für den Versand von Lernmaterialien notieren. Sie öffnet dazu ein E-Mail-Programm, um einer, von einer wiederum anderen Anwendung erstellten Liste der Kursteilnehmer Materialien senden zu lassen. Auf diese Weise können an einer Einrichtung einzelne oder auch mehrere Kurse abgewickelt werden, für deren Implementation verschiedene Lösungen angeboten werden, sei es mithilfe eines Autorensystems, das z.B. die DHTML-Ausgabe erlaubt, die als Upload auf einen Server kopiert wird, oder auf einem Application Server, der die gesamte Anwendung abwickelt.

Probleme zeigen sich erst, wenn es um die Organisation von vielen, auch unterschiedlichen Veranstaltungen mit vielen hunderten oder tausenden Teilnehmenden, Autor/innen und Tutor/innen geht. Bei einer solchen Größenordnung wird es notwendig, grundsätzlicher über die Organisation der Ressourcen und die Automatisierung der Abläufe nachzudenken. Es ist zu prüfen, ob eine Lösung über die notwendigen Leistungsmerkmale verfügt und ob die Lösung *skalierbar* ist, d.h. bei einem größeren Umfang des Angebotes mitwächst.

Elemente einer Lernplattform im Internet

Eine Lernplattform sollte die Abwicklung verschiedener Details eines internetbasierten Lernangebotes managen können: die Entwicklung von Kursen, die Anmeldung von Teilnehmern, die Freischaltung von Kursen, die Betreuungsfunktionen bis hin zur Prüfung und Zertifizierung. Eine solche Lernplattform lässt sich als Ganzes lizenisieren und auf hauseigenen Servern betreiben. Zunehmend werden diese jedoch auf externen Servern bei einem Application Serivice Provider gemietet. Da Lernplattformen bislang nur eine Untermenge der aufgeführten Funktionen abbilden, ist im Einzelnen zu untersuchen, ob sich das intendierte Lernszenario mit einer der angebotenten Lösungen implementieren lässt.

Im Folgenden werden typische Elemente einer Internet-Plattform skizziert. Die zentralen Objekte einer Lernplattform sind: (1) Lehrinhalte, auf denen (2) konkrete Veranstaltungen basieren, und (3) die beteiligten Personen.

Objekte

- **Lehrinhalte.** Die Inhalte werden möglichst als Module in einer Datenbank vorgehalten und mithilfe von Deskriptoren beschrieben (Content-Management-System). Die Module beinhalten die Lehrinhalte nicht als abstrakten Wissensrepräsentation, sondern umfassen Elemente eines Kursangebotes inform einzelner Dokumente oder einer Kollektion aufeinander bezogener Dokumente.
- **Veranstaltungen.** Ein Veranstaltung bezieht sich auf Lehrinhalte und Kurselemente, wie sie im Content-Management-Systems abgelegt wurden, und spezifiziert die Elemente, die einen bestimmten Kurs beschreiben:
  - Kursinformation: Lehrinhalte, Lehrziele, Lernvoraussetzungen, Kursleiter
  - Material: Spezifikation der Module des Content-Management-Systems sowie ggfs. zeitliche Ordnung der Inhalte

- Kommunikation: Wer soll mit welchen Elementen kommunizieren bzw. kooperieren? (synchrone, asynchrone Kommunikation, Groupware, User-Bereiche, Anwesenheits-Check etc., Präsenzphase)
- Ablaufplan: Welche Elemente werden wann zur Verfügung gestellt (versendet [push], freigeschaltet [pull])? Welche Ereignisse treten wann ein?
- Organisation: Anfangstermin, Dauer, Kosten, Minimal- und Maximalbelegung, Bedingungen für Zertifkatserwerb etc.

- **Personen.** In der Teilnehmer-Datenbank werden die Daten aller beteiligten Personen unabhägig von ihrer Rolle (Lerner, Autor, Lektor, Tutor, Kursleiter, Verwaltung, Admin etc.) verwaltet.

Prozesse

- **Administration** (Zulassung/Zuordnung). Ein wichtiger Bestandteil der Anwendung ist die Zuordnung von Personen zu bestimmten Rollen, mit denen der Zugriff auf bestimmte Bestandteile und Funktionen des Webs freigeschaltet wird. Die Freischaltung einer Person als Teilnehmer eines Kurses kann an Voraussetzungen gebunden werden (z.B. freie Plätze, Zahlungseingang). Den Autoren, Lektoren oder Tutoren werden genau umrissene Rechte an bestimmten Materialien bzw. Kursen zugeordnet.

- **Personalisierung.** Wenn sich eine Person an dem System anmeldet, erhält sie eine auf ihre Person zugeschnittene Oberfläche: Ein Lerner erfährt, welche Kurse er belegt hat, und den Bearbeitungsstatus des jeweiligen Kurses. Eine Tutorin gelangt auf die Kursseite, für die sie verantwortlich ist und sieht die Meldungen der ihr zugeordneten Teilnehmerinnen. Diese personalisierten Seiten, die die Personen erhalten, sind folglich dynamisch zu generieren.

- **Zeitgesteuertes *delivery*.** Die Delivery-Komponente ist ein wesentliches operatives Glied der Plattform, das die wichtigsten Abläufe automatisch zu bestimmten Zeitpunkten auslöst. So schaltet sie etwa termingerecht Kurse (bzw. Kursbestandteile) frei und informiert die Teilnehmenden über die nächsten Lernschritte. Auch werden Lernaufgaben automatisch versendet, und es kann eine Erinnerung erfolgen, wenn Lösungen nicht rechtzeitig zurückgesendet wurden.

- **Betreuungssystem.** Die Bildung von Lerngruppen ebenso wie die Zuordnung von Tutor/innen zu Individuen oder Gruppen kann manuell oder automatisch und dynamisch erfolgen.

- **Lernfortschritt/-status.** Ein möglicher Bestandteil des Systems kann auch das Registrieren von Lernfortschritt und -status sein. Hierbei wird festgehalten, wer welche Aufgaben mit welchem Ergebnis bearbeitet hat. Dies ist zum einen wichtig bei der Vergabe von Zertifikaten. Zum anderen sind entsprechende Auswertungen aufschlussreich für die Qualitätssicherung des Kurses: Wie viele Personen haben welche Lernaufgaben mit welchem Ergebnis bearbeitet etc.?

Vermarkten des Bildungsangebotes über ein Lernportal

Ein Internet-Portal dient dazu, potenzielle Anwender über verfügbare Produkte und Dienstleistungen zu informieren bzw. diese zu bewerben. Eine Lernplattform, wie sie bereits dargestellt wurde, kann auch ein Lernportal sein, ein Lernportal ist jedoch nicht unbedingt eine Lernplattform.

Das Portal kann auf verschiedene Weise finanziert werden, etwa durch Bannerwerbung oder andere Werbeinblendungen oder aber durch Gebühren von Kursanbietern entweder für das Setzen des Links oder für die bevorzugte Positionierung des Links auf der Seite oder im redaktionellen Umfeld. Grundsätzlich muss der Portalbetreiber daran interessiert sein möglichst viel Internet-Verkehr *(traffic)* zu erzeugen (= Einschaltquoten beim Fernsehen), indem er dem Internet-Anwender einen Mehrwert bietet.

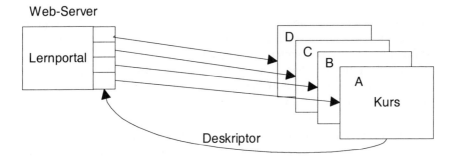

Abbildung 44: Prinzip eines Lernportals

Für den Kunden besteht der Mehrwert eines Internet-Portals darin, subjektiv wichtige, aktuelle und gebündelte Informationen übersichtlich präsentiert zu erhalten oder auf weitere Informationen, Hintergrundberichte, Interviews oder Tests etc. zu dem Thema zugreifen zu können. Bekanntlich ist es keineswegs trivial, einen Kurs zu einem bestimmten Thema bei einem der vielen, weltweiten Anbieter im Internet zu finden. Lernportale versprechen, diese Suche zu vereinfachen. Die Person wird also möglicherweise ein Lerportal aufsuchen, um bestimmte Kurse zu finden und zu vergleichen, bevor sie sich für einen Anbieter entscheidet.

Das Lernportal betreibt also folglich keine eigenen Kurse, sondern verweist lediglich auf Angebote auf anderen Servern. Ein gutes Lernportal wird sich dabei nicht auf eine Link-Liste reduzieren, sondern die Angebote der anderen Server mithilfe von Deskriptoren verwalten, um die Suche für den Lerner zu vereinfachen. Dies ist weder inhaltlich noch technisch-organisatorisch einfach, da die Informationen vielfach nicht ohne Weiteres zur Verfügung stehen und besonderer Recherche bedürfen. Hinzu kommt, dass die Angaben vielfach nicht vergleichbar sind (was sind Anfänger, Fortgeschrittene?). Auch hier erweist sich die Standardisierung der Deskriptoren von Vorteil. Der Anbieter hätte dann ein hohes Interesse, die Angaben zu seinen Veranstaltungen entsprechend verfügbar zu machen.

weiterführende Literatur: zu Autorensystemen und dem computergestützten didaktischen Design, s. TENNYSON (1994a; 1995); eine praxisnahe Anweisung für die Entwicklung internetbasierter Lernangebote findet sich in HORTON (2000).

Anhang: Leitfaden

Die gestaltungsorientierte Mediendidaktik thematisiert die systematische Ableitung und Formulierung mediendidaktischer Konzeptionen und deren Umsetzung in technischer wie organisatorischer Hinsicht. Zentrale Aspekte des hier behandelten Planungsmodells sind in dem folgenden *Leitfaden* aufgeführt.

Der Leitfaden macht deutlich, wie das Problem der Konzeption didaktischer Medien als Gegenstand von mediendidaktischen Analysen behandelt werden kann und welche Aspekte dabei zu berücksichtigen sind. Er unterstützt damit die Praxis des didaktischen Designs – in der Hoffnung, einen Beitrag zur wissenschaftlichen Grundlegung mediendidaktischen Handelns und damit zur Realisierung didaktisch wertvoller, multi- und telemedialer Lernumgebungen zu leisten.

Die Erfahrungen mit alten wie neuen Bildungsmedien lassen eine gewisse Skepsis begründet erscheinen, wenn von den pädagogischen Potenzialen multi- und telemedialer Lernumgebungen gesprochen wird. Die hier vertretene Position beinhaltet jedoch keine grundsätzliche Ablehnung von Computern und digitalen Medien im Bildungsbereich, sondern kritisiert vor allem wenig durchdachte und begründete didaktische Medienkonzeptionen und unsystematische Vorgehensweisen bei der Planung und Produktion von Bildungsmedien. Sie möchte zu einer professionellen Arbeitsweise im Bereich der Mediendidaktik und des didaktischem Designs anregen. Dies erfordert vor allem die Analyse der spezifischen Bedingungen des didaktischen Felds und der Erwartungen, die an den Einsatz des Mediums geknüpft werden: Nur eine begründete didaktische Medienkonzeption lässt es wahrscheinlich werden, dass ein Medium die mit seinem Einsatz verknüpften Erwartungen erfüllt.

Leitfaden für mediendidaktische Konzeptionen

1. Arbeitstitel des Projektes

1.1 Kurzfassung des Bildungsanliegens (Projektidee)

1.2 Auftraggeber, beteiligte Personen und Einrichtungen

1.3 Vorgaben, Rahmenbedingungen

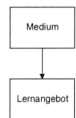

2. Didaktische Medien

2.1 Gründe für den Medieneinsatz

2.2 Abschätzung von Kosten und Nutzen

2.3 Funktion des didaktischen Mediums

- Darstellung von Wissen
- Organisation von Wissen

- Steuerung von Lernprozessen
- Regelung von Lernprozessen

- Werkzeug zur Wissenskommunikation
- Werkzeug zur Wissenskonstruktion

2.4 Wahl des Mediensystems

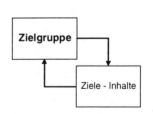

3. Zielgruppe

3.1 Allgemeine Angaben (Geschlecht, Alter, Ausbildung, Anzahl der Adressaten, geographische Region)

3.2 Lerngewohnheiten (selbständiges/mediengestütztes Lernen)

3.3 Motivation (intrinsisch vs. extrinsisch)

3.4 Vorwissen (Anfänger, Fortgeschrittene, Experten)

4. Lehrinhalte und -ziele

4.1 Grobstruktur des Themengebietes (Sammlung, Gliederung, Gewichtung)

4.2 ggfs. Tätigkeitsanalyse (berufliche Anforderungen)

4.3 Kognitive Lehrziele

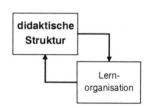

- deklaratives Wissen: konkrete Fakten und abstrakte Konzepte
- prozedurales Wissen (Fertigkeiten): domänen-spezifische und metakognitve Fertigkeiten
- kontextuelles Wissen: episodisches und geankertes Wissen

4.4 Affektive Lehrziele (Einstellungen, Normen, Werte)

4.5 Einordnung von Lehr-, Kommunikations- und Projektzielen

4.6 Ableitung von Lernangeboten

- darstellende Lernangebote (Einleitung, Präsentation, Zusammenfassung)
- aktivierende Lernangebote (Lernaufgaben, Übungen, Impulse)
- Einbettung in Handlungswelten (Beispiele, Fälle, Simulationen)

5. Didaktische Struktur

5.1 sequentiell strukturierte Lernangebote („instruktionale Ereignisse", Taktung von Fernlehrangeboten, Tests und Rückmeldungen)

5.2 logisch strukturierte Lernangebote (Förderung der Exploration, Maßnahmen zur Orientierung in hyperstrukturierten Lernwelten)

5.3 Werkzeuge der Wissenskonstruktion (arbeitsreduzierende vs. -unterstützende Werkzeuge)

5.4 mediengestützte Kommunikation (Kommunikationswege, -varianten)

6. Lernorganisation

6.1 Elemente des Lernarrangements (Leitmedium, Kombination mit weiteren Elementen in hbyriden Arrangements)

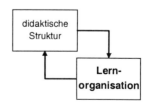

6.2 Distribution des Mediums

6.3 Art der angestrebten Kommunikation

6.4 Betreuung von Lernaktivitäten

Literatur

Achtenhagen, F. (2000). Kriterien für die Entwicklung komplexer Lehr-Lern-Arrangements. In C. Adick, M. Kraul, & L. Wigger (Hg.), *Was ist Erziehungswissenschaft? Festschrift für Peter Menck* (S. 165-188). Donauwörth: Auer.

Achtenhagen, F., Preiss, P., Engelhardt, W., John, E. G., Semann, H., Sembill, D., & Tramm, T. (1988). Lernen, Denken, Handeln in komplexen ökonomischen Situationen - unter Nutzung neuer Technologien in der kaufmännischen Berufsausbildung. *Zeitschrift für Berufs- und Wirtschaftspädagogik, 84*, 3-17.

Adl-Amini, B., & Künzli, R. (1991). *Didaktische Modelle und Unterrichtsplanung*. (3. Aufl.). München: Juventa.

Alessi, S. M., & Trollip, S. R. (Hg.). (1991). *Computer-based instruction* (2. Aufl.). Englewood Cliffs, NJ: Prentice Hall.

Anderson, J. R. (1983). *The architecture of cognition*. Cambridge, Mass.: Harvard University Press.

Anderson, J. R. (1988). *Kognitive Psychologie*. Heidelberg: Spektrum der Wissenschaft.

Anderson, J. R., Boyle, C. F., Corbett, A. T., & Lewis, M. W. (1990). Cognitive modeling and intelligent tutoring. *Artificial Intelligence, 42*, 159-175.

Anderson, J. R., Boyle, C. F., & Reiser, B. J. (1985). Intelligent tutoring systems. *Science, 228*, 456-462.

Anderson, J. R., Corbett, A. T., Koedinger, K. R., & Pelletier, R. (1995). Cognitive tutors. Lessons learned. *Journal of learning sciences, 4 (2)*, 167-207.

Andrews, D. H., & Goodson, L. A. (1980). A comparative analysis of models of instructional design. *Journal of instructional development, 3*, 2-16.

Aufenanger, S. (1998). *Lernen mit neuen Medien - Perspektiven für Erziehung und Unterricht* (Referat auf dem DGfE-Kongreß). Hamburg: Universität.

Baacke, D. (1986). Zur theoretischen Konstruktion der Medienpädagogik heute. *Bildung und Erziehung, 39 (4)*, 405-419.

Baethge, M. (1992). Arbeitsstrukturen und Qualifikationsprofile im Wandel - Veränderungstendenzen in den kaufmännisch-verwaltenden Dienstleistungstätigkeiten. In A. Kell & H. Schanz (Hg.), *Computer und Berufsbildung - Beiträge zur Didaktik neuer Informations- und Kommunikationstechniken in der kaufmännischen Berufsbildung* . Stuttgart.

Baker, M. (1994). Adapting instructional design methods to intelligent multimedia authoring systems. In R. D. Tennyson (Hg.), *Automating Instructional Design, Development, and Delivery. (NATO ASI Serie F. 119)* (S. 197-223). Berlin: Springer.

Ballstaedt, S.-P. (1997). *Wissensvermittlung*. Weinheim: Beltz - PVU.

Balzert, H. (1996). *Lehrbuch der Software-Technik 1/2*. Heidelberg: Spektrum.

Bartz, R. (1996). Budget and cost-benefit-relation in university level distance education - Key figures of the FernUniversität. In G. Fandel, R. Bartz, & F. Nickolmann (Hg.), *University level distance education in Europe. Assessment and perspectives* (S. 133-139). Weinheim: Deutscher Studienverlag.

Bass, G., Rise, R., & Sharpe, W. (1986). Teaching basic skills thorugh microcomputer assisted instruction. *Journal of educational computing research, 2*, 207-219.

Bates, A. W. (1995). *Technology, open learning and distance education*. London: Routledge.

Baumeister, M. (1996). *Kostenanalyse für den Einsatz von CBT in der betrieblichen Weiterbildung.* FH Furtwangen: FB Digitale Medien.

Baumgartner, P. (1997). Didaktische Anforderungen an (multimediale) Lernsoftware. In L. J. Issing & P. Klimsa (Hg.), *Information und Lernen mit Multimedia* (2. Aufl., S. 241-252). Weinheim: Beltz.

Becker, H. (1993). *Stofffülle und Stoffreduktion in der Weiterbildung.* Weinheim: Deutscher Studienverlag.

Behrens, U. (1999). *Teleteaching is easy? Pädagogisch-psychologische Qualitätskriterien und Methoden der Qualitätskontrolle für Teleteaching-Projekte.* Landau: Verlag Empirische Pädagogik.

Belenky, M. R., Clinchy, B. M., Goldberger, N. R., & Tarule, J. M. (1986). *Women's way of knowledge.* New York: Basic Books.

Benjamin, J. (1988). A history of teaching machines. *American psychologist, 43*, 703-712.

Bloom, B. S., Engelhart, M. B., Furst, E. J., Hill, W. H., & Krathwohl, D. R. (1956). *Taxonomy of educational objectives. The classification of educational goals (Handbook I. Cognitive Domain).* New York: Longman.

Bodendorf, F. (1990). *Computer in der betrieblichen Weiterbildung.* München: Oldenbourg.

Bodendorf, F. (1992). Benutzermodelle - ein konzeptueller Überblick. *Wirtschaftsinformatik, 34*, 233-245.

Bodendorf, F., & Hofmann, J. (1993). Computer in der betrieblichen Weiterbildung. In A. Endres, H. Krallmann, & P. Schnupp (Hg.), *Handbuch der Informatik*. München: Oldenbourg.

Boehm, B. W. (1988). A spiral model of software development and enhancement. *IEEE Computer, 21*, 61-72.

Bonner, J. (1988). Implications of cognitive theory for instructional design. *Educational communication and technology journal, 36*, 3-14.

Bovy, R. C. (1981). Successful instructional methods: A cognitive information processing approach. *Educational communication and technology journal, 29*, 203-217.

Bransford, J. D., Franks, J. D., Vye, N. J., & Sherwood, R. D. (1989). New approaches to learning and instruction: Because wisdom can't be told. In S. Vosniadou & A. Ortony (Hg.), *Similarity and analogical reasoning* (S.

470-497). Cambridge: Cambridge University Press.

Bransford, J. D., Sherwood, R. D., Hasselbring, T. S., Kinzer, C. K., & Williams, S. M. (1990). Anchored Instruction: Why we need it and how technology can help. In D. Nix & R. Spiro (Hg.), *Cognition, education, and multimedia: Exploring ideas in high technology* (S. 115-141). Hillsdale, NJ: Lawrence Erlbaum Associates.

Branson, R. K., & Grow, G. (1987). Instructional Systems Development. In R. M. Gagné (Hg.), *Instructional technology: Foundations* (S. 397-428). Hillsdale, NJ: Lawrence Erlbaum Associates.

Branson, R. K., Rayner, G. I., Cox, L. J., Furman, J. P., King, F. J., & Hannum, W. H. (1975). *Interservice procedures for instructional systems development.* Ft. Monroe, VA: US Army Traning and Doctrine Command.

Briggs, L. J., Gagné, R., & Wager, W. W. (1992). *Principles of instructional design.* (4. Aufl.). Orlando: Harcourt, Brace & Javanovich.

Brinker, T. (1991). *Dialogvideo im Führungskräfte-Training.* Frankfurt: Peter Lang.

Brown, J. S., Collins, A., & Duguid, P. (1989). Situated cognition and the culture of learning. *Educational researcher, 18*, 32-42.

Bunderson, C. V. (1974). Design strategy for learner-controlled courseware. In K. Brunnstein, K. Haefner, & W. Händler (Hg.), *Rechner-Gestützter Unterricht (RGU '74 Fachtagung)* (S. 308-322). Berlin: Springer.

Bürgel, H. (Hg.). (1998). *Wissensmanagement: Schritte zum intelligenten Unternehmen.* Berlin: Springer.

Cantor, J. A. (1988). Research and development into a comprehensive media selection model. *Journal of instructional psychology, 15*, 118-131.

Case, R., & Bereiter, C. (1984). From behaviourism to cognitive behaviourism to cognitive development: Steps in the evolution of instructional design. *Instructional Science, 13*, 141-158.

Chapman, N., & Chapman, J. (2000). *Digital multimedia.* Chicester: Wiley.

Chi, M. T. H. (1996). Constructing self-explanations and scaffolded explanations in tutoring. *Applied cognitive psychology, 10*, S33-S49.

Clark, R. E. (1983). Reconsidering research on learning form media. *Review of educational research, 53*, 445-459.

Clark, R. E. (1992). Media use in education. In M. C. Alkin (Hg.), *Encyclopedia of educational research* (6. Aufl., Bd. 3, S. 805-814). New York: Macmillan.

Clark, R. E. (1994a). Assessment of distance learning technology. In E. L. Baker & H. F. O'Neil Jr. (Hg.), *Technology assessment in education and training* (S. 63-78). Hillsdale, NJ: Lawrence Erlbaum Associates.

Clark, R. E. (1994b). Media will never influence learning. *Educational Technology: Research & Development, 42*(2), 21-29.

Clark, R. E., & Craig, T. G. (1992). Research and theory on multimedia learning effects. In M. Giardina (Hg.), *Interactive multimedia learning environments. Human factors and technical considerations (NATO ASI Series Vol. F93)* (S. 19-30). Berlin: Springer.

Clark, R. E., & Salomon, G. (1986). Media in teaching. In M. C. Wittrock (Hg.), *Handbook of research on teaching* (S. 464-478). New York: Macmillan.

Cognition and Technology Group at Vanderbilt. (1990). Anchored instruction and its relationship to situated cognition. *Educational researcher, 19*, 2-10.

Cognition and Technology Group at Vanderbilt. (1991). Technology and the design of generative learning environments. *Educational Technology, 31*, 34-40.

Collins, A., Brown, J. S., & Newman, S. E. (1989). Cognitive apprenticeship: Teaching the crafts of reading, writing, and mathematics. In L. B. Resnick (Hg.), *Knowing, learning, and instruction* (S. 453-494). Hillsdale, NJ: Lawrence Erlbaum Associates.

Collis, B., & Verwys, C. (1995). A human approach to EPSS: Hypbrid EPSSs. *Educational Technology, 35*, 5-21.

Decker, F. (1995). *Bildungsmanagement für eine neue Praxis*. München: Lexika.

Deutsches Institut für Fernstudienforschung. (1995). *Planung, Entwicklung, Durchführung von Fernstudienangeboten. Eine Handreichung* . Tübingen: Deutsches Institut für Fernstudienforschung an der Universität Tübingen.

Dichanz, H., & Kolb, G. (1973). Mediendidaktik - Konzepte und Systeme. *Pädagogische Rundschau*(11), 852-864.

Dick, W. (1987). A history of instructional design and its impact on educational psychology. In J. A. Glover & R. R. Ronning (Hg.), *Historical foundations of educational psychology* (S. 183-202). New York: Plenum Press.

Dick, W., & Carey, L. M. (1996). *The systematic design of instruction*. (4. Aufl.). New York: Harper Collins.

Dinter, F. R., & Seel, N. (1994). What does it mean to be a constructivist in I.D.? An epistemological reconsideration. In J. Lowyck & J. Elen (Hg.), *Modelling I.D.research. Proceedings of the first Workshop of the Special Interest Group on Instructional Design of EARLI, Leuven* (S. 49-66).

Disch, M., & Pogrzeba, D. (1997). *Die Virtuelle Hochschule - Entwicklung einer Lernumgebung für die Tele-Akademie*. FH Furtwangen: FB Digitale Medien.

Döring, K. W., & Ziep, K.-D. (1989). *Mediendidaktik in der Weiterbildung*. Weinheim: Deutscher Studienverlag.

Döring, N. (1999). *Sozialpsychologie des Internet*. Göttingen: Hogrefe.

Dörner, K., Kreuzig, H., Reither, F., & Stäudel, T. (Hg.). (1983). *Lohausen: Vom Umgang mit Unbestimmtheit und Komplexität*. Bern: Huber.

Dörr, G., & Birkel, P. (1998). Multimediales Lernen in der Weiterbildung: Einsatzmöglichkeiten verschiedener Komponenten multimedialer Lernumgebungen in der beruflichen Weiterbildung der Deutschen Telekom. In G. Dörr & K. L. Jüngst (Hg.), *Lehren und Lernen mit Medien* (S. 141-157). Weinheim: Juventa.

Dörr, G., & Seel, N. M. (1997). Instructional delivery systems and multimedia environments. In S. Dijkstra, N. M. Seel, F. Schott, & R. D. Tennyson (Hg.), *Instructional design: International perspectives* (Bd. 2, S. 145-182). Erlbaum: LEA.

Dreyfus, H. L., & Dreyfus, S. E. (1986). *Mind over machine: The power of human intuition and expertise in the era of computer*. (3. Aufl.). New York: Macmillan.

Dubs, R. (1995). Konstruktivismus: Einige Überlegungen aus der Sicht der Unterrichtsgestaltung. *Zeitschrift für Pädagogik, 41*, 889-903.

Duchastel, P. C. (1990). Cognitive designs for instructional design. *Instructional Science, 19*, 427-444.

Duffy, T. M., & Jonassen, D. H. (1991). Constructivism: New implications for instructional technology? *Educational Technology, 31 (5)*, 7-11.

Dunkin, M. J., & Biddle, B. J. (1974). *The study of teaching*. New York: Holt, Rinehart & Winston.

Eisenberger, R., & Cameron, J. (1996). Detrimental effects of reward: Reality or myth? *American psychologist, 51*, 1153-1166.

Eisenhauer, A., & Kleeberger, J. (1996). *Design und prototypische Entwicklung einer softwarebasierten Unterstützung von Multimedia-Drehbuchautoren*. FH Furtwangen: FB Digitale Medien.

Elen, J. (1992). *Toward prescriptions in instructional design: A theoretical and empirical approach*. Katholieke Universiteit Leuven

Elen, J., & Stevens, W. (1993). A coach for instructional design decision making (Paper presented at the Instructional Design SIG-symposium, 5th EARLI-conference, Aix-en-Provence) .

Engelkamp, J. (1991). *Das menschliche Gedächtnis*. (2. Aufl.). Göttingen: Hogrefe.

Ericsson, K. A., Krampe, R. T., & Tesch-Römer, C. (1993). The role of deliberate practice in the acquisition of expert performance. *Psychological review, 100*, 363-406.

Fandel, G., Bartz, R., & Nickolmann, F. (Hg.). (1996). *University level distance education in Europe. Assessment and perspectives*. Weinheim: Deutscher Studienverlag.

Faulstich, P. (1997). Kompetenz - Zertifikate - Indikatoren. In A. Q.-E. -. Management (Hg.), *Kompetenzenwicklung 97* (S. 141-196). Münster: Waxmann.

Fehr, T. (1995). *Konzeption und Untersuchung des Benutzerverhaltens einer Multimedia-Anwendung mit 3D-Oberfläche*. FH Furtwangen: FB Digitale Medien.

Fischer, K., & Löthe, H. (1970). PLATO IV - ein umfassendes CUU-System. In H. Freibichler (Hg.), *Computerunterstützter Unterricht* (S. 228-239). Hannover: Schroedel.

Fischer, P. M. (1985). Wissenserwerb mit interaktiven Feedbacksystemen. In H. Mandl & P. M. Fischer (Hg.), *Lernen im Dialog mit dem Computer* (S. 68-82). München: Urban & Schwarzenberg.

Fitts, P. M., & Posner, M. I. (1967). *Human performance*. Belmont, CA.: Brooks Cole.

Flechsig, K. (1987). *Didaktisches Design: Neue Mode oder neues Entwicklungsstadium der Didaktik? Internes Arbeitspapier: Universität Göttingen*.

Flechsig, K. H. (1990). *Einführung in CEDID. Ein tätigkeitsunterstützendes und wissensbasiertes System für computergestütztes didaktisches Design*. Göttingen: CEDID GmbH.

Flechsig, K.-H., & Haller, H.-D. (1975). *Einführung in didaktisches Handeln*. Stuttgart: Klett.

Floyd, C. (1984). A systematic look at prototyping. In R. Budde (Hg.), *Approaches to prototyping* . Berlin: Springer.

Foley, M. (1995). Satellite broadcasting and the european training network - from research to implementation. In P. Held & W. F. Kugemann (Hg.), *Telematics for education and training* (S. 135-139). Amsterdam: IOS.

Frank, H. (1966). Ansätze zum algorithmischen Lehralgorithmieren. In H. Frank (Hg.), *Lehrmaschinen in kybernetischer und pädagogischer Sicht, Bd. 4* (S. 70-112). Stuttgart: Ernst Klett Verlag.

Frank, H. (1969). Prinzipien der objektivierten Formaldidaktik 'Alskindi'. *Grundlagenstudien aus Kybernetik und Geisteswissenschaft, 10*, 23-28.

Frank, H. (1975). Wirtschaftlichkeitsgrenzen bildungstechnischer Medien und Methoden. In K. Boeckmann & U. Lehnert (Hg.), *Fortschritte und Ergebnisse der Unterrichtstechnologie Bd. 3* (S. 425-431). Paderborn-Hannover: Schöningh-Schroedel.

Frank, H., & Graf, K. D. (1967). ALZUDI - Beispiel einer formalisierten Didaktik. *Grundlagenstudien aus Kybernetik und Geisteswissenschaft, 8*, 27-34.

Frank, H., & Meder, B. S. (1971). *Einführung in die kybernetische Pädagogik*. München: dtv.

French, D., Hale, C., Johnson, C., & Farr, G. (Hg.). (1999). *Internet based learning. An introduction and framework for higher education and business*. Sterling, VA: Stylus.

Frey, K. (1989). Effekte der Computerbenutzung im Bildungswesen. Ein Resümee des heutigen empirischen Wissensstandes. *Zeitschrift für Pädagogik, 35*, 638-656.

Fricke, R. (1989). *Untersuchungen zur Lerneffektivität. Wissenschaftliche Begleitung des*

Bundesministers für das Post- und Fernmeldewesen zum CBT. TU Braunschweig.

Fricke, R. (1991). Zur Effektivität computer- und videounterstützter Lernprogramme. Zeitschrift für Empirische Pädagogik (Beiheft 2), 5, 167-204.

Fricke, R., & Treinies, G. (1985). Einführung in die Metaanalyse. Bern: Huber.

Fussell, S. R., & Benimhiff, I. (1995). Social and cognitive processes in interpersonal communication: Implications for advanced telecommunications technologies. Human factors, 37, 228-250.

Gabele, E., & Zürn, B. (1993). Entwicklung Interaktiver Lernprogramme. Band 1: Grundlagen und Leitfaden. Stuttgart: Schäffer-Poeschel.

Gagné, R. M. (1965). The conditions of learning. New York: Holt, Rinehart & Winston.

Gagné, R. M. (1985). The conditions of learning and theory of instruction. New York: CBS College Publishing.

Gagné, R. M., & Briggs, L. J. (1974). Principles of instructional design. New York: Holt, Rinehart & Winston.

Gerstenmaier, J., & Mandl, H. (1995). Wissenserwerb unter konstruktivistischer Perspektive. Zeitschrift für Pädagogik, 41, 867-888.

Geyken, A., & Mandl, H. (1993). Tele-CBT. Unterrichtswissenschaft, 21, 213-232.

Gibson, J. J. (1982). Wahrnehmung und Umwelt. München: Urban & Schwarzenberg.

Gilligan, C. (1982). In a different voice. Cambridge, Mass.: Harvard University Press.

Glaser, R. (1962). Psychology and instructional technology. In R. Glaser (Hg.), Training research and education . Pittsburgh: University of Pittsburgh Press.

Glaser, R. (1966). The design of instruction. In J. S. Gododlad (Hg.), The changing american school (S. 215-242). Chicago.

Glöckel, H. (1990). Vom Unterricht: Lehrbuch der allgemeinen Didaktik. Bad Heilbrunn: Klinkhardt.

Goodlad, R. (1984). A place called the classroom. New York: Freeman.

Goodyear, P. (1994). Foundations for courseware engineering. In R. D. Tennyson (Hg.), Automating Instructional Design, Development, and Delivery. (NATO ASI Serie F. 119) . Berlin: Springer.

Götz, K., & Häfner, P. (1992). Computerunterstütztes Lernen in der Aus- und Weiterbildung. (3. Aufl.). Weinheim: Beltz.

Gräsel, C., Bruhn, J., Mandl, H., & Fischer, F. (1997). Lernen mit Computernetzwerken aus konstruktivistischer Perspektive. Unterrichtswissenschaft, 25, 4-18.

Graumann, C. F. (1979). Die Scheu des Psychologen vor der Interaktion. Zeitschrift für Sozialpsychologie, 10, 284-304.

Greer, M. (1992). Instructional design project management: Tools and techniques for instructional designers and developers. Englewood Cliffs, NJ: Educational Technology Publications.

Grob, H. L., & Seufert, S. (1996). Vorgehensmodelle bei der Entwicklung von CAL-Software, (Arbeitsbericht 5): Universität Münster.

Günther, J. (Hg.). (1996). Teleteaching mittels Videokonferenz. Internationaler Status. Wien: Braumüller.

Hagel, J., & Armstrong, A. G. (1997). Net Gain - Profit im Netz. Märkte erobern mit virtuellen Communities. Wiesbaden: Gabler.

Harel, I., & Papert, S. (1990a). Constructionist learning. Cambridge, CA: MIT Press.

Harel, I., & Papert, S. (1990b). Software design as a learning environment. In I. Harel & S. Papert (Hg.), Constructionist learning (S. 41-84). Cambridge, CA: MIT Press.

Harrison, N. (1999). How to design self-directed and distance learning. New York: McGraw Hill.

Hartley, J. (1982). Designing instructional text. In D. H. Jonassen (Hg.), The technology of text (Vol. 1) (S. 193-213). Englewood Cloffs: Educational Technology Publications.

Hartley, J. (1995). The layout and design of textual materials. In F. Lockwood (Hg.), Open and distance learning today (S. 279-287). London: Routledge.

Hawkridge, D. (1988). The state of computer based training after 25 jears. In T. Bernold & J. Finkelstein (Hg.), Computer Assisted Approaches to Training. Foundations of Industry's Future . New York: North-Holland.

Heckhausen, H. (1988). Motivation und Handeln. Lehrbuch der Motivationspsychologie. (2. Aufl.). Berlin: Springer.

Heimann, P. (1962). Didaktik als Theorie und Lehre. Die Deutsche Schule, 54, 407-472.

Heimann, P. (1976). *Didaktik als Unterrichts-wissenschaft*. Stuttgart: Klett.

Heinich, R., Molenda, M., Russell, J. D., & Smaldino, S. E. (1999). *Instructional media and technologies for learning*. (6. Aufl.). Upper Saddle River, NJ.: Merrill - Prentice Hall.

Held, P., & Kugemann, W. F. (Hg.). (1995). *Telematics for education and training*. Amsterdam: IOS.

Herrmann, T. (1982). Pädagogische Psychologie als psychologische Technologie. In J. Brandstädter, G. Reinert, & K. A. Schneewind (Hg.), *Pädagogische Psychologie: Probleme und Perspektiven* (S. 209-237). Stuttgart: Ernst Klett Verlag.

Hesse, F. W., & Giovis, C. (1999). Struktur und Verlauf aktiver und passiver Partizipation beim netzbasierten Lernen. *Unterrichtswissenschaft, 27*(34-55).

Hesse, F. W., Grasoffky, B., & Hron, A. (1997). Interface-Design für computerunterstütztes kooperatives Lernen. In L. J. Issing & P. Klimsa (Hg.), *Information und Lernen mit Multimedia* (S. 253-268). Weinheim: Beltz.

Hesse, W., Merbeth, G., & Fröhlich, R. (1992). *Software-Entwicklung: Vorgehensmodelle, Projektführung, Produktverwaltung*. München: Oldenbourg.

Hightower, R., & Sayeed, L. (1995). The impact of computer-mediated communication systems on biased group discussion. *Computers in Human Behavior, 11*(1), 33-44.

Hilgard, E. R. (1964). *Theories of learning and instruction (63rd Yearbook of the NSSE)*. Chicago: Chicago University Press.

Hilgard, E. R., & Bower, G. H. (1966). *Theories of learning*. (3. Aufl.). New York: Appleton-Century-Crofts.

Holch, M. (1996). *Produktion und Kosten bei Multimedia*. Dimplomarbeit: Fachhochschule Furtwangen.

Holmberg, B. (1989). *Theory and practice of distance education*. New York: Routledge.

Hörisch, J. (1999). Jenseits der Gutenberg-Galaxis. *Universitas. Zeitschrift für interdisziplinäre Wissenschaft, 54*, 551-562.

Horton, W. (2000). *Designing web-based training*. New York: Wiley.

Hron, A., Hesse, F. W., Reinhard, P., & Picard, E. (1997). Strukturierte Kooperation beim computer-unterstützten kollabortiven Lernen. *Unterrichtswissenschaft, 25*, 56-69.

Issing, L. J. (Hg.). (1967). *Der Programmierte Unterricht in den USA heute*. Weinheim: Beltz.

Issing, L. J. (1987). *Medienpädagogik im Informationszeitalter*. Weinheim: Deutscher Studienverlag.

Issing, L. J. (1988). Wissensvermittlung mit Medien. In H. Mandl & H. Spada (Hg.), *Wissenspsychologie* (S. 531-553). München: Psychologie Verlags Union.

Issing, L. J. (1997). Instruktionsdesign für Multimedia. In L. J. Issing & P. Klimsa (Hg.), *Information und Lernen mit Multimedia* (2. Aufl., S. 195-220). Weinheim: Beltz.

Jechle, T. (1998). Zur Nutzung von Lernhilfen in Lehrtexten. *Unterrichtswissenschaft, 26*(1), 15-31.

Jechle, T., & Kerres, M. (2000). Neue Bildungsmedien: Erfahrungen mit internetbasierter Weiterbildung. In J. Wedekind (Hg.), *Virtueller Campus* . Münster: Waxmann.

Johnson-Laird, P. N. (1983). *Mental models*. Cambridge: Cambridge University Press.

Jonassen, D. (Hg.). (1996). *Handbook of research for educational communications and technolgy*. New York: Macmillan Simon & Schuster.

Jonassen, D. H. (1991). Objectivism versus Constructivism: Do we need a new philosophical paradigm? *Educational Technology: Research & Development, 39 (3)*, 5-14.

Jonassen, D. H., Hannum, W. H., & Tessmer, M. (1989). *Handbook of task analysis procedures*. New York: Preager.

Jonassen, D. H., & Mandl, H. (Hg.). (1990). *Designing Hypermedia for Learning (NATO ASI Series F Vol. 67)*. Berlin: Springer.

Jonassen, D. H., Peck, K. L., & Wilson, B. G. (1999). *Learning with technology. A constructivist perspective*. Upper Saddle River, NJ: Merrill - Prentice Hall.

Keegan, D. (1980). On defining distance education. *Distance education, 1*, 13-86.

Keegan, D. (1986). *The foundation of distance education*. London: Croom Helm.

Keegan, D. (1996). *Foundations of distance education*. (3rd. Aufl.). London ; New York: Routledge.

Kell, A., van Buer, J., & Schneider, D. (1992). Probleme der pädagogischen Beurteilung komplexer Lehr-Lern-Arrangements. In F. Achtenhagen & E. G. John (Hg.), *Mehrdimen-*

sionale *Lehr-Lern-Arrangements. Innovationen in der kaufmännischen Aus- und Weiterbildung* (S. 511-547). Wiesbaden: Gabler.

Keller, R., & Müller, K. (1992). *Computerunterstützter Unterricht* (Beiträge zur Berufsbildung Bd. 2). Bern: Bundesamt für Industrie, Gewerbe und Arbeit.

Kerres, M. (1991). Computer-Based Training: Ein deutsches Problem? *Lernfeld Betrieb, 4,* 44-47.

Kerres, M. (1993). Software-Engineering für multimediale Teachware. In C. Seidel (Hg.), *Computer Based Training* (S. 87-102). Stuttgart: Verlag für Angewandte Psychologie.

Kerres, M. (1995). Integrating 'computer assisted learning' into the organisational context as an instructional design task. *Journal of computer assisted learning, 11,* 45-62.

Kerres, M. (1996a). Varianten computergestützten Instruktionsdesigns: Autorensysteme, Lehrprogrammgeneratoren, Ratgeber- und Konsultationssysteme. *Unterrichtswissenschaft, 24,* 68-92.

Kerres, M. (1996b). Weiterbildung im Internet - einfach und billig? Zur Organisation des Tele-Lernens. *Grundlagen der Weiterbildung, 7,* 247-251.

Kerres, M. (2000a). Information und Kommunikation bei mediengestütztem Lernen. Entwicklungslinien und Perspektiven mediendidaktischer Forschung. *Zeitschrift für Erziehungswissenschaft, 3*(1), 111-130.

Kerres, M. (2000b). Internet und Schule. Eine Übersicht zu Theorie und Praxis des Internet in der Schule. *Zeitschrift für Pädagogik, 46*(1), 113-130.

Kerres, M. (2000c). Mediendidaktische Analyse digitaler Medien im Unterricht. *Computer und Unterricht, 10*(1), 26-28.

Kerres, M. (2000d). Medienentscheidungen in der Unterrichtsplanung. Zu Wirkungsargumenten und Begründungen des didkatischen Einsatzes digitaler Medien. *Bildung und Erziehung, 53*(1), 19-39.

Kerres, M. (2000e). Potenziale des Lernens im Internet: Fiktion oder Wirklichkeit? In H. Hoffmann (Hg.), *Deutsch global. Neue Medien - Herausforderungen für die Deutsche Sprache* (S. 170-195). Köln: DuMont.

Kerres, M., Berroth, R., & Mahringer, M. L. (1996). Lernen mit der Tele-Akademie. In J. Günther (Hg.), *Teleteaching mittels Video-konferenz. Internationaler Status* (S. 111-118). Wien: Braumüller.

Kerres, M., & Gorhan, E. (1998). Status und Potentiale multimedialer und telemedialer Lernangebote in der betrieblichen Bildung. In R. Weiß, H. Geißler, M. Kerres, & E. Gorhan (Hg.), *Kompetenzentwicklung für die Arbeitswelt der Zukunft - Forschungsstand und Forschungsperspektiven* . Köln: Institut der deutschen Wirtschaft.

Kerres, M., & Jechle, T. (1999). Hybride Lernarrangements: Personale Dienstleistungen in multi- und telemedialen Lernumgebungen. *Jahrbuch Arbeit - Bildung - Kultur, 17,* 21-39.

Klafki, W. (1991). *Neue Studien zur Bildungstheorie und Didaktik. Zeitgemäße Allgemeinbildung und kritisch-konstruktive Didaktik.* (2. Aufl.). Weinheim: Beltz.

Klauer, K. J. (1974). *Methodik der Lehrzieldefinition und Lehrstoffanalyse.* Düsseldorf: Schwann.

Klauer, K. J. (1985). Framework for a theory of teaching. *Teaching and teacher education, 1,* 5-17.

Klauer, K. J., & Lühmann, R. (1983). Sequentieller Aufbau eines Curriculums. In U. Hameyer, K. Frey, & H. Haft (Hg.), *Handbuch der Curriculumforschung* . Weinheim: Beltz.

Klimsa, P. (1993). *Neue Medien und Weiterbildung.* Weinheim: Deutscher Studienverlag.

König, E., & Riedel, H. (1979). *Unterrichtsplanung I. Konstruktionsgrundlagen und -kriterien.* (2. Aufl.). Weinheim: Beltz.

Konrath, E. (1996). *Entwicklung eines Prototyps eines CBT's mit dem Titel "Grundlagen der Optik" hinsichtlich der Vermittlung von deklarativem und prozeduralem Wissen.* FH Furtwangen: FB Digitale Medien.

Kosslyn, S. M., & Pomeranz, J. R. (1992). Bildliche Vorstellungen, Propositionen und die Form interner Repräsentationen. In D. Münch (Hg.), *Kognitionswissenschaft. Grundlagen, Probleme, Perspektiven* (S. 253-288). Frankfurt: Suhrkamp.

Kozma, R. B. (1991). Learning with media. *Review of educational research, 61,* 179-211.

Kozma, R. B. (1994). Will media influence learning? Reframing the debate. *Educational Technology: Research & Development, 42,* 7-19.

Kucklick, P. (1995). *Funkkolleg-Synopse. Eine Längsschnittstudie vergleichbarer Evaluati-*

onsbefunde zum Lehr-Lernmodell Funkkolleg .
Tübingen: Deutsches Institut für Fernstudienforschung.

Kuhlen, R. (1991). *Hypertext. Ein nicht-
lineares Medium zwischen Buch und Wissens-
bank.* Berlin: Springer.

Kulik, C. C., & Kulik, J. A. (1991). Effectiveness of computer-based instruction: An upda-
ted analysis. *Computers in Human Behavior,
7,* 75-94.

Kulik, C. C., Kulik, J. A., & Shwalb, B. (1986).
The effectiveness of computer-based adult
education: a meta-analysis. *Journal of educational computing research, 2 (2),* 235-252.

Kulik, J. A. (1994). Meta-analytic studies of
findings on computer-based instruction. In E.
L. Baker & H. F. O'Neil Jr. (Hg.), *Technology
assessment in education and training* (S. 9-
34). Hillsdale, NJ: Lawrence Erlbaum Associates.

Kulik, J. A., & Kulik, C. C. (1989). Meta-
analysis in education. *, 50,* 525-544.

Lankes, E.-M., Hartinger, A., Marenbach, D.,
Molfenter, J., & Fölling-Albers, M. (2000).
Situierter Aufbau von Wissen bei Studieren-
den. Lohnt sich eine anwendungsorientierte
Lehre im Lehramtsstudium? *Zeitschrift für
Pädagogik, 46*(3), 417-437.

Lave, J., & Wenger, F. (1991). *Situated learning: Legitimate peripheral participation.*
New York: Cambridge University Press.

Lawler, R. W., & Yazdeni, M. (1987). *Artificial
intelligence and education. (Vol. 1, Learning
environments and tutoring systems).* Norwood,
NJ: Ablex.

Lechner, M. (1994). *Navigation und Orientierung. Konzeption und Untersuchung des Benutzerverhaltens einer Multimedia-
Anwendung mit 3D-Oberfläche.* FH Furtwangen: FB Digitale Medien.

Lee, W. W., & Owens, D. L. (2000). *Multime-
dia-based instructional design: Computer-
based training, web-based training, and distance learning.* San Francisco: Jossey-Bass.

Lehnert, U. (1999). *Bildungscontrolling im DV-
Bereich.* München: Hanser.

Lemper, A. (1995). *Instruktionsdesign und Benutzerverhalten bei Multimedia-CBT. Eine
Analyse von Lernprogrammen des Schweizerischen Bankvereins.* FH Furtwangen: FB Digitale Medien.

Lesgold, A. (1988). Intelligenter computerunterstützter Unterricht. In H. Mandl & H. Spada (Hg.), *Wissenspsychologie* (S. 554-569).
München: Psychologie Verlags Union.

Leslie, J. E. G., & Steffe, P. (Hg.). (1995). *Con-
structivsm in education.* Hillsdale, NJ: LEA.

Leutner, D. (1992). *Adaptive Lehrsysteme. In-
struktionspsychologische Grundlagen und experimentelle Analysen.* Weinheim: Beltz.

Levin, J. R. (1983). Pictorial strategies for
school learning: Practical illustrations. In M.
Pressley & J. R. Levin (Hg.), *Cognitive strategy research .* New York: Springer.

Locke, B. B., Burton, J. K., & Cross, L. H.
(1999). No Comparison: Distance education
finds a new use for "no significant difference".
*Educational technology: Research and deve-
lopment, 47*(3), 32-42.

Logan, R. S. (1982). *Instructional systems development - an international view of theory
and practice.* New York: Academic Press.

Lowyck, J., Elen, J., & van den Branden, J.
(1990). *ConStruct: A computercoach for the
development of high quality study materials
(paper presented at 7th Intl. Conference on
Technology for Education) .*

Mandl, H. (1992). *Konstruktivistische Ansätze
zur Gestaltung computergestützter Lernumgebungen, 2. Lernsystem-Analytiker-Kongreß,
Wiesbaden.*

Mandl, H., & Friedrich, H. F. (1992). *Lern- und
Denkstrategien. Analyse und Intervention.*
Göttingen: Hogrefe.

Mandl, H., Gruber, H., & Renkl, A. (1997).
Lernen und Lehren mit dem Computer. In H.
Mandl & F. E. Weinert (Hg.), *Psychologie der
Erwachsenenbildung (Enzykloplädie der Psy-
chologie, D. Serie I. Pädagogische Psycholo-
gie, Band 4) .* Göttingen: Hogrefe.

Maturana, H., & Varela, F. J. (1987). *The tree
of knowledge. The biological roots of human
understanding.* Boston: New Science Library.

McGrath, J. E., & Hollingshead, A. B. (1994).
Groups interacting with technology. Sage:
Newbury Park.

McIntyre, A. (1993). A computational framework for representing authors' courseware models. *Journal of computer assisted learning, 9,*
244-264.

McNeal, B. J., & Nelson, K. R. (1991). Meta-
analysis of interactive video instruction. *Journal of computer-based instruction, 18 (1),* 1-6.

Merrill, M. D. (1994). *Instructional design theory*. Englewood Cliffs, NJ: Educational Technology Publications.

Mertens, W. (1983). Symbolischer Interaktionismus. In D. Frey & S. Greif (Hg.), *Sozialpsychologie: ein Handbuch in Schlüsselbegriffen* (S. 81-87). München: Urban & Schwarzenberg.

Metfessel, N. S., Michael, W. B., & Kirsner, D. A. (1969). Instrumentation of Bloom's and Krathwohl's taxonomies for the writing of educational objectives. *Psychology in the schools, 6*, 227-231.

Meumann, E. (1913). *Vorlesungen zur Einführung in die experimentelle Pädagogik und ihre psychologischen Grundlagen (3 Bd.).* (2. Aufl.). Leipzig: Engelmann.

Mevarech, Z., Shir, N., & Movshovitz-Hadar, N. (1992). Is more always better? The seperate and combined effects of a computer and video programme on mathematics learning. *American psychologist, 62*, 106-116.

Minsky, M. (1992). Ein Rahmen für die Wissensrepräsentation. In D. Münch (Hg.), *Kognitionswissenschaft. Grundlagen, Probleme, Perspektiven* (S. 92-133). Frankfurt: Suhrkamp.

Moonen, J. (1997). *The costs of flexible and distance learning* . Twente: Universiteit Twente.

Moore, M. (1993). Theory of transactional distance. In D. Keegan (Hg.), *Theoretical principles of distance education* (S. 22-38). London: Routledge.

Moore, M. G. (1973). Toward a theory of independent learning and teaching. *Journal of higher education, 44*, 661-679.

Moore, M. G., & Kearsley, G. (1996). *Distance Education. A systems view*. Belmont: Wadsworth.

Morris, P., Ehrman, S. C., Goldsmith, R., Howard, K., & Kumar, V. (1994). *Valuable, viable software in education: Case studies and analysis*. New York: Primis Division of McGraw Hill.

Moser, H. (1995). *Einführung in die Medienpädagogik*. Opladen: Leske & Budrich.

Müller, R., & Schweitzer, A. (1994). *Ratgebersystem für CBT-Autoren*. FH Furtwangen: FB Digitale Medien.

Muth, J. (1976). Beurteilungs- und Auswahlkriterien für Unterrichtsmedien. In J. Hüther & J. H. Knoll (Hg.), *Medienpädagogik* . München: Nymphenburger Verlagshandlung.

Muth, J. (1978). *Schulpädagogik*. Essen: Neue Deutsche Schule.

Newell, A., Rosenbloom, P. S., & Laird, J. E. (1989). Symbolic architectures for cognition. In M. I. Posner (Hg.), *Foundations of cognitive science* (S. 93-132). Cambridge, CA: MIT Press.

Newell, A., & Simon, H. A. (1972). *Human problem solving*. Englewood Cliffs, NJ: Prentice Hall.

Niculescu, H. (1995). *Entwicklung und Effektivität von CBT im Rahmen der betrieblichen Weiterbildung*. Frankfurt: Peter Lang.

Niegemann, H. M. (1995). *Computergestüzte Instruktion in Schule, Aus- und Weiterbildung: theoretische Grundlagen, empirische Befunde und Probleme der Entwicklung von Lehrprogrammen*. Frankfurt: Peter Lang.

Niemiec, R. P., Sikorski, M. F., & Walberg, H. J. (1989). Comparing the cost effectiveness of tutoring and computer based instruction. *Journal of educational computing research, 5 (4)*, 395-407.

O'Conail, B., Whittaker, S., & Wilbar, S. (1993). Conversation over video conferences: An evaluation of the spoken aspects of video-mediated communication. *Human Computer Interaction, 8 (4)*, 389-428.

O'Neil, H. F., Anderson, C. L., & Freeman, J. A. (1986). Research in teaching in the armed forces. In M. C. Wittrock (Hg.), *Handbook of research on teaching* (S. 971-987). New York: Macmillan.

Opwis, K. (1992). *Kognitive Modellierung*. Bern: Huber.

Pagliaro, L. A. (1983). The history and development of CAI: 1926-1981, an overview. *Alberta journal of educational research, 29*, 75-84.

Papert, S. (1990). Perestroika and epistomological politics. In I. Harel & S. Papert (Hg.), *Constructionist learning* (S. 13-27). Cambridge, CA: MIT Press.

Parsaye, K., Chignell, M., Khoshafian, S., & Wong, H. (1989). *Intelligent databases. Object-oriented, deductive hypermedia technologies*. New York: Wiley & Sons.

Patrick, J. (1992). *Training: Research and Practice*. London: Academic Press.

Perelman, L. J. (1992). *School's out: Hyperlearning, the New Technology, and the End of Education*. New York: William Morrow.

Peters, O. (1973). *Die didaktische Struktur des Fernunterrichts. Untersuchungen zu einer industrialisierten Form des Lehrens und Lernens*. Weinheim: Beltz.

Peters, O. (1997). *Didaktik des Fernstudiums*. Neuwied: Luchterhand.

Peterßen, W. H. (1992). *Handbuch Unterrichtsplanung*. München.

Petkovich, M. D., & Tennyson, R. D. (1984). Clark's 'learning from media': A critique. *Educational communication and technology journal, 32*, 233-241.

Phelan, A. (1995). Satellite television and interactivity. In P. Held & W. F. Kugemann (Hg.), *Telematics for education and training* (S. 140-144). Amsterdam: IOS.

Pirolli, P., & Russell, D. M. (1990). The instructional design environment: technology to support design problem solving. *Instructional Science, 19*, 121-144.

Posner, G. J., & Rudnitzky, A. N. (1986). *Course design: A guide to curriculum development for teachers*. New York: Longman.

Posner, G. J., & Strike, K. A. (1976). Categorization scheme for principles of sequencing content. *Review of educational research, 46*, 665-690.

Pressman, R. S. (1992). *Software Engineering*. New York: McGraw-Hill.

Ralphs, L., & Stephan, E. (1986). Human Resource Development in the Fortune 500. *Training and development journal*.

Reeves, T. C. (1993). Pseudoscience in computer-based instruction: The case of learner control research. *Journal of computer-based instruction, 20 (2)*, 39-46.

Reglin, T., Schmidt, H., Trautmann, R., & Zimmer, G. (1998). *Telelernen im Betrieb. Ein Leitfaden für die Nutzung internetgestützter Weiterbildungsangebote in kleinen und mittleren Unternehmen*. Bielefeld: Bertelsmann.

Reigeluth, C. (Hg.). (1998). *Instructional-Design Theories and Models. A New Paradigm of Instructional Theory Vol. 2*. Hillsdale: LEA.

Reigeluth, C. M. (Hg.). (1983a). *Instructional Design Theories*. Hillsdale, NJ: LEA.

Reigeluth, C. M. (1983b). Instructional design: What is it and why is it? In C. M. Reigeluth (Hg.), *Instructional Design Theories* (S. 3-36). Hillsdale, NJ: Lawrence Erlbaum Associates.

Reigeluth, C. M. (Hg.). (1987). *Instructional theories into action: Lessons illustrating selected theories and models*. Hillsdale, NJ: Lawrence Erlbaum Associates.

Reigeluth, C. M. (1996). A new paradigm of ISD? *Educational Technology, 3*, 13-20.

Reigeluth, C. M. (Hg.). (1999). *Instructional-design theories and models*. (Vol. 2). Hillsdale, NJ: LEA.

Reigeluth, C. M., Merrill, M. D., Wilson, B. G., & Spiller, R. T. (1980). The elaboration theory of instruction: A model for sequencing and synthesizing instruction. *Instructional Science, 9*, 195-219.

Reiser, R. A. (1987). Instructional Technology: A History. In R. M. Gagné (Hg.), *Instructional technology: Foundations* (S. 11-48). Hillsdale, NJ: Lawrence Erlbaum Associates.

Reiser, R. A., & Gagné, R. M. (1983). *Selecting media for instruction*. Englewood Cliffs, NJ: Educational Technology Publications.

Renkl, A., & Mandl, H. (1995). Kooperative Formen des Lehrens und Lernens in der Erwachsenenbildung. *Unterrichtswissenschaft, 23*(4), 332-346.

Rheinberg, F. (1982). *Zweck und Tätigkeit. Motivationspsychologische Analysen zur Handlungsorientierung* (Habilitationsschrift). Bochum: Ruhr-Universität.

Rich, M. (1995). *Untersuchung von Interaktionsstrukturen bei interaktiven Kunst- und Reiseführer*. FH Furtwangen: FB Digitale Medien.

Richey, R. C. (1998). Research on instructional development. *Educational technology: Research & Development, 45*(3), 91-100.

Riedel, H. (1991). Neufassung eines Modells der Internoperation. *Grundlagenstudien aus Kybernetik und Geisteswissenschaft, 32*, 16-27.

Romiszowski, A. J. (1988). *The selection and use of instructional media*. London: Kogan Page.

Rosemann, B., & Kerres, M. (1985). Bedingungen des Lehrerverhaltens. Rationale, emotionale und zirkuläre Prozesse bei der Situationswahrnehmung. *Psychologie in Erziehung und Unterricht, 32*, 241-247.

Rosemann, B., & Kerres, M. (1986). *Interpersonelles Wahrnehmen und Verstehen*. Bern: Huber.

Rosenshine, B., & Stevens, R. (1986). Teaching functions. In M. C. Wittrock (Hg.), *Handbook of research on teaching* (S. 376-391). New York: Macmillan.

Ross, E. (1998). Zur Nutzung des Computerunterstützten und Multimedialen Lernens in der beruflichen Bildung - eine Bestands- und Momentaufnahmen. *Berufsbildung in Wissenschaft und Praxis, 27*(2), 3-9.

Ross, P. (1986). Modelling as a method of learning physical science and mathematics. In H. Weinstock & A. Bork (Hg.), *Designing computer-based learning materials (NATO ASI Series F Vol. 23)* (S. 95-118). Berlin: Springer.

Russell, T. L. (1999). *The no significant difference phenomen* . Raleigh: North Carolina State University.

Rustemeyer, D. (1999). Stichwort: Konstruktivismus in der Erziehungswissenschaft. *Zeitschrift für Erziehungswissenschaft, 2*(4), 467-484.

Salomon, G. (1979). *Interaction of media, cognition, and learning*. San Francisco: Jossey-Bass.

Salomon, G. (1981). *Communication and education, social and psychological interactions*. Beverly Hills: Sage.

Salomon, G. (1984). Television is easy and print is "tough": The differential investment of mental effort in learning as a function of perceptions and attributions. *Journal of educational psychology, 76*(4), 647-658.

Salomon, G. (Hg.). (1993a). *Distributed cognitions*. Cambridge: Cambridge University Press.

Salomon, G. (1993b). On the nature of pedagogic computer tools: The case of Writing Partner. In S. Lajoie & S. Derry (Hg.), *Computers as cognitive tools* (S. 179-195). Hillsdale, NJ: Lawrence Erlbaum Associates.

Salomon, G., & Perkins, D. N. (1998). Individual and social aspects of learning. *Review of research in education, 23*, 1-24.

Sandberg, J., & Wielinga, B. (1992). Situated cognition: a paradigm shift? *Journal of artificial intelligence in education, 3*, 129-138.

Sandberg, J. A. C. (1994). Educational paradigms: issues and trends. In R. Lewis & P. Mendelsohn (Hg.), *Lessons from Learning* (S. 219-242). North-Holland: Elsevier Science Publishers.

Saroyan, A. (1991). Evaluation von Lehrmaterial: Unterschiede zwischen Instruktionsdesignern und Fachinhaltsexperten. *Unterrichtswissenschaft, 19*, 238-259.

Scardamalia, M., & Bereiter, C. (1994). Computer support for knowledge-building communities. *Journal of learning sciences, 3*, 265-284.

Schaller, K. (1987). *Pädagogik der Kommunikation. Annäherungen · Erprobungen*. St. Augustin: Richarz.

Schank, R. C., & Abelson, R. P. (1977). *Scripts, plans, goals, and understanding*. Hillsdale, NJ: Lawrence Erlbaum Associates.

Schelten, A. (1987). *Grundlagen der Arbeitspädagogik*. Stuttgart: Steiner.

Schiffman, S. S. (1991). Instructional systems design. Five views of the field. In G. J. Anglin (Hg.), *Instructional technology: Past, present, and future* . Englewood, CO: Libraries Unlimited.

Schnotz, W. (1994). *Aufbau von Wissensstrukturen*. Weinheim: Beltz.

Schöler, W. (1976). Unterrichtswissenschaftliche Aspekte der Unterrichtstechnologie. In J. Hüther & J. H. Knoll (Hg.), *Medienpädagogik* (S. 63-79). München: Nymphenburger Verlagshandlung.

Schott, F. (1994). Efficiency as lodestar for the modelling I.D.-research adventure. In J. Lowyck & J. Elen (Hg.), *Modelling I.D.research. Proceedings of the first Workshop of the Special Interest Group on Instructional Design of EARLI, Leuven* (S. 21-34).

Schott, F., Neeb, K. E., & Wieberg, H. J. W. (1981). *Lehrstoffanalyse und Unterrichtsplanung*. Braunschweig: Westermann.

Schuler, T., & Störk, M. (1994). *Analyse des Benutzerverhaltens bei CDi*. FH Furtwangen: FB Digitale Medien.

Schulmeister, R. (1997). *Grundlagen hypermedialer Lernsysteme*. München: Oldenbourg.

Seel, N. (1999). Instruktionsdesign: Modelle und Anwendungsgebiete. *Unterrichtswissenschaft, 27*, 2-11.

Seel, N. M. (1981). *Lernaufgaben und Lernprozesse*. Stuttgart: Kohlhammer.

Seel, N. M. (1991). Lernumgebungen und institutionell-organisatorische Bedingungen des

Instruktionsdesigns. *Unterrichtswissenschaft, 19*(4), 350-364.

Severing, E. (1994). *Arbeitsplatznahe Weiterbildung*. Neuwied: Luchterhand.

Sfard, A. (1998). On two metaphors for learning and the dangers of choosing just one. *Educational researcher, 27*(2), 4-13.

Shuell, T. J. (1987). Cognitive conceptions of learning. *Review of educational research, 56*, 411-436.

Shulman, L. S. (1986a). Paradigms and research programs in the study of teaching: A contemporary perspective. In M. C. Wittrock (Hg.), *Handbook of research on teaching* (S. 3-36). New York: Macmillan.

Shulman, L. S. (1986b). Those who understand: Knowledge growth in teaching. *Educational researcher, 15*(2), 4-14.

Siebert, H. (1999). *Pädagogischer Konstruktivismus. Eine Bilanz der Konstruktivismusdiskussion für die Bildungspraxis*. Neuwied: Luchterhand.

Simons, P. R. J. (1992). Lernen, selbständig zu lernen - ein Rahmenmodell. In H. Mandl & H. F. Friedrich (Hg.), *Lern- und Denkstrategien. Analyse und Intervention* (S. 251-264). Göttingen: Hogrefe.

Simons, P. R. J., & de Jong, F. P. C. M. (1991). Metacognitive skills and computer aided instruction. *Applied psychology: An international review*.

Skinner, B. F. (1958). Teaching machines. *Science, 128*, 969-977.

Sonntag, K. (1985). Zur Rolle der Personalentwicklung bei technisch-organisatorischen Innovationen. *Zeitschrift für Berufs- und Wirtschaftspädagogik, 85 (1)*, 3-20.

Sonntag, K. (1990). Qualifikation und Qualifizierung bei komplexen Arbeitstätigkeiten. In C. Graf Hoyos & B. Zimolong (Hg.), *Ingenieurpsychologie. Enzyklopädie der Psychologie Bd. D/III/2* (S. 536-571). Göttingen: Hogrefe.

Sorensen, C. K. (1995). Evaluation of interactive television instruction: Assessing attitudes of community college students. *DEOSNEWS, 5*(9).

Spector, M., & Muraida, D. (1990). *Designing and developing an advanced instructional design advisor* . Brooks Air Force Base, Texas: Armstrong Laboratories.

Spiro, R., & Jengh, J. (1990). Cognitive flexibility, random access instruction, and hypertext: Theory and technology for non-linear and multi-dimensional traversal of complex subject matter. In D. Nix & R. Spiro (Hg.), *Cognition, education, and multimedia: Exploring ideas in high technology* (S. 163-205). Hillsdale, NJ: Lawrence Erlbaum Associates.

Steinberg, E. R. (1977). Review of student control in computer-assisted instructions. *Journal of computer-based instruction, 3*, 84-90.

Steinberg, E. R. (1989). Cognition and learner control: A literature review. *Journal of computer-based instruction, 16*, 117-121.

Steiner, G. (1988). Analoge Repräsentationen. In H. Mandl & H. Spada (Hg.), *Wissenspsychologie* (S. 99-121). München: Psychologie Verlags Union.

Steiner, G. (1996). Lernverhalten, Lernleistung und Instruktionsmethoden. In F. E. Weinert (Hg.), *Psychologie des Lernens und der Instruktion (Enzyklopädie der Psychologie I/2)* (S. 279-318). Göttingen: Hogrefe.

Steinmetz, R. (1993). *Multimedia-Technologie*. Berlin: Springer.

Steppi, H. (1990). *CBT Computer Based Training. Planung, Design und Entwicklung interaktiver Lernprogramme*. (2. Aufl.). Stuttgart: Ernst Klett Verlag.

Streibel, M. J. (1991). Instructional plans and situated learning. The challenge of Suchman's theory of situated action for instructional designers and instructional systems. In G. J. Anglin (Hg.), *Instructional technology: Past, present, and future* (S. 117-132). Englewood, CO: Libraries Unlimited.

Strzebkowski, R. (1992). Interaktive Lehrfilme und Multimedia. *Perspektiven. Zeitschrift für berufliche Bildung und Weiterbildung, 2*, 91-106.

Suchman, L. (1987). *Plans and situated action: The problem of human/machine communication*. New York: Cambridge University Press.

Tait, A. (Hg.). (1996). *Conversation and community: Student support in open and distance learning*. London: Pitman.

Tait, K. (1992). The description of subject matter and instructional methods for computer-based learning. In S. E. Dijkstra, H. P. M. Krammer, & J. J. G. van Merriënboer (Hg.), *Instructional models in computer-based lear-*

ning environments (NATO ASI Serie F, Vol. 104) (S. 127-141). Berlin: Springer.

Tenney, Y. J., & Kurland, L. C. (1988). The development of troubleshooting expertise in radar mechanics. In J. Psotka, L. D. Massey, & S. A. Mutter (Hg.), *Intelligent tutoring systems: Lessons learned* (S. 59-83). Hillsdale, NJ: Lawrence Erlbaum Associates.

Tennyson, R. D. (1972). A review of experimental methodology in instructional task sequencing. *AV Communication review, 20*, 147-159.

Tennyson, R. D. (Hg.). (1994a). *Automating Instructional Design, Development, and Delivery. (NATO ASI Serie F. 119)*. Berlin: Springer.

Tennyson, R. D. (1994b). Knowledge base for automated instructional system development. In R. D. Tennyson (Hg.), *Automating Instructional Design, Development, and Delivery. (NATO ASI Serie F. 119)* . Berlin: Springer.

Tennyson, R. D., & Barron, A. E. (Hg.). (1995). *Automating instructional design: Computer-based development and delivery tools (NATO ASI Serie F. 140)*. New York: Springer.

Tennyson, R. D., & Rasch, M. (1988). Linking cognitive learning theory to instructional prescriptions. *Instructional Science, 17*, 369-385.

Tergan, S.-O. (1997). Multiple views, context, and symbol systems in learning with hypertext/hypermedia: A critical review of research. *Educationa technology*, 145-167.

Terhart, E. (1997). *Lehr-Lern-Methoden. Eine Einführung in Probleme der methodischen Organisation von Lehren und Lernen.* (2. Aufl.). Weinheim: Juventa.

Terhart, E. (1999). Zum Konstruktivismus als alternatives Paradigma der Didaktik. *Zeitschrift für Pädagogik*.

Thach, E. C., & Murphy, K. L. (1995). Competencies for distance education professionals. *Educational Technology: Research & Development, 43*(1), 57-79.

Tulodziecki, G. (1975). *Einführung in die Theorie und Praxis objektivierter Lehrverfahren.* Stuttgart: Klett.

Tulodziecki, G. (1989). *Medienerziehung in Schule und Unterricht.* (2. Aufl.). Bad Heilbronn: Klinkhardt.

Tulodziecki, G. (1994). Medien in Unterricht und Erziehung. In L. Roth (Hg.), *Pädagogik. Handbuch für Studium und Praxis* (S. 742-751). München: Ehrenwirth.

Ullmer, E. J. (1994). Media and learning: Are there two kinds of truth? *Educational technology: Research & Development, 42*(1), 21-32.

van Marcke, K. (1992). A generic task model for instruction. In S. E. Dijkstra, H. P. M. Krammer, & J. J. G. van Merriënboer (Hg.), *Instructional models in computer-based learning environments (NATO ASI Serie F, Vol. 104)* (S. 171-193). Berlin: Springer.

Vaughan, T. (1998). *Multimedia : making it work.* (4th. Aufl.). Berkeley: Osborne McGraw-Hill.

Vavik, L. (1995). Facilitating discovery learning in computer-based simulation environments. In R. D. Tennyson & A. E. Barron (Hg.), *Automating instructional design: Computer-based development and delivery tools (NATO ASI Serie F. 140)* (S. 403-448). New York: Springer.

Vermunt, J. D. H. M., & van Rijswijk, F. A. W. M. (1988). Analysis and development of students' skills in self-regulated learning. *Higher Education, 17*, 647-682.

Wager, W., & Gagné, R. M. (1983). Designing computer-aided instruction. In C. M. Reigeluth (Hg.), *Instructional Design Theories* (S. 35-60). Hillsdale, NJ: Lawrence Erlbaum Associates.

Wagner, M. (1995). *CBT-Interaktionsräume. Didaktische Kriterien.* FH Furtwangen: FB Digitale Medien.

Walberg, H. J., & Haertel, G. D. (1992). Educational psychology's first century. *Journal of educational psychology, 84*, 6-19.

Wallace, P. (1999). *The psychology of the internet.* Cambridge: Cambridge University Press.

Walraet, B. (1991). *A discipline of software engineering.* New York: North-Holland.

Walzel, B. (1995). *Integration von CBT in die betriebliche Weiterbildung.* FH Furtwangen: FB Digitale Medien.

Wasson, B. (1992). PEPE: A computational framework for a content planner. In S. E. Dijkstra, H. P. M. Krammer, & J. J. G. van Merriënboer (Hg.), *Instructional models in computer-based learning environments (NATO ASI Serie F, Vol. 104)* . Berlin: Springer.

Weidenmann, B. (1991). *Lernen mit Bildmedien. Psychologische und didaktische Grundlagen.* Weinheim: Beltz.

Weidenmann, B. (Hg.). (1994). *Wissenserwerb mit Bildern: Instruktionale Bilder in Printmedien, Film/Video und Computerprogrammen.* Bern: Huber.

Weidenmann, B. (1995). Ist der Begriff 'Multimedia' für die Medienpsychologie ungeeignet? *Medienpsychologie, 7,* 256-261.

Weidenmann, B. (1996). Instruktionsmedien. In F. E. Weinert (Hg.), *Psychologie des Lernens und der Instruktion (Enzyklopädie der Psychologie I/2)* (Bd. 319-357,). Göttingen: Hogrefe.

Weidenmann, B. (1997). Multicodierung und Multimodalität im Lernprozeß. In L. J. Issing & P. Klimsa (Hg.), *Information und Lernen mit Multimedia* (2. Aufl., S. 65-84). Weinheim: Beltz.

Weinert, F. E. (1996a). 100 Jahre Pädagogische Psychologie: Eine Wissenschaft auf der permanant erfolgreichen Suche nach ihrem Gegenstand - ohne ihn bisher gefunden zu haben. *Newsletter der Fachgruppe Pädagogische Psychologie in der DGP, (2),* 12-20.

Weinert, F. E. (1996b). Für und Wieder die "neuen Lerntheorien" als Grundlagen pädagogisch-psychologischer Forschung. *Zeitschrift für Pädagogische Psychologie, 10*(1), 1-12.

Weinert, F. E. (1996c). Lerntheorien und Instruktionsmodelle. In F. E. Weinert (Hg.), *Psychologie des Lernens und der Instruktion (Enzyklopädie der Psychologie I/2)* (S. 1-48). Göttingen: Hogrefe.

Weltner, K. (1978). *Autonomes Lernen: Theorie und Praxis der Unterstützung selbstgeregelten Lernens in Hochschule und Schule.* Stuttgart: Klett-Cotta.

Wender, K. F. (1988). Semantische Netze als Bestandteil gedächtnispsychologischer Theorien. In H. Mandl & H. Spada (Hg.), *Wissenspsychologie* (S. 55-73). München: Psychologie Verlags Union.

Wenger, E. (1987). *Artificial intelligence and tutoring systems.* Los Altos, CA: Morgan Kaufmann.

Wetzel, C. D., Radtke, P. H., & Stern, H. W. (1993). *Review of the effectiveness of video media in instruction (NAVY Personnell Research and Development Center).*

Wierz, C. (1994). *Modelle der Produktion multimedialer Anwendungen.* FH Furtwangen: FB Digitale Medien.

Wilkening, F. (1988). Zur Rolle des Wissens in der Wahrnehmung. In H. Mandl & H. Spada (Hg.), *Wissenspsychologie* (S. 203-226). München: PVU.

Windham, D. M., & Chapman, D. W. (1990). *The evaluation of educational efficiency: constraints, issues, and policies.* (Bd. 1). London: JAI.

Winn, W. (1990). Some implications of cognitive theory for instructional design. *Instructional Science, 19,* 53-69.

Witte, K. (1995). *Nutzeffekte des Einsatzes und Kosten der Entwicklung von Teachware.* Göttingen: Unitext.

Wittern, J. (1975). *Mediendidaktik: ihre Einordnung in eine offene Entscheidungstheorie des Lehrens und Lernens.* Opladen: Leske & Budrich.

Wittrock, M. C. (Hg.). (1986). *Handbook of research on teaching* (3. Aufl.). New York: Macmillan.

Woodhead, N. (1991). *Hypertext and hypermedia. Theory and applications.* Reading, Mass.: Addison-Wesley.

Wulfeck, W. H., Dickieson, J. L., Apple, J., & Vogt, L. J. (1993). The automation of curriculum development using the Authoring Instructional Materials (AIM). *Instructional Science, 21,* 255-267.

Yazdani, M. (1990). A Multi-Purpose Database of Learning Materials (M-DBLM). In D. H. Norrie & H. W. Six (Hg.), *Computer Assisted Learning* (3. Aufl., S. 29-35). Berlin: Springer.

Yazdani, M., & Lawler, R. W. (Hg.). (1989). *Artificial intelligence and education (Vol. 2).* Norwood, NJ: Ablex.

Zimmer, G. (Hg.). (1994). *Vom Fernunterricht zum open distance learning: eine europäische Initiative.* Berlin: Bundesinstitut für Berufsbildung.

Index